U0635753

中国文化建设实务

CHINESE CULTURE CONSTRUCTION PRACTICE

本书编委会　主编

经济日报出版社

图书在版编目（CIP）数据

中国文化建设实务 / 《中国文化建设实务》编委会
编. -- 北京：经济日报出版社，2016.9
　ISBN 978-7-5196-0010-5

　Ⅰ. ①中… Ⅱ. ①中… Ⅲ. ①文化事业－建设－研究
－中国 Ⅳ. ①G12

中国版本图书馆 CIP 数据核字(2016)第 230634 号

作　　者	本书编委会
责任编辑	温　海
责任校对	刘春燕
出版发行	经济日报出版社
地　　址	北京市西城区白纸坊东街 2 号（邮政编码:100054）
电　　话	010-63584556（编辑部）63516959（发行部）
网　　址	www.edpbook.com.cn
E - mail	edpbook@126.com
经　　销	全国新华书店
印　　刷	北京神州伟业印务有限公司
开　　本	1/16
印　　张	78
字　　数	1500 千字
版　　次	2016 年 9 月第一版
印　　次	2016 年 9 月第一次印刷
书　　号	ISBN 978-7-5196-0010-5
定　　价	986.00 元

版权所有　盗版必究　印装有误　负责调换

《中国文化建设实务》
特 邀 编 委
（以姓氏笔画为序）

马光才　　马培云　　叶　斌　　龙朝雄　　朱礼德

米玛旺堆　　张宁辉　　更秋棋梅　　阿孜古·毛拉克

李凤芝　　陈庆勇　　范钟声　　祖农·沙依提

莫才军　　贾瑞卿　　黄劲松　　蒙海军　　缪东胜

樊桂丽　　潘玲玲

《中国文化建设实务》
编委委员
（以姓氏笔画为序）

丁顺强	万小毛	于良珍	于明江	于　航
马　冈	马会田	马灵之	马国荣	马金国
马青云	马　莉	云苏米雅	云建平	尹　宏
文星亮	方来铁	方盛仙	木合塔尔·麦麦提	
牛孝文	王晓晖	王久侠	王业权	王东升
王永锋	王　利	王志强	王泽华	王　炎
王现民	王思宣	王　娟	王振杰	王海燕
王　涛	王继国	王耘志	王　景	王　雷
王　璐	王　鑫	邓飞龙	邓正益	韦克俭
付建敏	仝品杰	兰由玉	冉光宇	冉得军
卢　旺	卢　健	央　琼	宁运齐	左才宏
旦真加	田九海	田学忠	白玛桑姆	艾世亮
龙　浩	乔节霞	乔彩凤	关却杰	关志红

刘　双	刘少辉	刘传仓	刘传伟	刘成爱
刘红光	刘　洪	刘恩普	刘晓峰	刘　锐
刘献忠	刘德友	向运华	向绪钦	吕计海
多吉平措	多杰扎西	多杰坚措	孙力艳	
孙长旺	孙其美	孙贺文	孙倩倩	安颖杰
曲尼措毛	朱元林	朱发圆	朱　军	
毕国鹏	毕建国	祁彦春	许大俭	许国江
许春艳	许　洁	闫世君	闫振贵	闫海涛
但汉军	但修胜	何　俊	何　荣	何慧敏
余长城	余自忠	余晓平	余雪瑶	余　婷
劳春明	吴世泰	吴军宏	吴改良	吴建华
吴诗笛	吴　倩	吴　涛	吴艳玉	宋一民
宋问之	宋明芳	宋海霞	张中斌	张东升
张　立	张成定	张志芹	张　凯	张咏梅
张　岩	张建民	张夏茹	张素岭	张继成
张跃新	张敬宇	张　锐	张新丽	张　鹏

李小星　　李天明　　李文伟　　李兰花　　李宁武

李永杰　　李亚萍　　李传彬　　李兴国　　李兴盛

李旭东　　李　兵　　李怀彬　　李和平　　李建勇

李　俊　　李春文　　李　胜　　李海瑛　　李菊香

李翠红　　杜　平　　杜　斌　　杨小龙　　杨小红

杨云云　　杨延芬　　杨　兵　　杨志军　　杨志新

杨泽祥　　杨贤斌　　杨振文　　杨清钰　　杨增彪

苏德毕力格　　　阿布都维力·吐尔逊　　汪雁征

陆显著　　陆　菁　　陈介曙　　陈东红　　陈则晓

陈　远　　陈　林　　陈　洁　　陈洺玉　　陈　倩

陈桥清　　陈海洋　　陈智旻　　陈　锐　　陈　微

陈　靖　　侍宏健　　单　勇　　周小虎　　周兴安

周则加　　周合军　　周　炬　　周保能　　周　婵

周梅玲　　周婷婷　　周德宗　　　图日巴图

孟捍高　　尚立春　　林建峰　　林俊风　　欧文华

泽仁勒麦　　罗小雄　　罗扬振　　罗翔星　　罗群升

郑世胜	郑世海	郑李艳	郑朝晖	金 辉
侯元林	侯海云	俞兆文	哈斯巴根	
姚彩茹	姜向东	姜莎莎	段体宪	胡志伟
胡 林	荣莉莉	费 诚	赵小红	赵东波
赵向东	赵 闯	赵宏博	赵彦成	赵 晖
赵隆曙	赵晴川	赵新民	赵 黎	郝常立
钟楚华	钟蕊琳	唐小乾	唐兆辉	唐信林
夏振华	夏翎翔	徐化平	徐天成	徐 克
徐远方	徐明翔	徐 昕	徐昕韡	徐洁丽
徐 巍	敖立扬	柴新宁	根 呷	格 桑
格桑卓玛	格桑旺姆	桑显瑛	殷岩忠	
索昂文青	索南詹德	荷 青	郭妍廷	
郭国亮	郭 松	钱建洪	陶 毅	高万元
高山千	高旭飞	高岳飞	高建新	商 益
崔铁智	崔 骏	常丽霞	康学森	曹久刚
曹建呼	曹登峰	梁社忠	梁媛媛	阎 坤

黄 卫	黄 飞	黄发强	黄有全	黄怀琳
黄 灵	黄 林	黄泽荣	黄 玲	黄顺茂
黄晓斌	黄海燕	龚 瑞	傅雨时	储勤飞
强玉山	彭幼菊	彭娅楠	彭 堃	曾小东
曾 晗	登 巴	舒 娟	葛 超	董林茜
蒋光山	覃 捷	谢玉忠	谢延平	韩华敏
韩廷辛	韩 星	解柏年	赖光娟	赖德新
翟迟珍	樊宝成	潘 峰	穆 荣	薛 维
霍 岩	戴子红	戴丽群	魏立平	魏花娜
魏宽成	魏 瑜	瞿孝安		

《中国文化建设实务》
编 审 人 员
（以姓氏笔画为序）

王 佳	刘军芳	孙建国	朱红严	许 擎
张 岩	张 超	杨克文	姚亚秋	赵 晴

前　言

一个国家、一个民族的强盛，总是以文化兴盛为支撑的。没有文明的继承和发展，没有文化的弘扬和繁荣，就没有中国梦的实现。中华民族创造了源远流长的中华文化，也一定能够创造出中华文化新的辉煌。要坚持走中国特色社会主义文化发展道路，弘扬社会主义先进文化，推动社会主义文化大发展大繁荣，不断丰富人民精神世界，增强人民精神力量，努力建设社会主义文化强国。

充分发挥文化工作对党和国家工作全局的重要作用，坚持中国特色社会主义文化发展道路，坚持社会主义先进文化前进方向，坚持以人民为中心的工作导向，着力推进社会主义核心价值观建设，着力传承中华优秀传统文化，着力推出更多无愧于时代的优秀文艺作品，着力造就优秀文化人才，满足人民群众日益增长的多层次多方面多样化的精神文化需求。深入推进文化体制改革，确保在重点领域和关键环节取得突破。加快构建现代公共文化服务体系，推动文化产业成为国民经济支柱性产业，建立健全现代文化市场体系，加强文化遗产保护利用，推动文化与科技深度融合，推动中华文化走向世界，全面提升国家文化软实力。

"我们一定要坚持社会主义先进文化前进方向，树立高度的文化自觉和文化自信，向着建设社会主义文化强国宏伟目标阔步前进。"党的十八大为进一步推进社会主义文化大发展大繁荣吹响了新的号角。

3 年多来，以习近平同志为总书记的党中央高度重视文化建设，对文化改革发展作出一系列重要论述，提出许多新思想、新观点、新要求。各地各有关部门认真贯彻中央部署，全面深化文化体制改革，始终坚持把社会效益放在首位，创新公共文化服务运行机制，为中国梦凝聚起强大的精神文化力量。

"十八大以来，我国公共文化服务体系建设成效显著，不仅形成了公共文化服务体系建设的基本思路，还初步建成了包括国家、省、地市、县、乡、村和城市社区在内的六级公共文化服务网络。同时，创新公共文化服务的理念和模式，变政府'端菜'为群众'点菜'，公共文化服务活力进一步增强"。现代文化产业体系和文化市场体系基本建立，文化产业增加值占国民经济比重显著提升，文化产业推动经济发展方式转变的作用明显增强，逐步成长为国民经济支柱性产业；加快发展文化产业，加快转变文化产业发展方式，促进从粗放型向集约型、质量效益型转变，增强文化产业整体实力和竞争力。为了更好地发展文化和满足人民群众精神文化需求，推动文化产业转型升级、推进文化企事业单位改革，加大改革工作的组织保障力度；为此，我们特组织文化建设发展方面的专家、学者编著《中国文化建设实务》，将于近期出版。

本书以文化发展、建设和管理为基本内容，从文化政策与文化战略、公共文化服务建设与文化软实力、文化产业管理与农村社区文化、文化遗产保护与传统文化等方面进行全面阐述。集理论、实践于一体，引导文化工作者更好地服务文化建设和发展，是文化工作者全面了解现代文化发展的一部有益的参考书。

编 者
2016 年 8 月于北京

目　录

第一篇　文化简述

第二篇　当代中国文化软实力

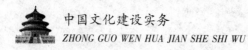

第三篇　文化产业管理和融合发展

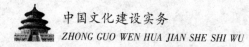

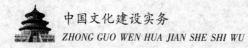

第五篇　文化遗产保护

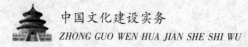

第六篇　公共文化服务体系建设

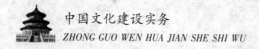

第七篇　社区文化与乡村文化建设

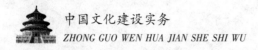

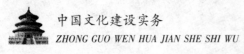

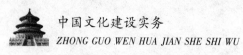

第一篇
文化简述

第一章　文化概述

作为地球上存在的最高级动物，人类几乎支配着地球上的所有资源。人类所取得的非凡成就，总让我们认为人类的历史非常悠久，但现代科学研究证明，作为现代人祖先的类人猿个体，或者被称做人类祖先的个体，仅仅拥有在我们这个美丽的星球上生存几百万年的历史。与地球存在的46亿年的历史相比，几百万年的历史实在是微不足道，甚至可以说是弹指一挥间。然而，几百万年对于每一个人类个体来说，却又是一个漫长的过程。在这一漫长的过程中，人类在改造自然、征服自然并且认识自我的过程中，逐渐地创造了辉煌的文化，成为地球上独一无二的文化动物。

第一节　文化的定义

近些年来，"文化"几乎已经统领了一切，"文化"这个概念已经越来越多地进入人们的视野，人们渐渐将它与品位、民族性、高等级、个性化、历史长度与深度等紧密结合在一起。不过，对于文化概念，我们可以从两方面得到解读：一方面，人们把文化作为一种形态独特的精神世界创造，固定于诸如"文化部"、"文化厅"及"文化馆"的管辖范畴之内，我们的读书、娱乐、影视、戏剧、休闲等，成了这种文化最典型的代表；另一方面，人们又把文化这一概念延伸到人类生活的方方面面，把人类创造或打上人类痕迹的所有形态都称做文化，诸如中国文化、世界（外国）文化、民族文化、地区文化、历史文化、现代文化、后现代文化等，具体的则更有婚姻文化、丧葬文化、居室文化、交通文化、饮食文化、服饰文化、娱乐休闲文化等，甚至

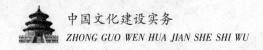

在厕所里、课桌上的涂鸦我们也称它为厕所文化、课桌文化。总之，文化成了一种可以涵盖所有人类创造的万能语言。

一、关于文化

不同历史时期、不同民族、不同国家、不同人种创造的丰富多彩而形式多样的文化成果对于人类生存的重要性，现代人比古代人更能直观地感受到。这是因为，从来没有一个历史时期比今天的人类更依赖各种文化成就，人们的出行、交往、沟通、饮食、服饰、居住都依靠现代科学技术等文化成果。试想，某一天突然没有了电，世界将会变成怎样一种情形？炎炎夏日人们无法享受空调的清凉，而冬天的寒冷也会显得更加漫长，电灯、电影、电视、电话、电脑……所有与"电"相关的事物将变得没有意义，城市将失去生命力。这说明，文化就像空气和水一样弥漫于我们生活的每一个角落，是链条，是环扣，每一个细节都相互依存，不可或缺。事实上也确实如此，人们每时每刻都在享受着前人所创造的文化成果，同时，人们每时每刻也在已有文化基础上不断地创造着新的文化。人类文明的进步，便是文化改良、创新、创造和发展的结果。

然而，当我们在享受前人的文化成果时，却无意去思考什么是文化，文化意味着什么，它对人类个体存在的价值和作用。这种状况在人类历史发展的几百万年间一直存在。原始人或古人不关心什么是文化，是因为文化对于他们来说就是简单的衣、食、住、行，是几乎等同于本能或接近于本能的最低层次的文化形态。告子所谓"食色，性也"，便是明证。人类在创造并享受着这种满足生存需要的最低层次文化的过程中，步履蹒跚地走过了数百万年的历史。我们所面对的几乎都是我们司空见惯的文化习惯和文化成果，我们缺乏必要的比较、交流、沟通和共享。人类在不知不觉的漫长历史岁月中流逝了对自我发现的机会，却又在不知不觉中逐渐长大、成熟，并最终睁开了智慧的双眼审视自我。文化学之所以直到近几百年才跟跄着走上人类学术的舞台，就是因为我们在很长一段时间里忽视了它的存在，就像我们忽视空气对于人类生存的重要性一样。

西方早期殖民扩张和工业化的资源需求，使人们开始重新认识世界。而这种认识是建立在对新世界的发现、对不同文化的发现基础之上的，尤其是对于不同文化的审视，改变了人们对于生存准则和生存方式的认识。文化差异性的普遍存在，使人类开始回望自己的历史，重新认识不同的民族和自我。因此，关于什么是"文化"的问题的提出，其实并不仅仅是人类对不同地区、不同民族、不同种族存在不同文化的思考，而是人类对自身的一种重新认识与发现。这是因为，当人们在谈论文化时，必然要牵涉到"人"这一主体，思考人与人、人与动物、人与环境、人与传统、人与历史、人与创造等各种具体或抽象的问题。

文化决定了人与人之间的关系。每一个人的出生没有自我的选择权，它几乎是先天的，但每一个人与其他个体的关系却是由文化决定的，没有一个人能超越文化而存在。每个人从一出生就决定了他的民族或种族；决定了他与周围人之间是一种什么样的关系；决定了人与人之间是不平等或是平等的；决定了为什么有家庭，有国家，有社会，有社区，有家庭，有领导，有下级；等等。在自然之后，所有的问题都由不同时期、不同社会、不同民族、不同国家的不同文化决定。因此，一个人生在东方，就被东方文化所塑造，就是东方人；生在西方，就被西方文化所塑造，就是西方人。

文化决定了人与动物之间的关系。在这个弱肉强食的文化规则之下，人是世界的主宰，但在某种条件下人也可能成为被宰割的对象。然而，在相对的情况下，由于人类拥有独特的文化，包括会制造器具和具有独特的团体、民族等意识，因而与其他动物相比，人类属于强者。从人类最初脱离动物状态开始，动物就不断地被人类掠杀，人类文明伊始其实就建立在狩猎这一最原始的生产方式基础之上。为了掠杀动物，人类发明了被称为"武器"的工具，并在非常漫长的历史时期以此维持自己的文化和对动物的优势。直到有一天人类终于意识到，动物不仅是人类的天然食物，它们也与人类一样拥有地球，动物其实是人类的朋友。是文化确定了人与动物之间的关系，也是文化改变了人与动物之间的关系。

人是环境的动物，环境塑造了人类，但人类不仅适应而且改造环境。我们知道，人类历史上曾出现过各种不同类型的文化，他们都与生存的环境密不可分。如通过海洋来扩展自己生存空间的海洋文化，通过高原发展而形成的山地文化，通过河湖平原而形成的河湖流域文化等，人们依托各自独特的环境创造文化，从而使人类成为被环境塑造的动物。不过，我们同时也注意到，除了环境塑造人类之外，人类更多地是在适应不同的环境并改造具体的环境。如果说原始文化是人类以最大的智慧去适应环境，依托环境生存并创造、发展个性的文化，那么，今天的文化就是人类怎样去改造环境，并使这种环境与人类的文化和谐相处，长久共存的文化。

传统决定着每一个人的行为规范、价值观念和道德伦理。人类是文化的动物，每一个人都生活于不同地区、民族的传统文化巨大的光环之下，文化或传统文化就像血液一样流淌于每一个文化个体的"血管"中。本地区、本民族的传统决定了该地区、该民族的个人的行为规范、价值观念和道德伦理，并成为这一地区和民族每一个人都必须遵守的圭臬。今天，之所以存在文化碰撞与冲突，很重要的一个原因就是每一个地区或民族的个体所秉持的传统不同，个体对于相同的事物或道德会作出不同的价值判断。被某一地区或民族颂扬、提倡的，到了另一个地区或民族则可能被批判、被否定。正是从这一视角出发，我们发现，传统是每一个文化类型得以延续的精华，没有传统的文化，就如同躯体失去了灵魂，人们将在现实中迷失自己。

人类是历史演化的产物。虽然与地球存在的几十亿年历史相比，人类几百万年的存在时间显得十分短暂，但正是在这"短暂"的几百万年的发展进程中，人类已经创造并留下了丰富的历史文化遗产。正是这种人类创造文化并累积文化历史的存在，尤其是在进入人类文明历史之后，人类文化的加速创造与发展，使人类发现了自我，对自身的认识越来越清晰，同时也开始寻找自己的过去：过去的足迹，过去的生活，过去的存在，过去的祖先……一言以蔽之，即我们过去的文化。人类几乎是唯一在思考自己从哪儿来，自己怎样走到了今天，自己将往哪里去的动物。人类与历史的关系就像个体与父母、家族与祖先的关系一样，谁也无法否认。人类创造了历史，而历史的演化进程又改变了人类自身：从原始社会到奴隶社会，从封建社会到资本主义社会……人类伴随着社会演化发展而成长成熟，人类是彻头彻尾历史文化演化的产物。

文化属于人类的创造。从本质上说，人类因为创造了文化而与动物分道扬镳，所以，人类是文化的动物。换句话说，所有的文化都为人类创造，打上了人类的烙印。当然，人类不仅创造而且还累积和传承文化，因此，人与动物的区别之一就在于人类既能创造文化，还能将这种文化一代一代地传承下去，进而累积成传统和历史。今天，地球上的不同文明或文化类型，都是我们的祖先在不同地区、不同时期创造的文化成就。从文字记载的历史来看，人类对于文化的创造不仅没有因为社会发展而停下脚步，相反，这一进程随着人们需求的不断增加和文化累积日渐丰富而加速。我们有充分的理由相信，人类的发展就是文化创造的发展，人类的进步就是文化创造的进步，没有创造也就没有了文化发展的生命力；文化发展停止了，人类发展的进程也就停止了。

当然，上述问题并不是人类所思考的关于文化的所有问题，但这些问题已足以说明，文化这一概念和关于文化这一问题之所以在人类发展的某一个阶段进入人类的视野，是因为人类的发展需要我们审视自我并不断地匡正自我，以求得到更好更快的发展。现实存在也说明，一个国家或地区在文化方面出现了问题，哪怕是某一个具体方面出现了问题，都会给这一国家或地区的发展带来不必要的麻烦，甚至会阻碍文化有序、健康地朝着进步的方向发展。这种情况也表现在文化的宽容度上，文化越宽容，兼容度越大，那么，文化的包容性就越强，吸纳的文化越丰富多样，对于自身文化的发展也就越有利；相反，如果文化宽容度小，甚至没有文化宽容度，那必定会给自身的文化发展设定种种障碍，在阻止异文化进入的同时，也会妨碍自身文化的发展。

人类拥有主宰地球的能力和实力，就是因为人类是一种拥有文化的高级动物。但正是因为人类拥有文化，成为一种区别于其他动物的种群，也使自己成为一种没有对手的孤独的高级动物。人类似乎可以为所欲为，常常将矛头指向动物、植物或其他资源，甚至指向人类自身——不同国家的同类、不同地区的同类、不同民族文化的同类，它给人类造成了极大的伤害，有时甚至造成一种文化类型的毁灭。但人类在文化的发展进程中已经开始认识到这样做的危害性，原因就在于人类是一种知性的动物，是一种拥有文化的动物。今天，当人类似乎已越来越无所不能时，就更加强烈地感受到，我们需要与其他动物，需要与我们周围的环境和谐相处，地球不仅是供人类主宰的，也是供人类与地球上的其他一切有生命、无生命的存在物共同生存的，它是人类和其他物种共同的家园。

因此，从终极意义上看，文化是一个永恒的话题。它既有开放性，也有封闭性，既能让人一目了然，也有使人感到神秘莫测、不可思议的内容和形态。今天，有许多前瞻性的文化问题需要我们去设计和创造；同时，也有许多文化之谜有待于我们去解释、去探索。

人类的潜力是无限的，因此，人类的文化发展也是无限的。

二、文化的几种定义

文化的概念和文化本身其实是两码事，因此，文化概念的历史发展与文化本身的历史发展，当然也就是两码事。每一种文化类型本身只有一种能被认同的存在方式，但对于这种文化类型以及人们通过认知而对之给予的界定，则常常存在多种方式或歧义，仁者见仁，智者见智。但有一点是可以肯定的，那就是，文化的定义总是根据人们的文化成果去界定。由于人们常常根据不同的切入角度，不同的学术习惯，不同的历史文化背景来界定什么是文化，

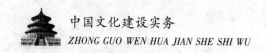

所以形成了众多的文化定义。文化概念之多种多样，已经到了让人瞠目结舌的地步。

不过，众多的文化定义基本上还是有规律可循的。一些文化学者对此进行归纳之后，发现下面这些方式是在给文化下定义时最常见的：

第一，现象描述性定义。"人类学之父"泰勒对文化的定义是："文化，或文明，就其广泛的民族学意义来说，是包括全部的知识、信仰、艺术、道德、法律、风俗以及作为社会成员的人所掌握和接受的任何其他的才能和习惯的复合体。"这种描述性的定义，在世界各国学者研究文化时是最常用的方法。我国学者梁漱溟也曾经用此方法给文化下过这样的定义：所谓文化，不过是一个民族生活的种种方面。总括起来，不外乎三个方面：①精神生活方面，如宗教、哲学、艺术等，文艺是偏重于感情的，哲学科学是偏重于理智的；②社会生活方面，我们与周围的人——家族、朋友、社会、国家、世界之间的生活方法，都属于社会生活，如社会组织、伦理习惯、政治制度及经济关系；③物质生活方面，如饮食起居种种享用，人类对于自然界求生存的各种即是。这种现象描述性定义的特点是，将文化内容进行罗列，因此非常具体，它能够使一般人易于理解文化内容包括哪些方面和具体由什么组成。

第二，社会反推性定义。这种定义的最大特点是用人类的现有文明去比照历史上的存在形态，说明不同时期拥有不同的文明或文化。如1973年出版的《苏联大百科全书（第3版）》给文化这样定义："文化，是社会和人在历史上一定的发展水平，它表现为人们进行生活和活动的种种类型和形式，以及人们所创造的物质财富和精神财富。文化这个概念用来表明一定的历史时代，社会经济形态，具体社会，氏族和民族的物质和精神的发展水平（如古代文化、社会主义文化、玛雅文化），以及专门的活动或生活领域（劳动文化、艺术文化、生活文化）。'文化'这个术语从较狭义的意义来看，仅指人们的精神生活领域。"这种反推性的定义可以让人们透过不同时代的文化形态，理解文化是随着时代的发展进步而向前推进的，文化可以根据不同的标准进行分类和概括。

第三，价值认定性定义。这种定义的最大特点就是从文化的意义、功用等方面出发对文化进行界定。如英国功能学派代表人物马林诺夫斯基认为，文化是"一个满足人的要求的过程，为应付该环境中面临的具体、特殊的课题，而把自己置于一个更好的位置上的工具性装置"。换句话说，文化之所以被创造出来，都是基于某种价值或有用性的原则，这也说明有些文化只能出现于某一区域或民族之中，因为环境或条件限制了这一文化的创造和使用。

尽管完全从价值或功利目的出发不能解释所有的文化现象，但人类创造文化的目的从来都是非常明确的，这一点应该不会受到怀疑。

第四，结构分析性定义。这种定义的最大特点是，认为文化是一种具有特殊结构的体系，每一个具体的文化内容都是这一体系中的有机组成部分。如美国著名社会学家 T. 帕森斯就这样给文化下定义："我们把文化体系本身看作是复合的、内部有所区别的体系。按照任何一种行为体系的四个根本职能划分的变化表，我们相应地在四个范畴内（提供知识的象征、道德评价、表情象征和制度性象征）对它进行分析。"这一文化定义的出发点建立在文化是可以进行结构性分析的基础之上，学者们相信在具体的文化或文化体系背后，存在着值得人们探讨的不同职能。结构分析性定义使我们更清楚地看到，所有文化不仅是表象，也可能存在深层的意义或价值。

第五，行为取义性定义。这类定义的特点是强调文化的行为性和动力性，即把文化视为一种具有动力特色的行为方式或生活方式。如美国的文化人类学家 S. 南达说："文化作为理想规范、意义、期待等构成的完整体系，既对实际行为按既定方向加以引导，又对明显违背理想规范的行为进行惩罚，从而遏制了人类行为向无政府主义倾向发展。"孙中山也认为："简单地说，文化是人类为了适应生存要求和生活需要所产生的一切生活方式的综合和他的表现。"这种定义看起来仅仅关注生活层面，但实际上也是文化被创造和被传承的最深层或最根本的原因所在，因为文化之所以被创造，就是为了规范人类的行为的，而因为规范了人类的行为，文化才得以被传承和保护。换句话说，固化或规范的行为，成为文化传承或再创造的动力，成为文化改变或发展的必备条件。

第六，历史探源性定义。这类定义的主要特点是把文化放到历史发展的层面上去认识，强调文化的群体性和群体赖以生存下去的知识。美国的社会学家福尔森就认为："文化是一切人工产物的总和，包括一切由人类发明并由人类传递后代的器物的全部，及生活的习惯。"日本文化学家祖父江孝男也说："文化就是'由后天被造成的，成为群体成员之间共同具有且被保持下来的行为方式（也可以叫模式）。'"这一定义所要强调的是，今天的文化是历史过程中创造的，而今后的文化是基于历史的文化才被创造的。因此，历史或生活，尤其是这当中形成的习惯性的行为方式，成为维护群体生活方式的必要条件，同时也是延续相同生活方式或创造新的生活文化的必要条件。文化的连续性与历史的连续性具有相同的意义。

第七，主体立意性定义。这类定义的最大特点是强调人这一主体在文化中的特殊作用和本质意义。如弗洛伊德就曾经说过："所谓文化，就是有条不紊地牺牲力比多，并把它强行转移到对社会有用的活动和表现上去。"关于这类定义，1973年出版的《苏联大百科全书（第3版）》叙述得最为典型："文化概念最初是指人对自然的有目的的影响，以及人本身的培养和训练。培养不仅包括培养人们遵守现有准则和习惯的能力，而且包括鼓励他们遵守这些准则和习惯的愿望，使他们相信文化能够满足人的全部要求和需要。任何社会的文化观都包含这两层意思。"从某种意义上说，这一定义突出的是人这一主体作为文化创造或适应的特殊性。我们知道，人也是动物，有其原生态的本能特征，但文化改变了这一特征，使人成为文化的动物。人创造了文化，但牺牲了动物的本能，并通过文化使这种本能最小化而归附于群体的习惯。

当然，上述对于文化定义的概括和思路在许多方面也存在学者个人主观臆断的因素。事实上，文化概念就像文化本身一样丰富多彩、多种多样，而且由于其无所不包的特性，人们很难用一句话对之简单地加以概括或界定。

在此，我们不得不提到，美国著名的文化人类学家克罗伯和克拉克洪在1952年时曾对1871年到1952年这80年间有关西方的文化学概念进行过一次回顾和评析，在其搜罗到的164种关于文化的定义中，大致有描述性的定义、历史性的定义、规范性的定义、心理性的定义、结构性的定义和遗传性的定义六种。

《辞海》是这样给文化下定义的，文化"从广义来说，指人类社会历史实践过程中所创造的物质财富和精神财富的总和。从狭义来说，指社会的意识形态，以及与之相适应的制度和组织机构。文化是一种历史现象，每一社会都有与其相适应的文化，并随着社会物质生产的发展而发展。作为意识形态的文化，是一定社会的政治和经济的反映，又给予巨大影响和作用于一定社会的政治和经济。在阶级社会中，它具有阶级性。随着民族的产生和发展，文化具有民族性，通过民族形式的发展，形成民族的传统。文化的发展具有历史的连续性，社会物质生产发展的历史连续性是文化发展历史连续性的基础。"《辞海》的定义使文化具有广义与狭义之别，并突出了历史性、社会性、民族性与阶级性，非常明显地带上了意识形态的烙印。我们并不否定这种定义，但在某种层面上看，它对于不同历史阶段和不同民族的文化没有给予从文化本质上的界定，这说明它还是有明显不足之处。

《社会学简明辞典》给出了与《辞海》相似的文化定义，指出"从广义来说，文化是指人类在社会历史实践过程中所创造的物质财富和精神财富的总和。从狭义来说，文化是一定物质资料生产方式基础的精神财富的总和。"

这一定义基本上也可以说是从哲学的定义中引申出来的，没有⋯⋯
神两分的层面，自然也存在明显的局限性。

中国学者给出的文化的有关定义，则要丰富得多并具有个⋯⋯

梁漱溟说："文化，就是吾人生活所依靠之一切。如吾人生活，必依靠农工生产。农工如何生产，凡其所有器具及其相关之社会制度等，便都是文化之一大重要部分。则如吾人生活，必依靠于社会之治安，必依靠于社会之有条理、有秩序后可。那么，所有产生此治安，此条理秩序，且维持它的，如国家政治、法律制度、宗教信仰、道德习惯、法庭、警察、军队等，也莫不为文化重要部分。又如吾人生来一无所能，一切都靠后天学习而后能之。于是一切教育设施，遂不可少；而文化之传播与不断进步，亦即在此。那当然，若文字图书、学术学校及其相关相类之事，更是文化了。""俗常以文字、文学、思想、学术、教育、出版等为文化，乃是狭义的。我今说文化就是吾人生活所依靠之一切，意在指示人们，文化是极其实在的东西。文化之本义，应在经济、政治，乃至一切无所不包。"

杨宪邦认为："文化是一个社会历史范畴，是指人类创造社会历史的发展水平、程度和质量的状态。文化的主体是社会的人，客体是整个客观世界。所谓文化，不是不受人的影响而自然形成的自然物，而是人在社会实践过程中认识、掌握和改造客观世界的一切物质活动和精神活动及其创造和保存的一切物质财富、精神和社会制度的发展水平、程度和质量的总和整体，它是一个有机的系统。因此，文化结构可以简单地分为互相有着内在联系的两个层面，即物质文化和精神文化。"当然，这一文化定义还是没有跳出将文化物质与精神两分的窠臼。

张汝伦说："文化可以说是人与自然、人与世界全部复杂关系种种表现形式的总和。"这一文化定义强调文化的总体性和复合性。

张岱年说："所谓文化，包含哲学、宗教、科学、技术、文学、艺术以及社会心理、民间风俗等等。在这中间，又可析为三个层次。社会心理、民间风俗属于最低层次；哲学宗教属于最高层次；科学技术、文学艺术属于中间层次。"这一文化定义通过列举和分类将文化层次化，虽然使用高低层次划分文化存在褒贬之嫌，但思路还是非常清晰的，易于让人理解。

刘守华认为，所谓文化，就是人类为求生存发展，结成一定社会关系，进行种种有社会意义的创造活动，是这些活动方式、活动过程及其成果的整合。该定义强调的是集体创造和集体行为，突出的是文化的社会意义和价值。

当然，关于文化的定义还可以不断地列举下去，但上述内容已经具有足

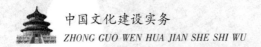

够的代表性，从中我们可以看到，有关文化的定义是多种多样、丰富多彩的。正是这种多样性和丰富性，加上文化本身所具有的多样性、丰富性以及神秘性，使文化的探索对我们具有极大的诱惑力。通过这种探索，不仅可以了解文化概念和文化本身，也可以了解人类本身，了解人类与整个世界的关系。

三、文化界定

其实上述内容的讨论，归根结底都是为了让人们理解什么是文化。而中国学者所提出的广义和狭义的文化概念，又似乎让大家觉得，文化真的需要这样一种分界。但事实上，文化是一个整体或具体，不管是广义还是狭义的定义，对于文化概念本身来说都拥有同样的内涵和外延，因此，文化界定对于广义或狭义存在的文化来说应该是可以同一的。

不过，说到文化并在给它下一个定义之前，我们还不得不顺便提到文化科学发祥地的西方、因为西方对于文化概念的认定或演化，在很大程度上影响了我们对于文化概念的认定。

关于文化，其实是外来语的意译。我们的"文化"概念就相当于英语的 Culture 和德语的 Kultur，而英语和德语的文化则来自于拉丁语的 Cultura。拉丁语的 Cultura 原意为神明崇拜、土地耕作、动植物培养及精神修养等。18 世纪之后，在西方的语言中，其逐渐演化为个人素养，整个社会的知识，思想方面的素养，艺术、学术作品的汇集，以及引申为一定时代、一定地区的全部社会生活内容等方面。随着文化及其学说的发展，"文化"概念的外延变得越来越广泛、丰富。而自从泰勒在 1871 年发表《原始文化》这一里程碑式的著作并给文化第一次下了定义之后，有关文化的界定就如雨后春笋般涌现。这种现象在给对文化的深入认知提供机会的同时，也给文化的定义带来了繁杂和不确定性的负面影响。

我们之所以给文化下这样一个定义，是基于以下原因：

第一，我们认为文化是由人类这一主体创造并享用的，因此，我们强调人类这一主体，离开人类这一主体，一切都没有了意义；并且，我们相信，文化还是由人类在存在于地球期间创造的，因此，在我们这一定义中提出"人类在存在过程中"这样限定性的修饰语，是非常必要的，目的就是突出人类主体及其延续过程中的特殊作用。

第二，人类创造文化的目的是为了人类自身的有序生存和持续发展，这是最为重要的。如果人类与其他动物一样仅仅是限于本能的生存而不是"有序的生存和持续的发展"，那么，人类也许到今天依然没有自己的文化，而人

类与其他动物也就没有了区别，因此，文化是有目的创造出来的。即使到了
21世纪，文化的创造也同样基于人类自身的有序生存与可持续发展，并且这
一目的在今后的文化创造过程中会越来越明确。

第三，文化所牵涉到的面相对来说非常宽广，如果用描述性的方式也许
永远无法穷尽，但从根本上来说，无非是关于人与自然、人与社会和人与人
之间的各种物质的与非物质的器物、制度、思想、观念、道德、伦理等关系
而已。这些关系的总和就是人类这一主体与存在物之间的关系，它们之间既
有和谐的，也有矛盾的；既有物质的，也有精神的；既有制度的，也有观念
形态的。总之，人类所涉及的所有创造，都归类到了我们的文化之中。

第四，我们强调的是文化形成过程中所取得的所有成果。它既有历史的，
今天已经不再适用或消失了的，也包括今天还存在的或正在服务于人类的文
化成果。同时，我们这里强调的成果可能多种多样，有的是有形的，有的则
是无形的，有形的如器物，无形的如制度、精神财富，它们都是人类的文化
成果。

人类所具有的特殊潜能和文化的累积性，使人类的文化可以不断地累加，
在发展中不断进步，从而促使我们的社会由低级形态向高级形态，由初级阶
段向高级阶段不断地向前迈进。而且，文化所具有的加速度特性，使我们的
社会获得越来越快的发展速度。

第二节　文化的构成

一、文化构成的层次

在政治学或经济学的研究中，经济基础与上层建筑构成了两个既相对独
立，又相互依存的关系，它们由不同的形态组成。而在文化学的研究中，文
化的这种相对层次性，也非常明显地存在。首先，从文化起源的角度来看，
满足本能需要的文化形态往往构成了最基础的或最基本的文化层次，它们包
括衣食住行等方方面面的文化内容；接着是通过一种社会层面展示的文化，
诸如社会关系、社会地位等内容，它们从血缘等基本层面延伸开来，在社会
层面得到最充分的表达。而人类与动物的最大区别，在于心理层面的差异。
在不同的历史时期、不同的社会形态中、不同的种族或民族或地区中，在不

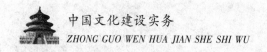

同的性别或不同的年龄阶段，人类的心理需求和满足过程是极其不同的，这种不同构成了这一文化层次最为丰富多彩的文化特点。

各个不同的文化层次结构为其他文化的存在提供支持，同时，不同文化层次的文化表达又满足了不同的文化需求。有时，文化的心理层面决定了其他文化的选择或存在，而有时，一些具体的文化存在，诸如物质文化当中的器物形态，决定了人们的心理需求是完全不同的。例如，走路与骑自行车、骑摩托车、开汽车、乘飞机的时间心理期待或对于距离的心理感受是完全不同的，甚至文化习俗也完全不同。举例来说，在浙江省的武义县一带，在借助于走路方式的年代，亲戚之间走动如拜年，会步行10至15公里，主人家一定会准备鸡蛋面之类的点心给辛辛苦苦远道而来的客人吃。但自从出现自行车之类的交通工具之后，准备点心成为并不重要的礼仪；出现摩托车与汽车之后，这一文化习俗几乎被人们完全搁置或放弃。其原因是器物文化的改进，改变了人们因为行走消耗能量而需要予以补充的事实，于是，伴随着点心而存在的主人煮两只鸡蛋给客人吃，而客人只吃一只鸡蛋的所谓"有余"的观念，也逐渐地改变或消失了。主人是否提供点心，不再是检验对待客人的礼仪是否周到的标准。一种文化形态的改变而导致一系列或一连串文化形态的改变形象地说明，文化形态或层次之间不仅存在相互依存的关系，而且在一定程度上还说明存在一种文化形态决定另一种或另一些文化形态的现象。

当然，从本质上看，所有的文化成果都是相互依存的。事实上，历史文化与今天的文化之间，也同样存在这种依存的关系。这是因为，没有历史的文化几乎是不存在的，哪怕是外来的文化，也有被创造与传承的历史。今天，我们的文化建设只不过是对历史文化的一种重复或在历史文化基础上的创新和改良、改进。

文化构成的层次性，使我们感受到文化存在的多样性和丰富性，这是由作为地球上最复杂的高级动物——人类及其所组成的社会的复杂性决定的。

二、文化构成的形态

（一）物质文化

物质文化习惯上也称器物文化，是人类在满足自我生存并改造自然、战胜自然过程中创造的文化形态，它包括生产工具、生活工具的诸多要素或内容，包括动物的蓄养和植物的种植以及加工工具的形态、衣饰的材料及其加工和制作、居室的建造及其可以感知的形态和内容、交通工具等。

物质文化不仅是人类创造的最原始的文化形态，同时也是人类在文化延续期间不断创新发展的文化形态。如生产工具，它除了具有丰富的内容之外，在世界各地各民族中存在着巨大的差异，并且不断地处于更新过程之中。从大的方面来看，从打制石器工具到磨制石器工具，再到青铜器工具，一直进入铁制工具，这当中凝聚了人类的无限创造力和智慧。小的方面如某一具体的器具，无论是其材料的改进、外形的变化，还是其功能的增加，都使其处于不断的演化或创新之中。另外，我们的服饰，从以树叶、树皮为材料到以兽皮、纤维为材料到使用各种化学合成材料，表现出物质文化处于进步和变动之中的特点。同时，我们的服饰样式也处于不断的改变过程中，古代的服饰大都已经退出我们的视野，而今天的服饰已经越来越具有世界性、同一化的趋势。

物质文化的创新和不断发展，丰富并改变着世界，使人类的文明不断进步。今天，我们的物质文化已经非常丰富，使地球变成了地球村，人类在各种器物文化的帮助下，实现了自由交往和沟通，并成为地球的主宰。

（二）行为文化

行为文化主要是指通过日常生活中的各种行为方式进行表达的文化形态。我们知道，人类是具有文化的动物，这些所谓的文化，表现在日常生活中，就是各国、各地区、各民族的人民在行为方式上存在的各不相同、差异巨大的习惯性规定。

行为文化的具体方式常常只存在于一些人或一部分人之中，这些所谓的一些人或一部分人，可能是原始群团，也可能是一个民族，当然也可能是一个村落、乡镇或城市。如见面打招呼，英语系的人在早上说"早上好"，中午说"中午好"，下午说"下午好"，而晚上则说"晚安"。而中国人习惯早上见了面问候"早饭吃了吗？"，中午问候"中饭吃了吗？"，傍晚则问候"晚饭吃了吗？"，就寝时也几乎没有说晚安的习惯。同时，在非吃饭的时间，则时兴用"你上哪儿去？"，"你干什么呀？"，"你做什么呀？"等习惯语来问候。对方可以直接回答吃过了或没有吃过，也可以说去做什么或不去做什么。总之，它们仅仅是一种问候，而不是打听个人隐私。非常明显，不同区域、不同民族的人，在招呼语上的行为是存在差异的。实际上，同一民族在不同时期，有一些行为的差异也非常巨大。如"文化大革命"时期及其结束后的一段时间，北京时兴用"同志"、上海时兴用"师傅"来互相称呼。

行为文化的内容非常丰富，涉及人类生活的方方面面，诸如人们的交往、生活、生产、婚姻、丧葬、喜庆等，它不以文字的形式记录，但它却是每一个生活于其间的人必须习得的知识。没有这种知识，人们不仅不能适应其所

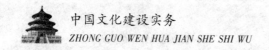

在地区、所在族群的生活，更不能融入该地区、该族群的生活，当然也无法被该地区、该族群的文化所接受。

（三）制度文化

顾名思义，制度文化就是通过规范的习惯或文字文本形式固定下来的作为人们生产、生活典范的文化成果。一般来说，以文字规范形式出现的文化制度是制度文化最重要的组成部分，而习惯性规定的制度文化是文字性规定的制度文化的民间部分，二者的适应范围和对象是不同的，前者对应的是全体民众或国民或团体，后者仅仅在传统的社会或团体中起作用。

制度文化具有很大的层次性。国家层面的法律制度适用于全体国民，它以宪法为最高规范，下面则根据需要有各种法律，包括行业的法律制度。除了国家层面的法律制度之外，还有区域性的法律制度，如地方性的法律法规、团体性的规章制度等。这些适应范围、适应人群有着很大差异的法律、制度、规章和条例，在一个最大的限度上规范着不同群体人们的生产、生活和工作，保证人们通过相互可以接受的方式进行交往、沟通，并以有序的形态使群体或社会和谐地存续或运行。

制度文化既有强制性的形态，也有非强制性的形态，强制性的如国家法律，它对某些行为方式作出硬性规定，违反了这些规定，将受到法律的制裁。这种制裁通过政府部门和强权机关等国家机器来完成。而非强制性的制度文化，包括一些习惯性的规定和道德性、舆论性的规定，它通过规劝、舆论压力等，对生存于其间的人们形成约束或规范。

（四）精神文化

精神文化是一种看不见摸不着的文化，一方面，它通过人类所有的文化进行传达，如通过建造宏伟而又精美的建筑来展示王国的强大或财主的富有等，并通过这种展示获得某种精神上的慰藉；另一方面，它通过一些特殊的文化形态来直接展示人类不同于其他动物的观念、意识、信仰、心理等需求。后者，我们常常就称它为精神文化。

精神文化的内容非常丰富。首先，它包括宗教信仰层面的文化，宗教有基督教、佛教、伊斯兰教、道教等，各个国家常常有自己提倡或保护的特别的宗教，满足于不同国民的需求；此外，民间信仰或民间宗教更是五花八门、丰富多样，包括不被官方确认的地方性宗教和属于纯粹民间习俗的信仰或禁忌。其次，它包括娱乐层面的文化。这一层面的文化既包括各种体育竞技比赛、民间传统娱乐休闲竞技等，也包括节日当中的一些休闲娱乐项目，如舞龙灯、舞狮子、踩高跷、划龙舟等。再次，它包括文学与艺术层面的文化。

文学与艺术是人类精神文化的重要组成部分，在人类文化发展的整个进程中占有重要的地位。丰富多彩的文学艺术在给人类文化增添色彩的同时，也给人类精神世界留下了宝贵的财富。最后，它包括语言层面的文化。不同国家、地区、民族之间的语言差异，给这一文化形态带来了多姿多彩的内容，并传承了丰富的人类文化样式。但因语言具有多重属性，有时容易将它忽略，不列入文化形态。

很多情况下，精神文化决定了物质文化的创造形态和内容，如对民族器物的审美角度就由精神文化层面决定。同时，精神文化还决定一个国家、一个地区或一个民族文化的特色或差异，如宗教信仰与民间信仰、民族语言的差异，决定一个国家、一个地区或一个民族文化的发展方向，决定人们的生活方式，决定人们的道德伦理、价值观念、审美习惯和思维方式。因此，精神文化是一种人类文化中不可或缺，有着其他文化形态不可替代作用的文化形态，它是文化的灵魂和中枢，决定并在一定程度上支配其他文化形态的存在。

第三节　文化发展与社会分析

文化发展，简言之，即人类文化总体上呈持续、稳定的递增、进步态势。纵观人类文化的产生与发展，可谓斗转星移、沧海桑田。人类从巢居穴处到住进楼台庭院、从钻木取火到研制宇宙飞船、从刀耕火种到发展现代农业、从茹毛饮血到建设基因工程、从舟楫不通到搭乘磁悬浮列车等无不是文化发展的结果。总体而言，人类文化史是一个漫长的由简单到复杂、由点到面不断深化和不断扩散的发展史。不过，文化发展又具有相对稳定性，因而在不同的时期呈现出不同的阶段性特征。文化的这种阶段性特征反映在人类社会中则与不同的社会类型相对应，亦即文化发展的不同状况规约着不同的社会生产方式，呈现出不同的社会结构，体现出不同的社会文化形态。以下就人、文化及社会三者之间的内在关系以及文化发展序列与社会类型特征间的对应关系作简单分析。

一、人、文化及社会之间的内在关系

文化是人类的创造物，是"一个特定社会中代代相传的一种共享的生活方式，这种生活方式包括技术、价值观念、信仰以及规范"。而社会是指处于特定区域和时期、享有共同文化并以物质生产活动为基础，按照一定的行为规范而结成的人类生活共同体。构成社会的基本要素是自然环境、人口和文化。至于人，既是创造文化的主体，也是社会的成员、社会的主宰。作为文化主体的人，不是单数的人而是复数的人，人只有结成一定的社会群体才能成为文化创造的主导力量，因而人类在创造文化的同时也组建了简单的社群进而到复杂的社会。人与文化及社会之间存在相互依存、相互制约的动态关系，人的行为受所在文化及社会的影响和模塑，而文化与社会本身又依赖于人的力量而产生和维持。

进而就文化与社会的内在关系而言，二者可谓人类世界中一对相互依存、相互制约的孪生兄弟。文化是人类社会的文化，而社会是由人类文化构成的社会。没有文化滋养的社会难以存在，没有社会依托的文化同样难以想象。英国人类学家马林诺夫斯基曾通过对新几内亚和拉美尼西亚原住民的田野调查，系统地论述过文化与社会的本质关系：文化最初是为满足人类衣食住行及繁衍后代等基本生理需求而产生的。现代文明是由种种社会体制所构成的复杂体系，每一种体系发挥一定的功能以满足人的第一性（生理的和心理的）和第二性（纯精神的）需求。文化的一个主要任务是巩固、发展和传递给后代作为社会经验总和的"社会命令"这种第二性需求。社会的平衡与和谐是人类文明存在的基本条件。文化是社会中统一的、自我调节的有机体。社会学家比·索罗金认为，人生而有之的对真善美的追求与具有社会意义的利益准则相结合是文化发展的推动力。

简言之，文化与社会的互动关系共同构成人类存在方式中不可分割的整体。文化为人类适应环境提供手段，为人类谋生和增进幸福提供条件；而社会则为人类创造文化提供舞台，为人类生存提供空间和保障。人类社会是以各种文化要素，尤其是社会制度文化为核心纽带的，而人类文化也因其必须为社会系统的运转提供永不枯竭的能量而生生不息。正如马林诺夫斯基所言，"文化的真正要素有它相当的永久性、普遍性及独立性，是人类活动有组织的体系，就是我们所谓的'社会制度'"。

为了说明文化与社会在人类世界中的超有机联系以及人类社会与动物社会的本质区别，美国人类学家克鲁伯在1936年首创了社会文化（socioculture）这一概念，他认为必须将人类的社会与文化看成是只在联合状况下出现的交织、复合在一起的整体才有意义，因为动物世界也有自己的社会，但只有人类社会才具备有意义的文化，剥离二者的关系，抽象地谈论人类的社会或文化都是不完整的。K. 戴维斯（Kingsley Davis）则认为，人类社会的特征是社会文化，动物社会的特征是生物社会。社会文化这一概念的建立，实际上将文化与社会视作人类历史进程中的连续复合体，有助于从整体的意义上理解文化与社会的内涵，同时也将人类社会与人类文化的两种基本倾向，即稳定的社会趋向和既累积又变动的文化趋向区别开来。

以上对人、文化及社会之间内在关系的简单梳理，有助于我们对文化发展状况与社会类型的本质联系及其对应关系的理解。

二、文化发展与社会类型

人类社会自产生以来，随着社会文化发展状况的不同而相应地建构起不同的社会类型。虽然众多地区、众多民族的社会文化并非呈统一的单线条、一元化发展模式，事实上在同一时空中亦并存着众多的层次不同的社会类型，然而人类历史文化以及相应的社会类型始终遵循着总体上的由简单到复杂、由低级到高级的进化模式。至于社会类型划分的标准，则可以从不同的角度加以选择，既有从生产方式和社会基本经济形态的角度划分的，也有从社会结构的角度划分的，还有从社会制度和阶级状况等的角度划分的以及从生产技术和生计模式的角度划分的。

为了较好地说明文化发展状况与社会类型的对应关系，此处采纳最后一种划分标准。这是因为：一方面，解决人类衣食住行的物质生产活动是整个文化创造活动的基础，在人类谋生方式中起作用的文化因素被称为文化核心；另一方面，反映社会生产力水平的生产技术直接决定着社会生产关系，二者又共同构成社会生产方式，这种生产方式又对社会结构和社会形态等起着规约作用。可见，生产技术既是衡量人类文化水平的重要指标，也是制约人类社会类型的重要因素，在文化发展状况与社会类型特征间起着杠杆作用。按照生产技术水平和相应的生计模式，大致可将人类社会划分为采集—狩猎社会、园艺—游牧社会、农耕社会、工业社会以及全球化时代社会五种社会类型，以下分别从这五种社会类型的角度来分析人类文化与人类社会的互动性发展关系。

（一）采集—狩猎社会与文化

采集—狩猎是人类早期的一种较为普遍的寻食生计模式，直至今天，在地球的边缘地带，有大约25万人仍然过着寻食生活。人猿揖别后，人类先驱又经过漫长的独立演化，在大约20万年前才进化为真正意义上的"人"，进入漫长的旧石器时代。此时，处于"幼儿期"的人类，其文化亦处于开创阶

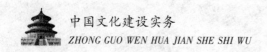

段，故生产力水平十分低下，还只能打制简单粗糙的石器，因而他们只能选择对自然环境高度依赖的谋生方式，即依靠采集野生植物、围捕野生动物或者捕捞鱼虾等方式生存。

寻食生计模式的简单性也相应地导致其社会结构具有简单、松散的特点。由于环境资源的供养能力有限，寻食社群一般规模较小，通常由数十人组成，人数最多不超过100人。各个社群大约需要数百平方英里的资源空间才能满足其需要，因此，各社群之间不会有较频繁的接触。各寻食群体基本以血缘和婚姻等关系为纽带而组建，群体内部成员则以家庭为单位聚合在一起。事实上，在采集—狩猎社会中，家庭几乎是唯一明确的制度，必须独自完成在其他社会中需要更专门化的制度来完成的许多功能，诸如经济生产、儿童养育、群体保卫等。

寻食生计模式特征还导致其社会生活处于粗陋的平均主义状态。首先是群体内部的资源共享。一般大部分社群拥有各自大致固定的寻食范围，但是群体活动范围内的所有自然资源都为该群体成员共同拥有，每个家庭都有相等的采集和狩猎权力，无人能够垄断，只不过先发现者先受益，后来者同样可以利益均沾。其次是群体内部成员的互惠性合作和同质性劳动。在狩猎活动中通常需要家庭之间在技术与人力上进行互惠性合作，所得猎物平均分配、见者有份，这在几乎没有食物保存方法的时期不失为明智之举。群体成员在寻食活动中分工简单明确，其劳动性质差异较小，虽然负责狩猎的男性付出较多的体力和能量，但负责采集任务的女性其劳动同样艰辛，她们需要长途跋涉和肩负养育后代的重任。总之，在简单的劳动协作中，所有群体成员从事着大体上较为均等的同质性劳动。再次，群体成员社会地位平等。由于寻食活动具有高度的流动迁徙性，加之又尚未拥有畜力运输或机械运输能力，故寻食者只能携带最低限度的生活必需品，因而大大限制了奢侈品和剩余物品的积累，同时也限制了财富集中在少数人手中而导致贫富分化和产生政治权威。虽然有时候也会出现权力很有限的兼职头领，但大多数决定一般经集体讨论作出，人与人之间较少发生冲突。尽管在某些宗教仪式中有较多的男性对女性的排斥（当然也有女性对男性的排斥），但宗教领域内的性别禁忌和劳动协作中的角色分工，并没有上升到性别歧视和社会不公平的程度，肩负采集任务的女性并不屈居支配地位。在该社会类型中，除了性别、年龄的差别和亲属关系中的角色差异外，没有其他专门化的角色分工，不必崇尚和屈服于权威。

简单松散的寻食社会结构源于人类文化的早期，但它反过来又强化了其文化的简单倾向。同质性劳动和平等的社会地位，使其群体成员分享着共同的生活经验，持有几乎相同的价值标准。生产力技术的简单和对大自然及人类自身状况认识的朦胧，导致寻食社群成员未能产生系统的哲学观念。他们的宗教观念尚停留在万物有灵的野性思维阶段，平等的社会地位也未能催化出对某种权威或神灵的崇拜，而只存在自然崇拜。或许为了解决人口增长与资源有限的矛盾，某些人群有过溺婴的习俗。

但是寻食社会的文化思维能力还是足以令现代人肃然起敬的。他们通过精确的语言交流技巧和群体协作能力，在险象环生的自然环境中拓展生存空间。诸如，在围捕大象、犀牛、野牛等大型动物时就表现出惊人的团队智慧，不仅创造出各式弓箭、刀矛等捕杀武器，还懂得智取和诱捕。猎手们有时披上动物皮毛作为伪装，以近距离观察猎物，等待时机从多个方向一致向猎物发起进攻，有时还点燃篝火或制造混乱以诱逼猎物逃窜至沼泽地或包围圈。他们在狩猎、捕捞活动中，不仅制作的工具日趋精巧和复杂，还创造了相关的生活器具和时尚艺术品。例如，克罗马农人发明的渔钩、弓箭、抛矛等远比其祖辈制作的工具精巧复杂，甚至其抛矛发射时速已达160公里。他们还用鹿角和骨头制作锥子和针，把动物的皮毛缝制成合体的外套，并用项链、手镯和小珠子装扮身体，还能为自己的居所制作精美的家具等。又如，在今天法国南部和西班牙北部一带，大约3.5万年前至1.2万年前的克罗马农人在自己居住的洞穴里留下了100多处精美的壁画，再现了猛犸象、野牛、驯鹿等巨型动物。艺术家们还使用矿石、植物、动物脂肪及血等调制颜料，绘画的动机可能是帮助猎人获得控制大型动物的精神能力。此外，他们已开始对人生礼仪进行某种庄严的思考。例如，考古学者在几处尼安德特人的遗址里，找到了带有宗教仪式痕迹的精致墓葬。他们在位于伊拉克首都巴格达以北约400公里处的沙尼达（Shanidar）洞穴内，发现死者被安置在采集的新鲜野花上面，尸体上覆盖了衣服和用鲜花扎成的花圈。在其他位于法国、意大利和中亚的尼安德特人遗址中，死者坟墓的周围则放置着燧石工具和动物骨骼。

总之，采集—狩猎社会简单平等的生活是受特定的文化水平和现实需求能力制约的。人们的生活既不是哲学家托马斯·霍布斯在350年前所描绘的那样，处于"孤独、贫困、下贱、野蛮和匮乏"的状态，也并不因为其谋生的时间大大低于现代人类社会的平均劳动时间而处于令人歆羡的浪漫自由的休闲状态。无疑，采集—狩猎社会在人类文化史上既有筚路蓝缕的艰辛，也有新时代里程碑的意义。

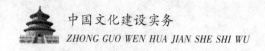
（二）园艺—游牧社会与文化

园艺—游牧社会是人类继采集—狩猎社会后由寻食生计模式向产食生计模式转变的历史性飞跃。这种变革大约始于 1．2 万年前至 1 万年前，终于 6000 年前，贯穿于新石器时代。至于园艺与游牧这两种具体生计模式的选择，则视生态环境而定。人类究竟为何选择比较艰辛的产食生计模式而逐渐放弃寻食这种相对轻松的生计模式？这在较大程度上是基于人口增长与环境资源有限之间的矛盾而作出的理性选择。

或许人类是因为采集时反复观察到被撒落种子的生长过程而萌发了园艺技术，但这无疑是一次变革性的文化创造。尔后经过数百年的反复摸索，人类才逐步掌握了种植庄稼和驯养家畜的技术，跨入了农业经济的崭新时代。据考古发掘，大约自 1 万年前的新石器时代开始，人类分别在中非、西非及西亚、东亚等地相继学会了种植大麦、高粱、甘薯、粟米、水稻等庄稼，同时驯养了绵羊、山羊、猪、牛、鸡等动物。虽然总体而言这一时期的生产工具是简陋的（以石斧、石刀、石锄、木棍等为主），园艺知识是粗浅的，整个社会仍处于"刀耕火种"的粗放式经营状态，但园艺种植业的实施，使人类社会结构和文化内容远较前一阶段复杂和丰富得多。

首先是社会结构的复杂化。该社会的生计模式要比采集—狩猎社会明显有效，它不仅可以保障食品的供给和增加，还能提供一定的剩余产品。起初，剩余产品主要用于社区宴会性的消费和作为馈赠性的礼物，但是一些富有的家庭和个人却因此获得较高的社区声望，变得比其他人更有势力，于是权威性首领制形成，在先前平等的社会关系中埋下了不平等的种子。尤其是社群与社群之间因觊觎对方的资源和财富经常发生冲突，甚至出现某些食人肉、猎头献祭等恐怖习俗。剩余农产品的出现还意味着部分人口可以脱离食物生产活动，一些新的专业化的社会角色如巫师、商人、手工业者等随之产生，多样化的社会分工开始出现，在某些较发达的园艺社区甚至产生了贸易经济。

其次是文化内容的多样化。园艺生计模式的相对稳定性使社会成员从居无定所转向安居乐业，永久性社区村落逐渐形成，人口密度大大提高。现已知最古老的村庄是公元前 8000 年的位于今以色列境内死海北边绿洲上的耶利哥，估计其人口已达 2000 人。聚居使社区成员接触日益频繁，信息交流增多，社会分工日益多样化，更多的文化产品如陶器、铜器、植物纤维纺织品以及房屋建筑、宫殿石雕木刻等相继面世。人们在长期的农作物栽培实践中观察到日月星辰运转和寒来暑往、四时交替的自然规律，观察到庄稼与气候、雨水、阳光的密切关系，累积了早期实用的农业科学和历法。此外，在宗教领域，园艺者除自然崇拜以外，还创造了与农作物生命周期相关的怀孕的植物女神、与青蛙或蝴蝶相联系的动物女神以及与山羊或公牛相联系象征生殖力的年轻男神。

总之，园艺社会较为复杂的生计模式，促使社会结构和文化内容逐渐复杂化和多样化。

人类园艺生计模式产生的同时，在某些干旱、寒冷或多岩石的不适宜发展园艺的草原地区，则产生了游牧生计模式。在今天世界的许多地区，尤其是北非及中近东一带仍然存在着许多游牧社会。游牧社会的产生也是文化习得的结果。人类在长期的采集—狩猎活动中，逐渐熟悉了动物习性，开始驯养某些温顺的食草动物如山羊、绵羊、牛、马等，并以游牧生计取代采集—狩猎生计。

与园艺社会类似，游牧社会的结构也较前一阶段更为复杂，文化内容也更为丰富。首先，成群驯养动物比人类过去追逐野生动物更有效、更稳定。精心的驯养使牧群的数量呈几何级数增加，丰富的肉类蛋白质的摄入导致人口数量快速增长，故游牧社群的规模要比采集—狩猎群体庞大得多，一般有数百人至数千人不等。同时随着剩余产品的增多，财富逐渐被集中在少数人手里，于是这些财富被兑换成世袭的权力和地位，部落首领制雏形便开始产生，社会关系不平等的因素增加。其次，游牧生计带动了帐篷生产、皮毛加工、毛毯编织等文化产业的相应产生。由于生活物品主要集中在肉食、皮毛等有限种类上，加之游牧社群具有流动性特征和拥有畜力运输的有利条件，刺激了游牧群体与园艺群体的物品交换。同时，为了争夺资源，在游牧群体之间以及游牧与园艺群体之间的冲突、战争时有发生，失去自由的战俘被迫给征服者无偿劳动，转变成奴隶，这在早期的采集—狩猎社会是闻所未闻的。此外，游牧群体还根据自己游牧社会的生活体验，创造了一个或多个对人间事物颇感兴趣的又能关照其生存的神灵。现代世界几大宗教诸如基督教及其前身犹太教和伊斯兰教等，最初都产生于游牧民族之中。

（三）农耕社会与文化

大约在公元前 6000 年左右，人类从新石器时代跨入金石并用和铁器时代。金属工具的使用，尤其是犁的发明，使农业生产力得到大幅度提高。畜力耕作的发展与灌溉系统的修建，使刀耕火种的游耕农业社会跨入精耕细作的集约农业社会。农业生产效率大幅度提高，人口呈数百倍、数千倍地增长，较大规模的永久性的农业村庄开始建立。人类进入以金属工具使用、文字发明、城镇产生为标志的农耕文明社会。农业效率的激增使愈来愈多的人脱离农业生产成为可能，社会分工日益发达。为了满足专业化和现实生活需要，越来越多的手工业、商贸业等百工行业聚集在交通便利、地形开阔处，乡村集镇和较大规模的城市陆续产生。随着人口的快速增长和城镇化速度的日益加快，为了控制乡村资源，满足城市需要，农业人群与周边系列城镇人口组成父系权力等级制的酋邦社会，财富两极分化愈益严重，社会不平等加剧，尔后在各酋邦部落的兼并战争中，国家产生。

国家建立了一整套复杂的政治制度，拥有严密科层化的官僚机构以及军队、法庭等国家机器。国家权力逐渐集中于少数征服者家族，世袭的君主专制制度形成。君主拥有生杀大权，宗教与政治结盟，大量财富集中于少数特权阶层，频繁的征战，无休止的赋税、劳役等加剧了社会冲突和动荡。例如，古巴比伦国王汉穆拉比（公元前1792年至公元前1750年在位）就曾试图用赋税和严刑峻法来维系帝国的等级制度。然而，集约农业在催生出社会不平等制度的同时，也促成文化与经济前所未有的繁荣。都城及各级区域城市不仅是国家政治、经济、军事中心，更是文化的加速器和辐射源。为维持庞大复杂的国家机器的运转，尤其是为满足祭祀、税收、公务往来等需求，形成日益成熟的文字和专业性文化阶层以及神庙、学校等文化机构。此外，国家政治、经济、军事方面的需要刺激了公路桥梁、航道驿站等交通设施的修建，促进了人员的流动和信息的传播。各民族的史诗、神话、故事、传说等口传艺术相继大量产生。特权阶层对政治权力与生活享受的欲求，又大大激发了百工技艺的创造力，造型各异的宫殿庙宇、亭台楼阁以及琳琅满目的生活用品均彰显出农耕社会城市的繁荣和文化的辉煌。

总之，农耕社会生产力的飞跃催生出一部辉煌的世界人类文明史。以古巴比伦、古埃及、古印度和古中国等为核心地带的"四大文明区"在东西两半球相继崛起，世界三大宗教相继产生。五千年中华文明史中独具特色的语言文字、浩如烟海的文化典籍、惠及世界的科技工艺、精彩纷呈的文学艺术、充满智慧的哲学宗教等辉煌成就更是人类农耕文明的精粹。

（四）工业社会与文化

工业社会自18世纪60年代英国工业革命后产生，英国人瓦特改良蒸汽机之后的一系列技术革命引发了从手工劳动向动力机器生产转变的重大飞跃。英国工业革命是世界现代化的起点，现代化很快传播至整个欧洲大陆，19世纪又传播到北美地区，尔后世界各民族相继卷入现代化浪潮。

工业社会又称现代社会。蒸汽机、内燃机、电力及原子能等新技术的广泛运用，导致社会政治、经济制度尤其是社会结构处于急速的大变革之中。

大机器生产和流水线作业,在提高经济效益的同时,也使大量的人口集聚城市,从而加速了城市化和生产专业化的进程,也带动了教育、医疗、保险、服务等相关行业的快速发展。工业社会给人类社会文化生活尤其是社会结构方面带来前所未有的变化,人类社会进入"加工"和"人造"时代,尼龙、涤纶等化纤布曾一度替代棉、麻制品;各种食品罐头、碳酸饮料、饼干、巧克力、速食面、快餐以及各种保健品等充斥着食品市场;白墙青瓦式的传统民居迅速被钢筋混凝土结构的高层建筑取代;报纸、广播、电视、网络等媒介加速了资讯的传播和跨文化的交流。

在工业社会,世袭君主制度被相对民主的资本主义制度或其他社会制度所取代。尽管工业化早期,大批由乡村农民转变成的工人处境悲惨,劳资关系紧张,但随着政府对技能教育、社会福利、经济运作等方面的介入和监管以及工会等各种社团开展争取民主权利的斗争,社会绝对贫困和极度不平等现象减少。各个国家军费预算增加,但由于考虑到战争对工业经济的毁灭性打击,因而战争不如农耕社会频繁,但两次世界大战波及的范围最广、涉及的国家最多,破坏性也最大。此外,大众教育成为社会制度性措施,人们对科学和新技术的追逐成为重要的安身立命之道,故宗教丧失了以往不容置疑的道德权威的神圣地位。

家庭组织生产、养育后代等多种传统功能被社会机构所取代。亲属关系在社会结构中被淡化。各种社团、政党、协会等次属群体如雨后春笋般涌现。人们不再像农耕社会那样共同分享单一的经验,新的多样化生活模式导致价值多元化。总之,工业社会不仅使人类文化快速累积,文化的多样性和复杂性超过以往任何社会类型,同时又并存着文化同质化趋势。

(五)全球化时代社会与文化

自 20 世纪 60 年代后,随着跨国贸易公司的建立和信息资讯业的飞速发展,人类又进入所谓的全球化时代。发达国家进入追求意义和价值的社会均富和大众消费时代;亚非拉地区一大批新兴民族独立国家,在世界冷战格局中以更加理性的本土化意识,寻求和选择自己的发展模式,形成快速追赶式现代化浪潮。总体而言,人类文化多元化与本土化趋势交织并存。

由于信息和交通技术革命以及全球大众通信的普及和众多媒体的推波助澜,世界呈现出空前的现代性:人员、资本、信息、形象、观念等在全球范围内高速流动;生活的本质在充斥着流行元素的消费和跨文化接触中变得抽象与模糊;人们在骤然"压缩、折叠"的时空中显得越来越紧张与不安……正是由于世界性社会大变动和人们对现代性的深度反思,激荡出西方学术界

以挑战权威和质疑权力、解构传统为主要特征的后现代思潮。

至 20 世纪 90 年代，以重力加速度式扩展的"全球化"（globalization），将地球压缩成一个"村庄"。在"地球村"内，资本、商品、人员、图像、技术、知识、思想等各种主客体愈加高频率、高密度地快速流动。欧风美雨、韩流日潮等国际"快餐文化"向世界各个"角落"蔓延，人类文化异质性与同质性互渗现象愈益明显。在全球化时代处于"全球性互赖"、"胶着"状态中的人们，在分享着现代技术带来物质生活便捷的同时，也遭受着私人空间被快速挤压、民族传统被强制"失忆"带来的心灵重厄。作为文化创造主体的人类，在"舒适"与"窒息"的夹缝中艰难生存。人们对世界文化多样性的关注，越来越从有形的物态层面转向无形的技术、精神层面。这使得世界许多民族一面正视现实，将全球化视为不可抗拒的世界性潮流，一面在继续反思现代性、质疑欧洲中心论的基础上竭力彰显自己的地方性特征，以文化自觉的方式追求更为理性的本土化社会发展模式。

总之，在全球化时代，"全球化"与"本土化"、"文化同质性"与"文化异质性"是两对不可分割的矛盾统一体。世界性的多元文化的互动，交织成萨林斯所谓的"多文化之文化"（A Culture of Cultures）或汉尼尔兹所称的"多网之网"（A Network of Networks）。在这张全球性文化大密网中，现代化早期那种"弱肉强食的丛林规则"只能招致集体的灾难和共同的毁灭。因此，如何保护多样态的人类文化基因以及如何让多元文化在交汇、碰撞中和谐并存，让世界各民族在共生互惠中持续发展，日益成为全人类共同关注的主题。基于此，联合国教科文组织在 20 世纪末和 21 世纪初又通过了一系列以"尊重世界文化多样性、保护文化遗产"为主题的相关条例、公约。

第二章　文化的特征与功能

文化是人类基于自身多层次需要而独创的一种主动适应环境的生存方式。文化一经人类创造出来，就必然以其特有的方式存在，以其特有的规律发展演变，同时在长期的历史变迁中逐渐形成自己的基本特征和社会功能，致使人类的存在与动物的存在显著地区别开来，社会文化也因此成为人区别于动物的主要标志。

第一节　文化的基本特征

文化的基本特征可从文化的生成机制、文化的创造形式、文化的传承模式、文化的适应范围、文化的存在方式以及文化的运作机制等角度予以思考，大致包括以下几个方面。

一、自然性与超自然性的统一

（一）文化的自然性

文化的自然性包括两层含义：其一，文化创造必须以一定的自然环境为条件；其二，作为文化创造主体的人，从生物学角度来看，属于生物界的一个种群，具有某些生物本能属性。

首先，从文化自然性的第一层含义来分析。由地形、地貌、水文、气候等基本要素构成的自然地理环境，不仅给人类文化创造提供了直接的对象，也给人类文化发展提供了一个广阔的空间，同时更将人类文化行为纳入宇宙生态能量循环系统之中。人类所处的世界，实际上是由生物系统和非生物系

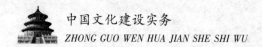

统在特定的地理环境中结合成的无数大小不一的生态系统所构成的。一个完整的生态系统是由动物、植物、微生物等有机体和土壤、水、空气、气候等无机体共同组成的。在生态系统内部，有机体生存所必需的能量是通过有机体相互之间以及有机体与无机体之间的反复交换和不断循环而获得的。各个生态系统也因能量的交换和循环以及内部的相互协调而处于相对稳定的状态。

就人类居住的地球这一庞大生态系统而言，所有的生物系统同样离不开与非生物系统的能量交换。所有的生物可以分为三类：一是作为绿色植物的能量合成者的生物，它们能将太阳的光和热以及从无机界汲取的营养物质合成为食物；二是作为食用植物或食用动物的消费者的生物，其生命有机体遵循新陈代谢规律，历经一定的时间就会衰亡，然后被分解成回归尘土的无机物，最后又被别的生物吸收而转化为能量；三是作为细菌和真菌类的分解者的生物，它们能分解死亡的有机体，使之转换为土壤中的营养物质并再度被植物所利用。合成者、消费者和分解者是生物系统中相互依存、不可分割的整体，它们彼此以食物和营养关系相结合，按照取食和被取食的序列形成"食物链"。实际上，任何生物的食物都不止一种，而是有多种。例如，人类不仅食用兽类、鱼和虾等动物，也食用植物。各种食物链交织成错综复杂的"食物网"。人类居住的地球就是这样一个由生物系统和非生物系统高度依存、相互作用的能量交换系统。因此，作为地球生态系统一员的人类也只能从地球生态系统中获取生命的能量，离开了自然环境中的有机物和无机物的能量交换而谈人类的生存，只能是画饼充饥，离开自然环境的人类文化创造也只能是无源之水和无本之木。

此外，任何生态系统能够提供的能量交换都是有限的，能够承载的生物种类更需要控制在一定的比例之内，否则其平衡就会遭到破坏。就地球生态系统内部而言，虽然弱肉强食的丛林规则一再凸显，然而其中的生物系统与非生物系统往往在能量交换中通过某种调节机制而达到能量守恒，使其处于良好的循环状态而获得一种动态的平衡。这是因为在长期的自然进化过程中，为了维持生态系统的有序存在，生态系统内部的各部分之间建立了某种相互协调和相互补偿的平衡机制。例如，某一草原地区内野兔数量繁殖过快，但草原所能提供的总能量供应限制了合成者、消费者、分解者繁殖的程度，于是通过豺狼扑食野兔的自动调节方式，不仅控制了野兔的数量，也保证了余存野兔的青草供应，从而维持了草原生态的平衡。维持生态系统内部平衡实际上是不以人的主观意志为转移的客观规律。因此，作为灵长目动物最高种群的人类，尽管在地球生态系统中高居于独特的位置，但其文化创造并非随心所欲，也必然受生态系统平衡规律的制约。人类文化创造活动如果忽略或者藐视这种客观规律，一味地片面强调改造自然和征服自然，只能破坏生态平衡，遭到自然的报复，给人类自身带来灾难。

其次，从文化自然性的第二层含义来分析。我们可以从生物学微观层次来观察作为文化主体的人类：构成人类生命个体的最基本单位是细胞，细胞内部又分为四个层次：第一层是包含着 23 对染色体的细胞核；第二层是细胞核内的染色体，即存储遗传信息的 DNA（脱氧核糖核酸）长链；第三层是位于 DNA 长链上控制身体特质的基因；第四层是构成 DNA 长链的四种碱基，即腺嘌呤和鸟嘌呤以及胸腺嘧啶和细胞核嘧啶，每种碱基与磷酸盐和五碳糖结成的基座构成一种核苷酸分子，核苷酸分子又按一定的规则排列组合结成 DNA 长链，进而参与复杂的细胞分裂、生命繁衍过程。人体细胞之外的部分又可分成从低到高的四个层次，即组织→器官→系统→机体。细胞按照不同的原理结成不同的组织，如皮肉、毛发、指甲等；不同组织形成不同的器官，如四肢、五脏六腑等；功能相同的器官结成系统，如神经、视觉、消化、内分泌等系统；各个系统整合成有知觉、有欲望和能运动的人类生命机体。显然，从体质结构而言，人类只不过是自然生物界中一个有血有肉、具有复杂思维和七情六欲的独特的种群。人类在文化创造过程中，既依赖独特的身体机能发挥主体创造性，又在一定程度上受血肉之躯的自然属性所局限，文化创造在很大程度上必须考虑满足人类的自然需求。因此，文化主体的自然属性始终不能被忽略。

从以上分析可知，文化的自然性主要体现在：一方面，人类文化创造始终只能以自然为对象，并受自然环境状况及生态系统运行机制的制约；另一方面，在人类文化创造过程中，文化主体的自然属性始终以独特的形式参与其中。

（二）文化的超自然性

所谓文化的超自然性，亦可从两个层面来理解：其一，从人类文化生成机制来看，文化既是人改造外在自然的过程，也是人改造内在自然（自身）的过程。凡是打上人类烙印的自然就不是纯粹的自然，因而具有超自然性。其二，从文化传承方式来看，文化是后天习得行为，而非生物遗传，故具有超生命有机体自然属性，即超自然性。

首先，从第一个层面来分析。早在人类及文化出现之前的远古洪荒时代，宇宙万物处于一种"无为而治"的自在状态，然而作为万物之灵的人类却不甘于永远受自然的摆布，他们制作生产工具，又结成一定的社会关系，通过群体的方式从自然界获得日益增多的满足衣食住行需要的物态文化，同时在改造自然的过程中，又逐渐形成相应的社会制度与行为文化以及更抽象的精神文化，从而满足人类的社会需要和精神需要。可见，无论是有形的物质文化还是无形的精神文化，无不打上了人类思维的烙印。那些留有人类改造痕迹、渗透着人类智慧的物态文化，已绝非天然的自在物，显然具有超自然性，至于那些无形、深层的精神文化，更是人类复杂思维的结晶，其超自然性更是不言而喻。此外，人类在文化创造过程中，既肩负着改造自然环境这一外在自然的重任，也承担着完善自身机能、突破自身生物本能属性这一改造内在自然的工作。事实上，人类改造自然、创造文化的过程，也是不断地超越人的生物本能属性的过程，人类的起源即文化的起源，人类的智慧随着文化实践的深入而不断累积，文化即人化自然和人化自我的产物。由此可见，文化的发展演变规律具有内在逻辑上的超自然性。

其次，从第二个层次来分析。人类文化非自然的"社会遗传"方式，亦能体现出文化的超自然性。人类所有的文化都是通过后天学习而不是通过生物遗传而获得的。一个呱呱坠地的婴儿犹如一张白纸，只具有因饥饿、疼痛而啼哭等生理性反应，婴幼儿的成长过程就是文化的习得过程。人类学家拉尔夫·林顿把文化习得方式称为"社会遗传"。人类文化通过后天习得这一所谓"社会遗传"方式而从上一代传递到下一代以及个人成为其社会成员的过程被称为"濡化"（enculturation）。可见，倘若没有"濡化"，人类就无法从"自然人"变为"社会人"，同时也不会有人类文化的传承和累积。显然，无论是从"濡化"的方式还是从"濡化"的结果来看，文化都具有鲜明的超自然性。

此外，人类的童年时期比任何其他动物的都要长得多，这反映了人类必须极大地依赖后天的文化习得行为才能较好地生存，而不是像其他动物那样完全依赖或基本依赖生物遗传和本能反应而存活。文化由后天习得而非生物遗传这一非自然的传承方式，无疑体现了文化的超有机性或超自然性。不过，从习得行为来看文化具有超自然性，并不等于说所有带有某种超自然性的习得行为都是文化行为。例如，信鸽具有识途能力和马戏团动物具有表演能力都只不过是通过反复训练条件反射的结果。而且，并非所有习得文化的代际传递行为都是濡化。事实上，大多数哺乳动物尤其是非人类的灵长目动物都在不同程度上表现出习得行为的代际传递。例如，在日本，猕猴学会了将甘薯洗净后再吃，就会把这种方法传递给下一代。被人类学家实验的猿猴一般具有接近人的智力，它们能以再现的方式利用声音，能充分意识到其他成员的目的和目标，具有参与策略性欺骗的能力以及与其同类或人交流的能力等。这些充其量只能算是处于简单文化萌芽状态的习得行为，它们与人类的社会文化习得行为不可相提并论。它们对后天习得行为的依赖程度远远不及人类，而且在其习得行为的代际传递中更不具有人类那样的创新式继承的能力。可见，文化习得行为的创新式传承方式同样折射出文化的超自然性。

综上所述，无论是从文化客体的层面分析，还是从文化主体的层面分析，都可以得出一致的结论，即所有文化都源于对自然的利用和对自然的改造。文化正是在主体与客体、人与自然的相互作用下而转化为具有超自然性的物化产品或观念化产品。倘若离开自然这一文化客体，人类文化创造则为无米之炊。人类在有意识地利用自然、改造自然的同时，还能不断地超越自己的自然生物属性，提升自己在利用自然和改造自然方面的创新能力。总之，文化是自然性与超自然性有机统一的结晶：一方面，人类依赖自然、利用自然、顺从自然，以自然作为文化的创造对象和创造舞台，同时也以其自身作为文化创造力的物质载体；另一方面，人类又能有意识、有目的地改造自然、超越自然、发掘自然。因此，文化也可以说是改造自然与顺从自然的和谐统一体。

二、个体性与超个体性的统一

文化的个体性是指文化的实行方式。文化的个体性大致包括以下几层含义：其一，文化主体是由社会个体成员共同组成的社会群体，文化主体的总体创造能力有赖于个体积极性的发挥，没有个体的主观能动作用，所谓群体的文化创造能力也只能是空想。其二，社会群体内部的文化创造能力存在着事实上的个体差异。由于受成长环境、文化教育程度、社会经历、主观努力程度以及遗传等多重因素的制约，个体的文化创造能力存在着明显的差异。人类所取得的任何一项成就，往往都与个体聪明才智的发挥和努力是分不开的，因而那些具有非凡文化创造力、为推动人类文明进程做出不朽贡献的各民族杰出人物被载入人类史册。例如，古希腊"哲学三圣"苏格拉底、柏拉图和亚里士多德，中国古代思想界"三圣"老子、孔子和墨子，近代德国的莱布尼茨、英国的牛顿和近现代美籍犹太人爱因斯坦、美国"世界发明大王"爱迪生等科学巨匠，还有无数没有留下名字的民间发明家、民间艺人等；他们都在各民族历史文化长卷上写下了辉煌的篇章。其三，社会成员一般是具有独立主体意识的个体，每一个体都有权选择自己所喜好的生活方式，都有选择和享用文化形态的自由。例如，采用何种刀具来进行某项工作，吃什么来解决饥饿问题，选择什么样的烹调方式以适应自己的口味，穿什么样的衣服来解决冷暖问题，包括选择什么样的布料来制作衣服，这些都是由个体决定的，呈现出明显的个体性特征。文化的超个体性是指文化的存在方式，这也可以从两个方面来理解：一是文化的创造形式、文化的服务对象、文化的传承方式等都离不开社会群体；二是个体文化类型选择总是有限的，个体文化行为总是受社会群体文化行为制约。因此，文化在存在方式上又呈现出超个体性的存在。然而，文化的个体性总是与超个体性紧密地结合在一起的，二者构成文化特性中既对立又统一的两个方面。文化的个体性与超个体性的联系主要表现在以下两个方面。

（一）个体性与超个体性密不可分，既对立又统一

首先，任何一种文化创造活动总是表现为一种群体的社会实践活动。人类的先驱正是依靠群体的力量在与险恶的自然环境进行不懈斗争中求得生存。可以说，在人类文化的发生、发展、演变等各个阶段、各个环节均离不开群体的力量。事实上，文化的起源和开端有赖于群体的共同作用，文化的传承和累积也要依靠群体的共同努力，文化的创新和发展更要依靠群体的共同奋斗。

其次，个体创造性的发挥总是建立在时代发展和群体智慧基础之上的。不管是文化精英还是科学巨匠，其非凡的个体创造能力归根结底是与社会发展状况和时代发展趋势相一致的。古希腊的"哲学三圣"、中国古代思想界"三圣"以及印度的释迦牟尼等人类精神导师们，也只能出现在公元前800年至公元前200年之间，即所谓人类文明的"轴心时代"，而不是诞生在更早的神学时代或新石器时代。同样，哥白尼的"日心说"也只能诞生于对神权开始挑战和人类理性觉醒的欧洲文艺复兴时期。而且，任何个体的文化成就也只能是对以往群体智慧的总结和超越。正如牛顿所说："如果说我看得远，那是因为我站在巨人的肩上。"任何离群索居的个体只能是自然人而非社会人，更谈不上有任何文化创造力。

最后，个体生活方式和文化产品的选择自由总是有限的。例如，人们在没有马、骡子、车、船、轿等交通工具可供选择时，只能步行；相反，当出现多种交通工具后，可供人们选择的方式就大大增加了。此外，人类对生活方式的选择也受生产力的发展水平和由社会群体结成的生产关系所构成的生产方式制约。个体选择精神文化产品的自由，也同样有赖于社会群体所能提供的产品种类和数量。总之，文化的个体性与超个体性总是有机地统一在一起的。

（二）个体行为总是深受超个体性的文化模式所制约

人类个体一出生就被笼罩在一张无形的社会文化之网内，他必须经过漫长的超个体性的社会文化的模塑才能由一个自然人蜕变成一个社会人。在社会化过程中，个体所在社会的生活方式、语言风俗习惯、社会伦理道德及深层价值观念等超个体性的社会文化被潜移默化地渗入个体心灵。经过社会化洗礼的个体，其所作所为必须接受社会规范的约束，而不能随心所欲、为所欲为。

此外，任何社会成员，无论其个体意识多么强烈，其价值观念、行为方式等也必然受周围文化环境的影响和制约。例如，孔子、老子的思想必然折射出东方式文化的智慧；我国明朝的郑和虽有不畏艰难险阻七下西洋的壮举，但由于他深受中国传统农耕文化的影响和受内敛型海洋贸易政策的制约，并未取得类似地理大发现的成就。同时，社会成员的个体行为由于受超个体性的民族文化或地域文化的熏陶，进而呈现出民族特性。例如，美国人类学家露丝·本尼迪克特在其《菊花与刀》这部名著中，分析出日本人具有既向往菊花般的温婉清丽，也崇尚冷酷、残忍的武士道精神这一矛盾的民族性格，源于童年的养育习俗。又如，在农耕文明的长期影响下，中国人具有乡土亲情意识强烈以及含蓄、好面子等传统的民族文化心态，在春播秋收的务农中又孕育出天道酬勤、自强不息、坚韧耐劳、勤勉务实的民族精神。尽管时代在变迁，但这种独特的民族文化心态和民族精神，潜移默化地影响着一代又一代中国人。共同的民族文化折射出了文化的超个体性对文化个体性的制约。总之，人类创造了物质、精神、制度等方面的文化形态，而这些文化形态又从本质上制约着人类个体的行为模式。

三、普遍性与民族性的统一

文化是人类的创造物，从本质上而言，它是人类适应环境的手段，归根结底是为人类的生存服务的，因而在某种程度上，文化具有普遍性的特征。然而，文化又是由不同的族群、不同的民族在不同时期和不同地域所创造的，故又具有鲜明的民族性。正是二者的有机结合，致使人类文化既呈现出互通性和流动性，又表现出多样性和本土性。

（一）文化的普遍性

文化的普遍性不能被狭隘地理解为任何一个民族在任何一个时代都拥有相同的文化内容，而是特指文化为人类的基本生存、生产生活需要和社会组织服务的特性，这种特性不因种族、民族、地域、阶级、时代而有所区别，因此，文化是全人类所共同拥有的财富。文化普遍性在本质上主要体现为一种文化的人类共享性，也可以视作文化的外部共享性。

文化外部共享性的形成主要基于以下两个因素：

其一，人性普同，需求类似。从生物学角度来看，人类个体只是自然界的一分子，为地球生物系统中的一个种群。根据生物分类学，人属于动物界、脊索动物门、哺乳纲、灵长目、人科、人属、智人种类。可见，地球上种族不同、肤色各异的人，无论看起来差异有多么明显，但在生物种类上的本质都是一样的。他们有着相同的生命结构和相似的身体机能，都会经历新陈代谢、生老病死的过程，都有着相似的身体感觉和生理需求。地球上的人类总体而言可谓人性普同，需求类似。基于此，作为具有普遍生存意义的人类文化，必然具有某种共通性。

其二，人类多样性的生态环境带有某种共性。尽管地球上的人类栖居地在生态环境上千差万别，但凡是适宜人居住的地方必然在基本生存条件上或多或少相似。无论生活在寒带高原还是热带雨林，抑或是内陆山区、海上岛屿，都有昼夜交替、阴晴圆缺等自然现象，都存在着由有机体组成的生物系统和由无机体组成的非生物系统以及二者构成的生态系统，所有人类生命能量的获得都需要遵循生态系统内部能量交换的规律。正是这种相似性，导致人类文化必然具有某种普遍性。

（二）文化的民族性

文化的民族性是指文化所具有的民族间的差异性。文化的民族性在本质上主要体现为文化的内部共享性。文化内部共享性的形成源于文化的生成机制。就生成机制而言，文化是主体与客体在社会实践中相互作用的产物，从事社会实践的文化主体并非单个个体，而是由个体成员按照一定的社会关系结成的社会群体。作为文化主体的社会群体，总是表现为一定行政疆域和一定行政区划中的国家或民族中的人口。至于文化客体，则总是表现为一定行政疆域和一定行政区划内的地形、地貌、气候、水文等人文和地理环境。因此，说到文化，总是指一定地理环境内一定民族人口所创造的文化。这种由特定环境中特定人群所创造的文化也主要是为满足这一特定人群的生存需要而持续存在的，其中的深层价值观念和行为模式也往往主要被这一特定人群所理解、所分享，故文化又表现为鲜明的内部共享性。不过，我们在强调文化在国家间、地区间及民族间的这种内部共享性时，是就民族文化的一般性特征而言的，并不否认在共享文化内部，由于性别、年龄、阶层等方面的差异，又存在着诸多种亚文化，即共享文化系统内部又分布着许多小的子文化系统。

总体而言，人类文化的内部共享性特征较之外部共享性特征更为鲜明。文化民族性或文化的内部共享性对于人类的生存具有不可或缺的意义，这具体表现在以下几个方面：

其一，文化的内部共享性导致人类文化的多样性和丰富性。文化的内部共享性主要表现为文化的民族性或相应的国度性以及地域性。不同的国家、不同的民族往往拥有不同的物质生产方式、不同的社会制度和行为模式以及不同的社会心理、社会意识等，甚至相同国家内的不同地域亦呈现出多样化的文化特征。例如，在广袤的中国大地，其文化既有东西南北的地方性差异，也有 56 个民族的民族性差异。总之，正是各民族、各地方的多样性文化，共同构成五彩纷呈的中国文化。

其二，文化的内部共享性是民族文化认同和民族内部凝聚力形成的基础。民族内部的成员总是共享一套价值观念、行为准则，人们在相互理解中获得一种情感和文化的认同，其生活因此被赋予意义。正是这种文化内部的共享性特征，成为民族内部凝聚力形成的基础和民族文化前进的动力。例如，中国文化是以占主导地位的汉民族农耕文化为核心纽带的，全体中国人民共享一套中华民族文化的价值观念，呈现出强烈的民族认同感和强大的民族凝聚力。

其三，文化的内部共享性有利于打破种族界限。一套文化体系既然是被社会群体成员共享的，而且这些共享的文化是后天习得的而不是通过生物遗传而来的，那么在同一文化大环境中成长的不同种族的人就会共享一套价值观念和行为模式。可见，人与人之间的主要差异不是种族与体质的差异而是文化的差异。例如，一些长期生活在美国的非裔黑人在肤色体质上与他们遥远故乡的黑人的共同点要远远多于与他们处在相同文化环境下的美国白人。然而，倘若他们回到故乡传统社区生活，却会因文化的隔膜而一筹莫展，他们与美国"白人"共享的文化远比他们与非洲"黑人"共享的体质特征更具有意义。同样，一个从小生活在美国的黑头发、黑眼睛、黄皮肤的美籍华裔的思维方式和价值观念只能是西方美国式的而非东方中国式的。即便是一对生长在不同文化环境中的双胞胎，其行为模式也必然呈现出极大的文化差异。毕竟，种族特征只是对环境气候的生物学适应和通过遗传方式传递的，与文化智力的差别无关。虽然不排除多民族国家文化环境的复杂性和亚文化的多元性，即便是单一民族集团内部也会在共享文化体内存在着许多亚文化，也不否认人类历史上确实曾存在过因种族差异而导致的文化差异，但文化的内部共享性特征确实可以使不同的种族共享同一文化体系，这在某种程度上有利于打破种族的边界，最终有益于人类各族群的理解与沟通。

（三）文化普遍性与文化民族性的对立统一

文化普遍性与文化民族性终究是对立统一的矛盾共同体，共同构成文化的一个较鲜明的基本特征。文化普遍性与文化民族性的对立统一特征，主要体现在以下几个方面：

首先，从文化的生成方式来看：独立发明往往与传播、采借相结合。从前面的分析中我们已知，人类文化创造一部分来源于民族内部的独立发明，即由社会群体成员通过改良、探索实验等创新而来（如图腾文化，它就是由不同氏族部落在各自生存实践中创造的内容多种多样的崇拜形式，诸如动物、植物以及某些虚拟物崇拜等），一部分则通过文化传播而来，即采借其他民族的文化特质并融入自己固有的文化系统之中，并将它整合为民族文化的一部分（如"阿拉伯数字"，它实际上是由古印度人创造并经由阿拉伯人传播到世界各地的，现在被全人类所共享）。人类文化生成模式无疑体现了文化的普遍性与民族性相统一的特征。

其次，从文化的发展状况来看：文化累积和文化创新呈加速度发展趋势。在人类文化发展史上，随着文化传播的速度逐渐加快，文化累积和文化创新亦呈加速度发展趋势。早期人类由于受文化思维能力，尤其是文化传播速度、文化传播数量等的限制，文化创造主要限于群体内部，在缺少交流和借鉴的封闭状态下，文化累积和创新自然较为缓慢。随着文化传播的发展，各个民族不断将从别的民族选择、采借到的新文化特质整合到自己的文化系统中，因而文化的累积能力和创新能力均大大提高。假如没有文化的普遍性与民族性的统一，就不会有人类文化智慧的共享。假如文化完全由民族内部独立创造，则人类文化累积和创新的能力必然十分低下。当然，倘若没有丰富多样的文化民族性作为文化传播的前提条件和文化融合的基本元素，人类文化累积和创新的速度也会十分缓慢。

最后，从文化内部成分来看：文化特质日益多元化。正是因为文化具有普遍性与民族性相统一的特征，致使文化不仅为创造者所享用，也通过学习、发展、传播等方式而为不同地域和不同民族的人们所享用。如果说原始文化、古代文化或中世纪文化在共享上更多地受地域限制的话，那么，现代文化已日益打破人种、民族、国家的界限，通过学习、发展和传播为全人类所共享。随着全球化时代的到来，信息资本在全球范围内的传播和流动速度越来越快，人类文化在超加速传播、累积、创新及发展，愈来愈多的文化被全球所共享。

如果说以往的文化外部共享主要偏重于器物文化，而深层的观念文化等主要为内部共享，那么随着国家、民族之间跨文化交流的日渐深化，一些深层的观念文化也逐渐为人类所共享，如某些国际礼仪、国际惯例、奥林匹克精神等，这无疑折射出人类文化发展史上的人性化光芒。

然而，文化的普遍性与民族性始终是统一并存的。尽管随着全球化时代的到来，文化传播以前所未有的方式和速度席卷全球，尤其是一些西方强势文化渗透至世界各地，致使全球文化呈现出某种同质化倾向，但是，文化的民族性始终不会被普遍性所湮灭。在跨文化交流中，新的文化特质只是补充，民族文化的基本内核不会改变。总之，文化民族性这种内部共享特征并不会随着全球化的到来而消失，相反，在世界多元文化格局中，各个民族都在尽力彰显自己的本土文化个性，当代人类文化的同质性和异质性是并存的。

四、阶级性与时代性的统一

自从人类进入阶级社会以后，人类文化就不可避免地打上了阶级的烙印，因而文化具有阶级性。同时，没有一成不变的文化，文化又总是随着时代的变化而不断演变的，不同历史时期的文化均具有不同的特点，因而文化又具有时代性。

文化的阶级性与时代性又是密不可分的，二者是对立统一的，我们可以从以下几个方面理解二者的关系。

（一）阶级性总是寓于时代性之中

阶级并非随着人类及其文化的起源而产生，而是文化发展到一定时代的产物。在旧石器时代的早期人类，曾经历过一段时期的无阶级社会。那时生产力水平低下，只能打制简单粗糙的石器，人们组成小规模的群体，过着采集、狩猎、捕捞等寻食生活。由于生计模式简单，所以绝少有剩余产品，人们有时还要共同忍受饥饿。相应地，其社会结构亦相当简单和松散，几乎没有社会分工，群体成员过着共同劳动、平均分配、人人平等、没有阶级和权力压迫的原始共产主义生活。到了新石器时代，随着生产力水平的提高，寻食生计模式转变为产食生计模式，进入园艺—游牧社会，此时产生了一定的剩余产品和社会分工，社会结构也相对复杂起来，出现了阶级和权力的萌芽。

自公元前 6000 年左右，人类从新石器时代的园艺—游牧社会跨入铁器时代，进入农耕社会。随着金属生产工具和畜力的使用，农业生产力水平大为提高，剩余产品大幅度增加，社会分工日渐精细，社会结构相应地日益复杂，阶级、国家随之产生，人与人之间不平等的阶级关系制度化。进入阶级社会后，人类文化必然打上阶级的烙印。文化的阶级性虽然在不同时代具有不同的特点，但其只要存在阶级，就不能否认文化的阶级性。文化的阶级性始终是与文化的时代性相一致的。

（二）阶级性不是绝对的，具有相对性

并非所有的文化内容都具有阶级性，有些文化事项是超越阶级界限、被所有社会成员享用的，故具有非阶级性。因此，阶级性只是相对的，它总是与非阶级性相互交织在一起的。对于文化的阶级性与非阶级性，可以结合文化结构来具体分析。文化大致可以被划分为四个层次：第一层是由人类加工创制的各种器物，即"物化的知识力量"构成的物态文化层，以满足人类衣食住行等基本生存需要为目的。第二层是由各种社会规范、社会组织构成的制度文化层，反映的是处理人与人之间关系的社会准则。第三层是由人类在社会实践中，尤其是在人际交往中约定俗成的习惯性定式构成的行为文化层，它主要以民风民俗的形式出现。第四层是由价值观念、审美情趣、思维方式等构成的心态文化层，这是文化的核心部分，具体又分为社会心理和社会意识两部分，而社会意识又可区分为基层意识形态（如政治理论、法权观念）和高层意识形态（如哲学、文学、艺术、宗教）两种类型。

物态文化形式上不具有阶级性，但本质上却打上了阶级的烙印。作为物态文化载体的器物，从为满足全体社会成员需要而生产的角度看，是不具有阶级性的，但其具体的形态和使用则体现出鲜明的阶级性。例如，中国古代服饰在质地上主要有棉麻和丝绸之分，以供不同等级和身份的人选用，身着布衣的平民与"遍身罗绮者"显然不是一个等级，锦衣玉食者与粗茶淡饭者身份是不同的，茅草土房与深宅大院各自对应着贫寒与尊贵。制度文化则主要是阶级社会发展的产物，它是直接为保证统治阶级的统治秩序服务的，因此，它从形式到内容都具有鲜明的阶级性。风俗习惯等行为文化总的看来具有较少的阶级性，它主要满足民众的日常生活需要，但具体到个人及其家庭，在不同的享用方式上还是能够体现出身份和等级的。例如，中国过去同样是过春节或举办婚丧礼仪，大户人家的排场就要远远胜过贫寒人家。

至于心态文化层，则要具体情况具体分析。一般而言，社会心理属于较深层次、较为稳定的习惯性思维模式，故其阶级性不明显，当然不排除不同阶层的人社会心理表现方式不一样。而政治理论、法权观念等基层意识形态则具有鲜明的阶级性。哲学、宗教、文学、艺术等高层意识形态的情况则较为复杂，它们在本质上必然蕴涵着一定阶级的价值观念、伦理道德、审美意识等，中国传统文化中的所谓"文以载道，诗以教化"就是较好的说明。此外，心态文化创造者本身总是拥有一定的阶级身份的。当然，不排除有些艺术作品反映的是崇尚自然和追求生命本真意义，则超越了阶级性。哲学在探索宇宙本源问题时并不具有阶级性，但其与政治伦理结合起来的哲学，如中国的程朱理学就具有明显的阶级性。作为关注人类心灵的宗教，在其创立之初必然具有阶级倾向性，宗教要发展也必须迎合主流道德意识。不过，高层意识形态尤其是文学、艺术等文化产品在进入社会以后，又被不同的阶级所享有，表现出一定的超阶级性。

四个层面文化的物质生产技术和语言文字等载体一般具有全民族或全人类共享的性质，不具有阶级性，而且随着时代的发展，某些阶级性文化会向非阶级性文化转变，文化的时代性较之阶级性更明显。可见，文化的阶级性只是相对的，它往往与文化的非阶级性交织在一起。

（三）阶级性是衡量时代性的一个重要指标

文化阶级性是衡量文化时代性的一个重要指标，这主要体现在以下两个方面：

其一，文化阶级性的产生与文化的累积和进步相一致。阶级只有在社会生产力发展到一定程度，出现大量的剩余劳动产品和社会分工后才会逐渐产生。而随着阶级与国家的产生，社会文化结构也日益复杂化。在阶级社会里，由于社会分工日益发达，物质生产技术因专业化而快速提高，交通设施、商业贸易和城市集镇也快速发展，同时还催生出专业的文化阶层和文化教育机构。此外，阶级社会为保证国家机器的运转，还相应地建立了一整套国家制度和组织，诸如法庭、军队、财政部门、税收部门等机构。可见，正是随着文化阶级性的产生，人类文化在不平等制度下得到快速累积，并沿着石器时代、青铜器时代、铁器时代、蒸汽机时代、电子计算机时代、信息时代等时代进步的路径，从简单到复杂、从低级到高级发展演变。可见，文化阶级性的产生与文化的累积和进步相一致，成为衡量文化时代性的一个主要标志。

其二，文化阶级性的变化趋势是衡量时代文明程度的标志。文化的阶级性的确从客观上推动了文化的进步，但这并不意味着人类文化的进步归功于阶级压迫和社会不平等制度，也不表明随着时代的进步，文化的阶级差别就会自动消弭。在阶级社会里，阶级之间的对抗主要体现为社会基本矛盾，即生产力与生产关系的矛盾、上层建筑与经济基础的矛盾。正是阶级对抗的作用力推动着社会基本矛盾的运动，也推动着时代的进步，使文化的某些阶级性因素逐渐转化为非阶级性因素，社会文明程度亦相应提高。例如，奴隶制度下残酷的人殉、人祭就是随着封建制度的建立而消亡的，欧洲中世纪的黑

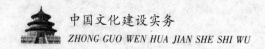

暗是随着欧洲资产阶级革命而结束的，中国两千多年的封建君主专制则是随着辛亥革命的到来而退出历史舞台的。又如，工业革命早期，在资本主义的残酷剥削下，工人处境十分悲惨，随着国家制度的干预和各级工会组织的建立，工人的状况逐渐好转。正是随着人类文化的累积和时代的进步，在过去只有皇室贵族、特权阶层独享的生活奢侈品，现在大都进入大众生活之中。可见，某些文化的阶级性随着时代文化的进步而逐渐向非阶级性转化，这既是人类文明发展进步的产物，也是衡量人类文明发展程度的重要标志。

（四）阶级性并未随着时代性的发展而消失

尽管随着时代的进步、人类文明程度的提高以及物质文化产品和精神文化产品的极大丰富，人们的生活方式更加多样化，绝对贫困人口大大减少，从而淡化了文化的阶级性，但是，全球发展极不平衡，国际强权势力的触角已触及政治、经济尤其是文化意识形态领域。此外，在许多国家、民族内部也存在着事实上的阶层不平等。所以，文化的阶级性依然存在。正如美国文化人类学家马文·哈里斯所说："现在世界许多地方，阶级身份仍然是非常明显、毫不含糊的。在大多数当代国家中，不同阶级的生活方式差别不会减少也不会消失。实际上，随着当代名流享受的奢侈品和服务日益增多，有钱有势的人和农村及城市贫民窟的人在生活方式上的差距可能会达到从未有过的悬殊程度。经过最近几个时代的工业进步，世界各地的统治阶级已从坐轿发展到坐高级小轿车和乘私人飞机，而平民百姓中有的人却甚至没有驴和牛代步。上层人物能在世界第一流的医疗中心享受最好的医疗护理，而大批的人却不如他们走运，有许多人甚至连病菌能致病的理论都没有听说过，更不用说用现代医疗技术给他们治病了。"可以预见，在未来很长一段时间内文化的阶级性不会随着文化的时代性而消失，甚至会随着民族间文化发展不平衡性而有所增加。而当今人类的文化发展及社会和谐的关键，是如何有效地运用文化干预机制以最大限度地降低文化阶级性的内容，增加文化非阶级性的内容。

五、累积性与变异性的统一

文化的累积性是指文化元素或文化特质的积聚和增长，它往往表现为文化内容从某一个体、某一民族、某一时代向另一个体、另一民族和另一时代的延续发展和累积叠加的过程。文化累积性是人类文化发展的基本形式，没有文化的累积就没有文化的创新和发展。文化的变异性是指文化在累积发展过程中不断变化的特性。文化的变异性包含文化的扬弃和创新等环节。文化的累积性与变异性是辩证统一的。没有文化的累积，也就不会有文化的增加和文化的发展；而没有文化的变异，则意味着没有文化的扬弃和自我更新，同样也不会有文化的发展，文化发展本身包含着变异的过程，否则就是重复的累加，谈不上任何发展。文化是累积性与变异性的统一，这可以从以下几个方面来理解：

（一）累积性是文化发展的前提和条件

累积性是文化的固有属性，也是文化发展的前提和条件。文化累积不是文化元素和文化特质简单的重复式叠加，而是包含着批判性继承、选择性借鉴、适应性整合等一系列辩证的过程。

没有对前人经验的总结和继承就不会有文化的产生，也不会有文化的发展。任何存在的文化都是对以往文化的承续，都是过去文化累积的结果，同时它又是未来文化发展的基础和源泉。但是继承并不是简单的重复，而是要对那些不适应现实需要的文化因素予以抛弃和否定，对适应现实需要的文化因素予以保留和发扬。

选择性借鉴也是文化累积性的一个重要环节。文化有很大一部分通过传播、采借而来，但是文化采借是有选择地进行的，而不是照抄照搬式的全盘拿来，对那些不适应本土环境的外来文化应加以摒弃或改造。例如，饮酒、抽烟、喝咖啡等不符合伊斯兰教义，与之相关的文化行为自然很难植入穆斯林文化。

适应性整合，则是将所借鉴的新文化因素融入原有的文化系统，使之整合为新的文化形态。这种整合的过程，也包含着对原有文化的调整。

总之，正因为有了文化的累积，人类文化创造能力才能不断提高，文化发展的速度也才越来越快。

（二）变异性是文化发展的环节和契机

文化变异性也是文化的固有属性。如果说文化的累积性侧重于从宏观上分析文化发展的前提和条件，那么文化的变异性则侧重于从微观上分析文化发展过程中的具体环节和契机。所谓文化的变异，主要指的是文化类型、文化结构、文化面貌等质的方面的根本性变化。"文化变异性不仅是指文化内容的激活，更是指整个系统模式的革命和转型。它是原有价值体系、心理定式、思维方式的解构，也是新的观念、思想、规则的建构；是传统惯性的消解，也是传统精华的重铸；是社会生活的变革，也是人身心的新生。"如果说文化的累积性是一种"润物细无声"式的渐变，文化的变异性则是一种"天翻地覆慨而慷"式的突变和飞跃。前者是文化发展的量变，后者是文化发展的质变。前者体现出文化发展的连续性，后者则体现出文化发展的非连续性和间断性。

文化变异性是文化的"适应、整合、变迁"等特有属性相互作用的产物。首先，文化在一般情况下应是适应社会发展的。随着时代的变迁，文化中某些阻碍社会发展的不适应因素或者被调整，或者被淘汰并代之以新的文化因素，其结果必然导致文化形态或文化结构产生某些变异。其次，文化是作为系统而存在的，具有整合性。这就是说，任何一种文化都不是由各种孤立的现象拼凑而成的，而是一个由各种文化现象有序结合而成的有机整体，是一个不同文化层相互作用的完整系统。因此，在一个社会文化系统中，一种文化现象的变化必然引起另一种文化现象的相应变化。因此，民族文化在借鉴、吸收外来文化后，必然导致某些文化形态或文化结构发生变异。例如，伴随着欧洲工业革命的发生而进行的大机器生产，必然要变革原来的封建生产关系。此外，倘若一个文化系统内部发生某种制度性的变化，也必然导致相应文化现象的改变。例如，1911 年我国辛亥革命推翻了封建帝制之后，必然要进行剪辫子、废缠足、废除跪拜礼等移风易俗的文化变异。

可以说，如果没有文化的变异，文化将是死水一潭，停滞不前。

（三）累积性与变异性是文化发展过程中的矛盾统一体

文化累积性与文化变异性是文化发展过程中相辅相成、缺一不可的矛盾统一体。仅有累积没有变异，文化只是实现了数量的累加，而没有发生性质、结构的变异，不会有文化的创新，也更不会有文化真正的发展。而若没有文化的累积，人类也只能像其他动物一样永远都在原地踏步，文化的创新、变异、发展则更无从谈起。二者的统一，实际上是文化继承与文化创新的统一，是文化发展条件与文化发展环节的统一，是文化发展过程中量变与质变的统一。

倘若没有文化累积性与文化变异性的统一，人类充其量也只能如同其远古近亲、没有复杂语言符号的猩猩和猴子一样，仅仅只会制造简单工具和永远进行重复式的模仿。人类正是凭借文化累积性与文化变异性的辩证统一方式，不断地对文化进行批判性继承、选择性借鉴、适应性整合等创造性累积，使之达到阶段性变异，进而达到文化系统的自我更新和文化内容的加速度扩充。文化的这种累积性与变异性的统一，使其能高度灵活地适应于不同的生态环境，并使各个文化系统保持相对稳定和动态平衡，进而通过再学习和再创造的方式，达到新一轮的文化累积和文化变异，使人类文化日益绚丽多姿。

第二节 文化的主要功能

文化的功能是指文化在满足人类生存需要方面所表现出来的价值和作用。人类之所以创造文化和发展文化，是因为文化这一习得行为具有满足人类生存的独特功能，人类社会的存在和发展也因为文化功能的发挥而维系和延续。

文化的功能是文化的固有价值。对文化功能系统完整的认识，始于以马林诺夫斯基和拉德克利夫·布朗为代表的英国功能主义人类学学派（以下简称功能学派）。功能学派反对将文化视作互不关联的各个部分的机械组合。他们认为文化是一个有机整体，由各个互相关联的文化要素所构成，其中每一个要素都起着一定的作用，发挥着自己的功能。正是各文化要素功能的相互作用，决定着文化的性质、存在及发展。因此，功能学派尤为强调以整体性的视野来看待文化系统内部各个文化要素是如何发挥各自的功能，并相互协同、共同维系着文化整体运转的。功能学派实际上重视的是各文化要素的相互作用以及部分对于整体的功能。在他们看来，一个民族的文化就像一张满足社会基本需要的互相联系着的网，其中每一种文化要素，就像生物有机体的每一个器官一样具有各自的功能，维系着社会机器的运行。马林诺夫斯基曾在他20世纪30年代所写的《文化论》一书中较为完整地概括了其文化功能理论："文化包括一套工具及一套风俗——人体的或心灵的习惯，它们都直接地或间接地满足人类的需要。一切文化要素，若是我们的看法是对的，一定都是在活动着，发生作用，而且是有效的。文化要素的动态性质揭示了人类学的重要工作就在于研究文化的功能。近来，在人类学中产生了一个新的学派，他们注重于制度、风俗、工具及思想的功能。这派学者深信文化历程是有一定法则的，这法则是在文化要素的功能中。这派学者认为，把文化分成原子及个别研究是没有希望的，因为文化的意义就在要素间的关系中，他们亦不同意于文化丛体是偶然集合的说法。"

功能学派的文化功能观点有其历史局限性，诸如其只注重文化的共时性研究，而忽略和轻视文化的历时性研究。同时，该学派对文化功能的研究主要运用方法论，侧重于从微观的角度、从具体的文化个案分析各文化要素在文化系统中的具体功能。但是，功能学派对文化功能在人类活动体系中所处的地位和作用的系统研究以及文化整体论视野，至今对文化学家们全面、整

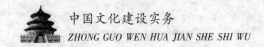

体地把握文化的功能，仍有十分重要的启迪意义。本书所指的文化的功能，正是在功能学派研究基础上的延伸和拓展，具体而言就是指文化系统在人们的社会生活实践中，在适应和满足个人及社会各种需要方面所体现的价值和作用。

文化的功能主要包括以下几个方面：

一、满足需要的功能

作为个体的人既具有生物性，也具有社会性，因而人既有生物性需要，也有社会性需要，即生理的和心理的需要。美国心理学家马斯洛在他 1943 年出版的《人类动机的理论》一书中提出过著名的"层次需要论"，即把健康人的生理和心理需要概括成由低到高的五个层次：第一层，生理的需要，包括食物、氧气、水、睡眠、性欲、活动力等；第二层，安全的需要，包括在社会生活中有稳定感和秩序感，有身体和生活的安全保障等；第三层，归属和爱的需要，包括社会人际交往的需要、情感归属的需要以及渴望关爱的需要；第四层，尊重的需要，包括自尊、自重、威信和成功等；第五层，自我实现的需要，包括自我理想实现、个人潜能和个人才赋的充分发挥等。马斯洛关于人的生理和心理的需要，呈由低到高的阶梯状。他认为一个理想的社会除了能够满足人的生理性需要以外，还应使一般人的较高层次的需要得到满足，而且应当鼓励每个人去追求自我的实现。

事实上，人类的需要无论是生理上的还是心理上的，得不到满足都会有不同层次和不同程度的痛苦和不满足感。而要减少痛苦、降低不满足感，就要依赖文化手段来解决。可见，正是为了满足人类自身不同层次的需要，人类才创造并发展了文化。显然，文化的一个极其重要的功能就是满足人类生理和心理的各种需要。从文化结构的相互关系可以较好地反观出文化的这种满足人类需要的功能。人们从事社会生产实践，首先是以满足衣食住行等自身生存需要为目标的，但人的社会生产实践又是一种社会活动，只有结成一定的社会关系才能进行。因此，人们在社会生产实践中创造了各种社会制度和社会规范，以处理人与人之间的关系。同时，人们在社会生产实践中，尤其是在人际交往中形成约定俗成的民风民俗，以满足日常生活、人际交往等需要。此外，人们在长期的社会生产实践和意识活动中孕育并形成深层的心态文化，从价值观念、思维模式等角度来满足人的各种需要。

显然，以上各个层面的文化构成一个相互关联的整体，共同承担着满足人类生理需要、安全需要、社交需要、尊重需要以及自我价值实现需要等各种功能。一般而言，人类社会文化基本能够满足生理、安全等较低层次的需要，而社交、尊重及自我价值的实现等较高层次的需要比较不容易满足，从而成为人们孜孜以求的目标。即便是同一层次的需要，其标准也是随着时代的变化而不断提高的。可见，人类对满足各个层次需要的欲望是无止境的。

　　正因为文化具有满足人类需要的功能，而人类各个层次的需要又是永无止境的，故推动着人类不断创新和发展文化，从而满足自身不同层次以及同一层次不同程度的多种需要，并日益感受和享受到文化的进步所带来的满足感和舒适感。

二、认知的功能

　　文化的认知功能，是指文化所具有的开阔人类视野、启迪人类思维、增强人类见识、提高人类认识世界和改造世界的能力等的独特作用。茫茫宇宙中，人类对大自然、对社会、对自身的认识经历了由必然王国到自由王国的曲折漫长的探索过程。人类文化的累积开启了人类的智慧之窗，从而使人类对世界的认知不断超越、不断突破，呈螺旋式上升。

　　文化既是在一定认知能力支配下的人类从事社会实践活动的产物，又是形成新的认知、扩大社会实践范围的手段。人类正是通过文化这一习得方式，不断总结、累积认知世界的经验，不断改进、完善思维方式，不断挖掘和深化自我认知能力。可见，人类认知能力的提高，本质上是人类文化知识、文化成就的累积和递增，或者说是文化的创新和发展。随着文化的进步和发展，人类对自然、对社会以及对自身的认识便不断深化，逐渐实现从现象到本质、从量变到质变的转变。正是随着人类认知能力和文化创造能力的加强，社会所提供的文化产品才日益丰富，人们的物质文化生活和精神文化生活才能实现质的飞跃。例如，19世纪末，人类对于飞行的认知尚停留在梦想之中，而到了20世纪末，乘坐飞机出行已是人类最常见、最便捷的出行方式之一。人类所研制出的三种最主要的载人航天器——宇宙飞船、航天飞机、空间站和从事的三种最引人注目的太空活动——出舱活动、开发月球、探测火星，标志着载人航天科技正飞速发展，这对于人类探索宇宙世界知识、改善能源和环境问题、促进人与自然的和谐、促进社会生产力的发展以及增强国际合作等无不具有重要意义。可见，人类生存环境的改善和生活质量的提高，源于人类文化认知能力的加强，或者说源于文化赋予人类的强大认知功能。

　　人类提高文化认知能力的过程并不是一个消极被动的过程，而是一个借助传播和教育等手段对人类智慧能动利用的过程。例如，中国古代四大发明

就是通过传播的方式走向世界，进而影响世界文明进程的。马克思对此曾给予高度评价，他认为火药、罗盘、印刷术是"预告资产阶级社会到来的三大发明"。美国著名的汉学家德克·卜德在其《中国物品西传考》这一论著中对此亦给予了充分的肯定。他精辟地指出：倘使没有纸和印刷术，我们将仍然生活在中世纪。如果没有火药，世界也许会少受点痛苦，但另一方面，中世纪欧洲那穿戴盔甲的骑士们可能仍在他们有护城河围绕的城堡里称王称霸，不可一世，而我们的社会可能仍然处于封建制度的奴役之下。如果没有指南针，地理大发现的时代可能永远也不会到来，而正是这个地理大发现的时代刺激了欧洲的物质文化生活，把知识带给了当时的人们还不了解的世界，包括美国在内。对此，他概括道："（中国四大文明）完全改变了我们的生活方式，成了我们整个现代文明的基础。"他又基于中国其他农耕文明对欧洲的贡献进一步指出："从公元前 200 年到公元后 1800 年这两千年间，中国给予西方的东西超过她从西方所得到的东西。"当然，传播对于文化认知和文化创造的意义，几乎遍及人类文化的所有方面，而不仅仅限于中国的四大发明以及中国其他农耕文明。随着现代科技的进步，尤其是信息技术的飞速发展，现代人类社会通过文化传播来扩充文化认知能力，已越来越普遍和频繁。至于教育，更是对人类文化认知能力的提高具有不可替代的作用。在人类发展的历史进程中，无论是家庭教育，还是社区民俗的示范性教育，抑或是各种形式的学校教育和社会教育等，无不是促进人类知识代际传递、累积、更新以及人类个体由自然人向社会人转变的主要手段。教育不仅能够最有效、最广泛地纵向传播本民族文化知识，也能够横向传播人类一切新知识。可见，倘若没有教育，也就不可能有人类文化认知能力和文化创造能力的累积和提高。

事实上，人类文化认知能力的提高是永无止境的。人类对某一事物的了解，既是一次文化认知的结束，也是新一轮文化认知的开始。当今世界还存在着许多人类未知领域，许多知识还存在盲点，这些还有赖于文化认知能力的提高。文化的认知功能为人类改造自然、改造社会，认识自身、认识世界，改变命运、把握命运既提供了现实的智力基础，也提供了潜在的智慧源泉。正是人类文化认知的不断深入，推动着人类社会的进步和发展。

三、规范的功能

文化的规范功能，是指文化体系中的一系列社会制度、社会组织、价值观念、伦理道德等对人类社会行为模式的制约、模塑作用。文化是人类为了获得较理想的生存环境而独创的。这里的生存环境不仅是指人类所面临的自然环境，还包括人与人构成的社会环境。人类不仅要处理人与自然的关系，更要协调人与人之间的关系。人类的生存环境如何，归根结底取决于人这一社会群居动物是否具有良好的组织能力，能否协调人与人之间的关系。因此，人类比其他动物高明之处，"就是他们在创造物质财富的同时，又创造了一个属于他们自己，服务于他们自己，同时又约束他们自己的社会环境，创造出一系列的处理人与人（个体与个体、个体与群体、群体与群体）之间关系的准则，并将它们规范化为社会经济制度、婚姻制度、家族制度、政治法律制度，家族、民族、国家，经济、政治、宗教社团，教育、科技、艺术组织等等"。除了这些制度性文化对人类行为模式进行强制性规范以外，人类还形成了一系列民俗文化以及包含价值观念、伦理道德、审美情趣等在内的一整套观念文化，对人类社会行为进行习惯性、但非强制性的约束。文化就是通过这种强制性约束和非强制性约束的形式，规范、模塑着人类的行为，因此，在现实生活中，不存在完全摆脱文化约束的"超人"。

文化的规范功能在本质意义上是为人类创造一个较为理想的生存环境。英国哲学家罗素（B. Russell）说过，人类自古以来就有三个敌人，其一是自然（nature），其二是他人（other people），其三是自我（ego）。因此，人类获得理想的生存环境实际上需要战胜三个"敌人"，具体而言是处理好三种关系：其一是人与自然的关系。在人类历史发展中，人类首先面临的"敌人"就是自然，只有利用自然、改造自然才能获得生存。为了战胜自然这个"敌人"，人类创造了物质文化。其二是人与人的关系。在社会生产实践中，人人都面临着"他者"这个"敌人"，只有化敌为友、与他人和谐共处，才能维持社群的生活，因而人类创造了制度行为文化。其三是人与自我的关系。这里的"自我"是指人类的情感和心理困扰，为战胜这个"敌人"，人类又创造了精神文化或观念文化。这三种关系的妥善处理从根本上有赖于文化的规范功能。制度行为文化不仅协调和规范人与人的关系，也协调人与自然的关系，因为"人与自然的关系不是单个人与自然的关系，而是社会和整个人类与自然的关系。制度文化规范'他人'的一个重要方面，就是规范人们对自然界的行为，规范人们改造自然界的活动。没有制度文化对人与人关系的协调，没有制度文化对人类改造自然的行为的规范，器物层面上的人与自然的关系运作，只能是蒙昧和不可思议的"。而精神文化表达人的精神境界，则具有调节、平衡自我的功能。正因为文化具有规范功能，人类才会以日益平和的心态沿着尊重自然、善待自然，尊重他人、与他人和谐共处的文明轨道前进。没有规矩不成方圆，倘若没有文化的规范功能，人类社会就会被前述三

个"敌人"所击倒，人类也就不成其为人类，社会也就不成其为社会。

事实上，文化的规范就是一种抑制个人欲望以使其遵循自然规律、遵守社会规则以及达到自我内心平衡的过程。因此，人是文化规范下的产物，相同文化规范下的人群具有相同的文化模式。正如美国人类学家露丝·本尼迪克特所说："个人生活史的主轴是对社会所遗留下来的传统模式和准则的顺应。每一个人，从他诞生的那刻起，他所面临的那些风俗便塑造了他的经验和行为。到了孩子能说话的时候，他已成了他所从属的那种文化的小小造物了。等孩子长大成人，能参与各种活动时，该社会的习惯就成了他的习惯，该社会的信仰就成了他的信仰，该社会的禁忌就成了他的禁忌。每一个孩子，一旦呱呱坠地就生活在和他拥有相同习俗的人群中，任何一个出生在东半球的孩子不可能一生下来就获得与西半球的人同样的习俗，哪怕这种雷同只有千分之一。"这段话非常简明地说明了文化对一个人所具有的规范功能。在某种程度上可以这样说：文化被创造出来的一个主要目的就是为了塑造人，塑造一种区别于其他动物的独特的高级动物、一种适合自己社会的区别于任何其他不同社会的独特的人。

不过应该注意的是，文化的规范功能是有时间和空间上的区别的，即生活于不同时代和生活于不同区域的人所受到的文化规范在形态上是不同的。

四、凝聚的功能

文化的凝聚功能，是指特定的文化对特定的人群所具有的聚合、凝结作用。文化的凝聚功能来自于文化的内部共享性所形成的文化认同感。相同文化下的人群往往具有相似的体质特征、相同的语言和风俗习惯以及相同的思维模式、价值观念和社会心理等共享性，因而形成一种巨大的凝聚力量。文化系统内部的文化群体具有多层次性，因此，文化的凝聚功能也具有多层次性。从一个国家、一个民族到一个阶级（阶层）或一个社会群体等，不同范围的人群都具有不同层次的文化凝聚力。

文化的凝聚功能在国家公民群体和民族群体中体现得最为突出和明显。一个国家的全体公民或一个民族的全体成员由于受同一个主流文化熏陶，形成了大致相同的思维模式或价值取向，体现出相似的文化模式，进而具有强烈的认同感和归属感。例如，自强不息、坚韧耐劳、恋土归根、崇尚礼让、平和中庸及互助友爱等属于中华民族共有的文化，它们所发挥的凝聚功能是毋庸置疑的。又如，在中国近现代史上，中国人民团结一心，顽强抵御列强侵略充分体现了中华民族文化的强大凝聚力。再如，世界民族解放运动的开展及其所取得的成就，也充分体现了民族文化的凝聚力。文化的凝聚功能还体现在某个阶级、阶层或某个社会群体等各个亚文化层面。相对一个国家、一个民族的主文化而言，不同的阶级具有不同的甚至是相互对立的亚文化，它对不同阶级各自起着不同的凝聚作用。例如，中国封建社会的地主阶级与农民阶级由于阶级利益的尖锐对立构成两大对抗阶级，二者具有不同的价值观念、思维模式以及行为习惯等不同的阶级文化。农民阶级的文化观念促使农民阶级团结起来反抗地主阶级的压迫，而地主阶级利用其政治上、经济上的统治地位及其相应的占统治地位的思想和文化，不仅凝聚起本阶级的力量，而且对农民阶级起着迷惑和瓦解的作用。

文化的凝聚功能还体现在不同地域和不同的社会群体之间。例如，各种同乡会以及众多的海外华人社团等无不体现了地缘文化的凝聚功能。又如，人们会因有着相同的兴趣爱好、生活习俗等聚集在一起，更有一些人因具有共同的人生追求和价值观等而成为"志同道合"的朋友。所谓"物以类聚、人以群分"，即体现了文化在社群中的凝聚功能。

关于文化的凝聚功能，有以下几点值得注意：其一，由于文化结构不同，所以文化凝聚力的强度会有所不同。一般而言，思维模式、价值观念、思想观点的影响是深层的，其凝聚功能也是最深最强的，具有稳固性和持久性等特点。一些具体的生活方式和生活习俗的影响相对而言则是表层的、多变的，尽管其有时候在个别人身上的表现有可能是很强的，但总体而言不如世界观、人生观更为深层。其二，由于文化的内容不同，所以文化的凝聚功能对社会所起的作用不同。进步的、代表大多数人利益的文化所形成的凝聚力对社会发展起着积极的推动作用，而落后的、逆历史潮流的文化思潮所形成的蛊惑力量对社会发展只能起消极的阻碍作用。例如，自强不息的民族精神始终是中华民族前进的源泉和动力，而第二次世界大战期间德国纳粹分子屠杀犹太人的暴行和日本军国主义南京大屠杀的暴行无疑是极端反动的法西斯主义（Fascism）政治哲学长期鼓噪、凝聚的产物。其三，一个民族的文化凝聚力表现最强烈的时候，往往是该民族文化遭到异质文化侵入或危害之时。例如，每当外族入侵，大量的外来文化在短时间内拥入，常常使民族文化的凝聚力空前强大，形成保护民族传统、抵制异族文化的力量，这实际上是文化凝聚功能中认同抗异的具体表现。

五、调控的功能

文化的调控功能与文化的规范功能有相似之处，但侧重点不一样。二者

都强调文化对人类的约束机制。前者侧重从文化对人类行为过程的规范、约束作用来分析，后者侧重从文化对人类行为后果的干预、调节作用来探讨。文化调控实际上是人类对自身命运的一种主动把握，一种高度自觉的行为方式，一种在物质文化、精神文化和行为文化创造过程中的理性提升和实践锤炼。从总体上看，文化的调控功能大致表现在以下几个方面：

第一，调控人与自然的关系。人与自然是既对立又统一的矛盾共同体。人类要获得生存必须利用自然、改造自然并不断战胜自然、超越自然，但是人类又必须尊重自然和遵循自然规律，只有这样，才能与自然和谐共处。在古代农耕社会，人们由于受文化认知能力有限的制约，对自然界种种生命现象颇觉神秘庄严，对洪涝、干旱、冰冻、虫患等各种自然灾害深怀恐惧，对收成与生活保障的不确定性深为忧虑，于是人们通过祈神、祭祀等行为，希图调控自然界的非正常现象。这种通过习俗来调控人与自然之间关系的文化源远流长，至今我国许多农村地区还保留着农耕祭祀传统。随着现代科学技术的发展，人们已经越来越多地依靠科学来调控人与自然的关系。但是，传统文化在调控人与自然的关系方面也有许多可取之处。例如，直至新中国成立前夕，我国东南山区的畲族长期运用"封禁山会"、"金柴会"等社会民俗严禁乱砍滥伐，在保护自然上卓有成效。当今社会环境、能源等生态问题日益困扰着人类的生存和可持续发展，更需要运用文化的调控机制，有意建构人与自然的亲善关系，使人与自然和谐相处。

第二，调控个人与群体的关系。个人与群体的关系也是对立统一的关系。个人利益与群体利益相辅相成、共生共荣。个人利益与群体利益相一致，则有益于社会系统的良性运转；个人利益与群体利益相冲突，则会阻碍社会健康、有序发展。一般而言，当个人利益与群体利益发生冲突时，应该以个人利益服从群体利益为原则，而群体利益也应以保障绝大多数的个人利益为前提。因此，为了维持社会系统的良好运行，人类社会总是运用文化来调控、规约个人与群体的关系。例如，通过祖先崇拜、图腾崇拜、神灵崇拜等信仰文化形成族群的归属感和认同感；通过成人礼习俗形成个人与群体之间不可逃避的社会责任感；通过家规村约等培育个人与群体之间的道德责任感等。此外，中国传统儒家文化往往通过"修己以安人"、"达则兼济天下，穷则独善其身"、"舍生取义，杀身成仁"等价值观念来调控个人与群体的关系以强化国家认同。总之，文化对个人与群体关系的调控功能，有利于强化群体的认同感和加强群体的凝聚力，有利于促进社会健康地发展。

第三，调控族群与族群的关系。不同的族群之间往往不仅具有不同的利益需求，也具有各自内部的文化认同。文化具有排他性特点，对于其他文化的宽容一般都有一个度，那就是以不危及自身文化的存在和发展为前提。而在一定的宽容度内，文化自身则有自动的调控能力，如吸纳不同的文化为自身文化发展和创造服务等。然而，一旦超越了一定的"度"，危及族群内部文化的生存和发展，那么，文化的调控就有可能由国家权力或政治介入予以强行规范。现代国家舆论、国家法律乃至国际法便是这种强力调控的产物。当今社会，随着族群与族群之间文化交往的日益频繁，文化调控功能的作用已显得愈来愈重要。

第四，调整个体身心的平衡。人类个体具有不同层次的需要，往往愈是较高层次的需要，社会愈难以满足其要求。社会往往要求个体为了群体利益而克制自己的欲望和需求。因此，社会个体成员的内在需求与外在现实难免会存在着某种落差，从而导致其内心的不满和精神上的压抑。个体为了缓解紧张感，往往通过文化娱乐的方式来宣泄，以补偿因过于强调群体性而失去的平衡，从而使个体与群体之间的关系得到调节和维系，进而使每一个族群成员经常处于身心平衡和张弛有致的生活状态中，并在生理和心理上获得文化认同的轻松感。节日民俗、娱乐民俗便是其集中表现，它使我们在艰苦的日子里有了奔头，在紧张的生活中获得愉悦。尤其是一些特定场合的民俗活动，更体现了它对人的身心所特有的调控功能，诸如婚礼中的闹洞房、丧葬中的哭丧、节日中的大量饮酒和享用美食佳肴等，使我们感受到生活中一张一弛的需要。另外，在语言民俗文化中，许多内容则通过类似于"精神胜利法"的方式获得情绪上的宣泄和精神上的补偿，或者通过加强文化艺术修养来陶冶情操，获得内心的宁静和精神上的充实。可见，发挥文化的调控功能，有利于从根本上缓解个体与个体以及个体与群体之间的矛盾和冲突，有利于使个体身心愉悦，最终有利于社会的和谐发展。

然而，需要注意的是，倘若文化的调控功能朝着不良方向发展，就可能造成文化冲突。小到家族纷争，大到世界大战均属于不良文化调控的产物。

第三章　文化的民族性与时代性

　　文化是人创造的，在文化发生学里，文化多元论认为文化的发生是多元的，不同的地理环境对生活方式具有一定的影响，而生活方式对群体的风俗、习惯、心理特征等有一定的影响。从文化的存在看，不同文化的诸多表象或内在差异也正说明了这一点，即文化是由一定的民族或群体创造、保存并传承的，具有鲜明的民族性或群体性，因此，民族性是文化的基本属性之一。而在文化发展的不同时期，文化都表现出一定的个性或特色，或者说每一个时代都有典型的代表性文化，文化在不同的时期被创造出来满足人们的需求，这就是文化的另一个基本属性——时代性。民族性和时代性是任一文化都具有的，因为文化的存在不能脱离群体、时间和空间。

第一节　文化的民族性

　　民族是我们耳熟能详的词汇，但民族并不是一开始就有的，而是随着人类社会的发展，经历长期发展和融合而形成的。"民族"一词是赫尔德（Johann Gottfried Herder，1744~1803）首先提出的，除此之外，他还创造了"民族特性"、"民族精神"、"时代精神"等词汇，他认为每个民族都有特定的民族精神，每个时代都有特定的时代精神，民族精神是一个民族有机体的最隐秘的表现，是民族特性的根本。它形成于每个民族所赖以生存的特定地理环境并随着各民族历史中不同的时代精神而发展并最终表现在各民族不同的文化当中。从这位"民族国家主义"之父的论述中我们可以看到，民族精神的不同缘于民族所处的地理环境差异，而民族精神最终会体现在民族的文化中。

因此，可以这样说，民族精神的差异、民族性格的不同最终要通过民族文化进行体现。简而言之，文化具有民族性。例如，看到龙凤图案，就知道这是中华民族的传统吉祥图案；看到和服，就会想到这是日本民族的服饰；看到银色筷子和汤匙加上一碟泡菜，就会想到这是朝鲜族的特色饮食。这一系列下意识的反应说明文化是有民族性的。当然，文化的民族性不仅表现在龙凤图案、和服、泡菜等物质文化上，而是体现在多个方面。

根据文化学者的划分，文化可以分为物质文化、行为文化和精神文化。从文化的空间看，它一般可以分为上、中、下三个层次，即表层、中层和深层。表层文化以物质文化为代表，是看得见、摸得着的，它是外显的，如建筑物、衣服、被子等；中层文化是以人的行为活动或行为化的方式表现的，如各种工艺活动、仪式、音乐舞蹈等；深层文化是以人的意识为表现的，它是内隐的、无形的，如价值观念、宗教观念、审美观念和各种信仰等。文化的民族性也恰恰在这几个方面得到充分的体现。

物质文化是外显的，是表层的，文化的民族性在这方面得到了最直观的体现。东方与西方的差异，在物质文化上表现得比较明显。如中世纪的建筑，在选材上，东方主要以木材作为建筑的基材，通过榫卯结构对各个部位进行连接和固定，最常用的斗拱能够将纵向的力量变为横向的力量，从而促进建筑的横向延伸，发展出壮观的檐式结构，在布局上通过平面的扩展获得空间的效果，在设计上讲究中轴对称，追求天人合一；西方的选材多为石材，金字塔、神庙、竞技场、教堂等都选用石头作为建筑基材，一般通过向上的伸展来获得空间的效果，如罗马可里西姆大斗兽场高48米，中世纪的圣索菲亚大教堂的中央大厅穹隆顶离地达60米，文艺复兴建筑中最辉煌的作品圣彼得大教堂高达137米。

中国与西方的行为文化差异中最重要的一点，体现在餐饮文化上。对比中西的饮食文化，一般人直接会说出筷子与刀叉的区别，并能够说出筷子与刀叉的用法与摆法的不同，这是能看得见的最直观的差异，但中西饮食文化在其他方面也存在明显的差异。中国讲究色、香、味俱全，而西方更注重营养的搭配和均衡。中国任何一个宴席，都只有一种形式，就是大家团团围坐，而且座位的次序很有讲究，设有主陪和副陪，大家坐定后共享一席，美味佳肴放在桌子中央，人们相互敬酒、劝菜；而西方流行自助餐，大家各取所需，不必固定在位子上吃，自由走动。另外，中西饮宴文化在细节上还存在诸多差异，如在宴前的礼品、宴会中的敬酒、宴会后的离场等方面都存在诸多的差异。这些差异就是民族文化的差异，是由文化的民族性决定的。

　　除了物质和行为方面的差异性外，深层精神文化的民族性也同样存在，这种差异性表现在思维方式、价值观念、信仰等方面。

　　正如赫尔德所指出的，民族文化蕴涵了民族精神和民族特性，文化的民族性是民族精神和民族特性的体现，它为民族团结和民族传统的传承提供了动力和支持，是民族发展和延续的重要保证，是民族文化认同的重要标志，它对于维护民族团结，抵抗异文化入侵提供了重要保证。历史发展一再证明，民族文化的特性不灭，民族就不会消失，民族发展和壮大才有保证。

　　正因为文化具有民族性，才有民族的文化传统。中国历史发展几千年来，文化绵延不断，经过积累和沉淀，已经形成了固定的文化传统和民族精神，有学者将其总结为自强不息精神、爱国主义精神、宽容和谐精神、崇尚道德精神。这些文化传统和民族精神在加强民族团结和凝聚力，维护民族独立与统一等方面，发挥了重要作用。随着社会的进步和时代的发展，这些民族精神得到传承并不断被赋予新的内容，如革命初期的"长征精神"、抗战时期的抗日精神、社会主义建设时期的"大庆精神"、新时期的九八抗洪精神和四川抗震救灾精神、奥运精神等，这些精神是民族文化和民族特性的体现，已经融入民族文化的血液中，将伴随中华民族的发展而壮大。

　　在全球化不断发展的今天，不仅是中国，其他国家、民族和地区都在受到全球化的影响，全球化不主张地区的权利，而地区要在全球化浪潮中争取一席之地，于是便出现了所谓的"文明的冲突"。文明冲突的实质是民族文化的冲突，是民族价值观的交锋，是民族文化特性的碰撞。因此，在全球化浪潮下，在对待他族文化上，我族文化中心主义肯定是行不通的，唯有相互尊重，实现多元文化认同，才能维护民族文化的特性和世界文化的多样性。在当今世界格局下，对异文化的理解和认同是各民族、地区和谐相处的重要基础。

第二节　文化的时代性

　　2006年，南水北调中线工程河南段有重要考古发现，河南省焦作市文物队发现一处距今4000多年的龙山文化时期的大型古城遗址，该城址8个文化层连续叠压。这处大型古城遗址位于河南省焦作市温县徐堡村东沁河南岸，遗址总面积约为40万平方米。2006年8月至12月，焦作市文物队对古城遗址进行初步勘探和重点试掘解剖，共发掘面积 2500 平方米，使古城的位置、规模、时代、城垣等得到初步探明。据介绍，该遗址文化层堆积厚 4 米，为龙山、西周、春秋、战国、汉、宋、明、清 8 个时期连续叠压。考古学者为什么确定这一遗址有八个文化层，并能够指出这八个文化层分别属于不同的时期，甚至可以确定其属于春秋还是战国，是明代还是清代？原因在于文化具有时代性。

文化是由人类创造的，文化在历史发展过程中被不断地创造，也在不断地被淘汰，在创造与淘汰中不断地发展和创新。每个时期的文化都有一定的形态特征，都有一种存在方式，这种形态特征和存在方式就是文化的时代性。文化的民族性是文化存在的根据，它是伴随文化存在和发展始终的，而文化的时代性则是文化发展过程中由时代所赋予的特性，它是文化发展的阶段性的表现，它反映文化发展的时间性特征，这种表现是随着社会发展、时代背景转变和技术进步等因素而变化的。

一、文化时代性的表现

前文提及，文化可以分为物质文化、行为文化和精神文化，文化的民族性在这三方面均有所体现。文化具有时代性，每个历史时期都有不同的物质文化创造，有不同的价值标准和精神需求，有不同的哲学、自然科学、艺术和社会科学等。时代性在这三方面也有着具体的体现。

文化具有时代性，首先也要体现在实物创造上。我国考古学者将我国历史的发展划分为石器时代、铜器时代和铁器时代，更为详细的划分则是旧石器时代、新石器时代、金石并用时代、青铜时代、铁器时代，这里的划分依据就是我国历史发展不同时期的典型器物特征。例如，旧石器时代以打制石器为主，其工具主要是刮削器、砍砸器、尖状器、石球等，人们从事攫取经济，同时也依靠木质器具进行狩猎和采集；新石器时代以磨制石器为主，同时也有少量打制石器，从事作物种植和家畜驯养；一些文化遗址内出现在新石器时代晚期的少量青铜器或红（天然）铜器，如齐家文化的铜镜、山西襄汾陶寺的铜铃、皇娘娘台出土的红铜品等，这一时期打制石器、磨制石器、木器等共存，但以磨制石器最为典型，这一时期称为金石并用时代或铜石并用时代；青铜时代一般指夏、商、周三代至春秋时期，在出土的商初青铜器中，可以看出商代的手工业中青铜工具如斧、锯、凿、锥等已广泛使用，青铜兵器也日益增多；铁器时代是自战国开始的，铁器制品随着冶铁技术的推广和普及开始逐渐成为主要劳动工具，并出现了几大冶铁中心，如楚国的宛、

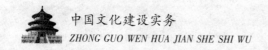

赵国的邯郸、齐国的临淄等，汉代用铁制成的器物，包括各种农具、工具、兵器和生活用具普及全国，在社会生产和生活的各个方面都起到了重要作用。而今天，我们在田间是不会看到运用石器工具耕作的，也很少看到用青铜工具收割，更多的是采用各种现代化的机械，这就是工业社会农业生产的特点。在历史发展的不同时期，主要工具制作材料或者典型器物制作材料是不同的，这就是物质文化体现出的文化的时代性。

文化的时代性除了体现在物质文化创造上，也体现在人们的认知和行为上。人的行为不能脱离和违背其所处的时代，要理解行为文化和人的认知，必须知道他所处的时代背景。倘若不了解历史上某人所处的时代，则很难理解他的行为与活动。

同物质文化和行为文化一样，人的价值观和精神追求也有一定的时代性。例如，中国古代"燕瘦环肥"的审美标准充分展示了不同时期人们对美的认识和看法。稍微复杂一点，我们以文化的精华与糟粕为例，在新中国成立初期，经常会听到这样的声音：某某文化属于糟粕，毒害群众思想，某某剧种中有糟粕思想，要对其大加批判。而时代发展到今天，随着国家提倡非物质文化遗产和民族民间文化保护，这样的声音又很少听到，各地会把尽可能多的民族民间文化搬出来，申报非物质文化遗产，而定睛观看，其中不少是当年被大加批判的"糟粕"！"文化大革命"时期推倒的孔子像和黄帝像而今正是各种祭典中的主角，昔日被列为"封资修"而被大加鞭笞的文化今天成为人们共同保护的对象。这就是对同一文化处在哪个时代、从何种角度看待形成的价值判断，也就是人们价值观的时代体现，也是文化的时代性的一种体现。当然，对文化的糟粕与精华的判断，须用历史的发展的眼光进行综合的考量。

文化的时代性长期发展下来形成的结果，我们以历史的眼光来考察，就是通常所讲的文化层。每一个时代都有一个时代的文化内容和特征。一个民族的文化，唯有与时俱进，推陈出新，才能保持其先进性。但每一种文化既不能脱离时代性的规定，也不能与世界文化的大时代相违背，发展文化和创造文化，既不能超乎时代，也不能落后于时代。

二、文化创造与科技的关系

文化创造与科技进步有密切的关系。例如，上古时代的交通工具主要是舟船和马车等，而没有火车、轮船和飞机等，中古时代也没有出现电视、电话、计算机等物质文明，近代也没有出现卫星、航天飞机和载人飞船等，所有随时代发展而出现的物质文明都能够证明文化创造与科技的密切关系。

从具体文化现象来看，可以这样说，"一代科技属于一代人"。以手机的发展为例，其功能已从最初单一的通话功能，发展到现在集上网、游戏、照相、MP3 等数种功能于一身。不同年龄阶段的人，对手机的功能要求是不一样的，年龄较大的群体对手机功能的熟悉和认知往往不如年龄较小的群体。再如，婚姻习俗随着时代的发展表现出不同的时代内容，如常提到的"三大件"，从 20 世纪 70 年代的手表、缝纫机和自行车，80 年代的彩电、冰箱和洗衣机，90 年代的电脑、空调和小汽车旧"三大件"，到新世纪以教育、购房、买车为主要内容的新"三大件"，这在婚俗文化发展过程中表现出鲜明的时代性，而主导这种时代性的因素正是科技发展。

文化的时代性展示的文化内容是变动不定的，而文化的民族性展现的文化内容则是相对固定的。文化的民族性代表的是一种历史的沉淀，而文化的时代性代表的是一种时尚的存在。文化的民族性为文化的发展提供了基础和力量，文化的时代性是文化发展活力的体现，它为民族文化提供了生机和活力。缺乏民族性的文化是不可想象的，缺乏时代性的文化是一潭死水。文化的民族性需要从横向上的对比来进行认识和理解，否则无法进行清晰的认识；而文化的时代性需要从历史的纵向来进行认识和理解，否则看到的只是文化剖面的一个片段。

三、文化的时代性与现代化

不可否认，文化具有时代性，因此，今天另一个问题就摆在我们面前，即传统文化的现代化问题。不同学者侧重从不同的角度来理解现代化，如有的从政治角度，有的从经济角度，有的则侧重从科学、技术的角度。正因为这样，文化的现代化既有形式上的要求，更有内容上的要求。因此，现代化一词所代表的应该是在一个社会发展时段，在政治、经济、科学、技术等方面都有体现的综合体系。

因此，在综合性的现代化体系前，传统文化怎样实现顺利过渡则是需要我们思考的问题。物质文化可以一蹴而就，而政治、制度、习俗等是不能够一蹴而就的，并且传统具有一定的惰性，这使得传统文化在现代化面前显露出诸多的不适应性。但文化的传统性又是文化现代化的基础，文化现代化的构建不是空中楼阁，因此，实现现代化不能脱离文化发展的历史，不能忽视文化传统性所形成的积淀。文化现代化要建立在对传统性继承的基础上，将传统文化作为文化发展的坐标去衡量文化的现代化，从文化的过去继承智慧，

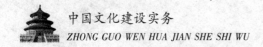

在文化的发展中寻找力量。今天是昨天的延续，明天是今天的未来，任何割断文化发展历史，忽视民族文化传统的文化现代化观点都是错误的。

传统文化是民族文化和民族精神的根基，它影响着社会发展的一切，即包括政治、经济、制度等在内的一切都受之影响。因此，在文化现代化面前，我们不能抛弃传统、忽视传统，而应以传统为基础、以传统为参照、以传统为智慧源泉，这样，文化现代化才有的放矢。

文化的民族性和时代性不是两个事物，而是同一内容的两个方面，是任何文化不可或缺的两个根本属性。文化具有民族性，所以民族的某些文化基因和体现出的民族精神会延续千年，传承不断；文化具有时代性，所以文化才有从古到今的不断发展，不断扬弃，才有文化的现代化。文化的民族性是文化发展中的恒定表情，是民族文化发展的持久因素，它也在文化的时代性中有着必然的体现，是文化时代性的根基所在；文化的时代性是文化发展的一个个历史截面，是文化在历史发展过程中呈现的多维面孔，是变动不定的，反映的是民族文化的进步性与创造性，表现了民族文化的生机和活力，是文化民族性的时代体现。

第四章　文化的特性

对许多发展中国家而言，现代化已经成为当今社会发展的重要特征。在这种社会与文化变迁的背景下，厘清什么是传统，什么是现代化，二者的关系怎样，以及如何使之在历史进程中扬长避短，相互促进，显得尤为关键。传统文化是否会随着现代化的到来而消失，现代化是否会使每个国家的文化最终都被同化，这些都是我们目前迫切需要思考与解答的重大问题。

第一节　传统与文化

从近现代以来，有关"传统"的问题得到了整个社会的广泛关注。从理论上讲，"传统"有"传统文化"与"文化传统"之分，前者是指过去时态的文化，后者是指在历史中积淀下来的、比较稳定的文化要素。文化传统作为具有较强延续能力的文化形态，具有稳定性、延续性、内隐性和兼容性的特性，至今依然影响着人们的言行举止和思维方式。中国传统文化的内容庞杂而丰富，但归根结底是由农业型的经济形态以及君主专制与封建宗法制度下的政治与伦理形态所决定的。

一、传统的含义

"传统"主要涉及两个概念，一个是"传统文化"，另一个是"文化传统"。"一般地说，'传统文化'是相对于现代文化而言的概念。'传统文化'的意义大致相当于过去的一切文化现象，而'文化传统'的意义是指历史文化中影响深远，以致对现代仍有重大影响的内在因素。"

尽管我们对这两个涉及"传统"的术语作了大致区分，但实际上二者的关系十分密切，或者说是一个事物的两个侧面。传统文化作为历史上已发生的、过去时态的文化，必然会使文化中的一些稳定而有力的文化要素，尤其是观念层面的要素，延续至现在和未来，在历史中得到积淀。如果文化的传统在今天乃至将来对社会持续产生较强的影响力，发挥一定的作用，那它必然是在过去的发展过程中逐渐积累起来的，并且经过数代文化主体的集体选择才能得以保留和生存。"传统"的概念无论是在学术界，还是在日常生活中，被使用的频率都很高。人们在使用"传统"一词时，通常会把这两个概念的含义结合在一起，只不过表达的意思有所侧重而已。

二、文化传统的特性

文化传统具有历时性的特征。当它在特定的历史阶段形成之后，由于自身文化功能的稳定性与普适性，使之成为一类强有力的文化惯习，逐渐渗透到文化主体的集体意识中。这类文化惯习经过传承与延续，常常能在不同时期的社会情境中发挥特定的作用。文化传统具有稳定性、延续性、内隐性和兼容性的特性。

（一）稳定性

文化传统的稳定性具有双重性，既具有维系社会正常秩序的功能，表现出较强的生命力，同时也产生了稳固的集体惰性，一定程度上可能成为妨碍文化进一步创新与发展的阻力。

一方面，能够持续得到传承与保存的传统，一般都须经过人与外在环境之间长期的调适以及历代人的尝试与总结，从而形成较好的发展延续之道。它通过规章制度、风俗习惯、手势表情、语言文字等形式，发挥着促进社会进步、协调人际关系等重要功能。这些有效可行的并被不断巩固的文化规则，即使在社会变迁时也能起到良好的作用。由于继承地接受传统要比进行独立发明更加节省社会成本，并且人们也很习惯生活在一个稳固而舒适的文化环境中，并不总是希望发生较大的变化，所以，在社会交流与代际传承的文化机制下，文化传统在时间和空间上均得到充分的传承保证。

中国的许多传统节日都是农业社会的文化产物，如春节、元宵节、清明节、端午节、中秋节、重阳节等。这些节日的功能都与农业型的生产生活方式有着不可分割的关系，如辞旧迎新、崇宗敬祖、春祈秋报、去祟求吉、合家团圆等，体现了农耕文化的诸多特点。尽管随着工业化和城市化的迅速发展，许多人的生活方式已经远离了传统农业，但是许多农耕文化的要素依然生动地存活在人们的日常世界中。比如，过年对绝大多数中国人而言，依然是现代生活中很重要的文化传统之一。在除夕夜，人们会不顾路途遥远，千里迢迢地赶赴家乡，与亲人们团聚。除此之外，清明节、中秋节、端午节也是颇受重视的传统节日。由于民众对把这几个传统节日纳入法定节假日体系的呼声甚高，国家于 2007 年颁布了正式的法令，使之成为受到法律保障的传统节假日。这既是传统的文化力量继续在现代生活中发挥作用，并得到整个社会关注的结果，同时也表明人们是在有意识地使文化传统得到保护和延续。

另一方面，这种稳定性也会产生一定程度的保守性与惰性，可能阻挠文化的变迁。人们本能地对外来的、不熟悉的文化要素进行排斥与抗拒，努力维持原来旧有的文化模式与生活方式。足够顽固的文化传统力量，可能导致社会向更高一级形态进行的变迁被迫中止或彻底失败。例如，在中国历史上，由康有为等改良主义者们发起的资产阶级政治改革"戊戌变法"，就遭到了顽固派封建势力的重重阻挠，致使这场改革以失败告终。再如，封建家长制的伦理道德教育至今仍在许多中国家庭和企业中盛行，如父母严重地干涉成年子女的个人生活，或者企业中缺乏表达民主的机会，这些都导致了人际关系紧张和组织内部的不和睦。

另外，文化传统的稳定性也是相对而言的，即并不意味着总是一成不变的。在历史发展的进程中，文化传统的内容、形式和功能都有可能发生一定的变化。例如，传统的丧葬方式以土葬为主，《周礼》中即已说"众生必死，死必归土"，民众"入土为安"的观念很强烈。但国家出于保护耕地和生态资源的考虑，积极倡导火葬，使之成为目前最为通行的丧葬方式。

（二）延续性

如果一类文化的存在时间较短，影响力较弱，得不到大多数人的认同，以至于无法有力地延续下去，那就无法称其为"传统"。文化生命力的强弱，需要在历时性中得到验证。一些学者认为，文化传统的延续性要靠时间来保证，"一种文化被称做是传统，至少要延续三代以上"。以"代"来作为时间衡量的标准，体现了文化在代际传承与更新的重要性。家庭在传统文化的社会化中起到了至关重要的作用。幼儿首先从父母身上正式或非正式地学到了"家庭传统"，如文化知识、礼仪规范、性别意识、是非判断等，而这些价值观念与生活习惯正是文化传统的主要内容。儿童在对这些传统有了认知后，便可以在家庭以外的社会活动中运用与操作，遵循和强化传统的文化规则，从而由"小文化"走向"大文化"。"传统"如同在白纸上画上图案，在基因上打上烙印，绝大多数会伴随人的一生，一代又一代地传递下去。因此，也

可以说，"文化的传承称为文化传统。它反映了人们在发现、反应和传递生活的深层意义时的累积性成果。在共时性的意义上，文化是智慧的主体。"

中国文明以其古老和稳定著称于世，儒家文化的延续性是其关键因素。儒家文化历经先秦儒学（即原儒学）、汉唐经学、宋明理学、清初朴学、近代新经学和现代新儒学，延续了两千多年，对于中国的政治、经济等各个方面均有巨大的影响，并且这种影响在短期内不会消除。儒家思想一直是汉族及其他民族最基本的主流价值观，其中的"礼、义、廉、耻、仁、爱、忠、孝"的儒家基本价值观，至今仍是指导绝大部分中国人日常行为的基本规则。

钱穆在谈到华夏传统文化的延续与传承时，曾打了一个比喻，华夏文化是一个运动员所进行的长跑，而西方文化则是多个运动员进行的接力。不管是长跑还是接力，显然都成功地延续了文化的生命，使其得到更新与发展。不同的文化类型在各自的发展时空中，形成了延续自身的传统。

（三）内隐性

随着许多发展中国家在现代化进程中的飞速发展，其民众开始担心传统的衰落与消退，担心其文化环境与生活方式会完全变成发达国家的翻版。虽然这种担心确有一定道理，但传统具有内隐性的文化特征，能够使文化传统持续地潜藏在人们的集体潜意识、价值观念等内在方面，并在特定的行为实践中体现出来，比如表现为不经意的道德评价。

文化传统中的某些观念，并不会随着社会经济的快速变迁完全脱胎换骨，仍然会存在潜在的影响力。这表现在日常生活的许多方面。中国是一个古老的农业大国，农业文化传统中的一些优秀内涵至今被作为道德评判的重要标准，如勤劳节俭、吃苦耐劳、富有同情心、诚实守信等品质，依然是被崇尚的美德。但是传统中的一些文化弊病，如墨守成规、重男轻女、官僚主义等观念，也经常会在日常生活中得以反映。"小生产者目光短浅的局限性，还表现在他们的价值观念上。在今天的中国的社会里，重小节而略大局，求全责备，众口铄金，枪打出头鸟，乃是使用人才中普遍的现象……所以我们在生活中时常可以看见这种怪事：一个昏庸的领导可以将企业弄得连年亏损而加官晋级，但另一个治厂有方的领导却可能因为生活上的一次失误而身败名裂。"

在许多现代社会的情境中，人们经常有意或无意地遵循文化传统的惯例，使它得到认可和推行，甚至将之作为现成的行为规范不断地强化。因此，文化传统其实离我们并不远，它内隐在我们的头脑与思想里，在特定的情形下便会流露出来，并左右我们对人与事物的判断。我们需要做的就是，理性地辨别文化传统的良莠，对自身文化进行自觉认识与反思，清醒地意识到文化传统中不同内容的性质。

（四）兼容性

如果文化体系对外来的文化要素不加分别地排斥，难以容纳其他文化，便会逐渐丧失活力和生机。文化传统若想更好地生存与发展，必须要有兼容的机制，以适应复杂多变的环境。中国在历史上吸纳了许多其他国家和民族的文化要素，包括科技、教育、风俗、物产、文学、艺术等诸多方面，从而丰富了自身文化。如中国在汉唐两代，文化的各方面都走在世界许多国家的前面，是一个政治、经济、文化都比较先进的国度。这些时代的文化展现出高度自信和开放的综合面貌。历史上儒、释、道的"三教合流"便是一个很好的例子。如佛教在西汉末年作为印度佛教学说传播进中国，很快与老庄哲学和玄学相结合，渐渐实现本土化；宋、明时期，佛教思想又与儒家和道家结合，形成了统治中国思想的理学，被上层统治阶级和普通民众认可与接受。这三类文化思潮相互吸纳、彼此影响，从理论到实践都得到了极大的丰富，同时也奠定了中华民族文化传统的复合性与多样性，对社会生活的许多层面均产生了深远的影响。在中国广大乡村大大小小的庙宇中，村民将八仙、孔子和佛陀共同供奉在一个殿堂的现象，至今仍很普遍。

三、中国传统文化的特性

许多著名的学者都对中国的传统文化及其国民性的主要特征进行过概括和总结。如林语堂将中国人的国民性总结为 15 种，即稳健、单纯、酷爱自然、忍耐、消极避世、超脱老猾、多产、勤劳、节俭、热爱家庭生活、和平主义、知足常乐、幽默滑稽、因循守旧、耽于声色。张岱年将中国传统文化的基本思想概括为刚健有为、和与中、崇德利用、天人协调四个方面。他认为《易传》中提出的"天行健，君子以自强不息"、"地势坤，君子以厚德载物"这两个命题集中体现了中国文化的精神实质，"自强不息"就是"努力向上，决不停止"。李宗桂提出："看中和谐，坚持中道，是浸透中华民族文化肌体每一个毛孔的精神。"司马云杰认为，尊祖宗、重人伦、崇道德、尚礼仪是中国传统文化的基本精神和历史个性。

也有的学者将东方文化与西方文化进行比较，东方文化主要指的是中国的传统文化。陈独秀指出，西洋民族以战争为本位，东洋民族以安息为本位；西洋民族以个人为本位，东洋民族以家族为本位；西洋民族以法治为本位，以实利为本位，东洋民族以感情为本位，以虚文为本位。

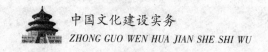

这些对中国传统文化以及国民性的总结，归根结底来自于中国文化的两大特性，即农业型的经济形态以及君主专制与封建宗法制度下的政治与伦理形态。这二者彼此支撑，互相建构，影响和决定着中国传统生活中的绝大多数方面。

从经济形态来看，中国传统文化是农业社会的文化。中国作为一个以农耕为主的农业社会，在约4000年前的夏商周时期即已基本定型。这一经济形态基础，产生了以农业为生存根基的、浓厚的重农思想。历代思想家和政治家们都将务农看做决定国计民生和国泰民安的根本，因此"尚农"、"重农抑商"、"重农固本"几乎是中国传统社会经久不衰的基本国策。在这种经济形态下，国民性主要表现为保守与排外、勤俭与忍耐、无知与自傲、偏好稳定与安逸。

农耕经济的生产方式主要是劳动力与土地的紧密结合，农耕民族的生活方式便建立在此基础上。安居乐业是农耕社会发展的前提条件。农业的周期性很强，春耕、夏耘、秋收、冬藏，人们随着自然的节律展开农业生产，靠"天"吃饭。农民们希望固守在土地上，起居有定，耕作有时。他们追求安宁和稳定，以"耕读传家"自豪，以穷兵黩武为戒。他们乐于以土地为命根子，盖房子安身立命，生子传宗接代，守住家业光宗耀祖；他们也很容易满足于维持简单的再生产，仅仅只求解决基本温饱，缺乏扩大社会再生产的能力和愿望，致使社会运行得缓慢而迟滞。

农民具有习故蹈常的惯性，不喜爱变化，显露出凝重的保守性格，而这最终导致整个社会普遍地安于现状，缺乏创新和开拓精神。"小农经济的传统所带来的第一个后果，就是政治上对专制的容忍……另一个后果，就是思想的保守性、对外界的盲目疑惧以及心理上对新鲜事物的承受能力特别脆弱。"中国古人将周边的民族看做东夷、西戎、南蛮、北狄，将其他国家看做倭、夷等，夜郎自大的情结突出。利玛窦曾评价说："就国家的伟大、政治制度和学术的名气而论，他们把所有别的民族都看成是野蛮人，而且看成是没有理性的动物。在他们看来，世界上没有其他地主的国家、朝代或者文化是值得夸耀的。这种无知使他们越骄傲，则一旦真相大白，他们就越自卑。"自傲与自卑的复杂情结伴随中国近现代社会与文化的发展，影响深远。

从政治和伦理形态来看，中国传统文化是君主专制与封建宗法制度下的文化产物。在这种制度下，政治与伦理高度结合，不分彼此。中国的历史经常被称做"王朝循环史"，一个新兴王朝经常是在推翻前一王朝的基础上建立起来的。虽然王朝轮流更替，但其社会体制始终没有发生本质上的变化，仍然是封建王朝专制。自春秋战国至19世纪中叶，中国处在长期的封建社会的历史阶段。无论中国还是西方社会的封建制，都有着共同的特性，即爵土分封、相对的领地主权、等级秩序森严；而诸侯自立为王，地方割据挑战中央权威，由此造成的国家分裂和战事频频，也是封建制必然导致的一般后果。中国的封建制体现了自身的特性，它与宗法制并行不悖。封建制体现的是宗法制的精神，其本质上是由周公创立的、由嫡长子继承制和宗庙祭祀制等内容组成的一项社会礼乐制度，以具有血缘关系的家庭亲情为本位和模式，从国家制度上严格规定了包括天子、诸侯、士大夫、农民、工匠和商人等所有人在内的、整个人际的政治伦理秩序。宗法制，或者称家族制度，成为国家牢固的基本架构。这种制度最终形成"家国同构"的内在结构，家成为国的基本组成部分，国是放大的家。冯友兰认为："家族制度在过去就是中国的社会制度。"其他学者也有相似的观点："中国传统社会的结构中最重要而特殊的是家族制度。中国的家是社会的核心。它是一'紧紧结合的团体'，并且是建构化了的，整个社会价值系统都经由家的'育化'与'社化'作用以传递给个人。"

由这一政治形态与国家制度，奠定了整个社会伦理秩序和主流价值体系，突出个人德性，以家为本位，以国为政治理想，修身、齐家、治国和平天下为人生的最高目标。家族政治化、政治家族化的倾向也十分明显，三纲五常的道德规范也成为治国的普遍标准。儒家提倡"克己复礼"、"存理灭欲"，强调"仁政"和"德治"，墨家提倡"兼爱"、"非攻"，道家主张"无为"、"不争"、"知足"、"小国寡民"，本土化了的佛家提出"庄严国土，利乐有情"和"明心见性"。其中的儒家文化占据了正统文化的核心，受到历代帝王的青睐，政治学说与伦理道德体系也不断地得到再阐释与发展。以伦理佐政治，以人治国而非以法治国，便是君主专制与宗教制度高度结合的社会意识形态。正如梁漱溟所说，中国是伦理本位的社会，"每一个人对于其四面八方的伦理关系，各负有其相当义务；同时，其四面八方与他有伦理关系之人，亦各对他负有义务。全社会之人，不期而辗转互相连锁起来，无形中成为一种组织"。

这种体制产生了一个正负面价值的统一体。一方面，国家成为一个礼仪之邦，国民温文尔雅，注重人情和人伦，社会秩序易于维持，人文主义浓厚。但另一方面，专制政治使国民养成崇拜王权的极端情结，表现为迷信官本位，盲目服从家长制权威，个体无法获得言论及人身自由、平等与尊重。国民不会想到要试图推翻这种压抑人性的体制，而总是盼望有一个体恤民情、善良

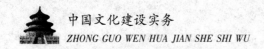

而富同情心的有为君主。一旦这个君王无法让老百姓填饱肚子，他们总是通过起义和暴动来解决问题，其结果往往是一个王朝灭亡，而另一个王朝登上历史舞台，如此周而复始。

第二节　现代化与文化发展

现代化的问题颇受诸多国家的关注，如何在现代化中谋求更好的文化发展，同样是这些国家正在努力实践的重大课题。现代化意味着经由一系列的变迁，获得与西方工业社会相类似的某些特征，一般要经历新技术的发展、新农业的发展、工业化和都市化这四个亚过程。文化变迁中的传统与现代是相对而言的，并不是截然对立的两个事物，二者既竞争又混合，既冲突又融合，各有利弊，共同发展。现代化的本土化以及人们对传统的再创造，是现代化过程中经常出现的文化现象。

一、现代化的含义

关于"现代"一词，人们也会常常使用"现代性"与"现代化"这两个术语。

"现代性"的主要特征，首先体现在它是一个"世俗化"的过程，即宗教对整个社会的控制与影响逐渐衰落，趋向对世俗生活的肯定。其次，"现代性"体现为"理性化"。理性使人们摆脱蒙昧的状态，主动地运用自己的理智，在道德伦理上表现为提供一种绝对的道德律令和善恶的价值标准，在经济上表现为精确计算投资与效益之比，在政治上表现为行政管理的科层化与制度化，在法律上表现为司法过程的程序化，在文化行为上表现为世俗化的过程。最后，"现代性"要实现的是人的"自由"精神。

"现代化"常被用来描述许多国家在现代所发生的社会和文化变迁的现象，尤其指的是发展中国家经由此过程以获得西方工业社会的某些特征。实际上，"现代化"是一个具有种族中心主义性质的词汇，即向某个中心不断靠近，变得和西方发达国家一样"现代"。虽然"现代化"的权力意味很明显，但其至今依然有着广泛的应用性。

综合地讲，"现代化"主要包括民主化、法制化、工业化、都市化、均富化、福利化、社会阶层流动化、宗教世俗化、教育普及化、知识科学化、信息传播化和人口控制化等内容。美国学者布莱克认为，"现代性"概念主要用于表述那些在技术、政治、经济和社会发展诸方面处于最先进水平的国家所共有的特征；"现代化"则指的是社会获得上述特征的过程。也就是说，"现代化"是动态的"因"，是实现的过程和手段；"现代性"则是静态的"果"，是要达到的目标。

"全球化"也是一个被频繁使用的术语，人们经常将"全球化"与"现代化"看做一组近义词。"全球化"与"现代化"都是用来形容当今许多国家和地区正在进行的，涉及政治、经济、文化等各方面的社会变迁过程。而这一过程是伴随着西方资本主义形成、扩张，并向全世界波及的社会运动，也是资本主义的生产方式、生产关系和上层建筑向整个世界扩散的历史进程。

严格地说，"现代化"与"全球化"各有其表述的侧重点。"现代化"强调时间性与历史间断性，突出对传统的突破与超越，在时间维度与价值维度上，与"传统"形成一组对应关系。"全球化"更强调空间性与人类的普同性，它不仅仅是一类经济现象，更是经济、政治、文化和社会等因素综合作用的结果。全球化首先在信息和通信技术上加快了全世界范围内的互动，商品、人、技术、货币、信息、知识等以前所未有的速度与广度在世界范围内流动。不同国家、地区和民族的人们正生活在一个彼此相连的世界整体中，不仅要分享新的科技革命、市场体制、管理方法，直接或间接地介入到国际组织、跨国公司、区域集团等利益主体中去，还要共同面临生态污染、人口爆炸式增长、恐怖活动、民族矛盾等问题。随着全球化进程的加快，每个国家都将成为"彼此的后院"。国外一些乐观的学者们，甚至已经在讨论全球化形式下的"民族—国家的终结"，认为我们将越来越生活在一个没有边界的世界里。虽然这样的理想生活目前还离我们很远，但是我们应该看到全球化的重要影响是当代每个国家无法回避的公共事务。

二、现代化的主要过程

现代化的主要过程，有时也被称为"现代化的亚过程"，是现代化过程中必然经历的四个重要方面，即新技术的发展、新农业的发展、工业化和都市化。它们之间彼此推动，共同促进，既互为因果，也相互递进。这些过程最先出现在一些西方工业国家中，随之陆续出现在发展中国家，表现出全球化的普遍发展势头，其中尤以发展中国家现代化的速度惊人。现代化在全球范围内的飞速发展，既创造了史无前例的经济发展和财富积累，也带来了人类需要共同面对和解决的许多严重问题。

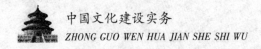

（一）新技术的发展

在现代化的发展过程中，传统知识和技术让位于从西方工业社会借来的现代科技。在许多发展中国家的传统社会中，技术知识的传递是由上一辈人传授给年轻人的，因此，老年人在社会中的地位很高。而在现代化过程中，青年人学习现代科技知识似乎更具有优越性，有时父辈们还需要向他们请教。这些现象的出现，主要依托西方社会第二次工业革命的历史背景。

第二次世界大战后，多项技术取得突破性发展，产生了第二次工业革命。这次革命中的许多技术发明的影响力远远大于第一次工业革命，而且遍及各个方面，直接推动了全球化进程。如核子动力被广泛地应用于生物医学、核动力船、核动力工厂等；创造了取代人的劳力的机器，如计算机体积变得更小，速度更快，被广泛运用于发电厂、营业所、收银台、图书馆等，使人们的生活和工作日益依赖计算机；随着航天科学的快速发展，人们计划在宇宙空间开辟出太空制药厂、太空工厂、太阳能收集器等；1953 年科学家们发现了 DNA 的化学物质结构，如今他们已经能够阅读和修改基因密码，创造出若干新的基因和疫苗。第二次工业革命还是一场信息革命，用计算机储存和检索信息的速度以及通过卫星向全世界发送信息的速度，达到了空前的水平。人们通过报纸、杂志、收音机、电视机、网络便可以便捷地收到这些信息。"1892 年一个评论家就写道，由于现代报纸的作用，某个边远乡村的居民对当时所发生的事件的知晓程度，超过了一百多年前的首相。"

我们的日常生活已经与这些科技成果紧紧联系在一起。计算机系统的短时间故障，都会造成生产生活的巨大损失与诸多不便。对许多现代人而言，在互联网上办公、购物、搜索信息、看新闻节目、交友聊天，成为一种不可替代的生活方式。

（二）新农业的发展

新农业的发展指的是农产品的生产更多是用来作为商品，而不是自己使用。这是工业社会与农业社会的重要区别之一。第二次工业革命同样也带来了农业上的革命，即绿色革命。第二次世界大战使得对粮食的需求量激增，粮食价格也急剧攀升，刺激和推动了农业科技的快速发展，出现了主要谷类植物的杂交品种，新的灌溉法、肥料和农药使农作物产量大大增加。

到了 20 世纪 90 年代，基因工程的发展再次促进了农业革命的进步。生物基因得到优化组合与配对，使各类农作物适应于特定的土壤，不易遭受虫害，产量更大，营养价值更高。随着这一技术的出现，自第二次世界大战以来，第三世界粮食产量的增长速度超过了人口增长的速度。许多国家将过剩的粮食投放到市场，使之成为"商品粮"，以满足越来越多的非农业人口的需要。

（三）工业化

工业化是现代化的核心内容，是传统农业社会向现代工业社会转变的过程。工业化是指一个国家和地区的国民经济中，工业生产活动取得主导地位的发展过程。它更强调用电力、矿物燃料驱动机器的运转，而人力和畜力作为动力变得不再重要。工业化进程主要表现为工业生产量的快速增长，新兴部门大量出现，高新技术的广泛应用，劳动生产率的大幅提高，城镇化水平和国民消费层次的全面提升。工业化的发展对人类社会的进步既有积极作用，也有消极影响。伴随大规模工业化而产生的日益严重的大气、海洋和陆地水体等环境污染，大量耕地被占用，水土流失和沙漠化加剧等，对社会、自然、生态造成巨大破坏，甚至危及人类自身生存，迫使各个国家对工业化的发展进行某种限制和改造。如中国在 21 世纪初的碳排放量位居世界第二，一些专家估计到 2025 年中国的这一排名很可能上升为第一。中国的消费者在追求更高生活质量，如拥有更多的轿车、家电和日常消费品的同时，也需要耗费更多的能源。因此，对许多发展中国家而言，在工业前进速度令人振奋的同时，生态环境为此付出的代价也令人担忧。

从理论上讲，传统农业社会（也称为"前工业社会"）与现代工业社会，分别代表了两种不同性质的文化模式。农业社会是自然的、农耕自给式的、封闭保守的、缓慢推进的、熟人社会的；而工业社会是非自然的、大机器生产的、对外开放的、激进变革的、陌生人社会的。农业社会中存在着"特殊主义"，即看"人"，视人的关系亲疏远近以决定事物的性质；而工业社会中奉行的是"普遍主义"，视货币多少、分数高低、业绩大小、智商强弱作为行为的逻辑和准则。随着工业化进程的加快，"人类开始生存在一种人化环境之中，这当然也是一种物质性的活动环境，但是它也不仅仅是自然的了"。

（四）都市化

都市化是生产力发展到一定阶段的必然结果，是近代工业化的直接产物。近代都市是在工业革命后得到迅速发展的。工业革命所解放出来的生产力，将社会生产推进到一个新阶段，产生了大批新兴工业和工厂体系，导致大量的人口拥入新的工业中心。工业的发展，使以自然经济为基础的旧城市不断改造、扩大，新的市（镇）大批出现。18 世纪 60 年代工业革命开始后的一个多世纪，都市化发展势头迅猛。从 1800 到 1900 的这一百年间，纽约人口从 6 万增加到 480 万。20 世纪，都市化已经成为一个全球化的过程，尤其是

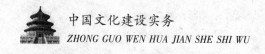

发展中国家，至今还在继续都市化，并且 21 世纪初其 500 万人以上的大都会的数量已经超过了发达国家。伴随着现代科学技术的发展、生产力水平的进一步提高，都市化过程进入一个新阶段：都市化的进程进一步加快，并与现代化相辅相成、互相促进。

都市化对社会的发展产生了深远的影响，它带动了整个国家和地区经济的进步，带来了人与人相互关系和社会交往的变化，促进了生活方式的变迁，改变了家庭的结构和职能，影响了人们的习惯、行为与思维方式。但是与此同时，都市化也带来各种新的问题，如住房拥挤、交通堵塞、环境污染、失业、种族暴力等问题。都市生活中的各个方面对彼此的依赖性大大增强，一旦其中一个方面出现故障，将会产生连锁反应，致使整个城市无法正常运作。"如果柏林市所有的钟表以不同的方式突然坏掉，即使只有一个小时，城市的所有经济生活和联络都会中断很长一段时间。"因此，有人将都市看做活力与文化的源泉，也有人将之看做冒烟的地狱。为了解决这些问题，一些经济发达国家采取了相应的措施，如实行郊区化，将人口、住宅、工作地点往市区外分散，以缓解市区日益增大的压力。

三、传统与现代的关系

对于传统和现代的认识，往往容易产生两类较为极端的观点。这两种观点自产生以来，无论是在学者中，还是在普通民众中，都各有其支持者。

一类观点认为外来的西方文化是优秀的，而传统已经落伍了，不合时宜了，所以要完全抛弃传统，将现代西方的文化模式完全搬到当地社会中，即"全盘西化"的观点。在这方面，学者陈序经的观点具有代表性："中国之趋于全盘西化，不过是时间的长短问题，我们若不自己赶紧去全盘西化，则必为外人所胁迫而全盘西化。"

另一类观点正相反，认为传统是好的、优秀的，与现代水火不相容，有了传统就不能有现代，如果现代化来了，传统就会丧失殆尽，国将不国。鲁迅曾经形象地讽刺文化保守派："那时候，只要从来如此，便是宝贝。即使无名肿毒，倘若生在中国人身上，也便：'红肿之处，艳若桃花；溃烂之时，美如乳酪'。国粹所在，妙不可言。"

这两种极端文化观念之所以出现，主要是整个社会对现代化不适应，思想和行动都还处在从一个时期到另一个时期的过渡阶段。在这个阶段里，人们要么将现代（或传统）看做救命的药丸，要么将现代（或传统）看做洪水猛兽，夸大了与传统之间的对立关系，放大了这一文化变迁的特殊性，而没有客观看到这仅仅只是历史上诸多变迁中的一次，正运行在文化发展规律的轨道上。我们置身于文化变迁之中，有时很难清醒地认识到眼前的文化在历史长河中的地位和方向。混乱的认识和见解，容易造成混乱的文化作为，因此，我们迫切需要对二者的关系有一个客观认知。

首先，如何看待传统？关于传统的性质以及存在的价值，庞朴曾经做过简洁地概括："传统固然是一种保守的力量，但同时，传统也是一切前进的基地；从前一个意义上说，传统是一个包袱，从后一个意义上说，传统又是一宗财富。这应该是我们看待传统文化的基本观点。"其中的"包袱与财富"又是相对而言的。"有时候，我们很难指认某者为财富，也许包袱就是财富，或者既是包袱又是财富；有时候，公认的包袱忽而会化腐朽为神奇，一变而为财富，反向的例子当然也有。"正如许多其他事物，单纯说它是绝对正确或错误的，有价值的或是没价值的，都是过于机械和粗糙的分类，因为传统内部存在着诸多不确定的因素，有时可以通过人为的方式试图去改善，有时则需要遵循文化自身的发展规律耐心地进行调适。

应该反思的是，许多人将传统看做过去时态里的、静止的实体，希望用简单的方法对它作出一个价值判断，好还是不好，有用或没用。尤其在儒家文化"尚古"思维和祖先崇拜的集体无意识影响下，很自然地倾向于认为任何传统的东西都是神圣不可侵犯的。因而，文化保守主义在特定的历史阶段下依然很受欢迎。人们出于对传统的热爱与维持，往往在情感上主观地将传统与现代截然对立起来。为此，甘阳曾提出："我们认为，'传统'是流动于过去、现在、未来这整个时间性中的一种'过程'，而不是在过去就已经凝结成型的一种'实体'，因此，传统的真正的落脚点恰是在'未来'，而不是在过去，这就是说，传统乃是'尚未被未定的东西'，它永远处在制作之中，创造之中，永远向未来敞开着的无穷性，或说'可能世界'。"

传统并不是一个死物，尚在成长的连续过程中，它不会因为现代的到来戛然而止。传统与现代也不是一刀两断的两个事物，都是相对而言的，没有人能够指出从哪年哪月开始就是现代，而不是传统的了。如何认识到传统的真正价值和未来发展的潜力，并且思考如何在其中有所作为，这对于文化的未来规划与文化主体的创造方向至关重要。

其次，对于现代性与现代化的理解，不能仅仅停留在现代科技的层面上，以为有了现代家电、现代通信设施、交通运输、军事、航空等，就可以实现现代化了。其实这个层面恰恰只是现代化的开始。在此基础之上，现代化同时还需要具备细致的社会分工、职业阶层的自主流动、经济产业的合理比例

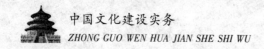
等特征，而且还存在一种文化的内在精神，即充分保证人性的多元需求，享受最大限度的平等、自由和民主，在可能的范围内实现自我。

现代社会是一个复杂的网络，其形成也经历了一个由浅至深的过程。它从器物文化到制度文化，最后深入到人的精神观念层面，最终形成一个完整的文化系统。"现代化有其所以现代化的真精神在，它应该是能保证最多数人的最大民主，最多数人的最大自由，最有效的管理制度，最先进的科学技术，丰富的物质文化生活，高尚的道德礼俗。而这一切，又只能实现在各个民族的特殊形式中。"健全的现代社会是一个统一体，需要政治上的民主、经济上的市场化和法制化的社会保障共同存在与相互牵制。

探讨传统与现代的问题，对发展中国家而言意义尤其重大。这些国家在向它们心目中那个理想社会目标进发的时候，都有自身的动力和压力，也大多经历矛盾与困惑。现代化是一次严峻的挑战与考验。它带来的好处很明显，人们可以共享那些给生活带来了便捷的、高效又省力的新科技产品。如利用电能的许多新事物让人们大开眼界，电视、电话、手机一下子就帮助人们实现了传说中的"千里眼"与"顺风耳"；各种家电使家庭主妇们从繁忙的传统家务中摆脱出来；人们从网络中得知更多外界的人与事，还利用各种交通工具走出本地区，到国内外的城市中学习、生活和工作。但是它暴露出来的弊端也同样明显。如持续增加的 CDP 总是以一定程度的破坏自然资源作为进步的代价；传统道德遭弃、功利主义抬头、贫富差距不断加大等，都是整个社会亟待解决的问题。

对于那些环境相对闭塞、经济比较落后的部落或少数民族地区，当商品经济如同高位的洪水突然涌进该地区，大量的消极方面在较短的时间内便凸显出来。由于当地人对异文化的到来与文化的变迁没有任何心理准备，于是很被动地陷入一种极端情形，即将货币与利益的最大化视作唯一的社会准则。钱的诱惑超过了一切，完全凌驾于传统的道德伦理、社会规范和宗教禁忌之上。物欲横流的社会常常会出现许多失范与失控现象，如自然资源的过度开采、环境被严重破坏、社会治安混乱、物价快速上升、宗教盲目迎合旅游、民族排外情绪上涨等。而此时的传统社会又难以在短时间内完善适应机制与调控手段，从而缺乏制度层面的有效规范，因此极易引起当地社会秩序的失衡。

就文化核心的精神观念层面而言，在快速的社会变迁与转型时期，旧的道德伦理、价值标准、社会惯制等已经快速瓦解，但是新的是非标准、社会判断以及稳定的集体心态还没有完全建立起来，无法在短时间内快速地形成一个稳定有序的文化格局和系统。在一个过渡尚未完成的历史时期，混乱与冲突、徘徊与犹豫、紧张与焦虑都会出现在同一个社会中。置身于其中的文化主体从外部至内心，都切身体验到这种不完善性和待完成性。处于文化变迁中的发展中国家和地区，在经历着史无前例的快速变迁的同时，也承受着由此带来的重压与负荷，有着"痛并快乐"的复杂体验。

在文化模式的转变中，传统与现代的文化因素同时存在着，它们之间既竞争又混合，既冲突又融合。没有哪一个文化，会在一夜之间变成彻头彻尾的另一种文化。一些发展中国家的现代化速度已经非常迅疾了，它们试图在一代人的时间内就完成西方社会需要几代人才能完成的重大变迁，因此它们也常常面临在无意中放弃一些宝贵的传统价值的压力。

对于"变"与"化"，文化主体要具备开阔的心胸、长远的眼光，以及耐心、主动、自觉的文化姿态，而不是一味地做维护所谓"传统"的卫道士或极端保守分子，或者急不可耐地想在瞬间就完成所有的现代化。我们应该意识到，对于现代化的变迁历程而言，"时间是问题的关键，因为两个社会之间的接触所造成的心理反应，只能经历了较长时间，真正触动了个人心灵后，才能显现出最终的社会后果。"

四、现代化与文化发展

（一）现代化与本土化

虽然强势的西方世界希望许多国家都能"化"成它们现在的样子，但是现代化的社会并不具备一个千篇一律的模式，只能是大致拥有一些类似的社会特征。"化"是一个不确定的过程，各个国家和各个民族既不需要也不可能做到完全一模一样。每个国家和民族都有其本土的生态与历史，文化也有其特殊性。现代化不是一个"一刀切"的机械过程，恰恰需要结合各国和各地区的具体情形，进行灵活多元的文化变迁。现代化既有一般性，也有特殊性，并不是单纯的同化，其本身也须经历一个本土化的变迁过程。

美国的麦当劳快餐经常被看做现代化与全球化的典型标志。人类学者阎云翔调查了北京麦当劳的快餐消费，发现北京的消费者并不是被动地接受快餐店所提供的所有东西。在美国，快餐只是忙碌者和饥饿者的"加油站"，是低收入者的家庭餐馆。但对于中国消费者而言，麦当劳则是一个实现中档消费的时髦场所，并且它在许多方面都已经当地化了。人们可以在其中享用闲暇时光和体验中国版的美国文化。另外，社会结构在变迁过程中出现了新的城市社会群体，他们要求在公共生活的每一个方面都建立起新的社会交往空间，其中包括外出就餐。麦当劳在恰当的时机，为这一群体提供了一个合适的消费场所；反过来，由"洋快餐"推进的新型交往，又刺激了消费者对食品与空间的需求。这样就形成了一个良性循环。因此，现代化是一个复杂的动态过程，在全球经济文化快速互动背景中的消费，包含政治与经济、权力与利益、地方传统与西方文化，是一个合作与冲突的过程与结果。

即使是对于市场经济与消费社会中的商品，生产商们也会刻意强调商品自身的民族性和本土性，以引起消费者的民族认同感和购买欲望。如中国曾经有一则推销某种可乐的电视广告，广告词是"喝中国人自己的可乐"，便是典型的、民族主义式的商品促销。对作为现代化产物的可口可乐，厂商在不同的地方会赋予它不同的文化意义。非洲刚果的某些地区销售两种可口可乐，一种是经许可由当地生产的瓶装可口可乐，一种是从荷兰进口的罐装可口可乐。后者的价格更贵一些。当人们想要炫耀自己的社会地位和等级，以显示他拥有"舶来品"的时候，便在汽车风挡上展示一瓶进口的罐装可口可乐，这成为一个象征尊贵的文化标记。

另外，在现代化的变迁过程中，采用灵活多样的、容易被接受的"本土"式变迁手段，有步骤地推进当地的现代化显得尤为重要。文化决策的好与坏，有时会直接影响变迁的效果。采用疾风骤雨式的变迁手段，试图在短时间内完成现代化，经常会适得其反，甚至会使一些不发达国家或民族陷入更贫困的境地。

现代化是一个复杂的过程，需要采用理性的决策与人性化的举措去实现。例如，印度奥里萨邦的卡拉汉底省曾一度流行天花，夺去了当地许多人的生命。但是当地人并不愿意种牛痘，特别不愿意在幼儿身上采用这种令他们怀疑和畏惧的现代医疗技术。按照当地的传统习俗，他们更喜欢去找巫师，以求得到帮助。当地的改革者去找巫师商量，希望能够试着说服患病的人种牛痘，但一开始便遭到拒绝。不久后这个巫师亲戚中的一个小孩也得了天花，迫不得已，他只得求助于西方医疗队，最终使那个孩子获救。于是巫师告诉大家，是神的旨意要所有的人都种牛痘，医疗队才得以执行救助，当地的天花才得到了较好的控制。

（二）传统的再创造

以往的文化研究者们关注的是"无意识的传统"，即传统的传承是在代际和社会组织内部，自然和自发地进行着。人们生活在既定的传统文化中，将传授和学习地方知识和技能视作人生的义务与道德，他们一般不会刻意强调他们的文化就是一类"传统"，而不是别的什么文化。

随着现代化与全球化时代的到来，人们发现自己的生活方式与遥远国度的另一群陌生人有着惊人的相似之处，如上超市购物、看美国大片、吃肯德基和麦当劳、用手机打电话等。一位人类学家到非洲一个偏僻的部落里进行调查，当地人神秘地告诉她，晚上要邀请她一起娱乐。这位学者猜想一定是邀请她参加部落里有趣的传统活动，但让她失望的是主人拿出影碟机，告诉她娱乐节目就是一起看电影，而该部电影是一部在美国家喻户晓的成人片。以西方（尤其是美国）为中心的价值体系和生活方式，毫无疑问正在铺天盖地席卷地球上最偏远和古老的文化角落。人们在这种变迁中慢慢察觉到"自我"在不知不觉中消退，他们正在远离父辈们的传统文化，与"他者"的区别正日益模糊。文化是一个民族的身份标志，传统文化是一个国家和民族历史创造的集体记忆与精神寄托。因此，失却了这种传统，就失去了自我，成为没有个性的文化附属品。

基于这种背景，现代化与全球化又滋生出一种新的文化现象，即对民族或地方传统文化的再创造、再生产、发明与复兴，以此抵抗霸权文化，增强对自身文化的认同。"'被发明的'传统之独特性在于它们与过去的这种连续性大多是人为的。总之，它们采取参照旧形势的方式来回应新形势，或是通过近乎强制性的重复来建立它们自己的过去。"这种被人们自觉生产出来的"有意识的传统"，在当下正在为研究者们所关注。有的学者认为："20世纪可以说是文化自觉地被传承、被发现、被创造的世纪。这一文化也是近代以来民族—国家认同的一个重要源泉。"

从经济—文化形态上来讲，农耕文化是中国最根本的传统文化，但是在现代化过程中，传统文化的语境已经发生了很大的变化：农业在国民经济总产值中所占的比例正在不断缩小；占全国人口近2/3的农村人口不再"被捆绑在土地上"，大量农民进入工厂务工或外出打工从事广泛的工商业，他们更多地收获货币形式的工资而不是物质形态的农产品；农民的消费方式早已不是"男耕女织"的自足自给的田园式经济，而是面向多个层次的市场与整个消费社会等。"当代中国农村和农民的生活与命运都更多地与市场，与现代民族国家，甚至间接地与全球化相联系了。"中国的广大农村在经济和文化急剧变迁和快速融合中，成为一个"新乡土中国"。一些西方国家已经经历过类似的变迁。孟德拉斯针对法国传统农业下的农民进入工业文明时，面临农民群体的终结问题，尖锐地指出："20亿农民站在工业文明的入口处，这就是在20世纪下半叶当今世界向社会科学提出的主要问题。"

但是，"农民的终结"并不意味着农民文化的历史性终结以及村落传统的迅速终结。中国对现代化的追求，已经使大量的传统文化如民间传统组织、仪式和习俗遭到破坏，但近年来的事实却表明，经济发达地区的经济繁荣反而带来了传统文化的复兴。在"文化大革命"中早已销声匿迹的地方信仰、家族文化、寺庙与仪式、风水观念在民间不断得到恢复，它们在地方的现代化过程中发挥出新的文化功能。"从地方社会的层面看，民间宗教仪式在现代化过程中可能起着联络地方社会关系、操演社会竞争的作用。进一步说，民间宗教在现代化过程中的延续，不是'落后'的现象，而是与民间商业精神的兴起有关。"人们在工业化中对社区认同、人际网络及意识形态的需求及建构，借助了民间传统并在其中生长起来。像家族文化的复兴和家族企业的发展，就是市场经济结合地方文化的产物。现行法律和体制与传统家族文化，在其中能够共同发挥抵御经济风险的功能。因此，传统不但没有消失，反而在新的文化变迁中得到一个自觉的复兴。传统文化在市场经济条件下找到自己得以复兴的载体，或者说带来了新型的传统文化，尽管现在的传统文化已经绝非历史上的传统，而是带着市场经济色彩的传统。

不同的民族对传统的再创造有着多种多样的形式。有些少数民族通过不断地生产和创造他们自身文化的消费品，以维持和加强外界对他们文化的了解与认同。日本的阿伊努人便是通过这样的方式对传统实现再创造的。众所周知，阿伊努人是日本的一个族群性少数民族。传统的阿伊努文化大部分已经消失了，整个族群在国家的经济和政治中处于边缘地位。到了20世纪70年代，该民族的文化运动发展起来，目标是要获得对一个独立族群的承认，享有和大多数日本人一样的平等条件，但对政治自治并没有兴趣。族人为他们的孩子建立了传授本族语言和传统的学校，修建了传统的房屋；每周举行重要的传统活动，如传授历史和语言、传统舞蹈、编织和木刻，并会为这些仪式活动做广告，以使旅游者出席，让报纸进行报道。游客们被邀请购买阿伊努人的产品，观看制作过程，并亲自动手去学习和体验；他们也听有关阿伊努人的神话、仪式和历史，品味当地人的食品，住在传统的房屋里。阿伊努人通过旅游式的生产与展示，有意识地重构了自己的传统，确立自身的文化特性。"饮食节、公共仪礼、手工艺课程和阿伊努人物品，在自我有意识地组织起来的旅游村庄中被举办、展示和出售，为阿伊努人创造了公共形象。这些在再造或者创造传统文化中起到了作用。"阿伊努人通过旅游文化的途径，对"他者"整体性地呈现"自我"，实现本民族内部的文化认同，并对外界张扬了地方文化。

类似的例子并不罕见。许多少数民族地区都结合旅游经济，将其民族传统"开发"成具有表演性质的文化消费品。在许多地方，当地政府、社会组织，有时包括媒体和学者，共同参与了这一传统的再造。20 世纪 80 年代，印度尼西亚政府在巴厘岛实施振兴民间艺术和技能、传统习惯的文化政策，以实现对民族传统的保护，如举办一些艺术节，创作许多新的内容，表演的服装与传统的服装也不完全相同。20 世纪 90 年代后的日本，农村人口流失和老龄化现象日益严重。1992 年，日本文化厅颁布了以民俗艺能等无形文化遗产为观光资源，去促进地域工商业振兴的法律。各地政府都积极投入振兴乡村和打造小镇的文化运动中。当地人也希望通过观光的方式带来人口的移入，促成地域经济与传统文化的振兴，有些地方甚至发明出新的祭礼来吸引旅游者。日本有学者提出"文化的客体化"的概念，指的是将文化视为可操作的对象进行新创造的过程。这一过程必然伴随着向"他者"显示民族文化因素的选择行为。被选择出来的文化即使是从过去传承而来的东西，也与过去有着完全不同的意义。一直被视为传统的文化要素，实际上被当做新文化要素，得到选择性的阐释和发明。

这些再创造的行为实践，可以被看做是对传统进行的人为变迁，是为适应整个文化环境变迁所作出的主动反应，其中具有促进民族认同的重要价值。

第五章　文化的主权与安全解析

　　人们常说的国家主权包括四个方面，即政治主权、领土主权、经济主权和文化主权。文化主权问题历来存在，在经济全球化、政治多极化、文化多元化背景之下尤显突出。文化主权如同政治主权、领土主权、经济主权一样，是国家主权不可分割的有机组成部分。积极建设国家文化主权，是一个民族在激烈的综合国力竞争中"保持和发展本民族文化的优良传统，大力弘扬民族精神，积极吸取世界其他民族的优秀文化成果，实现文化的与时俱进"的必然要求。

　　而对于文化安全，长期以来，人们仅强调三大国家安全，即国家的政治安全、军事安全和经济安全。进入 20 世纪 80 年代之后，国际学术界也开始强调文化安全，各个国家还针对当今国际竞争中的文化因素不断增强以及西方国家推行文化霸权主义的严峻现实，将文化安全提到很高的位置。今天，越来越多的有识之士，把文化安全与政治安全、军事安全、经济安全一同视为国家安全的四大支柱。

　　当前，文化主权与文化安全问题已经日益突出地呈现在我们面前，尤其是对于在科学技术层面发展相对后进的国家来说，这是一个事关国家主权完整性和国家安全严密性的重大问题。两者之中，文化主权强调民族国家自身具有的天赋权力，具有根本性；文化安全则强调在与外部发展关系的过程中对主权的维护。

第一节　文化主权

20 世纪 90 年代以后, 文化主权的维护成为国际社会关注的焦点。文化主权作为经济全球化时代国际关系中出现的新概念, 是发展中国家针对西方的文化侵略和文化霸权而提出的。随着世界经济的发展和国家间相互依存度的进一步加深, 发展中国家感受到经济全球化所带来的革命不仅仅局限在经济领域, 还包括社会生活的其他领域。面对西方文化扩张战略的挑战, 越来越多的国家在加快参与经济全球化的同时, 也注意到因为空前的文化交融而产生的文化主权问题。与国家独立和经济主权相比, 整合了社会制度、价值取向、文化观念等社会深层问题的文化主权对国家的影响更为复杂, 更为深远, 加之西方的文化霸权意识日益显露, 因此, 大多数发展中国家都把更多的注意力放在了维护文化主权上。

一、文化主权概述

(一) 文化主权的概念

英文中的主权 (sovereignty) 一词, 其拉丁文的本意即最高权力, 16 世纪法国人博丹在《论共和国》一书中把主权定义为"国内绝对的和永久的权力"。可以说, 主权是指一个国家所拥有的独立自主地处理其内外事务的最高权力。国家凭借这种权力可以以最高权威和独立自主的方式处理它的一切内部事务和外部事务, 而不受任何其他国家或实体的干涉和影响。因此, 主权具有对内属性和对外属性。主权对内属性实质上是指国家的政治统治权力, 它通过立法、行政、司法、军事、经济、文化等手段来实现, 体现在颁布法律、废除法律、决定国家组织原则、决定政权组织原则、决定经济体制、统率军队等权力上。主权对外 (独立的) 属性派生于主权对内属性, 它主要是指一个国家有权独立地决定自己的外交方针政策, 处理国际事务和享有国际权利与承担国际义务。

主权理论是近代欧洲世俗君主反对基督教神权的产物, 文化主权则是近年才有的主张, 但在国家主权的概念中始终包含着文化主权的内涵。文化主权是文化霸权的伴生物。从历史来说, 文化扩张和文化霸权始终与西方对经济全球化的推进相辅相成。15 世纪的航海活动被认为是经济全球化的起点,除了追求财富的动机外，宗教和文化的扩展也是其重要的动机。在近现代世界经济和国家关系的演进中，人们可以看到西方国家在凭借坚船利炮拓展世界市场的同时，也企图将整个世界纳入西方的制度和文化体系。文化主权作为经济全球化时代国际关系中出现的新概念，是发展中国家针对西方的文化侵略和文化霸权而提出的。随着世界经济的发展和国家间相互依存程度的进一步加深，发展中国家感受到经济全球化所带来的革命不仅仅局限在经济领域，还包括社会生活的其他领域，感受到来自西方国家的社会制度和文化观念成为压倒一切的意识形态。西方国家在很大程度上把经济全球化异化成了一场霸权色彩浓厚的文化扩张运动。社会主义国家的出现打破了西方国家在世界格局中的主导地位，也削弱了其文化扩张的能力。冷战时期，社会制度和意识形态的对立掩盖了世界经济和政治中的文化冲突。但是，文化冲突并没有消失，只是没有社会制度和意识形态的冲突那么引人注目。冷战结束后，随着经济全球化时代的到来和国际关系中社会制度和意识形态的淡化，西方的文化霸权和文化扩张意识就重新凸显出来。

综上所述，文化主权是从国家主权的概念中引申出来的，文化主权是指国家在文化领域内拥有的最高权力。这权力既包括对内的权力，也包括对外的权力，即在尊重他国主权及国际公权的前提下，国家按照自己的意志决定对内对外文化政策，处理国内及涉外的一切文化事务，不受任何外来干涉。文化主权的内涵既包括语言、宗教、价值观念等一般性文化内容，还包括复杂的政治文化和经济文化要素。"文化主权包括普通意义上的文化主权和抽象意义上的文化主权，前者主要指国家在保护传统文化方面的权利，后者则主要指不同文化形态在国际社会中的平等权利等。"换言之，文化主权是指"现代民族国家将本民族文化的习惯、信仰和价值观念上升为国家机关意志，意味着对本民族文化教育所拥有的最高和独立的权利和权威。"

（二）文化主权建设的任务和意义

文化主权体现国家的文化个性与品格，代表国家的文化核心利益，它与政治主权、经济主权、领土主权相辅相成，共同构成国家主权整体。在现代化建设不断向前推进，经济发展导致综合实力不断增强，经济全球化、政治多极化、文化多元化浪潮席卷全球，包含经济实力、科技实力、军事实力、文化实力在内的综合国力竞争不断加强的今天，文化主权建设理所当然应承担起回归文化主权、捍卫文化主权和发展文化主权三大重要任务。

1. 回归文化主权。新大陆的发现与西方国家拓展殖民地以及在经济、政治、文化等方面治理的强化，使亚洲、非洲和拉丁美洲等地的国家和殖民地附属国的文化主权随同政治主权与经济主权一起饱受摧残，其直接后果是文物流失海外，不少文化话语权被西方国家所垄断。许多国家直到20世纪五六十年代获得独立之后，情况才得到部分改变。许多国家在其主权得到承认的同时，其经济、政治，尤其是文化主权仍在西方强势国家的影响和主导之下。发展中国家的文化主权的回归任重而道远。

2. 捍卫文化主权。正如国家的政治主权、经济主权无时无刻不受到发达国家和敌对国家势力的挑衅一样，发展中国家的文化主权一直面临西方文化霸权主义、一些国家的极端民族主义和国内民族与地区分裂主义分子的挑战，因此，捍卫固有的意识形态、坚持自己的价值观与审美观、继承与固守各自灿烂的文化遗产、发展符合国家利益的主流文化、抗拒敌对势力的文化、粉碎所谓的"和平演变"战略是各个国家面临的共同问题。鉴于此，发展中国家，包括一些后起且相对弱小的发达国家都必须充分利用国内外有利条件，凭借法律、行政的手段，采取学术、科技、市场等措施，建立起牢固的保护体系与安全网络，捍卫国家的文化主权，从而维护国家安全。

3. 发展文化主权。国家文化主权是一个可变的概念。国家文化主权确立之后，除了基本性质与基本因素稳定不变外，其外延、内涵、范畴都处在不断的变化之中。和平、发展是时代的主题，在此背景下的国家文化主权自然与以战争和革命为主题之际的国家文化主权有一定的内容差异。只有应时代的发展变化而丰富其内容，文化主权才能很好地发挥其功能，实现其价值，达成其目的，为国家的繁荣富强及人类的文明进步做出贡献。

在当前历史条件下，文化主权建设意义重大。文化主权实际上也就是民族国家表现在文化建设与发展文化事业方面的政治权力，是一国主权在文化领域的延伸和表现。众所周知，民族精神是为该民族大多数成员所认同和接受的价值取向、精神风貌和道德规范，是一个民族的灵魂，是一个民族赖以生存和发展的精神支柱。在当代，民族精神日益成为国家和民族综合国力和竞争力的重要方面。民族精神的形成和培养不是自发的，它需要现实的条件和力量。在国家间、民族间文化交流日益增多的情况下，要有效地维系和保护民族的文化传统、思想感情、精神风貌和道德规范，维系民族精神，就必须有效地依赖和运用文化主权的力量。可以说，文化主权是维系和弘扬民族精神不可缺少的必要前提和现实力量。在当今文化日益全球化和文明之间的冲突日益加剧的条件下，一国丧失文化主权即意味着培养该国人民进取精神、凝聚力等的主导权落入他国之手，进而将使该国国民"沦"为他国文化的"精神奴隶"，成为完全被同化的对象，从而失去民族的特质。同时，文化主

权也事关一国政府为维护其统治地位而在意识形态领域进行宣传的重要作用。可以说，一国文化主权削弱，直接意味着一国竞争力的下降，意味着该国及其民族文化教育传统出现危机，意味着民族精神的陷落乃至国家和民族陷入困境。

文化主权不仅关系到一个国家的文化独立性，而且关系到一个民族的政治主权和独立地位。文化中的政治动机和政治目的始终存在，文化较量的背后是政治主权的斗争，也是国家利益的斗争。一方面，以文化形式表现出来的侵蚀与抵制、扩张与对抗是政治领域斗争的反映；另一方面，政治领域和经济领域的斗争与竞争无不带有文化背景和留下了文化的痕迹。因此，文化主权的维护关乎国家整体的安全，也关乎国家的政治独立和民族存亡。

二、文化霸权对文化主权的挑战

（一）文化霸权的概念和特征

文化霸权，是与文化主权相对应的一个概念，它是指霸权国家从本国利益和战略目标出发，凭借自身的文化强势地位，向世界上其他国家尤其是发展中国家进行文化渗透和扩张，迫使别国接受其价值观念和意识形态，以达到制约、影响世界事务以及发展中国家内部发展过程的一种国际霸权行为。这一概念最早是由意大利早期共产党著名思想家葛兰西在 20 世纪 30 年代提出的。他认为，文化霸权是一种必不可少的统治形式。统治阶级要统治市民社会，就必须借助文化人和文化机构，使自己的伦理、政治、文化价值观成为普遍接受的行为准则。文化霸权是早已有之的行为，冷战结束后，随着经济全球化时代的到来和国际关系中社会制度和意识形态的淡化，西方的文化霸权和文化扩张意识就更加凸显出来。在世界上的绝大多数国家已经获得了独立主权地位的情况下，国家的文化主权更多的是受到来自非军事方式的侵略，而这较难通过国际法的形式加以规范。在经济全球化进程中，西方国家作为全球化的推动者和主导力量，在追求一个开放的市场的同时，还致力于西方政治和文化价值的推广，西方国家在很大程度上把经济全球化异化成了一场霸权色彩浓厚的文化扩张运动。

文化霸权是一种霸权文化的产物，是对西方理性文化的补充。在第二次世界大战以后的世界发展进程中，西方国家改变过去单纯依靠政治、军事力量实施世界霸权的策略，实施文化的世界霸权，力图通过传播媒介、文化交流等渠道，把自身的社会制度、生活方式、政治理念、意识形态等输送到其他国家，阻断这些国家自身的文化发展进程，使其采纳西方发达国家的模式，并在文化入侵的同时完成政治、经济的入侵，只不过这种入侵披上了温情的面纱，似乎是一种人道主义的引导。西方国家在长期的发展过程中，积累了经济、技术、科学、资本等方面的先发优势，特别是经济上取得了压倒性优势，其基本的经济体制和规范在全世界得到了传播，其文化价值背靠这种优势向全世界渗透，这成为西方国家对外战略中的一个重要因素。

西方推行文化霸权主要表现为以下几个特点。

1. 以经济援助为幌子"销售"其价值观。以美国为代表的西方发达国家，以经济援助为名大献殷勤，借此传播其价值观、意识形态，通过"一场无硝烟的战争"同化发展中国家、后发达国家。美国在第二次世界大战后成为世界上实力最强的国家，其强大的经济、军事实力使美国有能力通过援助的手段推行其价值观。早在 1949 年，杜鲁门政府就提出了"第四点计划"，旨在通过对不发达国家的援助清除共产主义"赖以生存的土壤"。肯尼迪政府"一手抓剑，一手抓橄榄枝"，通过经济技术援助向东欧灌输"西方的原则"，传播美国的自由和民主。里根政府实行所谓的"民主工程"，专门成立了"全国民主基金会"，为不发达国家的选举等政治活动提供援助。在美国的压力下，非洲有 20 多个国家先后宣布实行多党制。从 1977 年 4 月开始，卡特政府提出对拉美地区的"新方针"，其中一项就是"尊重人权"，在拉美地区推行美国式的民主和自由，并通过中止援助进行威胁，迫使一些国家按美国的意愿行事。

2. 利用大众媒介、文化交流进行文化渗透。当代传媒以跨国资本的方式形成全球性的消费意识，使得西方国家的文化价值观渐渐渗入不同国家与民族的精神之中。人们在市场上买到的不仅是商品，还包括标志、声音、图像、软件和联系，它们不仅塞满了人们的生活空间，而且还统治着人们的想象领域，占据着人们的交流空间，在潜移默化中改变了人们的思维方式、生活方式与消费观念，强化了西方消费主义的意识形态。这里特别值得一提的是时时处处为美军的侵略扩张当"开路先锋"的"美国之音"。美国政府每次发动对外战争，总是由"美国之音"先鸣锣开道。越战中，"美国之音"充分发挥了其媒体功能，只让公众了解一些正面情况，不让公众了解真实的负面影响。后来，美国入侵格林纳达、空袭利比亚、发动海湾战争、空袭科索沃，"美国之音"都充分发挥了马前卒的作用。近年来"美国之音"对发展中国家西化、分化更是使出了浑身伎俩，以致直接威胁到了这些国家的文化安全。

各国之间的文化交流也往往成为强势国家对弱势国家文化渗透的重要途径。第二次世界大战后，美国政府提出的最大文化交流项目是"富布赖特项目"。它始于1948年，主要是资助美国及世界各国的学生、专家学者出国或到美国进行学习和研究、访问。除此之外，美国新闻署的国际访问者项目每年使5000多名来自世界各地的从业者赴美国与同行业人员进行交流。其真正的目的，是用一切可能的方式进行文化渗透。美国是想以小的代价，把"美国的民主和自由，把美国的生活方式带回他们的祖国，这比军事的直接介入要奏效得多"。除此之外，美国还采用无偿捐赠图书的方式向发展中国家推销其价值观。

3. 依靠强势文化争夺文化话语权。在现代社会中，如果在特定的文化领域中某种话语占据了决定性的地位，那么这种话语就成为普遍性的话语，它实际上约束、限制了文化创造及其传递，所以说，话语占领也就是权力占领。西方的文化品位及文化习惯正在变成全球的品位与习惯，更具体地说，西方文化已取得了大众文化的强势地位。西方国家凭借着多媒体、互联网络、卫星电视等方面的强大优势，频频打入他国的文化市场，西方文化似乎成了全球大众文化无法摆脱的一部分。

（二）文化霸权主义产生的渊源

1. 文化霸权产生的历史渊源。由来已久的殖民扩张和种族歧视是文化霸权产生的历史渊源。当今世界实质上是欧洲扩张和全球霸权的产物，也是这种扩张与霸权所激起的反应的产物。让我们简要回顾一下世界发展史，美国学者斯塔夫里阿诺斯所著的《全球通史》一书是这样描绘的：公元1500年以前，人类基本上生活在彼此隔绝的地区中，各种族集团实际上以完全与世隔绝的方式散居各地。直到1500年前后，各种族集团之间才第一次有了直接的交往，联系在一起。中世纪后期，欧亚世界有了一个不寻常的重大发展，一方面伊斯兰教帝国和儒家帝国闭关自守，愈来愈僵化；另一方面，欧亚大陆西端正经历着一场空前的、彻底的变革。西欧人向海外的大规模扩张给整个世界后来的发展带来极其重要的影响。这使西欧人控制了外洋航线，能够抵达、征服南北美洲和澳大利亚的人迹稀少的广阔地区，并移居那里，从而改变了世界各种族传统的地区分布。通过扩张，西欧财富迅速增加，力量大大加强。到19世纪时，西欧已能渗透并控制位于中东、印度和中国的古老的欧亚文明中心。就是在这样的背景下，欧洲殖民者在北美洲东海岸建立美利坚合众国。从一定意义上说，早期美利坚人外向型的扩张意识是与生俱来的，扩张成为美国历史上永恒的主题。随后，以美国为首的文化霸权的运用更是肆无忌惮。

2. 文化霸权产生的经济动因。生产力决定生产关系，经济基础决定上层建筑。马克思主义这一社会发展一般规律同样适用于资本主义国家。资本主义经济的发展，进一步加剧了资本主义社会固有的生产社会化和生产资料私人占有之间的矛盾，而资本主义政治则更加直接受着占有大量生产资料财团的支配。经济上的强大带来了文化上的强势，似乎经济越发达，文化层次就越高。文化交往应该建立在各民族文化平等对话的基础上，但由于经济全球化的影响，文化存在着从经济和文化强势国家向弱势国家流动的趋势。文化的交流也变成了文化的渗透和入侵，文化全球化中的霸权主义色彩日益凸显出来。与经济上的弱势国家面临着被动局面一样，经济全球化的后果在文化方面的表现就是：强势文化实体在输出商品的同时，也向弱势地区输出价值观念、道德准则和生活方式。弱势文化则充当无条件接受强势文化产品的倾销地，并逐渐失去自我。

3. 文化霸权产生的阶级渊源。社会主义思想和社会制度作为资本主义的对立物，从它诞生的那天起，就构成了对资本主义的威胁。于是，国际资产阶级就千方百计地企图扼杀、否定社会主义，其重要手法是通过各种手段推销其文化观和价值观。在西方资产阶级政治家看来，资产阶级的意识形态是推行其"和平演变"战略的精神武器，在对社会主义国家实行"和平演变"中具有决定性的作用。美国前国务卿杜勒斯早在20世纪50年代就提出誓将美国式的"自由"真正变成社会主义国家"需要输入的一种产品"。尼克松则更加直白地提出，瓦解社会主义阵营，除了采取军事手段外，更多地要开辟为军事服务的"思想文化战场"，打一场"没有硝烟的军事文化进攻战"。美国的历届首脑们在极力推销其"自由与民主"观念的同时，还在别国人权问题上大做文章。他们攻击社会主义国家和发展中国家实行"独裁"，侵犯人权，认为社会主义国家的人民是没有自由和民主的"被奴役的人民"；他们竭力输出的是资产阶级反动、腐朽、没落的文化艺术观，倾销其低级、庸俗的"精神垃圾"，用这些腐朽的东西来毒害人们的思想。

（三）文化霸权对文化主权的挑战

冷战结束以后，围绕文化主权的斗争日趋激烈，这具体体现在西方文化霸权的扩张和以发展中国家为主的非西方国家对它的强烈抵制上。在信息技术迅猛发展的今天，发达国家对发展中国家的文化殖民活动变得越来越直接和便利。这种文化入侵，不再是凭借坚船利炮发动战争，而是依靠经济、科技、文化的绝对优势进行所谓的软性渗透，从而达到使弱势国家的国家意志、价值观念和国民心理全面瓦解的目的，因而也造成了民族国家的原生文化和外来现代文化特别是殖民文化的相互摩擦和激烈碰撞。经济全球化进程的不断推进，更使某些强势文化得以实现霸权，尤其是网络时代的全球化与民族国家的地域性正显现出日益强劲的张力。虽然和平与发展是时代的主题，建立公正又和谐的世界是全世界爱好和平的人们的共同愿望，但事实上，世界各国文化的交往并不如想象中那样顺利。文化霸权是一种主观层面的战略选择，以弗朗西斯·福山（Francis Fukuyama）为代表的"西方中心论"者认为："西方式的自由民主的意识形态已经成为压倒一切的意识形态，西方式的自由民主体制可能成为人类意识形态的终结和人类统治的最后形态。"在文化扩张理论的支持下，以美国为代表的西方国家在推进全球化的进程中，提出并确立了文化霸权战略。

在文化主权斗争中，当前最为重要的核心是人权问题。西方国家对发展中国家的人权状况横加指责和刁难，要求后者按照自己的要求和方式改善国内人权状况，发展中国家则坚持人权问题属于一国主权范围内的事，别国不得干涉，从而导致人权问题成了文化霸权和文化主权的聚焦点。发展中国家注重强调文化主权是合理又合法的。《联合国宪章》明确规定了"国家主权不容干涉"的基本原则，文化主权是国家主权的重要组成部分，也已经得到了许多国际法文件的认可。近年来，西方在人权问题上对发展中国家妄加干涉，试图把自己的人权标准强加于人，并动辄实行经济制裁。对此，发展中国家必须保持高度清醒的头脑，充分认识其丑陋面目和险恶用心，并进行坚决的回击。

具体说来，西方国家文化对发展中国家的影响和渗透主要体现为："通过媒介霸权、话语控制、意识形态、殖民文化等传播来建立其话语霸权或文化霸权。媒介提供了文化殖民的技术基础，话语控制疏通了文化殖民的有效途径，而西方大众文化文本所隐含的意识形态、文化价值观的广泛渗透并获得认同，也就最终实现了文化殖民的目的。"西方国家在文化传播媒介方面拥有绝对优势和霸权地位，这为它们实施文化霸权提供了技术上的可能性。借助传媒的绝对优势力量，西方文化在走向文化殖民的过程中，首先形成了对其他国家的文化话语控制。由于历史文化等方面的原因，发展中国家在文化建设方面和西方国家相比存在着明显不足。在这种情况下，西方文化就借助于强大的资本支持和媒介力量入侵其国，并在这些国家的文化领域占据重要地位。而许多发展中国家在文化创作、发展过程中则模仿外来的、西方国家的文化，其文化话语规则、程序、模式在很多方面对西方文化话语进行了复制。在媒介霸权和话语控制的基础上，西方文化文本所隐含的文化价值观等意识形态领域的内容在这些国家中得到了广泛传播和渗透，从而不断侵蚀着其传统文化、民族精神。内含西方国家统治阶级文化价值观的西方文化，在传播中极大地影响了其社会大众的思想观念。发展中国家的受众在接受的同时产生了对这种生活方式的认同、渴望、向往，这种来自民众的心理和愿望在其政治领域、经济领域、文化领域，特别是在传统文化和意识形态领域必然会产生自下而上的冲击力，乃至于造成传统文化、民族精神、意识形态的合法性危机。

文化主权与文化霸权冲突的实质是：在文化全球化进程中，西方发达国家企图削弱民族国家的文化主权，向发展中国家输送西方的价值观念，把自己的国家利益凌驾于其他国家、其他民族之上；发展中国家则坚持"国家主权"和"文化主权"，在全球化进程中，实现民族文化的更新与融合。

三、发展中国家的文化主权选择

我们认为，人在文化活动中是两面性的。一方面，他是主动性、自主性的，他们在对各种文化文本的接受中具有选择性、创造性，根据自己的生活实践、文化背景、理想追求对文本所内含的意义进行诠释乃至重构；另一方面，他又是受动性的，他不可能完全拒绝文化文本的意义，经过不断的冲击和渗透，文化文本的意义多少会在他的思想观念上留下印记，使他产生一定程度的认同，尤其是那些文化素质比较低或者涉世未深的文化受众更是如此。正因为如此，西方文化的意识形态殖民效应就不可能不发生。面对经济全球化的世界经济发展大趋势，发展中国家决不能对西方文化霸权主义漠然视之，而应该以积极的态度，及早着手，制定有关政策，使民族的优秀文化更好地在新的历史时期发扬光大。

（一）发展中国家的文化主权立场

在经济全球化和政治多极化的复杂背景下，伴随着各种跨国贸易活动、文化交流的迅猛发展，各民族国家之间的文化交往日益增多。在不同文化的交互作用过程中，西方霸权国家为达到经济和政治上的目的，不断推行文化殖民政策，图谋在新的历史条件下以新的方式延续和强化文化霸权主义。发展中国家由于在文化、意识形态、社会制度、国家利益等诸多方面与西方发达国家存在着较为明显的分歧，自然而然地成为某些霸权主义国家进行文化渗透和文化颠覆的主要目标。面对这一严峻形势，发展中国家维护文化主权的任务十分艰巨。

发展中国家在参与经济全球化进程中，不可避免地面临着文化主权立场的抉择问题。在世界近代以来的现代化和国际化进程中，发展中国家曾多次进行过文化本土化和"全盘西化"的激烈争论。历史的经验和教训最终证明，一方面经济落后和"闭关自守"固然会挨打，难以抵御西方的文化侵略和文化扩张；但另一方面，以放弃文化特性和文化主权为代价参与经济的全球化进程也并不能真正促进经济的发展和社会的进步。发展中国家要实现民族的复兴和国家的繁荣富强，必须积极参与经济全球化，同时坚持自己的文化主权立场，努力化解全球化带来的消极文化效应。这一立场，既是各国历史文化积淀的逻辑延伸，也是由各国的根本利益决定的。维护国家文化主权与积极参与经济全球化之间并不矛盾。经济的相对不发达决定了发展中国家的根本目标是经济发展与社会进步，无论是参与经济全球化还是维护文化主权都是在这一目标下确立的，因而它们的内在关系不是相互对立的，而是相辅相成、相互补充的。不参与经济全球化，就会被排斥在世界发展的进程之外，落后于世界的发展步伐，最终也将从根本上丧失维护国家政治独立和文化主权的能力；而如果放弃自己的文化主权，完全接受西方的文化模式，发展中国家的对外开放和对经济全球化的参与就失去了基本的立足点，经济即使得到了一定的发展也将因缺乏文化的依托而难以持久。

发展中国家对文化主权的维护是为了更好地促进经济发展、社会进步，在经济全球化的参与过程中确保国家在文化方面的根本利益不受侵害。既顺应潮流，又循序渐进、趋利避害；既坚决反对损害本国文化主权的主张和行为，也积极倡导国际社会尊重所有国家的文化主权；既积极推动建立国际政治经济新秩序，也努力推动建立国际文化新秩序。

（二）建设发展中国家文化主权的关键：重建民族文化话语权

每个民族都有自己会聚着过去全部智慧、蕴涵着走向未来全部精神动力的独特文化体系。民族文化是培育民族精神的沃土，是该民族生存发展的重要支撑和重要标志。在全球信息网络时代，发展中国家的文化主权受到严峻挑战。为了保障自己的文化主权以及与此密切相连的民族生存发展权，发展中国家就必须树立强烈的文化主权意识。文化主权作为与经济、政治主权同等重要的国家主权的子系统，是一个民族独立的标志，是一个国家存在的重要前提之一。一个国家只有拥有文化主权，培养民族的自尊心和自豪感，凝聚民心，才能维护自己国家的独立，抵制外国势力的控制。历史文化是人类文明的标志，一个民族之所以能够生存发展，除了物质因素以外，更主要的是因为它有着本民族优秀的传统文化。民族文化是民族精神的凝结，在文化全球化进程中，西方发达国家企图削弱发展中国家民族文化主权，输送西方的价值观与意识形态，企图推行"文化霸权主义"。发展中国家必须通过维护民族文化，消除"全球市场"中文化发展的不平等和不公正，保证和实现世界新文化体系的建设。因此，重建民族文化话语权就成为建设发展中国家文化主权的关键。

下面以中国为例来阐述发展中国家如何从本国的民族实际出发，重建本民族文化的话语权，维护本国文化主权。在中国，可以说，重建以儒家文化为核心的中国传统文化话语权是中国文化主权建设的关键。

在风云变幻的国际形势下，中国传统文化成功地抵御了西方发达国家"和平演变"的渗透，并在经济、政治、文化各方面取得了巨大的成就。由此可以看出，一个国家和民族保持其民族传统文化，并通过文化创新赋予其鲜明的时代特征，不仅关系到国家自身文化的生存与发展，还关系到国家的前途和安全。中国的传统文化是以儒家文化为主导的，儒家文化是中国五千年来积淀的精神财富，是中国传统文化的主流和精神所在，是中华儿女民族认同的精神支柱。儒家文化不仅在过去成为世界文化史中最灿烂、最博大的文化体系之一，而且现今仍有其价值，在中国现代化建设中起着不可估量的战略性作用。

对于儒家文化的现代思考，不得不提"新儒家"。"新儒家"是指新文化运动以来，面对全盘西化的思潮在中国的影响力扩大，坚信中国传统文化对中国仍有价值，认为中国本土固有的儒家文化和人文思想存在永恒的价值，谋求中国文化和社会现代化的一个学术思想流派。新儒家提出了中国社会发展的"儒化模式"，他们高度评价了儒家文化对现代化所起的动力性的根本作用。特别是在20世纪70年代末以后，人们在研究"东亚奇迹"的背后原因时，发现这些国家和地区都属于"儒教文化圈"，都深受儒家文化的影响，并且在其现代化经济的运行中，处处可见儒家文化影响的痕迹，比之西方资本主义现代化有着明显的特色。新儒家们关注的是传统文化如何实现创造性转化的具体途径问题，而不是简单地对西方文化的否定和对传统文化的肯定，并不具有文化自大狂的色彩；其理论虽有道德中心主义之嫌，但这也是出于与西方文明相抗衡并借以维护中国文化传统的初衷。

当前，源于西方"工具理性"的全球化，使人类面临着全球伦理的重建。西方利己主义观念的传播使人与人的关系被物质至上主义侵蚀，转化为赤裸裸的物与物关系、经济利害关系、钱与权的关系，一切都成为物化的、可计算的，这也要求重建新的人的关系伦理。我们主张，全球化不应该是以盲目模仿西方的"工具理性"为中心的全球化，在这种情况下搜寻人类精神文明宝库时，儒家人文精神自然要受到高度关注。这是因为：第一，儒家文化不仅是农业文明的产物，也是华夏族群乃至东亚文明圈的精神内核，它蕴涵了中华民族乃至东亚文明圈各民族的民族性格、终极信念、生活准则、生存智慧和处世方略。作为民族性的意识与心理，它在今天仍有强大的生命力。第二，经过漫长岁月积淀的儒家文化具有超越时空的价值与意义，经济全球化和网络文化时代的到来，并不意味着民族性的消解，也不意味着前现代文明已毫无作用。第三，经济全球化的一个题中之意是"文化的多元化"，经济全球化的正确方向应是走向一个更加包容、均衡和持久、多话语权的能造福于全人类和平与发展的全球化。

当前中国文化还有一项重要任务，那就是在中国文化长期凋敝之后重建中国人的价值体系，重建传统文化的话语权。自鸦片战争以来，以儒家文化为主的中国文化逐渐受到排挤，西学东渐，中国文化逐渐衰落，西学逐渐成为社会主导文化。然而，对一些西方糟粕文化的吸收致使大众缺乏信仰，精神空虚，道德滑坡，在这种条件下要建设中国特色社会主义文化，构建和谐社会，国人当下之责乃是有选择地复兴中国传统文化，以此为基础开拓创新，与时俱进，内化西方优秀文化，把其纳入我国传统文化之中与我国传统文化融为一体。中国作为一个经济相对落后的发展中国家，更应该重视文化在现代化中的战略性作用，把其转化为促进经济现代化的动力，以防止在"文明的冲突"中失去自我。因此，我们在大力弘扬爱国主义和集体主义的同时，应该将古代的"和合"思想赋予现代意味，并使之成为现代思想的理论来源与支柱。在国际交往中，文化作为"软国力"的重要性也日益凸显，儒家文化有利于加强中国文化在国际上的竞争力，提高综合国力。可以说国际竞争不仅是经济的竞争，也是文化的竞争。当今西方之所以重视文化战略的运用，正是因为文化产品本身充分体现了其思想意识和自由民主的价值取向。西方文化产品的生产和输出不仅可以获得巨大的经济利益，而且可以产生巨大的政治思想影响和社会效果。前苏联解体的重要原因之一就是在文化竞争也就是在国家软实力竞争上的失败。

综上所述，西方列强进行文化扩张的根本目的是将本国文化传播给他国，以增强这些国家对其文化的认同感，从而为其他方面的利益扩展奠定心理、思想基础。西方国家的这种目的，不仅打击了文化输入国民族文化的主导地位，同时也削弱了其普通民众的自信心和民族凝聚力，在这种情况下，各国为了维护本国的文化利益，必须重建民族文化的话语权。发展中国家之所以要维护自己的文化利益，有两方面的需要，一方面是需要坚持自己文化传统的优秀成分，促进国内社会各方面的发展；另一方面是吸收外来文化的精华，充实、发展民族文化，增强民族文化的生命力。目前在世界诸多文化中占主导地位的还是西方文化，无论是积极方面还是消极方面，发展中国家的文化都主要受西方文化的影响。冷战结束之后，军事因素在国际关系中的地位相对减弱，在经济因素地位上升的同时，文化因素的作用得到了更进一步的加强。以美国为首的西方国家加强了文化扩张和渗透的全球攻势，并且美国把对外文化扩张和渗透作为实现其霸权主义战略目标的重要手段。在这种背景下，发展中国家在与西方发达资本主义国家交往的过程中，必须把住文化这一关，大力弘扬民族文化，重建民族文化的话语权。

第二节 文化安全

文化安全是国家安全的题中应有之义，特指国家文化安全，是国家安全系统中的重要方面，也是国家安全的深层次问题。事实表明，一个国家的安危不仅系于政治、军事和经济，更系于文化。全球化是当今时代正在进行的客观历史进程，它以经济全球化为主体，以信息化、网络化为手段，正在对当代社会生活的众多方面产生巨大影响，一方面产生现实层面无可回避的许多实践问题，另一方面又引发理论领域新问题的探讨与研究，而文化安全问题便是其中日益凸显的问题。

文化安全是对当前国际关系中文化霸权损害其他国家尤其是发展中国家文化主权这一事实而提出的应对性概念，其着眼点在于对后者文化主权的保护。文化安全是发展中国家安全观的重要组成部分，没有文化的安全就没有全方位的、完整的国家安全，每一个发展中国家都不能忽视自己的文化安全问题。由于文化安全具有复杂性、隐蔽性的特点，又由于包括意识形态和社会制度、价值观念在内的文化对社会具有的特殊意义和功能，文化安全在国家整体安全中具有不可忽视的作用。文化安全不仅涉及社会的稳定与发展，而且涉及一个民族的历史地位和命运。

一、文化安全概述

（一）文化安全的含义和特征

文化安全是最近几年才提出并随着全球化进程的不断推进而日益凸显的一个新概念、新课题。一个国家和民族要独立于世界，首先必须实现国家和民族的生存安全，而文化是决定一个国家和民族之所以存在的全部合理性与合法性之所在。文化安全一旦丧失，必然对国家和民族的生存安全造成威胁。所以，文化安全对于国家和民族的生存安全具有至关重要的意义，是国家安全的深层次问题。虽然在一般情况下，文化安全问题并不能超越政治安全、军事安全和经济安全而占据主导地位，但文化安全问题始终存在，在一定的条件下，文化安全的地位也会变得较为突出，并直接对其他方面的安全产生不容忽视的影响。因此，可以认为，文化安全是发展中国家安全观的重要组成部分，没有文化的安全就没有全方位的、完整的国家安全，每一个发展中国家都不能忽视自己的文化安全问题。

国家文化安全作为国家安全的重要组成部分，具有如下特征：

第一，具有相对独立性。所谓独立性，是指文化安全的含义在于文化领域，专指文化方面的斗争和较量。所谓相对性，是指国家文化安全依赖于经济安全、政治安全、军事安全等其他方面的安全，与其他安全共同构成一个完整的国家安全体系。由于文化与经济、政治、军事的内在联系，因而国家文化安全的相对独立性将长期存在。

第二，具有较强的稳定性和隐蔽性。文化一旦形成，将保持一定的稳定状态，不会轻易受到外来文化的影响，因而文化安全是国家安全中最牢固、最不易摧毁的一种安全形态。同时，国家文化安全又属于软安全，即软力量安全或精神力安全。它是一种无形的力量资源，是隐藏于国家安全中最深层的那部分，它是建立在社会制度、行为准则基础上的同化力与规制力，识别和预警的难度大，难于控制。因此，文化安全的隐蔽性是显而易见的。

第三，具有民族性和阶级性。一个国家的文化安全首先体现为一个民族国家的文化，它是主权国家区别于其他国家的基本标志，如中国文化、美国文化、日本文化、德国文化、法国文化等，因而具有民族性的特征。同时，一个国家的文化又是占统治地位的阶级的意志的反映，代表着统治阶级的意识形态、价值观念、思想道德、政治信仰等，对其他阶级阶层的思想文化思潮具有引导、规范甚至强制的作用，因而又具有鲜明的阶级性。

（二）文化安全的地位

1. 文化安全已成为国家安全的重要内容。文化安全是国家安全的精神方面。在全球化的进程中，随着文化的地位和作用日益凸显，文化安全在国家安全中的地位也越来越重要，越来越受到各国的重视。冷战结束后，世界政治多极化、经济全球化的趋势越来越明显，各国竞争的焦点已不仅仅局限于政治和军事领域，而是逐步向经济、科技和文化领域转移。因此，国家安全已不再仅仅表现为传统意义上的政治、军事安全，而是包括政治、军事、经济、科技、社会、文化等在内的综合安全。这就是说，现代国家安全本身就包括文化安全在内。人类进入新世纪后，文化对人类社会发展的作用越来越显得重要，文化对社会政治、经济的影响也越来越显得重要。文化不仅成为冷战后民族国家捍卫国家主权斗争的重要武器，也成为冷战后架构国际合作关系的重要桥梁。联合国开发计划署在 1992 年的《人类发展报告》中首次把文化安全列为人类社会应该享有的一项基本权利。

文化安全是整个国家安全体系的一个重要组成部分，对于确保国家政治安全、经济安全、军事安全有着重要意义。在当前全球化浪潮的背景下，发展中国家面对的文化安全问题必然更加突出。发展中国家在文化、意识形态、社会制度、国家利益等诸多方面与西方发达国家存在着较为明显的分歧，自然而然地成为某些霸权主义国家进行文化渗透和文化颠覆的主要目标之一。文化安全是整个国家安全体系中的重要组成部分，但文化安全往往最容易被忽略，因为文化因素的影响是深层次的、潜移默化的，不会导致损害国家安全利益的直接后果。从根本上讲，文化安全就是以国家和社会意识形态为核心的民族凝聚力的安全。

文化安全是全球化时代顺应国家文化战略需求提出的重要命题，文化安全是一种国家大战略，几乎全世界的每一个国家都在实施着各自国情和民族文化体系下的文化安全战略。众所周知，文化是一个国家、民族精神和智慧的长期积淀和凝聚，是民族生存的前提和条件，它蕴涵着一个民族走向未来的一切可持续发展的基因，是民族振兴发展的全部价值与合理性之所在。

2. 文化安全是国家利益的重要内容。文化安全的核心是要维护一国的文化利益。由于当今时代文化与政治、经济、社会的发展关系密切，所以文化利益的维护直接关系到一个国家的国家利益的维护。没有文化利益的维护，国家的政治利益、经济利益等物质利益都会因为没有精神支持而受到威胁。在全球化时代，国际竞争已远远超出了传统的军事力量角逐，代之以综合国力的较量，而在综合国力构成中，文化具有至关重要的战略地位。一切经济与军事的竞争都是人的竞争，一切技术、手段与方法都需要人去掌握，一切社会资源的利用与开发都取决于人的作用，而人是受到政治和文化因素影响的社会主体，文化的功能也恰恰在于对"人"的塑造。

在全球化时代，国家利益矛盾很大程度上表现为国家文化利益的矛盾。经济利益的矛盾往往蕴涵着不同的文化价值观念的对立，经济利益的获取需要文化价值观念的支撑，也需要运用文化价值观加以维护。文化利益的矛盾随着国际竞争的深化而加剧，文化帝国主义的话语霸权有加强的趋势。这激起许多国家坚守自身文化阵地和强固自身文化价值观念，民族国家间的文化利益矛盾加剧。冷战结束后，随着全球化趋势从经济领域迅速向政治、文化等领域扩展，东西方之间的军事对抗和意识形态斗争趋于弱化，冷战的制衡机制消失，以经济、文化等为代表的非军事权力在国家利益中的作用和地位不断上升。国家在追求权力和利益的过程中，其行动领域从军备、人口和地理等传统层面向经济、技术、文化和价值观方面扩展。随之而来的，是对国家安全的再定义中出现了综合安全观的概念，文化安全上升为国家安全的一个重要方面，成为国家利益的重要内容以及影响国家间政治的重要因素。

对于文化因素在国家利益中的地位，美国学者约瑟夫·奈提出了以文化为中心的"软权力"理论。软权力是一个国家的文化与意识形态诉求，是建立在价值观念、社会制度、行为准则基础上的同化力与规制力，是一种无形的力量资源。软权力通过精神文化和道德价值，影响、诱惑和说服别人相信或同意某些行为准则、价值观念及制度安排，以产生拥有软权力一方所希望的过程和结果。与运用经济制裁和军事力量的硬权力不同，软权力的表现形式往往是温和的、无形的，其内容比硬权力的内容更加丰富。它以确立一国文化、意识形态、价值观念、社会制度、国际规则等的吸引力和号召力来增加国家的对外影响力，使别国政府和人民想其所想，进而做其所想。由此可见，文化安全对一个国家、一个社会产生的影响又是长远的、深刻的，甚至足以瓦解一个国家的意识形态，改变一个民族的发展前途。

二、发展中国家文化安全面临的挑战

发展中国家文化安全问题主要来自两个方面：一方面，现代市场经济的发展与社会转型，致使各国国内各种思想激荡，即市场化的影响；另一方面，全球化进程中西方国家推行文化霸权与文化殖民，即全球化的影响。发展中国家在其文化由传统向现代的转型中，由于缺乏一种认同感和符合本国国情的文化，尚未形成能够全方位地浸润全民族、全社会的比较成熟的文化；同时，也缺乏相应的文化自觉，对民族传统文化的发掘不够，对西方文化又盲目追从等。外来的冲击对各国文化的独立性提出了挑战。各种文化平等交融与流动本是文化的特性，但是由于经济力量和作为文化载体的硬件的差异，文化流动便明显呈现出由强势流向弱势的特点。特别是美国作为全球化最大的主导者，利用资本、技术和市场优势，对弱势国家大力进行文化渗透，推行美国文化全球战略，妄图打胜"一场没有硝烟的战争"。

（一）全球化对文化安全的影响

全球化最复杂的作用是改变、剥蚀或涣散低位国家和弱势国家的人心，重塑其价值观念、道德标准以至行为准则。全球文化演变正在向矛盾甚至对立的趋势发展：弱势文化的异质化、离心化、分散化和强势文化的同质化、同心化、亲和化。如果不发达国家的民主进程因而受阻，真正的现代化就更难以启动或实现不了了；如果人们最强烈的互相认同的文化归属感和地方性的自豪感被摧毁了，文化安全和意识形态的社会思想基础也必然被销蚀殆尽。因此，文化全球化危机是指"全球化进程中强势文化形成的超时空、跨地域的浪潮，正在有力地冲击着以民族国家为基础的世界文化存在的全部合法性与合理性"。

全球化将加速催生各种文化和意识形态方面的新的意外、变化和异己因素。意识形态最核心的内容是价值、规范和秩序，而价值是通过规范和秩序来体现的，规范和秩序是一种认同性的标志。全球化对普遍伦理规范和国际秩序有极大的增进和调整作用，从而导致认同性的改变。现在，旧的认同性逐渐消失，新的认同性正在产生或被创造出来。这导致发展中国家国内规范和秩序的演变过程更加曲折。发展中国家的现代化正经历着规范和秩序分裂、冲突而难以整合的痛苦。现在国际规则的建构正变得越来越复杂，规则竞争日趋激烈。正在改变中的国际规范包含明显的西方偏好，背后往往掩藏着文化强权和政治企图，国际规则的改变甚至偏向扭曲。一种制度一旦形成就有了相对的稳定性，它标志着某种利益分配模式的固化，在规则制定中说了算的大国不仅可以凭借实力，而且可以凭借制度本身的惯性使自己的特权合法化和长期化，既掌握话语主导权，更控制利益支配权。这就为制度霸权提供了条件，在此，规则霸权和文化霸权实现了统一。在今后一段时间内，这种软霸权比来自军事等方面的硬霸权对发展中国家的威胁更大、更危险。

当今全球化中的权力扩张更具隐秘性和欺骗性，文化因而成为国家追求权力的主要手段之一。既要夺"钱"，更要夺"心"，文化手段虽然间接，但更加有效。全球化加剧了民族文化间的激荡，推动着各种文化相互渗透乃至融合，同时使各种文明的特性之间、民族性与世界性之间、传统性与现代性之间激烈碰撞和冲突，强烈冲击着人们的文化心理和价值选择。价值观作为文化安全和意识形态的核心支撑，需要与时俱进以填补人们的价值虚位、信仰缺位和精神错位，在此基础上的价值规范、行为规范和道德判断标准也要及时调整革新。文化安全和意识形态所依托的固有体制与制度的障碍、缺陷和弊端，可能被迫不断暴露和突出出来。

综上所述，文化全球化不仅仅意味着各种文化的对话与交流、互动与融合，它更意味着"不同文化在全球范围的展现、碰撞"，所以"由于不同文化所依托的经济基础的力量强弱不同，不平等的国际经济、政治旧秩序的存在，导致了各民族文化在全球化过程中发展的不平衡性，经济上落后的民族国家的文化处于被同化和弱化甚至衰落的边缘"，以致当前大多数发展中国家的文化安全面临着空前的危机。

（二）市场化对文化安全的影响

众所周知，市场经济对社会历史发展具有巨大的推动作用，除了其自身较之以往的经济形式有无可比拟的优越性外，还在于它具有特别明显的文化价值，即市场经济将人从一切非经济的依附关系中解放出来，还人以独立自主的现实性存在，市场经济在刺激着技术、经济不断进步的同时，也为人类的全面发展创造了条件。一个时期以来，经济包括经济的目的、经济的思维、经济的价值观等，不断跨越自己的边界进入文化领域，在发掘出新的文化功能的同时也遮蔽了文化的另一部分功能，在推动文化建设的同时也对文化建设形成了一定程度的制约。甚至在一些国家、一些地方，经济的目标和功能被无限制地引申和泛化，导致文化建设的弱化和扭曲。毫无疑问，经济全球化后的经济大发展，将文化引入了一个前所未有的广阔空间，引发了一系列文化改革和创新，成为发展中国家文化发展最重要的动力之源。但是，随着文化工业的发展，加上西方文化工业、文化资本的影响，发展中国家文化的发展渐渐地显现出一种"泛经济化"的倾向，文化资源作为一种资本，渐渐地以它的经济属性吞噬着它的文化属性：在文化的发展过程中以经济结果为终极目标和价值追求，放弃了文化自身本应具有的追求人类自由、和谐、发展等目标；在文化建设中人们热衷于数字报表式的成果，热衷于与形象、政绩相联系的成果，形成文化上的"GDP至上"的倾向，文化完全沦为经济的附庸。

市场经济的自发性有很强的向其他领域渗透的扩张性。市场经济的竞争原则从交换价值的角度刺激、迫使人们的功能很强，而从人的全面发展角度去发挥积极性、主动性和创造性的功能则受到抑制，造成人的片面发展，拜金主义、极端利己主义、极端个人主义思想日益泛滥，爱国主义、集体主义等观念受到空前挑战。要求文化遵循"市场经济规律"的观点在相当范围内存在，文化本身在商品经济的侵蚀下日益失去自身的特殊性和独立性，有逐步蜕变为一般商品的危险。在看到市场化给文化发展带来机遇的同时，也应该看到它给国家文化产业发展带来的挑战。文化商品化的倾向在思想、文化领域的渗透和泛滥，是威胁文化安全的重要因素。市场化过程中国家文化自身发展中存在的问题，还有市场本身的缺陷造成文化市场的发展不足，将表现得更为明显。

三、维护文化安全的战略

（一）重视经济建设：增强经济基础和综合国力

经济是基础，文化是建立在经济基础之上的上层建筑的一部分，文化建设的状况取决于经济发展的水平。首先，经济发展水平决定文化建设的发展规模。倘若文化建设的规模太小，就不能适应经济发展的需要，不能满足社会成员日益增长的文化生活消费的需求；反之，倘若文化建设的规模太大，超过了国民经济的人、财、物方面的承受力，或者超过了社会成员的货币支付能力，又势必造成文化建设战线过长和文化产品的积压性浪费，影响文化生产的质量和整个国民经济的稳定协调发展。其次，经济发展水平决定文化生产的效率和结构。经济和技术水平越高，文化生产和交换的效果及文化服务的质量就越高，文化生产和服务的内在结构就越丰富和高级；相反，经济和技术水平越低，文化生产和交换的效果及文化服务的质量就越低，文化生产和服务的内在结构就越单调。最后，经济发展水平决定文化普及的方式和程度。近几十年的国际社会发展清楚地表明，伴随着科学技术和经济的飞跃发展，社会文化的传播媒介日益增多，传递的速度和质量日益提高。

发达国家之所以能够对发展中国家进行文化渗透，其根本原因就在于它们有强大的经济实力作后盾。一个国家的文化形态是建立在经济基础上的。资本主义在经济领域的强势地位必然造成它们在文化领域的强势地位，经济和科技实力的强大为它们在文化领域实行渗透战略提供了坚实的物质基础。因此，国家文化安全的战略前提是发展经济。一国经济发展了，就能够在世界竞争中处于优势地位，国家安全、文化安全才有保障；经济落后，该国就会在世界竞争中处于劣势，最终被淘汰。邓小平多次强调，只有发展才是硬道理，"中国能不能顶住霸权主义、强权政治的压力，坚持我们的社会主义制度，关键就看能不能争得较快的增长速度，实现我们的发展战略"。

（二）呼唤文化自觉：增强民族文化的认同感

文化自觉是文化建设主体对文化的一种主体意识和心态，是文化建设的思想基础。文化自觉表现在：对文化地位的自觉，把文化放在什么位置，重视到什么程度；对文化反省的自觉，文化反省主要是对本民族的历史文化传统进行认知、理解与诠释，科学评价历史文化传统的价值，充分利用优秀的历史文化传统为当今的时代服务。民族传统文化中的文化自觉意识，是在不同民族的文化交往互动中对本民族文化共同特质的自觉，是文化认同的基础。作为民族传统文化的重要特质之一，文化自觉意识是各国文化从自发产生到自觉存在的前提，并随着民族文化的发展而发展。各国必须不断地吸收、借鉴、融合外来文化中的优秀成果，壮大和发展自己。发展中国家（特别是拥有文明古国传统的国家）的传统文化曾经对人类社会的发展做出过巨大贡献，在新时代，要确保国家文化的安全，首先应做到文化自觉，对本民族传统文化进行正确定位。也就是说要对民族文化有一个历史的、实事求是的认识和评价，挖掘出传统文化的真精神，反省自身文化所存在的缺陷，并把优秀文化贡献给人类社会。

建设文化自觉，要经常调研和关注本国的文化安全，借助本国文化的内力和本国文化发展的外力，尽快摆脱对外的盲目推崇，以全面提升国民素质为根本，以弘扬和培育民族精神为动力。提升国民素质，促进人的全面发展，是形成文化认同的一个重要条件。同时，民族精神是民族文化的精髓，弘扬民族精神的重要内容在于培育人们对优秀民族文化的认同感，在于培育人们对民族文化发展和创新的责任感和使命感，有了强大的民族精神，就有了自觉推动本民族文化发展，维护本民族文化尊严、文化利益和文化安全的强大精神动力。

（三）推动文化创新：保持本国文化的先进性

"一个国家的民族文化的兴衰根本上取决于文化自身能否随着历史的步伐不断前进、不断创新。"只有加强创新能力，加快思想观念的转变、更新，才能使民族文化永远充满生机，为促进人类文明发展做出自己的贡献。"维护国家文化安全并不是维护传统文化和现存文化的纯洁性，也不是拒绝外来文化的影响和渗透，而是保障和促进传统和现存的民族文化沿着先进性的方向发展。拒绝接受外来文化，拒绝原有文化的更新改造，不仅在过去没有成为维护文化安全的有效手段，而且在今天更不可能真正维护国家文化安全。"

一个国家要想在文化全球化中立于不败之地，真正维护自己的文化主权，关键在于是否拥有先进文化。我们这里所讲的先进文化，必须是代表人类未来发展、代表人类文明进步的文化，必须是使人高尚、文明、积极向上的文化，必须是增强民族自信心和凝聚力，使一个民族自强不息、奋发图强的文化。冷战结束以来，大多数发展中国家在经济建设上取得了巨大的进步和发展，人民生活水平有所提高，文化建设也取得了一定的成就。但是我们也必须看到，一方面，绝大多数发展中国家的文化建设还不能适应国际竞争的需要；另一方面，在文化生活领域，一些颓废堕落的东西沉渣泛起，在对外开放中放弃自我、丧失国家民族观念的附庸思想颇有市场。这就迫切要求广大发展中国家加强文化创新，拥有真正的先进文化。

当今世界，知识经济初见端倪，各国把竞争的焦点都放在创新上，创新已经成为一个国家综合实力的重要标志。当前，面对世界文化的挑战，发展中国家必须把增强民族文化创新能力提高到关系本民族兴衰存亡的高度来认识，努力推出代表先进文化前进方向的艺术精品，要让先进的文化来抵御西方腐朽没落文化的侵蚀和渗透。只有发展中国家的文化市场丰富多彩了，品位更高了，西方腐朽文化和反动文化才无缝可入，发展中国家的民族传统文化才可能得以保护和发展。民族文化的创新，"必须继承和发扬一切优秀的文化，必须充分体现时代精神和创造精神，必须具有世界眼光，增强感召力"。

（四）加强文化交流：实施文化走出去战略，掌握舆论主动权

随着全球化进程的加快和知识经济时代的到来，文化与经济、政治相互交融，越来越成为综合国力的重要组成部分，文化要素在经济发展和社会进步中的作用越来越重要。近代以来大多数发展中国家主要是在学习西方文化，在 21 世纪，应该致力于将本国民族文化介绍传播到国外，加强文化外交。同时，还要实行"文化走出去战略"，发挥文化的外在效用，发挥"文化外交"的重要作用，进一步扩大民族文化的影响。发展中国家完全有能力实行更为积极的对外文化战略，以进一步扩大民族文化的影响。

政治理念不同、传统各异的国家，可以通过对话与沟通而共存共荣。"和而不同"既是文化发展的必由之路，也是化解文明冲突的良方，因为不同文化的交往既是一个冲突的过程，也是一个融合的过程；既是一个相互比较的过程，也是一个相互借鉴的过程。这种由"不同"到某种意义上的"认同"的过程，不是一方消灭另一方，也不是一方同化另一方。就世界范围来说，差异是发展的动力，多样性是创造性的前提条件。对于发展中国家而言，对民族文化的保护，不是将其放入博物馆，像出土文物一样供人们观赏，更不是拒绝一切外来文化，搞文化关门主义，而是要自觉地把本民族文化的发展纳入世界文化发展的大格局中，从世界格局的高度和人类历史发展的深度来思考本国文化的现代化进程。只有突破民族国家的视野局限，从世界、人类的角度来看待民族国家问题，在与其他文化的相互了解、理解、交往、对话中，在世界文化的相互激荡中，才能保持民族文化鲜活的生命力；同时也只有这样，才能创造出顺应时代要求的反映世界先进文明成果的文化，并以此推动世界文化的发展。

（五）发展文化产业：提高国家文化竞争力

由于长期受经济体制和思想僵化等因素的影响，发展中国家过去过分强调文化的意识形态属性，看重文化在意识形态方面的作用，而对文化的经济属性、市场属性、商品属性认识不够，影响了文化的产业化发展。事实上，文化产业已经成为一些发达国家国民经济与社会发展的支柱产业。西方有许多学者认为，未来经济发展的领头羊不再是制造业，而是文化产业。法国著名社会学家布迪厄认为资本有三种基本形态：经济资本、文化资本和社会资本。文化资本居于经济资本和社会资本之间，文化资本的显性作用在于可以通过教育、出版、销售将其转化为经济资本，文化资本的隐性作用在于可以通过知识培训将其转化成为社会资本，建构信任、规范、网络互动的良好的投资环境。开发文化资本可以催发城市繁荣，扩充文化产业知识和实践领域，文化产业的附加值通过文化资本展现出来。因此，要从根本上摆脱在文化产业方面被动挨打的艰难处境，就必须从整个国家战略的高度，丰富对"文化是综合国力的重要标志"的新认识，实行产业政策战略，在构筑经济文化一体化的国民财富创新体制中，构建本国的文化产业体系，进而形成能够抗衡西方文化及其商品形态大举入侵国内市场的力量，达到维护国家文化安全的目的。

在经济全球化的背景下，文化市场的国际化趋势是不可避免的。消极防御，不如积极应对。面对美国等西方国家的强大文化攻势，广大发展中国家别无选择，只有在反渗透"作战"中提高文化产业的竞争力。文化的先进性、传媒的宣传教育功能与文化的竞争力是相辅相成的关系，只有遵循市场规律，加速发展文化产业，提高文化的竞争力，文化的先进性和传媒的宣传教育功能才能更好地体现出来。也只有以先进文化为内涵，才能保证文化产业的健康发展，也才谈得上提高文化的竞争力。因此，发展中国家在建立国家文化安全体系时，要大胆借鉴发达国家的经验和做法，以迅速发展本国的文化产业。

（六）完善文化立法：提供文化建设的法律保障

随着文化建设不断向前推进，发展中国家文化创造的社会效益和经济效益都取得了很大的成绩，群众的精神文化生活也日益丰富。但也应该看到，随着文化建设的蓬勃发展，各国文化领域内也暴露出一些问题，如盗版光盘、非法出版物屡禁不止，网络传媒虚假信息、不健康内容层出不穷等。这些消极因素的存在不仅侵害了相关人的合法权益、扰乱了文化市场秩序，而且腐蚀着人们的精神和心灵，阻碍着广大人民群众思想道德素质和科学文化素质的提高。因此，进一步加强和完善文化立法工作，制定和确立文化建设方面的规则和规范，为文化的建设和发展提供强有力的法律保障和必要的制度支撑，使文化建设有法可依、有章可循，有利于建立依法经营、违法必究、公平交易、诚实守信的市场秩序和创造公开、公平、公正的市场环境，有利于推进文化建设的健康、有序、规范和快速发展。在当前时期，各国既要认识到加强文化立法工作的重要性和紧迫性，加强文化立法，通过法定程序将文化政策逐步上升为法律法规，抓紧制定和完善一批与文化建设和发展密切相关的法律法规，又要认识到制定和完善文化法律法规是一项艰巨而复杂的系统工程，必须遵循科学的立法原则来逐步推进和完善，不可能一蹴而就。近几年来随着文化市场的多元化飞速发展，文化从业人员的积极性空前提高，文化消费市场行情十分火爆，其辐射范围之广，早已跨越了年龄、性别、职业、阶层、地域等的限制。就是在这样的背景下，市场的消极机制乘虚而入，并开始广泛而深刻地影响着文化的发展。

发展中国家要在政府牢牢掌握国家文化主权的前提下，通过建立健全文化法律体系，从本国文化产业发展的实际需要出发，适当放开文化市场经营权，允许各种国际文化金融资本和跨国文化集团在本国境内、宪法和法律规定的范围内从事文化产业的合法经营。要在对本国文化发展的基本国情进行广泛调查分析的基础上，建立国家文化安全预警系统，通过对国际文化市场的发展趋势及其以各种渠道影响和进入国内文化市场可能对本国文化产业、文化市场发展构成威胁的分析，特别是对可能引发对本国文化产业发展构成灾难性后果的不良趋势的分析，及时而准确地作出预先性和警示性反应，启动相应的国家机制，运用法律的、行政的、市场的和经济的及其他文化安全管理手段，把那些可能对民族文化及其产业发展造成生存和发展危机的因素和力量牢牢控制在安全警戒的"红线"之下。随着全球化进程的加快，各国传统文化正在受到越来越多的挑战，各种文化的碰撞与交融并存。在文化冲突继续存在的同时，全球文化融合成为一种大趋势，而西方发达国家又在文化全球化上推波助澜，借助于多种手段推行西方认可的价值观。怎样在全球文化融合的大趋势下抵御西方腐朽文化的冲击，保持本民族的优秀文化，坚持自己的价值观，是发展中国家不容忽视的文化安全问题。

第六章　创新发展中华优秀传统文化

立足实际　强化措施
加快构建优秀传统文化传承体系

河北省唐山市文化广播电视出版局

　　唐山市文广新局立足当地实际，采取七项举措加快构建优秀传统文化传承体系，通过深入挖掘和大力弘扬以"冀东文艺三枝花"为代表的优秀地方文化，延续历史文脉，保留乡情记忆，使传统文化传承在基层，活跃在民间。

　　一是摸清资源底数，完善名录体系。自 2014 年开始，有计划地部署开展古城镇古村落、文物古迹和非物质文化遗产项目大调查活动，分批次组织评审命名工作。截至目前，已命名市级以上文物保护单位 95 处、不可移动文物点 1300 余处，收藏馆藏文物 2 万余件；命名市级以上非遗名录项目 80 个、非遗项目代表性传承人 107 名，建立了比较系统的金字塔形文化遗产保护名录体系。

　　二是健全保护网络，建立传承机制。在市、县两级文化部门分别下设文物古建筑研究所和文保所；在市、县两级群艺馆（文化馆）分别设立非遗保护中心，充实专职工作人员。成立了市评剧发展促进会、滦河文化研究会、滦南中华文化促进会、戏迷票友协会等一批传统文化类社会团体，指导组建了以评剧、皮影、乐亭大鼓、地秧歌、冀东民歌等传统项目为主要活动内容的民间文艺团队 350 个。全市已注册博物馆、纪念馆 18 个，其中包括古冶永和典藏、冀东民俗、迁安贯头山酒业、启新 1889、开滦博物馆等 5 个民营或国有企业博物馆；市博物馆设立了专门的"冀东文艺三枝花"展厅，基本形成了以政府主管部门和公共文化机构为主导，社会力量为补充，覆盖城乡、结构合理的传统文化保护网络。以市群艺馆搬迁新馆为契机，报请市政府批准将旧馆址改建为"唐山市非物质文化遗产（冀东文艺三枝花）传承保护基地"，并建设"三枝花剧场"。该项目集收藏、展示、宣传、培训和交流等功能于一体，已成功列入国家"十三五"非物质文化遗产保护利用设施建设储备项目，正在申请2017年国家专项补助资金，建成后将采取财政支持与市场化运作相结合的模式，努力打造成为优秀传统文化传承保护的重要平台。

三是培育后备人才，扩大传承队伍。为解决人才断档和青黄不接问题，在市艺术学校设立"三枝花"专业班，由政府出资，免费招生，为"冀东文艺三枝花"培养后辈人才。已毕业学员均升入了高等艺术院校，即将成为中国评剧院等专业评剧院团的骨干。支持评剧发展促进会组织实施"评剧名家传徒授艺工程"，让评剧事业后继有人。滦南、滦县、乐亭等县持续开展了"冀东文艺三枝花"进校园活动，培养出一批摘取国家级和省级赛事大奖的新秀，滦南县倴城镇逸夫小学、柏各庄镇暗牛淀小学被教育部命名为"中华优秀文化艺术传承学校"。

四是搭建传承平台，培植文化沃土。全市各级文化部门充分利用文化遗产日、传统节日、纪念日等时机，围绕世园会、电影节、评剧艺术节等重大活动，广泛组织开展"唐山记忆·文化乡愁"非遗宣传展演展示活动，深入推进"戏迷演出月"、"传统文化进校园"、"冀东文艺三枝花"大比武、"千场乐亭大鼓进百村"、"赛徒奖师"等非遗品牌推广活动，展示唐山文化的独特魅力，使优秀传统文化活跃在群众身边。2000年以来已成功举办了九届中国评剧艺术节和八届中国评剧票友大赛，展演了8个省（市、自治区）共30余个院团的170余个传统和新编剧目，曾昭娟、冯玉萍、罗慧琴、张俊玲等一批评剧演员从评剧艺术节舞台崭露头角，进而唱红全国，成为一代名家，共有8个省（市、自治区）的270余名优秀票友参赛，将评剧艺术的种子播撒到全国各地。唐山市文广新局采取政府购买的方式，组织评剧艺术节获奖剧目深入各县（市）区巡回演出；购买县级剧团的优秀剧目，深入农村、街道、社区广泛开展送戏下乡活动；从2015年开始，组织开展全市业余评剧团折子戏大赛，共有107个业余评剧团报名参赛，被群众誉为永不落幕的"民间评剧艺术节"。市群艺馆连续七年在春节期间举办"戏迷演出月"，指导戏迷演出评剧、京剧等成出大戏和折子戏，为广大戏迷搭建学习、展示和交流的舞台。市博物馆与多家学校签署馆校共建协议，每年举办传统文化进校园活动20次以上，把皮影、剪纸、年画等传统文化带进校园，让传统文化

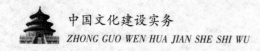
"活"起来。

五是坚持打磨创新，编排精品剧目。从 2015 年以来，唐山市文广新局每年安排专项资金，实施专业院团保留剧目传承工程。组织创作具有唐山地方元素、艺术性和思想性俱佳的文艺精品，支持专业院团复排和打磨提高优秀传统剧目，使每个剧团都有保留的精品剧目。市演艺集团的大型评剧《从春唱到秋》、廉政传统评剧《榆钱谣》、现代京剧《节振国》，滦南县评剧团的《杨三姐告状》《杨三姐告状之后》，丰润区评剧团的《小英雄雨来》、现代评剧《赶考》等剧目均在社会产生强烈反响。《榆钱谣》在全市巡演 25 场。《小英雄雨来》获第十届河北省戏剧节优秀剧目并赴武汉等地进行商业演出。这些优秀剧目还在每年新春为全市人民上演，培育了戏迷观众，实现了文化惠民。

六是推动交流互鉴，促进协同发展。唐山市文广新局作为发起方，于 2014 年 11 月与京、津 6 个区的文化部门联合签署合作协议，建立了京津冀三地部分地区文化战略合作机制。2015 年 10 月，与京津冀 10 个市（区）签署合作协议，参加"京津冀公共文化服务示范走廊"发展联盟。依托这两个平台，在省文化厅的指导和支持下，积极推动与京、津文化单位交流互动，借助京津文化高地，提升城市文化品位；送戏到京、津，弘扬"三枝花"艺术，扩大唐山文化的影响力。2015 年采取政府购买文化产品的方式，创新推出"唐山大舞台"，引进中国评剧院和天津评剧院等高端文艺演出 20 余场（次）；大型评剧《从春唱到秋》、经典评剧《御河桥》分别走进北京梅兰芳大剧院和天津市和平、津南两区演出，引起轰动。市群艺馆 2015 年 9 月在日本东京举办"中国非物质文化遗产　唐山皮影艺术展"，乐亭皮影分别赴韩国、西班牙、瑞士、印度交流演出，对外唱响了河北和唐山声音。

七是强化市场意识，推动生产性保护。唐山市组织各级文化部门积极推动优秀传统文化与旅游、会展等行业的融合，在启新 1889、滦县滦州古城、丰南运河唐人街、唐山湾国际旅游岛等旅游景区设置专门区域，举办评剧、皮影和乐亭大鼓等传统文化展演和民俗鉴赏等活动，实现了以文化品牌提升旅游档次、以旅游项目展示传统文化的目的，有力地促进了旅游业的发展，也拓宽了传统文化项目的生存发展空间。鼓励和支持刘美实业有限公司、迁安市艺祥书画纸厂等企业建设省级非遗项目生产性保护示范基地。支持乐亭县渤新文化产业开发有限公司等文化企业积极探索"公司＋艺人"等现代化运营模式，开发、生产的皮影工艺品已迈出国门，走向美国、韩国等国际市场，取得了良好的经济效益和社会效益。

与现实文化相融相通
聚崭新魅力以文化人

山西省汾阳市文化局　强玉山　李文伟

　　窗体底端习近平总书记提出："要努力实现传统文化的创造性转化、创新性发展，使之与现实文化相融相通，共同服务以文化人的时代任务"。贯彻落实习总书记的指示，近年来，我们山西汾阳在推进"文化引领"的改革探索中，依托深厚的文化底蕴，重新审视和提炼汾阳的文化精神元素，因地制宜地对市域内多元一体、多样和谐的优秀传统文化进行创造性转化和创新性发展，使之在潜移默化中发出了崭新的魅力。

一、将传统文化融入社会主义核心价值培养工程

　　优秀传统文化是建设社会义核心价值的精神资源。近年来，我们充分发挥优秀传统文化在实现社会主义核心价值观"内化于心，外化于行"过程中的特殊优势与价值，全力推进社会主义核心价值培养工程。如在 2015 年，市委市政府充分挖掘汾阳革命老区丰富的红色文化资源，广泛创建传播载体，先后围绕纪念中国人民抗日战争暨世界反法西斯战争胜利 70 周年举办了一系列弘扬"红色文化"的重要纪念活动，如在三道川林场王家社村揭展了中共汾阳县委、抗日民主政府旧址党史陈列，为抗战期间日本侵略者制造惨案的仁岩村、坡头村、南马庄村三处惨案遗址立碑，举行了"活力汾阳·百姓大舞台"纪念抗日战争胜利 70 周年专场演出，举办了以"访老兵、找遗址"为内容的摄影展和"丁香花开"纪念世界反法西斯战争胜利 70 周年俄罗斯油画大展等，着力让广大干部和市民接受红色文化的教育和熏陶。为推动社会主义核心价值观在城乡落地生根，我市还在社会主义新农村建设的老典型、山药蛋派作家马烽长期采风创作过的贾家庄村建成开放了贾家庄村史展览馆、马烽纪念馆和汾州民俗馆；在南垣寨村革命战争遗址组织拍摄了电视剧《吕梁英雄传》；在市图书馆设立廉政文化专柜，举办了"汾阳市法制建设书画展"、"童年记忆暨残疾人励志书画、工艺品展"、"作风建设永远在路上图片展"、"八礼四仪挂图展"等专题展览。

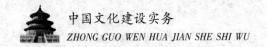

二、将传统文化介入城市建设

文化是赋予城市个性、魅力和创造力的关键，也是城市发展提升的重要动力。我市正在建设"实力汾阳、魅力汾阳和活力汾阳"，围绕"三力汾阳"的建设目标，我市在城市规划、建设和管理中全面介入了传统文化的要素。

2012年以来，市委、市政府采取"一企一事一业"等办法，举全力建设蕴含市域人文历史资源元素的文化基础设施，目前已建成汾阳城市广场、体育场、王文素纪念馆、汾阳王府、冀家书院、汾阳核桃会展中心、山西省酿酒博物馆、汾酒老作坊，还有汾阳市影剧院、汾阳市全民健身活动中心等设施项目已完成前期设计和划定土地，正在建设之中。我市大力发展传统业态电影文化，2013年至2014年，在市区最繁华的南北大街分别建成新鑫国际影城和保利万和院线两座3D影院。

与此同时，我市在城市拆迁改造的过程中十分注重传统文化的保护与传承。相继重新修缮开放了传承、弘扬关公文化的汾州关帝庙，制定了武家巷及二府街两个历史文化街区的保护修缮方案，开展了文峰塔的保护性监测工作，保护修缮了汾阳监狱城墙、南熏楼、南水井别墅及汾阳医院和汾阳中学教会建筑等一批古街道古建筑。

三、将传统文化的传承与优化保护生态环境结合起来

我市隶属晋中文化生态保护区。近年来，传承和弘扬汾州民俗文化，营造优美的古城生态保护区，已成为全市人民的共识。我们文化部门贯彻创新、协调、绿色、开放、共享的发展理念，围绕文化生态保护区建设，着力推进地方传统历史文化与自然生态的和谐相融，全面展开了传统村落的普查保护工作，对历史街区、传统民居院落等进行原生态的保护。为让人们"记得住乡愁"、"留得住乡情"，2015年以三泉镇为试点启动了"乡村文化记忆工程"，以此推进乡村生态环境的改造和提升。与此同时，我市还利用优美的生态环境，注入文化元素，打造了禹门河生态公园、贾家庄生态园、峪道河风景区、万亩核桃基地等城乡文化新名片。

四、将传统文化与产业发展深度融合

在改革探索中，我市充分发挥文化对产业的主动引导作用，在产业中不断融入传统文化元素，扶持发展文化产业项目，努力打造文化创意产品，带

动了旅游、农业等传统产业的快速发展和非遗保护的科学发展。

传统文化与旅游业深度融合。重点打造了"三大文化园"品牌，即依托"中华名酒第一村"杏花村打造酒文化园，特别是 2015 年，在被列入世界文化遗产预备名单的汾酒老作坊遗址——杏花村东堡芦家街建成并开放了全国唯一的原址型白酒遗址博物馆——汾酒老作坊遗址博物馆，为酒文化园再添新景；依托"中华第一高塔"文峰塔打造文湖文化园，集中建设了全国第二大文庙——汾州府文庙等多个园区旅游景点；依托贾家庄腾飞文化传播公司打造文化创意园，推出了生存拓展培训、心智训练、新概念旅游、集体休闲、学生夏令营等集传统文化与现代休闲方式及各种训练于一体的文化创意项目。同时，在旅游景点加盟实景演艺，如在为大唐名将郭子仪修建的汾阳王府定时演出晋剧传统剧目《打金枝》，提升了景点的文化内涵。

传统文化与农业深度融合。近年来，我市相继以白酒、汾州核桃、"汾州香"小米等特色农产品为载体，分别举办了汾州饮食文化节和第七届世界核桃大会工艺展示、文艺展演等活动。2015 年，我市的传统手工艺品——九枝社"柳编"和文新木业有限公司的"核桃木古典家具"还参加了第二届山西文化产业博览交易会。

传统文化与非遗保护深度融合。我市有 32 项各级非物质文化遗产保护项目，其中能够拉动起产业链的项目较多，如汾酒酿造技艺、汾阳地秧歌、汾阳磕板秧歌、汾阳王酒酿造技艺、马刨神泉的传说、汾州核桃加工种植技艺等等，都承载着丰富的传统技艺和民间艺术，大部分项目拉动相关产业由"小作坊"发展成大企业。同时，起源于春秋后虢城、虞城的虢虞围铙，蕴含着和谐、喜庆等丰富的内涵，如今，根据记载恢复的同名民间打击乐，已经成为山西省级非遗保护项目，亮出了"远古汾阳"的文化名片。此外，依托这些非遗保护项目，我市还建成开放了非遗展馆，挂牌运行了市非遗传习中心和 43 个传习点，编辑出版了《汾阳地秧歌培训教材》《汾阳市非物质文化遗产汇编》和《汾阳磕板秧歌传统唱段集》等弘扬、传承传统文化的非遗书籍。市职业艺术学校还将课堂搬到乡村，在阳城乡启动了晋剧戏友成人培训班。市文化馆采用文字、录像、摄影手段对散在民间的汾阳剪纸艺人进行了专访列档。

五、将传统文化融入社会和谐建设

弘扬优秀传统文化，是城乡文化建设体系中最具有生命力、最体现为群众服务、最容易促进社会和谐的重要内容。按照高效、便捷、灵活的要求和城乡一体化的发展思路，我市着力将优秀传统文化纳入公共文化服务体系建设。

其一，将优秀传统文化注入"三馆一站"免费开放

近年来，我们针对市文化馆、图书馆均为上世纪八十年代建设，美术馆占用文庙的西河书院，乡镇综合文化站欠账多、设施设备差、免强运行的实际，努力将"三馆一站"建成优秀文化的传承基地。一是集中力量进行了改造、完善；二是落实配套资金和政策，实行了免费开放；三是丰富传统文化服务内容，提高服务水平，不断设计增加新的活动和项目，培育区域特色、文化特色的服务平台；四是适应当今信息时代的需要，突出公共文化服务的现代性特征，利用网络优势和现代传媒手段，积极实施文化共享工程、数字图书馆推广和公共电子阅览室计划，推动公共文化数字化建设。

其二，将优秀传统文化注入农村文化设施建设

在国家、省、市、县、乡、村六级公共文化设施网络中，村级是一个非常薄弱的环节，同时又是宣传文化工作特别是传统文化传承发展的重要阵地，我们建立了乡村统筹、乡村联合、以乡带村、以村促乡的机制，在加强传统文化建设的政策、资金、人才上不断向农村倾斜；整合乡村集体资产和农村文化、体育、教育等资源，结合乡村实际和特色，因地制宜地建设有利于弘扬传统文化的文化设施，达到了有场所、有活动、有队伍、有保障的"四有"基本标准。下一步，我们要努力从当下农家书屋、文化广场、简易戏台的低水平，向农村礼堂、农村院线、农博展览、农民文化园等高标准综合性文体中心迈进，以节庆、民俗和地域特色为主线，发展"一村一品"特色文化品牌，实现真正意义上的城乡一体化、普惠均等的公共文化服务全覆盖，让优秀传统文化在广大农村实现创造性转化，走进千家万户。

其三，将弘扬传统文化纳入政策体系

我市以政策倾斜和激励，引导和鼓励社会力量参与重在弘扬传统文化的公共文化服务体系建设。这方面我市就有成功的经验，中宣部曾作为典型案例推广。市里的体育场、四中、五中、文庙等都是引导社会资金建设的。近几年，汾酒厂与社会资金结合兴建汾酒城、汾酒老作坊，开发旅游项目。贾家庄兴建贾樟柯艺术中心、汾州民俗馆、文化生态园和贾街非遗展览展示展销项目。建昌村集中乡文化站、村文化中心，建文湖文化园。这些对创造性转化优秀传统文化、满足群众多样化文化需求，具有重要的实践价值。"十三五"期间，我们要继续推进这方面建设，鼓励由过去注重旅游文化、城市文化设施向乡村、社区公共文化设施和项目延伸，推动参与主体和参与形式的

多样化。特别要争取同国家和省级演艺团体和企业的合作。在形式上也要因地制宜，以文化共享、互娱互乐、文化培训等，激励全社会参与。

其四，将优秀传统文化寓教于乐

这些年，我市贯彻中央出台的一系列文化惠民政策，大力实施文化惠民工程，将传统文化作为群众文化活动的龙头，先后开展了"活力汾阳　百姓大舞台"、"宣传文化大蓬车　服务群众走基层"等文化三下乡活动，送书、送戏、送电影、送培训、送展览到农村，集中宣传红色文化、廉政文化、法治文化等传统文化，使农民群众特别是偏远山区、弱势群体的精神文化生活得到充实。这种流动文化服务，符合文化工作的规律和中央精神，今后我们要建立制度、形成合力、拓宽项目、完善装备、落实标准、持之以恒，坚持常态化服务，做到"你点我唱"全覆盖，创新特色求实效。还要注意突破层级、条块限制，真正把公共文化的政策、资金、资源不折不扣落实到乡村、社区，解决好"最后一公里"的问题，使基层群众真正享受到公共文化服务的实惠，从群文活动中尽情感受传统文化创造性转化和创新性发展的魅力。

毛主席说过一句名言，我们是靠总结经验吃饭的。在今后推进传统文化创新、转化、发展的过程中，我们将继续总结经验，不断探索实现优秀传统文化创造性转化和创新性发展的有效模式，与各地共享。

贤良贤商　以德为首
关于常山创业"招贤现象"的思考

浙江省常山县文化广电新闻出版局　毕建国

2015 年 1 月 8 日，县委书记王良春在县委十二届八次全体（扩大）会议上，提出了常山创业"招贤现象"的课题。尔后，县委宣传部、县文广新局牵头开展了半年多的课题调研，形成《常山创业"招贤现象"及其品质特征》的调研报告。近一年来，常山创业"招贤现象"进一步引起了本人的思考。本世纪初，我曾在招贤镇当了三年党委书记，对这片土地和乡亲们情有独钟。调研文章展示的"招贤现象"，提炼的"招贤精神"，感动了我，启发了我。当前，大众创业、万众创新被视作中国新常态下经济发展双引擎之一。招贤古镇的先人，当年勇立潮头、振兴商贸的劲头，为后人树立了样榜，其精神内涵于今仍需大力推崇，积极弘扬。作为融入地方文化精髓的"招贤现象"和"招贤精神"，带给后人的启迪是多重的。在此抛砖引玉，让大家学习反刍可贵的"招贤精神"，愿三衢大地上涌现出更多的"招贤现象"。

思考之一：招贤的乡民为求生存、谋发展，自古以来秉承"走出去，天地宽"的理念，善于经商，多有创业天赋。始建于西晋（265～317）年间的招贤村，民间自古就兴盛农贸集市。有诗曰："招贤草市兴，农夫聚如期；棉布规三倍，价值自守仪。"从中可见当时农耕社会集市的风貌淳朴。千余年来，政治上曾风波迭起，战乱频仍，但招贤乡村一直保留着农贸集市，并延续发展繁荣，招贤成为享誉浙闽赣皖四省边际的浙西古镇之一。文化是商贾之魂。一个商帮或商人的任何表现，其言行都是受内心文化支配的，是文化的外在反映。招贤商贾之所以能创造辉煌的业绩，全在于他们的商贾文化自觉。广大贤商在长期的社会实践中，勇于冲破传统的"四民观"樊篱，毅然携亲帮友走上经商之路，形成了独特的商贾文化。众所周知，重农抑商是几千年封建社会的基本国策，"士、农、工、商"的"四民观"是僵固化了的社会地位排序。由于封建社会主流意识形态的鼓吹和提倡，鄙商、贱商的观念长期深入人心，人们要迈出经商这一步要有很大勇气。而据《中国历史地图集》记载，至南宋时成立招贤市，商贸流通相当发达。南宋诗人杨万里过招贤写下两首诗，其一《宿徐元达小楼》曰："楼迥眠难着，秋寒夜更加。市声先晓动，窗月傍人斜。役役名和利，憧憧马又车。如何泉石耳，禁得许多哗?"。其二《过招贤渡》曰："归船旧掠招贤渡，恶滩横将船阁住。风吹日炙衣满沙，妪牵儿啼投店家。一生憎杀招贤柳，一生爱杀招贤酒。柳曾为我碍归舟，酒曾为我消诗愁。"可见招贤在南宋时商埠喧哗的景象。据《常山县志》载，"招贤渡，位于招贤街。系南宋古渡，原为官渡，设渡船两只，渡夫两名。"在古代，它是衢州至江西、徽州等地必经的官渡，更是商船贸易的集散地，曾盛极一时。可见，由古至今，招贤人杰地灵、商贾云集。这儿的乡亲是一个有商贾文化自觉的群体。所谓商贾文化自觉，是指对以往传统农耕社会中所具有的商贸交易方面的理性认识，能表现出一定的先进性，并且能够付诸实践。对于这点，招贤的今人和后人应当引以为豪!

思考之二：一方水土养育一方人，招贤人的文化传承中富有创业（经商）基因。改革开放后，招贤镇历届党委政府都能引导激励老百姓的内在需求与动力，一直注重培植草根创业的发展优势。招贤的未来，应以"大众创业、万众创新"为取向，与时俱进，乘势跨越。招贤乃至全县上下，要营造氛围，大力弘扬当代贤商精神，以其为核心，层层推进。从贤商的开拓精神、隐忍精神、吃苦精神、合作精神、诚信精神、变通精神、实干精神和包容精神等要素中，突出鼓励诚实经营、创业创新、百折不挠的奋斗精神和灵活变通、四海为家的包容精神。

思考之三：贤良贤商不应仅指招贤商人，某种程度上应代表整个常山商人群体的的精神特质。"招贤精神"倡导的"贤良贤商、以德为首"，不但特征鲜明、源远流长，新时期又赋予了新的内涵，概括起来至少有"八德"，即"讲理想、有骨气、肯吃苦、善团结、重诚信、担责任、尚实干、多回报"。家乃国之基，家和万事兴。齐家与兴业同等重要，这对于促进社会祥和与稳定将发挥日益突出的特殊功能。"美不美家乡水，亲不亲故乡人，因为乡亲、乡情，大家才会相聚一起，才有共同的愿景，才会携手同行。"要继续大力发扬"贤良贤商、以德为首"的创业精神，坚持"走出去，向东是大海"的理论，高举"商贾风流、智慧招贤"的口号，汇聚贤良贤商的乡贤力量，乘势而为，阔步向前。要让"招贤精神"成为招贤人民的骄傲和地方名片，也赋予常山向前发展的持久动力和活力，为常山的繁荣发达、人民的幸福安康作出重要贡献。

思考之四：要引导鼓励先富起来的贤良贤商，以极大的热情，自觉投身到家乡的商贾文化建设中，让他们表现出高度的文化自觉。这种文化自觉，某种程度上不仅仅是自己的兴趣使然，更是对家乡商贾文化的一种敬畏，对

家乡商贾文化价值的肯定，是先富起来的人对历史文化传承的责任担当。历史上的著名商人鲍廷博立志精选善本刊刻《知不足斋丛书》，几十年如一日，祖孙三代连续刊刻三十集、二百余种，深受社会欢迎。为了刻书，鲍氏族人投入大量资金，"犹复节衣减食，裨补不足，视世间所谓荣名厚实、快意怡情者，一切无堪暂恋，只有流传古人著述，急于性命"。鲍氏族人的上述行为，如果没有高度的文化自觉精神，是不可能做到的。令人欣慰的是，源远流长的"常山喝彩歌谣"成为国家级非遗项目后，招贤镇古县村83岁的第五代传承人曾祥泰和儿子、第六代传承人曾令兵，经常在全县各地进行宣传，旨在让这一国宝的思想精髓深入人心、发扬光大。但愿在贤良贤商们高擎的公益仁爱大旗引领下，广大常商踊跃投身常山商贾文化建设，踊跃投身捐资助学、助士刻书、养士研学等善举，充分表现当代常商的商贾文化自觉，造福当代，流芳青史。

澧县广播"村村响"工程建设情况

湖南省澧县文化体育广电新闻出版局 向绪钦

澧县位于湖南省西北部，总面积 2075 平方公里，辖 32 个乡镇，478 个行政村，93 万人。境内地貌特征是西部为山区、北部为丘陵地区、中部为平原地区、东部为湖区。2013 年，在加快经济发展的同时，县委、县政府高度重视民生工作，将广播"村村响"工程建设作为服务社会主义新农村建设的实事来办，取得了一定成效，具体汇报如下。

一、基本概况

我县广播"村村响"工程建设项目总投资 603 万元，从 3 月份开始谋划，8 月份开始建设，完成了县广播电台和应急广播系统、32 个乡镇广播室、478 个行政村广播室和 5500 组村组终端广播的安装调试，做到了广播全覆盖。

二、基本做法

一是统一组织领导。县成立了广播"村村响"工作领导小组，下设办公室和技术服务组，负责全县"村村响"工程的设计和实施。各乡镇也相应成立了以乡镇长为组长的领导小组，按照县里的统一部署开展工作。

二是统一规划设计。我们通过两个月时间的摸底调查，制定了广播"村村响"的实施方案和技术方案，因地制宜选择了覆盖方式，实行一个广播系统对上可连接市省和中央广播信号，对下连接每个乡镇广播机房、所有村组终端广播。村级通过电话连接乡镇广播机房实行对本村广播。

三是统一厂家供货。在选择厂家前，我们考察了五个厂家和他们的用户，通过政府采购依法依规选择了浙江省金华市灵声电子有限公司为供货厂家，为我县所有设备统一进行供货。

四是统一安装调试。县技术服务组对县广播"村村响"设备和乡镇广播机房以及无线调频发射天线组织安装调试，对村级电话播出器和村组终端广播实行技术指导，乡镇政府组织技术员进行安装调试。

五是统一检查验收。县制定了《澧县广播"村村响"工程建设验收办法》，各乡镇广播设备安装调试完成且能熟练掌握操作技术后，经乡镇政府初

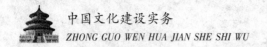

步验收，凭村级竣工证明和乡镇政府申请验收报告，领导小组组织验收。验收的重点是乡镇广播机房和村级广播室标准化建设、终端广播效果和乡村两级广播员操作技能。验收结果作为拨付乡镇村组终端广播安装调试费和评先评优的重要依据。

六是统一维修服务。县文广新局对全县"村村响"广播实行维护管理。设备供应厂家在澧县设立了维修服务中心、在乡镇设立了维修服务点，五年内免费维修，五年外收材料成本费，实行长期维护。乡镇政府负责辖区内广播维护管理工作，安排一名广播维修员负责广播维护。村级负责终端广播的管护，每村安排一名广播维修员负责广播维护管理工作。每一个终端广播安排一名就近的党员、老干部或群众管护，发现广播故障及时向村广播员报告。维修服务时间力争做到小问题乡镇一日内解决，一般问题县中心两日内解决，重大问题厂家五日内上门解决。县乡政府安排专项资金，解决维护运转经费，确保广播长期响。

三、主要特点

一是广播技术比较成熟。我县采用有线电视共缆传输广播信号、智能自动开关机、可寻址智能广播系统、远程广播、智能短信语音广播、村级智能电话广播机等较先进、较成熟的广播技术，做到了广播全覆盖、广播天天响、广播优质响，解决了过去铁丝广播建设成本大、运行靠人看、使用不方便、维修难度大等问题。

二是建设成本比较低。利用有线电视共缆传输广播信号，村级不建广播机房，利用电信部门通讯塔发射调频广播，利用电力电杆架设广播、终端广播用电打捆等措施节省了大量的建设资金。

三是安装质量比较高。我县 32 个乡镇广播机房建设做到了"十有"：有独立的广播室、有空调、有电脑、有独立电源、有避雷接地、有触电保安装置、有消防设备、有防盗门窗、有管理制度上墙、有一套配置合理的广播设备。全县 478 个行政村做到了"四有"：有能锁闭的广播室、有一部智能电话播出器、有安全播出制度、有安全播出登记本。全县 5500 组终端广播的安装调试做到了"五确保"：确保广播音质优美正常、确保防雷击安全、确保设备稳固、确保广播朝向合理不扰民、确保各类设备规范安装。

四是工程进度比较快。按照县长办公会议要求，澧县"村村响"工程建设用三年时间完成。我们只用九个月完成了任务，踏踏实实地做好了每一个环节，进度大超计划。

　　五是广播效果比较好。澧县"村村响"做到了全覆盖、音质好、音量可控可调、使用方便，做成了全县人民的"伴侣"、基层干部的"帮手"、党和政府的"喉舌"。据码头铺镇刻木山村党支部书记廖双泉介绍，2015年该村的柑橘产业合作社生意之所以红火，广播"村村响"功不可没，以前要逐户通知的事情，现在利用广播就能通知到每一位村民，节约了人力，及时将柑橘运向了市场。今年十月份是全县收缴农民"医保"和"农保"的关键时期，乡镇政府和村委会利用广播"村村响"宣传政策和做法，原来上门收缴要用一个多月才能完成的任务，今年只用一个星期就完成了。

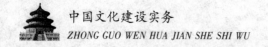
建立文化人才库　买单式支持基层文化工作

湖南省新晃侗族自治县民族宗教文体旅游广电局　吴　涛

从 2013 年 12 月至今，新晃县根据《2013 年湖南省边远贫困地区、民族地区和革命老区人才支持计划文化工作者专项实施方案》的通知精神，在市局的直接指导和县委、县政府的高度重视支持下，积极与县委组织部、县人社局、县财政局、县扶贫办等部门衔接，就实施"三区"人才支持计划文化工作者专项工作进行了认真的调查和研究。

一、基本情况

新晃县位于湖南省最西部，属于边远贫困的少数民族自治县和湖南省革命老区，总人口 27 万，文化人才奇缺。文化系统包括局机关、文化馆、图书馆、文物所、民族歌舞剧团、电影公司和 23 个乡镇文化站，从业人员 84 人，其中专业技术职称 30 人，占职工总数的 35.71%（副高级职称 1 人，中级职称 17 人，初级职称 12 人）。民间业余文艺表演队伍 201 支，业余演员 3120 余人，文化志愿者 200 余人，广场舞队伍 112 支，参与人数达 5700 余人。

为了更好地贯彻执行"三区"文化人才支持计划，充分利用国家对"三区"文化工作者专项支持的政策，积极探索、创新工作机制。于 2014 年 4 月 24 日专门召开了民主议事会，邀请社会人士、资深文人开展专题讨论。根据县情和文化工作的实际，我们采取"建立文化人才库，买单是支持基层文化工作"的模式，管理使用"三区"文化人才经费，即组建新晃文化人才库，同时，不定期建立基层文化工作"菜单"。由基层乡镇文化站提出申请政府买单，选派文化人才库人员"当炊事员做菜"，群众享受消费文化这道盛宴。

二、基本做法

一是不拘一格选人。立足本地实际，树立科学的"人才"标准理念，设置"品德、学历、知识、能力、业绩"等多方面评价要素，确定既重品德又重知识，既看能力又看业绩的人才衡量标准，把好资格审查关，建立包括本人申请、组织审核等环节的"选才入库"程序，确保真才实学的人才入库。目前已经建成文化艺术的舞蹈、音乐、摄影、书法、美术、文博、"非遗"、戏曲、农家书屋等多个门类的文化人才库，人才库成员达到108名，遍及文化、教育、民间业余等多方面业务骨干和专业人才，有效整合文化艺术人才资源。两年来组织选派人员和文化人才库人员培训5次，180人次。县文化馆馆长、图书馆馆长参加了由省统一组织的"三区"人才支持计划文化工作者受援县两个月的培训。

二是双管齐下育人。对入库人才动态化"蓄水式"管理，一方面集中资源进行重点培训，进一步提升文化人才专业素养和政治觉悟；另一方面通过开展座谈联谊，参与组织活动等实践方式，提升文化人才实际工作能力。

三是人事相宜配人。在《新晃红网》文化侗乡栏目中将人才库人才名单、服务项目向社会公布，各乡镇各单位根据实际需要向主管部门根据需要和人才专业特点选配合适人选，建立服务跟踪机制，及时听取被服务单位的反馈意见。先后有30余名文化人才深入乡镇辅导扶持文化工作，选派文艺人才深入乡镇基层40次，指导文艺、非遗、书屋管理，辅导培训等6个项目，指导人次达5840人。

四是科学考核用人。逐步完善具体的"三区"文化人才考核办法，加强对人才库人力资源管理、考核工作；探索文化人才"能进能出"新机制，实现对县域文化人才政治上关心，工作上激励，生活上帮助，激发文化人才干事创业热情，使人才库真正成为优秀人才的活水源泉。

五是用培训提高人。加强对文化人才培训，主要以开展文化艺术辅导、活动组织和策划、文艺创作、文化遗产保护等方面的内容为主。培训完结对后文化人才库人员的学习和业务能力进行考核。对调用的文化人才库人员，县文化人才库业务工作领导小组结合其执行具体任务时的工作作出评论鉴定，作为所在单位年度考核和是否继续调用的依据。对未完成任务的调用的文化工作者，扣减当次经费补贴，对不能胜任工作的不再纳入文化人才库管理。即每个季度至少召开一次文化人才库领导小组会议，对"文化菜单"、经费事项进行研究审批。年度召开一次文化人才管理评议会，报告本年度文化人才调用及经费使用情况，对成绩突出的给予表彰，建立文化人才调用档案及文化成果档案备查。经过培训使人才服务能力、工作素质得到提高，对突出的先进予以表彰，使文化工作者们看到工作的前途和希望。

三、基本成效

我们的做法能够保证"人尽其能，资尽其效，文化人才能进能退"的效果。建立文化人才库调派文化人才支持各乡镇开展专项文化活动与直接选派人到乡镇支持文化工作,从本质上讲是一样的,但效果却不一样。一个乡镇的文化工作和文艺活动不是每天、每月都有的,如果选派人员到某乡支持文化工作,乡镇就会认为给他增加了1个人,更多的是拿去做其他工作,而文化工作可能就是一个挂名,浪费了资源。反过来,如果某乡要开展一项或一次文化活动,向文化人才库申请调派,其效果是明显可以看得到的,起到对文化工作的支持力度和作用是很大的。如,我县今年8月1日举行的全县农家书屋书生协管促进日,全县296行政村的农家书屋协管员换届,这是一项点多面广、难度较大、时间紧的工作,我们充分利用文化人才库人员在8月1日完成了全县村级农家书屋的书生协管员的换届工作,每完成一个书屋程序指导,支持经费200元,收到很好的效果。除此外,我们还在乡镇村开展农村文艺节会活动进行了选派,如新寨乡磨寨村的"六月六"农民文化艺术节、李树乡坪地村"百里侗乡·欢乐端午"文艺晚会、兴隆镇胜利村"回娘家感恩文化节"、晏家乡坝上村"西瓜艺术节"以及拍摄制作农家书屋电视短片、宣传画册和贡溪侗族傩戏保护传承及推广等专项文化活动,都能从县文化人才库中选派专家到场开展组织、策划、辅导,使每个活动开展有专声有色,都充分利用了我县文化人才资源,发挥了他们积极作用。

走建立文化人才库的模式来对我县城乡文化工作的开展,有以下几个特点:1. 见效快,出成果。把文化工作者对口突击完成某一项(件)具体工作,开展工作有积极性,创作意识增强,能发挥个人特长,做到人尽其才。2. 针对性强。文化工作者工作专一,派遣到某一项工作,受派单位不会拿他们去做其它无关文化的工作。3. 时间短。不影响本人的正常工作业务,有责任心,敢担当,不存在混日子。4. 业务提高快。接受的工作往往是一个人独立去完成,能激发创作热情和灵感。5. 资金其效。让有限的经费全部投入到文化工作上,发挥最大的作用。

四、存在问题

由于这工作我们目前还处于起步阶段,正在积极的探索,创新发展工作是我们的思路,但还存在一些问题:

1. 文化人才库还不是很规范,待今后逐步规范和加强管理。2. 城乡文化活动组织,优秀文化人才匮乏,对较大的、重点的文化项目,难以达到理想效果。3. 一整套完成的规范性管理措施、方法欠缺,审批程序复杂,资金使用效率不高,需在工作中不断总结、完善,使之成为有规可依、有章可循的、行之有效的管理程序。4. 考评难度大,文化工作门类多,标准不一致,不好量化。

五、今后工作思路及建议

为了将这一工作更好、更有效的开展下去，今后将根据省、市、县的要求，加快我县文化人才队伍建设，提高文化工作者的素质，提升公共文化服务水平，提供人才支持，多出作品，出精品，用群众喜闻乐见的文艺演出，推动社会文明和谐进步，推进县域文化大发展、大繁荣。2016年新晃县逐步实行文化人才库分类管理，建立文化人才库的公共平台和信息平台，加大管理和调遣力度，为基层群众提供更好、更快、更高的文化人才专项服务。

弘扬和传承马边民族文化初探

四川省马边彝族自治县文化体育广电新闻出版局　陈　远

一、独特的马边民族文化

民族文化是各民族在其历史发展过程中创造和发展起来的具有本民族特点的文化。包括物质文化和精神文化。饮食、衣着、住宅、生产工具属于物质文化的内容；语言、文字、文学、科学、艺术、哲学、宗教、风俗、节日和传统等属于精神文化的内容。民族文化反映该民族历史发展的水平。

地处祖国西南小凉山麓的马边彝族自治县，有 21 万彝、汉、苗等各族群众，遍布在 2383 平方公里的崇山峻岭里。长期以来彝、汉、苗杂居，以古老凉山为大背景的彝族传统文化与中原为依托的汉民族文化的大融合，使马边地方文化发展，既具凉山彝族文化的传统特色，又具有中原文化的先导性，正是这两种文化的长期融合，马边这块贫瘠的山峦里，诞生着独特的民族文化和民族精神。民间文学、音乐、美术的发展犹如不竭之源。

马边民族文化，可以理解为在马边这个地域里特有的彝族文化、汉族文化和苗族文化的总和。

二、发掘马边民族文化的精髓

要弘扬马边民族文化，就要抓住马边民族文化的精髓。我认为：马边彝族文化、汉族文化和苗族文化精髓应概括如下：

1、马边彝族文化的精髓是：以彝族祈福、祭祀、经诵为主的毕摩文化和以山歌、情歌、传说、民俗为主的平民文化。

彝族毕摩学识渊博，主要从事作毕、司祭、行医、占卜等活动；其扮演的文化角色是整理、规范、传授彝族文字，撰写和传抄包括宗教、哲学、伦理、历史、天文、医药、农药、工艺、礼俗、文字等典籍。毕摩在彝族人的生育、婚丧、疾病、节日、出猎、播种等生活中起主要作用。在彝族人的心目中，毕摩是整个彝族社会中的知识分子，是彝族文化的守望者和传播者。马边彝族毕摩，传承了这些彝族文化传统，在他们的祭祀活动中，散发着彝文化的神秘魅力。他们口耳相传着彝族经书的内容，彝族人上百年甚至上千年的奋斗历程心路历程，深深融于其中，诱人神往，奥妙无穷。他们当中流传的八百余种祭祀扦插图谱，而每一种图谱都牵连这一个背景故事，供人探轶、回味、遐想。毕摩走刀山、趟火海、下油锅、舔红铁的绝技更是让人叹为观止。

"热布"、"扎布"——三星堆文明的活态呈现：毕摩用草编扎出"热布"，用泥手捏的叫"扎布"，汉语称为"草偶"、"泥偶"。它有其严格的编扎手捏方式、式样，并有专门的名称、来历、作用。根据祭礼仪式的需要和要求，毕摩会在现场编扎、摆布、念经、表演"热布"和"扎布"。它不但是一种独特的小凉山彝族民间文化符号，是彝族千年文化的活态记忆，是宝贵的非物质文化遗产。按彝族传统，毕摩从事礼赞、祈福、祭祀活动（短则10多分钟，长则3天3夜），完成后，便会把"热布"投入火中烧毁，或丢进水里流走，或挂在树上任风吹雨打日晒；而"扎布"则被埋进土里，永不复出。"热布"与"扎布"在小凉山传承上千年，却难有实物及图文记载。2011年，马边举办了一场"热布"文化研讨会，展示了该县3名彝族毕摩带着3名助手编扎手捏完成的近200个形态各异的"热布"和70个"扎布"。参加研讨会的20多位国际、国内彝学专家现场观察发现："热布"和"扎布"与三星堆出土文物比较，无论是在其造型，还是文字、图案等方面，都与三星堆文明有着近乎完美的对接！

彝族民间流传着大量的神话和传说，其中最具代表性并有彝文记录的是从史诗《勒俄特依》中反映出的神话。彝族音乐丰富多彩，歌曲、舞蹈、器乐优美动人，具有鲜明的民族艺术风格。彝族传统的舞蹈有：节日舞、婚礼舞、悼念舞、丧事舞、宫廷舞、铃鼓舞、劳动舞、征战舞、对脚舞、赶街舞、手帕舞、手镯舞、轮翻舞等。彝族的美术有绘画、雕刻、刺绣、银器工艺美术等。彝族习俗：含彝族饮食、饮酒、房舍、婚俗、葬俗、年节等。马边"彝族年"、彝族儿童节"阿依美格"、"毕摩经诵"、民歌《阿惹妞妞》已列入省级非物质文化遗产保护名录。

2、马边汉族文化的精髓是：以明王寺、东皇殿为主的200多处不可移动文物反映马边历史，汉族民间传说、歌谣、谚语体现马边民间文化的特点。

省级文物保护单位明王寺是马边先辈留下来的文化遗产。坐落在民建镇永乐溪后村，离县城6公里，传说是明代逃亡皇帝朱允汶在游历西南时修建的。院内正殿三尊汉族佛像，两侧的后殿有十八尊悬托石像，石像光头，其头式、服饰、赤足及面相轮廓与彝族男子极为相似。并且这些石像悬托在梁架之上，离地有2米多高。在寺庙中汉族佛像和彝族神像同处一室，这在目

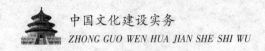

前国内常属首例。

马边汉族山歌中的精品是"打鼓草"山歌（已列入省级非物质文化遗产保护名录），是特有的劳动歌谣，优秀的打鼓匠从早唱到晚可以唱四五百首，这些歌谣已由马边的民间文化工作者整理成册，并已正式出成书。汉族民间传说、民间谚语也很丰富，如："石仗空的传说"，说明了马边是三国时诸葛亮南征的古战场。《马边民间传说》、《大风顶传说故事》均已出书。《马边农事谚语》和《马边气象谚语》已列入县级非物质文化遗产名录。

3、马边苗族文化的精髓是：苗族服饰、饮食文化，苗族歌舞等。苗族木叶、芦笙吹奏和芦笙舞蹈独具风格。苗族花山节、苗族服饰、苗族婚俗、苗族芦笙舞已列入市级非物质文化遗产保护名录。

三、弘扬和传承马边民族文化的措施

近年来，马边县委、政府十分重视民族文化的抢救和保护工作，给予了政策上的保障。2012年8月，马边县委下发《关于深化文化体制改革加快建设少数民族文化强县的决定》，为今后几年马边的文化工作指明了方向。

马边文体广新局成立后，提出了9条推进该县文化事业的繁荣发展的措施：一是从2012年7月份起恢复编辑出版《大风顶》文学季刊，并召开全县文艺爱好者座谈会，为丰富马边文学创作提供更好的平台；二是每月举办一次大型文体活动，丰富马边人民的文化生活；三是县文化馆、图书馆每天免费对外开放，让马边人民享受到文化的食粮；四是新组建边河之声歌咏队、马边书画协会、马边非物质文化遗产保护协会等文艺团体，并恢复大风顶业余民族艺术团、马边文艺创作协会、马边摄影协会、马边彝族民间文化学会的活动，更好地为繁荣马边文化服好务；五是召开促进马边文化大繁荣大发展座谈会，征求各族各届人士对文化发展的意见；六是开展对我县文艺人才和非物质文化遗产传承人的调查，并让这些人才尽快发挥作用；七是在全县范围内开展非物质文化遗产的调查和申报活动，并进行非遗的县级认定；八是制定有效措施，出台对我县文化、艺术有突出成绩的人员和成果进行奖励的办法；九是组织一批作家、诗人、摄影家、美术家、歌唱家来写马边、拍马边、画马边、唱马边，最大限度地提高马边的知名度。

抓住特色、突出重点应该成为马边发展民族文化工作思路，为此，建议采取以下措施弘扬和传承马边民族文化。

1、配好"两馆"设施，满足群众需求

县文化馆和图书馆是弘扬社会主义先进文化，构建和谐社会，建设马边文化强县，打造马边文化品牌的重要窗口，是组织群众开展健康积极文明的文化活动，艺术培训的重要阵地。由于马边县城距乐山市城区 160 多公里，全县 21 万人口中县城人口就达 5 万多人。全县除一个文化娱乐广场以外，无其它文化活动场地和设施。特殊的地理位置和人文环境，使文化馆和图书馆成为马边县城居民和县城周边群众文化生活和健身娱乐的重要场所。因此，建设社会主义先进文化，少数民族地区文化建设的中心应落实在县文化馆和图书馆效用的作用发挥之上。要保证两馆基本活动所需要的场地，建设非遗展厅，扩展活动空间，完善"两馆"内部设施，保障文化活动和图书报刊订阅、及运行经费，配齐两馆工作人员，以"两馆"建设带动乡（镇）村文化站室，构建全县新农村先进文化网络，满足全县群众的文化需要。

2、修缮重点古迹，新建民俗展馆

修缮马边明王寺，恢复展示彝族悬托石像，可将县内重点文物移入其中，把明王寺打造成马边大型文物广场，并对外开放，建成马边境内一处可供旅游观光和文化研究的新景点。可以充分利用明王寺、靖氛雕、荞坝古镇、石仗空、晒鼓坝、汪公路、靛兰坝龙桥、石梁站佛、三河口古城墙等古迹、遗址的资源，加以保护、维修、改造和更新，并可添置一些附属设施，让这些古迹得到保存和修缮，并以完美的面貌呈现在世人面前，成为可看、可游、可评的良好景点。

马边是一个非物质文化遗产丰富的县，特别是彝族文化更是博大精深，绚丽多彩。无论是"毕摩文化"，还是民间的"卓卓文化"（平民文化），目前全国各地还没有一处能系统地介绍和展示这一古老文化的地方。马边可以抢占先机，新建一个民族文化民族风情民俗博物馆，将彝族民间"卓卓文化"、"毕摩文化"、汉族特色文化、苗族文化在馆内进行全面的展示。

3、打造特色品牌，举办两个节庆

彝族民间文化丰富多彩，这些民间文化总以活态的形式传承，动态的形式生存。具有广泛的群众基础、深厚的文化底蕴和巨大的发展潜力，"阿依美格"和"彝族年节"就是其中之二。每农历二月，按彝历"史诺日"，彝族聚居村就要举行一个民间盛大的儿童节日——"阿依美格"。"阿依美格"是以儿童为主体，以集体参与为形式，以驱邪避祸、祈福安康为主要内容的彝族民间儿童庆典节日。

每年十一月的彝族年节，彝家丰收之后，家家杀猪宰羊，走亲访友，小庆三天，大庆七天，一片欢乐氛围。"阿依美格"和"彝族年节"现均由马边申报列入四川省非物质文化遗产保护名录。每年举办一次盛大的"阿依美

格"和"彝族年节"民俗文化活动，将会较大地提高马边本土文化的知名度!

4、开发旅游文化，打造精品景观

马边在文化旅游的开发中，可以充分挖掘和利用诸葛亮南征途经马边的故事、彝族英雄阿树时惹大战诸葛孔明的传说、马边河——彝语"姆河拉打"（即：孟获之河）的传说、大风顶与熊猫仙子的传说、明王寺彝族悬佛、彝族毕摩文化、彝族年节、苗族年节等历史文化元素，打造出具有马边特色和较高文化价值的旅游景点。开发中既要尊重历史文化古貌，又要有开拓和创新，使地方文化得到丰富和发展。大竹堡仰天窝的五彩枫林，如诗如画；月子山上云杉林海，令人称绝；金河银河的山水风光叫人称奇；三国古战场遗迹神秘幽静；大风顶万亩珙桐、万亩杜鹃令人眼花缭乱，十万亩草甸成为西南最大的高山草甸区，这些都是马边文化旅游的宝贵资源。同时，组织一批文人墨客，将这些景点赋予文化内涵，这些景区文化品味将会极大地提升，就能吸引更多游客前来观光旅游。

5、多种渠道投入，传承文化有方

马边在弘扬和传承民族文化的工作中，可以采取多渠道投入的方式结合旅游开发来进行，比如：明王寺、靖氛雕、石梁站佛、靛兰坝龙桥、马边古城墙等文物保护单位，它们的恢复重建需要由政府来投入；荞坝古镇的保护和改造、马边民族风情村的打造，可以采取政府投入和民间投入相结合的方式进行，即主体风貌打造由政府投入，居民的住房改造由政府统一规划，补助性投入，经营场馆改建主要由企业或个人投入；新建民族风情村方面，带有经营性质那块，可采取政府出地，企业或彝族家族投资的方式来建设，这样可以节约大量的财政建设资金；三国古战场遗址（石仗空、晒鼓坝、孟获庙）、荞坝贡茶园等的保护、开发也可以采取政府投入加企业投入相结合的方式进行；黄莲山森林公园度假区、大风顶风景区、牵牛鼻度假村、沙腔温泉度假村、民族风情艺术团等景点和项目则可采取企业投资运营的方式进行。

传承马边民族文化，应该结合马边自身的优势，以丰富多彩的民族文化艺术活动，促进马边旅游发展。马边可以打造的文化旅游项目有：彝族年节、彝族火把节、彝族毕摩文化、毕摩热布扎布展、毕摩经诵、彝族摔跤赛、阿惹妞情歌、苗族年节、苗族花山节、苗族姊妹节、汉族"打鼓草"山歌、春茶节等等。同时，以征文赛、书画展、摄影展、奇石展、兰花展、歌咏赛、马边发展论坛等形式，邀众多文艺家和媒体看马边、写马边、画马边、唱马边、赞马边，让马边走出四川、走向全国、走向世界!

水城县民族民间文化发展与思考

贵州省水城县文体广电新闻出版局 唐信林

一、基本情况

水城县县内居住着汉、彝、苗、布依等 26 个民族，各少数民族的生活习俗、婚丧嫁娶、祭祀、节日等非物质文化遗产活动，极大地丰富了我县民族民间文化。农民画、剪纸、蜡染、挑花、刺绣、芦笙舞等享誉全国，苗族跳花节、彝族火把节等至今仍保留其原始、古朴、淳厚的民族风情。1998 年被文化部命名为"中国现代民间绘画之乡"。2008 年再次被国家文化部命名"中国民间文化艺术之乡"。南开乡三口塘苗族跳花节和猴场乡补那布依族五等装进入国家非物质文化遗产名录。

（一）水城县民族民间文化艺术

1、特色节庆：水城南开三口塘苗族跳花节、玉舍海坪彝族火把节、猴场、米箩布依族的三月三、六月六等节庆。其中，2015 年的玉舍海坪彝族火把节参加人数达 18 万人，2016 年的南开三口塘苗族跳花节参加人数超过 10 万人。每年节日吸引了大量的游客，每年都有不少国际友人、省内外各界人士及专家、学者纷纷慕名前来参观考察。

2、特色民族服饰：在我县世居的汉、彝、苗、布依、白、仡佬等民族，在几千年的发展中，创造了丰富的服饰艺术，著名的有布依族五等装、彝族彩布贴花、苗族花背等。其中，各民族又因支系不同，服饰式样又有差别，如苗族就有小花苗、大花苗、歪梳苗、长角苗、黑苗等支系。各支系又分不同的子支系，装束也不一样。

3、极具特色的民间舞蹈：各民族在几千年的发展中，创造了丰富的舞蹈艺术，著名的有苗族芦笙舞、彝族铃铛舞、撒麻舞、布依族的唢呐、吹打乐、铜鼓舞等。其中，苗族芦笙舞是黔西北小花苗族支系民族特有的民间艺术，其丰富的文化表现形式集中体现了黔西北小花苗民族文化艺术精华，其表演的芦笙舞以独特的"矮桩功"著称，整个过程反映了苗族漫长的迁徙历史和生产、生活故事，是黔西北苗族芦笙舞的代表。

4、特色品牌建设："水城农民画"是水城县十分重要的一块文化品牌，

1988 年就被国家文化部社会文化司命名为"中国现代民间绘画画乡"。近年来，我县加大培训力度，创新创作理念，使这一品牌走出贵州，走出国门。近 5 年共有 1000 余幅作品在各级参展，荣获一等奖 15 个。2012 年 6 月，选送 60 幅作品赴法国巴黎展出，在国际上得到了很高的评价。2015 年 10 月，"千米农民画"在北京民族文化园展出，得到国内外一致好评。另外，我县创办了芦笙魂艺术团，通过扶持，这一艺术社团的魅力已在省内外逐渐显现。

（二）水城县民族民间文化的抢救、保护、开发利用情况

1、大力抓好非物质文化遗产名录项目申报工作。目前，水城县有国家级名录 2 个，省级 8 个，市级 18 个，县级 31 个。在全市各县区中，非物质文化遗产比例最高。

2、积极做好非物质文化遗产传承人申报工作。目前，我县共有省级传承人 7 人，市级传承人 18 人，县级传承人 52 人。

3、打造观摩学习景点。做好特色文化村寨项目申报建设工作。2008 年以来，我县玉舍乡海坪村、陡箐乡茨冲村、陡箐乡坪箐村、青林海发村、金盆大寨村被公布为市级特色文化村寨，青林海发 2011 年 8 月被贵州省文化厅批准为省级非物质文化遗产保护示范基地，同时被评选为全省最具特色的民族文化村寨。纸厂新发村获得 2015 年全省"文化产业示范村"称号，花戛天门村入选中国第三批传统古村落名录。

4、积极做好"南开苗族文化传习所"、"青林苗族芦笙舞传习所"、"玉舍海坪彝族传习所"、"猴场布依族文化传习所"的申报工作。

5、发展特色文化，推动产业发展工作。目前我县以农民画创作为抓手，成立了"水城农民画院"，夜郎风民族文化发展有限公司，猴儿关文化合作社等特色文化企业，大力加强对农民画的开发。同时成立了水城县芦笙魂艺术团，加强对非物质文化的传承与保护。

6、加强基础设施建设，为民族民间文化的发展奠定物质基础。我县 30 乡级文化站已全部修建完毕，均配备照相机和办公设备，为民族民间文化的发展繁荣奠定了坚实的基础。

二、存在的问题和原因分析

1、民族文化传承后继无人。一方面传承人没有发挥传承作用，有的省级、市级和县级传承人还是抱着传统的传内不传外、传男不传女的思想，对外姓学生敷衍了事，没有真正拿出看家本领；另一方面愿意学习传统民族技艺的人少、愿意勤学苦练民族技艺的人更少。随着社会发展，大多数适合学

习技艺的都在学校读书，没有时间或者不愿学技；有的学习了一些技巧，由于生活所迫要外出打工或外出学习，真正愿意传承技艺而勤学苦练的少之又少。同时，很多传统手工技艺正逐步被现代的机器操作取代。

2、民族文化没有充分挖掘，部分技艺濒临失传。在我县大力发展旅游业的今天，对于民族民间文化的宣传和打造有了进一步的提高，如农民画、民族服饰、部分节庆等得到了一定重视，但由于各种原因，还有很多民族民间文化还未收集和整理，如苗族喊歌、刺绣、蜡染、剪纸、穿青人的跳菩萨等还未进行挖掘，这些技艺由于没有文字记录，加之口传身教，会的人越来越少，将面临失传的危险。

3、传统村落逐渐消失。随着新农村建设、四在农家、茅草屋改造等项目的实施，大部分的原始传统村落已被钢筋水泥结构的房屋代替，现只有花戛天门村的小寨组保存尚完好，传统的民族建筑和群居文化正在快速消失。

4、民族教育薄弱。民族民间文化进校园、民族地区双语教学工作开展欠缺。虽然各乡镇学校都有相关的课程，但是安排的课时不够，没有按照《义务教育法》要求每周开足课时，有的学校仅有一个农民画的陈列馆，民族文化进校园没有发挥其根本作用。民族语言的师资力量不足，双语教学很多学校没有开展。

5、缺少民族民间文化专业人才，缺少专门的保护基金。民族民间文化由于经费不足，传承人不能以此谋生，人员极不稳定，专业性不强，遇到大型的民族节日活动的时候，往往找不到人，临到排练时才到各学校去抽人凑数，非物质文化遗产的传承与保护难度大。

6、农民画创作程式化，手法雷同，题材单一，表现力弱。需要拓展。没有形成市场，作品要价随意性大，市场混乱。

三、建议

1、成立民族民间文化协会，加大非物质文化遗产名录和传承人申报工作。让传承人都享受一定的资金扶持，让更多的民族民间文化能人参与到保护和传承本民族文化当中来。

2、教育行政部门要根据各乡镇特色编写教材，严格按照义务教育法规定开设地方文化课程，并保证课时，建立民族文化园。全面开展全县文化进校园工作，加强双语教学。

3、充分挖掘民族民间文化，加大宣传力度。民族民间文化要与休闲农业及乡村旅游紧密结合，形成"农旅文"创新发展的新格局，达到"以文促旅，

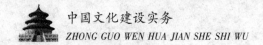

以旅兴农，农旅文互惠"，使民族民间艺术为代表的乡土文化为休闲农业与乡村旅游的发展注入强劲的动力。

4、加强非物质文化遗产的继承和创新，走出政府保护，温室保护的模式，以适应现代化市场发展的需要，积极探索非物质文化遗产的保护模式。

5、住建部门在建设美丽乡村的同时，要加大对民族村落古建筑的保护力度，对损坏的建筑进行修复。

6、加强对专业人员培养和引进工作，力争建设一批懂专业、会管理的文化队伍。将一部分在民间有影响力、公认度高的民族民间艺术传承人、专家纳入公益性岗位管理。

7、加大对民族民间文化保护经费投入，设立专项资金。组织人员对各民族文化的乐器、乐谱、服饰、手工艺、文字和语言等进行汇总编辑成册，流传后人。

提升自觉性　创新机制
弘扬民族优秀传统文化

云南省楚雄彝族自治州文化体育局

　　文化建设是我州民族团结进步示范区建设的重要内容之一。近年来，在楚雄州委、州人民政府的正确领导下，我州依托得天独厚的民族文化资源，把提升文化软实力作为文化强州建设和民族团结进步示范区建设工作的重中之重，讲好楚雄故事、凝聚楚雄力量，掀起了新一轮文化建设的新高潮。出台了《楚雄州建设民族文化强州规划》、《关于加强公共文化惠民服务体系建设的意见》、《楚雄州关于加快构建现代公共文化服务体系的实施意见》、《楚雄州关于培育文艺表演队伍参与公共文化服务体系建设的实施意见》和《引导和鼓励社会力量参与公共文化服务的实施意见》等一系列政策文件；探索总结出了文化惠民的成功经验——农民文化素质教育网络培训学校，在云南乃至全国产生了广泛的影响。

一、切实推进公共文化服务体系建设，为民族团结进步示范区建设提供文化保障

（一）突出重点，不断完善公共文化服务设施网络建设

　　目前，全州已建有 4 个博物馆、11 个图书馆、11 个文化馆、103 个乡镇文化站、1119 个农家书屋、2198 个村（社区）文化室。按部颁标准，图书馆、文化馆达标率达 100%，文化站达标率达 80.5%，实现了行政村文化室、农家书屋和文化活动广场全覆盖。实现公共文化网络设施数字化、信息化。全州"三馆一站一室"按标准完成公共电子阅览室建设；"三馆"网站全部建成开通，并实现了文化信息资源共享工程、数字图书馆、数字博物馆、数字文化馆网络互联互通；建设了全州公共图书馆和乡镇文化站图书室管理平台，馆藏文献书目数据库建设率达 80%。

（二）注重规范，探索推进基层文化阵地规范化建设

　　在开展基层文化阵地建设中，探索总结出了乡镇文化站"十个有"和村（社区）文化室"九个有"基层文化阵地建设模式。要求全州乡镇综合文化

站按照有一幢不少于 300 ㎡办公楼，室内有一间"农文网培"培训教室、一间电子阅览室（电脑不少于 15 台）、一间图书阅览室、一间综合展室、一间多功能活动室，室外有一组文化宣传栏、一块文体活动场地，建立一套管理制度和一套完整的档案台账的标准开展建设。在村（社区）文化室的建设中，做到整合资源，共建共享，建设集教育培训、集会议事、娱乐健身、读书看报等"七个场所"为一体的基层综合文化服务中心，同时实现有一间不少于100 ㎡的文化室，室内有一个农家书屋、一所"农文网培"分校，室外有一块活动场地、一块文化宣传栏，配备有一名享受财政补助的文化辅导员，建立有两支业余文体队伍、有一套管理制度、一套档案台账的目标。

（三）增强服务，进一步完善公共文化产品服务和供给

实施文化惠民工程，制定免费开放实施办法，全面推进"三馆一站"免费开放。图书馆免费开放时间每周达 70 个小时，文化馆、博物馆、文化站每周开放时间为 56 小时，2015 年，全州"三馆一站"免费开放服务 670 万人次。以节庆活动为载体，以专余业文艺队伍为依托，不断丰富群众文化活动开展，专业院团年送戏下乡 1000 场，年举办各种民族节庆活动 70 余次，全州建有业余文艺团队 2500 支，品牌团队 123 支，已形成"县市周周演、乡镇月月演、村级季季演"的文艺展演体系，2015 年全州组织各级各类文化活动9330 场，受众约 340 万人次。

二、依托民族文化资源，推进文化艺术繁荣发展，为民族团结进步示范区建设添彩

（一）以彝剧、花灯、滇剧、民族歌舞、民乐等具有地方民族特色剧（节）目的创作表演为重点，不断推出彝族文化艺术精品

大型彝族风情歌舞《太阳女》在全国巡演，《中国记忆·云中火把》参加上海之春国际音乐节倍受青睐；彝剧《疯娘》和《摩托声声》获全国少数民族戏剧调演金奖；小彝剧《喜羊羊》在第十六届全国群众文化艺术节中荣获群星奖，《彝人三色》在云南省第二届少数民族文艺汇演中获剧目金奖，大型彝剧《杨善洲》和彝剧小戏《喝三秒》参加第四届中国少数民族戏剧汇演获优秀剧目奖，双柏《老虎笙》获第十二届中国民间文艺"山花奖—民间艺术表演奖"。

（二）以每两年一届的全州新剧（节）目展演为平台检验和展示全州艺术创作

每两年由州人民政府组织举办一次全州全州新剧（节）目展演，至今已

连续开展了 14 年，今年将举办第七届。2014 年，组织开展的新剧（节）目展演活动，参演的 10 台新剧（节）目，内容涉及歌舞、彝剧、滇剧、花灯、小品、民族音乐等，均为近新创作的舞台优秀艺术作品。展演活动有力促进了舞台艺术创作活动的开展。

（三）注重专业艺术人才培养，努力为艺术精品创作提供智力保障

实施人才培养工程，与楚雄师范学院合作举办 40 人的彝剧表演大专班；每年从州民族艺术剧院选送 2 ~ 3 名专业艺术人员到上海音乐学院、北京戏剧学院进修培训，每年选派 5 ~ 8 名编创人员外出观摩学习。与中国少数民族戏剧协会建立人才培养合作机制，由中国少数民族戏剧协会帮助指导楚雄州彝剧创作。注重与国内外艺术院团的交流，通过演出交流活动培养艺术人才。州民族艺术剧院民乐团与台湾定期举办海峡两岸文化交流专题音乐会，到新西兰、孟加拉等国参加文化交流演出。

三、切实加强文化遗产保护传承工作，丰富民族团结进步示范区建设内容

目前，楚雄州共有各类不可移动文物 819 处，有各级重点文物保护单位 384 处，其中国家级 10 处、省级 29 处、州级 65 处、县级 280 处。初步建立国家、省、州、县四级非物质文化遗产保护名录体系，公布各级非物质文化遗产项目 373 项，其中国家级非遗项目 13 项、"中国民间文化艺术之乡" 1 个；省级非遗项目 18 项、民族传统文化保护区 10 个；州级非遗项目 48 项、民族传统文化保护区 17 个；县市级 254 项。公布命名各级非物质文化遗产项目代表性传承人 1333 人，其中国家级 5 人、省级 82 人、州级 171 人、县级 1075 人。公布命名 "中国历史文化名镇" 1 个，"云南省历史文化名镇名村" 4 个，中国传统村落 20 个。

楚雄州在对文化遗产的保护传承中，一是对不可移动文物、可移动文物及非物质文化遗产进行普查建档，摸清家底，夯实文化遗产保护工作基础。二是通过申报、评审和公布、命名，不断健全完善文化遗产保护名录体系，及时建立保护名录、确定保护级别、明确保护范围，切实实施有效保护。三是注重宣传，加大《文物法》《非物质文化遗产保护法》等的宣传力度，努力增强公众保护文化遗产的意识。四是注重依法保护，将文化遗产保护执法纳入文化市场综合执法内容，依法对损毁破坏文化遗产的行为予以查处，同时严格落实文物保护消防责任，严防文物消防安全事故发生。五是投入经费，

对文化遗产实施有效保护，在国家和省投入楚雄州文物维修保护的基础上州级财政每年安排 100 万元经费对文物进行保护性抢救维修，在国家和省级安排非物质文化遗产传承人生活补助的基础上，州级对州级传承人每年每人给予 3600 元的生活补助，10 县市均按不同标准安排了县市级非遗传承人生活补助。

四、存在的主要困难和问题

一是思想认识上存在差距把文化建设切实纳入整个社会事业发展，特别是纳入经济社会发展总体规划同步实施方面，还有很大差距，县与县之间、县内乡镇之间发展不平衡，地区差异性较大。

二是基层文化建设投入不足资金困难、投入不足仍然是制约我州文化建设的瓶颈，农村文化设施建设的速度与人民群众的需求仍有很大差距。

三是公共文化基础设施建设薄弱由于历史原因，目前县、乡、村文化基础设施建设任务还很艰巨。文化遗产保护经费短缺，致使文物古建筑、古遗址损毁严重。

四是文化专业人才缺乏文化专业高尖端人才少，部分专业已出现断层，基层文化人员缺乏，人才队伍建设迫在眉睫。全州现有公共文化服务机构 150 个，有各类文化艺术人才 834 人，其中：州级占 34%，县级占 50%，乡级占 16%，分布不均而且总量相对较少。基层文化干部的专业素质偏低，乡镇文化专干专职不专用，基层文化工作队伍人员极不稳定。

五、下一步工作打算

（一）提升文化自觉，增强文化自信

认真学习贯彻落实党的十八大和十八届三中、四中全会精神以及习近平总书记关于文化事业发展系列讲话精神，牢固树立"创新、协调、绿色、开放、共享"理念，以高度的文化自觉和文化自信推动文化事业发展。

（二）深化文化体制改革和机制创新

一是提高认识，推动政府职能转变，精简下放行政审批权力，促进政府文化主管部门由办文化向管文化转变；二是探索推进文化事业单位的法人治理结构改革，激发事业单位的创造性、积极性；三是完善改制院团的帮扶制度，落实好原改制院团的相关政策，并重点对已改制院团在人员、绩效分配、财政扶持等方面进行扶持；四是探索推进公共文化服务标准化、以标准化促

进均等化，保障人民群众的文化权益。

（三）加快构建现代公共文化服务体系

以"公益性、基本性、均等性、便利性"为基本要求，以民族文化强州建设为长远目标，基本建成覆盖城乡、便捷高效、保基本、促公平的现代公共文化服务体系。实现城乡文化协调发展，人民群众基本文化体育权益得到充分保障。继续以创建国家公共文化服务体系示范区为契机，高度重视文化基础设施建设，不断完善基层文化设施，高质量完成一批具有楚雄特色的文化设施建设；加快推进村级文化体育活动场所建设，基本建成覆盖全州城乡的公共文化体育设施网络。进一步完善已建成文化设施综合服务功能，完善设施、配套设备、落实运转经费、提升服务质量，为人民群众精神文化需求提供坚实的基础条件。

（四）建立民族文化传承保护体系，保护和弘扬民族传统文化

一是深入调查历史文化资源，加强民族民间艺人、非物质文化遗产等的抢救和保护，进一步发掘民族民间艺人，建立文化艺术人才库，加强民族民间艺人保护，关心民族民间艺术人才的生活和艺术创作，帮助他们做好"传帮带"，让优秀民族民间传统文化得到更好的发扬和传承。二是重点做好保护、传承、利用三项工作，继续对各个民族面临消失的传统文化进行抢救性保护，及时确立保护项目择立传承人，管理好发挥好现有传承人的作用，鼓励传承人做好传承工作。三是把民族文化纳入到公共文化服务的范围，把民族文化传承与文化公共服务结合，让更多的群众参与到民族文化活动中。

（五）加快实施人才培育工程

以抓好文化名家培养为契机，重点抓好文化经营管理、文艺创作等人才队伍建设，建立健全引进、选拔、培养机制，吸收高水平、高素质的人才。一是因地制宜，根据人才需要的门类，外聘一定的高端人才来帮助发展。二是充分发挥乡土文化人才、非遗传承人、村级文化辅导员的作用。三是继续采用送出去、请进来的方式，加大对文化系统从业人员的培训。

（六）着力实施文化艺术精品工程

强化精品意识，实施精品战略，遵循艺术创作生产规律，加大力度，努力创作一批代表彝族特色、具有较高水准的文艺精品。重点抓好彝剧、民族歌舞、民乐、花灯、滇剧等具有地方民族特色的剧（节）目创作生产，推出一批反映时代特点、有艺术品味、接地气的作品。"十三五"期间，力争有更多的大型剧（节）目在省级或国家级赛事中获奖。

独树一帜的康巴文化艺术

西藏自治区昌都市文化局

独树一帜的康巴腹心文化是青藏高原文化艺术圈中独具特色的一种文化艺术形态，是西藏文化艺术最具性格、最具活力、最具代表性的一部分。其文化艺术特质以藏文化为主体，以包容并蓄、海纳百川的文化心态，涵盖了藏东经济、社会、政治、宗教、艺术、风俗等各个方面，具有多元性、兼容性、复合性等特色。昌都人文资源厚重，这是康巴文化艺术内涵的强有力的支撑。通观康巴腹心，既有对藏族起源有着重要史料研究价值的新石器卡若文明，又有藏、汉、蒙、回、纳西、珞巴等民族文化元素所展示出的青藏高原文化、黄河流域文化、长江流域文化、巴蜀文化以及域外尼泊尔、印度等文化大融合的历史轨迹。以卡若远古文明为标志，顺着邛、东女国、吐蕃等历史发展轨迹，昌都自古以来即是各民族生存、迁徙和融合的重要走廊，历史文化和民族文化积淀厚重，堪称天然的自然博物馆和人类文化艺术宝库。昌都完好的保留了康巴人的原生态文化艺术形态，具有非常独特的魅力。

昌都——藏东明珠、康巴腹心之地，五千年的文明史，在这块美丽富饶的土地上，勤劳、智慧的康巴人在生产、生活中创造出了灿烂的远古文明和独具魅力的文化艺术：卡若遗址演绎了青藏高原灿烂的原始文明；茶马古道述说了茶马互市和多民族生养蕃息的可歌可泣的历史故事；千年古盐田以一种空灵的韵味，将永不枯竭的盐泉与滔滔不息的江水汇融成一位精神烁烁的历史老人，永不决口地讲述古法制盐的千百年传奇……

昌都解放后，各级党委政府非常重视藏民族优秀传统文化的继承和保护，深入挖掘濒临灭绝的民族民间文化，一些面临失传的民俗文化、民间艺术、体育竞技、藏医藏药、民族手工艺等非物质文化遗产得到继承和发展。先后有 8 个项目列入国家级非物质文化遗产名录；15 个项目列入西藏自治区非物质文化遗产名录；33 个项目列入县级非物质文化遗产名录。昌都还拥有卡若文化、格萨尔藏戏、岭卓、壁画等格萨尔系列文化之乡、嘎玛嘎赤唐卡之乡，热巴艺术之乡、金属工艺之乡、波罗木刻之乡、藏医药之乡、红色文化等具有众多的特色地域文化传承之地。

昌都非物质文化遗产保护工作取得了前所未有的瞩目成就，促进了昌都地区文化事业的大发展、大繁荣。文化的盛宴离不开文化的土壤，更离不开这片厚土地上的主人。是他们创造了底蕴深厚的康巴文化，是他们日积月累为我们民族传统优秀文化增光添彩。在昌都流传着一句俗语：都说不会唱歌，不会跳舞的就不是康巴人。在昌都活跃着132支文艺团体，包含专业艺术团队1支，非专业艺术团队14支，乡村群众业余团队107支。

其中，康巴文化艺术团（原昌都民族歌舞团）始建于1971年，在40多年的文艺历程中，全团演职人员坚持文艺为人民服务的原则，弘扬发展藏东文化艺术，谱写了一曲曲动人的篇章，取得了一项项闪耀的成绩。歌曲《吉祥的仙鹤》获北京五洲杯歌咏比赛三等奖，舞蹈《康鼓报春》获西藏自治区"珠峰杯"最高奖和全国专业舞蹈"荷花杯"铜奖。

随着文化大发展、大繁荣的不断推进深入，昌都地区的各项文化事业在地委、行署的高度关注和强力扶持下，得到了前所未有的发展，根据地委、行署主要领导关于非物质文化遗产传承、保护、发展及加强文艺演出水平、打造文艺团队的一系列重要指示，昌都地区成立了一支能够体现藏东优秀文化、展示昌都歌舞艺术的群众文艺演出队伍——三江茶马艺术团；成立了一支丰富老干部业余文化生活，感念党恩，宣传党的好政策的老干部文艺演出队伍——三江寿星红歌艺术团；成立了一支由祖国的花朵，文艺队伍的生力军组成的继承民间优秀文化艺术的文艺队伍——三江少儿艺术团。

为更好的发扬民间原生态文化，昌都市积极开展"个十百千万"计划即：市每年举办1次大型"三江茶马文化艺术节"，10县每年结合本县开展一次具有本县文化特色的乡土文艺汇演，全市138个乡（镇）和1142个行政村（居委会）有业余民间演出队，全市培养10000个以上掌握民间技艺的民间艺人。同时，与区内、外著名学者、艺术家联系协调，以弦子、锅庄、热巴为题材，创作一台原生态大型歌舞剧，以及创作一部以格萨尔王故事为题材的史诗剧《格萨尔王》，紧紧抓住康巴文化的特点和内涵，打造精品舞台歌舞剧，实施宣传昌都、推介昌都计划。

文化搭台，经济唱戏，旅游兴昌，蓄势待发。以中央第五次西藏工作座谈会精神为指导，借助西部大开发契机，培植文化旅游主导产业，在厚重的康巴文化、香格里拉生态旅游圈、茶马古道以及载入中国非物质文化遗产名录的"昌都锅庄"、"芒康弦子"、"丁青热巴"三大歌舞等文化艺术遗产发掘之上，再覆被以现代文明的光芒，是昌都文化艺术事业发展的理想选择。要做到人无我有，人有我特，大唱"康巴汉子"歌，大打"康巴文化"品牌，大树"康巴腹心"魅力精品，从而真正形成康巴腹心本身所蕴藏的文化艺术价值内涵。

河州曲艺的传承与保护

甘肃省临夏市文化广播影视局　马培云　李春文

　　临夏，古称河州，位于黄河上游甘肃省中部，地处青藏高原和黄土高原过渡地带，这里山川秀丽，民风淳朴，文化源远流长，文物古迹众多，自然和人文资源丰富，素有"河湟雄镇"美称。

　　临夏地方民间曲艺渊源流长，多彩多姿，河州平弦、河州贤孝正是临夏民间艺苑中的绚丽花朵。这些传统曲艺形式，发展至今已有几百年的历史，在时代发展的长河之中，曾经起起落落，经历着繁荣与沉寂。而如今，随着国家对非物质文化遗产保护工作的重视，河州贤孝与河州平弦先后被列入国家级非物质文化遗产目录。这种发源于民间的艺术形式，又受到了当今社会和人们的广泛关注和喜爱，并在临夏这片历史悠久的土地上，老树发新枝，焕发着新的活力。

一、文化生活添雅趣

　　时逢五更后
　　川江夜静，万籁无声；
　　月照江面，水天溶溶；
　　萧瑟琴音，回荡阵阵；
　　莫非引来，听琴之人……

　　在临夏市东公馆的河州平弦传习所，艺人正在演唱平弦的传统曲目《伯牙抚琴》，旋律舒缓，一唱三叹，令人陶醉。每周四下午，都会有一批平弦艺人和爱好者在这里进行表演切磋。

　　一把三弦、一架扬琴、几把二胡，演员手执磁碟，击节而歌……不需要华丽的布景和昂贵灯光、音响，这些简简单单的道具和设施，就构成了表演的必要条件。这种艺术形式看似简单，但她所表现的内容却是中国流传最广、家喻户晓的故事，始终歌颂着中华民族的传统美德。在农家小院、在文艺茶园、在田园柳荫，喝着盖碗，再听上一段优雅地平弦，对于爱好者来说，是一种美妙的精神享受。但事实上，从现在的观众群体中不难看出，现在这门传统艺术已经受到越来越多年轻人的关注。从 2007 年以来，文化工作者陆续在网上发布了一批河州平弦的演唱视频、音频，收到了广泛赞誉，也扩大了影响。

"转轴拨弦三两声，未成曲调先有情"，作为一种植根于临夏民间的说唱艺术，河州贤孝具有极强的生命力与艺术感召力，深受群众喜爱。艺人怀抱三弦，自弹自唱，在粗犷的三弦伴奏下，演唱时而低沉，时而欢乐，时而悲愤；人们的心被他深深地牵动着，或怒，或喜，或悲，或愁，或感叹唏嘘，人们在这种乡土艺术的浓郁氛围里，咀嚼着人生的酸甜苦辣……

在当代，河州贤孝作为一种通俗易懂的艺术，越来越多地出现在各种文艺演出之中，其题材也从传统的讴歌忠臣良将逐渐转变为歌颂时代、歌唱美好生活。演唱者用幽默诙谐的河州方言则唱则说，夹叙夹议，在演唱中间还时常与听众交流，即兴创作，妙语横生，极富生活气息，与听众的喜怒哀乐息息相通，反映出人民大众的理想、愿望与审美需求，最能赢得他们的欢迎。

二、历尽坎坷终相继

河州平弦因旋律舒缓平和、平调弦索伴奏而得名。主要流传在临夏市及临夏县部分地区。临夏，古称河州，是古代丝绸之路南道重镇，又是陇右的一个商业和文化中心。据艺人传说，平弦最初是古长安皇宫中演唱的，它由丝绸之路向西传播，传到河州后与本地方言相合，吸收了本地的民间曲调，形成独具地方特色的说唱艺术——河州平弦。早在清代时就有艺人用＜岔曲＞和＜述腔＞演唱平弦曲目的记录，从民国到解放后"文革"前，平弦演唱主要在茶园、俱乐部开展。这一时期名家辈出，涌现了一批技艺高超的平弦艺人。"文革"中平弦演唱被取缔，不少艺人也受到了摧残。与其它地方曲艺一样，河州平弦在当今繁荣的现代文化冲击下，逐渐暗淡，很多老艺人相继谢世，很多唱本也失传了，濒危状况令人担忧。

河州贤孝因宣扬妻贤子孝、忠臣良将、劝善惩恶的内容而得名。据考，清代贤孝艺人陈德明名扬河州。民国年间，临夏艺人康尚德曾三赴新疆传艺，使河州贤孝广为流传。此后有王吉祥、石玉顺、祁三官保、章文礼、周长命等。有名的唱段有《薛仁贵征东》、《尕司令打河州》、《孟宗哭竹》、《小丁丁》等。随着时代的变迁，河州贤孝已鲜为人知，传统曲目也随着艺人的去世而失传，观众、听众群大量流失，使这门艺术生存土壤更显贫瘠。

近年以来，随着国家和各级政府对非物质文化遗产保护工作的高度重视，对河州平弦、贤孝的扶持保护力度不断增加，在积极收集有关的实物和资料基础上，进行了登记、整理和建档，录制了部分民间艺人的演唱资料。举办了河州平弦、贤孝培训活动，先后培养贤孝艺人4名，平弦艺人8名。在临夏东公馆成立了河州平弦、贤孝传习所，为继承传习等相关活动提供必要条件。在传习所建立初期，相当长的一段时间里，的确遇到了重重困难，主要是艺人和学唱者缺少。但通过我们坚持努力，培养新人，如今，传习所已经成为河州平弦、贤孝的主要传承和展示基地，演唱者逐渐增多，观众群也逐步扩大。

三、立足传统创新路

在近年本地方电视台的春节联欢晚会上，有关河州平弦、贤孝的节目纷纷亮相，这让人们对临夏的传统说唱艺术有了更进一步的了解。如今，全市各社区文艺表演队创作演出河州贤孝等作品，对创作演出非遗作品的表演队，政府给予各方面的帮助和扶持，既调动了表演队创作演出传统曲艺作品的热情和积极性，又使传统曲艺得到传习和宣传。随着互联网的发展，我们也在网上上传了一批河州平弦、贤孝的唱段，吸引和聚集了一大批年轻的"粉丝"。当发源民间的传统曲艺，遇到了的80后、90后年轻观众，地域的转换、受众群体的不断变化，也让不少艺人和文艺工作者开始思考，如何能为这些古老的艺术形式，注入更加鲜活的血液，探索出更加适应这个时代的发展方向来。

自2006年以来，以"文化遗产日"活动为契机，当地五花八门精心策划组织了以宣传非物质文化遗产为主题的各类广场文化活动30场（次），通过发放宣传资料、制作电视宣传片、在媒体上发表相关文字、图片材料、发布相关信息等方式，扩大了河州贤孝、平弦影响力。近年来，先后出版了《谈笑曲艺作品选》《谈笑河州贤孝作品选》、《河州平弦》等一批民族民间文化系列丛书，拍摄制作了《河州平弦传统曲目集》光盘，取得了河州平弦、贤孝、保护的新成果。

四、河州曲艺大有为

对于临夏传统曲艺的发展，我们应一方面充满信心，另一方面也要及时看到目前面临的问题和困境。在对河州平弦、贤孝的传唱方面不难看到，艺人的文化程度和艺术素养不断提高，观众更加包容、自由的审美习惯也在逐渐形成。但也存在着一些亟须解决的问题。如对传统曲艺艺术功能和审美价值的思考，以及对观众心理规律的把握和研究等。同时，也缺乏一支高素质的理论和创作队伍，来推动其发展。面对这些问题，一方面需要艺人、演员提高自身素养，引导和匡扶观众走出审美崇拜的误区，真正体会到曲艺艺术的魅力精髓所在；另一方面也需要创作者们致力于形象的塑造、语言的锤炼，充分发挥曲艺的艺术功能，创作出更多优秀的作品。

我们深信，随着各级党委和政府对临夏传统曲艺保护力度的加大和文化工作者的努力，吸引更多热爱本土艺术的人加入其中，河州平弦、贤孝一定能够薪火相传、开枝散叶，继续传承和延续下去。有道是：

艺苑古树发新枝

河州曲艺颂盛世

加快文化改革发展
大力推进特色文化名县建设

青海省贵南县文化体育广播电视局　旦真加　周则加

为认真贯彻落实党的十八大、十八届四中全会精神，进一步加快我县文化改革发展步伐，大力推进特色文化名县建设，根据省州有关会议和文件精神，结合我县实际，提出如下实施意见。

一、充分认识文化改革发展，建设特色文化名县的重要性和必要性

文化是民族的血脉，是人民的精神家园，是提高地区发展水平和综合竞争力的重要因素。贵南县是一个藏族为主、多民族聚集的地区，在历史的长河中共同创造了特色鲜明、绚丽多彩的民间民俗文化。近年来，县委、县政府把繁荣发展文化事业作为一项长期而重大的战略任务，认真贯彻落实上级党委、政府的决策部署，大力弘扬社会主义核心价值观，不断加大文化建设力度，传承和保护传统优秀文化，促进了全县文化事业长足发展，使文化成为推动民族团结进步、经济社会发展的精神支撑和重要力量。

当前，全县正处在加快转变经济发展方式、推动经济转型跨越的关键时期，但与经济社会发展的要求、人民群众日益增长的精神文化需求相比，我县文化发展还不完全适应形势需要，突出表现在：公共文化服务不均，文化经费投入偏低；文化基础设施建设滞后，公共文化服务体系薄弱；文化机构人员少，文化艺术人才紧缺，文化产业层次低、分散且规模小、市场占有率低；文化遗产发掘、保护、传承力度不够，束缚文化发展的体制机制尚未根本解决，文化发展活力不足等等。这些问题如果得不到解决，将会长期制约我县加快文化改革发展进程、影响建设特色文化名县成效。因此，加快文化改革发展，建设特色文化名县是推动经济发展方式转变、建设和谐贵南的必然要求，是提升贵南文化软实力，促进民族团结进步和社会长治久安的关键所在，是全面建设小康社会、满足人民群众日益增长的精神文化生活的迫切要求。全县各乡镇、各部门、各单位要充分认识建设特色文化名县的重要性、

必要性和长期性，切实增强责任感、使命感和紧迫感，把智慧和力量凝聚到特色文化名县建设的目标上来，以更加昂扬的精神状态、更加扎实的工作举措，进一步激发全社会的文化创造活力，为推动现代、幸福、生态、和谐、多彩贵南建设提供坚强思想保证、强大精神动力、有力舆论支持和良好文化条件。

二、指导思想和奋斗目标

（一）指导思想

以邓小平理论和"三个代表"重要思想为指导，深入贯彻落实科学发展观，按照省党代会提出的建设新青海、创造新生活和州委、州政府提出的建设青海藏区经济跨业发展和社会长治久安的目标要求，坚持社会主义先进文化的前进方向，以建设社会主义核心价值体系为根本任务，以满足干部群众精神文化需求为出发点和落脚点，以传承和弘扬特色文化为主线，着力增强先进文化的凝聚力、公共文化的服务力、特色文化的影响力、文化产业的竞争力、文化发展的创新力和文化人才的支撑力，为推动现代、幸福、生态、和谐、多彩贵南建设和全面实现"十三五"规划目标提供强大的文化支撑。

（二）奋斗目标

到"十三五"末，基本实现社会主义核心价值体系深入人心，公民素质进一步提高；文化基础设施明显改善，文化传播力、凝聚力和影响力明显提升；文化事业全面繁荣，覆盖城乡的公共文化服务体系基本建立；文化产业加快发展，特色优势更加显明；优秀文化文艺作品不断涌现，民族文化的继承、创新、开放、包容性得到强化；群众性文化活动蓬勃开展，广大干部群众的精神文化生活更加丰富。力争通过五年的努力，把我县建设成文化事业明显进步、文化特色更加鲜明、文化管理体制充满活力、文化产业布局合理、文化综合实力显著提升，形成文化建设与经济建设、政治建设、社会建设以及生态文明建设协调推进的新格局。县、乡、村三级公共文化服务网覆盖率达到100%，广播、电视人口综合覆盖率达到100%，文化产业增加值年均增长20%以上。

三、主要任务

（一）抓好"五项工作"，推进文化改革发展迈出新步伐

1. 树立特色文化产业品牌

打造具有地方特色的文化产业品牌是加快文化改革与发展、建设特色文

化名县的重要支撑。要按照政府引导、企业参与、公司化运作的方式，全力扶持特色文化产业，不断提升贵南的影响力和知名度。

（1）加快发展藏绣产业。围绕打造"中国藏绣生产基地"文化品牌，充分利用民间丰富的藏绣文化资源和深厚的藏绣产业基础，深入挖掘贵南藏绣文化内涵和艺术价值。要按照公司+协会+基地+农牧户的发展模式，依托东格尔藏绣科技有限公司等藏绣生产龙头企业，进一步加大藏绣技能人员培训力度，增设乡村藏绣制作点，改善藏绣制作条件，提高绣制作水平和产品质量，不断壮大藏绣生产规模，建立贵南藏绣艺博园，形成集技能培训及产品研发设计、制作、销售、展览为一体，促进藏绣产业向集团化、公司化、市场化、规模化、产业化发展。力争在"十三五"末，积极整合就业、扶贫、妇联、农牧、科技、总工会等部门项目培训资金，年均投资 50 万元以上培训藏绣制作人员不少于 300 人（次），乡村藏绣制作点增加到 20 个以上，制作人数增加到 2000 人以上，年制作藏绣作品不少于 2 万件，实现经济收入 2000 万元以上。

（2）发展壮大歌舞经济。把歌舞经济作为我县特色文化产业之一，积极挖掘具有地方特色和民族风情的藏族歌舞文化资源，充分发挥沙沟乡"中国民间文化艺术之乡"的引领辐射作用和县藏文化传播中心、沙沟乡石乃亥歌舞培训基地的阵地作用，大力吸纳和培训歌舞演职人员，壮大发展规模，编排具有民族特色的精品节目，在满足本地演出需求的同时，积极开拓县外演出市场，采取固定演出和流动演出的办法，有序组织演艺人员或表演团体赴北京、上海、广州、江苏、四川等地和省内旅游景点演出，不断把我县传统藏族歌舞文化发扬光大，打造"国家级文化产业基地"和贵南"歌舞之乡"文化品牌。要采取奖补激励机制，大力培养演艺经纪人，切实发挥经纪人的桥梁纽带作用，引导歌舞人员"走出去"务工创收。每年培训歌舞人员不少于 200 人以上，输出 400 人以上，文艺演出 100 场次，实现文化打工创收 1000 万元以上。挂牌成立海南州职业技术学校贵南分校，在全州建立歌舞培训基地。

（3）培育特色文化龙头企业。文化产业要成为国民经济的重要增长点，需要文化龙头企业的引领。要全面落实文化企业扶持政策，特别是通过土地、税收、金融等优惠政策，对特色鲜明、实力加强、成长性较好、产业链条较长、能够形成企业集群的民营文化企业进行针对性的扶持培育。重点培育民营剧团龙头沙沟石乃亥民间艺术团、东格尔藏绣科技有限公司，积极鼓励组建贵南藏族歌舞剧团，引进社会资本注册成立文化发展传播公司，并充分发挥企业在组织创作生产、营销公关、市场信息、用人机制、演出服务等方面的优势，不断拓展文化产业市场，使龙头企业真正成为带动文化产业发展的生力军。到"十三五"末，全县培育文化龙头企业3~5家。

2. 全力打造地域文化特色

坚持因地制宜、一乡一品、彰显特色的原则，积极挖掘地域特征鲜明、民族风情浓郁、具有一定代表性的民间民俗文化资源，树立地方特色文化品牌，大力弘扬优秀传统文化，发展乡镇特色文化。以森多游牧资源和牧民文化习俗为依托，打造"拉伊之乡"；以沙沟歌舞资源为依托，打造"阿则之乡"；以茫拉民族民间传统体育竞技氛围浓厚的优势，打造"传统射箭之乡"；以茫曲民间曲艺为依托，打造"社火、眉户之乡"；以塔秀传统草原文化为依托，打造"赛马之乡"；以过马营民间民族手工艺资源为依托，打造"黑账房、民族饰品之乡"。通过打造地域文化特色，形成别具一格、风情各异、相互融合的文化发展格局。

3. 丰富和活跃节庆文化活动

结合各乡镇不同的民族文化特色和深厚的文化底蕴，重点打造"庙宇文化"、"宗教祭祀""民族服饰"、"辫套刺绣"等文化品牌。通过精心组织举办塔秀乡"飞马节"、茫拉乡"茫域德吉拉多节"、茫曲镇三村"庙会"、森多镇"塞尔旦民俗文化节"、过马营镇"央宗赛马节"、沙沟乡"索索会"等传统节庆活动，将一系列民俗、服饰、体育、展会、文艺演出等活动串联起来，大力展现和弘扬少数民族文化内涵，使风格突出、特色浓郁的区域文化品牌被省内外各地熟知和认可。坚持把节庆文化活动作为建设文化特色的重要载体和宣传贵南文化的重要抓手，组织策划物资交流、歌舞比赛、民间体育赛事等节庆活动内容，搭建文化发展大平台。利用元旦、春节、"三八"、"五一"、国庆节等节假日和乡镇民间传统节日，积极组织开展内容新颖、群众喜闻乐见的群众文化活动，不断丰富城乡居民的精神文化生活；深入持久地开展夏季周末广场舞、锅庄舞大赛、篮球竞赛、藏棋比赛、射箭比赛、赛马等文体活动，充分调动群众参与文化活动的积极性，每三年举办一次全县藏绣·歌舞文化艺术节；通过举办形式多样的文体活动，充分展示改革开放以来我县文化事业发展硕果。

4. 推动文化体育旅游融合发展

配合发改等有关部门积极编制贵南县文化旅游发展规划，推动文化产业与旅游产业的深度融合发展，着力提升旅游业的文化内涵。要借助贵德打造国家级旅游示范区这一平台，重点开发直亥景区、黄沙头景区及宗教寺院、草原生态、民族风情、龙羊库区、沙漠探险、名人古迹等旅游文化资源。大力发展自然风光和民俗风情旅游，并将宗教民俗文化、饮食文化、歌舞文化、节日文化融入旅游服务业，进一步提升传统服务业和新兴服务业的文化内涵。大力开发藏绣、石雕、民族服饰品、民间手工艺等民俗文化旅游产品，努力打造地方文化品牌产品，提升地方文化的影响力。

5. 大力实施文化遗产保护工程

一是认真贯彻"保护为主、抢救第一、合理利用、加强管理"方针，积极探索实现文物工作全面协调可持续发展新思路、新举措，不断提高我县文物保护管理水平和文物合理利用效率，推动文物事业科学发展。在"十三五"期间争取成功申报2~3处省级文物保护单位，同时力争在申报国家级文物保护单位方面有所突破；从文物保护角度申报项目经费，对鲁仓寺和塔秀寺两处省保寺院的部分殿堂进行保护性维修。加大文物保护宣传力度，提高文物保护的自觉性；对文物保护单位和重要的不可移动文物，实施文物安全问责制；加强文物行政执法和队伍建设，强化文物执法队伍的培训，提高依法行政能力，坚决打击文物犯罪活动。二是建立完善县级非物质文化遗产名录体系，全县各乡镇也相应公布乡镇级非物质文化遗产名录；对已列入非物质文化遗产名录的项目，明确责任主体，扶助好非物质文化遗产名录代表性传人，鼓励和支持其开展传承活动，确保优秀非物质文化遗产的保护和传承。做好国家、省、州级非物质文化遗产项目和传承人的申报、传承工作。

（二）实施"五大工程"，夯实特色文化名县建设基础

1. 深入实施社会主义核心价值体系建设工程

社会主义核心价值体系是兴国之魂，是社会主义先进文化的精髓。必须始终坚把建设社会主义核心价值体系作为根本任务，贯穿到文化改革发展的各个领域，提供平安和谐生态富裕贵南建设的强大精神动力。要坚持用中国特色社会主义理论体系武装头脑，深入开展形势政策教育、国情县情教育、革命传统教育、改革开放教育，坚定广大干部群众的理想信念和精神追求。要坚持弘扬团结奋进的时代精神，广泛深入开展民族精神教育、时代精神教育、感恩教育，大力弘扬爱国主义、集体主义、社会主义思想，大力弘扬饮水思源、感恩奋进的中华民族优良传统，激发干部群众建设新贵南的昂扬斗志。要坚持加强思想道德建设，深入开展社会主义荣辱观和社会公德、职业道德、家庭美德、个人品德教育，形成全社会知荣辱、讲正气、做奉献、促和谐的良好风尚。

2. 深入实施公共文化服务强基固本工程

有效整合和合理配置公共文化资源，健全和完善公共服务设施，积极争取实施县级民俗博物馆、藏绣展览馆、民族射箭馆、游泳馆、生态文化园、乡镇赛马场、射箭场以及村级文化活动室、健身广场和宗教寺院文化活动室等标志性公共文化建设工程，深入实施广播电视村村响、农村电影放映、农牧家书屋等重点文化惠民工程，完善面向妇女、未成年人、残疾人的共公文化服务设施，大力推进数字和网络技术等现代科技手段的应用和普及。力争到"十三五"末，全县100%的社区、寺院和95%的行政村建有文化活动阵地，并能正常开展活动，进一步满足群众文化体育服务需求。

3. 深入实施文化人才培养工程

建立完善符合文化人才成长规律、符合我县实际的评价、选拔、培养、引进和激励保障政策体系，创造更加宽松良好的人才环境，培养一支素质优良、门类齐全、结构合理的文化人才队伍。一是造就高素质管理人才。实施文化名家工程、文化党政干部能力建设培训计划、文化产业高层次经营管理人才培养计划，发挥文化名人、名家和文化领军人物示范引领作用。二是培养专业文化人才。采取继续教育、挂职锻炼、跟班学习、外出培训等形式，重点培养既懂技术、又善于管理，既掌握传统工艺技术、又能不断创新的复合型人才、创新型人才。建立全县专业文化人才储备库。制定落实引进文化专业人才的特殊政策，打破身份、资历、行业和地域限制，吸引省内外文化名人和优秀文化经营人才向贵南文化领域聚集。三是培养基层文化人才。通过培训、交流任职、待遇保障、表彰奖励等形式，大力加强乡镇（社区）和农村牧区文化队伍建设，设立城乡社区公共文化服务岗位，聘用从专业团队中退艺人员到乡镇、社区和村社承担文艺辅导员、文化指导员等工作。重视发现和培养乡土文化能人、民间文化传承人，鼓励和扶持文化活动积极分子，不断壮大专兼结合的基层文化工作队伍。加强对学生的民族文化传承教育，在学校引进藏绣文化，让学生从小了解掌握基本的藏绣技能，努力使传统文化继承工作从学校抓起，从娃娃抓起。

4. 深入实施文化主题实践工程

鼓励各行业、各领域根据社会主义核心价值体系，开展各具特色的主题实践活动。在经济领域开展诚信文化主题活动，在机关单位开展廉政廉洁文化主题活动，在学校开展爱心孝心责任心主题活动，在城镇社区开展友爱互助主题活动，在农牧区开展学科学树新风主题活动，努力建设积极向上的机关文化、社区文化、村镇文化、企业文化、校园文化。结合精神文明建设，积极开展创建先进文化乡镇、村、社区、单位评选活动。支持群众依法兴办文化团体，鼓励群众自办文化，培育植根群众、服务群众的文化载体和文化

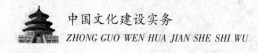

样式。

5. 深入实施全民健身推进工程

认真贯彻落实《全民健身实施计划》，加强体育基础实施建设，积极组织开展不同形式的群众体育比赛活动和体育健身活动，每年举办 2 ~ 4 次中小型体育赛事活动，每四年举办一次"农牧民运动会"；各乡镇每年举办 1 ~ 2 次民族传统体育赛事活动，营造良好的体育健身氛围。力争到"十三五"末，全县各类体育场地达到 450 处，人均体育场地面积达到 2.5 平方米。全县95% 的村完成"农民体育健身工程"建设，100% 的社区建有 1 条以上全民健身路径；80% 的乡镇建有多功能体育健身中心，100% 的乡镇（街道）、社区、行政村建有体育场地，配有体育健身器材。

四、保障措施

（一）加强组织领导

全县各乡镇、各单位、各部门要把把文体事业纳入经济社会建设总体规划，摆上重要议事日程，坚持实行党政主要领导和部门一把手亲自抓、负总责，与经济工作同安排、同部署、同检查、同考核，定期分析研究文化工作，及时协调解决重大问题，切实担负起推进文化改革发展的政治责任。县委、县政府将特色文化名县建设内容纳入各乡镇、各单位、各部门年度目标责任考核范围，并将考核结果作为评先评优的重要依据，促进特色文化建设的各项任务落到实处。

（二）加大文化投入

充分发挥政府公共财政的主导作用，进一步完善文化事业发展经费保障机制，把主要公共文化产品和服务项目、公益性文化活动纳入公共财政经常性支出预算，并保证公共财政对文化建设投入增长幅度高于财政经常性收入增长幅度。设立文化体育发展专项基金，县财政从预算资金中每年安排 200万元，专项用于文体事业发展和乡镇文化站、村文化室的正常运转。对重大公共文化项目和公益性文化基础设施建设在税收、信贷、土地等方面给予政策倾斜。积极鼓励各类文化企业和社会资本参与公共文化建设和服务。

（三）健全管理机制

深化文化体制改革，理顺文化事业单位管理体制，建立充满活力、运转高效、有利于优秀人才脱颖而出的运行机制。在保障职工合法权益的基础上，按照以岗定酬、以任务定酬、以业绩定酬的要求，逐步完善以按劳分配为主体、多种分配方式并存的分配制度，建立重实绩、重贡献，向优秀人才和关键岗位倾斜的分配激励机制，进一步调动广大干部职工的工作积极性。

（四）强化监督检查

按照党委统一领导、党政齐抓共管、宣传部门组织协调、有关部门分工负责、社会力量积极参与的要求，建立健全大文化工作格局。文体部门要把长远目标和阶段性任务结合起来，分解目标任务，明确责任主体，全力推进各项工作。县纪委、县政府办公室要整合工作力量，加大工作督查力度，随时了解掌握工作进度，定期不定期进行通报。县委、县政府相关部门要相互协作，发挥职能，形成强大工作合力，共同推进特色文化名县建设。

史诗果洛文化的魅力

青海省果洛藏族自治州文化体育广电局　多杰坚措　杨增彪

中华民族的母亲河——黄河，发源于果洛州玛多县，在果洛境内流径 760 公里，作为中华民族大家庭中的一员，聚居于此的果洛人民用勤劳和智慧创造了富有地域特色的格萨尔文化。在这片广袤的土地上，格萨尔史诗历史积淀深厚、资源禀赋优越，地域特色浓郁，传承形态绚丽多姿，以格萨尔说唱艺术为代表的格萨尔文化形式丰富多样。这里的山山水水都承载着格萨尔遗迹和传说；这里的祭祀、转山、赛马等民俗活动渗透并涵盖了浓郁的格萨尔文化艺术氛围；这里的格萨尔文化拥有广泛而自觉的群众基础，可谓家家在传颂，人人皆喜爱，格萨尔文化与果洛的山川风物相连，与民间血脉相通。

因史诗中记述生活在果洛这片土地的族群源于岭国，故人们皆自称是格萨尔及其英雄们的后裔。史诗记载的岭国两大标志黄河、阿尼玛卿雪山、格萨尔狮龙宫殿、格萨尔赛马称王地、岭国三十员大将的寄灵处、阿达拉姆角骨城、晁通城堡、格萨尔大将尕德故乡、格萨尔王妃珠姆故居嘉洛城堡、格萨尔祭祀神灵的煨桑地、格萨尔及其眷属众多故事发生地等均在我州境内，并且史诗中所描述的岭国疆域与我州现实自然特征高度吻合。

自古以来，神奇出众的艺人在果洛层出不穷，他们发掘的《格萨尔王传》说唱版本成百上千，格萨尔艺人们以不同的方式共同传承格萨尔史诗。其中颇具影响的有"唱不完"的《格萨尔》艺人——昂旺·仁增多杰，"写不完"的《格萨尔》艺人——格日尖参，"画不完"的史诗艺人——阿吾·嘎洛等等。甘德县德尔文村男女老少都会说唱格萨尔史诗，果洛格萨尔艺人类型齐全，神授、闻知、圆光、吟诵、掘藏、智态化艺人均有发现，能说唱一部以上史诗的有 70 余人、能说唱两部以上有 35 人，有 10 人分别获得了省级、国家级非遗传承人称号，他们的传承创作和传播，使果洛的格萨尔传承保持着活态传承的生命力。

果洛的风俗民情、民间信仰等地域文化与格萨尔文化形成有着紧密联系，并融合成为格萨尔神山圣水、精神信仰、生活习俗的文化现象。格萨尔文化深深地植根于果洛人民的思想和社会生活中，成为果洛人民宝贵的精神财富，成为与严酷自然环境抗争，在地球第三级繁衍生息的精神动力。果洛人民热爱、崇敬格萨尔，使整个果洛地区自然成为一条贯穿全境的格萨尔文化艺术长廊。

果洛，孕育中华民族文明的黄河发源地。境内山脉众多、河流纵横、地形奇异，风光优美。巴颜喀拉山绵亘南部，阿尼玛卿雪山逶迤正北，年宝玉则山耸立在东南部。这里的山水因其峻美而圣名远播，这里的山水因史诗而神美灵动。

一、历史性文化遗址

果洛藏族自治州是全国格萨尔文化资源最富集、表现形式最独特、本真性保持最完整、说唱艺人最多、影响力最广泛的地区之一，享有"格萨尔故乡"的美誉。格萨尔王历史性文化遗址在果洛地区可谓众多，譬如格萨尔第一领地——玉龙森多，狮龙宫殿，英雄格萨尔的诞生地——阿玉迪，玛域岭国的两大标志——黄河、阿尼玛卿雪山，英雄格萨尔王王妃珠姆故居——嘉洛城堡等。2008 年，果洛州被中国民间文艺家协会命名为"中国格萨尔文化之乡"。

二、人物性风物遗迹

果洛是格萨尔文化流传最广泛的地区之一，从我州西北的玛多县到东南的久治县，格萨尔的风物遗迹、传说和人文景观比比皆是，犹如一串珍珠镶嵌在黄河两岸，而且独一无二，其中有寄魂湖—扎陵湖、鄂凌湖、卓陵湖，上玛域十三神峰、下玛域九圣列山——岭国山水，格萨尔王妃子阿达拉姆的城堡——阿达角城，晁同遗址，以及格萨尔岭部落的保护神阿尼玛卿雪山。

三、传承性文化艺人

史诗格萨尔王传流传千年而不绝，是因为玛域果洛拥有说唱风格迥异、人数众多的艺人群体。他们认为，自己是"岭"国后人，以这样一种心态为基点，从而演绎出史诗活态的传承现状。据不完全统计，全州有各类格萨尔艺人 168 人，其中颇具影响的有四部委命名的"唱不完"的《格萨尔》艺人—昂旺仁增多杰，"写不完"的格萨尔艺人—格日尖参，"画不完"的史诗艺人—阿吾嘎洛，格萨尔圆光镜艺人—才智，格萨尔智态化艺人—丹增智华，及以群体性传承为特点的德尔文措哇（格萨尔文化史诗村）。

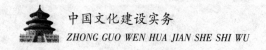

四、群众性文化基础

在整个格萨尔流传地方，果洛是说唱艺人类型最为完整的地区。据统计，果洛地区可以说唱一部以上的民间艺人就多达 70 余人。除已故艺人外，目前仍活跃在民间的说唱艺人近 90 人，其中能够完整说唱两部以上的艺人共有 35 人。此外，在果洛民间保存了大量的格萨尔书面文本，在抢救与挖掘中共收集手整理手抄本 40 部，并已经出版发行其中的 15 部，抢救艺人说唱文本达 40 部，收集、整理格萨尔唱调 20 余种，挖掘整理《格萨尔仪轨文集》12 本。

格萨尔文化已深深植根于果洛民间民俗文化和生产生活的方方面面，与自然生态与文化生态血肉相连，息息相关，果洛也因格萨尔文化开始被外界给予更多关注，越来越被世界所注目。

坚持以现代文化为引领
促进民族团结创建工作

新疆维吾尔自治区托克逊县文化体育广播影视局　穆　荣

民族团结是新疆各族人民的生命线，2016 年在全疆红红火火开展"民族团结进步年"活动是新疆各族人民的心之所盼。2016 年，在县委、政府的坚强领导下，落实市委（扩大）会议提出的"加速创建全国民族团结进步模范市"和县委（扩大）会议提出的主要目标，托克逊县文化体育广播影视局牢牢把握各民族"共同团结奋斗、共同繁荣发展"主题，以现代文化为引领，以"文化惠民"为切入点，扎实开展"民族团结进步年"系列活动，努力在全县范围内营造人人珍惜民族团结，人人爱护民族团结的浓厚氛围。

一、民族团结文艺汇演唱响"民族团结一家亲"主旋

5 月 27 日，以"民族团结一家亲　共谱和谐新篇章"为主题的托克逊县民族团结文艺汇演在县会务中心隆重上演，吐鲁番市相关领导、托克逊县四套班子在家领导与托克逊县各族民族团结道德模范以及 600 余名托克逊县各族群众一同观看了此次汇演。

此次文艺汇演主要以围绕"民族团结一家亲，共谱和谐新篇章"为主题，以大型歌舞剧《幸福花开托克逊》、情景表演歌剧《相亲相爱一家人，民族团结一家亲》、大型鼓乐演奏《民族团结敲响蓝天》、音乐剧《托克逊的爱》和歌舞表演《平安和谐托克逊》为五大部分进行演出。其中音乐剧《托克逊的爱》主要以该县托克逊镇银泉社区居民全国民族团结模范哈力克·买买提与汉族孤儿、现任新疆军区某部指导员陶辉的感人故事为原型，以音乐剧的形式搬上舞台。为了演好这个故事，县文工团的演员们都卯足了劲，做足了准备，也经过了无数次的排练。感人的故事和台上演员感情真实流露的表演，在赢得观众掌声的同时也赚足的观众的泪水。

为广泛、深入开展民族团结进步年活动，托克逊县文化体育广播影视局汇演之前的前两个月就在开始精心策划组织，为了通过此次民族团结文艺汇演，充分展示托克逊县各民族开拓进取，奋力拼搏，共建美好家园的精神风

貌，县文工团按照"民族团结一家亲"主线，在节目的策划上大胆创新，汇演准备的节目不管在数量或者在质量上都超过了之前的大型活动表演，为了让汇演的顺利进行，文工团的演职人员日夜投入了紧锣密鼓的彩排，不管是在白天或者在晚上，在文广局的排练厅都可以看见他们彩排的身影，在此过程中，很多演职人员因为疲劳而生病，可是他们自觉发挥了坚持不懈的文广精神，最后顺利完成了托克逊县首届民族团结文艺汇演。

汇演结束以后，托克逊县委书记朱建军亲自来到演职人员的休息室，一个个与他们握手见面，传达了县委、县政府对这次民族团结文艺汇演的充分肯定与对演职人员亲戚的问候，同时肯定了托克逊县文广局在开展民族团结创建工作当中所付出的努力以及取得的成绩！

二、挖掘典型，传播正能量

托克逊县人民广播电视台以创建"民族团结模范县市"活动为切入点，尽心组织，突出重点，深入基层挖掘民族团结典型人物，在广播和电视上广泛宣传，传播真能量，让民族团结深入人心。

（一）开设民族团结专栏

托克逊县人民广播电视台在《托克逊新闻》和广播相关节目中开设"民族团结专栏"，全方位报道全县各单位和各乡镇（社区）民族团结进步模范单位创建情况、民族团结结对子工程、驻村工作组以及民族团结宣讲活动等民族团结创建工作的开展情况，宣传先进典型，宣传好的经验和做法，在全社会营造良好的舆论氛围，截至目前，在"民族团结专栏"中共播出50余次民族团结创建工作相关报道。

（二）挖掘民族团结典型，传播正能量

托克逊县人民广播电视台出动全体记者，精心策划，深入基层挖掘民族团结典型人物、集体和他们的典型事迹，在这过程中，全体记者克服眼前所遇到的一切困难，经过一次次的采访和记录，成功报道出了《乐于助人的经济哥》、《向"彭妈妈"学习》、《邓立国和他的维吾尔族兄弟》、《融情30载·民族团结一家亲》等民族团结典型的感人事迹，在广播、电视、微信等媒体上广泛宣传，形成了人人加倍珍惜民族团结、促进各民族共同繁荣发展的良好局面。

（三）民族团结公益广告深入人心

在做好电视和广播新闻报道工作的同时，县人民广播电视台集中重视公益广告的宣传，利用电视台黄金时间播出民族团结公益广告与"团结相册"，

受到广大观众的好评。

专题部向来存在着专业技术人员不够、设备落后等问题，为了让公益广告和民族团结专题片的顺利播出，专题部工作人员不顾炎热的天气，克服一切困难，一次次地出去，深入社会的方方面面，了解情况，采访公安、卫生、教育、私人企业、农民、学生等社会的各层成员，几乎走遍了全县的大小角落，最后成功做出了新的民族团结公益宣传片，当宣传片中一口口传出"民族团结是各族人民的生命线！"、"各族人民向石榴籽一样紧紧地抱在一起，维护民族团结！"等语句的时候，广大观众会情不自禁的为和谐、富康、美丽的托克逊的发展而感叹不已！

"博斯坦乡吉格代村的村民，民族团结先进个人：亚森·乌斯曼夫妇20多年如一日，无微不至的关心照顾着一个汉族同志老赵，他们不是亲人胜似亲人的壮举感动着身边无数人们，在这个不寻常的家庭里，不同的民族，不同的信仰，却在爱的牵引下走在一起，向人们诠释了大爱无疆的真谛"。当这个感人的故事以十分多钟的专题片形式展现在观众眼前的时候，无数个观众留下了眼泪，更加坚定了坚决维护民族团结的决心！

三、基层文化活动不断开展，民族团结深入人心

托克逊县文化体育广播影视局以"文化惠民"为切入点，坚持以现代文化为引领，在扎实发挥文化大院"六大功能"的基础上，广泛深入开展民族团结创建系列活动，让文化大院不仅成为丰富群众精神文化活动的平台，更会成为宣传民族团结，各民族共同开展各类文化、体育活动的重要阵地。

（一）文化大院成为宣传民族团结的重要阵地

"今天我们在南湖村参加摘杏子劳动的第三天了，合作社的维吾尔族、回族、汉族等各民族成员都来这赚钱，我们在这手拉手，一起摘杏子，一天下来平均每个人可以赚120元左右，而且我们还可以相互学汉语和维吾尔语，真是一举两得！"夏乡托台村文化大院合作社的负责人阿依夏木古丽激动的告诉我们。阿依夏木古丽为了给文化大院合作社的成员找到一个收入之路，带领文化大院的各民族成员一起来到南湖村摘杏子，如她所说，他们在这不仅可以赚钱，还可以学彼此的语言，日子过得快快乐乐！这样，文化大院成为了各民族的大家庭！

"每次在村里搞活动的时候，我们村里的各民族都会聚集在文化大院，乡镇的文化站工作人员会不定期地来这给我们进行民族团结宣讲活动，还会奖励民族团结典型人物，还举行各类民族团结知识小竞赛，简单地说，文化大

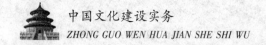

院真是个好地方，可以拉近我们各民族之间的距离。"博斯坦乡博子尤乐贡村民阿不来克木·艾山激动地说。

在全县范围内开展"民族团结进步年"活动以来，全县各地的文化大院更加活跃起来了，乡镇文化站实行"每周至少举办一次大活动，举办一次小活动"的机制，广泛开展民族团结宣讲、知识竞赛、"去极端化"演讲比赛以及奖励民族团结模范等活动，受到了广大群众的积极参与与好评！

（二）"民族团结进步年"系列巡回演出和文化活动见实效

"各族人民都是一家人，就像一支盛开的花魁！"，4月7日，托克逊县文工团"民族团结手拉手，向前冲！"巡回演出全面启动，文工团演职人员歌颂民族团结的歌声与舞蹈覆盖了全县各乡镇以及社区，得到了各族群众的喜爱与一致好评，观众纷纷表示"我们不用去很远的地方，就在自己的家门前欣赏维吾尔族、汉族、回族、哈萨克族、塔吉克族等很多民族的歌曲和舞蹈，从这也看出来了我们现在的生活多么幸福，多么和谐，感谢你们！"，截至目前"民族团结手拉手，向前冲！"主题巡回活动共演出25场，之后还将继续覆盖我县其他乡镇和社区，与我县各族人民共享民族团结成果。

"各族人民一起跳买喜来福，歌颂民族团结！"，托克逊县文化馆通过文化基础设施建设、民族文化活动的开展、民族文化遗产的保护，把发展民族文化工作作为促进民族团结进步的重要抓手，有力推动了我局民族团结创建工作有序开展。

在这过程中成功举办"同唱一首歌、同跳一支舞、让民族团结之花绚丽绽放在托克逊县各族人民心中"为主题的大型文化大院买喜来福，进一步凝聚了人心，展现了全县民族团结和谐面貌。此外，还精心组织托克逊县民间艺人参加吐鲁番市《民族团结杯纳格尔大赛》、《民族团结杯去极端化小品大赛》、《民族团结杯来帕莱大赛》、《民族团结杯木卡姆大赛》等系列活动载荣而归。

四、结语

天山雪松根连根，各族人民心连心。托克逊县是一个由维吾尔族、汉族、回族等22个民族组成的多民族聚居区。长期以来，生活在这里的各族人民密切交往、相互依存、休戚与共，共同建设了托克逊，共同为创造多元一体的中华文化作出了积极贡献，共同弘扬了荣辱与共、生死相依和同呼吸、共命运、心连心的优良传统，共同凝聚了血浓于水的民族情义，今后，托克逊县文化体育广播影视局紧紧按照自治区党委"民族团结进步年"总体安排部署，积极动员全局力量，扎实开展民族团结创建工作，尤其在民族团结宣传教育方面，按照"文化普及、文化生根、文化品牌"的要求，以第 34 个民族团结教育月、每月 15 日"民族团结宣传教育日"为契机，努力打造更多的民族团结品牌节目，使民族团结意识在各族干部群众当中落地生根、开花结果。

第二篇
当代中国文化软实力

第二篇

当代中国文学精神

第一章　软实力理论来源

第一节　对软实力的动态考察

奈的软实力思想有两个学术渊源，一是主要集中在政治学领域（也包括社会学等领域）的权力研究；二是国际关系领域中的国力研究。国力（national power）的直译为国家权力，通常翻译为国家实力。

在本节，笔者首先回溯软实力的思想渊源，然后评述奈的软实力思想，最终建立自己的动态的软实力模型。

一、软实力的思想渊源

软实力是一种权力（power）。软实力就是软权力。权力是社会科学中的重要概念。哲学家罗素曾经将"权力"在社会科学中的地位与"能量"在物理学中的地位相比。对权力的研究可谓汗牛充栋，无法尽述。这里主要回顾一下奈的软实力思想的两个直接渊源，一个是以"权力的三个维度"（或称"权力的三张脸"）为代表的西方的主要在政治学领域进行的权力研究；另一个是西方国际关系学者对国家实力（即国家权力）的研究。另外，奈的软实力思想间接受到中国古代思想家的影响，对奈的这一间接思想渊源也做一个简单讨论。

（一）直接思想渊源之一：权力的三个维度

在美国政治学协会 1963 年的年会上，詹姆斯·马奇的《权力的权力》一文获得了最佳论文。马奇在该文的开头写道："权力是社会科学的一个主要解

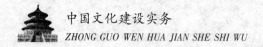

释性概念。它被用于研究国际关系、社群决策、商业行为和小团体讨论。"在考察了研究权力的三种学术路径和六个模型之后，马奇得出这样的结论：尽管权力的概念有一定合理性，"然而，总的说来，权力是个令人失望的概念。在社会选择的复杂系统的那些合理的模型中，它能让我们掌握的东西是令人吃惊的少。"然而，在马奇之前或之后，学者们——尤其是政治学领域的——从未停止对权力的探讨。

社会学家马克斯·韦伯对权力这样定义："权力意味着在一种社会关系里哪怕是遇到反对也能贯彻自己意志的任何机会。不管这种机会是建立在什么基础之上。"作为社会学的创始人之一，韦伯的定义在社会学内外都具有广泛的影响。比如，有人这样说："许多人认为，当代国际关系理论中的现实主义主要来源于马克斯·韦伯。"

罗素认为"权力也许可定义为获得意想的效果"，"大体而言，A 比 B 拥有更多的权力，指的是 A 获得很多意想的效果，而 B 只能获得很少"。罗素进一步认为，针对人的权力可以按影响人的方式分为三种：①对其身体的直接物理作用，例如监禁或杀害；②以奖励或惩罚作为诱因，例如给予或取消雇佣；③对观念的影响，例如在最广泛意义上的宣传。

社会学家斯蒂文·卢克斯比较了韦伯与罗素两个定义的不同：两者都强调了意愿；但是与罗素强调结果不同，韦伯强调的是能力；此外，韦伯把抵抗作为权力的要素之一。笔者认为，韦伯与罗素的不同，还在于韦伯直接在关系中定义权力（即罗素所说的针对人的权力）——或者说，权力就是一种关系。

把韦伯和罗素的定义加在一起，基本上包括了后人可能用来定义权力的所有要素：关系、意愿、能力、结果、抵抗。值得注意的是，罗素提到了权力可以通过影响观念来实现，已经包含了"软实力"（即软权力）或者"权力的第三个维度"的思想萌芽。

作为传播学奠基人之一的社会心理学家库尔特·勒温（Kurt Lewin）同样在关系中定义权力："B 对 A 的权力为 B 施加于 A 的最大作用力以及 A 能实施的最大抵抗力的程度。"传播学的另外一位奠基人、政治学家哈罗德·拉斯韦尔把权力定义为"某种关系"，"在这种关系中，人们期望严厉的剥夺会紧随在对行为模式的违背之后"。

对关系和抵抗的强调也体现在了政治学家罗伯特·达尔对权力的著名定义之中："A 对 B 有权力，指的是他能够让 B 去做 B 本来不会去做的事情。"与罗素和韦伯强调结果或者取得结果的可能性不同，达尔强调的是对行为的控制。

　　达尔的定义已经成为"经典"。成为经典的一个标志就是被广泛引用。奈在提出软实力时，首先就引用了达尔的定义。成为经典的另一个标志，就是后人的新定义必须建立在对其的"批判"之上。权力的多个维度的理论就是建立在对达尔的批判之上。"经典之为经典，并非源于其'原创性'或'卓越性'（尽管很多人误以为这两点才是评判标准），而是因为这些文本以极为有效的方式动员并组织了知识社群（community of knowledge），尤其是学术上的分歧……简而言之，经典能够帮我们制造概念张力，而新的知识范式就从这种张力中产生。"权力的三个维度的"新的知识范式"，就是在达尔对权力的定义之上产生的。

　　达尔的定义强调对行为的控制，他的研究侧重于考察对决策过程的影响。政治学者巴克拉齐和巴拉兹则在批判以达尔为代表的"多元主义者"时指出，通常人们关注的是通过影响决策过程来实现权力，然而权力还有"第二张脸"：通过设定议程（比如，让议题都不进入决策过程）来实施权力。

　　因此，影响决策是权力的第一张脸，议程设置则是权力的第二张脸。巴克拉齐和巴拉兹指出："当然，如果 A 参与制定了影响 B 的决策，A 实施了权力。如果 A 把精力投入到创造或强化政治价值观和制度性实践，而这些东西把政治流程的范围局限于使公众只考虑那些相对而言对 A 无害的议题时，权力同样被实施了。"

　　卢克斯认为"权力的第二张脸"仍然有缺陷，因为它依然假设 A 和 B 之间存在冲突。卢克斯在 1974 年出版的《权力：一种激进的观点》一书中提出：权力有三个维度。第一个维度就是达尔的影响决策的维度，第二个维度就是巴克拉齐和巴拉兹的议程设定的维度，第三个维度是操纵思想的维度。"A 让 B 做了他不想做的事情也许是 A 对 B 实施了权力，但是 A 通过影响、塑造或者决定 B 自己想要什么也是对 B 实施了权力。事实上，让他人拥有你想要他们拥有的欲望，也就是通过控制他们的思想和欲望而牢牢取得他们的顺从，难道不是最高形式的权力实施吗？"

　　经济学家肯尼斯·博尔丁从另一个角度描述了"权力的三张脸"：威胁权力、经济权力和整合权力——或可称为大棒、胡萝卜和拥抱。也可以大致对应另一个三维划分：破坏权力、生产与交换权力以及整合权力。"整合权力能够创造某种关系，如爱、尊敬、友谊、合法性等。""整合权力是权力的重要和主导形式，即在合法性缺失的情况下，威胁权力和经济权力都不能有所作为，而合法性正是整合权力的一个重要方面。"

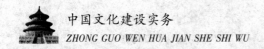
奈承认，自己在 1990 年提出软实力概念，是直接受到了巴克拉齐和巴拉兹的"权力的第二张脸"的启发。实际上，奈尽管当时没有读到卢克斯的"权力的第三张脸"的论述，但是他通过引用受到葛兰西影响的国际关系学者罗伯特·考克斯，在当时的软实力论述中就包含了"权力的第三张脸"的内容：

跟随着意大利思想家葛兰西（Antonio Gramsci）的目光，考克斯认为一个主导国家最为重要的特征是在普遍原则上获得广泛同意的能力……他触及了一个关键点：软实力同硬实力一样重要。如果一个国家使得它的权力在其他国家看来具有合法性，那么它所遭到的阻力就会如同它希望的那样小些。

尽管奈在 1990 年对软权力的三个维度的区分并没有清醒的认识，但正如亚历山大·武温所指出的，卢克斯和博尔丁早于奈提出的"权力的第三个维度"或者"权力的第三张脸"的思想与奈的软实力概念的内涵是基本一致的。而正如后文将要指出的，奈最终在 2011 年正式引入了卢克斯的"权力的三个维度"来呈现其软实力思想。

（二）直接思想渊源之二：国家实力的三个路径

奈除了受到考克斯的影响，还直接受到其他西方国际关系学者在讨论国家实力时谈到的"软"要素的影响。丁盛（音译）指出，西方的国际关系学者研究国家实力主要有三个路径：要素路径、关系路径和结构路径。要素路径通过考察国内要素来考察国家实力，一般与国际关系研究中现实主义流派相联系。关系路径认为国与国的关系也是国家实力的来源，一般与新自由主义流派相联系。结构路径认为权力产生于国际体系的结构之中，一般与国际政治经济学者（包括马克思主义与新马克思主义流派）相联系，前面提到的罗伯特·考克斯就属于第三种路径。

奈本人属于新自由主义流派，但是奈的软实力思想则综合了以上三种路径，既包括考克斯的观点，也受到了现实主义流派的影响。奈注意到："1939年，英国著名的现实主义者 E. H. 卡尔就把国际权力分为三类：军事权力、经济权力、控制舆论的权力。"

有趣的是，奈没有引用最著名的现实主义学者汉斯·摩根索对国家实力的论述。摩根索认为国家实力由两组要素组成，一组相对稳定，另一组在不断变化。相对稳定的要素包括地理、自然资源。不断变化的要素包括工业能力、战备、人口、民族性格、国民士气、外交质量和政府质量。摩根索所说的"民族性格"与人类学家所说的"文化"在很大程度上是重叠的概念，跨文化学者霍夫斯泰德就明确说：民族性格（national character）是民族文化

（national culture）的一个较早的术语。摩根索所关注的民族性格是"某一国家比另一国家更经常地显示出某种文化和性格的素质，并得到较高的评价"。实际上可以看到，摩根索的国家实力要素已经包括后来奈强调的三大软实力资源（支化、政治价值观和外交政策）的绝大部分。奈没有注意到摩根索关于民族性格的论述，一个可能的原因是有证据表明他并不熟悉来自人类学传统的文化概念。后文还会谈到这一点。

（三）间接思想渊源：中国古代软实力思想

软实力的间接思想渊源，可以说是中国古代的软实力思想。奈明确谈到了老子的影响，认为老子关于最好的领导者不是让人民遵从他的命令，而是人们不知道他的存在的论述就包含了软实力的思想。

笔者则认为，老子的软实力思想，可能更多地体现在他对"柔"的强调之中。《道德经》中多次强调"柔"，如"天下之至柔，驰骋天下之至坚""柔弱胜刚强""柔之胜刚"等。因此，"软实力"更恰当、更能体现中国的传统文化和政治价值观的译法（换句话说，更能体现中国的"软实力"的译法）也许应该是"柔实力"。

目前，还没有人系统总结过中国古代思想家的软实力思想，我们能够看到的都是片段的引用。比如，赵刚、肖欢引用了孟子的"仁者无敌""以德服人"、孙子的"伐谋""伐交"等思想，作为中国古代的软实力思想。王琛发认为，《论语·季氏》的一段（"故远人不服，则修文德以来之。既来之，则安之。"）和《礼记·大学》中的"修身、齐家、治国、平天下"加在一起，"其语意已经概括了当代定义软实力所需要的'文化、价值观、外交原则'三大要素'。刘长乐则认为孟子的"得道多助"、孙子的"不战而屈人之兵'、《战国策》中的"式于政不式于勇"都是软实力思想，"都精辟地论述了武力和经济实力之外道义吸引力的重要"。除老子之外，丁盛指出在孔子、孙子、墨子、孟子等人的论述中，都可以找到软实力的相关思想。

二、奈的软实力思想

奈的软实力思想是一个逐步发展的过程，大致可以分为三个阶段：1990年，他出版 Bound to Lead 一书并根据该书发表了两篇论文，首次提出软实力概念；2004年，他出版 Soft Power 一书，首次全面阐述自己的软实力思想；2011年，他出版 The Future of Power 一书，完善了自己对软实力的理论构建。

（一）奈的软实力的定义

2011年，奈给软实力下了一个完整的定义："如果完整的定义，软实力是为了获得想要的结果，通过形塑（framing）议程、说服，以及引发正面的吸引力等同化的（co‐optive）方式来影响他人的能力"。奈同时指出，这个更长、更正式的定义，跟他以前曾经用过的更短的说法，比如"软实力是吸引的权力"，"软实力是不用诉诸武力或报酬而塑造或重新塑造喜好的能力"，或者"软实力是让其他人要你之所要的能力"，是一致的。

（二）软实力的三个维度

奈在 2011 年对软实力的正式定义，其实是建立在社会学家斯蒂文·卢克斯的"权力的三个维度"的思想之上。20 世纪 70 年代，卢克斯就总结了"权力的三个维度"，或者说是"权力的三张脸"。奈直到出版 Soft Power 的 2004 年，都还没有注意到卢克斯的概括。终于，奈在 2011 年出版的 The Future of Power 一书中引用了卢克斯的框架，认为权力分为硬权力（即硬实力）和软权力（即软实力），这两大类权力各自都有三张脸，如表 2 – 1 所示。

表 2 – 1　硬实力和软实力的三张验

权力	第一张脸　　　（让其他人做他们本来不会做的事情）	第二张脸（形塑和设定议程）	第三张脸（塑造其他人的喜好）
硬实力	A 使用武力/报酬来改变 B 已有的策略	A 使用武力/报酬来删减 B 的议程（不管 B 是否愿意）	A 使用武力/报酬来塑造 B 的喜好（如斯德哥尔摩综合征）
软实力	A 使用吸引力/说服来改变 B 已有的喜好	A 使用吸引力或者机制来使 B 认为议程合理	A 使用吸引力或机制（或两者同时使用）来塑造 B 最初的喜好

（三）软实力的三大来源

奈认为，尽管主要是硬实力来源的军事实力或者经济实力也可以成为软实力的来源，比如军事援助产生的吸引力，或者成功的经济模式带来的效仿，但是一个国家的软实力的三个主要来源是：文化、政治价值观和外交政策。在 1990 年的 Bound to Lead 一书中，奈的软实力思想还未成熟，对软实力的来源的表述是模糊的，他把跨国公司、传播等都作为软实力的来源。但是从 2004 年的 Soft Power 一书开始，他对软实力的三大来源的表述就没有改变过。下面的这段话，几乎原封不动地同时出现在 2004 年的 Soft Power 和 2011 年的 The Future of Power 两本书中："一个国家的软实力主要依靠三种基本来源：它的文化（当它对他国有吸引力时），它的政治价值观（当它在国内外都践行它们时），以及它的外交政策（当他国认为这些政策合法且有道德权威时）。"

文化软实力即以文化为资源的软实力，同样在权力的三个维度上都起作用，即 A 通过自己的文化对 B 的吸引力，来影响对方改变决策、来设定对自己有利的议程，甚至影响对方最初的偏好。这三个维度，每一个都比前一个更"隐蔽"，而文化软实力相对于以胁迫或利诱为主的硬实力，更多的是在影响对方最初的偏好（操纵思想）上起作用。

（四）软实力的权力转化

卢克斯指出，对权力的理解有两个常见的谬误。一个是"行使谬误"（exercise fallacy），指认为权力意味着引起可以观察到的事件。"这使得行为政治学家把权力等同于决策中的成功。"另一个是"载体谬误"（vehicle fallacy），指认为权力意味着权力被激活时用到的东西。"例如，这使得社会学家和战略分析家把权力资源等同于权力。前者把权力等同于财富和地位，后者把权力等同于武力和武器。""载体谬误"也是罗伯特·达尔指出的权力分析的三个谬误中的"权力同资源的混淆"，因此可以视作权力研究中的普遍共识。

权力的第二张脸和第三张脸的提出就是要纠正"行使谬误"，权力转化的提出就是要纠正"载体谬误"。

奈在 1990 年提出软实力概念的时候，就强调权力资源不等于权力行为，从权力资源到权力行为需要经过权力转化："权力转化是一种将以资源来衡量的潜在权力转化为以改变他人行为来衡量的实际权力的能力。"不过，奈一直到 2011 年，才把软实力的权力转化具体地图示出来，如图 2-1 所示。

权力转化是一个重要思想，它明确了：①把权力资源等同于权力是错误的（即"载体谬误"），因此对权力的衡量也不能只是评估对资源的占有。②权力的实现是一个动态过程，权力转化能力也是权力的重要内容。

许多对软实力的研究，尤其是国内学者的研究，都忽略了软实力的权力转化，把软实力作为静态的现象来考察，把软实力资源等同于软实力本身。也有少数的学者，比如主张"软实力的核心是政治实力"的阎学通，犯的错误是没有意识到权力资源与权力转化的区分，没有意识到自己强调的其实是权力转化能力，这样在测量软实力的时候，同样犯了

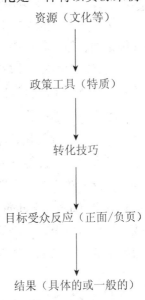

资源（文化等）

↓

政策工具（特质）

↓

转化技巧

↓

目标受众反应（正面/负页）

↓

结果（具体的或一般的）

图2-1　奈描述的软实力资源向行为（结果）的转化过程

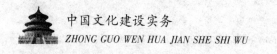
把软实力作为静态的现象来考察的错误。

（五）奈的影响与不足

前面已经提到，奈的软实力思想影响了美国、中国等世界主要大国的对外战略。有意思的是，李和梅里森指出：在东亚和东南亚，"软实力取得了而且持续拥有近乎魔术般的吸引力，所达到的程度是在美国或者欧洲从来没有获得的。"而日本是第一个把软实力的概念作为对外政策的工具的东亚国家。

尽管无论从古代到现代，从东方到西方，软实力的思想都并不新鲜，但是为什么奈提出的软实力概念仍然不胫而走，不仅在学术界有一定影响，而且对现实的国际关系产生了重要影响呢？

笔者认为主要有以下几个原因。

第一，尽管软实力思想并不新鲜，但是奈是使用"软实力"这个概念的第二人。即使在学术领域，一个朗朗上口的概念的作用也不能低估。而要这个概念能够在学术圈之外流行起来，概念的通俗易懂就更为重要了。

第二，奈兼具学术训练与政府经验，使得其在论述软实力时能够兼顾学术深度与实际应用，思想更容易被人所接受。

第三，奈在世界最著名的哈佛大学任教，长期担任哈佛大学肯尼迪政府学院院长，又曾在世界最强大的美国担任国防部助理部长，其显赫的身份也是其思想受到重视的原因之一。

第四，奈对软实力的论述尽管已经是"集大成者"，第一次对软实力做了详细论述，但是其论述中仍然存在种种漏洞和不足。这既为他的思想招致批评，又是其思想得以流行的一个原因：他对软实力的论述并不清晰，但恰好给其他人留下了各自解读的空间。

第五，当然，软实力概念的流行在很大程度上也有"时势造英雄"的因素。李和梅里森指出，东亚国家尤其重视软实力，有这样三个方面的原因：①经济实力上升使得它们寻求经济之外的软实力。②以前，多数东亚国家依赖与美国的双边关系，现在要扩展为多边关系。③软实力帮助这些国家重建国家身份（national identity）。软实力成为美国、俄罗斯、中国等大国重视的战略，也是出于后"冷战"时代的新的国际竞争格局的需要。所以说，软实力概念的最终流行，主要不在于其思想之新颖或者深刻，而在于其提出的时机。

奈的软实力思想并不完善，但他第一个提出软实力概念，同时没有人提出比他更完善的体系，因此后人对软实力的讨论，要么在奈的思想框架之内进行，要么是以其框架为基础，进行小修小补。比如，李明江（音译）注意到，奈是在对外关系的层面谈论软实力，而中国官方和中国学者常常也在一国内部的层面谈论软实力，不过，"大体上是遵循约瑟文·奈的概念框架的"。

那些强调软实力的国内层面的论者，面临一个"与国际对话"的难题，因为国际上对软实力的讨论，通常是在对外关系的层面进行。比如沈壮海这样说"文化软实力"：

与约瑟夫·奈所讲的"软实力"不同，我们所讲的"文化软实力"不是国际关系领域的文化影响力、吸引力、同化力，与国际间的文化渗透不同。我们所讲的"文化软实力"，基本内涵即"文化国力"，是中国特色社会主义建设整体布局中文化建设所将产生的现实结果，这一国力具体体现为人民的基本文化权益是否得到更好保障、社会的文化生活是否更加丰富多彩、人民的精神风貌是否更加昂扬向上，也体现为中国文化在世界范围内是否形成良好形象从而产生相应的吸引力。

首先，笔者并不认为沈壮海的这个说法能够自圆其说。他所说的"文化国力"中的"国力"，就是国家权力，仍然是国际关系中的概念。他最后说到的"中国文化在世界范围内……产生相应的吸引力"和前面否认的"国际关系领域的文化影响力、吸引力、同化力"有什么不同？实际上，沈壮海本人也发现自己难以抛开奈的框架来另起炉灶。如他自己所承认的：

但是，毕竟"软实力"是一个已经具有强大软实力的概念，毕竟这一概念的背后隐含着一个相当完整的分析框架和价值取向，毕竟以美国为首的西方国家正对我实质性地推进着"软实力"战略，所以，在这种情况下，我们不能只埋头于自己所注解的"软实力"概念之中，而必须在软实力较量的领域，知己知彼，从而寻求"以柔克柔"之道。也正因如此，我们下文的讨论，有意地基于"软实力"两种立意的交错运用之上。

本研究以奈的软实力思想为基础，与国际上绝大多数论者一样，仍然在国际关系的层面考察软实力。奈的软实力思想尽管影响很大，但并不新颖，也并不深刻，而且存在一些明显的不足。其中一个主要不足，就是忽略了软实力的权力转化与硬实力不同：软实力要经过两次权力转化，而传播是其第一步转化的核心。因此，奈对传播在软实力中的重要性认识不足，他对传播在软实力中的作用的论述是含混不清的。本研究的思想框架，主要就建立在对奈的这个不足的批评和修正之上。笔者将在下文对这个不足进行更具体的分析。

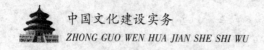
三、传播视角下的软实力

本研究的一个重要理论基础就是"软实力的两次权力转化"模型。这是笔者对奈的软实力思想的一个发展，也是本研究对软实力理论的贡献。

（一）本研究对软实力的定义

本研究对软实力的定义与奈类似。简单地说，软实力就是使用武力（或者以武力威胁）和报酬（或者以报酬诱惑）之外的方式达成目的的能力。软实力就是软权力，是权力的软性形式。它的主要方式有三种（即"权力的三张脸"）：第一种是影响决策，即通过自己的知识、吸引力等资源说服对方改变立场；第二种是设定议程，即通过参与规则设定、利用已有的规则或者自己的吸引力使对方接受现有的（不讨论对方关心的话题）的议程；第三种则是操纵思想，即通过自己的吸引力等塑造对方最初的立场（与自己的立场一致）。这三种方式，在权力的运用上越来越隐形，让权力客体越来越难以察觉到权力对自己的作用。

尽管软实力不是与硬实力截然分开的对立面，但是显然，它与通过威胁或者利诱来达成目的的硬实力不同。与用"大棒"比喻威胁、"胡萝卜"比喻利诱相对应，有人把这种形式的权力比喻为"磁铁"，有人将之比喻为"拥抱"。它相对于大棒和胡萝卜是更"软"的权力形式。

（二）软实力的两次权力转化

前面谈到了，权力研究中早就指出了"载体谬误"，强调了权力转化的重要性。奈也论及了软实力的权力转化，然而他并没有清醒地认识到：软实力的权力转化与硬实力不同。硬实力的转化只有一次，即从甲国的权力资源转化为甲国对乙国的权力行为，而软实力要经过两次转化，第一次转化是从甲国潜在的软实力资源到成为真正的软实力资源，即在乙国的目标对象中产生吸引力；第二次转化是从软实力资源到软实力行为和结果的转化，即从乙国目标对象心目中的吸引力转变为乙国采取的对甲国有利的政策和行动。

软实力和硬实力的权力转化的不同如图2-2所示。硬实力只需要从权力资源到权力行为的一次转化。比如，军事实力是硬实力资源，拥有更强大的军事实力不一定能打赢战争，从拥有更强大的军事实力到打赢战争这样的行为需要权力转化。而软实力需要两次转化，这是软实力相对于硬实力的特殊性。比如，拥有历史悠久的文化，并不一定能在目标受众那里产生好感，因此软实力的第一次权力转化是从软实力资源到产生吸引力的转化。这一步也可以说是从软实力的潜在资源向真正资源的转化，因为如果产生不了吸引力，就不能真正起到软实力资源的作用。但是，即便甲国历史悠久的文化对乙国的目标受众产生了吸引力，也不一定能够在乙国转化为对甲国有利的政策和行动，因此，第二次权力转化是从吸引力到软实力行为（乙国实施对甲国有利的行动）的转化。

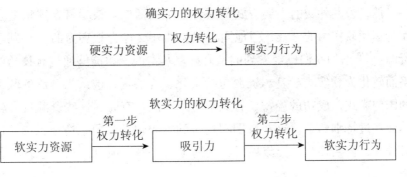

图 2-2　软实力和硬实力权力转化的不同

奈对软实力的两步转化都有认识，但是他没有认识到这是两种不同的转化。他写道："当然，可乐与巨无霸并不必然吸引伊斯兰世界的人们热爱美国。朝鲜的金正日据称喜欢比萨饼和美国视频，但这没有影响到他的核计划。"奈并没有清醒地认识到，这段话中的两个例子，其实是两种不同的权力转化。第一个例子是从软实力资源到吸引力的转化；第二个例子则是从吸引力到软实力行为的转化。

（三）传播的作用：奈的忽视与混淆

本研究主张：传播，包括大众传播、人际传播等种种传播活动，是软实力的第一步权力转化的核心。然而，奈没有认识到软实力要经过两步转化，所以也就没有认识到传播在软实力中的重要作用。他对传播在软实力中的作用的论述，不仅不充分，而且不准确，甚至前后矛盾。

奈在 1990 年提出软实力的著作 Bound to Lead 中，只有两处提到："传播"。一处是谈到传播和交通的技术发展推动了全球经济的相互依赖；另一处则更有意义一些："尽管武力有时也起作用，传统的权力工具已经不足以应对世界政治的变化中的争端。新的权力资源，比如有效传播的能力和设计、利用多边机构的能力，也许更加重要。"这里奈把传播作为软实力的资源或来源（奈在等同的意义上使用软实力"资源"或"来源"这两个词）。

2004 年，奈在 Soft Power 一书中，明确指出软实力有三大资源：文化、政治价值观和对外政策，同时在题为"运用软实力"的一章中集中讨论了公共外交（public diplomacy），认为公共外交是政府运用软实力的主要手段。奈讨

论了公共外交的三个维度：其一是日常传播，包括解释国际和国内政策的背景；其二是战略传播，就某一主题或某一特定政策进行的集中的可能长达一年之久的传播；其三是可能持续许多年的与关键人物的关系培养，包括奖学金、交流、培训、讲座、会议、提供对媒介的接触等方式。

显然，公共外交的主要方式就是各种传播活动。奈尽管在这里把公共外交作为运用软实力的方式，但他同时把公共外交称为软实力的"特别塑造过的资源"："正如我们已经看到的，有许多基本的资源能够通过有技巧的转化策略而转化为软实力。基本资源包括文化、价值观、被认为合法的政策，正面的国内模式，成功的经济，有竞争力的军队。有时，这些资源将为软实力目的而经过特别塑造。这些特别塑造过的资源包括：国家情报机构，信息机构，外交，公共外交，交流项目，援助项目，培训项目，和其他各种各样的措施。"

传播（包括信息机构、交流项目等），和以传播为主要内容的公共外交，不是软实力的权力资源，也不是"特别塑造过的资源"，而是软实力的第一步权力转化。奈对传播和公共外交的论述的模糊之处，在于他没有认识到软实力的权力转化与硬实力不同，要经过两步，而传播是第一步权力转化的核心。

（四）传播的作用：其他学者的分析

目前，还没有其他学者明确提出软实力的两次转化过程。丁盛提出了一个因果关系较为全面的"软实力转化模型"，但跟奈的较为简单的模型一样，尽管都涉及了从资源到受众再到政策结果的过程，但是并没有明确这是一个两步转化的过程，也没有具体分析这两步转化的特点。

软实力的第二步权力转化，即乙国受众感受到的甲国的吸引力，转化为乙国的对甲国有利的政策，有三种情况。第一种是乙国受众直接为政府首脑等政策制定者，可以直接采取行动。第二种是乙国受众为媒体精英等舆论领袖，通过影响舆论来影响政策。第三种是乙国受众为普通民众，通过选举、示威等政治活动来对政策产生影响。不管是哪一种情况，权力转化过程还受到其他许多因素的影响。

软实力的第二步转化，与硬实力的权力转化类似，都是从真正资源到权力实现的转化。但是显然，权力的行为主体（甲国）对硬实力（比如军事资源）的权力转化的控制能力要大大高于行为者对软实力的第二步转化的控制能力。尽管权力的行为主体仍然能起一定的作用，但是软实力的第二步转化已经在很大程度上脱离行为主体的控制。

权力的行为主体真正拥有较强控制能力是软实力的第一步转化，即从软实力的潜在资源向真正资源的转化，或者说是从资源到吸引力的转化（只有对受众产生吸引力的资源才是真正的软实力资源）。这一步转化的核心是传播。因此，如果学术的目的之一是指导实践，那么研究的重点应该是软实力的第一步转化，即作为传播过程的软实力。

1993 年，作为在中国最早引进软权力概念的学者之一，王沪宁对奈的思想有两个不自觉的发展。一个是把文化作为软权力的核心；另一个是强调传播的作用："'软权力'的力量来自其扩散性。只有当一种文化广泛传播时，'软权力'才会产生越来越强大的力量。"

一些传播学者也敏锐地认识到了传播在软实力中的重要性。例如，李希光和顾小琛认为软实力依据其力量来源，可以分为传播力、政治力、文化力。程曼丽指出："文化（以及价值观念等）的传播与扩散，有赖于大众传播媒体。媒体不但是文化传播的介质和载体，它本身还是文化的有机组成部分。"李智认为："一国文化只有在国际社会广为传播并得到普遍认同后才能成为一种软权力。因此，传播是文化由（软）实力转化为（软）权力即文化软实力的实现的关键所在。文化是通过传播而获得影响力，获得对象认同的。被对象认同乃至于进而同化对象的程度是文化软权力化的唯一表征。就一国而言，文化软实力的权力化过程就是文化的对外传播过程。"李智对"软实力"和"软权力"两词的用法与大多数人不同，他所说的"软实力"指权力资源，"软权力"指权力行为（结果）。

吴瑛建立了"软权力的生成机制"的模型来考察软实力，是第一个对软实力的传播过程进行动态考察的传播学者。吴瑛描述的过程是这样的：

主体国家通过政府、国际组织、跨国企业、传媒、个人的动员，调动本国的物质文化、行为文化、精神文化资源，通过信息的不同传播渠道向客体国家传播，进而生成软权力，软权力的效果又会形成对主体的反馈，甚至重新转化为软权力资源（如国际威望反馈到国内可以转化为国民凝聚力等软权力资源）。在这个过程中，还需要考虑主客体国家所处的国际体系、区域环境和国内背景，同时也将客体国家的价值取向、文化模式、政策传统、民族性格等因素纳入考量范围。

吴瑛提出的模型如图 2-3 所示。

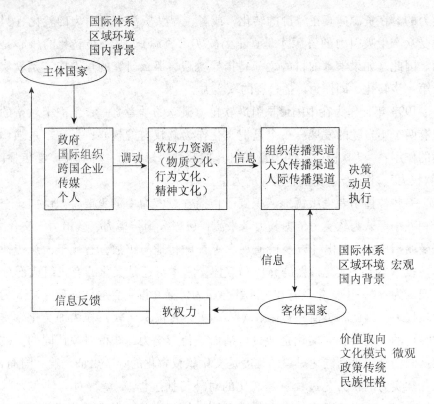

图 2-3 吴瑛的"软权力的生成机制"模型

不过，这些传播学者的论述都还不够全面。李希光和顾小琛把传播作为软实力资源的一部分，是从静态的角度看待软实力的。程曼丽既强调大众传播作为文化内容的特点，又强调它作为传播渠道的特点，看似全面，反而模糊了研究重点。而且，她片面地强调了大众传播的作用，忽略了文化传播的多渠道特性。李智强调了软实力的第一步转化，但是忽略了软实力的实现还需要第二步转化。吴瑛既没有明确从资源到吸引力的第一步转化，也忽略了第二步转化。而且，吴瑛竟然把"软权力"本身作为模型的一个要素或者过程，不管她指的是吸引力还是最终的权力行为（结果），都说明她并没有真正把软实力（软权力）作为一个过程来考察。另外，吴瑛尽管把自己的模型命名为"软权力的生成机制"，但是她考虑的只是文化资源产生的软权力。

（五）传播在软实力中的作用

本研究的一个重要主张是：站在权力行为主体的角度来看，软实力的核心是传播过程。

这个主张首先建立在"软实力的两次权力转化"的基础上。软实力的实现要经过两次权力转化：第一步是从甲国的软实力资源到在乙国受众心目中的吸引力的转化，也是从潜在的软实力资源到真正的软实力资源的转化；第二步是从乙国受众心目中的甲国的吸引力，到乙国采取对甲国有利的政策和行动的转化。第一步转化过程的核心是传播，即甲国通过传播活动，使其资源在乙国受众心目中产生吸引力。

本研究在"软实力的两次转化"的基础上进一步认为，一方面，软实力的第一步转化是第二步转化的基础和前提；另一方面，软实力的第一步转化是权力行为主体（甲国）更有控制能力的行动，对权力行为主体而言更有研究意义。综合以上两个方面的原因，可以认为：站在权力行为主体的角度来看，软实力的第一步转化是软实力实现的核心过程；也就是说，软实力的核心过程就是传播。

这里，笔者先简单讨论一下传播的定义。传播对应的英文为 communication，除"传播"之外，有"沟通""交流""交际""传通""传""交往"等多种译法。1976 年，有学者搜集并列出了传播的 126 种不同的定义。尽管传播的定义众多，但是大多数定义还是在较大程度上拥有共识。

中国香港传播学者李金铨指出，communication 有三个意义。第一个意义是沟通。"communication 的原始意义就是中文的'沟通'，它在拉丁文中与 community 同个字源，都是 communi，即是要建立'共同性'（make common）——也就是透过社区内人们面对面的沟通，彼此分享信息和情感，以建立深刻的了解。"第二个意义是交通，产生于产业革命之后。"工业社会制造就业机会，大量农民迁徙到城市，拜赐于舟、车、飞机、电话、电报，徙置远处仍可维系情感和意义的共同性。交通工具打破了地理藩篱，延长了人们沟通的能量，但沟通内容的稠密度却大为稀释。"第三个意义是传播，是伴随大众传媒的产生而产生。"倘若第二层意义指'物质的'交通工具，第三层便是指'心灵的'交通工具。大众传媒无远弗届，超越时空，涵盖面广，由少数的传播者与广大受众建立'共同性'，但这种沟通是单向的，音影稍纵即逝，又都缺乏双向反馈的功能，其内容的稠密度更加稀释了。"不难看出，李金铨谈到的 communication 的三个意义的共同点，都是通过信息的分享而建立共同性。

中国内地传播学者关世杰指出："传播的基本含义是：信息发送者与信息接受者共享信息的过程。"他引用并采取了联合国教科文组织出版的《多种声音，一个世界》一书对传播的定义："传播是指个人之间和人群之间交换新闻、事实、意见、消息的'过程'。"

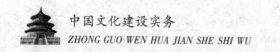

旅美华人传播学者陈国明对传播（他称之为沟通）的定义是："双方经由交换符号，来建立一个互依互赖关系的相互影响过程。"

美国学者萨默瓦和波特认同另外两位学者对传播（该书中文版译为"交流"）的定义："人类交流就是处于某种关系、群体、组织和社会中的个人向环境，或相互之间发出信息和进行反馈，以便与之适应的过程。"

这些定义的共同点是显而易见的。在这些定义的基础上，笔者把传播定义为：人们通过一定的媒介（medium）来传递信息（message），从而共享意义（meaning）的过程。詹姆斯·凯瑞把传播的定义分为两大类：一类为传递观；另一类为仪式观。凯瑞指出："在我们思想的最深处，对传播的基本理解仍定位于'传递'这一观念：传播时一个信息得以在空间传递和发布的过程，以达到对距离和人的控制。"笔者的传播定义，与前面引用的其他传播定义一样，都属于传递观的传播定义。

信息在传递观的传播定义中处于核心位置。罗杰·克劳斯指出信息有五个层次：提供的信息（message offered），可接收的信息（message receivable），接收的信息（message received），注意到的信息（message registered），内化信息（message internalized）。软实力的第一步权力转化，就是软实力资源被外化成提供的信息，并最终成为受众的内化信息的过程。这个过程，也是中国传播学者常常强调的入耳、入脑、入心的过程，或者入眼、入脑、入心、入行的过程。

（六）软实力传播的特点

拉斯韦尔的五个W（谁，说什么，通过什么渠道，对谁说，取得什么效果），是传播学上最早的一个经典模型。该模型的优点不仅在于简洁，而且在于"同任何一个好模式一样，它将关注点集中于传播中那些重要的方面"。下面就运用这个传播模型，从传播主体、传播内容、传播渠道、传播受众和传播效果五个方面，分析一下甲国对乙国的软实力传播的特点。

第一，从传播主体来看，软实力的传播主体是多元的。甲国的政府部门当然是主要的传播主体。但是，包括甲国企业在内的非政府组织，乃至甲国的个人，都可以是软实力的传播主体。

奈在1990年提出软实力概念的时候，提出跨国公司也是美国软实力的来源，但他提及的理由是因为这些公司的领导者持有美国护照，或者其总部在美国，或者其美国市场对其很重要。奈列举的理由都是说美国可以因此威胁或者利诱这些跨国公司从而来影响它们，其实混淆了软实力和硬实力。跨国公司可以作为软实力的来源，但并非出于奈列举的理由（详见下一点）。跨国公司除了作为软实力的来源，还可以作为软实力的传播主体。即跨国公司可以主动利用多种传播渠道进行传播，除了利用自己的商业渠道，还包括主办论坛、参加其他论坛和展会，等等。

第二，从传播内容来看，甲国对乙国传播的应该是让乙国认为甲国有吸引力的内容，也就是所谓的软实力来源（source）或者软实力资源（re-source）。

奈指出："一个国家的软实力主要依赖三大资源：它的文化（当对他人有吸引力的时候），它的政治价值观（当它在国内外践行它们的时候），它的对外政策（当其被认为合法并且具备道德权威的时候）。"奈同时认为，军事实力、经济实力尽管主要是硬实力资源，但如果它们具有引人仰慕的因素，也可以是软实力资源。

奈对软实力资源的论述并不清晰。首先，他的软实力资源的三分法的内在逻辑并不完善。多数学者都认为价值观是文化的核心。那么，奈把文化和政治价值观并列的理由在哪里？在国外践行政治价值观和对外政策的区别又在哪里？其次，如果军事实力、经济实力也可以是软实力资源，那么还有哪些软实力资源？怎样划分才能对软实力资源有一个更完整的概括？

可以这样说：一切能够增加甲国对乙国吸引力的内容，都是甲国对乙国的软实力资源。学者武温概括了三个产生吸引力的特点：美（beauty）、优（brilliance）、善（benignity），并把它们称为权力货币（power currencies）。如果一个权力资源具备了权力货币，那就能够产生吸引力。"善"指的是权力行为主体对待他人（尤其是对待权力行为客体时）表现出来的正面态度，通过激发感激和同情来产生吸引力；"优"指的是权力行为主体把自己的事情做得很好，通过激发仰慕来产生吸引力；"美"指的是权力行为主体对理想、价值观、使命的追求，通过鼓舞他人来产生吸引力。

奈除了引用武温的观点，另外指出：在人际层面，相似度和共同的集体身份能够带来吸引力。这一点在国家层面其实同样起作用，不过可以把它整合到武温所说的"美"中：当一个行为主体追求的价值观、理想与他人相似时，便能对他人产生吸引力。

前面提到的跨国公司，就不仅是软实力的传播主体，还可以是软实力资源。跨国公司总是在某一国家创立的，其创造的业绩也可以增强这个国家的吸引力。管理学者迈克尔·波特指出：一个国家的竞争力，来自这个国家的企业的竞争力。同样可以说，一个国家的吸引力，也可以来自这个国家的企业的吸引力。麦当劳、星巴克、IBM、苹果这些源自美国的跨国企业，对世界

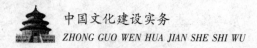
上绝大多数国家的民众来说，应该是增强了美国的吸引力的。这还主要是从"优"的意义上说的。跨国公司同样可以通过在当地市场行"善"，进行从捐赠到支持当地的研发、教育等社会责任活动，来创造吸引力。同样，跨国公司也可以在"美"的层面创造吸引力。乔布斯领导下的苹果公司对把科技与人文结合的愿景的孜孜追求，就是在武温所说的"美"的层面上创造吸引力。

第三，从传播渠道来看，软实力传播呈现多渠道的特点。大众传播、人际传播、群体和组织传播，以及以互联网渠道进行上述的三种传播都是软实力的传播渠道。

以中国的软实力传播来说，既包括中央电视台海外频道、《环球时报》英文版等众多的大众传播渠道；也包括吸引国外留学生、海外旅游者这样的人际传播渠道，还包括孔子学院这样的群体和组织传播渠道。

第四，从传播受众来看，软实力传播既要有面对"大众"的"广播"，又要有面对"小众"的"窄播"。只有对受众产生吸引力的软实力资源，才真正成为软实力资源，在此之前都只是潜在的软实力资源。但是，同样的软实力潜在资源，对有些受众会产生吸引力，对另一些受众则不会产生吸引力。因此，一方面要选取具有普适性的内容，对"大众"进行"广播"；另一方面，要针对具体受众进行更有针对性的"窄播"。需要注意，"窄播"同样可以通过大众传播渠道进行。换一个角度来说，还可以这样区分受众：既有针对乙国政策制定者的传播，也有针对乙国普通民众的传播，通过乙国普通民众对乙国政策制定者进行影响。

第五，从传播效果来看，是一个怎样衡量吸引力的问题。

奈说："吸引力比它看上去更复杂。它不仅指产生吸引人的或正面的磁石般的效果，还可以指吸引注意力——不管正面的还是负面的。"注意力（即前面提到的信息的第四个层次：注意到的信息）只是浅层次的吸引力。可以引用营销上历史悠久的 AIDA 模型来衡量吸引力，把吸引力分为四个由浅入深的部分：第一个 A（attention 或 awareness）是注意力，引起了受众的注意；I（interest）是兴趣，引起受众的兴趣，不仅关注所传播内容的表象，而且对其更内在的品质加以关注；D（desire）是欲望，说服受众接受所传播的内容并产生想要拥有的欲望；最后的 A（action）指传播受众采取行动（在营销上指购买产品）。还有一个在 AIDA 的基础上修改的 CAB 模型，C（cognition）是认知，A（affect）是情感，B（behavior）是行为。

我们可以借鉴 AIDA，从"注意——兴趣——喜欢——行动"四个方面来评估软实力传播。软实力资源的传播效果，大致也分为这四个方面，而且这四个方面往往是逐步深入的。

比如中国经济发展模式是潜在的软实力资源，中国政府或者其他行为主体可以通过大众传播（新闻媒体）或者群体与组织传播（会议、论坛）的渠道加以传播。对其传播效果的第一步衡量是"注意"：传播受众是否注意到了你传播的信息？是否对中国经济发展模式有了一定的了解？第二步是"兴趣"：受众对接收到的信息是否产生了兴趣？是否因为兴趣而愿意作进一步的了解？第三步是"喜欢"：受众对中国经济发展模式是否喜欢？是否认同这个经济发展模式背后的价值观？第四步是"行动"：受众是否因为喜欢中国经济发展模式而影响到了他们的行为？比如，在自己的生活中也采取高储蓄、低消费的行为？

从"注意"到"行动"也就是从"注意到的信息"到"内化信息"的过程。本研究主要从兴趣、喜欢和行动三个层面来考察吸引力（并常常把兴趣和喜欢合称态度），而把注意归到传播力之中，详见后文。

（七）软实力的动态模型

上一小节单独讨论了软实力传播过程中的各个要素。这些传播要素，加上其他必要的要素，组成了如图 2-4 所示的软实力的动态模型。

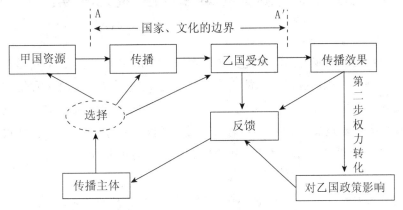

图 2-4 软实力的动态模型

软实力的动态模型，以传播为核心过程。让我们从传播主体出发。刚才只考虑了一国内部的传播主体，其实国际组织也可以成为传播主体。比如，联合国举办中国文化主题活动，也是在传播中国的软实力资源。传播主体面临三个选择：选择什么样的软实力资源进行传播？选择什么样的方式——包括选择什么传播渠道——进行传播？针对什么受众进行传播？从甲国资源到

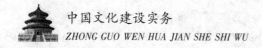

传播效果的过程，就是软实力的第一步权力转化。对乙国受众产生的传播效果，如果能够转化为对乙国的政策影响，就是软实力实现过程中的第二次权力转化。传播主体可以直接从乙国受众得到反馈，也可以通过观察传播效果和乙国政策变化得到反馈，从而调整自己的传播选择。

另外，值得注意的是，软实力的传播是国际传播，即跨越国界的传播。国界可能在从 A 到 A′之间。当国界在 A 的时候，指的是甲国的传播主体利用乙国（或第三国）的传播渠道，或者甲国在乙国的渠道向乙国受众进行传播。当国界在 A 与 A′之间的时候，指的是甲国的传播主体利用甲国国内的传播渠道向身处乙国的乙国受众进行传播。当国界在 A′的时候，指的是甲国的传播主体向身处甲国的乙国受众（比如留学生、旅游者）进行传播。

而且，软实力的传播往往是跨文化传播。国家的边界往往也是民族文化的边界。但是，国家的边界并不必然是民族文化的边界。因此，软实力的传播必然是国际传播，但并不必然是跨文化传播。比如，中国以海外华人为受众的传播，是跨国的软实力传播，但并不是跨文化传播。

第二节　对文化软实力的动态考察

前面定义了软实力：使用武力（或者以武力威胁）和报酬（或者以报酬诱惑）之外的方式达成目的的能力。从这个定义就可以推断出，文化和软实力的关系主要是这样两点：第一，一个国家的软实力主要来自文化。也就是说，软实力主要是文化软实力。第二，文化所能够产生的权力主要是软权力（软实力），即通过武力和报酬之外的方式达成。也就是说，文化实力（或者有人所说的文化力）就是文化软实力。

对软实力要进行动态考察，对文化软实力同样需要进行动态考察。

一、文化软实力的定义

在定义文化软实力之前，需要先对文化进行定义。文化是社会科学和人文科学中的重要概念。人类学家阿尔弗雷德·克鲁伯和克莱德·克拉克洪将文化比作物理学中的重力概念和医学中的疾病概念。但是，对文化的定义众多，克鲁伯和克拉克洪找出了160多种定义。

（一）对文化的定义

人类学的奠基人之一泰勒对文化下了一个定义："文化或者文明，就其广泛的民族学意义而言，是指这样一个复合整体，它包含了知识、信仰、艺术、道德、法律、习俗以及作为一个社会成员的人所习得的其他一切能力和习惯。"泰勒是拥有人类学教授头衔的第一人，也是第一本人类学教材的作者，"但是在泰勒的所有贡献之中，他关于文化这个概念的界定才是最为不朽的。"泰勒的这个定义在今天依然被大量引用，但是引用者恐怕并没有充分认识到这个定义的"经典意义"是"基于非生物学基础上的社会差异的讨论，泰勒超越了自从古希腊时代起就一直主导着西方思想的种族主义论调"。也就是说，泰勒的定义的重要性不在于其定义的文化的具体内容，而在于他认为是后天的文化因素，而不是先天的生物学上的差异，导致了社会差异。

泰勒对文化的定义属于人类学者的路径。对文化的定义有另一种路径：人文学者的路径。霍夫斯泰德认为人文学者对文化的定义是"对文化的狭义理解"，"通常是指'文明'或者'对思想的提炼'，特别是这种提炼的成果，包括教育、艺术和文学'。19世纪的英国诗人、评论家马修·阿诺德对文化的定义就属于人文学者的路径："通过认识在我们最为关心的事物上那些世界上最美好的思想和言语而追求我们的终极完美"。

国际关系学者里弗斯指出，在20世纪，人文学者的文化定义渐渐被人类学者更为宽泛的定义取代。比如，以下学者对文化的定义都属于人类学者的路径。社会学家彼得·伯杰说，文化在社会科学上通常的意义是："老百姓在其日常生活中所持的信念、价值观和生活方式。"政治学家塞缪尔·亨廷顿引用的文化或文明的定义是："价值观、准则、体制和在一个既定社会中历代人赋予了头等重要性的思维模式。"传播学者丁允珠（Ting - Toomey）对文化的定义是："一套复杂的参照框架，由传统、信仰、价值观、规范、符号和意义的模式组成，由互相交流的社会成员在不同的程度上共享。"霍夫斯泰德称文化为"心理程序"，即一个社会特定的"思维、感情和行为模式"，"不仅包括对思想进行提炼的各种行为和活动，也包括生活中各种普通和琐碎的事情——例如，问候、吃东西、表达情感、在物理空间中与他人保持距离、做爱、保持个人卫生等"。

大多数社会科学家也许对文化的定义在措辞上会有区别，但是他们会对文化的特点达成共识：①文化是一种集体现象，为一个社会群体所共有。因此，不同的社会群体具有不同的文化。②文化是后天习得的，通过社群成员的内部交流以及代际传播而传递。因此，文化与传播密不可分。③文化最初

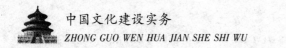

是为应对特定的外在环境而产生，帮助社会成员在该环境中生存。这也是不同社会具有不同文化的原因，因为其面对的外在环境不同。④文化是一个有不同层次的系统，价值观等基本信念处于文化这个系统的核心。有时候，文化直接被等同为价值观。如亨廷顿指出："文化若是无所不包，就什么也说明不了。因此，我们是从纯主观的角度界定文化的含义，指一个社会中的价值观、态度、信念、取向以及人们普遍持有的见解。"

本研究参照霍夫斯泰德的定义，把文化定义为一个社会特定的思维、情感和行为模式，包括这种模式外在的表现。

这里需要指出奈的软实力思想的又一个不足：尽管奈对文化下了一个具有人类学传统的定义（"文化是创造一个社会的意义的一套价值观和实践"），但是他把文化划分为"高雅文化"（high culture，吸引精英的文学、艺术和教育）和"流行文化"（popular culture，重点在于娱乐大众）这种两分法说明，他真正用来理解文化的其实是人文学者对文化的定义。

（二）文化软实力的定义

对文化软实力有不同的定义。本研究的定义是：以文化为资源而产生的软实力。

有人认为软实力就是文化软实力，甚至有人认为文化软实力是包容软实力的概念，而本研究的定义明确表明：文化软实力是软实力的一部分；软实力可能凭借文化以外的资源（如政治制度、经济模式甚至军事实力等）而产生。

本研究进一步主张，文化软实力是软实力的主要部分。一个国家不以武力或者报酬能对他国产生的影响力，主要来自该国的文化影响力。童世骏持同样的主张，可以借用他列举的四点理由：第一，文化不仅具有工具价值，更是民族的内在价值；第二，文化具有可分享性；第三，文化构成政治价值和外交政策的核心内容；第四，文化与经济、军事等硬实力有密切的相关性。

二、文化软实力的传播过程

文化软实力的动态模型，同样可以用图 2 - 4 来表示，只需要把图中的"甲国资源"改为"甲国文化资源"。文化软实力的传播过程，同样具备前面讨论过的软实力的传播特点。

（一）作为传播的文化软实力

作为传播过程的文化软实力，同样具备软实力的传播特点。

第一，文化软实力的传播主体是多元的。其传播主体既包括一国的政府

（当一国政府针对他国民众进行文化软实力传播时，往往被称为"文化外交"，即以文化为传播内容的"公共外交"），也包括一国的非政府组织（企业等），甚至个人。

第二，文化软实力的传播内容是可能对受众产生吸引力的文化资源。

何洪兵指出，并不是所有文化资源都是文化软实力资源，只有符合以下几个条件的文化资源才是：①这些文化资源能促进一个国家或地区的发展。②这些文化资源的主体部分能够传播。③这些能够传播的文化资源能够被他国受众认同，具备他国受众内化的可能性。④这些文化资源通过传播所产生的影响力足够巨大，能够使受众改变行为方式和模式。笔者认为，何洪兵的观点具有启发意义，但是他列举的条件过于严格，尤其是第四点。只要能对受众产生一定的吸引力，即使不能达成行为改变，也可以归为文化软实力资源。

第三，文化软实力的传播渠道是多元的。与其他软实力传播一样，包括大众传播、人际传播、群体和组织传播。

第四，文化软实力针对其传播受众，同样要采取"广播"和"窄播"。

第五，对文化软实力的传播效果，同样可以从注意、兴趣、喜欢、行动四个方面来评估。

第六，文化软实力传播是国际传播。站在一国的角度，是文化对外传播，在中国也被称作文化外宣。

第七，文化软实力传播往往是跨文化传播。

（二）作为文化传播的文化软实力

但是需要注意，以文化为内容的软实力传播与其他软实力传播有不同点：文化软实力传播是文化传播。文化传播是文化要素（即一个社会特定的价值观、思维方式和行为方式及其外在表现形式）在不同文化的社会之间或者同一文化内部进行传播的现象。

文化传播与跨文化传播是交叉而不等同的关系。

首先，文化传播不一定是跨文化传播，而可以在同一文化内部进行。武斌认为文化传播可以区分为"文化系统之内的传播和文化系统之间的传播"。后者就是跨文化传播，而前者不是。比如，父母给孩子讲民间故事就是文化传播的手段，但这不是跨文化传播。

其次，跨文化传播不一定是文化传播。跨文化传播强调的是传播的背景，指的是该传播是在两个不同文化背景的传播者之间进行，与传播的内容无关。而文化传播强调的是传播的内容，指的是某一文化要素从甲传播到了乙，而

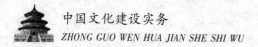
这一文化要素对乙来说是"新"的。如果在一个美国大学中，一个美国大学生向一个来自中国的留学生推荐一款电脑，这是跨文化传播，但可以说不是文化传播（除非该中国人之前从来没有接触过电脑，或者该电脑带有特殊的美国文化要素）。当然，在文化传播和非文化传播之间并没有一个绝对的分界线，往往是在多大程度上是文化传播的问题，而非是不是文化传播的问题。

最后，跨文化传播也可以是文化传播。如果一个美国大学生向一个来自中国的留学生推荐一部美剧，这就不仅是跨文化传播，而且是文化传播。日本学者平野健一郎举的 20 世纪 60 年代美国维和部队成员向哥斯达黎加村民传授蔬菜种植技术的事例，也是同时是跨文化传播和文化传播的例子。这个传播活动在两种文化的背景下进行，是跨文化传播。对一直以种植咖啡和甘蔗为生的村民来说，"美国人队员所拥有的家庭蔬菜栽植，就是新的文化要素"，因此这也是文化传播。

有趣的是，文化传播这一现象并未得到充分的研究。尽管有少数对"文化传播"的专论，如吴信训总结了文化传播有着信息来源的多元性、传播主体的多元性、传播渠道的多元性、产生效能的渐进性、传播过程的可反复性、传播的潜移默化性等特点，庄晓东归纳了文化传播的社会性、目的性、创造性、互动性、永恒性等特点，但并未建立起足够坚实的理论基础使得文化传播成为一门学科。对文化传播的论述，大多散见于不同的学科。人类学从整个社会的文化变迁的角度，研究文化传播在其中的作用。人类学上有所谓的传播学派，即主张传播带来了文化变迁。历史学则研究不同国家、民族之间的文化传播的历史，往往称之为"文化交流"（cultural exchange）。社会学研究了所谓的"文化扩散"（cultural diffusion）。哲学学者也在研究文化传播，称之为"文化交往"。

传播学并没有专门研究文化传播的分支，传播学教材中也鲜有对文化传播的讨论。传播学者也很少认识到文化传播作为一种独特的传播现象的重要性。传播学的分支之一跨文化传播研究的重点或者是对不同文化的传播方式进行比较研究（即 cross-cultural communication），或者是如何跨越不同文化背景进行有效传播（即 intercultural communication），而不是以文化为传播内容的文化传播（cultural communication）。传播学中的"创新与扩散"研究，研究的是新的文化内容如何被接受，可以认为是对文化传播的研究的贡献。遗憾的是，这只是对文化传播的一个局部的研究。至今还没有从传播学的视角对文化传播进行全面考察的研究。

笔者认为，文化软实力作为文化传播，与传播其他内容（如外交、政治等）的软实力传播相比，主要呈现出下面这样一些特点。

在传播主体上，文化软实力传播仍然呈现多元化的特点，其中非官方的传播主体可能比其他内容的软实力传播更为活跃。显然，各种非政府组织、企业、个人在文化传播上能够比在外交传播或者政治传播上发挥更大的作用。

在传播内容上，以文化为资源的软实力传播，相比其他软实力资源（不管是外交、政治，还是经济模式、军事实力）的传播，更具亲和力，具备更丰富多彩的形式，更容易产生吸引力。

在传播渠道上，文化软实力传播与其他软实力传播有明显不同。周月亮指出，人类传播渠道有三大系统：符号系统、实物系统、人体系统。笔者认为，文化软实力传播与其他软实力传播的一个主要区别，就在于除都依赖于符号系统之外，文化软实力传播更加依赖于实物系统和人体系统。或者说，有两个渠道对文化软实力传播有独特的重要性：一个是通过文化产品进行的实物传播；另一个是以人为媒介的传播。通过展览、演出等文化活动进行的传播也是文化软实力传播的特有形式，但是可以把展览归到实物传播之中，演出归到以人为媒介的传播之中。以人为媒介的传播又可以分为两种，一种是面对面的人际传播；另一种是通过其他各种渠道把一些特定人物作为一种文化的代表性形象进行传播。

在一个国家或社会内部进行的文化传播，面对面的人际传播是非常重要的（如郝朴宁等所说："现代传播理论研究的基点是'器'，民族文化传播理论研究的基点是'人'"，或者如何华湘所说："与以物质为载体的有形文化传播相比，以人为主要载体的无形文化传播更具传播活力和创造力"）。然而，如果像奈一样，认为在跨国的文化传播中面对面的人际传播"仍然是最有效的"，这很可能是一种误导，主要有以下三个方面的原因。

第一，面对面的人际传播面临跨文化传播障碍，不一定能有效传播，实际上常常难以有效传播。

第二，面对面的人际传播成本高昂。

第三，实物传播不仅成本低，可以远距离、大规模进行，而且很可能比人际传播在一开始更有效，因为人际传播更多是精神交流，而"物质文化的利用价值比较容易判断，它与原有的意识形态没有直接冲突；而精神文化的情况恰恰相反，一种理论或观念往往打上了民族和阶级的烙印，与原有的传统的或占统治地位的意识形态有可能发生冲突，因此它的借用会遇到更多的阻力和困难"。

在传播受众上，精确定位"小众"的"窄播"在文化软实力上不像在其

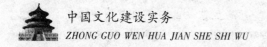

他软实力的传播中那么重要。这并不是说不需要针对受众的特点进行传播，而是说，文化资源相比其他软实力资源（如政治、外交），更具有普适性。

在传播效果上，要注意到文化软实力产生效果具有由浅入深、潜移默化的特性。文化传播产生效果往往是由浅入深的，受众往往首先被文化的外在形式所吸引或排斥。但是如果在浅层次的效果上就被排斥，则无法产生更深的效果。而如果首先被外在形式所吸引，他们就可能经过较长时间的潜移默化，而认同外在形式之下所包含的深层次的价值观和思维方式。

第三节　文化软实力的评估模型

一、动态考察文化软实力的三个维度

在"软实力的动态模型"（图2-4）的基础上，我们可以得到一个简化后的文化软实力的动态模型，如图2-5所示。

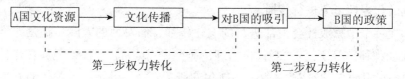

图2-5　简化的文化软实力的动态模型

甲国的文化资源通过传播对乙国民众产生吸引力，这是文化软实力的第一步权力转化。乙国民众因为甲国对其产生的吸引力，以及其他因素（如作为某个利益团体的一员），而推动乙国制定和实施对甲国有利的政策，这是软实力的第二步权力转化。

本研究中出于以下三个原因，只考虑软实力的第一步权力转化：①第一步权力转化是第二步的基础，是在考虑第二步权力转化之前必须考虑的。②第二步权力转化受到许多干扰因素的影响，很难对其进行直接考察，更难以对其进行测量。③从软实力行为主体的角度来看，它很难影响到第二步权力转化，也就是说，从为软实力行为主体提供政策建议的角度，研究第一步权力转化更为重要。

根据文化软实力的第一步权力转化，可以确定文化软实力的三个维度

（见图 2-6），即①文化资源力：甲国拥有的文化资源的丰富程度；②文化传播力：甲国对乙国进行文化传播的渠道的形式多样性、对乙国受众的影响程度（接触人数、接触频率）以及乙国受众对甲国的文化传播渠道的信任程度；③文化吸引力：甲国文化对乙国受众产生的吸引力。

考察文化软实力，需要全面考察文化软实力的三个维度。尽管文化吸引力最为重要，但它并不能反映文化软实力的第一步权力转化的全部面貌。对文化软实力的动态考察，还要求考察文化传播和文化资源力。它们同样在不同程度上代表着文化软实力。它们不仅影响

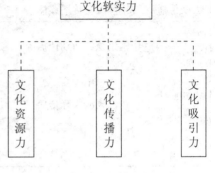

图 2-6　文化软实力的三个维度

了某一时间点上的文化吸引力，而且将持续发挥作用，影响着今后的文化吸引力。

（一）文化资源力

文化资源力代表的是文化软实力传播的内容资源。一国的文化资源越丰富，其可能对国外受众产生的吸引力就越大。但这只是一种可能。文化资源为文化软实力传播提供了内容，是文化软实力的重要组成部分，但它是否能产生吸引力，既依赖于文化传播力，还要看传播受众的接受情况，并且会受到其他干扰因素的影响。已有研究的一个倾向，就是主要用盘点一国的文化资源的方法（比如拥有世界文化遗产的数量）来评估文化软实力，这是并不准确的研究方法。

（二）文化传播力

文化传播力代表的是文化软实力传播的渠道和手段，不仅包括"硬件"部分，还包括"软件"部分。硬件部分是指电视台的数量、覆盖的人群这样的"数量"指标；软件部分则是指传播水平等"质量"指标。近年来，国内传播学界进行的国际传播能力研究对如何考察这两个方面进行了一些探索。

需要指出，文化传播力可以划分为两类，一类是可以传播任何内容的一般性的传播力；另一类是专门的传播文化内容的传播力。在后文对文化传播力进行操作化时，将同时考察这两类传播力。

表 2-2 中所列的 12 个渠道，可以作为考察甲国对乙国进行文化传播的渠道的一个理论上的参照系。

表2-2 甲国对乙国进行文化传播的12种渠道

	甲国渠道	乙国渠道	第三方渠道 （第三国、国际组织）
大众传播	甲国大众传播媒体	乙国大众传播媒体	第三方大众传播媒体
群体和组织传播	甲国组织的活动传播等	乙国组织的活动传播等	第三方组织的活动传播等
人际传播	甲国人与 乙国人的人际传播	乙国人之间的人际传播	第三方与乙国人的人际 传播
产品传播	甲国生产的体现甲国文化的产品在乙国的传播	乙国生产的体现甲国文化的产品在乙国的传播	第三方生产的体现甲国文化的产品在乙国的传播

注：互联网传播没有作为单独的传播渠道列出。大众传播、群体和组织传播、人际传播均可利用互联网进行。

（三）文化吸引力

文化吸引力代表的是文化软实力传播的效果。在这三个维度当中，文化吸引力是最重要的。只有产生了吸引力，才完成了软实力的第一步权力转化，并为第二步权力转化打下基础。

要考察文化的吸引力，可以考察文化的不同层次（要素）的吸引力。如何划分文化的不同层次，不同学者也有不同的观点。本研究大致参照霍夫斯泰德的"洋葱模型"的划分。霍夫斯泰德把文化从外向内分为四个层次。

第一个层次是符号，"指的是承载着特定含义且仅仅能被这种文化的共享者们理解的词汇、手势、图画或者物体"。符号是文化里最容易变动、复制的部分，因此处于文化的最外层。

第二个层次是英雄，"是一些人物，无论他们是在世的还是故去的，无论他们是真实的还是虚构的，他们都具有某一文化高度赞扬的品格，因此被视为行为的楷模"。

第三个层次是仪式，"是一些集体活动，虽然从技术层面看，这些行为对达到预期结果而言是多余的，但在一种文化当中，这些仪式被视为具有重要的社会意义"。

第四个层次是价值观。"文化的核心由价值观构成。价值观是一种普遍性的倾向，表现为更喜欢事物的某些特定状态而非其他状态。"

本研究认为，文化吸引力可以划分为文化符号吸引力、文化人物吸引力、文化价值观和思维方式吸引力。这样的划分对霍夫斯泰德的"洋葱模型"作了两个调整。一是把霍夫斯泰德的仪式部分合并到了文化符号之中。笔者认为，类似春节这样的独特的文化仪式，可以视为一种文化符号。二是把思维方式和价值观并列为文化的核心。包括季羡林在内的许多中国学者认为，思维方式是文化的核心，思维方式差异是东西方文化之间最根本的差异。

二、从受众角度评估文化软实力

本研究不仅全面考察文化软实力的三个维度，而且将从受众的角度对这三个维度进行评估。从受众的角度评估文化吸引力在方法上并不特别，这是评估吸引力最常采用的方法：要考察 A 对 B 是否有吸引力，去问 B 的感受。但是，评估传播力和资源力也从受众的角度来考察，是本研究的一个特色。

比如，一国平面媒体的海外发行量或者电视媒体的海外入户数，往往是评估国际传播能力的指标。但是，海外受众是否真正读了其报纸或杂志，是否真正观看了其电视节目，才是更为准确的评估指标。媒体的公信力也是传播力的一部分。如果用"一国媒体入选全球 500 强数""媒体品牌延续时间""一国媒体品牌市值"这样的指标来评估，就不如用受众是否信任一国媒体的民意调查的结果更为准确。

文化资源力评估的是一国的文化资源的丰富程度，除了可以用一国拥有的世界文化遗产的数量这样的客观指标外，同样可以用民意调查的结果来评估。文化软实力要起作用，单有文化资源是不行的，必须是对受众产生吸引力的文化资源才能真正变成软实力，而对受众产生吸引力的第一步是注意：只有受众注意到的文化资源，受众才可能进一步产生好感。

因此，本研究建立了如图 2 - 7 所示的"从传播角度评估文化软实力"的理论模型。

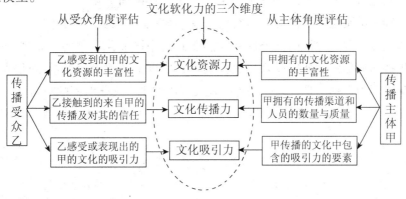

图 2 - 7　从传播角度评估文化软实力

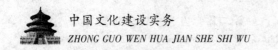

如果从传播主体甲的角度评估文化资源力,则是考察甲拥有的文化资源的丰富性;但是如果从传播受众乙的角度考察传播主体甲的文化资源力,则是乙感受到的甲的文化资源的丰富性。

如果从传播主体甲的角度评估文化传播力,则是考察甲拥有的传播渠道和人员的数量与质量等;但是如果从传播受众乙的角度考察传播主体甲的文化资源力,则是乙接触到的来自甲的传播及对其的信任度。

如果从传播主体甲的角度评估文化吸引力,则是考察甲传播的文化中包含的吸引力的要素;但是如果从传播受众乙的角度考察传播主体甲的文化吸引力,则是乙感受到的或表现出的甲的文化对其的吸引力。

二、从受众角度评估中国文化软实力

在前面讨论的基础上,本研究建立了如图 2－8 所示的从受众角度评估中国文化软实力的理论模型。

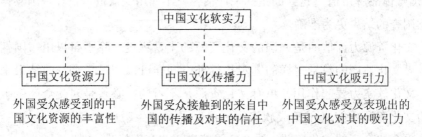

图 2－8　从受众角度评估中国文化软实力的三个维度

本研究将从三个维度评估中国文化软实力:中国文化资源力、中国文化传播力和中国文化吸引力。本研究将从受众角度对这三今维度进行评估,因此中国文化资源力评估的是外国受众感受到的中国文化资源的丰富性;中国文化传播力评估的是外国受众接触到的来自中国的传播及对其的信任度;中国文化吸引力评估的是外国受众感受及表现出的中国文化对其的吸引力。

第二章　软实力指标体系

　　本章即在这个模型的基础上，以 2013～2014 年度"中国文化印象调查"为数据来源，确定"中国文化软实力指数"综合评价体系中的具体指标及每个指标的具体计算方法，并确定缺失数据的插补方法。

第一节　数据来源

　　建立"中国文化软实力指数"，必须考虑其中的各个子指标的数据来源问题。笔者确定以 2013～2014 年度"中国文化印象调查"作为数据来源。

　　目前的大多数（文化）软实力指标体系，或者只有无法操作化的指标体系以致无法计算，或者其选取的数据不能代表指标从而存在内容效度问题，或者数据来源不一从而存在信度问题。笔者确立"从受众角度评估中国文化软实力的三个维度"之后，一方面从该理论模型出发考虑如何具体将三个维度操作化；另一方面也从数据来源的角度考虑如何操作化的问题。

　　2011 年，北京大学新闻与传播学院以关世杰和刘德寰作为首席专家的课题组（以下简称北京大学课题组），承担了文化部的"新时期中国文化国际影响力评估"课题，并在当年年底对俄罗斯、美国、德国和日本四国进行了首次"中国文化印象调查"。2013 年年底至 2014 年年初，北京大学课题组对印尼、越南、日本和韩国四国进行了第二次"中国文化印象调查"。

　　"中国文化印象调查"以四国网上数据库（online panel）为调查总体，参照四国人口总体特征进行配额抽样，共回收有效问卷 4310 份；其中印尼 1024份，越南 1023 份，日本 1225 份，韩国 1038 份。北京大学课题组认为，该调

查结果能够代表四国一般民众对中国文化的印象。

以"中国文化印象调查"为数据来源具有以下优点。

（1）该调查以"中国文化影响力"为主题，其问卷基本涵盖了笔者建立的中国文化软实力的三个维度。尽管该问卷并非以笔者的理论模型为基础而设计，但是一方面其理论基础与笔者的有较大的近似；另一方面该问卷涉及问题多，覆盖面较广，因此笔者可以从中选出足以代表中国文化软实力的三个维度的指标。

（2）笔者的理论模型强调从"受众"。角度评估中国文化软实力，该调查从亚洲四国分别回收了超过1000份的有效问卷，是迄今在这四国进行的最大的以中国文化为主题的民意调查，是迄今从受众角度评估中国文化软实力的最佳数据来源。

（3）所有指标从同一个数据来源中产生，在很大程度上保证了数据的信度

第二节　指标选取

本研究首先依据"从受众角度评估中国文化软实力的三个维度"，确定中国文化资源力、中国文化传播力和中国文化吸引力为"中国文化软实力指数"的三个一级指标。下面以"中国文化印象调查"作为数据来源，把这三个一级指标进一步操作化，确定其二级和三级指标。

一、指标选取的标准

《OECD手册》为指标选取列举了以下六个标准：相关（relevance）、准确（accuracy）、及时（timeliness）、可得（accessibility）、可释（interpretability）及一致（coherence）。本研究确定以2013～2014年度"中国文化印象调查"作为指标数据来源，首先符合及时和可得这两个标准。在确定具体指标时，笔者参照《OECD手册》的标准，还依据了以下四个主要原则。

第一，相关性。也就是说，选取的指标能够用来评估中国文化资源力、中国文化传播力和中国文化吸引力，这样保证指标体系的表面效度（face validity）。

第二，全面性。"选取的指标要尽可能覆盖评价的内容，如果有所遗漏，

评价就会出偏差",因此笔者在选取指标时,尽量包括"中国文化印象调查"中所有能够测量中国文化资源力、中国文化传播力和中国文化吸引力的数据。这是为了保证指标体系的内容效度(content validity)。内容效度指的是对我们希望测量的构念(construct,也可译为概念)的内容的包含程度,"换句话说,要测量的项目应该能够包含所能测量的所有项目"。

第三,单一指标的准确性。"中国文化印象调查"问卷中个别问题的问法使得其回答不一定前后一致,如对中国人的态度(问题 V19)就是其中一个。尽管该问题本来可以考虑作为中国文化传播力的二级指标人际传播力中的一个三级指标,但是因为其准确性问题而放弃。

第四,整个指标体系及其每个子体系的可靠性。可靠性就是信度(reliability)。在下一章将对整个指标体系及其各个子体系的内部信度(internal reliability)进行检验。检验结果也是取舍单个指标的一个考量标准。

下面说明每一个二级和三级指标的数据来源、计算方式和取值范围。在数据来源部分,注明来自"中国文化印象调查"问卷中的哪一个(或哪几个)问题。"中国文化印象调查"四国问卷主体部分问题基本相同。

二、中国文化资源力

中国文化资源力指的是中国文化资源的丰富程度,从受众角度评估,则指的是外国受众感受到的中国文化的丰富程度。

一级指标中国文化资源力(A)由一个二级指标构成,由文化符号资源力、名人资源力、名著资源力三个三级指标构成(见表2-3)。

表2-3 一级指标中国文化资源力指标构成

二级指标	三级指标	数据来源	计算方式	取值
A 中国文化资源力	A1 文化符号资源力	V2	加总	0~28
	A2 名人资源力	V10	加总	0~18
	A3 名著资源力	V11	加总	0~3

注:数据来源指该指标来自"中国文化印象调查"问卷中的哪一个问题,以下同。

"文化符号资源力"(A1)为受访者知道的以下28个中国文化符号的数量:长城、故宫、旗袍/唐装、儒家思想、道教、春节、端午节、清明节、北京大学、清华大学、大熊猫、太极图、兵马俑、鸟巢(国家体育场)、中国烹调、中华医药、中国丝绸、青花瓷、中国功夫、诗词、中国画、民歌《茉莉花》、京剧、中国园林、风水、汉字、书法、天坛。知道多少个则取值多少。

"名人资源力"（A3）指的是受访者知道的以下 18 个中国名人的数量：孔子、老子、张仲景、李白、罗贯中、毛泽东、邓小平、孙中山、梅兰芳、章子怡、成龙、莫言、宋祖英、郎朗、姚明、袁隆平、杨利伟、李嘉诚。知道多少个则取值多少。

"名著资源力"（A4）指的是受访者知道的以下三本中国名著的数量：《论语》《道德经》《三国演义》。知道多少个则取值多少。

以上三个指标测量的都是受访者心目中的中国文化资源的丰富程度，以知道的中国"文化符码"的数量来代表。文化符码（icons）跟霍夫斯泰德所说的文化符号（symbols，指"承载着某种特定含义且仅仅能被这种文化的共享者们理解的词汇、手势、图画或者物体"）还有区别，"指被人们视为代表性符号的人或事物，特别是被视为某一文化或某一运动的代表性符号的人或事物。这些人或事物通常非常有名，代表着某一套观念或某种生活方式"。

贾春增、邓瑞全指出：研究文化的传播和影响要抓住"三个关节点"：代表人物、时代精华、文献典籍。名人资源力、文化符号资源力、名著资源力可以看作这三个关节点的对应指标。

表 2 - 4 为四国在中国文化资源力的三个子指标上的得分。各国得分为该国受访者的均值。

表 2 - 4　四国在一级指标中国文化资源力的各个子指标的得分

	印尼 （N = 1024）	越南 （N = 1023）	日本 （N = 1225）	韩国 （N = 1038）	四国 （N = 4310）
A1 文化 符号资源力	24. 18 (6. 26)	25. 75 (3. 15)	23. 66 (4. 67)	24. 12 (4. 76)	24. 39 (4. 89)
A2 名人 资源力	13. 68 (5. 86)	14. 15 (4. 17)	9. 25 (4. 65)	11. 54 (4. 50)	12. 02 (5. 22)
A3 名著 资源力	1. 79 (1. 29)	2. 46 (0. 88)	1. 97 (1. 01)	2. 44 (0，77)	2. 16 (1. 05)

注：括号中数字为标准差，以下同。

可以看到，就各个指标而言：文化符号资源力（满分为28）得分都非常高，四国均在23以上；名人资源力（满分为18）是印尼和越南最高，在14左右，而日本低于10，韩国低于12；名著资源力（满分为3）则是越南和韩国得分最高，均高于2，而日本和印尼较低，均低于2。

就各个国家而言，越南在三项指标上都得分最高；印尼有三项指标均排在第二，但在名著资源力上排在最后；日本则在另外两项指标上得分最低。韩国除名著资源力排在第二外，其他两项指标均排在第三，仅高于日本。

三、中国文化传播力

中国文化传播力指的是中国对国外受众进行文化传播的渠道的形式的多样性、传播上的到达程度（接触人数、接触频率）以及国外受众对中国的文化传播渠道的信任程度。从受众角度来考察，则是考察受众对来自中国的文化传播渠道的使用情况和信任程度。

（一）中国文化传播力二级指标构成

中国文化传播力（B）这个一级指标由五个二级指标构成：大众传播力（B1）、人际传播力（B2）、商业传播力（B3）、文化产品传播力（B4）、文化活动传播力（B5）。这五个二级指标其实可以分为两大类：第一大类包括大众传播力、人际传播力和商业传播力，它们是更为一般性的传播指标；第二大类包括文化产品传播力和文化活动传播力，是更为专门的文化传播指标。

传播学上一般把传播方式分为大众传播、人际传播、群体和组织传播。本研究划分的商业传播和文化活动传播都属于群体和组织传播的范围，但在文化传播上有不同的意义：商业传播相比文化活动传播是更为间接地传递文化信息。武斌指出："文化传播中存在这样一种情况，即物质文化、技术文化的传播，其意义不仅仅局限于物质的技术的领域，它们还可能影响人们的精神世界和生活方式，甚至产生意料之外的效果。因为这些物产和技术发明，还体现了创造者、发明者的精神理念、审美趣味和价值追求，体现了他们作为某一文化共同体成员所接受的文化传统的濡染和教育。"

传播学一般不把实物传播作为重要的传播方式来研究，但在文化传播上，实物传播有着重要的意义。文化传播上的实物传播又可以分为两种：一种是更为一般性的商品传播，在这里归入到了商业传播之中；另一种是文化内涵更强的文化产品传播，这里单独列为一个二级指标。

通过互联网进行的网络传播没有列为单独的二级指标。"中国文化印象调查"考察的互联网传播基本上都属于大众传播的范畴，因此作为大众传播力的一部分。

（二）中国文化传播力二级指标：大众传播力

二级指标大众传播力（B1）由4个三级指标构成，其数据来源和计算方式如表2－5所示。

表2-5　二级指标大众传播力指标构成

三级指标	数据来源	计算方式	取值
B11 对中国传统大众媒体的使用	V25～V28	加总（只计有无，不计次数）	0～4
B12 对中国传统大众媒体的信任	V31（除V31-3）	均值	1～5
B13 对中国网络媒体的使用	V29	加总（只计有无，不计次数）	0～10
B14 对中国网络媒体的信任	V31-3	原值	1～5

"对中国传统大众媒体的使用"（B11）是指受访者在过去一年中使用过的中国传统大众媒体的种类，包括中国出版的图书、中国生产的电影、中国电视台的节目、中国国际广播电台的节目，一共四类，使用过多少类则取值多少。

"对中国传统大众媒体的信任"（B12）是指受访者对中国的五种大众媒体（新闻出版业、电视台、政府媒体、公共媒体、商业媒体）的平均信任程度，从"很不信任"到"很信任"按1～5取值。

"传统大众媒体"是相对于互联网媒体而言的。因为通过互联网的传播可以说是21世纪最引人注目的传播革命，因此把互联网传播单独考察。本指标体系中有两个三级指标考察互联网传播。

"对中国网络媒体的使用"（B13）是指受访者在过去一年中接触过的中国网站媒体，包括百度、中国网、新华网、人民网、文化产业网、中国文化网、中国日报网、网络孔子学院、中国国际广播电台网站、CCTV 大富一共10个，接触过多少个则取值多少。这些网站大多属于大众传播的传播，因此归入大众传播力。

"对中国网络媒体的信任"（B14）是指受访者对中国的互联网媒体的信任程度。从"很不信任"到"很信任"取值为1～5。

表2-6为四国在大众传播力的各个子指标上的得分。

表2-6　四国在二级指标大众传播力的各个子指标上的得分

	印尼 （N=1024）	越南 （N=1023）	日本 （N=1225）	韩国 （N=1038）	四国 （N=4310）
B11 对中国传统大众媒体的使用	1.50 (1.32)	1.59 (1.17)	0.10 (0.46)	0.64 (0.90)	0.92 (1.18)

	印尼 （N = 1024）	越南 （N = 1023）	日本 （N = 1225）	韩国 （N = 1038）	四国 （N = 4310）
B12 对中国传统 大众媒体的信任	3.85 （0.72）	3.12 （0.99）	1.79 （0.87）	2.71 （1.01）	2.81 （1.18）
B13 对中国网 络媒体的使用	4.40 （4.17）	3.05 （3.74）	0.41 （1.48）	1.18 （2.68）	2.17 （3.51）
B14 对中国网 络媒体的信任	3.89 （0.80）	2.77 （1.20）	2.01 （1.06）	2.80 （1.17）	2.83 （1.27）

可以看到，在 B11、B12 和 B13 上，都存在印尼和越南得分大大高于韩国，而韩国得分又大大高于日本的情况；在 B14 上，仍然是日本最低，但是韩国得分高于了越南。

在四个指标之间比较，可以发现印尼和越南对中国传统大众媒体的信任（B12）高于对中国网络媒体的信任（B14），但在日本和韩国是相反的趋势，即对中国网络媒体的信任要大大高于对传统大众媒体的信任。

在四个国家之间比较：印尼占据了三个子指标的第一和一个子指标的第二；越南占据了一个第一，两个第二和一个第三；韩国除在 B14 上排在第二外，在其他三个子指标上排在第三；日本则在四个子指标上都得分最低。

（三）中国文化传播力二级指标：人际传播力

二级指标人际传播力（B2）由三个三级指标构成，其数据来源和计算方式如表 2 - 7 所示。

表 2 - 7　二级指标人际传播力指标构成

三级指标	数据来源	计算方式	取值
B21 中国朋友的数量	V17	重新分段	0 ~ 3
B22 了解中国信息的人际传播渠道	V24	加总	0 ~ 3
B23 到过中国的次数	V19，V19 - 1	重新分段	0 ~ 3

"中国朋友的数量"（B21）是指拥有中国朋友的数量。在"中国文化印象调查"问卷中，原问题要求受访者回答拥有的中国朋友的具体数量，并从 0，1，2，…，30，31 及以上一共 32 个选项中选择。因此原问题回收的数据分别取值为 1 ~ 32，一共 32 种情形。按 1 ~ 32 赋值时得到的四国数据如表 2 - 8 所示。

表 2 - 8 "中国朋友的数量" (B21) 原始数据

印尼 (N = 1024)	越南 (N = 1023)	日本 (N = 1225)	韩国 (N = 1038)	四国 (N = 4310)
10.54	3.93	1.93	2.22	4.52
(10.33)	(5.28)	(2.74)	(3.39)	(6.98)

出于以下几个理由，笔者决定将原始数据重新分段。第一，从数据质量看，原始数据是不准确的。受访者如何能够准确地记住自己的中国朋友是 19 个而不是 20 个？这是问卷设计本身带来的信度问题。第二，从研究目的出发，分段的定序变量更能准确地反映"中国朋友的数量"对受访者的影响。同样是增加 1 个中国朋友，从没有中国朋友到有 1 个中国朋友的影响应该较大，但是从有 6 个中国朋友到有 7 个中国朋友的影响应该很小，因此需要重新对数据分段以反映这种不同的影响。第三，从实际数据看，没有必要考虑原变量的所有情形。从表 2 - 8 可以看出，实际上除印尼外，在其他三个国家，拥有中国朋友的数量的均值均在 4 (根据原数据编码，4 代表 3 个中国朋友)以下，其中日本和韩国都在 2 (根据原数据编码，2 代表 1 个中国朋友)左右。而且，所有受访者中有 48% 的人没有中国朋友。因此，数据本身呈现的态势也说明没有必要考虑 32 种情况。第四，重新分段后，看似从定距数据变为定序数据，损失了信息，其实原始数据也是定序数据，只是分段不同而已。原始数据因为最大值为"31 及以上"，因此并非定比或者定距数据，也是定序数据。

包括"中国朋友的数量"在内，本指标体系中共有 6 个指标基于"中国文化印象调查"中让受访者自选具体数量的问题。这 6 个指标，都出于上面说到的 4 个理由，重新分段定序。重新分段主要依据 3 个原则：第一是符合研究假设和研究目的。比如"中国朋友的数量"这个指标，研究假设认为，在中国文化传播的意义上，有 0 个中国朋友和有 1 个是不同的，因此需要分在不同的段中；而有 6 个中国朋友和有 7 个的差异是可以忽略不计的，因此可以分在同一段。第二是每段的人数不能太少，一般应在样本的 10% 以上。第三是尽量做到段与段之间的人数分布差异不要太大。因此分段时一般采取的方法是先找出中位数、四分位数等重要的百分位点，确定具体的分段方法。

对"中国朋友的数量"(B21)，最后确定为重新分段为 0 个、1 个、2～3 个、4 个及以上共 4 种情况，分别取值为 0～3。

"了解中国信息的人际传播渠道"(B22) 是指受访者在多选题"您主要是通过哪种渠道了解中国信息的"一题中对以下 3 种渠道的选择：在本国的

中国人、到中国旅游、在中餐馆。选择了多少种则取值多少。

"到过中国的次数"（B23）是指受访者到目前为止到过中国的次数，取值为 0～3，分别对应 0 次、1 次、2～3 次、4 次及以上。该指标的原始数据的取值为 0～11，分别对应 0 次、1 次、……、10 次、11 次及以上。基于跟前面讨论"中国朋友的数量"时的同样的理由，对"到过中国的次数"进行了重新分段处理。

表 2-9　为四国在人际传播力的各个子指标上的得分。

表 2-9　四国在二级指标人际传播力的各个子指标上的得分

	印尼 （N＝1024）	越南 （N＝1023）	日本 （N＝1225）	韩国 （N＝1038）	四国 （N＝4310）
B21 中国 朋友的数量	2.24 （1.14）	1.33 （1.16）	0.52 （0.93）	0.65 （0.99）	1.15 （1.25）
B22 了解中国信 息的人际传播渠道	0.87 （0.90）	0.71 （0.92）	0.18 （0.51）	0.28 （0.56）	0.49 （0.79）
B23 到过 中国的次数	0.60 （1.06）	0.51 （0.92）	0.48 （0.92）	0.57 （0.94）	0.54 （0.96）

可以看到，仅在到过中国的次数（B23）上，四国相差不大；在 B21 和 B22 上，均是印尼和越南大大高于日本和韩国，而且趋势一致，都是印尼最高、越南次之、韩国第三、日本第四。

（四）中国文化传播力二级指标：商业传播力

二级指标商业传播力（B3）由六个三级指标构成，其数据来源和计算方式如表 2-10 所示。

表 2-10　二级指标商业传播力指标构成

三级指标	数据来源	计算方式	取值
B31 知道的中国企业数量	V32	加总	0～12
B32 对中国企业的印象	V33	原值	1～5
B33 使用中国产品的频率	V34	原值	1～4

三级指标	数据来源	计算方式	取值
B34 对中国制造的评价	V35	均值	1 ~ 5
B35 看过中国商品广告次数	V34 – 1	重新分段	0 ~ 3
B36 对中国商品广告喜欢程度	V34 – 1	原值	1 ~ 5

①将问卷中的"不知道"选项按照"中立/不好不坏"赋值,即3。

"知道的中国企业数量"(B31)是指受访者知道的以下 12 个中国企业的数量:海尔、联想、华为、百度、新浪、中兴、中国银行、福田、中国国际航空公司、小肥羊、腾讯、中石化。知道多少个则取值多少。

"对中国企业的印象"(B32)是指受访者对中国企业的好感程度,"很不好""不好""不好不坏/不知道""较好""很好"五种情形,取 1 ~ 5 的值。

"使用中国产品的频率"(B33)是指受访者在日常生活中使用中国制造的产品的频繁程度,按"从未使用""很少使用""有时使用""经常使用"四种情形,取 1 ~ 4 的值。

"对中国制造的评价"(B34)是指受访者对以下八个对中国制造的评价的平均同意程度:质量好、有创新、保护资源、价格合理、有吸引力、售后服务好、享有盛誉、具有中国风格。按"很不同意""较不同意""中立/不知道""较同意""很同意"五种情形,取 1 ~ 5 的值。

"看过中国商品广告次数"(B35)是指受访者在过去一年中看过中国产品广告的次数,取值为 0 ~ 3,分别对应 0 次、1 ~ 2 次、3 ~ 6 次、7 次及以上。该指标的原始数据取值为 0 次、1 次、……、15 次、16 次及以上。基于跟前面讨论"中国朋友的数量"时的同样的理由,对这一指标进行了重新分段。

"对中国商品广告喜欢程度"(B36)是指受访者对中国产品广告的喜欢程度,按"很不喜欢""较不喜欢""中立""较喜欢""很喜欢"五种情形,取 1 ~ 5 的值。

如表 2 – 11 所示为四国在商业传播力的各个子指标上的得分。

表 2 - 11　四国在二级指标商业传播力的各个子彿标上的得分

	印尼 （N = 1024）	南 （N = 1023）	日本 （N = 1225）	韩国 （N = 1038）	四国 （N = 4310）
B31 知道的中国企业数量	3.69 （1.90）	2.50 （1.96）	2.46 （2.06）	1.46 （1.74）	2.52 （2.07）
B32 对中国企业的印象	3.86 （0.75）	3.47 （0.84）	2.13 （0.89）	2.74 （0.77）	3.01 （1.06）
B33 使用中国产品的频率	2.98 （0.83）	3.05 （0.82）	2.42 （0.90）	2.90 （0.90）	2.82 （0.90）
B34 对中国制造的评价	3.73 （0.67）	3.04 （0.88）	2.15 （0.77）	2.38 （0.75）	2.79 （0.99）
B35 看过中国商品广告次数	2.10 （0.95）	1.77 （1.12）	0.74 （1.09）	0.70 （0.98）	1.30 （1.21）
B36 对中国商品广告喜欢程度	3.57 （0.68）	2.92 （0.86）	2.49 （0.83）	2.61 （0.80）	2.88 （0.90）

可以看到，在知道的中国企业数量（B31）上，印尼最高，越南和日本较高，韩国最低；但在对中国企业的印象（B32）上，韩国则高于日本，两国仍然低于印尼和越南；在使用中国产品的频率（B33）上，印尼、越南和韩国相差不大，日本明显偏低；在对中国制造的评价（B34）上，印尼和越南则明显高于韩国和日本；在看过中国商品广告次数（B35）和对中国商品广告喜欢程度（B36）上，也是印尼和越南明显高于日本和韩国，分别在平均线的上下。

这六个指标可以认为是两两一组，分别代表企业、产品和广告。从企业和产品来看，接触类指标（B31 和 B33）在四国间的差异小于评价类指标（B32 和 B34）。但在广告上，接触类指标（B35）和评价类指标（B36）都差异较大。

在四国之间比较，除个别指标外，大的趋势仍然是印尼和越南较高，日本和韩国较低。印尼有五个指标排在第一，日本有四个指标排在第四。

（五）中国文化传播力二级指标：文化产品传播力

二级指标文化产品传播力（B4）由 4 个三级指标构成，其数据来源和计算方式如表 2 - 12 所示。

表2-12　二级指标文化产品传播力指标构成

三级指标	数据来源	计算方式	取值
B41 接触到的中国文化产品/服务的种类	V6-1	加总	0～19
B42 购买过的中国文化产品种类	V6-2	加总（只计有无，不计次数）	0～9
B43 对中国文化产品/服务感兴趣的程度	V6	均值	1～5
B44 购买中国文化产品的意愿	V6-4	原值	0～10

"接触到的中国文化产品/服务的种类"（B41）是指受访者在生活中可以接触到的以下19种中国文化产品或服务的种类：绘画、书法、手工艺品、文化展览、文化演出、图书、期刊、电视剧、电影、动漫、音像制品、纪录片、电子娱乐产品、文化旅游、中华医药、中华餐饮、广告、时尚设计产品、其他文化产品。接触到多少种则取值多少。

"购买过的中国文化产品种类"（B42）是指受访者购买过的以下9种中国文化产品的种类：图书、期刊、电影音像制品DVD、音乐制品CD、电视剧音像制品DVD、工艺美术品、动漫游戏产品、中国原创玩具、中国字画。购买过多少种则取值多少。

"对中国文化产品/服务感兴趣的程度"（B43）是指对18种中国文化产品和服务的平均兴趣。这18种为前面提到的19种中除去"其他文化产品"一项。按"很不感兴趣""较不感兴趣""中立""较感兴趣""很感兴趣"分别取值1～5。

"购买中国文化产品的意愿"（B44）是指受访者购买中国文化产品的意愿，在"没有"和"非常强烈"两个极端之间，赋予0～10的值。

如表2-13所示为四国在文化产品传播力的各个子指标上的得分。可以看到，这四个指标考察的内容非常相关，因此共同的趋势也很明显，都是印尼和越南较高（高过均值），日本和韩国最低（低于均值）。印尼有三个指标最高，越南有一个指标最高；日本四个指标都最低。

表2-13 四国在二级指标文化产品传播力的各个子指标上的得分

	印尼 (N=1024)	越南 (N=1023)	日本 (N=1225)	韩国 (N=1038)	四国 (N=4310)
B41 接触到的中国文化产品/服务的种类	5.86 (3.89)	7.18 (3.89)	2.58 (2.17)	4.60 (3.42)	4.94 (3.79)

	印尼 （N = 1024）	越南 （N = 1023）	日本 （N = 1225）	韩国 （N = 1038）	四国 （N = 4310）
B42 购买过的中国 文化产品种类	5.69 （3.11）	5.24 （2.84）	1.07 （2.10）	2.19 （2.89）	3.42 （3.38）
B43 对中国文化产品/ 服务感兴趣的程度	3.75 （0.60）	3.48 （0.70）	2.45 （0.85）	2.90 （0.75）	3.11 （0.90）
B44 购买中国文化产 品的意愿	6.06 （2.43）	5.37 （2.73）	2.61 （2.40）	3.93 （2.42）	4.40 （2.84）

（六）中国文化传播力二级指标：文化活动传播力

二级指标文化活动传播力（B5）由两个三级指标构成，其数据来源和计算方式如表2-14所示。

表2-14　二级指标文化活动传播力指标构成

三级指标	数据来源	计算方式	取值
B51 了解中国信息的文化活动渠道	V24	加总	0~3
B52 参加过的中国文化活动种类	V21~V23	加总	0~3

"了解中国信息的文化活动渠道"（B51）是指受访者在多选题"您主要是通过哪种渠道了解中国信息的"一题中对以下三种渠道的选择：中国文艺团体在本国的演出、孔子学院、中国文化中心。选择了多少种则取值多少。

"参加过的中国文化活动种类"（B52）是指受访者对以下三个问题给出的肯定回答的个数：是否参加过中国与贵国之间的文化交流活动、是否观看过以中国文化为主题的展览、是否在剧场中观看过来自中国的或中国艺术家的演出。

如表2-15所示为四国在文化活动传播力的各个子指标上的得分。

表2-15　四国在二级指标文化活动传播力的各个子指标上的得分

	印尼 （N = 1024）	越南 （N = 1023）	日本 （N = 1225）	韩国 （N = 1038）	四国 （N = 4310）
B51 了解中国信息 的文化活动渠道	0.52 （0.77）	0.28 （0.61）	0.03 （0.25）	0.09 （0.34）	0.22 （0.56）
B52 参加过的中国 文化活动种类	1.05 （1.08）	0.96 （1.14）	1.12 （0.45）	0.45 （0.83）	0.90 （0.94）

可以看到，四国在这两个指标上得分都很低，尽管满分为3分，但均值都不超过1。在四国之间比较，仍然是印尼和越南较高，日本和韩国较低。印尼和越南在两个指标上分别都排在第一和第二。日本和韩国则在两个指标上分别排在最后。

四、中国文化吸引力

中国文化吸引力指的是中国文化从外到内的各层要素对国外受众的吸引力。从受众角度来考察，则主要是考察受众对中国文化要素在观念上的认同、情感上的喜欢和行为上的实践。

（一）中国文化吸引力二级指标构成

中国文化吸引力（C）这个一级指标由四个二级指标构成：文化符号吸引力（C1）、文化名人吸引力（C2）、价值观与思维方式吸引力（C3）、文化总体吸引力（C4）。

这个构成方式大致对应霍夫斯泰德的文化的"洋葱"模型中的符号、英雄、仪式、价值观四个部分，不同之处主要有以下三点。

第一，去掉了仪式。去掉仪式的最主要的原因是"中国文化印象调查"缺乏相关的问题。跟仪式最明显相关的问题是一个问是否参加过春节活动的问题。次要原因是笔者认为仪式在很大程度上可以归入符号。这里的文化符号影响力所使用的文化符号概念实际上比霍夫斯泰德对符号的界定更广，更接近赵志裕和康萤仪所说的文化符码的概念，但又比文化符码的概念相对窄一些，因为不包括人物。

第二，在价值观中加入了思维方式。笔者赞同许多学者的主张，思维方式是文化的核心。思维方式可能比价值观更为核心，至少也应该跟价值观并列为文化的核心层。

第三，加入了总体吸引力。"中国文化印象调查"中有两个问题涉及对中国文化的总体评价。相关问题构建的总体吸引力。其中一个问题要求受访者在九个维度上对中国文化进行总体评价；另一个问题要求受访者从十几个国家中选出最多五个国家，其文化是受访者喜欢的。这两个问题都是从某个角度对中国文化进行总体评价，应该视为中国文化吸引力的指标。

（二）中国文化吸引力二级指标：文化符号吸引力

二级指标文化符号吸引力（C1）由八个三级指标构成，其数据来源和计算方式如表2-16所示。

表2-16　二级指标文化符号吸引力指标构成

三级指标	数据来源	计算方式	取值
C11 对汉字的态度	V2-26	原值，需插补缺失值	1~5
C12 学习汉语的行动	V5	原值	1~3
C13 对中餐的态度	V7	原值	1~5
C14 吃中餐的次数	V7-1	重新分段	0~7
C15 对中国武术的态度	V9	原值	1~5
C16 练中国武术的次数	V9-2	重新分段	0~2
C17 对中医药的态度	V8	原值	1~5
C18 使用中医药的次数	V8-1	重新分段	0~2

汉语对于中国文化传播的重要性似乎是不言而喻的。有人认为汉语的意义在于作为中国文化的传播渠道。笔者认为，汉语的意义更多地还是作为文化符号或者文化符码。在文化符号吸引力中，除了一对考察汉字（汉语）的吸引力的指标，还各自有一对指标考察另外三个文化符码：中餐、功夫（中国武术）、中医药。

"对汉字的态度"（C11）考察受访者对汉字的喜欢程度，从"很不喜欢"到"很喜欢"分别取值为1~5（需要指出的是，这个指标有缺失值，本研究对缺失值进行了插补，插补方法将在本章稍后说明）。"学习汉语的行动"（C12）考察受访者学习汉语的行为，分为由浅入深的三种情形，"没学过，不想学""没学过，但将来想学""学过"，按1~3分别取值。

"对中餐的态度"（C13）考察受访者对中餐的喜欢程度，从"很不喜欢"到"很喜欢"分别取值为1~5。"吃中餐的次数"（C14）考察受访者每年吃中餐的次数。"中国文化印象调查"出于对不同国家民众因为经济水平不同因而吃中餐次数可能有较大差异的考虑，在韩国和日本问的是每月吃中餐次数，在印尼和越南问的是每年吃中餐次数，但是所给的选项都是32项，即0次、1次、……、30次、31次及以上，因此首先需要把韩国和日本的数据都乘以12之后，然后基于上文讲述过的理由，进行重新分段处理。最后分为8段，分别取值为0~7：0为0次，1为1~3次，2为4~9次，3为10~12次，4为13~24次，5为25~31次，6为36~60次，7为72~372次及以上。

"对中国武术的态度"（C15）考察受访者对中国武术的喜欢程度，从"非常不喜欢"到"非常喜欢"分别取值为1~5。"练中国武术的次数"

（C16）考察受访者在过去一年中练习中国武术的次数。尽管原问卷给出了从 0 到 31 次及以上的 32 个选项，但是大多数的人的选择都是 0。基于前面提过的理由，对原问卷回收的数据进行了重新分段处理，分为 3 段，分为 0 次、1~3 次、4 次及以上，分别取值 0~2。

"对中医药的态度"（C17）考察受访者对中医药的信任程度，即受访者认为中医药能治疗疾病的程度，从"根本不能"到"很能"分别取值为 1~5。"使用中医药的次数"（C16）考察受访者在过去一年中使用中医药的次数。尽管原问卷给出了从 0 到 31 次及以上的 32 个选项，但是大多数的人的选择都是 0。基于前面提过的理由，对原问卷回收的数据进行了重新分段处理，分为 3 段，分为 0 次、1~3 次、4 次及以上，分别取值 0~2。

如表 2 - 17 所示为四国在文化符号吸引力的各个子指标上的得分。

表 2 - 17　四国在二级指标文化符号吸引力的各个子指标上的得分

	印尼 （N = 1024）	越南 （N = 1023）	日本 （N = 1225）	韩国 （N = 1038）	四国 （N = 4310）
C11 对汉字的态度	3.70 (0.85)	3.28 (1.08)	3.47 (0.89)	2.96 (1.00)	3.35 (0.99)
C12 学习汉语的行动	2.22 (0.57)	2.06 (0.67)	1.50 (0.73)	2.08 (0.71)	1.94 (0.73)
C13 对中餐的态度	4.02 (0.92)	3.82 (1.01.)	4.38 (0.92)	3.65 (0.89)	3.99 (0.97)
C14 吃中餐的次数	2.77 (1.63)	1.78 (1.43)	4.52 (2.06)	4.24 (2.20)	3.39 (2.18)
C15 对中国武术的态度	4.19 (0.77)	4.11 (1.00)	3.07 (1.11)	3.04 (1.03)	3.58 (1.13)
C16 练中国武术的次数	0.77 (0.88)	0.51 (0.75)	0.04 (0.26)	0.13 (0.42)	0.35 (0.68)
C17 对中医药的态度	4.13 (0.71)	4.01 (0.84)	3.72 (1.03)	3.27 (0.91)	3.78 (0.95)
C18 使用中医药的次数	0.70 (0.80)	0.63 (0.75)	0.26 (0.59)	0.19 (0.51)	0.44 (0.71)

可以看到，在对汉字的态度（C11）上，除韩国略低于"中立"外，其他三国都在"中立"和"较喜欢"之间；在学习汉语的行动（C12）上，除日本是在"没学过，不想学"和"没学过，但将来想学"之间外，其他三国都在"没学过，但将来想学"和"学过"之间。日本在对汉字的态度上排名第二，但是在学习汉语的行动上排名最低，表明对汉字的态度和行动也许并不非常相关。

对中餐的态度（C13）上，四国平均值基本等于"较喜欢"，印尼略高于平均值，日本高于平均值较多，越南、韩国低于平均值。四国对中餐的态度均高于对汉字的态度。吃中餐的次数（C14）上，日本和韩国均大大高于印尼和越南。在C13和C14两个指标上，四国排名趋势接近，均为日本第一、越南第四，印尼和韩国则轮流占据第二和第三。

对中国武术的态度（C15）上，印尼和越南较高，略高于"喜欢"；日本和韩国较低，略高于"中立"。练中国武术的次数（C16）也是印尼和越南较高，日本和韩国较低。在C15上韩国排名最后，在C16上日本排名最后，在两个指标上都是印尼第一，越南第二。

对中医药的态度（C17）上，印尼和越南较高，略高于认为中医药"较能"治病；日本和韩国较低，均在"中立"和"较能"之间。使用中医药的次数（C18）上，四国排名与对中医药的态度一致，均为印尼第一、越南第二、日本第三、韩国第四。

这八个指标可以按两两对应分为四组，分别测量的是对汉字、中餐、武术、中医的态度和行为。在态度和行为之间的相关性到底如何？对这四组指标分别进行两两之间的相关分析，发现它们全都是显著相关的，但是汉字的态度和行为之间的相关性明显低于其他三组指标（见表2-18）。

表2-18 中国文化符号的态度与行为之间的相关性

	相关系数（Kendall's tau-b）	显著性（P）
汉字	0.190	0.000
中餐	0.356	0.000
武术	0.355	0.000
中医	0.344	0.000

值得一提的是，尽管中餐、武术和中医的态度和行为之间的相关系数的大小很接近，但是在第4章的因子分析中，只是发现了"中餐因子"而没有

发现"武术因子"或者"中医因子",这说明中餐的态度和行为之间的相关性仍然有其独特之处。

(三) 中国文化吸引力二级指标: 文化名人吸引力

二级指标文化名人吸引力 (C2) 由六个三级指标构成,其数据来源和计算方式如表 2 – 19 所示。

表 2 – 19　二级指标文化名人吸引力指标构成

三级指标	数据来源	计算方式	取值
C21 对孔子的态度	V10 – 1	原值,需插补缺失值	1 ~ 5
C22 对老子的态度	V10 – 2	原值,需插补缺失值	1 ~ 5
C23 对成龙的态度	V10 – 11	原值,需插补缺失值	1 ~ 5
C24 对章子怡的态度	V10 – 10	原值,需插补缺失值	1 ~ 5
C25 对毛泽东的态度	V10 – 6	原值,需插补缺失值	1 ~ 5
C26 对邓小平的态度	V10 – 7	原值,需插补缺失值	1 ~ 5

名人是霍夫斯泰德的文化模型中所说的"英雄",是赵志裕和康萤仪所说的文化符码中的"角色榜样"。"角色榜样的公共表征都是理想化的传奇人物,能体现出某一文化高度认可的美德。"

我们选取了受访者对孔子、老子、成龙、章子怡、毛泽东、邓小平六个中国名人的态度作为文化名人吸引力下面的三级指标。对孔子的态度 (C21) 是指受访者对孔子的喜欢程度,从"很不喜欢"到"很喜欢",按 1 ~ 5 赋值。对老子等其他五位名人的态度同样取值。

选取这六个名人的最大的理由是其代表性:他们不仅分别代表了中国文化的源头和在当今的体现,而且代表了中国文化最深层次的价值观和思维方式(孔子和老子)、在制度层面的体现(毛泽东和邓小平)和在流行文化(电影)上的体现(章子怡和成龙)。他们的代表性还体现在他们是在四国受访者中知名程度最高的六个中国人物。因此,在四国受访者心目中,无论有意无意,这六位名人在很大程度上是中国文化的代表。

选取这六个名人还有一个技术上的理由:这六个三级指标有缺失值,需要插补,而因为这六个名人知名度最高,需要插补的缺失值最少(详见下文缺失值插补部分)。

如表 2 – 20 所示为对缺失值插补之后的四国在文化名人吸引力的各个子指标上的得分。

表 2-20　四国在二级指标文化名人吸引力的各个子指标上的得分

	印尼 （N=1024）	越南 （N=1023）	日本 （N=1225）	韩国 （N=1038）	四国 （N=4310）
C21 对孔子 的态度	3.72 (0.75)	4.14 (0.93)	3.40 (0.85)	3.40 (0.95)	3.65 (0.92)
C22 对老子 的态度	3.70 (0.74)	3.78 (0.96)	3.30 (0.80)	3.29 (0.92)	3.50 (0.88)
C23 对成龙 的态度	4.57 (0.66)	4.51 (0.79)	3.57 (1.12)	4.04 (0.90)	4.14 (0.99)
C24 对章子 怡的态度	4.11 (0.80)	3.81 (0.99)	3.32 (0.95)	3.48 (1.01)	3.66 (0.99)
C25 对毛泽 东的态度	3.46 (0.92)	3.25 (1.20)	2.29 (1.02)	2.46 (0.93)	2.83 (1.14)
C26 对邓小 平的态度	3.49 (0.84)	3.02 (1.11)	2.52 (1.02)	2.60 (0.91)	2.89 (1.05)

可以看到，在对孔子的态度（C21）上，除越南在"较喜欢"和"喜欢"之间外，其他三国均在"无所谓"和"较喜欢"之间。对老子的态度（C22）则四国都在"无所谓"和"较喜欢"之间。对成龙的态度（C23）除日本在"无所谓"和"较喜欢"之间外，其他三国都在"较喜欢"和"喜欢"之间。对章子怡的态度（C24）则明显低于对成龙的态度，除印尼在"较喜欢"和"喜欢"之间外，其他三国均在"无所谓"和"较喜欢"之间。对毛泽东的态度（C25）和对邓小平的态度（C26）则明显低于对前面四位名人的态度，且分布趋势相似，都是印尼和越南较高，在"无所谓"和"较喜欢"之间，而日本和韩国较低，在"较不喜欢"和"无所谓"之间。

六位名人按其吸引力的均值可以分为三个档次：成龙得分最高，在"较喜欢"和"喜欢"之间；章子怡、孔子和老子为第二档次，在"无所谓"和"较喜欢"之间，章子怡和孔子得分相近，略高于老子；毛泽东和邓小平得分接近，为第三档次，在"较不喜欢"和"无所谓"之间。

在四国之间比较，都是印尼和越南的打分要高于日本和韩国的打分。越南对孔子和老子的喜欢程度最高，印尼对成龙、章子怡、毛泽东、邓小平的喜欢程度最高。日本对孔子的喜欢程度与韩国一样，对老子的喜欢程度略高于韩国，对成龙、章子怡、毛泽东、邓小平的喜欢程度最低。

（四）中国文化吸引力二级指标：价值观与思维方式吸引力

二级指标价值观与思维方式吸引力（C3）由 4 个三级指标构成，其数据来源和计算方式如表 2 – 21 所示。

表 2 – 21　二级指棕价值观与思维方式吸引力指标构成

三级指标	数据来源	计算方式	取值
C31 对中国传统价值观的认同	V12（除 V12 – 12，V12 – 13）	均值	0 ~ 10
C32 对中国思维方式的认同	V12 – 12，V12 – 13	均值	0 ~ 10
C33 认为中国人对中国传统价值观的认同	V16（除 V16 – 12，V16 – 13）	均值	0 ~ 10
C34 认为中国人对中国思维方式的认同	V16 – 12，V16 – 13	均值	0 ~ 10

价值观和思维方式是文化的核心，因此，价值观和思维方式的吸引力是文化吸引力的核心。但是如何把价值观和思维方式的吸引力操作化，不是一件容易的事情。在"中国文化印象调查"中，有三个大问题涉及价值观和思维方式。一个问题（V13 – 15）问的是受访者是否认同国家、社会、公民三个层面上的"社会主义核心价值观"。另外两个问题问的是中国传统文化价值观和思维方式。本研究决定只把后面两个问题列入指标内容，而不包括"社会主义核心价值观"的内容，因为笔者认为"社会主义核心价值观"不是中国文化价值观的核心。2013 年 8 月，现任中共中央总书记习近平指出："讲清楚中华优秀传统文化是中华民族的突出优势，是我们最深厚的文化软实力。"笔者认为，中华优秀传统文化中的价值观是这种突出优势的核心。

"中国文化印象调查"列出了 14 种传统文化价值观和思维方式，分别问受访者是否赞同，以及认为中国人是否赞同，给出了从 0（非常不赞同）到 10（非常赞同）的 11 个选项要求受访者选择。以这两个问题的数据为基础，本研究将两种思维方式和 12 种价值观分开，得出"价值观与思维方式吸引力"的四个三级指标。

"对中国传统价值观的认同"（C31）是指受访者对以下 12 种中国传统价值观的平均赞同程度：仁、恕、孝、礼、义、和而不同、天人合一、共同富裕、和谐世界、以人为本、集体主义、人类责任。从"非常不赞同"到"非常赞同"取值 0 ~ 10。

"对中国思维方式的认同"（C32）是指受访者对辩证思维与综合思维这两种中国思维方式的平均赞同程度，从"非常不赞同"到"非常赞同"取值 0 ~ 10。

选择以上这两个指标有两个理论上的理由：第一是共享的价值观和思维

方式是文化传播的基础。任何跨文化传播，当然也包括跨文化的文化传播在内，尽管是跨越文化差异的传播，但是如果没有一定的共享之处，是难以实现有效传播的。关世杰强调指出了共享价值观在跨文化传播中的重要性。但是，如果只有第一个理由，则共享价值观和共享思维方式应该归到中国文化传播力之中。第二个理由更加重要，就是可以认为国外受访者对这些价值观和思维方式的认同是中国文化的吸引力的结果。尽管在少数的价值观上也许会有争议，但是大多数人会同意，这14种价值观和思维方式中的绝大多数，是中国传统文化中深层次的要素。它们是中国的文化基因，而且在儒家文化圈的亚洲国家中有广泛影响。亚洲四国的受访者对它们的认同，就是中国文化吸引力的体现。

"认为中国人对中国传统价值观的认同"（C33）是指受访者认为中国人对上述12种中国传统价值观的平均赞同程度，从"非常不赞同"到"非常赞同"取值0～10。

"认为中国人对中国思维方式的认同"（C34）是指受访者认为中国人对辩证思维与综合思维这两种中国思维方式的平均赞同程度，从"非常不赞同"到"非常赞同"取值0～10。

选择这两个指标的理由，是进一步确认前面选择的两个指标是否确实体现了中国文化吸引力。如果受访者认同上述的14种价值观和思维方式，却不认为中国人认同它们，那就难以肯定他们对这些价值观和思维方式的认同是中国文化的吸引力。

表2－22为四国在价值观与思维方式吸引力的各个子指标上的得分。

表2－22　四国在二级指标价值观与思维方式吸引力的各个子指标上的得分

	印尼 （N = 1024）	越南 （N = 1023）	日本 （N = 1225）	韩国 （N = 1038）	四国 （N = 4310）
C31 对中国传统价值 观的认同	8.55 （1.65）	8.22 （2.11）	6.96 （2.08）	6.79 （2.00）	7.60 （2.11）
C32 对中国思维方式 的认同	8.51 （1.76）	7.84 （2.31）	6.68 （2.20）	6.32 （2.22）	7.30 （231）
C33 认为中国人对中 国传统价值观的认同	8A9 （1.71）	6.95 （2.65）	4.05 （2.49）	5.12 （2.34）	5.98 （2.84）
C34 认为中国人对中 国思维方式的认同	8.19 （1.86）	7.02 （2.75）	3.88 （2.70）	5.03 （2.48）	5.93 （3.01）

①需要指出的是，针对本指标涉及的问题，"中国文化印象调查"对印尼、越南、日本三国回收的数据的选项是 0~10 分，韩国却是 0~9 分。为了便于比较，这里对韩国所有的数据乘以 10/9，转化为了 0~10 分。

可以看到，四国在对中国传统价值观的认同（C31）和对中国思维方式的认同（C32）上都得分较高，在满分为 10 分的情况下分别得分为 7.60 和 7.30。其中，印尼和越南的得分又明显高于日本和韩国，总的趋势都是印尼第一（高于 8 分）、越南第二、日本第三、韩国第四（高于 6 分）。

四国在认为中国人对中国价值观的认同（C33）和认为中国人对中国思维方式的认同（C34）上分歧较大。在这两个指标上，总的趋势都是印尼第一（高于 8 分）、越南第二、韩国第三、日本第四（4 分左右），最高和最低分之间的差距增大。

这四个指标呈现的另一个趋势是四国在 C31 上的得分均高于 C32，在 C33 上的得分大多高于 C34，即他们都认为自己比中国人更赞同中国传统价值观和思维方式。这个让人对中国文化软实力的传播不容乐观的结果，正好说明了把这四个指标都包括进指标体系的意义。

（五）中国文化吸引力二级指标：文化总体吸引力

二级指标文化总体吸引力（C4）由两个三级指标构成，其数据来源和计算方式如表 2-23 所示。

表 2-23 二级指标文化总体吸引力指标构成

三级指标	数据来源	计算方式	取值
C41 总体评价中国文化	V39	均值	1~5
C42 比较评价中国文化	V40	见下文说明	0~100%

"总体评价中国文化"（C41）是指受访者在以下 9 个维度上对中国文化的总体评价的平均分数：中国是有吸引力的而非没吸引力的，是包容的而非排外的，是有活力的而非衰落的，是灿烂的而非平淡无奇的，是多元的而非单一的，是爱好和平的而非侵略性的，是有价值的而非无价值的，是创新的而非守旧的，是和谐的而非不和谐的。按"很不同意"到"很同意"分别取值 1~5。

"比较评价中国文化"（C42）则是在比较中对中国文化进行总体评价，指的是中国文化在受访者喜欢的国家文化中所占的比重，取值从 0~100%。

该指标来自"中国文化印象调查"中的问题 V40，问的是：在以下各国文化中，您喜欢哪些国家的文化？（最多选 5 个）一共列有 14 个国家和其他选项。受访者不能选择本国。本指标的计算方式是：如果受访者选择的国家中没有包括中国，则得分为0；如果受访者选择了中国，则看受访者一共选择了几个国家，以1除以受访者选择的国家数目，计算中国所占的百分比。比如，如果受访者只选择了1个国家，就是中国，则得分100%（或者记为1）；如果受访者选择了4个国家，其中包括中国，则得分25%（或者记为0.25）。

如表2-24所示为四国在文化总体吸引力的各个子指标上的得分。

表2-24 四国在二级指标文化总体吸引力的各个子指标上的得分

	印尼 （N = 1024）	越南 （N = 1023）	日本 （N = 1225）	韩国 （N = 1038）	四国 （N = 4310）
C41 总体评价中国文化	3.68 (0.74)	3.16 (0.87)	2.52 (0.92)	2.88 (0.78)	3.03 (0.94)
C42 比较评价中国文化	0.15 (0.15)	0.09 (0.13)	0.02 (0.08)	0.05 (0.11)	0.08 (0.13)

可以看到，四国在这两个指标上的分布趋势一致，都是印尼最高，越南次之，韩国第三，日本第四。在"总体评价中国文化"（C41）上，四国总的平均分略高于"中立"，印尼和越南的评价高于"中立"，韩国和日本的评价低于"中立"。在"比较评价中国文化"（C42）上，四国的平均分是0.08，说明中国文化作为受访者喜欢的文化的比率不高。但是这个"不高"的比率相对于其他国家又是什么情况？四国受访者喜欢哪些国家的文化呢？同样根据"中国文化印象调查"的问题V40，计算其15个选项的获选隋况，得出如表2-25所示的结果。

表2-25 四国受访者最喜欢的国家的文化（%）

	四国总体	印尼	越南	日本	韩国
日本	60.4	66.0	70.3	80.3	21.6
韩国	34.9	37.8	46.8	4.7	56.1
法国	34.3	14.7	36.8	38.0	46.6
英国	33.5	18.0	29.7	38.7	46.6
中国	31.7	60.4	41.4	8.2	21.6
美国	30.2	13.5	35.5	30.4	41.0
德国	23.6	10.8	11.1	32.1	38.6

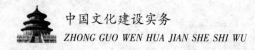

	四国总体	印尼	越南	日本	韩国
印尼	23.1	86.8	1.8	5.0	2.5
越南	22.0	2.2	76.3	6.0	6.7
印度	12.4	13.5	18.4	7.3	11.5
俄罗斯	8.2	2.1	16.2	3.8	11.8
巴西	7.4	4.6	9.3	6.8	9.1
其他	7.1	3.5	3.8	11.1	9.0
沙特	6.4	23.1	0.4	1.1	2.2
南非	1.3	0.5	0.8	0.6	3.7

注：最左边一列为按受四国总体喜欢程度高低顺序排列的 15 个选项，其对应的每行数字为喜欢它的文化的受访者在四国总体及每一国的比例。因为可以多选，所以每一列总和超过 100%。

总的来看，四国受访者最喜欢的五国文化依次是日本、韩国、法国、英国和中国。美国、德国和俄罗斯等排在了中国后面。分国家来看，四国受访者最喜欢的都是自己国家的文化。印尼受访者最喜欢的五国文化依次是印尼、日本、中国、韩国和沙特；越南受访者是越南、日本、韩国、中国和法国；日本受访者是日本、英国、法国、德国和美国；韩国受访者是韩国、英国、法国（与英国并列）、美国和德国。

这个结果有这样几点值得注意：①中国文化在这四国的吸引力并不很大，仅在印尼和韩国进入了前五名。②美国文化在这四国的吸引力也并不是很大，仅在日本和韩国进入了前五名，但在这两国均比中国文化更受欢迎。③日本文化是印尼和越南最受欢迎的外国文化，均排在中国文化之前。④韩国文化也不容小觑，在印尼受欢迎程度在中国之后，但在越南居中国之前。⑤法、英作为欧洲两大文化强国，其文化在日本和韩国的受欢迎程度不仅超过中国，也超过美国。

"中国文化印象调查"还调查了受访者最喜欢的外国（V41），只允许受访者选择 1 个国家，不能选择本国，可以是文化之外的理由。"国家吸引力"和"国家文化吸引力"不是同样的概念，但肯定在很大程度上有交叉。如表 2 - 26 所示为四国受访者最喜欢的外国的结果。

表 2 - 26　四国受访者最喜欢的外国（％）

	四国总体	印尼	越南	日本	韩国
日本	17.3	33.2	32.5	0.0	7.2
美国	16.5	5.1	13.3	23.9	22.4
中国	11.1	27.0	12.0	1.7	5.8
英国	10.5	3.8	6.5	15.3	15.5
法国	9.9	2.2	8.5	12.9	15.1
其他	9.3	2.1	2.0	21.9	8.7
德国	9.1	3.7	2.3	14.1	15.3
韩国	6.0	9.7	12.4	2.7	0.0
印度	2.2	3.0	1.8	1.4	2.8
俄罗斯	2.2	1.0	5.4	0.6	2.1
沙特	2.0	7.3	0.5	0.2	0.4
巴西	1.6	1.2	1.9	1.7	1.4
越南	1.4	0.7	0.0	2.2	2.5
印尼	0.5	0.0	0.4	1.2	0.2
南非	0.3	0.0	0.6	0.2	0.6

注：最左边一列为按四国总体喜欢程度高低顺序排列的 15 个选项，其对应的每行数字为喜欢它的受访者在四国总体及每一国的比例。因为不能多选，所以每一列总和为 100％。

日本、美国、中国、英国和法国是最受四国受访者喜欢的外国。对四国受访者总体来说，中国和美国的"国家吸引力"大于"国家文化吸引力"；日本不论是"国家文化吸引力"还是"国家吸引力"都高居第一；韩国的"国家文化吸引力"高于"国家吸引力"。

本研究建立的"中国文化软实力指数"将主要比较中国文化软实力在不同受众国家的情况，与其他国家的文化软实力比较不是本研究的重点内容，因此这里不再展开论述。

五、对指标选取的小结

上面介绍了构成"中国文化软实力指数"的各个一级、二级、三级指标的构成和来源，并对各指标的数据分布做了简单描述。单纯依靠其中任何一个指标，都无法全面地概括和比较中国文化软实力在各个国家的总体情况，

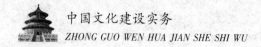

所以构建了这个综合评价的多指标体系。如表 2 – 27 所示是这个指标体系的全貌。

表 2 – 27 "中国文化软实力指数"综合评价多指标体系

一级指标	二级指标	三级指标	数据来源	计算方式	取值
A 中国文化资源力	A 中国文化资源力	A1 文化符号资源力	V2	加总	0 ~ 28
		A2 名人资源力	V10	加总	0 ~ 18
		A3 名著资源力	V11	加总	0 ~ 3
B 中国文化传播力	趴大众传播力	B11 对中国传统大众媒体的使用	V25 ~ V28	加总*	0 ~ 4
		B12 对中国传统大众媒体的信任	V31（除 V31 – 3）	均值*	1 ~ 5
		B13 对中国网络媒体的使用	V29	加总*	0 ~ 10
		B14 对中国网络媒体的信任	V31 – 3	原值*	1 ~ 5
	B2 人际传播力	B21 中国朋友的数量	V17	重新分段	0 ~ 3
		B22 了解中国信息的人际传播渠道	V24	加总	0 ~ 3
		B23 到过中国的次数	V19，V19 – 1	重新分段	0 ~ 2
	B3 商业传播力	B31 知道的中国企业数量	V32	加总	0 ~ 2
		B32 对中国企业的印象	V33	原值*	1 ~ 5
		B33 使用中国产品的频率	V34	原值	1 ~ 4
		B34 对中国制造的评价	V35	均值*	1 ~ 5
		B35 看过中国商品广告次数	V34 – 1	重新分段	0 ~ 3
		B36 对中国商品广告喜欢程度	V34 – 1	原值	1 ~ 5
	B4 文化产品传播力	B41 接触到的中国文化产品/服务的种类	V6 – 1	加总	0 ~ 19
		B42 购买过的中国文化产品种类	V6 – 2	加总*	0 ~ 9
		B43 对中国文化产品/服务感兴趣的程度	V6	均值	1 ~ 5
		B44 购买中国文化产品的意愿	V6 – 4	原值	0 ~ 10
	B5 文化活动传播力	B51 了解中国信息的文化活动渠道	V24	加总	0 ~ 3
		B52 参加过的中国文化活动种类	V21 ~ V23	加总	0 ~ 3

一级指标	二级指标	三级指标	数据来源	计算方式	取值
C 中国文化吸引力	C1 文化符号吸引力	C11 对汉字的态度	V2 – 26	原值 * *	1 ~ 5
		C12 学习汉语的行动	V5	原值	1 ~ 3
		C13 对中餐的态度	V7	原值	1 ~ 5
		C14 吃中餐的次数	V7 – 1	重新分段	0 ~ 7
		C15 对中国武术的态度	V9	原值 *	1 ~ 5
		C16 练中国武术的次数	V9 – 2	重新分段	0 ~ 2
		C17 对中医药的态度	V8	原值 *	1 ~ 5
		C18 使用中医药的次数	V8 – 1	重新分段	0 ~ 2
	C2 文化名人吸引力	C21 对孔子的态度	V10 – 1	原值 * *	1 ~ 5
		C22 对老子的态度	V10 – 2	原值 * *	1 ~ 5
		C23 对成龙的态度	V10 – 11	原值 * *	1 ~ 5
		C24 对章子怡的态度	V10 – 10	原值 * *	1 ~ 5
		C25 对毛泽东的态度	V10 – 6	原值 * *	1 ~ 5
		C26 对邓小平的态度	V10 – 7	原值 * *	1 ~ 5
	C3 价值观与思维方式吸引力	C31 对中国传统价值观的认同	V12（除 V12 – 12，V12 – 13）	均值	0 ~ 10
		C32 对中国思维方式的认同	V12 – 12，V12 – 13	均值	0 ~ 10
		C33 认为中国人对中国传统价值观的认同	V16（除 V16 – 12，V16 – 13）	均值	0 ~ 10
		C34 认为中国人对中国思维方式的认同	V16 – 12，V16 – 13	均值	0 ~ 10
	C4 文化总体吸引力	C41 总体评价中国文化	V39	均值	1 ~ 5
		C42 比较评价中国文化	V40	重新计算	0 ~ 100%

　　这一部分不仅确定了指标体系中的每一个指标，而且计算了所有 42 个指标的数据。数据的计算方式包括以下七种情况。

　　第一，"原值"：没有新的计算，沿用数据原值。完全没有任何改动的数据很少，属于这种情况的只有 B33、B36 等少数几个指标。

　　第二，"加总"：将定类的仅有 0、1（是不是、有没有）两个选项的变量进行加总，如"中国文化资源力"中的 4 个指标都是这样产生的。B22、B31、B41 等指标也是这样产生的。"加总"还有一种情形（在表 2 – 27 中以"加总"表示），即把原数据中并非定类变量的变量改为 0 ~ 1 类型的定类变量，然后进行加总，如 B11、B13 和 B42。拿 B43 来说，尽管原数据包括接触过百度网站的次数，但是本研究只考虑是否接触过百度网站，最后加总为接触过中国网站的个数。

第三，"均值"：将原问卷中同一问题下的几个小问题求均值，合成一个指标。如 B12、B34、C31～C34、C41。

第四，"重新分段"：原数据中有少数让受访者自报具体数目的问题，如有中国朋友的数目，一年或一月吃中餐的数目。本研究对这些数据进行了重新分段，分为分类方式更少的定序数据，理由已经在前面说明。进行这样处理的指标有 B21、B23、B35、C14、C16、C18。

第五，将原问卷中态度中的"不知道"重新编码为"中立"。表 2-25 中的"原值"和"均值"均指在"原值"和"均值"的计算方式中还包括这种情形。

第六，指标 C42 是与前面所说的情形都不同的重新计算，方法已经在上文中说明。

第七，有七个使用原值的指标进行了缺失数据插补（在表 2-27 中用"原值＊＊"标明），方法在下文单独说明。

前面谈到，"中国文化印象调查"所采用的"中国文化影响力"理论模型与本研究的理论模型有相似之处。这里简单比较一下两个模型，说明一下本研究之所以不直接采用"中国文化影响力"模型的原因。如表 2-28 所示为"中国文化印象调查"问卷设计所依据的"中国文化影响力"模型。

这个模型中的"中国文化影响力"有七个维度：符号、产品、名人、媒体、价值观与思维方式、信仰、中国文化总体。除了一些具体指标的不同（如本研究认为"中国国家整体形象"包括文化形象之外的军事形象、经济形象等，因此不能作为文化影响力或者文化软实力的指标）之外，该模型与本研究建立的模型最大的不同，是该模型把传播（媒体）作为了"中国文化影响力"的静态的一部分，而"中国文化软实力指数"模型的三个维度是从传播的角度对软实力的第一步权力转化过程进行动态的考察：中国文化资源力、中国文化传播力和中国文化吸引力分别对应传播的内容、传播的过程和传播的效果。

表 2-28　"中国文化印象调查"依据的"中国文化影响力"模型的指标体系

一级	二级	三级	四级（略）
中国文化影响力	符号	非语言	
		语言	
	产品	艺术品	
		生活品	
	名人		
	媒体	人媒介	
		组织媒介	
		大众媒体	
	价值观与思维方式	价值观	
		思维方式	
	信仰	儒家	
		道家	
		中国式社会主义	
	中国文化总体	态度：中国整体文化特点	
		态度：中国文化世界排名	
		态度：中国国家整体形象	

　　不过，因为这个"中国文化影响力"模型包含的内容较为丰富，这七个维度也大致覆盖了本研究的模型的三个维度的内容，因此本研究可以从中选取足够的数据来构建"中国文化软实力指数"模型。

第三节　缺失数据插补

　　《OECD 手册》将"缺失数据插补"列为在"理论框架"和"指标选取"之后的指标体系建构过程的第三步。把缺失数据插补作为单独的一步，可见其重要性。在实际操作中，缺失数据插补和指标选取其实是同时进行的。因为如果不能保证一个指标的缺失数据能够得到令人满意的处理的话，就不能最终确定该指标的入选。

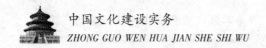

一、缺失数据的产生

问卷调查中产生的缺失数据有两个主要原因，一个是调查中产生的不可使用信息；另一个是调查中的无回答。无回答又包括单位无回答和项目无回答""中国文化印象调查"通过互联网进行调查，在很大程度上防止了第一种情况，杜绝了第二种情况。

本研究遇到的缺失数据属于另外一种无回答的情形，可以称之为系统无回答。即调查主办方在设计问卷时有意造成的一些受访者对一部分问题的无回答。这样的无回答对出于其他目的想要利用调查数据的人造成了缺失数据。在本指标体系涉及的变量中，C11、C21、C22、C23、C24、C25、C26 这 7 个变量遇到的缺失数据，就是这种情形。

C11 是"对汉字的态度"，基于的数据来自原问卷中的问题 V2 的第 26 小题。V2 的问题是："以下都是中国文化符号，您知道吗？若知道，喜欢它们吗？"其中第 26 小题问的是"汉字"。列出的选项有 6 个，如果没听说过，选 0；如果听说过，但是很不喜欢，选 1；……；如果听说过但是很喜欢，选 5。因此，对于那些选择了 0（即没有听说过）的受访者，在 C11 这个指标上出现了缺失数据。

C21 ~ C26 这 6 个指标的情况与之类似。这 6 个变量分别是对孔子、老子、成龙、章子怡、毛泽东、邓小平的态度，数据来自原问卷中的问题 V10 中相应的 6 个小题。V10 与 V2 相似，只是把中国文化符号换为中国名人而已。因此，那些选择了没有听说过以上 6 位名人中的一位或多位的受访者，在 C21 ~ C26 中的一个或多个指标上出现了缺失数据。

二、缺失数据的插补方法

处理缺失数据通常根据数据特点和研究需要可采用个案删除或缺失值插补两种方法。本研究中，一方面，出现数据缺失的样本数量较多（见表 2 - 29），且分布并不集中，删除这些样本会造成总样本数量的大大减少；另一方面，这些样本仅在极少数的指标上出现了缺失数据。因此，本研究首先寻求能对缺失数据进行有效插补的方法

表 2 – 29　　四国在 7 个指标上出现缺失数据的样本数量

	印尼 （N = 1024）	越南 （N = 1023）	日本 （N = 1225）	韩国 （N = 1038）	四国 （N = 4310）
11 对汉字的态度	128	18	10	20	176
C21 对孔子的态度	262	18	144	24	448
C22 对老子的态度	294	81	245	44	664
C23 对成龙的态度	6	7	31	8	52
C24 对章子怡的态度	117	46	406	37	606
C25 对毛泽东的态度	177	34	118	54	383
C26 对邓小平的态度	231	99	256	113	699

　　从不同角度可以对插补方法进行不同的分类，如根据插补值是否包括随机项可以分为随机性插补和确定性插补；根据是否使用辅助变量来确定插补值可以分为使用辅助变量的插补（根据辅助变量的来源又可分为热卡插补和冷卡插补）和不使用辅助变量的插补；根据对每个缺失值的插补值的个数，又可分为单一插补和多种插补。《OECD 手册》则把不同插补方法归为隐性建模（implicit modeling）和显性建模（explicit modeling）两大类。

　　显性建模是建立明确的有着清晰假设的统计模型来进行缺失数据插补。均值插补和回归插补都属于显性模型。均值插补是由缺失数据样本之外的样本的均值作为缺失数据样本之值；回归插补则是通过找到有缺失数据的变量（以下简称"缺失变量"）与跟它有着高度相关性的其他变量之间的回归关系来进行插补。本研究经过探索，最后决定采取显性建模的方式，采用一个分为两步的综合插补方法。

　　第一步，用其他相关变量的均值插补缺失变量。这一步属于演绎插补，即通过缺失变量与其他变量的逻辑关系来插补。以 C21 "对孔子的态度"为例，如果受访者在这个指标上出现缺失值（即受访者选择了没有听说过孔子），本研究将用该受访者在他/她所知道的其他所有中国名人的态度上的均值来插补。实际的数据中，有 448 人在 C21 上出现了缺失值，即选择了没听说过孔子。在这 448 人当中，有 431 人至少听说过一位其他中国名人，因此对于这 431 人，用他们对其他中国名人的态度的均值作为他们对孔子的态度。指标 C11 "对汉字的态度"也是如此，对出现缺失值的样本，先用他/她对其他中国文化符号的态度的均值进行插补。

　　这一步的演绎插补的模型假设是：一个样本对某一中国名人（或符号）的态度，与他/她对其他中国名人（或符号）的平均态度趋同。对受访者对问卷涉及的 18 个名人的态度进行内部信度检验，其克隆巴赫。系数高达 0.942，说明这个假设是成立的，受访者对各名人的喜爱程度存在很强的内在一致性。

　　第二步，在进行第一步插补之后仍然有缺失值的样本，用均值插补的方式，即用其他样本在缺失变量上的均值进行插补。仍以 C21 "对孔子的态度"为例，在出现缺失值的 448 人中，还有 37 个人除孔子外，也没有听说过其他 17 个中国名人。这 37 人只占总样本的 0.4%。对这 37 人，用其他样本对孔子的态度的均值，作为他们对孔子的态度。

三、插补方法的优点

　　这个两步式的综合插补方法相比单纯的均值插补，具有以下三个优点。

　　第一，本研究的综合插补方法对原数据的改变，相比不改变原数据均值的均值插补，更能准确地反映样本的态度。根据前面说过的本研究的综合插补方法的假设，如果一个样本听说过这个中国名人之后，他/她对这个名人的态度更可能与他/她对其他名人的态度一致，而不是与其他样本对这个名人的态度一致。因此，考虑所有样本的情况下，其均值应该相对于原均值有所改变，而本研究的综合插补方法得出的结果更能合理反映总体样本的均值。

　　第二，本研究的插补方法不仅更为准确，而且具有在更大程度上保留原数据的变异性的优点。以 C21~C26 这六个指标为例，表 2-30 对单纯的均值插补和本研究的综合插补得到的均值和标准差与原数据进行了比较。可以看到，单纯的均值插补不改变原数据的均值，但不可避免地出现了数据凝聚的现象，减少了原数据的标准差。以 C21 "对孔子的态度"为例，均值不变，仍为 3.67，但是标准差从 0.93 减少为 0.88。而采用本研究的综合插补，均值从 3.67 变为 3.65，出现了不大的变化，但是标准差仅从 0.93 变为 0.92，基本保留了原数据的变异性。从保留原数据的变异性来说，本研究的综合插补相比单纯的均值插补，是更好的方法。

表 2-30　不同插补方式的比较

	C21 孔子	C22 老子	C23 成龙	C24 章子怡	C25 毛泽东	C26 邓小平
原数据中的有效样	3.67 (0.93)	3.52 (0.90)	4.15 (0.99)	3.74 (1.00)	2.76 (1.14)	2.78 (1.07)
单纯的均值插补	3.67 (0.88)	3.52 (0.83)	4.15 (0.98)	3.74 (0.93)	2.76 (1.09)	2.78 (0.98)
本研究的综合插补	3.65 (0.92)	3.50 (0.89)	4.14 (0.99)	3.66 (0.99)	2.83 (1.14)	2.89 (1.05)

①表示原数据的有效样本分别为 3862（孔子）、3646（老子）、4258（成龙）、3704（章子怡）、3927（毛泽东）、3611（邓小平）。

第三，使用这种插补方法，绝大多数的缺失数据在第一步的演绎插补就得到了解决。这一步的插补，对 C21~C26 这六个指标中的任何一个来说，插补用的数据是样本点对其他 17 个名人的态度，即问卷问题 V10 的另外 17 个小题，其中 12 个小题都没有包括在本研究的指标体系中；对 C11（对汉字的态度）这个指标来说，插补用的数据是样本点对其他 27 个文化符号的态度，即问卷问题 V2 的另外 27 个小题，这 27 个小题都没有包括在本研究的指标体系中。也就是说，插补用的数据中的绝大多数不是本指标体系中已经使用的数据，基本上不存在数据的重复使用问题，避免了对后面要进行的变量间的相关性分析的影响。

第三章　建设和谐文化

建设和谐文化，是建设社会主义核心价值体系的价值取向和在各个文化领域、文化层次的具体展开，是文化软实力建设的重要内容，同建设社会主义和谐社会相协调。

第一节　营造良好舆论环境

"氏族制度是从那种没有任何内部对立的社会中生长出来的，而且只一适合于这种社会。除了舆论以外，它没有任何强制手段。"这是恩格斯关于原始社会氏族制度的一段话。

"赢得战争要靠钢铁，也要靠舆论，但更根本的是舆论，我们决不放弃登陆后的宣传战。"这是美国前总统艾森豪威尔在 1944 年即将开始诺曼底登陆之战前讲的一段话。他还有一句名言："在宣传上使用一美元，等于在国防上使用五美元。"

2003 年 4 月，当美军攻占巴格达的消息传开时，许多美国人都在电视新闻中看到了这样的镜头：堪萨斯城一个伊拉克裔美国人欢欣鼓舞地对摄制小组说："谢谢你，布什，谢谢你，美国。"这几秒钟的画面可能会让很多美国人感到激动和自豪，但是很多人也肯定不会想到，这段看起来很真实的电视新闻竟是美国国务院精心创作的"新闻作品"。

恩格斯、艾森豪威尔的话和美国国务院的"新闻作品"，涉及从古至今都存在的一种重要文化现象和社会现象，即舆论。

在中国，"舆"字的本义为车或轿，造车之人被称为"舆人"，后"舆人"泛指普通百姓或众人。"论"即议论、意见。"舆论"作为一个词组,最早见于《三国志》,其后见于《梁书》,是指众人的言论,或众人的意见。在西方,1762 年,法国著名启蒙思想家卢梭在他的《社会契约论》中第一次将"公众"和"意见"这两个词联系起来,用来表达人们对于社会性的或公共事务方面的意见,即"舆论"。卢梭指出:"唯有公意才能按照国际创制的目的,即公共幸福来指导国家的各种力量。""任何人拒不服从公意,全体就要迫使他服从公意。"现在有多种关于舆论的定义,其共同点是:舆论是公众的意见或言论。

"得民心者得天下,失民心者失天下",舆论作为民意表达,反映人心的向背;舆论又是一种社会价值评价,是"道德法庭",对造成或转变社会风气具有不可估量的影响。在现实社会中,无论国家政要,还是平民百姓,都无时无刻不感觉到舆论的存在,都会自觉不自觉地在舆论的影响和制约下生活。特别是在当今信息时代,舆论影响更加无所不在,舆论力量日益强大,更加关乎人心安定、社会和谐与事业的兴衰成败。

舆论的形成和作用于社会有一个"问题产生——社会讨论——合意达成——公开表达"的过程。问题产生,即某些涉及公共利益的事件、人物、问题被公众意识和关注,提上讨论议程;社会讨论,即分散的公众成员开始公开发表意见,包括个人、群体、组织、团体的公众之间相互影响,舆论开始形成;合意达成,即分散的意见在讨论中逐步形成一个集合性的基本一致的意见;公开表达,即意见通过一定渠道向社会表达并作用于社会各个领域。

舆论的形成和作用于社会,需要通过一定的传播媒介来完成。通观历史,人类的传播活动经历了口语传播时代、文字书写传播时代、印刷传播时代、电子传播时代和互联网传播时代。口语传播时代和印刷技术尚不发达的文字书写传播时代属于人际传播时代,即传播的主导方式是自发自在的民间形式,只能发生在比较狭小的人际范围,在这种情况下,很难形成较大规模的舆论。

印刷传播时代和电子传播时代属于大众传播时代。1833 年 9 月,美国印刷工人本杰明·戴伊创办了《纽约太阳报》,办报的口号是"它(太阳)照耀着每一个人",以符合大众口味的犯罪、趣闻、幽默、突发事件为主要内容,每份只售一美分,销量迅速增加,成为第一家大众化报纸,也成为大众传播时代到来的标志。1920 年 11 月,第一个向政府申请营业执照的电台——美国匹兹堡 KDKA 电台开始播音,标志着广播传媒的诞生。到 20 世纪中叶,电视媒体出现,这样,报纸、广播、电视就成为大众传媒时代的三种主要媒体,它们具有专业化的媒介组织,对公众进行大规模的信息传播活动,对舆

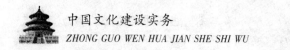

沦的形成和发展起着重大的作用。而到了20世纪接近尾声的年代，互联网、手机等媒体的出现，又极大地改变了舆论的生态环境，开辟了传播媒介的新时代。

在当代，报纸杂志、广播电视、互联网和手机等传播媒介向公众传播社会事件的信息，设置公众关注的话题，提供各方面对这些事件的意见，可以反映甚至代表舆论，引导乃至控制舆论。传播媒介的这种作用，历来为思想家和政治家们所重视。

很多思想家把大众传媒定位为"社会舆论机关"，如马克思恩格斯就把报纸看作"广泛的无名的社会舆论机关"，并形象地把报刊比喻为舆论的纸币，"报纸是作为社会舆论的纸币流通的。"美国《独立宣言》起草人、第三任总统托马斯·杰弗逊曾把报纸称作与立法、司法、行政相并列的"第四种权力"。他在1787年给朋友的一封信中说："如果无报纸而有政府与无政府而有报纸，二者之间必选其一，我会毫不犹豫地选择后者。"美国另一位总统富兰克林·罗斯福，在20世纪30年代大萧条和第二次世界大战期间，在白宫接待室壁炉前，以"家常式"的广播谈话方式，向各界民众分析局势，解释政策、提出吁请。谈话先后进行30余次，沟通了人心，提振了信心，对度过经济危机、赢得第二次世界大战的胜利发挥了重要作用。这就是著名的罗斯福炉边谈话，为以后许多国家的领导人所仿效。

而第二次世界大战中的法西斯阵线也十分重视舆论宣传，意大利法西斯独裁者墨索里尼就是从办报纸起家的，他写社论速度惊人，20分钟即可完成一篇，任何题目都可以从正反两方面写，且简明扼要。德国法西斯纳粹党宣传部长戈培尔"如果撒谎，就撒弥天大谎""谎言重复千次就是真理"的话，更是臭名昭著，以至西方现在对"宣传"一词还是贬义多于褒义。

在我国，毛泽东可谓重视和善用新闻媒体的大家。1948年，当人民解放军大获辽沈战役全胜之时，蒋介石与傅作义密商，想乘我冀中解放区兵力空虚之机偷袭已被我解放的石家庄。当时石家庄只有少量守城部队，近乎是一座空城，党中央所在地西柏坡危在旦夕。获此消息后，毛泽东先是为新华社写下《我军解放郑州》的消息，之后又在7天之内连续写了5篇新闻稿，把蒋介石要偷袭石家庄的消息公之于众，同时明明白白告诉敌人：解放区人民已做好充分准备，蒋、傅军胆敢进犯，必将有来无回。第五篇播发的《评蒋傅军梦想偷袭石家庄》，仅600字，把敌人偷袭石家庄的真实企图、具体部署和后顾之忧讲得清清楚楚，字里行间无不透出似有千军万马严阵以待聚而歼之的气势和决心。傅作义收听广播后，大为震惊，认为自己的作战意图已被识破，又怕继续南进会"中计"，只好作罢。毛泽东运用新闻舆论击退敌军千军万马，成功地执导了一场现代军事史上的"空城计"，成为佳话。

当今信息时代，大众传播媒介更加迅猛发展。美国人几乎把平均每天四分之一的时间用在大众传播媒介上。2012年我国出版图书414005种，期刊9867种，报纸1918种；新闻广播电视播出机构2579个，开办4165套节目，其中广播节目2831种，电视节目1334种；生产制作广播节目718.82万小时，电视节目343.63万小时；出版录音制品9591种，2.28亿盒（张）；出版电子出版物11822种，26344.86万张；特别是互联网、手机等新媒体，每天都发送和接收着海量的信息。这种情况，更加需要充分发挥传媒的作用，营造良好的舆论环境。

一、发挥好信息传播功能

传播理论认为，信息传播对国家发展的重要性不容忽视，"信息传播是社会发展的推动者"，"有效的信息传播可以对经济社会发展做出贡献，可以加速社会变革的进程，也可以减缓变革中的困难和痛苦"。

当前我国处在社会转型期，政治、经济、文化和民众的日常生活呈现出复杂多变的状况。国际上也常常风云变幻。面对多彩、多变、多样化、多极化的世界，人们需要及时、准确地了解周围事物和整个世界的现实状态及变化形势，以满足精神文化的需求或做出相关的决定。大众传媒的首要职能，就是真实地传播信息，把我国和世界上每时每刻发生的重要事件真实地告诉民众。要充分发挥传播的功能和优势，利用各种有效的媒介手段，连续不断地传播大量关于人们工作、学习、生活、娱乐等方面的信息，以满足社会的信息需求。

二、发挥好环境监测功能

自然和社会环境是不断变化的，人们必须及时了解和把握环境的变化，以便调节自己的行为以适应这种变化。媒体具有环境监测的重要职能，其触角遍布全社会，时刻注视监察着社会和自然界的风吹草动，并告之公众，成为现代社会的守望者。著名传播学者施拉姆把媒体的这种监督功能形象地比喻为"社会雷达"，认为"用社会雷达来比拟传播的社会功能是不错的。一艘船的船长在夜雾中必须知道船的位置：对面是谁？岩石和暗礁在哪里？驶向安全港口的航道在哪里？我们大家也必须继续不断监视一年比一年复杂的环

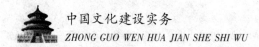
境。那是谁？是朋友还是敌人？本地人还是陌生人？是危险还是机会？"美国现代新闻之父普利策也曾形象地说明媒体的这种环境监视功能："如果一个国家是一条航行在大海上的船，新闻记者就是船头上的守望者，他要在一望无际的海面上观察一切，审视海上的不测风云和浅滩暗礁，及时发出警告。"当前社会转型的特殊历史时期，既是发展关键期，又是矛盾凸显期，社会利益关系和利益格局正在进行深刻调整，影响社会稳定的不确定因素明显增多。这种情况，使媒体的环境监测职能更加重要。媒体对正在发生的或潜在的危险向社会发出警告，引起政府和公众注意，采取正确措施，以有效地避免危机爆发或减轻危机危害。

三、发挥好社会协调功能

人们常把媒体比喻为"桥梁""纽带"，就是讲媒体所具有的社会协调功能。它通过传播信息，沟通上下左右的联系，会聚社会各种利益要求和利益表达，商讨对社会问题的解决方法，通过传播社会文化和价值观来凝聚方方面面，从而把社会的各部分、各环节以及各类因素整合起来。媒体的这种社会协调功能同环境监测功能紧密相连，在新闻传播中，监测环境主要体现在报道里，社会协调则主要体现在言论和评析中，即所谓"新闻是监视，评论或解释性报道就是联系"。当前，媒体要坚持建设和谐社会与和谐文化的价值取向，通过客观、公正、全面的报道方式，尽可能反映方方面面不同社会群体和不同人群的利益诉求和观点意见，使意见能在社会最大范围内得到沟通，以实现最大程度的理解和共识，平衡群众的心态，理顺群众的情绪，排解群众的困难，协调好各种不同利益人群之间的关系，让人们得到心理的平衡，感受到社会的温暖，体会到和谐、稳定的好处。

要特别注意沟通党和政府与人民群众之间的联系。党和政府同人民群众在根本利益上一致，但在具体工作中也常常产生矛盾。作为党和人民喉舌的舆论单位要坚持一个基本原则，即只能作为沟通党和政府同人民群众之间的桥梁，使之相互了解和理解，而要防止加大矛盾甚至造成对立。有些报道在局部适宜，但对全局不利；有些群众要求合理，但因受各种条件限制，政府工作暂时达不到要求，这都需要认真研究报道内容和方式问题。既要时刻站在公众的立场，努力维护公众的各项切身权益，关注民生，及时反映群众呼声，又要让公众及时了解、理解党和政府的方针政策、工作实际，包括工作中面临的困难。要把体现党的主张同反映人民心声统一起来，把群众最关心的问题同党和政府的中心工作统一起来，把解决社会热点问题同党和政府的重点工作结合起来。

四、发挥好文化传承功能

文化是通过传播而一代一代传承下来的，家庭、学校都承担着文化传承功能，但人不可能只在家里和学校度过一生。现代社会中，高度发达的传媒系统，可以把前人的文化遗产、经验、智慧和知识记录下来、积累起来、流传开来，已经成为文化传播最重要、最高效的载体。古人讲："言而无文，行之不远"，说的是讲话、写文章没有文采，不会流传久远；现在则是"文不触电，寸步难行"，文化只有借助于传媒才能广泛传播开来。包括学校教育，也只有通过传播，才能更广泛地发生作用。正如一位法国新闻学者所说："真正的教育也离不开新闻（媒介），因为大众传媒是一种扩大器，可以使教育的作用超越一般传播的对象。"究其人的成长，大众传播的作用不可小觑，文化、礼仪、道德规范乃至价值观等通过大众传播，潜移默化地内化为人们人格结构的一部分。我国当代著名新闻工作者范敬宜曾说过："新闻要有文化含量，记者要有人文情怀。要想当个好记者，文化底蕴非常重要。一个人文笔的高低依赖于文化的深浅厚薄。"这既指明了新闻要蕴含和传播文化，又指明了对新闻工作者的文化要求。现在媒体的一项重要任务，就是要传承中华优秀传统文化，发展中国特色社会主义新文化，培育社会主义核心价值观，并加强国际传播能力和对外话语体系建设，推动中华文化走向世界。

五、发挥舆论引导功能

由于所处地位和认识水平的差异，人们的意见会有不同，舆论也有好坏之分，正如黑格尔所说："公共舆论中真理和无穷错误直接混杂在一起"。正面舆论能够对社会发展起到推动与引领作用，负面舆论则对社会发展起着破坏和阻碍作用。重大的社会舆论能够形成一定规模的社会运动，产生推动或阻碍历史发展的重大变革。

因此，大众传媒既要充分表达民意，又要完成舆论引导的使命。传播学中有"把关人"理论、"议程设置"理论和"框架理论"，认为媒体在信息传递过程中有重大的过滤功能和引导功能，即新闻媒介的报道活动不是"有闻必录"，而是对众多的新闻素材进行取舍选择和加工的过程。在这个过程中，传播者即"把关人"（或称"守门人"）不可避免地会站在自己的立场和视角上，对信息进行筛选和过滤，从而使传播媒介形成一道关口，通过这个关口

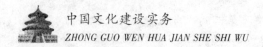
传达给受众的新闻或信息只是少数。媒体提供的新闻是有选择性的，通过日复一日的新闻选择和展示，编辑记者们促使受众将注意力转向某些特定的话题，从而有可能设置一个中心议程，受众会因媒介提供的议题而改变对事物重要性的认识。议程选定后，媒体又按照一定的叙事结构组织事件的素材，如通过标题、导语、引文和重要段落的体现，对新闻做出报道，隐性地为受众理解和阐释社会事件提供基本的原则和思想基础，即提供思想框架。如果说，议程设置理论主要是讲媒体引导受众"看什么"和"想什么"的功能，"框架理论"则主要是揭示媒体引导受众"怎么看…怎么想"的功能。这些都说明了一点，即大众传媒不可避免地具有舆论引导的作用。

当前，中国面临着全球化、社会转型和新媒体高度发展的三重变革，舆论表达主体多元化、表达诉求多样化、表达渠道复杂化、表达秩序无序化，使得舆论引导的任务更加艰巨。要始终不渝地坚持团结稳定鼓劲、正面宣传为主的方针，巩固壮大主流思想舆论，弘扬主旋律，传播正能量，激发全社会团结奋进的强大力量。

要敢讲话。理直气壮地宣传我国改革开放取得的重大成就，宣传我国经济社会发展的良好局面，宣传亿万人民群众推动实现中国梦的生动实践。要敢于直面社会上一些热点、难点问题，理性看待、理性表达，积极回应舆论关切；对错误思潮和言论敢于亮剑，有理有利有节开展舆论斗争。

要早讲话。对一些重大突发公共事件，按照及时准确、公开透明、有序开放、有效管理、正确引导的要求，实现新闻发布制度化，推动有关方面尽早发出正面声音，及时发布权威信息，先声夺人、先入为主，争取第一落点。人民网舆情监测室曾提出突发事件应对的"黄金4小时"法则，将以往传统平面媒体报道事件处置的"黄金24小时"缩短至新媒体环境下的4小时。事实上，在微博、微视频、微消息的"微时代"，事件从发生到全国皆知常常以分钟计算，有学者因此提出了微博时代的"黄金1小时"概念。2008年汶川地震发生后，很快就有北京、西安等地的网民发帖说感觉到了地震，一些人以为自己身处地震中心。18分钟后，新华社发布消息，宣布地震震中在四川省汶川县，其他地方的震感只是由地震波及所致，一下就稳定了人心。这说明，舆论引导贵在快、贵在早，政府要第一时间发声，第一时间处理问题，做突发事件的"第一定义者"。

要会讲话。增强亲和力、感染力、说服力，克服模式化、套路化、呆板化现象。2012年，中国新闻工作者考察英国报业，听到最多的话就是，如何找故事，如何讲故事，如何讲好故事。英国报界的一个共识是：多媒体时代，最新的新闻永远在网上，那种买报纸看新闻的传统习惯已不存在；报纸还想存在，就必须通过报道有趣的、人们感兴趣的内容来吸引读者，版面上只要有好的故事，读者就会愿意掏钱买报纸看。因此，英国的报纸通常都是把最吸引人的故事放在头版位置显著呈现。这里虽然讲的是报纸，但道理对所有媒体都适用，它给我们一个十分重要的启示：讲故事就是具体化，一具体就深入，一具体就生动，舆论引导要善于讲故事，讲好故事，事半功倍。故事不能生编硬造，需要新闻工作者迈开双脚走向社会，体验现实生活，挖掘生动事例。1982 年 9 月，《经济日报》记者罗开富正式提出采访长征路的设想，得到当时《经济日报》总编辑安岗的支持，并要求他必须走原路，不能抄近路；必须徒步，不准骑马、坐车；红军长征走了 368 天，罗开富也必须 368 天完成，每天还必须写一篇见闻稿。1984 年 10 月 16 日，是中央红军开始长征 50 周年纪念日，罗开富从江西瑞金出发，沿红军二万五千里长征原路徒步采访，途经 11 个省、自治区，历经 368 天，平均每天步行 75 里路，风雪无阻、伤病不歇，坚持每日发稿，最终到达陕北吴起镇，成为红军长征之后徒步原路走完长征全程的世界第一人。他沿途写的 300 多篇文章讲述了长征路上昨天和今天的故事，三分之一都是用老百姓的语言来叙述的，报纸在刊发重走长征路的报道两个多月后，发行量从 90 多万份猛增到 160 多万份；他所著的《红军长征追踪》一书，得到了国内外新闻界的高度肯定。他不仅写出了动人的故事，而且采访本身也成了动人的故事。日本《朝日新闻》记者加藤千洋用整整三个版面来报道罗开富的这次壮举，并在报纸上评论说："在中国，不，在世界上，今天用'脚'长途采访的记者，可说就是他了。"

六、发挥好舆论监督职能

舆论监督是媒体的一种社会行为权利，是运用舆论的独特力量，帮助公众了解政府事物、社会事物和一切涉及公共利益的事物，并促使其沿着法制和社会生活共同准则的轨道运行。媒体可以提供足够的信息，使经济、政治和社会生活透明化；可以对滥用权力等行为和腐败现象以曝光的形式进行批评和揭露，具有强烈的震撼力，深受公众关注。

1994 年，中央电视台创办《焦点访谈》栏目，把节目定位在"领导重视、群众关心、普遍存在"上，以舆论监督著称，舆论监督的内容曾占到栏目内容的 47%，在"下情上达"上起到了特殊作用，时任国务院总理的朱镕基曾赠言："舆论监督，群众喉舌，政府镜鉴，改革尖兵"。2002 年，舆论监督的内容一度下降到栏目内容的 17%，引起社会关注，2004 年又确定增加舆

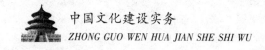

论监督的分量。

互联网和手机媒体的普及，使舆论监督的功能具有了"全天候"的性质，各级干部无时不在监督之下，只要有网民和虚拟网络社会存在的地方，都有被监督的可能，"表哥""表叔""天价烟局长"就是例证。

党和政府越来越重视舆论监督的重要作用，从1987年党的十三大到2007年党的十七大，"舆论监督"连续五次出现在党代会的报告中，2012年党的十八大进一步指出："加强党内监督、民主监督、法律监督、舆论监督，让人民监督权力，让权力在阳光下运行。"随着舆论监督力度的日益加大，要着力提高舆论监督的水平，坚持准确监督、科学监督、依法监督、建设性监督，做到客观公正、以理服人。要立足于广大人民的根本利益，着眼于更好地推动党和政府改进工作，有利于解决问题、增进团结、维护稳定。把建设性监督作为新闻媒体开展舆论监督的一个核心理念，防止一些人借机恶意炒作社会热点问题，歪曲放大社会矛盾。

七、发挥好健康娱乐功能

这也是大众传媒的一项重要功能，主要目的是调节人们身心，使人们在工作、学习紧张之余得到放松。大众传播的内容多具娱乐性，具有直观性、形象性、生动性、丰富性，对其消费又最经济、最方便，是人们休闲娱乐的主要途径之一。

随着经济和社会的发展，人们的休闲时间越来越多，需要媒体提供越来越多的娱乐内容。而且文艺作品具有双重功能，既能满足人民群众日益增长的、多样化的精神文化需求，又能引导社会、教育人民、推动发展。

因此，媒体要尽可能多地向公众提供思想性、知识性、艺术性、观赏性相统一的文艺作品，使人们在身心的放松中陶冶道德情操，增长知识才干，防止大众传媒内容、形式的低俗化。

现在，互联网已经成为人们特别是年轻一代获取信息和娱乐的主要渠道，手机等移动终端已经成为上网的主要载体，微博、微信、移动客户端等新兴媒体不仅极大地改变了新闻传播和新闻生产方式，也从根本上改变了媒体格局和舆论生态，需要以改革创新精神推动报刊、电台、电视台为主体的传统媒体与新兴媒体融合发展，积极构建适合中国特色和网络时代特点的舆论引导新格局，为社会营造良好的舆论环境。

第二节 繁荣文化艺术创作

19 世纪 50 年代，美国一位穷苦教师的妻子斯陀夫人写了一部名为《汤姆叔叔的小屋》的小说。小说通过一个黑人奴隶汤姆的悲惨遭遇控诉了当时美国南方还在实行的蓄奴庄园制度，宣传了废除这种黑奴制度的民主主义思想。小说一出版，立即畅销全国，大大激发了人们的斗争热情。1861 年 4 月，美国爆发了著名的"南北战争"，历经四年，南方军队被打败，蓄奴制度也就此告终。战争期间，斯陀夫人访问了林肯总统，林肯总统高兴地说："噢，你就是写了引起这场伟大战争的那本书的妇人啊！"

"我们有两支军队，一支是朱总司令的，一支是鲁总司令的"，这是毛泽东在 1942 年 5 月召开的延安文艺座谈会上开始讲的两句话。这种风趣的说法表明了他对鲁迅的一种崇高的评价，后来发表时改成了更有概括性的语言："手里拿枪的军队"和"文化的军队"。毛泽东是伟大的思想家和革命领袖，深知文学艺术是整个革命战线不可缺少的一个方面。同时，毛泽东又是一位文学造诣很深的人，每当看到一篇好的作品问世，都会表现出一种难以抑制的兴奋之情。1938 年 5 月，毛泽东参加边区文化界救亡协会举办的文艺晚会，诗人柯仲平朗诵了他刚刚写就的长篇叙事诗《边区自卫军》，毛泽东称赞"很好！战斗的、民族的、大众的、民歌风味儿的，这是现代诗的方向，是抗日诗人的又一硕果"，并索要诗稿，亲自批道："此稿甚好，赶快发表"。1939 年 3 月下旬，冼星海谱写光未然作词的《黄河大合唱》，把西洋音乐与中国音乐创造性地结合，获得了很大成功。5 月 11 日，延安鲁艺公演这部杰作，冼星海在当天的日记中写道：今天是空前的音乐会，毛主席还叫三声好。在延安整风运动中，文艺界的整风由毛泽东亲自分管。他在和一些文艺家的交往中，感到文艺界存在一些问题，有些还很严重，有必要把大家召集到一起好好谈谈，澄清是非，统一思想，明确方向，振奋精神，放下包袱，轻装上阵。为了召开文艺座谈会，毛泽东做了大量调查研究工作，给许多作家写信，找了许多作家谈话，让作家们帮他搜集材料，提供有关文艺工作的意见。1942 年 4 月，毛泽东在中央书记处工作会议上正式提议并获准通过关于召开文艺座谈会的决定，确定"拟就作家立场、文艺政策、文体与作风、文艺对象、文艺题材等问题交换意见"。5 月，文艺座谈会召开，延安文艺界 120 多人参

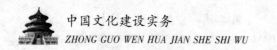
加会议，当时在延安的中央政治局委员朱德、陈云、任弼时、王稼祥、博古、康生等也都出席了会议。毛泽东在第一次会议上作了"引言"，在第二次会议上作了"结论"，形成了著名的《在延安文艺座谈会上的讲话》。这个讲话不仅开启了解放区文艺的新纪元，也领航了几十年的中国社会主义文艺发展。

1979年10月，中国文学艺术工作者第四次代表大会在北京召开，来自全国各民族的文学家、戏剧家、美术家、音乐家、表演艺术家、电影工作者和其他文艺工作者的代表3000多人参加了会议。从新中国成立前夕召开的第一次文代会到这时，时间已经过去了30年，我国的社会主义文艺走过了一条辉煌而又曲折的道路。在开幕式上，邓小平向大会致祝词，指出："我们要继续坚持毛泽东同志提出的文艺为最广大的人民群众、首先为工农兵服务的方向，坚持百花齐放、推陈出新、洋为中用、古为今用的方针"，并根据建国以来文艺发展的历史经验，提出了我国新时期文艺工作的历史任务，进一步解决了文艺与人民、文艺与生活的关系，以及党如何领导文艺工作等一系列重大根本问题，为改革开放30多年中国文化的发展确立了科学的理论基础和行动指南，开启了一个全新的文化发展新时代。

在全面建成小康社会进入决定性阶段，全面深化改革进入攻坚时期，习近平同志于2014年10月15日主持召开了文艺工作座谈会，并发表了重要讲话，从实现中华民族伟大复兴需要文化的繁荣兴盛、创作无愧于人民的优秀作品、坚持以人民为中心的创作导向、中国精神是文艺的灵魂、加强和改进党对文艺工作的领导五个方面，深刻阐述了文艺和文艺工作的战略地位和重大使命，科学分析了文艺领域面临的新形势新情况新问题，回答了事关文艺繁荣发展的一系列重大问题，对在新的历史起点上推动文艺繁荣发展做出了全面部署，是指导当前和今后一个时期党的文艺工作的纲领性文献。

什么是艺术？它具有哪些特点和作用？古今中外争论不绝于耳。有的说艺术是对自然和生活的模仿与再现，如古希腊时代思想家赫拉克利特提出"艺术模仿自然"19世纪俄国美学家车尔尼雪夫斯基提出"再现生活是艺术的一般性格的特点，是它的本质"；有的说艺术是对人的内在精神、情感的表现，如俄国作家列夫·托尔斯泰"人们用语言互相传达思想，而人们用艺术互相传达感情"，中国汉代的《毛诗序》中讲"隋动于中而形于言，言之不足故嗟叹之，嗟叹之不足故咏歌之，咏歌之不足，故手之舞之，足之蹈之"，认为歌咏和舞蹈都是感情的抒发和表现；有的说艺术是"有意味的形式"，认为艺术的本质就在于它具有给人以审美感受的形式。这些思想，从不同的侧面揭示了艺术的本质和特点。艺术作为一种社会意识形态，来源于社会生活，是社会生活的反映；艺术反映社会生活的特点就在于：运用形象思维创造具体的艺术形象，而不是用抽象思维演绎判断和推理，正如俄国文艺批评家别林斯基所说："哲学家用三段论法，诗人则用形象和图画说话，然而他们说的都是同一样事"；艺术形象是艺术家对社会生活进行审美认识和审美创造的结果，具有具体性、概括性和情感性，是对社会生活更典型、更集中的反映，也是艺术家情感、理想、意念的表现，是主观和客观、感性和理睦的统一。艺术的这种性质和特点，在巴金的名著《家》中得到了具体体现。他在《家》的"前言"中写道："在这里我所要展开给读者看的乃是过去十多年生活的一幅图画。自然这里只有生活的一小部分，但已经可以看见那一股由爱与恨、欢乐与受苦所交织成的生活的激流是如何地在动荡了。我不是一个说教者，所以我不能明确地指出一条路来，但是读者自己可以在里面找到它。"《家》中所展示的"十多年生活的一幅图画"虽然只是真实生活的一部分，但它交织着作者的爱和恨、欢乐与痛苦等情感，已经展示了整个"生活的激流"；它不是理论的说教，而是用艺术形象展现了前进的道路。

艺术具有多种形式。包括音乐、舞蹈等表演艺术，绘画、雕塑、摄影、书法等造型艺术，诗歌、散文、小说、剧本等语言艺，术，戏剧、电影、电视等综合艺术和建筑、园林、工艺美术等实用艺术。不同形式的艺术具有不同的特点，各自在艺术发展和社会生活中发挥着重要作用。

艺术具有认识作用。好的艺术作品、艺术形象可以像恩格斯说的那样，"真实地再现典型环境中的典型人物"，反映的社会生活"比普通的实际生活更高，更强烈，更有集中性，更典型，更理想，因此就更带有普遍性"，从而使人们通过艺术鉴赏更加深刻地认识社会历史和社会现实。英国维多利亚时代的小说家狄更斯和萨克雷描绘了工业革命时期的种种社会矛盾和现象，马克思说他们"在自己的卓越的、描写生动的书籍中向世界揭示的政治和社会真理，比一切职业政客、政论家和道德家加在一起所揭示的还要多"。

19世纪法国作家巴尔扎克写了91部小说，合称《人间喜剧》，恩格斯认为从这里学到的东西"比从当时所有的历史学家、经济学家和统计学家那里学到的全部东西还要多"，被一些人赞誉为"资本主义社会的百科全书"。

俄国作家列夫·托尔斯泰的作品深刻地表现了俄国千百万农民在俄国资产阶级革命快要到来的时候的思想和情绪，列宁把他的小说看成是"俄国革命的镜子"。

1961年12月20日，毛泽东在中南海颐年堂召集中央政治局常委和各中央局第一书记开会。毛泽东讲话之后，刘少奇谈了一下他那段时间因为身体

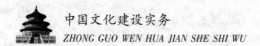

不好而休息的情况。他说:"这次是真休息,不能看文件,只能看《红楼梦》。《红楼梦》已经看完啦,它讲到很细致的封建社会的情况,一直到清朝末年民国初年也还是那样。这个材料很好,书也写得好。"刘少奇这番话一下子引起了毛泽东的兴趣,讲述了他对《红楼梦》的看法。他说:"《红楼梦》不仅要当作小说看,而且要当作历史看。他写的是很精细的社会历史。他的书中写了几百人,有三四百人,其中有三十三人是统治阶级,约占十分之一。"1964年8月18日,毛泽东又一次讲:"《红楼梦》我至少读了五遍,我是把它当作历史来读。什么人都不注意《红楼梦》的第四回,那是个总纲。"他曾多次对青年人说,不读一点《红楼梦》,你怎么知道什么叫封建社会。

艺术具有教育作用。人们通过艺术欣赏活动,受到真、善、美的熏染,可以在思想上受到启迪,实践上找到榜样,认识上得到提高,精神上受到激励。一部好的文艺作品,是民族精神的火炬,是人民奋进的号角。1792年,欧洲封建势力武装干涉法国资产阶级革命,法国军民唱着《莱茵军团军硼向马赛地区前进,这首歌即有名的《马赛曲》,1795年成为法国国歌。

我国的《义勇军进行曲》也是激励人民斗争的号角。清代以前,中国没有国歌,清政府与外国签约,经常以《茉莉花》等曲目取代。1898年,中英两国政府签订《展拓香港界址专条》,强行租借香港99年,签约仪式上,中方演奏的曲子是《茉莉花》。1997年,在香港回归仪式上,中国乐队演奏的第一首乐曲就是《茉莉花》,引起人们对百年屈辱历史的回忆;随着《义勇军进行曲》的奏起,五星红旗冉冉升起,中国人民扬眉吐气。

《神圣的战争》是苏联卫国战争开始后第三天创作的歌曲,第五天早晨红旗歌舞团在莫斯科的白俄罗斯车站演出首唱了这支歌,人们后来回忆当时的情景:"那些坐在简陋的军用木箱上抽着烟的士兵们听完了《神圣的战争》的第一段唱词后,一下子站了起来,掐灭了烟卷,静静地听我们唱完,然后要我们再唱一遍又唱一遍……"一位法国记者听了《神圣的战争》以后,认为战争胜负已定,不用再看战争结果。中国电视剧《潜伏》主题歌《深海》就是用《神圣的战争》的旋律来填词的,人们从中又一次感受到音乐的力量。苏联影片《乡村女教师》,使许多人立下了当人民教师的志向,《地质队员之歌》唤起了青年人为祖国寻找矿藏的激情。

有的艺术作品又像润物无声的春雨,如欣赏一幅山水画,不一定产生立竿见影的效果,却有着潜移默化的作用。

艺术具有愉悦作用。"精神方面的享受是大家公认为不仅含有美的因素,而且含有愉快的因素,幸福正在于这两个因素的结合,人们都承认音乐是一种最愉快的东西",这是古希腊哲学家亚里士多德的话,他说明了艺术所具有的一种重要功能,即愉快人的身心。我国著名教育学家蔡元培曾说,人的一生不能无衣、无食、无居室,"而此三者,常于实用以外,又参以美术之意味"。如食物本来用于饱口腹,但食物的装摆"又求其悦目";衣服本用于御寒暑,而"花样常见其翻新";居室本用于避风雨,但建筑艺术"尤于美学上有独立之价值"。的确,"爱美之心人皆有之",艺术美是自然美、生活美的集中体现,可以使人们的审美需求得到满足,获得精神享受,这在人们物质生活大为改善的今天显得更为突出。

现在,饮食文化、服饰文化、房屋装饰文化得到了空前的发展,电视收视率最高的是艺术和娱乐节目,自发的、热烈的广场文化活动已经成为我国城市和乡村一道亮丽的风景线,人们已经不满足于对艺术的单纯欣赏,而是积极地参与其中。比亚里士多德稍后的古罗马文艺理论家贺拉斯最早提出了影响深远的"寓教于乐"思想,他说:"诗人的愿望应该是给人益处和乐趣,他写的东西应给人以快感,同时对生活有帮助……寓教于乐,既劝谕读者,又使他喜爱,才能符合众望。"寓教于乐,是对艺术所具功能及其实现方式的精要说明。人们在日常生活中欣赏音乐、戏剧、影视,主要是为了休息和娱乐,但又常常在这种艺术欣赏中认识真、体会善,达到真善美的统一。

艺术对经济和社会的发展发生着广泛的作用。可口可乐饮料最初的瓶装是直桶形,因没有特点和使用不便而不受顾客欢迎。有人从当时美国妇女流行的一种"一步裙"上获得灵感,仿照女士身体美丽的曲线设计出一种玻璃瓶子,造型宛如一位穿着短裙亭亭玉立的少女,为可口可乐公司采用,促使产品大为畅销。可口可乐成为世界品牌,可口可乐瓶子的设计成为品牌设计的一个典范,收藏可口可乐瓶子也成为一些人的乐趣。

一部好的文艺作品又常常是一个地区或城市的名片,如一首好歌《太阳岛上》是哈尔滨的名片,一本好书《林海雪原》是牡丹江市的名片,一台好剧《丽水金沙》是丽江市的名片,一件有影响的文物,如甘肃省武威市出土的"马踏飞燕"不仅成为一个地区的象征,更成为中国旅游的标志。

有澳大利亚报纸曾经对我国的未来发展提出过三个疑问:什么时候才能使全球大多数国家的精英都愿意把自己的孩子送到中国来留学?什么时候才能使全球大多数人特别是年轻人更多地看中国电影、听中国音乐、读中国书籍?什么时候全球的消费者选购产品时,更多地选择中国品牌?这些问题发人深省。缺少艺术的生活是单调乏味的生活,缺少艺术的产品很难成为有品位的产品,缺少艺术的城市是没有吸引力的城市,没有健康艺术繁荣发展的

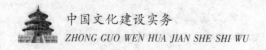

国家也不可能成为文化强国。

从毛泽东《在延安文艺座谈会上的讲话》到邓小平桩中国文学艺术工作者第四次代表大会上的祝词》，再到党的十八大，我们已经形成了一整套关于艺术发展的方针政策。

一、文艺为人民服务，为社会主义服务，即"二为"方向

1942 年，毛泽东在延安文艺座谈会上提出了"文艺是从属于政治的，但又反转来给予伟大的影响于政治"的观点，认为党的文艺工作"是服从于党在一定革命时期内所规定的革命任务的"。关于文艺的服务对象，毛泽东认为，文艺为人民大众服务，主要就是为工农兵及城市小资产阶级、劳动群众和知识分子服务，而且首先是为工农兵服务。根据这样的观点，在新中国成立后较长一段时间里，我们一直强调"文艺为无产阶级政治服务，为工农兵服务"。

文艺与政治之间存在着紧密的联系，著名画家毕加索明确说过："难道作为画家仅仅只有一双眼睛？作为音乐家只有一对耳朵？作为诗人就只有一具心琴？相反，艺术家同时也应该是一个政治家，他会经常感觉到与他有关的悲欢事件"，"绘画绝不是为了装饰住宅，它是抵抗和打击敌人的战斗武器。"

邓小平也指出："文艺是不可能脱离政治的，任何进步的、革命的文艺工作者都不能不考虑人民的利益、国家的利益、党的利益。"但是从文艺反映和作用于社会生活的方面看，由于社会生活是丰富多彩的，文艺作品不能单一地反映政治斗争和阶级斗争的现实，也不是单一地仅对政治发生影响，而是应当满足人民群众多方面的精神需求和审美需求；特别是"文艺为政治服务"这一，提法产生于阶级斗争尖锐的革命战争年代，在建设年代容易在实际工作中引起误解。正如邓小平指出的，这样的口号"容易成为对文艺横加干涉的理论根据，长期的实践证明它对文艺的发展利少害多"，因为这样的口号"可以并且曾经被理解为当前的某一项政策，某一项临时性的政治任务、政治事件，甚至为某一个领导'瞎指挥'服务"。所以在 1979 年的全国第四次文代会祝词中，邓小平没有再用"文艺为政治服务"的提法。根据邓小平等人的意见，1980 年了月 26 日的《人民日报》发表了题为《文艺为人民服务，为社会主义服务》的社论，明确写道："党中央提出，我们的文艺工作总的口号应当是：文艺为人民服务，为社会主义服务"，"这个口号概括了文艺工作的总任务和根本目的，它包括了为政治服务，但比孤立地提为政治服务更全面、更科学。"从此，"二为"方向作为文艺界指导性的口号，成为新时期党

的方针政策的重要内容。

为什么人的问题，是一个根本的问题，原则的问题。抗日战争时期，著名戏剧家梅兰芳在沦陷区"蓄须拒演"。著名画家齐白石宅门上贴着"画不卖与官家"的字条，伪浙沪警备司令宣铁吾请他作画，他随手画上一只螃蟹，添了两行题字："横行到几时""铁吾将军"。音乐家王莘参加 1949 年国庆游行时，就萌生了写一首歌唱新中国歌曲的想法。1950 年 9 月，王莘从天津到北京出差，路过天安门时欣赏被金色晚霞笼罩的天安门广场，看见工人们正在试挂城楼上的大红灯笼，几支工人和学生队伍在练习国庆游行的走队，蓦然抬头，一面鲜艳的五星红旗在霞光中高高飘扬，王莘灵感突现，"五星红旗迎风飘扬，歌声多么嘹亮，歌唱我们亲爱的祖国，走向繁荣富强"四句歌词脱口而出。他登上回天津的火车，随着火车前进的节奏，歌词与曲谱几乎同时形成："越过高山，越过平原，跨过奔腾的黄河长江……"熟悉王莘的人都知道，他心里始终装着对党、对人民、对祖国的爱。他曾说："我一生虽然写了很多作品，但我认为只写了两首歌曲，一首是用音符谱写的《歌唱祖国》，另一首是我至今仍然在用心灵谱写的'歌唱祖国'"。

在发展社会主义市场经济的新的历史条件下，习近平同志强调指出：社会主义文艺，从本质上讲，就是人民的文艺。文艺要反映好人民心声，就要坚持为人民服务、为社会主义月盼这个根本方向。这是党对文艺战线提出的一项基本要求。也是决定我国文艺事业前途命运的关键。要把满足人民精神文化需求作为文艺和文艺工作的出发点和落脚点，把人民作为文艺审美的鉴赏家和评判者，把为人民服务作为文艺工作者的天职。文艺不能在市场经济大潮中迷失方向，不肯脓为什么人的问题上发生偏差，否则文艺就没有生命力。广大文艺工作者应该继承发扬文艺为人民服务、为社会主义服务的光荣传统，更加自觉地承担起为人民抒写、为人民放歌的历史责任。

二、百花齐放、百家争鸣，即"双百"方针

1951 年 4 月，中国戏曲研究院成立，毛泽东为此题词："百花齐放，推陈出新。"早在 1942 年，毛泽东曾为延安平剧研究院成立题写了，"推陈出新"四个字，这次题词多了"百花齐放"四个字，毛泽东后采在讲到"双百"方针的由来时说："百花齐放是文艺界提出来的，后来有人要我写几个字，我就写了'百花齐放，推陈出新'。"

1953 年，历史学家郭沫若和范文澜就中国奴隶制和封建制的分期问题发生争论，中国历史问题研究委员会主任陈伯达向毛泽东请示历史研究工作的

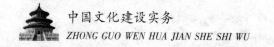
方针，毛泽东讲了四个字"百家争鸣"。1956 年 2 月，毛泽东听取中宣部部长陆定一的汇报后，又一次提出要对科学工作采取"百家争鸣"的方针。

在此基础上，1956 年 4 月 28 日，毛泽东在政治局扩大会议上正式提出"双百"方针，他说："'百花齐放、百家争鸣'，我看应该成为我们的方针。艺术上百花齐放，学术问题上百家争鸣。"同年 5 月，毛泽东在最高国务会议上谈到这个方针，他说："现在春天来了嘛，一百种花都让它开放，不要只让几种花开放，还有几种花不让它开放，这就叫百花齐放。百家争鸣，是说春秋战国时代，二千年以前那个时候，有许多学派，诸子百家，大家自由争论。现在我们也需要这个。"1957 年 2 月，毛泽东在《关于正确处理人民内部矛盾的问题》的讲话中，对"双百"方针的表述更加规范完整："百花齐放、百家争鸣的方针，是促进艺术发展和科学进步的方针，是促进我国的社会主义文化繁荣的方针。艺术上不同的形式和风格可以自由发展，科学上不同的学派可以自由争论。利用行政力量，强制推行一种风格，一种学派，禁止另一种风格，另一种学派，我们认为会有害于艺术和科学的发展。"

"双百"方针符合艺术发展的特点和规律。艺术的表现对象是社会生活，社会生活的丰富多彩要求艺术表现的题材要多种多样，正如邓小平所说："英雄人物的业绩和普通人们的劳动、斗争和悲欢离合，现代人的生活和古代人的生活，都应当在文艺中得到反映"；艺术具有多种形式、多种风格和流派，也正如邓小平所说："雄伟和细腻，严肃和诙谐，抒情和哲理，只要能够使人们得到教育和启发，得到娱乐和美的享受，都应当在我们的文艺园地里占有自己的位置"；特别是艺术作品具有独一无二、不可重复的独特性，艺术生产中的主体性更加鲜明和突出，从艺术体验到艺术构思、再到艺术显现，其间既需要艺术家的长期生活积累，又包含着艺术家的思考和突发灵感，还包括不同行业艺术家之间的互相切磋与合作，是一个十分复杂的过程，所以邓小平指出："文艺这种复杂的精神劳动，非常需要文艺家发挥个人的创造精神。写什么和怎么写，只能由文艺家在艺术实践中去探索和逐步求得解决。在这方面，不要横加干涉。"他还特别引用了列宁的一段话：在文学事业中，"绝对必须保证有个人创造睦和个人爱好的广阔天地，有思想和幻想、形式和内容的广阔天地"。邓小平在总结历史经验的基础上，不仅强调"双百"方针的重要性，而且从题材、风格、形式等方面具体指明怎样实行"双百"方针，表明党对"双百"方针的实施更加成熟。要进一步坚持发扬学术民主、艺术民主，营造积极健康、宽松和谐的氛围，提倡不同观点和学派充分讨论，提倡体裁、题材、形式、手段充分发展，推动观念、内容、风格、流派积极创新。

三、古为今用，洋为中用

1956 年 8 月，毛泽东在同音乐工作者的谈话中，明确地讲了如何处理占今中外文化财富的问题，他说："艺术上'全盘西化'被接受的可能性很小，还是以中国艺术为基础，吸收一些外国的东西进行自己的创造为好"；"向古人学习是为了现在的活人，向外国人学习是为了今天的中国人。"1964 年 9 月，中央音乐学院音乐系学生陈莲给毛泽东写了一封信，反映该院教学和演出中存在的一些问题，毛泽东做了批示，在批示中明确提出了"古为今用，洋为中用"的文艺方针。

"古为今用"指弘扬古代的精华，为今天所用；"洋为中用"指批判地吸收外国文化中一切有益的东西，为我所用。小提琴协奏曲《梁山伯与祝英台》以一个古老而优美的民间传说为题材，以越剧里的部分曲调为素材，综合采用西洋交响乐与我国民间戏曲音乐表现手法，深入而细腻地描绘了梁祝相爱、抗婚、化蝶的情感与意境，在国内外演出均受到热烈的欢迎，一些外国人称之为"蝴蝶音乐"，群众则称之为"我们自己的交响乐"，堪称古为今用、洋为中用的典范之一。

沈默君是著名的电影剧作家，他创作作的《南征北战》《渡江侦察记》和《海魂》等电影作品为广大观众所喜爱。1961 年底，沈默君到哈尔滨搞创作，收集到许多关于东北抗日联军的素材，特别是一位北满抗联交通员的故事，给他留下了深刻印象：这位交通员从黑河到哈尔滨送情报，住在一个小客栈里，到了规定的时间，接头的人却没来，他身上的钱花光了，又不能擅自离开，就装病卧床饿了 4 天，到了第五天，接头的人才来，这位交通员几乎饿毙。后来，沈默君根据电影导演的要求，联系到地下交通员的故事，结合我国著名古典戏曲《赵氏孤儿》所受到的启发，构思了李玉和一家三代"都很亲，却不是亲"的故事，完成了电影《自有后来人》的剧本创作，影片上映后受到普遍好评。以后，《自有后来人》又被移植到戏曲舞台，京剧《红灯记》便是在此基础上形成。1968 年，中国京剧团和中央乐团又根据京剧《红灯记》创作了钢琴伴唱《红灯记》，进行了中西结合的大胆尝试。

芭蕾舞剧《红色娘子军》的创意源自周恩来的一次谈话，他在看了北京舞蹈学校实验芭蕾舞团演出的《巴黎圣母院》后说："你们可以一边学习排演外国的古典芭蕾舞剧，一边创作一些革命题材的剧目"，并委托时任文化部副部长的林默涵"抓落实"。根据周恩来的要求，主创人员认为电影《红色娘子

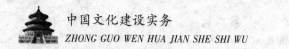

军》故事感人，人物鲜明，《娘子军连歌》家喻户晓，适合发挥芭蕾舞以女性舞蹈为主的特点，于是创作了芭蕾舞剧《红色娘子军》，在芭蕾舞塑造中国风格、中国气派的人物形象方面做出了成功尝试。

实践证明，古为今用，洋为中用，是繁荣和发展社会主义文化艺术的重要方针，要像习近平同志指出的那样："对我国传统文化，对国外的东西，要坚持古为今用、洋为中用、去粗取精、去伪存真，经过科学的扬弃后使之为我所用。"

四、弘扬主旋律，提倡多样化

1994 年 1 月，江泽民在全国宣传思想工作会议上的讲话中明确提出了"弘扬主旋律，提倡多样化"的文化建设指导方针。一个月后，江泽民在同山西劳动模范代表座谈时讲："文化应该是健康的、使人精神振奋，又是丰富多彩的，能够满足人们多方面、多层次的需要。进行曲、战斗曲、小夜曲、抒情曲，都要有。"江泽民用"四曲齐奏"这个生动的比喻，说明了他对社会主义文化建设的深入思考和深刻认识，反映了社会主义文艺发展的特点和规律，是坚持"二为"方向和"双百"方针的具体体现，是对新中国成立以来特别是改革开放以来文艺工作实践经验的深刻总结。

弘扬主旋律，就是大力倡导主流价值观，奏响实现中华民族伟大复兴这一时代发展和社会进步的最强音；提倡多样化，就是在坚持正确导向的前提下，推动百花齐放、百家争鸣，实现文艺风格、流派、题材、形式的充分发展，不断满足人民群众日益增长的多方面、多层次、多样化的精神文化需求。现在，我们的一些"主旋律"作品题材单一，样式呆板，缺乏吸引力和影响力；有的作品则以"多样化""趣味化"为由，搞一些低俗化的东西。

美国的好莱坞影片具有豪华的明星阵容、精良的创作水准，但它所讲的一个个故事，塑造的一个个形象，无不是在向人们渗透一种思想："美国精神"是最好的，美国能拯救一切。美国的一些娱乐大片，也正是它的"主旋律"影片。这可以启示我们，要把弘扬主旋律与提倡多样化辩证地统一起来。主旋律必须通过多样化的题材、形式、风格、流派去表现，它本身是丰富多彩、不断创新的；多样化不能与主旋律背道而驰，而是要与之相呼应、相和谐，应该积极向上，不能宣扬低俗、庸俗、媚俗的东西。弘扬主旋律需要多样化、寓教于乐，提倡多样化也不能降格以求。正如江泽民所强调的，不论是"进行曲""战斗曲""小夜曲"还是"抒情曲"，都应该是健康的、积极向上的，既满足人们多方面、多层次的需要，又能给人们的工作和生活带来鼓舞力量；要"努力创作出雅俗共赏、为群众喜闻乐见，具有艺术感染力的作品"，"特别要提倡和鼓励创作出一批反映社会主义现代化建设时代风貌、鼓舞人们奋发向上的作品，把最好的精神食粮奉献给人民。"

五、贴近实际、贴近生活、贴近群众，即"三贴近"

2003 年初，中共中央政治局召开会议，研究进一步改进会议和领导活动新闻报道等工作。胡锦涛主持会议，要求新闻单位要多报道对工作有指导意义和群众关心的内容，力求准确、鲜明、生动，努力使新闻报道贴近实际、贴近群众、贴近生活，更好地为人民服务、为社会主义服务、为党和国家工作大局服务。虽然"三贴近"是从新闻报道的角度提出来的，但却全面适用于文化工作。

毛泽东桩延安文艺座谈会上的讲渤中有一段经典性论述："作为观念形态的文艺作品，都是一定的社会生活在人类头脑中反映的产物……生活中本来存在着文学艺术原料的矿藏，是粗糙的东西，但也是最生动、最丰富、最基本的东西……是一切文学艺术取之不尽、用之不竭的唯一源泉。这是唯一的源泉，因为只能有这样的源泉，此外不能有第二个源泉。"古往今来无数优秀作家、艺术家的创作实践表明，能否创作生产出厚重隽永的文化精品，关键是看他们是否始终关注社会生活、聚焦民众，是否拥有丰富的生活积累、深刻的生活感悟。清初画家石涛一生浪迹天涯，云游四方，在安徽宣城敬亭山及黄山住了 10 年左右，常体察自然景物，主张画山水者应"脱胎于山川"，有"搜尽奇峰打草稿"的名言，所画山水、兰竹、花果、人物意境新奇，在中国绘画史上占有重要地位。王洛宾的歌比他的名字更响亮，《在那遥远的地方》《达坂城的姑娘》《青春舞曲》《掀起你的盖头来》已成为传世经典。1939 年，王洛宾在青海省金银滩协助纪录片《民族万岁》摄制组工作，当地最美的姑娘卓玛被选中出演牧羊女，王洛宾扮演和她一起赶羊的帮工，赶羊时不留神在卓玛骑的马屁股上抽了一鞭子，卓玛回头盯了他一眼，悄悄溜到王洛宾身后，甩起鞭子在他背上轻轻地抽了一鞭，留下了一串银铃般的笑声。几天后分别的时刻，一首情歌从王洛宾心底浮出，《在那遥远的地方》诞生了。王洛宾的一生曲折坎坷，先后三次坐牢，时间长达 19 年，却说"坐牢很幸福"，因为"坐牢让我接触了这么多不同的民族，搜集了这么多民歌。"1975 年出狱时，他身边仅有从狱中搜集的三大本民歌集和一包音乐研究札记。他曾说过："我最得意的是在痛苦中写成的作品，因为痛苦中的美比幸福中的美更真实。"中国当代作家路遥生于陕北清涧县一个世代农民家庭，花了整整

6年的时间创作《平凡的世界》，头三年到各地考察、采访，后三年才开始动笔。虽然作品涉及的陕北城乡是他几十年生活过的地方，但他依然花费了大量的精力深入到乡村城镇、工矿企业、学校机关、集贸市场，上至省委书记，下至普通百姓，只要能接触的就竭力去接触。为了更深切地体验生活，他揽过工、放过羊，在田野里过夜，甚至下矿井干活儿。为了了解《平凡的世世》所涉及的中国20世纪70年代中期到80年代中期的社会状况，路遥还用几个月的时间看完了这10年间的《人民日报》《光明日报》《参考消息》和另外两份地区性报纸，以至于手指头被纸张磨得露出了毛细血管，搁在纸上，如同搁在刀刃上。《平凡的世界》以其恢宏的气势和史诗般的品格，全景式地展现了改革时代中国城乡的社会生活和人们思想情感的巨大变迁。必将在中国文学史上占有重要的席位。

所以，还是要像毛泽东说的那样，"有出息的文学家艺术家，必须到群众中去，必须长期地五条件地全心全意地到工农兵群众中去，到火热的斗争中去，到唯一的最广大最丰富的源泉中去，观察、体验、研究、分析一切人，一切阶级，一切群众，一切生动的生活形式和斗争形式，一切文学和艺术的原始材料，然后才有可能进入创作过程。"习近平同志也强调指出：人民是文艺创作的源头活水，一旦离开人民，文艺就会变成无根的浮萍、无病的呻吟、无魂的躯壳。能不能搞出优秀作品，最根本的决定于是否能为人民抒写、为人民抒情、为人民抒怀。要虚心向人民学习、向生活学习，从人民的伟大实践和丰富多彩的生活中汲取营养，不断进行生活和艺术的积累。不断进行美的发现和美的创造。艺术可以放飞想象的翅膀，但一定要脚踏坚实的大地。文艺创作方法有一百条、一千条，但最根本、最关键、最牢靠的办法是扎根人民、扎根生活。应该用现实主义精神和浪漫主义情怀观照现实生活，用光明驱散黑暗，用美善战胜丑恶，让人们看到美好、看到希望、看到梦想就在前方。

六、坚持面向群众与面向市场、社会效益与经济效益的统一

在社会主义市场经济条件下，文化艺术产品既有引导社会、教育人民的意识形态属性，也有通过市场交换获取经济利益、实现再生产的商品属性，不能因为文化艺术产品具有商品属性就忽视其意识形态属性，也不能因为文化产品具有意识形态属性而排斥其商品属性。正确把握这两种属性的关系，

就必须正确认识和处理"两个效益"即社会效益和经济效益的关系。要充分发挥文化艺术陶冶情操、凝聚力量、提振信心、鼓舞士气的重要功能,把社会效益摆在首位,并在此前提下努力实现社会效益与经济效益的有机统一。当经济效益与社会效益发生冲突时,经济效益要服从社会效益。

一个艺术产品,群众是否愿意花钱购买和消费,是能否达到"两个效益"相统一的一个重要标准。购买优秀艺术产品的人越多,受教育的面就越大,经济效益越好,社会效益也就越广泛。从这个意义上讲,没有经济效益,社会效益也将落空。但如果文化产品不讲社会效益,不符合人民群众健康有益的文化需求,即使暂时会牟些蝇头小利,最终也会被边缘化直至逐出市场,经济效益势必无从谈起。

因此,实现社会效益与经济效益相辅相成和相互促进,是文化艺术繁荣发展的重要条件。要把面向群众与面向市场统一起来,认真研究市场运营,准确把握群众需要,在占领市场的过程中更好地服务群众,在服务群众的过程中更多地赢得市场,催生更多"既叫好又叫座"的艺术产品,努力实现社会效益与经济效益的最大化。也正如习近平同志强调的,一部好的作品,应该是把社会效益放在首位,同时也应该是社会效益和经济效益相统一的作品。文艺不能当市场的奴隶,不要沾满了铜臭气。优秀的文艺作品,最好是既能在思想上、艺术上取得成功,又能在市场上受到欢迎。

七、推动艺术创新,实施精品战略

毛泽东早在延安时期就提出戏曲要"推陈出新",新中国成立后又重申这一思想,并把它同"百花齐放"联系在一起;邓小平要求文艺工作者"要始终不渝地面向广大群众,在艺术上精益求精,力戒粗制滥造,认真严肃地考虑自己作品的社会效果,力求把最好的精神食粮贡献给人民";党的十六大以来反复强调要进行文化的内容、形式、手段、体制、机制创新,部署实施了文化艺术精品工程。艺术的生命在于"新"、在于"精"。石涛"笔墨当随时代"的名言、赵翼"江山代有才人出,各领风骚数百年"的感叹、齐白石"学我者生,似我者死"的告诫、贾岛"两句三年得,一吟双泪流"的艰辛,无不说明了这一点。

韩国电影扎根民族文化,创作精良,虽然在本土电影市场上数量仅占外国电影的两成左右,但在市场份额上却处在与外国影片平分秋色的地位上,在抢占国际电影市场上也成绩斐然。

现在,随着人民生活水平不断提高,人民对包括文艺作品在内的文化产品的质量、品位、风格等的要求也更高了。改革开放以来，我国文艺创作产生了大量脍炙人口的优秀作品，同时也不能否认，在文艺创作方面存在着有数量缺质量、有"高原"缺"高峰"的现象，存在着抄袭模仿、千篇一律的问题，存在着机械化生产、快餐式消费的问题。当前，我国年产电视剧15000部（集）以上，电影500部以上，长篇小说4000部以上，表现的领域扩大了，观念多元了，方式、手段多样了，但真正的精品力作还远远不够。有人提供过以下一组数据：我国缺少以40种以上语言在全球发行1亿册以上的单部文学作品，缺少在全球票房超过3亿美元的电影和动画，缺少连续演出超过10年的优秀演出剧目，缺少在全球具有偶像意义的音乐、电影和演艺明星，这表明我国要成为文化强国还相距甚远。

推动文艺繁荣发展，最根本的是要创作生产出无愧于我们这个伟大民族、伟大时代的优秀作品。必须把创作生产优秀作品作为文艺工作的中心环节，努力创作生产更多传播当代中国价值观念、体现中华文化精神、反映中国人审美追求，思想性、艺术性、观赏性有机统一的优秀作品。要清醒地认识到，低俗不是通俗，欲望不代表希望，单纯感官娱乐不等于精神快乐。精品之所以"精"，就在于其思想精深、艺术精湛、制作精良。

繁荣文艺创作，推动文艺创新，必须有大批德艺双馨的文艺名家。习近平同志指出，我国作家艺术家应该成为时代风气的先觉者、先行者、先倡者，通过更多有筋骨、有道德、有温度的文艺作品，书写和记录人民的伟大实践、时代的进步要求，彰显信仰之美、崇高之美。文艺工作者要自觉坚守艺术理想，不断提高学养、涵养、修养，加强思想积累、知识储备、文化修养、艺术训练，认真严肃地考虑作品的社会效果，讲品位，重艺德，为历史存正气，为世人弘美德，努力以高尚的职业操守、良好的社会形象、文质兼美的优秀作品赢得人民喜爱和欢迎。

著名音乐家贝多芬，即使在他双耳失聪后，还创作了《第九交响曲》，首演就获得了空前的成功，罗曼·罗兰描述当时的盛况时说："情况之热烈，几乎含有暴动性质。当贝多芬出场时，受到观众五次鼓掌欢迎。交响乐引起了狂热的骚动。许多人哭泣起来。贝多芬在终场后感动得晕了过去。"但是同一个贝多芬，其性格怪僻得似乎不近人情。他到酒馆，无法容忍坐在身边的人，称他们为"无赖"，而后夺门而去；曾因为一点榨菜而解雇老仆妇；曾懒懒地靠在沙发上拒绝跪着请求他演奏的伯爵夫人。一些艺术家往往具有极强的个性，需要理解他们，尊重他们，营造一种宽松自由、和谐开放的创作环境，鼓励他们以充沛的激情、生动的笔触、优美的旋律、感人的形象，创作生产出思想性艺术性观赏性相统一、人民喜闻乐见的优秀文艺作品。

第三节　培育文明道德风尚

1980 年 5 月，时值改革开放不久，《中国青年》杂志第 5 期发表了一封署名"潘晓"的读者来信"人生的路呵，怎么越走越窄……"信中写道："我今年 23 岁，应该说才刚刚走向生活，可人生的一切奥秘和吸引力对我已不复存在。""过去，我对人生充满了美好的憧憬和幻想"，"开始形成了自己最初的、也是最美好的人生看法：人活着，就是为了使别人生活得更美好；人活着，就应该有一个崇高的信念，党和人民需要的时候就毫不犹豫地献出自己的一切。"可是，"我眼睛所看到的事实总是和头脑里所接受的教育形成尖锐的矛盾"。在讲述了自己在工作、爱情、家庭生活中所经历的种种不幸后，潘晓写道："人都是自私的，不可能有什么忘我高尚的人"，"我体会到这样一个道理：任何人，不管是生存还是创造，都是主观为自我，客观为别人，就像太阳发光，首先是自己生存运动的必然现象，照耀万物，不过是它派生的一种客观意义而已。所以我想，只要每一个人都尽量去提高自我存在的价值，那么整个人类社会的向前发展也就成为必然了。这大概是人的规律，也是生物进化的某种规律——是任何专横的说教都不能淹没、不能哄骗的规律！"来信发表后，引起社会热烈反响，一场持续半年多的"潘晓讨论"在全国范围内展开，《中国青年》杂志编辑部收到全国各地各个方面不同身份、不同层次的人寄来的信件达 6 万多封，其中不少还是几十名、上百名青年联名写的；来信有的赞成潘晓的观点，认为"自私首先是一种自我发现：个人意识到自己的价值，认识到'我'的重要意义"，"只有自我才是绝对的"；有的对潘晓的观点"有同感，但不能完全同意；同情，但希望她奋起"；有的则持批判态度，认为武断地宣布"自私是人的本质"，这就把人类经过漫长岁月艰难成长起来的一切良知、美德统统踩在脚下，把全人类（除去作者自己）推到道德的被告席上，连路遇不平、拔刀相助的江湖义气也没有了；连给乞讨者施舍的起码的同情心也没有了；更不用说董存瑞、黄继光的"正义冲动"了。时任中央宣传部部长的王任重、中央书记处书记胡乔木、直至中共中央总书记胡耀邦都对讨论做出过批示和指示，很多经历过这场讨论的人至今记忆犹新。

时间又过去了 30 多年，人们对当今社会道德风尚的评价更为沉重。2011
年下半年，《小康》杂志社中国全面小康研究中心联合清华大学媒介调查实验
室在全国范围内开展的"2011 年中国人信用大调查"的结果显示，2010 ~
2011 年中国信用指数为 62.7 分，从 2005 年至今的走势看，中国信用指数始
终处于低位运行态势；而一份由中国社会科学院研究所发布的社会心态蓝皮
书《中国社会心态研究报告 2012 ~ 2013》也指出："目前，中国社会的总体
信任进一步下降，已经跌破 60 分的信任底线。人际不信任进一步扩大，只有
不到一半的被调查者认为社会上大多数人可信，只有两到三成人信任陌生
人。"《中国青年报》在谈到这个报告发布后的反响时，引用了一则新闻：
2012 年 11 月初，北京延庆大榆树镇为滞留在国道上的司机送去了热乎乎的盒
饭，但是据负责送饭的工作人员讲，很多司机担心上当受骗，不敢轻易打开
车门。这些年，一些官员的腐败案件层出不穷，贪腐的情节和性质恶劣有加；
一些缺德的企业屡屡东窗事发，制假贩假，图财害命丧失起码的道德底线；
一些见危不扶、见死不救的事件频频曝光，互不信任、互相防范的人际关系
令人倍感人情冷漠，世态炎凉。官员手中掌握着权力，企业产品与人民群众
日常生活息息相关，公共人际关系是每一个社会成员都摆脱不了的无形的社
会之网，民众往往从这些负面见闻中，切身感受个体的无助和对社会的失望。
这表明，改革开放以来，社会道德风尚问题变得日益突出，对此不应回避，
而只能正视。

一、国无德不兴，人无德不立

在西方，"道德"一词来源于拉丁文，原意为风俗、习惯、品格、性格
等。在我国古籍中，"道"表示事物运动和变化的规则，"德"即"得"，
表示对"道"的认识、践履之后有所得。许慎的《说文解字》讲："德，外
得于心，内得于己也"，就是说，"德"是处理好自我与他人的关系，能够使
人我之间互有所得。

马克思主义伦理学认为，道德是调整人和人之间关系的一种特殊的行为
规范的总和，它遍及于人类生活的各个领域，跻身于人与人之间的各种社会
关系，渗透于每个社会成员的思想意识和行为举止之中，一方面着重从个人
和社会整体、个人与个人之间利益关系这一角度反映社会现实状况，显示社
会的生命力和历史趋势，展示或预测现实社会发展的未来图景；一方面通过
风俗习惯、社会舆论、榜样感化和思想教育等手段，使人们形成内心的善恶
观念、情感和信念，自觉地按照维护社会整体利益的原则和规范去行动，以

调整人们之间的相互关系。

良好的道德风尚是增强社会凝聚力和国家认同感的重要基础，特别是作为最高道德境界的人类理想信念，更是社会获得不断进取和持续发展的精神动力，没有这种精神信念的支撑，连基本的社会团结和集体行动也不可能。良好的道德风尚也是社会和谐与健康发展的标志，任由社会风气败坏，则预示着国家的衰败甚至灭亡。

"我建起一座巍峨的纪念碑，比青铜器还要坚固，比埃及金字塔还要雄伟，我将永远不会消亡。"这是古罗马帝国一位诗人对自己祖国的赞美之辞，希望它永远强大。很多历史学家都认为，早期的罗马人"健康、纯朴、高尚"，富有爱国心和荣誉感，人人争先为国效力；生活简朴、热爱劳动，即使是功劳显赫的将军也亲自耕作，居所简陋。这种传统美德和精神是罗马之所以能够历经严峻考验而不倒，并发展成为横跨欧亚非三大洲的庞大帝国的重要原因。 "条条大路通罗马"的西方谚语，说明了当时罗马帝国的繁荣与强大。然而，随着国家财富的增多，罗马人原来简约、朴实、勤奋的民族性格和精神丢失了，取而代之的是懒散、软弱、奢侈和堕落，及时行乐成为时尚。"谁也免不了要见阎王的。所以趁现在还活着，让我们痛痛快快地活吧"，这句话代表了当时富人的心态。罗马的全年假日公元1世纪时为66天，4世纪时竟达175天，罗马人以近半年的时间沉湎于观看奴隶角斗、斗兽、海战、戏剧等表演，靡费惊人。许多帝王生活荒淫豪奢、腐化至极，贵族挥金如土、醉生梦死，自由民鄙视劳动、沦为流氓无产者，靠国家的救济生活。这种精神、道德的没落，成为古罗马帝国走向衰亡的起点。

1151年10月的某天晚上，南宋佞臣张俊家宴高宗皇帝，留下了一份令后人瞠目的菜单。从菜单上可以看出，宴会分"初坐""歇坐""再坐""正坐"四个阶段。"初坐"上小吃七轮；"歇坐"上果点伺候；"再坐"上六轮大盘子；之后才是宴会正式开席的"正坐"，总计196道菜。这次家宴是南宋王朝奢侈浮华生活的一个缩影。宋太祖赵匡胤灭掉后蜀后，欣赏后蜀最后一个君主孟昶的宝物珍玩，见到一物十分稀奇，周边饰以宝石、金玉之类，起初不明就里，仔细一看才发现，这原来是孟昶用过的溺器。赵匡胤不由发出"自奉如此，欲求无亡，得乎?"的叹息，并下令将此物连同其他缴获而来的奢侈品一并烧掉。但是宋王朝并没有真正从中吸取经验教训。它是当时世界上最富足的国家，中国古代四大发明中的三项都诞生在这个时期，而它的世风奢靡也令人望尘莫及。北宋皇帝宋徽宗进行规模空前的宫殿、后苑等建设，专门从东南各地民间搜刮奇花异石，用船装运到京城，每十船为一纲，称为

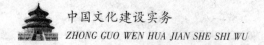

"花石纲"，两浙地区的许多民众深受其害，民怨沸腾，导致了方腊起义。最后，他和自己的儿子被掳到遥远的北国"坐井观天"。宋朝的娱乐业十分发达，当时的杭州被称作"销金锅儿"，是纸醉金迷；挥金如土的温柔富贵乡。人们常说"落后就要挨打"，这固然是一个带规律性的历史现象，但是奢靡腐败也要挨打甚至亡国，这更是一条历史定律。

英国19世纪道德学家塞缪尔·斯迈尔斯的名著偏格的力勘，自1871年问世以来就在世界上许多国家不断重印，在全球畅销一百几十年而不衰。他在书中指出："每一个民族和每一个个人一样，都要维护自己的品格。""如果一个民族的品格不是心胸宽阔、忠贞、诚实、善良和勇敢，那么它就会被其他民族所轻视，在世界民族之林中无足轻重。""任何沉沦、堕落的乌合之众都不能形成一个伟大的民族。这样的民族，即便在表面上看来文明昌盛，但只要面对逆境，立即就会四分五裂。"古罗马帝国所以走向衰落，"主要归咎于这个民族普遍的堕落、贪图享乐和安逸"；"一个民族如果缺乏高尚品格的支撑，那么这个民族必定会日薄西山、每况愈下。一个民族如果不再推崇和践行忠诚、诚实、正直和公正的美德，它就失去了存在下去的资格。一个国家的人民一旦由于追逐名利而腐化，由于寻欢作乐而堕落，由于派系之争而昏庸，至于荣誉、秩序、忠诚、美德和服从似乎都已成为过时之物……那么，这个民族也就无可救药了。"习近平同志最近也深刻地指出："国无德不兴，人无德不立。如果一个民族、一个国家没有共同的核心价值观，莫衷一是、行无依归，那这个民族、这个国家就无法前进。这样的情形，在我国历史上，在当今世界上，都屡见不鲜。"这样的历史经验教训，我们应牢记。

二、正确认识我国社会现阶段道德状况

既要高度重视当前社会道德问题的严重性，又要科学分析这些问题的性质和产生的原因。改革开放30多年来，我国经历着重大、复杂而迅速的社会转型，这就是：从计划经济到市场经济、从封闭体制到对外开放、从"熟人社会"到"陌生人社会"、从传统社会的血缘关系到现代社会的公民国家。这是现阶段我国道德发展的宏观历史背景。

在封闭的计划经济体制下，社会经济成分和人们之间的利益关系比较简单，人们之间的道德关系也相对简单，社会的道德规范和道德要求往往带有理想主义的色彩。经过30多年的改革开放，我国社会经济成分、组织形式、利益关系和分配方式日益多样化，不同群体的经济状况和利益诉求呈现出明显差别，人们的思想日趋多样多变，价值选择也日趋多元。市场经济强调主

体利益的自我生存和发展，一方面强化了人们的自主意识、竞争意识、创新意识和公共参与感与责任感，有利于激发社会活力，促进经济快速发展，另一方面也可能导致人们在追求利润、利益最大化的过程中自发地产生拜金主义、极端利己主义等非道德现象；对外开放开阔了人们的眼界，一方面促进了思想解放和观念更新，另一方面又使一些人在多种思想理念、文化思潮的交流碰撞中陷入迷茫，信仰淡漠，导致坚守道德诚信的内在动力缺失。

我国曾长期处于农耕社会，"家国一体""家国同构"。与此相适应，我国传统社会道德把人际关系归纳为君臣、父子、兄弟、夫妇和朋友五种，其中三种是家庭关系，另两种则是家庭关系的延伸。它以家庭为基础，更多关注并作用于亲属关系和熟人关系，而对非亲属关系和陌生人之间的关系则很少涉及。在计划经济体制下，社会的流动性不强，人们基本生活在熟人圈子里，相互之间容易取得信任，是"亲而信""熟而信"。改革开放以后，社会的流动性大大增强，人们对交往已不再局限于亲情、血缘、地缘以及相互之间的熟悉程度，交往范围扩展、交往频率增加、交往内容复杂。在这种情况下，以血缘关系和地缘关系为基础的传统道德体系就不再适应。而且；市场经济的自发性还在一定程度上导致邻里关系的淡漠、"杀熟现象"的出现、甚至婚姻家庭关系的脆弱，不仅陌生人需要防范，而且朋友、同事、熟人、邻里之间也需要防范，从而造成社会诚信的缺失。

我国社会转型虽然始于上世纪初，但真正得以迅速发展还是改革开放似来的30多年，它走过了西方国家用上百年时间才走过的路程。它以经济发展为先导，社会建设和文化建设则相对滞后；人们更多关注的是经挤的增长和物质生活的改善，理想和信仰则被淡化、功利化。传统道德主要依靠个体的自律维系，市场经济中的道德建设则不可能单纯地依靠个人自律，还必须建立相应的法律、法规和制度，这在短时期内不可能完成，致使许多道德败坏、不守诚信的行为不但得不到应有的惩戒，反而使之获得暴利，甚至造成越讲道德越吃亏、"撑死胆大的、饿死胆小的"现象。同时，社会公平正义问题的突出，也与历史上的对照过于强烈，加剧了社会的道德危机。

从世界范围看，社会道德风尚问题是很多国家在社会转型过程中所遇到的一个共性问题。英国工业革命催生了人们的冒险精神、勤奋创业精神和敬业精神，确立了英国在世界的领先地位，同时也伴随着道德败坏等良社会现象。当时，吃喝嫖赌在上层社会盛极一时，一些贵族人士表面道貌岸然，背地里却无恶不作，他们的罪恶以及那些王亲贵戚的种种见不得人的丑事家喻户晓。贪污腐败在英国国会成风，选票被高价出售，只有拿出巨款贿买，才能当选议员。下院内部也是贿赂公开流行，内阁要想保持自己的统治地位，也往往贿买议员，使他们投票支持自己。假冒伪劣商品充塞于市场，食品掺假事件层出不穷。马克思在《资本论》中谈到当时的情况时说："法国化学家舍伐利埃在一篇论商品'掺假'的文章中说，他所检查过的 600 多种商品中，很多商品都有 10~20 种掺假的办法。他又说，很多掺假办法，他还不知道，而且他知道的也并没有完全列举出来。他指出，糖有 6 种掺假方法，橄榄油有 9 种，奶油有 10 种，盐有 12 种，牛奶有 19 种，面包有 20 种，烧酒有 23 种，面粉有 24 种，巧克力有 28 种，葡萄酒有 30 种，咖啡有 32 种，等等。甚至仁慈的上帝也不能逃脱这种命运。""面包掺假的情况，令人难以置信，尤其在伦敦更为厉害。""工人们汗流满面来换取面包"，但他不知道，"他每天吃的面包中含有一定量的人汗，并且混杂着脓血、蜘蛛网、死蟑螂和发霉的德国酵母，更不用提明矾、砂粒以及其他可口的矿物质了。"而英国下议院的食物掺假"调查委员会""本身也相当坦率地承认，自由贸易实质上是假货贸易。"恩格斯也谈到过，19 世纪伦敦街头有 4 万妓女，强制性的劳动条件使得工人们离开岗位后酗酒纵欲，工业革命以来的几十年间仅英格兰和威尔士的刑事犯罪率就增长了 6 倍。工业革命时期的英国著名作家狄更斯写的小说《双城记》中那段著名的开场白，形象地揭露了工业革命时期社会风尚中存在的矛盾现象：那是最美好的时代，那是最糟糕的时代；那是智慧的年头，那是愚昧的年头；那是信仰的时期，那是怀疑的时期；那是光明的季节，那是黑暗的季节；那是希望的春天，那是失望的冬天；我们全都在直奔天堂，我们全都在直奔相反的方向……简而言之，那时跟现在非常相像，某些最喧嚣的权威坚持要用形容词的最高级来形容它。说它好，是最高级的；说它不好，也是最高级的。

"每个屠宰场都有杀猪房，每天杀猪房中总会送出一批挂有红标签的死猪，这些猪被发现感染有结核病毒，猪肉中含有致命的尸毒，无论经过何种处理，即使烹煮，尸毒都能存活，并能致命。政府要求把这些死猪放入槽中处理成肥料，槽由政府职员在底部封口，只有槽中的肉被销毁，封印方可取掉。纸面上的规定很严格，但是这些槽总是开着的，从上面扔进的肉从下面出来后被制成了腊肠……在充满蒸汽的装罐车间，地板水平下方有开口的罐子，工人可能会掉入这些大罐中，万一掉入，被捞出来时躯体己所剩无几，有时，他们会被忽略好几天，直到只剩一把枯骨。那些血肉会随着加工时的肉类送到公众的手里。"这段令人毛骨悚然的描写来自 1906 年美国出版的纪实小说《屠场》，当时 25 岁的调查记者厄普顿·辛克莱以打工的名义到美国的一个肉类加工场，经过了 7 天的调查，写成了此书。与此同时，还有一些新闻工作者和作家对美国的社会问题进行了广泛深入的调查，以大量事实揭露了美国政府和一些大企业的种种罪恶，这种揭露被称为"扒粪运动"。19世纪末 20 世纪初，美国急剧的工业化和城市化使城市结构短期内发生了重大变化，社会空前富裕，进入所谓"镀金时代"，同时也产生了种种社会问题，其中的腐败现象令人瞠目结舌。金融界和政界关系密切，通过钱权交易双方都获得暴利；贪赃枉法是警界常事，警察定期向酒吧、歌舞厅要黑钱；种种犯罪分子往往各有门路，可以少判、减判甚至不受任何惩处；许多选民将自己的选票卖给商人或政客，许多地方公开付给选民钱，并且不再称为贿赂，而被称为对选民"计时付酬"；食品和药品制假贩假现象异常猖獗，不洁食品和有害药物严重威胁人们的健康和生命安全，政府的食品药品监督员却在重金贿赂之下听之任之。正是因为这些原因，才爆发了著名的进步主义运动，"扒粪运动"就是这场运动最重要的内容之一。

美国学者塞缪尔·亨廷顿在其名著《变化社会中的政治秩序》中提出一个观点，即不论在哪一种文化中，腐化都是在现代化进行得最激烈的阶段最为严重："有理由认为，腐化程度与社会和经济迅速现代化有关。18 世纪和20 世纪美国政治生活中的腐化现象好似就没有 19 世纪美国政治生活中的腐化现象那么严重。英国亦是如此，17 世纪和 19 世纪末英国政治生活看上去就比18 世纪的英国政治廉洁些。""某个国家处于变革时期的腐化现象比该国在其他时期的腐化现象更为普遍。"但纵观人类历史可以看出，社会转型时期出现的道德问题，是在社会进步过程中出现的，主要是前进中的问题。同所有事物的发展一样，道德的发展也是曲折的，但总的趋势是进步的，正如恩格斯指出的："在道德方面也和人类认识的所有其他部门一样，总的说是有过进步的；"当前我国社会道德风尚存在的问题，或者是旧有的道德规范已经不适应变化了的社会结构，或者是适应社会主义市场经济的新的道德规范尚未完全建立起来，或者是相应的制度、法规不完善，或者是公平正义等社会问题的凸显给人们造成的心理冲击。随着经济、社会和文化的发展，这些问题都可以解决，而且物极必反，当前道德问题的严重，也可以加速问题的解决，否则经济和社会就不能正常发展，甚至危及人们的生命安全。在分析这些问题的同时，我们更要看到广大人民勤劳向善的风貌，一方有难八方支援的品德，看到日益壮大的"志愿者队伍"和"献爱心""学雷锋"等活动，看到"最美教师""最美妈妈""最美民警""最美司机"的惊天动地的感人事迹；正是他们，代表了道德发展的前进方向。

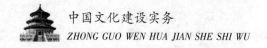

三、以社会主义核心价值观为统领，构建与中国特色社会主义和市场经济体制相适应的道德建设体系

要用中国特色社会主义共同理想整合多种价值诉求，坚持道德先进性与广泛性的统一；以马克思主义道德观为指导，促进中国传统美德实现创造性转化、创新型发展，积极吸收借鉴国外道德建设的好经验好做法为我所用，坚持道德继承性与创新性、民族性与世界性的统一；社会公德、职业道德、家庭美德和个人品德建设相结合，使道德规范和道德行为渗透到人们日常生活之中，坚持社会道德建设与个人品德建设、崇高理想道德与平凡生活道德的统一；既依靠社会舆论、风俗习惯、榜样感化提高人们的道德水平，又加快建立健全社会主义法制体系，惩恶扬善，坚持以德治国与以法治国的统一。

1984～1985年，我国驻美大使馆工作人员田志芳先后两次到美国著名的西点军校参观，该校建于1802年，200多年间培养了众多的美国军事人才，其中有3700多人成为将军，包括巴顿、麦克阿瑟、艾森豪威尔等名将。在学校印制的简介中，有反映学生学习生活的照片，其中一张照片可以清楚地看到雷锋的照片挂在学员们学习地点的墙上，旁边有一面五星红旗，下方还有几个汉字：学雷锋树新风。这时应与我国"潘晓讨论"时间相隔不久，令人深思。"雷锋精神是人类的财富"，这是20世纪86年代一位美国记者参观我国辽宁省抚顺雷锋纪念馆后的留言。这位美联社记者参观时特别认真，在馆内研究了一整天，提出了诸如"雷锋做好事不留名，怎么还能留下这么多照片？""雷锋不富裕怎么能买得起手表、皮夹克？"等许多疑问，在获得解说员的解释后，留下了上面那句话。从雷锋纪念馆成立到2012年雷锋殉职50周年，纪念馆已接待了几十万人次的外国参观者，他们留下了"感谢你们对中国好人如此怀念""他不仅是中国人民的英雄，也是世界所有向往美好生活人们心中的英雄""这里所体现的毫不利己，关心他人，关心最贫困和最穷苦人的精神，对全人类都有指导意义。让我们一起共同建立一个更为公正、更为安定的世界"等感言，对雷锋精神表达了充分的认可和赞同。德国著名哲学家康德有一句名言："世界上有两种东西能够深深地震撼人们的心灵，一是我们心中崇高的道德准则，另一个是我们头顶上灿烂的星空。"康德的墓志铭是："位我上者，灿烂星空；道德律令，在我心中"。康德在科学上提出了著名的"星云假说"，在哲学上写出了关于道德的《实践理性批判》，在他看来，道德有如灿烂的星空。而雷锋精神就是这样的道德星空，普照大地。

我国是社会主义国家，更要坚定不移地以这种最高层次的道德风范去引领社会。同时，也要根据市场经济条件下利益主体多元化、价值取向多样化的实际，建立多层次的道德要求，善于用最基本的道德要求来规范公众，既鼓励先进又照顾多数，既统一思想又尊重差异，使道德在各个阶层各个领域发挥广泛的调节作用。

"当失去公信力时，不论说真话还是说假话，做好事还是做坏事，都会被认为说假话，做坏事。"这是古罗马时代的历史学家塔西佗的观点，被称为"塔西佗效应"或"塔西佗陷阱"；应该是他研究古罗马发展得出的一个结论。当前，一些地方的政府和官员公信力下降，落入了这个陷阱，影响了社会的公信力。

英国的维多利亚女王在位60多年，正是英国工业革命时期，她带头整肃，要求自己处处做到高雅、体面、端庄、节制，丈夫死后守寡几十年未再嫁，对子女也严格要求，甚至鞭打杖责。经过多年努力，这种道德要求由上到下得到渗透，从贵族到平民都受到影响，最终形成了著名的"绅士风度"，其内涵并非仅仅尊重妇女，还包括责任感、理性、克制、诚实守信等，英国社会风尚大为好转，维多利亚时期被称为"文雅社会"。"塔西佗陷阱"和"绅士风度"都启示我们，道德建设要从上头做起。

党政领导干部要有更高的道德要求，承担更多的道德责任，发挥引领表率作用。习近平同志告诫全党，要以猛药去疴、重典治乱的决心，刮骨疗毒、壮士断腕的勇气，把反腐败斗争进行到底；国家教育部的调查显示，广大高校学生对新一届中央领导集体带头践行"八项规定"、坚持肃贪反腐、深化改革、深入开展群众路线教育实践活动的铁律新风给予高度评价，九成学生对中央坚持"老虎、苍蝇一起打"的反腐行动最为满意。因此，必须把党员领导干部道德素质的提升作为道德建设的重点，使之成为社会主义核心价值观的积极倡导者和公民道德的模范实践者。

到过苏格兰爱丁堡的人，都会被这样一个故事深深感动：鲍比是一只苏格兰猎犬，主人生前每个星期三都会带着它到特雷尔酒吧吃午餐，每次酒吧老板都会给它一个面包。主人在1858年去世了，就在葬礼后的第3天中午，鲍比独自出现在特雷尔酒吧，酒吧老板可怜它，照例给了它一个面包。从此鲍比每天中午都会出现在酒吧里，每一次都是低着头叼着面包离开。好奇的酒吧老板跟着鲍比，结果发现它来到主人的墓碑旁，趴在那里吃那个面包。原来它每天为主人守墓，只有下大雨时才会到教堂边上躲一下，它所有的食物就是那个面包。人们被这条狗的行为所感动，附近居住的人开始来喂养它，后来很多外地人来喂养它，很多人试图将它带离墓园收养，但鲍比拒绝离开。

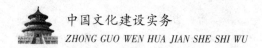

14 年后的 1872 年，人们发现鲍比死在了主人的墓园上。为了纪念这只忠义的小狗，市议院破例为它颁发了证书，破例将它埋在了教堂其主人的墓旁，并立了塑像，旁边的咖啡馆也以它的名字命名。鲍比的行为上了媒体，被拍成电影，成为一种感人的忠诚教育。

相比之下，我们的电视、报刊上在一段时间里不乏宠物伤人的报道，但多是停留在管理制度和威胁人身安全层面，深入到道德伦理层面不够。道德作用的发挥主要依靠社会舆论、传统习惯、榜样感化和内在良心，其中社会舆论是社会道德评价的最重要方式和手段，良好的社会舆论可以培养人们善的情感，抑制恶的情感和行为的产生。2006 年南京市曾发生"彭宇案"，在案件审理期间就出现了偏离事实真相的报道，后来又形成了舆论热点。调查表明，读过案件报道者，不到 8% 的人选择"看见老人摔倒，选择毫不犹豫上前搀扶"的调查选项；没读过报道者，则有 84% 的人选择"搀扶老人"。现在，一些媒体热衷于对某些缺德的突发事件的持续跟踪报道，而那些在默默无闻的场合做着默默无闻善事的人却总是默默无闻。要切实改变这种现象，真正发挥社会舆论道德评价的重要作用，使不道德的行为感受到强大的精神压力甚至无地自容，使那些"助人为乐""见义勇为"的行为受到尊敬、感到光荣。

凡到过新加坡的人，一方面感叹它的洁净，一方面感受到管理的严格：随地吐痰，第一次处 1000 新元罚金，第二次处 2000 新元罚金，第三次处 5000 新元以上罚金，相当于 2.5 万元人民币；公车上吸烟，最高罚款 1000 新元；乱扔垃圾，初犯时罚款 200 新元，重犯时罚劳役 3 ~ 12 小时。1994 年，一美国青年因涂鸦被做出鞭刑判决，美国总统克林顿出面求情也没起作用。有人说新加坡是"fine"之地，这个"fine"在英语里是双关语，既有"美好"之意，也有"罚款"之意，新加坡是被"罚"出来的美好之地。管理严格当然要以法律为依据，新加坡有严密的法律，欧美发达国家的法律条文也多如牛毛，人们生活的方方面面都有法条管着。在欧洲，纳税是公民个人的自觉行为，应税收入主要靠公民个人申报，报与不报全靠自觉，能够逃税的漏洞也不少，但逃税的人并不多，关键是害怕被罚，你可能侥幸逃税 99 次，但被抓住一次，就会发现以前所逃的 99 次都是不值得的。严密的法律和违法必究、执法必严的惩戒，逐渐培养了公民的自律意识，这种自律意识和由自律意识所形成的习惯，就是文明素养。这种"管"出来的文明，可以给我们很多启示。正如黑格尔所说：道德是法律的补充，法律是道德的监护。没有法律支撑的道德，是苍白无力的。推进道德问题的治理，离不开良性制度和法律的完善与严格执行。

2014 年 1 月 15 日，国务院总理李克强主持国务院常务会议，部署加快建设社会信用体系，原则通过《社会信用体系建设规划纲要（2014～2020年)》，要求全面推进包括政务诚信、商务诚信、社会诚信等在内的社会信用体系建设，制定全国统一的信用信息采集和分类管理标准，推动地方、行业信用信息系统建设及互联互通，逐步消除"信息孤岛"，让失信行为无处藏身，加快立法，完善奖惩制度，全方位提高失信成本，让守信者处处受益，失信者寸步难行，使失信受惩的教训成为一生的"警钟"。这个决策，是根据市场经济发展的需要并借鉴国际有关经验制定的，对加强社会主义道德建设具有重大意义。通过制度和法规惩恶扬善，做到"善有善报、恶有恶报"，就能使道德规范和要求逐步由外在的约束转化为人们的生活习惯和内在的良心。

"生命是母亲给我的。我之能长大成人，是母亲的血汗灌养的。我之能成为一个不十分坏的人，是母亲感化的。我的性格、习惯，是母亲传给的。她一世没享过一天福，临死还吃的是粗粮。"这是著名作家老舍回忆母亲的一段话。老舍的母亲是一位出身农家的普通满族妇女，一生默默而顽强地承受着生活的重压，善良但不软弱。1900 年，八国联军侵略北京，"皇上跑了，丈夫死了，鬼子来了，满城是血光火焰，可是母亲不怕，她要在刺刀下、饥荒中，保护儿女"。她用自己的辛劳给儿女们换得接受学校教育的权利，更用自己的言行给儿女们以生命的教育，成为他们真正的老师，使他们同她一样，勤俭、诚实、坚毅、不怕吃苦、乐于助人。

家庭是每个人接受教育的原始环境，每个人一出生就处于某种特定的家风家教之中。心理学证明，婴幼儿的早期记忆影响一生一世，正所谓"三岁看大、七岁看老"，家庭教育对一个人性格、习惯、品德和思维方式的形成起着奠基性作用。中国传统社会的"家国同构"，使家风家教具有极其重要的地位，所谓"修身、齐家、治国、平天下"，家正是个人与国家、社会之间的重要连接点，"诗书传家""礼仪传家""耕读传家""精忠报国"等家风家训，蕴含着许多中华传统文化的精华。在社会转型的过程中，传统大家族不断被小家庭取代，家庭少子、独子现象增多，社会流动中出现了众多的留守老人、留守儿童，家庭结构发生很大变化。但家庭仍然是社会的基本细胞，仍然承担着传承文化的重要作用，正如习近平同志所强调的，"千千万万家庭的家风好，子女教育的好，社会风气好才有基础。"因此，要发挥家风家教的文化功能，使之成为传承中华优秀传统文化与培育社会主义核心价值观相衔接的有效载体。要挖掘梳理传统优秀家风家训，弘扬现代革命家庭的家风家教，加

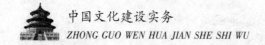

强对家长的家风家教教育。家长们都希望孩子健康成长，但有的家长不知道应当如何教育孩子，要引导广大家长树立良好家风，注重自身修养，注意行为举止，以身作则，言传身教，为孩子健康成长营造良好家庭环境。要注意把家风家教同社会公德教育与职业道德教育相结合，使社会主义道德教育体系更加完整和丰富。

四、正确处理个人与社会、个人与他人的关系

这是道德原则的核心问题，当年的"潘晓讨论"，以及后来相继发生的由1982年西安解放军第四军医大学学生张华因营救一位老农不幸牺牲而引发的"人生价值如何衡量"的讨论、1988年在深圳蛇口发生的关于闯荡深圳的"淘金者"的贡献和动机以及个体户与公益事业的关系的讨论，最后都归结于此。马克思说过："全部人类历史的第一前提无疑是有生命的个人的存在"，未来的共产主义社会是一个"自由联合体"，"在那里，每个人的自由发展是一切人的自由发展的条件。"马克思主义并不否认个人发展和个人利益的合理性，非但不否认，而且把每个人的自由发展作为未来社会发展的目标。按照这样的思想，一个社会或集体应该尽最大可能为每个人实现自由发展创造条件，只有这样，这个社会或集体才有活力。过去受"左"的影响，存在着片面强调集体主义而忽视个人利益的问题，"潘晓讨论"和深圳蛇口的讨论中不乏对这个问题的反思。同时，马克思也说过："人天生就是社会的生物，只有在社会中才能发展自己的真正的天性"，"只有在共同体中，个人才能获得全面发展其才能的手段，也就是说，只有在共同体中才可能有个人自由。"因此，每个人在实现自身的利益和发展时，又要关心、维护社会和集体的利益，否则他也就会失去自身发展的条件。

市场经济唤起了人们的主体意识、权利意识、平等意识和创新意识，激发了社会的活力，但是市场经济也要维护社会利益，不仅要"利己"，也要"利他"。这一点，英国工业革命时期的著名经济学家亚当·斯密已经敏锐地看到了。他在其代表性著作《国富论》中把个人利己主义的追求当作人类经济行为的基本动机，市场则作为"看不见的手"调节人们的经济行为，这一理论为人们所熟知。其实，他出版的第一部代表性著作是《道德情操论》，而且前后修订了6次，即使在逝世前的最后几年里，还在竭尽全力地修订。在他身患重病、知道自己已经时日无多的情况下，对这本书进行了最重要的一次修订，足见他对这本书的重视。在这本书中，斯密从人类的情感和同情心出发，讨论了善恶、美丑、正义、责任等一系列概念，试图告诉人们：人在

追求物质利益的同时，要受道德观念的约束，不要去伤害别人，而是要帮助别人。他既试图肯定市场的繁荣和工商业的进步，又试图在个人经济动机得以解放的条件下，为美德的重要性和可能性做出论证。英国工业革命时期发生的问题，证明了斯密对道德情操探讨的必要性。"在经济学的发展历程中，由于人们只看到斯密在其《国富论》中论述资本主义生产关系，重视经济人的谋利心理和行为，强调'自利'，却相对忽略了其在《道德情操论》中所重视的社会人的伦理、心理、法律和道德情操，从而曲解、误读了亚当·斯密学说。"这是1998年度诺贝尔经济学奖得主、英国经济学家阿马蒂亚·森的评论，它与一些西方学者对个人主义的沉重反思相呼应。这些学者通过大规模的调查，得出的结论是："现代个人主义似乎正在产生一种无论个人或社会都无法维持下去的生活方式"，"我们担心这种个人主义今天已经发展得像癌症一样危险了"。一些人还正确地指出，对个人不加约束与对个人约束过多一样对自由不利。不能把社会与个人对立起来，只有在社会中，才能实现个人自由。对个人的约束又是必不可少的，它是保证社会正常运转的必要条件，文明和社群都要求个人利益服从公共利益。

中国国务院前总理温家宝也几次提到，在读斯密的《国富论》时，不要忘了他《道德情操论》中的观点。他在谈及三鹿奶粉事件时曾说，企业家身上应该流着道德的血液，而不能只流淌利润的血液。一个企业要做大做强，必须关心社会，承担必要的社会责任。可见，问题还是要归结为个人与社会、个人与他人关系的辩证统一，社会和集体要重视和保障个人的正当利益，个人也要关心和维护社会、集体利益。还应看到，由于受经济社会发展水平的限制，当前还不可能达到每个人的自由全面发展，个人与社会、个人与他人之间还经常会发生矛盾。当个人利益与社会利益和他人利益出现矛盾时，个人利益应服从整体利益，倡导先人后己、大公无私精神，批判极端个人主义和利己主义。正如俄国马克思主义理论家普列汉诺夫所说，道德是"对整体的幸福，即对部落、民族、阶级、人类的幸福的追求。这种愿望和利己主义毫无共同之点。相反地，它总是要以或多或少的自我牺牲为前提。"

第四节　加强网络文化建设

1998年9月11日，美国众议院批准在互联网上首先发表独立检察官斯塔

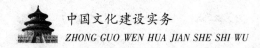

尔提交的有关总统克林顿同莱温斯基绯闻的报告。两天内，全球约 2000 万人上网观看报告，一度引起"网络堵塞"。9 天后，长达 4 小时的克林顿作证录像也上网播出。

　　2011 年 8 月 4 日，一位名叫马克·达根的英国黑人青年因被怀疑持枪械而被伦敦警方击毙。6 日，约有 300 人在警察局附近示威。当晚，抗议示威演变为打、砸、抢、烧的一场骚乱，并迅速蔓延至伦敦的数十个街区以及伯明翰、利物浦、诺丁汉等英国其他城市。这是自 20 世纪 80 年代初以来英国最为严重的一场骚乱，引起了英国上下及国际社会的广泛关注。人们在事后研究骚乱发生的原因时发现，网络媒体推波助澜是骚乱迅速蔓延升级的"催化剂"。警察射杀黑人青年后，英国社交网站立即出现了大量有关情况的讨论，其中许多属于情绪上的宣泄、谣言甚至煽动性言论，"推特"和"脸谱"网站铺天盖地地贴满了有关骚乱事件的照片，很多骚乱的参与者都是通过两大网站而组织起来的。随着骚乱的发展，新兴的"黑莓"通信手机的一些用户互通声气，彼此呼应，躲避警方监控，商讨攻击目标和通报警方动向。就这样，网上网下彼此呼应，网上组织动员力量，网下付诸行动，虚拟与现实相结合，使事态迅速扩大。

　　"当你的粉丝超过 100，你就好像是本内刊；超过 1000，你就是布告栏；超过 10000，你就好像是本杂志；超过 10 万，你就是一份都市报；超过 100 万，你就是一份全国性报纸；超过 1000 万，你就是电视台；超过 1 亿，你就是 CCTV 了。"这是有关人士对微博传播方式和作用的形容。目前，我国有报纸 1918 种，其中发行量超过百万份的有 20 家左右，而网络社会的意见领袖的粉丝数量少则几十万，多则数百万，其粉丝数量丝毫不亚于一种纸媒的发行量。2010 年 4 月新浪微博"人气关注总榜"上排名第一的姚晨拥有 143 万多名粉丝，如果姚晨生产或转发一条微博，就有上百万人收到；如果这上百万人又通过自己的链接和关注将此条微博转发，就意味着有上千万的人可以看到姚晨的微博。这也即是微博的所谓"核裂变"式传播。

　　早在 1969 年，美国国防部资助 ARPA 公司承建一个试验网络，将美国许多大学和研究机构从事国防研究项目的计算机连接起来，构成了互联网的雏形。从 20 世纪 80 年代中期到 90 年代，互联网得到迅速发展，1998 年 5 月，联合国新闻委员会正式提出"第四媒体"概念，几个月后，《斯塔尔报告》上网播出，这标志着互联网作为独立于传统的报纸、广播、电视三大媒体的"第四媒体"登台亮相，在互联网和大众传播发展史上具有重要意义。到 2012 年底，全球网站总数达到 6.34 亿个，网民突破 24 亿人，平均每 70 人一

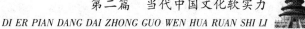

个网站，每百人中网民数量超 30 人，手机用户近 80 人，在传播范围上基本联通全球。

在互联网迅速发展的浪潮中，"博客"、"微博"等应运而生。微博博客是一种通常由个人管理、不定期张贴新文的网站，属于博客的一种形式，其单篇的文本内容通常限制在一定范围内，使用户能够通过微博融合的网页、手机、即时通讯、SNS 社区、论坛等多种渠道发布文字、图片、视频、音频等形式的信息，使用方式便捷、传播迅速、交互性强。2006 年，美国埃文·威廉姆斯创建的新兴公司推出"推特"服务，使微博开始显现其网络价值，带动了微博的迅速发展。2010 年是人们常说的中国"微博"元年，几乎从零起步的微博呈井喷式发展，跃升到 6811 万用户，到了 2011 年，达到 24988 万户，年增长率为 296%。现在，我国网民有 6 亿多人，数量居世界第一，其中手机网民有 4.6 亿多人，手机网民中的微博用户达到 3 亿多人，已经形成了全世界最大的网络舆论场。

一、互联网依赖当代信息传输技术，在信息发布与传播的范围和速度方面，在信息内容的收集、整合和存量方面，在信息表达的方式和具有的社会功能方面，都具有传统媒体所不具备的特点和优势

传播主体全民化。大众传播时代，传播是一种组织行为，传播主体主要是专业化的媒介组织和传播人士，他们通过一定的标准，通过特有的把关机制，决定传播内容，公众大多是作为受众被动地接受传播者的信息发送活动。互联网则使得社会传播媒介不再垄断在少数专业者手里，普通大众也有了自己的传播手段，特别是微博最大化地降低了用户的表达和技术门槛，为全球每个人拥有"自媒体"提供了最大的可能性。网络的匿名性使网民敢于表达自己的真实意愿，网络中组织性把关机制的减弱也使个人选择自主性增强。微博内容的组织权、选择权属于用户，信息流动完全由用户主导。用户既可以是信息的接收者，也可以是信息的传播者，其触角伸向四面八方，达及以往专业媒体不能达及的社会各个角落，关注和记录着大大小小的事件，并且以多种方式对事件进行多角度传播，以各种不同观点对事件评价和诠释。正如有人形容的那样，现在是"人人都有麦克风"的"全民记者社会"。

传播范围全球化。早在 20 世纪 60 年代，加拿大传播学者马歇尔·麦克卢汉就从电子传媒的视角出发，在《理解媒介——论人的延伸》一书中提出

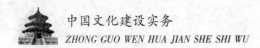
了人类走向"新部落"——地球村的预言，指明了信息全球化的发展趋势。但是，由于受技术设备条件和各国传播政策的限制，广播、电视等大众传播时代的电子传媒实际上还是属于区域性媒体，还没有担负起信息全球化的责任。互联网整合各种媒体，形成了一个联通全球的信息传播系统，成为一种高效率、大容量、极具开放性的全球化媒体。它使各种信息无国界地快速流动，人们可以凭借手中的电脑、手机等媒体自由收看或调阅，受行政控制或干预的可能性很小，大大拓展了人们选择和利用信息资源的内容和范围，实现了全球范围内的"信息共享"。各种信息和不同文化在网上交流、沟通、碰撞、融合，人们可以在世界范围广泛地选择交往对象，并同时与多人互动，互联网使整个地球真的变成了一个村落。

传播媒介集成化。大众传播时代，社会传播媒介主要是报纸、广播、电视三大媒体，以及书籍、杂志等。它们分别产生于不同年代，各具不同的特点和功能。互联网则把这些媒体的优点和功能集合在一起，人们可以上网看报、看书、看杂志、看电影、看电视、听音乐，过去由多种媒体才能表现出来的文化丰富性，现在可以集中表现在网络上。同时，报刊、广播、电视等传统媒体也在运用新技术，产生出如电子书、数字报、网络电视等新媒体形式，与网络融合。而且，基于互联网技术、移动技术等媒介技术创造出的新传播手段层出不穷，微博、BBS、SNS 等争奇斗艳，各有所长又相互融合，可以说，互联网集多种传播媒介之大成。特别是最初只是作为通讯工具的手机，具有高度的便携性、互动性、贴身性、网络化及用户的海量性，打破了地域、时间和电脑终端设备的限制，使人们能够随时随地接收文字、图片、声音、视频等，将新闻功能、娱乐功能、服务功能、经济功能集于一身，越来越成为人们广泛认同和使用的新传播媒介，以至有人称其为继报纸、广播、电视、网络之后的"第五媒体"。

传播过程多向化。大众传播时代以前的口语传播时代和文字书写传播时代，基本上是"点对点"的传播，过程较为简单。大众传播时代，是"点对面"的传播，它基本上是一个从传播者到受众的单项传播过程。网络传播则是"多点对多点"的传播，是一个多向互动式传播的复杂过程。网络传播的主体是多元的，对同一时间同一地点发生的同一事件，不同的人可以传播不同的声音；信息的接受者收到信息后，对不同的声音进行比较、鉴别，可以及时与传播者进行反馈互动，展开对话和讨论，从而使传播不限于一对一的对话，更多的是多对多的交流，呈现出相互交织的多向化传播过程。在这个过程中，每一个传播者在转发信息时都可能加上自己的意见，或对信息进行增减。因此，信息的传播过程不是对信息的简单复制，而是信息的不断再生产过程，每一次传播都可能出现信息的变形，这种变形有时可能带来重大后果，如网上对某个群体事件的传言，经过不断变形、放大，可能会引发更大的群体事件，即所谓的"蝴蝶效应"：南美洲亚马孙河流域热带雨林中的一只蝴蝶，偶尔扇动几下翅膀，可能在两周后引起美国得克萨斯州的一场龙卷风。

传播速度即时化。与传统媒体相比，网络传播的速度大大加快。特别是微博与手机紧密结合，更进一步实现了传播的即时性。网络传播的主体千千万万，遍及社会方方面面；手机具有贴身性、移动性、互动性和传播渠道的整合性等特点，便于人们随时随地发布、接受和讨论信息内容；微博内容生产常常为一句话或几句话，信息发布无须审核等待，这都使得互联网越来越先于传统媒体进行新闻报道。特别是对一些突发事件，可以通过文字、图片、录音乃至视频等多种形式，进行第一时间、第一现场、第一视角的现场报道，甚至可以达到"秒互动"地步，即在几秒钟内报道事件实况，在不到 1 分钟内实现互动反馈。而传统媒体即使有强大的采编队伍，动用尖端的设备，花费大量的财力，也无法做到这一点。2008 年，印度孟买发生恐怖袭击事件，目击者率先通过"推特"以 5 秒 80 条信息进行现场直播，使美国的有线电视新闻网（CNN）也引用"推特"上的消息进行实时报道，并很快被全球各地网站争相转载。2009 年，青海玉树发生地震，10 分钟后就有人发布了地震消息。

这些信息在短时间内从一个节点传播到不计其数的节点，呈现出一种病毒式的快速传播态势。

传播内容海量化。"互联网上一天产生的信息量有多少？"中国互联网协会理事长、中国工程院院士邬贺铨对这个问题的回答是：约有 800EB，如果装在 DVD 光盘中，要装 1.68 亿张，装在硬盘中要 80 万个；就 Facebook（脸谱网）而言，一天代表新增 32 亿条评论、3 亿张照片，信息量达 10TB；对推特而言，一天代表新增 2 亿条微博，约有 50 亿个单词，比《纽约时报》60 年的词语总量还多一倍，信息量达 7TB。目前视频已成为互联网流量的主流，预计到 2015 年，在互联网上一秒钟所传视频需要一个人花 5 年时间才能看完。对 Youtube 而言，一天代表上载 7 万小时的视频，40 亿次浏览量。另据统计，中国网民每天发布和转发微博信息达 2.5 亿条，每天发送微信等即时通讯工具信息超过 200 亿条。可见，互联网内容海量化名副其实。互联网进入人们生活的最初阶段，就是利用先进信息技术的优势，实现了对过去画地为牢、各自为政的内容供应状态的互相沟通，构成了内容网络。

随着传播主体的不断扩大和信息技术的不断进步，互联网信息的来源更加

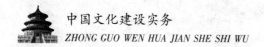

多元化、全面化、快捷化，信源内容涵盖人们学习、工作、生活的方方面面，可以极大地满足公众的需求。同时，人们也可以随时随地地生产和发布信息，为互联网的海量存储增加新的内容。由于大量信息是由网民根据自身需要、以微博的形式制作和发送的，所以网络内容在更加全面化的同时，也呈现出碎片化和个性化的特征，海量化也伴随着庞杂化。人们可以轻松地实现接收信息，但面对五花八门的信息会眼花缭乱，需要花费时间去比较、选择自己所需要的信息。特别是由于缺少把关机制，网络上存在着大量欺骗性信息、非法广告类和色情类信息、迷信类信息和流言蜚语等垃圾信息，更容易败坏社会风气，误导公众，导致社会秩序的混乱，需要高度重视并加以有力清理。

传播功能多重化。2012 年 11 月 11 日，2 亿消费者一起涌入天猫淘宝商城，24 小时消费 191 亿元，创造了世界社会消费品零售史上的奇迹。据国家统计局统计，2012 年全国社会消费品零售日均 611 亿元，天猫淘宝商城这一天就占了 31.2%。截至 2012 年 11 月 30 日，天猫淘宝当年前 11 个月的交易额就突破了 1 万亿元，占全国 GDP 的 2%。而据商务部数据显示，我国网络零售额从 2007 年的 542 亿元增加到 2011 年的 7825 亿元，4 年增长 13 倍多。淘宝网和天猫平台的电子商务与我国网络零售额的快速增长，从一个方面说明了互联网的功能并不仅限于传播信息。

当代互联网发展的一个鲜明特征就是网络技术和平台与社会各行各业迅速融合，渗透到经济、政治、文化等诸多领域和人们日常生活的方方面面，发挥着越来越多的社会功能。互联网已不仅仅是媒体，还是图书馆、书店、电影院、音乐厅、超市、大型百货商场。互联网还具有较强的社交功能，它可以围绕某种共同的利益或者兴趣把原来互不相识或并不熟悉的人团结在一起，凝聚情感和力量，组织起虚拟社会中的网络社群，进而在现实社会中发挥作用。美国媒介理论家保罗·莱文森讲，手机是一个流动的家园、温馨的家园，人们对它的依赖性越来越大。的确，现在很多人已经离不开手机这个"温馨的家园"，微博已经成为一种新的社会生活方式。

二、互联网以其特有的优势，融入了社会生活的方方面面，深刻改变着人们的生产和生活方式，改变着党和政府的执政环境、意识形态的生态环境，在政治生活中发挥着重要作用，正在成为国际上渗透与反渗透斗争的主战场

互联网丰富了信息传播的手段和渠道，打破了传统媒体的专业壁垒，使

"人人都能发声，人人都可能被关注"；伸及四面八方的触角和快速的即时报道，使其具有较强的设置议程的能力，正在抢占新闻报道的制高点，很多人特别是年轻人的大部分信息都从网上获取。互联网改变着社会舆论的生成环境，成为社会舆论的集散地。

互联网使党和政府与人民群众的关系有了双向的互动性，为人民群众更好地行使知情权、参与权、表达权和监督权提供了条件，成为民众参政议政、表达诉求的重要平台。

互联网还具有强大的社会动员力量和组织力量。根据美国社会学家米尔格兰姆的"六人小世界"理论，一条信息在微博上通过6次转发便传递到世界任何地方，在这一过程中，信息和传播者的情绪只要迎合了某种普遍的社会心态，就会在群体传播、人际传播的交织作用下如同病毒般地大规模快速复制和感染，瞬间传遍网络空间，成为热点事件，影响社会现实。有调查显示，在突发公共事件中，近90%的微博用户表示自己的情绪会受到他人影响。在国际上，2010年法国巴黎爆发的有关提高养老金领取年龄议案的百万人群抗议活动、2011年英国伦敦发生的骚乱、美国的"占领华尔街"活动、2012年希腊发生的反对政府紧缩政策的百万人群大规模抗议活动等，其参与者一般并无统一的目标和行动规范，也没有严密的组织和领导人，往往围绕一些引起公众高度关注的重大社会和政治问题提出抗议和诉求，而将这些分散的个人诉求会聚和集中起来并形成强大冲击力量的，就是互联网。互联网的这种功能，受到一些政治家的高度关注。

互联网日益成为西方国家进行意识形态渗透的新工具。多年前就有西方政要声称，"有了互联网，对付中国就有了办法"，"社会主义国家投入西方怀抱，将从互联网开始。"美国奥巴马政府视"推特"为"箭袋中的一支新箭"，前国务卿希拉里·克林顿曾到乔治·华盛顿大学作关于"互联网自由"的演讲，公开强调美国国务院的核心使命就是冲破中国互联网防火墙，用网络手段推翻更多的独裁国家，并开设多种语言的"推特"，美国驻华使馆也在新浪开设了中文微博。美国国家安全局实施的一项"绝密电子监听计划"即"棱镜计划"，不仅监视监听本国民众的电话通话记录和网络活动，而且对其他国家的民众和领导人的电话和网络活动实施监听监视；不仅对其视为对手的中国、俄罗斯、伊朗等国进行大规模的监听和情报搜集活动，而且对一些美国盟国的领导人，如德国总理默克尔、法国总统奥朗德的电话实施监听，其中对默克尔的电话监听竟然持续了10年之久。美国另一项更大的监控计划"X关键得分"，可以对全球用户的所有网络活动进行监控。2012年，"X关键得分"在1个月内存储的各类监控数据高达410亿条。"当我坐在一个电脑前，只要我知道相应的邮箱地址，我就能够窃听任何人，下至平民百姓，上至法官总统"，这是前美国国家安全局雇员爱德华·斯诺登说的一句话，他公开披露了"棱镜计划"和"X关键得分"计划，引起了世界震惊，表明美国肆无忌惮地利用其在网络空间和信息领域绝对的技术优势，追求所谓的"网络空间绝对的行动自由和信息的单向透明优势"，已经严重威胁到世界各国的安全和主权。目前，国际互联网有13台根服务器，均由美国政府授权的互联网域名与号码分配机构ICANN统一管理，负责全球互联网域名体系和IP地址等项目的管理。为保障网络安全和网络自由，世界各国曾多次要求美国交出根服务器控制权，由联合国等国际机构进行管理，但美国拒不交出控制权，牢牢地将国际互联网掌握在自己手中。事实上，现在所有国家的网络安全和网络自由都受到美国的实时威胁，只要美国停止哪个国家的域名解析，哪个国家的互联网就会瘫痪。随着网络经济在美国的逐步发展与深化，美国政府将"高速无线网络"作为"美国创新战略"的5项新计划之一，提出在5年内使美国高速无线网络接入率达到98%。美国等西方国家利用其掌握的互联网先发优势、话语优势、技术优势，鼓吹所谓的"网络自由"，推行政治霸权、文化霸权、数字霸权，企图把西方价值观无障碍地渗透到中国。美国著名未来学家托夫勒断言："谁掌握了信息，控制了网络，谁就能拥有整个世界。"在这样的背景下，能否管好用好互联网、切实改善舆论生态，已成为维护意识形态安全和政权安全的重大课题。

三、对互联网建设，要在思想上高度重视、认识上与时俱进、方法上不断创新，牢牢把握工作的主动权

积极利用互联网等新媒体。我国互联网工作的基本方针是"积极利用、科学发展、依法管理、确保安全"，其中"积极利用"是首要一条。要充分发挥互联网有效沟通的桥梁作用，加强党和政府同人民群众的紧密联系。

2008年6月，时任国家主席的胡锦涛来到人民网，通过"强国论坛"同网友聊天，开党和国家领导人与网民在线对话的先河。2013年9月，新改版的中央纪委监察部网站正式开通，其中一大亮点是突出了"举报平台"，从原来体制内的"内部监督"，转变为让"公众参与"。又过了一个月，由国务院办公厅主办的中国政府网开通了官方微博和官方微信，发布的首条微博在1天多的时间里阅读量高达1200多万次，转发和评论有9000多条，而其时全

国在主要微博运营商开通的政务微博账户已超过 20 万，政务微信有 2600 多个。截至 2014 年 6 月中旬，经过腾讯微博平台认证的政务微博已达到 181524个，其中党政机构微博 111728 个，公务人员微博 69796 个。政务微信认证数5000 个，其中，有 58 个中央部委开通官方微博，29 个中央部委开通政务微信，有 22 家中央机构同时开通微博、微信。通过几年的发展和不断完善，许多政务微博已经实现了由宣传发布到"服务民生"的重大转变，从倾听社情民意的单一问政渠道扩展为常规化制度化的"办公平台"。实践证明，微博是党和政府利用网络同人民群众沟通的一种有效形式。

事实上，国际上一些政要也都在积极利用微博从政。欧盟理事会主席范龙佩聘请了 200 人的团队打理自己的微博，通过微博发布信息、沟通互动、政治宣传、塑造形象、捐款等。奥巴马更是运用微博的行家里手，2008 年，他在竞选美国总统时利用"推特"作为竞选工具之一，其推特账号在很短时间内就拥有了几百万的跟随者，从而为他参加竞选积累了大量人气，以至有人说，电视帮了 1960 年竞选总统的肯尼迪，网络则成就了奥巴马，使他成为美国历史上第一个黑人总统。2011 年 7 月 6 日，他又在白宫通过推特微博网站与网友进行网上访谈活动，回答有关就业、预算和教育等问题，并宣称："我将以第一个进行现场'推特'的美国总统而创造历史。"

中国博雅公司的调查显示，全球有 77% 的国家领导人使用社交网站，包括"脸谱""推特"等，而在中国开设新浪微博的外国政要达 300 人左右。因此，需要进一步解放思想，更加积极地利用互联网等新媒体，完善其形式，在增强互动性、提高服务性上下功夫。

做好互联网舆论引导工作。互联网传播是一把双刃剑：发布快捷，但常常真伪难辨；信息内容丰富，但又碎片、垃圾泛滥；表达自由，但又产生大量谣言、催生网络暴力。因此，既要积极利用互联网，又要着力加强舆论引导。要积极推动政务公开，按照及时、准确、权威的要求，提供充分、全面的信息，最大限度地满足民众的信息需求；要开展网络舆论调查，主动设置调查议题，既广泛了解民意，又引导民众的关注重点；对突发事件和一些不真实、影响社会稳定的信息，要快速澄清事实，稳定人心；对关系民众切身利益的一些热点、难点问题，要扩大政府和官员与民众直接交流和讨论的渠道，取得共识；对民众提出的一些合理建议，要明确工作责任，真正落实解决；对网络中揭露出来的违法、丑恶和腐败事件，要坚决予以查处。

20 世纪 40 年代，传播学者保罗·拉孔斯菲尔德和伊莱休·卡茨提出了"意见领袖"的概念，指出媒体发出的讯息并不是直接传向所有个人，而常常

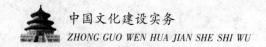

是一个从广播与报刊流向意见领袖，然后经由意见领袖流向人群中不太活跃的一部分人，即一个大众媒介→意见领袖→一般受众的过程。可见，所谓"意见领袖"，就是指在传播网络中经常为他人提供信息、同时对他人施加影响的人，他们在大众传播的过程中起着重要的中介作用，由他们将信息扩散给公众，形成信息传递的两级传播。

中国社会科学院、社会科学出版社共同发布的《社会蓝皮书：2014年中国社会形势分析与预测》指出，在一些突发事件和公共议题上，网络"意见领袖"的影响力常常超过媒体和政府在微博中的传播力；平时大约有300名全国性的"意见领袖"影响着互联网的议程设置。这300人中，以40岁至60岁的中年人居多，学历水平偏高而又以学习社会科学者居多，媒体圈和学校圈的人居多，多来自二线区域而现居一线城市，其对草根社会的观察和体验有切肤之痛，而其个人奋斗的经历对年轻人又有很大吸引力。要充分重视网络社会中意见领袖的作用，重视他们的意见和建议，通过他们了解舆论动向，进行积极有效的沟通，以此引导舆论的发展，促进一些问题的解决。要特别注意培育强大网军，加强网络信息内容建设，让更多主流舆论和正面信息上网传播，营造良好的网络舆论氛围。

加强互联网管理和立法。当前，互联网主权、不同意识形态的冲突以及借助互联网组织跨国的政治颠覆活动等问题日益显见，网络安全已经成为社会发展中一个十分重要的问题，因此，在积极发展互联网的同时，必须加强管理。

2011年英国伦敦骚乱发生后，英国首相卡梅伦指出骚乱的原因之一是"人们运用社会网络谋利骚乱"，并呼吁英国警方和情报部门专门研究限制微博、社交网站等媒体的使用。包括美国在内的不少国家近年来也都在加强法规的制定和完善以治理互联网，这些做法值得借鉴。

要健全互联网基础管理，严格落实域名注册和IP地址备案管理等相关规定，确保互联网站域名注册信息真实完整准确，进一步完善网络文化行政许可制度，实行网络安全审查制度，对关系国家安全和公共利益的系统使用的重要技术产品和服务进行网络安全审查；健全内容管理，强化舆情的监测预警，及时发现舆情苗头，实时监看舆情，加快舆情分析报送，尽快对舆情做出研判，提出相应的对策；加快互联网立法，坚决打击网络谣言，依法惩治不法分子，规范传播秩序；整合相关管理机构职能，形成从技术到内容、从日常安全到打击犯罪的管理合力。

推动传统媒体与新兴媒体融合发展。互联网等新媒体的出现，使报刊、广播电视等传统媒体遭遇了严重的挑战，但传统媒体仍然具有自身的独特优势，即它的专业性和权威性。在一般情况下，高品质的新闻报道只能由大型媒体的专业记者才能完成，因为只有他们才具有较高的业务水平和组织支持、资金支持等后援，而网络上的自媒体虽然能够快速地获取和传播信息，但缺乏对信息进一步加工的能力，所以自创内容并不多，其主要来源还是以转载其他媒体为主。互联网上内容海量庞杂、众声喧哗，有时让人真伪难辨、无所适从，在这种情况下，人们盼望有公信力的、权威的主流媒体发出声音，而传统媒体现在肩负着主流媒体的责任。同时，新媒体的出现为传统媒体增加了信息来源和传播渠道，为传统媒体进一步丰富自身的内容和扩大自身的影响创造了条件。英国一些报业人员认为："传媒业的未来竞争不会是技术的竞争，而是内容和品牌的竞争。如果内容好，不管在哪个平台都会受读者青睐。""我们本来就拥有好的报道内容，如果现在再加上互联网这种好的传播形式，我们的读者岂不是有更好的读者体验！"这话很有道理。

因此，主流媒体要主动进军新媒体，一方面在网上及时捕捉民间呼声，一方面善于把不同意见汇集起来、梳理成型，对一些热点难点问题做出专业性判断和深刻分析，发出系统的严谨的声音，将网上一些带有情绪化的舆论引上理性的轨道。要构建自己的主流网站，推动主流媒体的深度报道进入网络舆论场，发挥设置议程的作用。要通过深化改革，逐步实现传统媒体同新兴媒体的内容融合、采编流程融合、技术融合与队伍融合，形成舆论引导的新格局。

第五节　构建学习型社会

"如果你想在一个冬天避雨，就造个茅屋；要是你想在许多冬天避雨，就造一所石屋。要是你想为子孙后代铭记在心，就建造一座石墙围绕的城市；要是你想流芳千古，就写一本书。"这是犹太民族自古以来的一句著名谚语。犹太民族人口只占全世界人口的 0.3％，在历史上饱受苦难，却为人类文明做出了巨大贡献。马克思写出了《资本论》，爱因斯坦提出了相对论，弗洛伊德创立了精神分析学派，还有被誉为原子弹之父的奥本·海默、著名文学家卡夫卡、著名音乐家门德尔松、著名经济学家萨缪尔森、著名画家毕加索……可谓群星灿烂。据统计，1901～1995 年，在 645 位诺贝尔奖获得者中，犹太人有 121 位，获奖人数居世界各民族之首。是什么原因使犹太民族获得如此成就？马克思揭示了这个秘密。他说："犹太民族是一个早熟的民族。促使其早熟的重要手段之一，就是教育。"当代以色列著名作家阿莫斯·奥兹说得更为明确："答案非常简单，并非因为我们犹太人有杰出的基因，我们的基因并不比中国人的基因强。我们的基因与其他民族的基因一样。原因是在漫长的岁月里，我们除了书之外一无所有。""犹太人是书的民族，……尽管犹太人在许多方面取得了成功，但是书对他们来说是最为重要的。"现在，世界上近一半犹太人居住在以色列，以色列几十年来教育经费都占国民经济总预算的9%～12%，居世界第一位；平均每 4500 人就拥有一所图书馆，人均拥有图书馆的数量居世界第一位；平均每人一年阅读书籍 64 本，也居世界第一。

"学而时习之，不亦说（悦）乎！"这是孔子《论语》开篇的首章。孔子把学习看成非常快乐的事，从"十有五而志于学"，到"三十而立，四十而不惑，五十而知天命，六十而耳顺"，再到"七十而从心所欲，不逾矩"，足见学习是孔子逐步提升人生意境的起点，是他人生的核心价值之一。他的"敏而好学，不耻下问""学而不厌，诲人不倦""温故而知新，可以为师矣""三人行，则必有我师焉""学而不思则罔，思而不学则殆""知之为知之，不知为不知，是知也""有教无类"、因材施教和举一反三的启发式教学等学习和教育思想，是我国优秀的文化遗产，他创立的儒家学说是中华文化延续几千年而不中断的重要因素之一。

"炸毁闸北几条街，一年半就可恢复，只有把商务印书馆、东方图书馆这个中国最重要的文化机关焚毁了，它则永远不能恢复。"这是 1932 年侵沪日军司令盐泽幸一的话。商务印书馆是中国出版业中历史最悠久的出版机构，1893 年创办于上海，与北京大学同被誉为"中国近代文化的双子星"。1932年 1 月 28 日，"一·二八事变"爆发，次日日军飞机轰炸了商务印书馆，2 月1 日日本浪人潜入未被殃及的商务印书馆所属的东方图书馆纵火，东方图书馆的全部藏书 46 万册，包括善本古籍 3700 多种共 35000 多册、中国最为齐备的各地方志 2600 多种共 25000 册全部被焚毁。有学者认为，火烧圆明园和商务印书馆被炸，是中国近代史上最令人痛心的文明悲剧。而日寇的这一罪行，也从反面说明了书籍对于一个民族文化传承、国运延续的至关重要性。

古今中外，学习和读书是一个人、一个民族和国家不断进步的动力，这一点已成为人们的共识。但是"学习型社会"的提出，又有其特殊的历史背景和意义。

一、构建学习型社会是知识经济时代的要求

不同的时代对人们的知识水平和学习标准有不同的要求。汉武帝即位初年，征召天下贤良方正和有文学才能的人，汉代著名辞赋家东方朔上书自我推荐，说"三冬，文史足用"，即自己三年读的文史书籍已足够用了。唐代杜甫到长安求取功名，在求人帮助的诗篇中，说自己"读书破万卷，下笔如有神"。唐朝的书籍以卷轴装帧，且多为手抄本，而到了宋代，随着印刷术的普及，书籍大大增多，谁也不敢说把书读全了。苏东坡年少气盛时曾自书一副对联："识遍天下字，读尽人间书"，颇感自得，后遇一饱经沧桑的老人指出他要自谦，苏东坡猛然警醒，将对联改为"发奋识遍天下字，立志读尽人间书"。但总起来说，农耕时代的书籍无论数量还是种类都是有限的。专家的研究表明，农耕时代 7~14 岁接受教育，就足以应付以后工作生活 40 年的需要；工业经济时代，延长到 5~22 岁；而到了知识经济时代，情况就大为不同。1965 年 7 月，各国专家在联合国教科文组织开会讨论关于工程师的培训问题，与会者发现，仅仅在一二十年以前还处于科学进步前列的科学发现和技术工艺在很多情况下已变得过时了；在英国一部《职业名称词典》中，1965 年版所列的职业一共是 21741 种，其中有 6432 种是 1949 年的版本中所没有的。这种状况，反映了知识更新和社会结构变化速度的加快。从 1750~1900 年的 150 年间，知识积累翻了一番；1900~1950 年，仅 50 年翻一番；1950~1960 年，用了 10 年就又翻一番；而从 1960 年开始，每 5 年就翻一番。20 世纪 50 年代末，美国在社会结构上首先出现了一个历史性转折，即服务业劳动者的人数与白领工人的人数首次超过蓝领工人，其他发达资本主义国家也随之出现了同样的现象。与此相适应，社会对劳动力的能力与智力即综合素质提出了更高的要求；而在社会成员职业岗位变动日趋频繁的情况下，愈来愈多的人不可能终生只从事一种职业。因此，一个人如果不使自己的知识和技术不断更新，那他就注定要落伍。正是在这样的背景下，1965 年 12 月，在联合国教科文组织召开的国际成人教育会议上，法国著名教育思想家保罗·朗格朗做了以"终身教育"为题的报告。他认为，数百年来，个人的生活被分成两半，前半生用于受教育，后半生用于劳动，这是毫无科学根据的；教育应该是一个人从生到死一生中继续着的过程，因此要有一体化的教育组织。这次会议把法文"终身教育"一词译成英文，并建议联合国教科文组织批准终身教育的原则。时隔 3 年后的 1968 年，美国学者罗伯特·哈钦斯首次提出了"学习化社会"的概念，他对学习化社会的界定主要体现在四个方面，

即人人都必须终身学习；人人都能享有平等的自由教育；以培育人性为主要目标；教育要超越社会并引导社会，这就勾画出了学习型社会的主要轮廓。进入 20 世纪 70 年代后，国际教育发展委员会花费了一年多时间，实地考察了 23 个国家、先后举行 6 次会议、研究了 70 多篇论文，于 1972 年 5 月提交了"学会生存——教育世界的今天和明天"的报告，提出："国际教育发展委员会特别强调两个基本概念，终身教育和学习化社会"；教育和社会的关系正在发生变化，反映这一变化的概念，"我们称之为学习化的社会"，"终身教育是学习化社会的基石"，学习化社会是终身教育所要达到的境界。

以上可见，"终身教育""学习型社会"等理念的提出，是由于科技迅速发展，知识积累增多，更新速度加快，使人们学习的需求越来越强烈。当今世界，科技发展更加日新月异，知识经济方兴未艾，近 50 年来人类社会所创造的知识比过去 3000 年的总和还要多。正如习近平同志指出的："在农耕时代，一个人读几年书，就可以用一辈子；在工业经济时代，一个人读十几年书，才够用一辈子；到了知识经济时代，一个人必须学习一辈子，才能跟上时代前进的脚步。"现代人才学中有一个理论叫作"蓄电池理论"，认为人的一生只充一次电的时代已经过去，只有成为一块高效蓄电池，进行不间断的、持续的充电，才能不间断地、持续地释放能量。一个人是这样，一个国家、一个社会也是这样。总而言之，知识经济时代要求人们终身学习，呼唤构建学习型社会。

二、构建全民学习、终身学习的学习型社会

"终身教育""学习型社会"等理念提出后，一些国家先后开始探索构建学习型社会，逐渐形成一股潮流，在理论和实践上取得了很多成果。

美国管理学家彼得·圣吉，历经十年研究，考察几千家企业，于 1990 年出版了他的《第五项修炼——学习型组织的艺术与实践》一书，指出："90年代最成功的公司，将是那些建基于'学习型组织'的公司"，"唯一持久的竞争优势，或许具备比你的竞争对手学习得更快的能力"，并系统地提出了把一个组织锤炼成学习型组织的五项修炼方法，即"自我超越"的修炼，强调人们要明确建立个人"愿景"，并客观地观察现实和做出正确判断，通过不断学习和全心工作实现创造和超越；"改善心智模式"的修炼，指出心智模式影响人们如何认识周围世界和如何采取行动，要求人们打破习惯思维的限制，彼此坦诚地敞开心扉，以开放的心灵容纳别人的想法，才能够真正碰撞出智慧的火花，进而产生创造性的学习结果；"建立共同愿景"的修炼，是在组织

成员个人愿景的基础上整合出成员普遍认可的共同愿景，实现员工个体价值目标与组织价值目标的理性融合，持续感召组织成员主动而真诚地奉献和投入，并和谐地凝聚成组织的活力；"团队学习"的修炼，强调学习的基本单位是团体而不是个人，团体成员以"深度会谈"的形式进行修炼，让想法自由交流，以发现远比个人深入的见解，达到集体智慧高于个人智慧的结果；"系统思考"的修炼，要求人们树立全局的观念，将问题置于系统中来思考，从动态发展的各种要求中寻求新的动态平衡。在圣吉看来，系统思考是建立学习型组织最重要的修炼，也是统合了五项修炼的关键一环，所以他才将自己的著作命名为《第五项修炼》。学习型组织理论的提出，使学习型社会的发展由教育领域扩展到管理领域，为学习型社会的基础建设提供了指导思想，推动了学习型社会建设由理论进一步走向实践，产生了重大影响。

同是在 1990 年，日本制定了第一部有关终身学习的法律，成立了终身学习委员会；1991 年，美国提出了发展教育的四大战略，其中第三项战略是"把美国变成人人学习之国"，第四项战略则是"把社会变成大课堂"；1994 年，在意大利罗马召开的"首届世界终身学习会议"明确指出学习型社会"不是简单的个人行为，而是一种社会行为，与其说它是一种教育概念，不如说它是一种生活方式"；1995 年，欧盟发表《教与学：迈向学习型社会》的政策白皮书，并将 1996 年定为"欧洲学习年"，提出了迈向学习型社会的具体途径；1998 年，新加坡发表"学而思，思后再学——朝向学习型学校、学习型国家"的报告，提出建立"学习型新加坡"，并把政府建成"学习型政府"。这样，学习型社会已经超越了教育领域的"学习化社会"和管理领域的"学习型组织"，被赋予了更广阔的含义，成为社会发展领域的新理念。

2001 年 5 月，我国在亚太经合组织人力资源能力建设高峰会议上正式提出"构筑终身教育体系，创建学习型社会"。2002 年，党的十六大报告在阐述全面建设小康社会的奋斗目标时，明确提出"建设全面学习、终身学习的学习型社会，促进人的全面发展。"党的十七大、十八大报告在重申这个目标的同时，又提出了"建设学习型政党"的目标。现在，建设"学习型城市""学习型社区（村镇）""学习型组织"等已在我国成为一种普遍的社会价值追求。

学习型社会将学习和教育作为推动社会发展的关键，从其提出和发展的过程中看，它具有以下一些特征：

以全体人民为学习主体。历史上，学习从来是一个"私人化"和"个体化"的事情。在农耕社会，中国的"私塾"具有典型性。工业化社会的学习

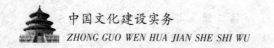

也只是学习者自己的事情。在学习型社会,一个国家、地区或者一个民族,人人都要学习,人人都是学习之人,社会应保证每个人无论其年龄、出身背景、学习能力及经济状况如何,都能够享有受教育的机会,个人可以通过平等的学习机会来增长知识、发展能力,丰富和完善自己。

以终身学习为社会生活方式。终身学习自古就是先哲们的向往和追求,但作为一种广泛的社会性行为,它在现代社会才更有可能。1996年,经济发展与合作组织教育部长会议提出了"全民终身学习的发展目标",将终身学习定义为从婴儿到坟墓、个体者参加提高知识和技能的"所有有目的的学习活动",它改变了传统的"上学—工作"人生分段模式,把学习作为社会每个成员为适应社会发展需要而贯穿于人的一生的、持续的学习过程。除了学习的终身性,终身学习还要求学习体制具有系统性,把人们在教育和培训机构的正规学习、非教育和培训机构的非正规学习和伴随每天生活发生的非正式学习作为一个系统;学习内容具有全面性,达到国际21世纪教育委员会所要求的学会求知、学会做事、学会共处、学会做人;学习主体具有主动性,通过学习者自我计划、自我主导的学习,通过开发学习者"学会学习"的能力,促进学习者的终身学习。

以学习型组织为基础。学习型组织是学习型社会的细胞,包括学习型政府、学习型政党、学习型城市、学习型企业(事业)、学习型社区(村镇)、学习型家庭等,是不同层次的要素,组成学习型组织网络。成功的学习型组织将学习与管理相结合,实现组织学习化和学习组织化,既是一个自由、开放、便于信息交流和知识传播的共享学习系统,也能有效地将学习行为转化为创造性的实践过程,是学习型社会创新与变革的动力和基础。

以终身教育体系为保障。终身教育体系是学习型社会的结构特征和基本制度,它面向社会全体成员,贯穿人生全程,扩展到社会各个领域,涵盖正规教育、非正规教育、非正式教育和终身学习,以学习型组织网络为基础,整合社会各类资源和设施,更多注意把教育、培训、学习同社会的经济、政治、文化、生活紧密结合,致力于为人的终身发展和完善服务,是构建学习型社会的保障。

以人的全面发展为目标。学习型社会将学习提到一个前所未有的高度,学习具有全民性、终身性、全面性、自主性、组织性、实践性、创新性,几乎涉及人的生存和发展的各个方面,实质就是以人为本,满足人的需要,全面提高人的综合素质,实现人的价值,进而实现人的全面自由发展,达到人与社会的协调、可持续发展。

总起来看，学习型社会就是以全民学习、终身学习为基本特征，以学习型组织为基础，以终身教育体系为保障，以实现人的自由全面发展为目标的社会发展模式。

三、实施全民阅读战略

阅读是学习的基本方式。19 世纪下半叶的美国钢铁大王卡耐基，成功以后从事慈善事业，其中最引人注目的是他的图书馆计划，从 1880 年起，卡耐基通过其基金会斥资 5616 万美元，在全世界范围内捐建了 2509 所公共图书馆，其中 1689 所建于美国本土，大多数都被完整地保存了下来，并且继续发挥着原有的功能和社会作用。卡耐基捐助图书馆的一个重要原因，是童年的经历使他对图书馆产生了极大的好感和兴趣。他 13 岁失学，当地退伍的安德逊上校办了一个小图书馆，把自己收藏的文学名著向穷孩子们开放。卡耐基后来回忆说："当我还是匹兹堡的一名童工时，阿勒格尼的安德逊上校——一个我从来未能不带虔诚感激的心情说出他的名字——向孩子们开放他那间拥有四百册图书的小型图书馆……正是在陶醉于他开放给我们的那些宝藏时，我下定决心，如果哪一天我有钱了，这些钱一定要用来建立免费图书馆，使其他贫穷的孩子也能获得和我们从那个高尚的人那里接受的恩惠一样的机会。"安德逊上校给予卡耐基的读书机会，改变了卡耐基的人生，使他不仅成为亿万富翁，更成为美国现代成人教育的开创者、著名的成功学大师和著名的慈善家。"富有地死去的人，是可耻的"，他的这句名言，也道出了一种人生境界。

书籍对一个人的成长起着至关重要的作用，对一个民族和国家也是这样。国际阅读学会在总结阅读对于人类最大益处的时候，曾经做过一份报告，指出阅读能力的高低，直接影响到一个国家和民族的未来。德国在中世纪时曾十分落后，它所以能发生影响深远的路德宗教改革，一个重要的推动力就是由于印刷术的普及而可以使普通信徒直接阅读到《圣经》，从而打破了教会对《圣经》的垄断权和解释权，路德宗由此也被称为"书籍宗教"，阅读从此跨出了修道院的高墙，跨入了广阔的民间大地。1836 年德国的一篇文章里写道："不论我们在一只手里拿的是什么，我们的另一只手里拿的总是一本书。"这正是德国能够产生歌德、席勒、海涅、康德、黑格尔、马克思这些伟大的文学家和思想家的一个重要原因。德国人自诩为一个"读书民族"，一直注重培养国民的阅读习惯，历任德国总统担任"国民阅读促进委员会"的主席，其国民每从中就有 1 人藏书 200 到 500 本，超过 40% 的家庭拥有"家庭图书

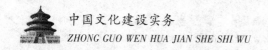

馆"。阅读已成为德国人的一种生活习惯，成为德国一道亮丽的景观。

正如温家宝所说："读书决定一个人的修养和境界，关系一个民族的素质和质量，影响一个国家的前途和命运，一个不读书的民族是没有前途的。"在2013 年的"两会"上，签署人数最多的提案是新闻出版界代表邬书林等115人的提案，建议制定实施国家全民阅读战略，这也是全民学习的学习型社会的必然要求。

当今世界上，很多国家都把阅读作为重要的国家战略，以各种方式推动全民阅读。在美国，1997 年克林顿政府提出"阅读挑战计划"，2001 年布什政府发布"不让一个孩子落后"的教育改革议案，当年就为阅读行动投资 9亿美元。也是在 2001 年，日本参众两院制定了《关于推进中小学生读书活动的法律》，规定了读书活动的理念，明确了国家、地区和公共团体在读书活动中的责任。2006 年，在普京的支持下，俄罗斯出版与大众传媒署同俄罗斯图书馆联盟共同制定并发布《国家支持与发展阅读纲要》。同年，葡萄牙政府推出"国家阅读计划"。2008 年，英国首相布朗同一些儿童作家一起启动"2008 年全国阅读年"活动，并投资 3700 万英镑用于全年的阅读推广活动。

与发达国家相比，我国国民阅读的总体状况不容乐观。2013 年《第十次全国国民阅读调果》结果表明，2012 年我国国民人均纸质图书阅读量为 4.39本，仅比 2011 年增长不到 0.04 本，远低于韩国的 11 本，法国的 8.4 本，日本的 8.5 本，美国的 7 本，与世界排名第一的以色列人均一年 64 本相差更远。根据复旦大学的一项调查，大学生阅读本专业经典著作的只有 15.2%，阅读人文社会科学经典著作的仅有 22.8%，阅读专业期刊的只有 9.3%，阅读外文文献的只有 5.2%；而美国大学生平均每周的阅读量至少是 500 页。这种状况，说明了我国实施全民阅读战略的极端必要性。

实施全民阅读，要注重人们阅读兴趣、阅读习惯和阅读能力的养成。《第十次全国国民阅读调查》的数据显示，53.1% 的国民认识到自己的阅读量很少或比较少，同时却没有把阅读付诸实践，这说明阅读并没有成为社会的一种习惯。国外有调查显示，一个人的阅读习惯要在 12~15 岁之前养成，否则阅读的大门就可能对他永久关闭。孩童时期是一个人开发心智、引导情趣、培养习惯和技能的最佳年龄段，如果能在这一时期培养出良好的读书习惯和爱好，并在阅读中使知识有所储备，使其锻炼出一定的读书技能，将会影响其一生。犹太人家庭有一个传统，当孩子刚刚懂事时，大人就会在《圣经》上滴一点蜂蜜让他去舔，使孩子感到读书是甜蜜的事情。新加坡婴儿出生时，医院的护士在叮嘱产妇的事项中，还有"如何读书给婴儿听"一项。

鲁迅七岁人私塾，读《百家姓》《神童诗》《四书五经》等书；胡适四岁入私塾，读《四书五经》《孝经》和《律诗六钞》，这种幼年时期的诵读，无疑对他们的一生发挥了重要作用。"给孩子读书和讲故事，是最不复杂、也最合算的对未来的投资"，这是德国促进读书基金会理事长海因里希·克雷比施的忠告。孩子的成长过程中，父母是启蒙老师，父母的素质形成了家庭里的一种精神氛围。父母爱读书，孩子就会受到直接的熏陶；父母不读书，要让孩子爱好读书，实在很难。我国古代耕读人家的"户外千株竹，室内万卷书""半耕半读传家，亦诗亦理继世"的优良传统还要继承，不能只给孩子提供物质生活条件，而忽略营造更加重要的精神环境。学校教育也要改革，不能让孩子们把书籍当仇敌。通过对人们读书习惯、读书乐趣的养成，使读书学习成为人们的一种生活方式，在全社会形成一种读书风气。

2012 年，我国年图书出版数量已经突破 40 万种大关，浩如烟海，水平参差不齐，有些地方甚至良莠相杂，所以不仅要养成"好读书"的习惯，还要解决"读好书"的问题。被毛泽东深深赞赏的朱自清，1942 年在西南联大任教时写成《经典常谈》，以后多次再版或重印。书的"序"中说：在中等以上的教育里，经典训练应该是一个必要的项目；做一个有相当教育的国民，至少对于本国的经典，也有接触的义务。的确，只有拥有共同语言、共同经典的民族才是一个民族共同体，而不是聚集在一起的人群；只有拥有共同基本立场与价值观的社会才是一个真正的社会共同体，而不是一盘散沙。有专家总结那些对社会和历史产生重要影响的传世经典著作具有十大特点，即：具有艰巨性，是作者倾其一生的心血之作，如曹雪芹一生只写了一部《红楼梦》，《徐霞客游记》前后花费 34 年时间才完成，李时珍花费 27 年，经过三次改写，查阅 800 多种书籍，还反复到各地考察，亲自品尝各种中草药，最后才完成《本草纲目》；具有集合性，往往是多人智慧的结晶，如汉赋、唐诗、宋词、元曲、明清小说等等；反复被引用、被研究，如《论语》反复被人研究，关于它的研究著作到现在约有 3000 余种，而且新的著作还在源源不断地产生；能让人反复阅读、常读常新；具有跨越民族、国界与时空的穿越力，如《老子》《孙子》被翻译成多种文字，在世界范围内广泛传播，传承了 2000 多年仍然具有广泛的影响力；具有很高的文学艺术性，不仅文学著作，而且其他种类著作的文字水平也很高，如《论语》《庄子》《孟子》等成为很多成语、典故的来源；具有很强的思想性，对社会的发展和变革有极大的促进作用，如《共产党宣言》《资本论》；富于创新性，在一个较为新的领域具有独到的见识和见解；反映民族文化的精华；不在于字数多少，完全根

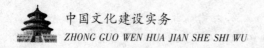
据题材需要，如《道德经》只有5000字，《论语》也不过1.6万字，《共产党宣言》只有1.4万余字。这样的经典名著，是民族精神的源头，人类文化的瑰宝，需要认真阅读。

为了引导人们读好书，古今中外都有推荐书目之举。美国教育部门重视和支持"阅读推荐书目"的研究，曾向中学生推荐必读书目；法国大多数地方政府文化部门都设有文化中心，定期推荐图书阅读书目；俄罗斯总统普京也提出向俄罗斯大学生推荐阅读书目。我国新闻出版总署等部门以"向青少年推荐100本好书"的方式积极引导青少年阅读，受到广泛的欢迎。做好书目推荐工作，对于建设社会主义核心价值体系，夯实民族共同的思想基础，具有重要的推进作用。在国外，很多大学图书馆专门设有经典阅读室，专藏一些希腊及拉丁文的古代精品、历史、哲学、神学的相关典籍，定时开放，并有专职的馆员负责宣传和推广，我国一些学校图书馆也开始进行经典阅览室的尝试，这不失为引导人们阅读经典的好形式。

就个人来说，读书会因生活、职业和爱好的不同而有特殊要求。毛泽东青年时亦师亦友的黎锦熙曾告诉他，学问的基础是先通后专、先新后旧，而不是相反。美国曾对1000多位科学家做了调查，结果发现有成就的科学家很少是仅仅精通一门专业的"专才"，当今获得诺贝尔奖的科学家大多既是某学科的"专才"，又是进行综合性研究的"通才"。只有通专结合，才能有所成就。

"读万卷书，行万里路"，这是古人追求的一种境界。孔子十五岁立志学习，后来长期办教育，从55岁到68岁的14年间历经艰难险阻，周游列国，回到鲁国后又整理《诗》《书》《礼》《乐》《易》《春秋》，读万卷书与行万里路交相辉映。汉代司马迁出身太史世家，饱读史书，20岁时开始第一次远行，从长安即现在的西安出发，先后经过河南的南阳、开封、淮阳，湖北的江陵，湖南的长沙、汨罗江、沅江，江西的九江、庐山，浙江的绍兴，江苏的苏州、淮阴、徐州、沛县，安徽的宿州，最后返回长安，考察了中原一大半的地方，直至长江流域。在23～24岁的时候，司马迁随汉武帝出行，先后到陕西的凤翔、陇县，山西的夏县、万荣，河南的荥阳、洛阳，甘肃的清水，宁夏的固原，然后回到陕西淳化，游历了西北不少地方。25岁时，司马迁奉命到现今川南、贵州、云南一带考察和慰问。归后随汉武帝去了山东的泰山、河北的昌黎和卢龙、内蒙古的五原。27岁时又到了山东莱州、河南濮阳。后来又到了宁夏的固原，河北的涿州，湖南的宁远，湖北的黄梅，安徽的枞阳，山东的胶南……走了一圈又一圈，最后忍受着巨大屈辱，完成了"史家之绝唱、无韵之离骚"的《史记》。

德国著名作家歌德说过："阅历丰富的人读书时，常常是一只眼看到纸面上的话，另一只眼则留心看纸的背面。"我国清代文学家张潮也说过："少年读书，如隙中窥月；中年读书，如庭中望月；老年读书，如台上玩月。皆以阅历之深浅，为读书所得之深浅。"一个人走过的地方越多，工作过的岗位越多，经历生活的磨难越多，对人生的道理理解就越深刻。因此，要深入生活，深入实践，多了解社会，既读有字之书，又读无字之书，做到学以致用、知行合一，才能更加深入地领悟书中的寓意和韵味。

四、加强学习型社会基础建设

学习型社会是建立在学习型组织基础上的，要创建学习型机关、学习型社区（村镇）、学习型企事业单位和学习型家庭，逐步纵向延伸、横向扩展，推进学习型组织创建的全覆盖。

在学习型组织的创建中，一是要树立共同的学习目标，把增强个人发展力、企业竞争力、机关事业单位服务力、社区凝聚力以及家庭和谐度作为组织和个人学习的共同愿景，动员组织成员积极参与学习，共享学习成效，增强学习动力。

二是要确立正确的学习方式，倡导在工作中学习、学习中工作，把学习与工作、生活紧密结合起来，广泛开展岗位培训、技能竞赛、学术研讨等形式多样的学习活动，开发实用、多样、生动的教育和培训内容，提高组织成员的履职能力，陶冶道德情操，改善生活品质。

三是要倡导团队学习，把个人学习与团队学习结合起来，促进信息交流、观点切磋、思想碰撞、经验借鉴，增进知识共享，提高团队的学习和创新能力。美国微软公司确定了"学习是自我批评的学习、信息反馈的学习、交流共享的学习"的学习理念，由此提出了四个原则，即系统地从过去和当前的研究项目与产品中学习、通过数量化的信息反馈学习、以客户信息为依据进行学习，通过开展"东走西瞧"的参观交流活动相互学习，创造了个人学习与团队学习相结合的形式。

四是要强化组织文化建设，围绕增强组织凝聚力和创造力，把先进文化理念渗透到学习活动中，使社会主义核心价值观成为组织成员的共识，培育富有时代特征、个性鲜明、积极向上的组织精神。

根据圣吉"五项修炼"的理论，在学习型组织中，领导者具有设计师、仆人和教师三重角色。领导者的设计工作不仅包括设计组织的结构和组织政

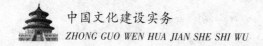

策、策略，更重要的是设计组织发展的基本理念；领导者的仆人角色表现在他对实现愿景的使命感；领导者作为教师的首要任务是界定真实情况，协助人们对真实情况进行正确、深刻的把握，促进每个人的学习。

海尔集团的张瑞敏临危受命，从生产冰箱开始，实行名牌战略，抓质量先抓管理，抓管理先抓人的管理，抓人的管理从转变理念入手，不论有什么新的做法，必然先有一个新的观念在引导。"理念先导"，这是海尔所反映出的学习型组织的最大特征。张瑞敏酷爱学习，既阅读古今中外经典思想、文化名著，也解剖当代中外知名企业案例，还利用出差、交流等机会实地考察与学习，这是海尔"理念先导"的最重要保证。海尔的成功告诉人们，学习型组织的领导必须是学习型领导，这是时代发展对各级领导提出的更高的要求。因此，必须重点抓好学习型领导班子建设，以此带动全局。

要整合教育资源，构建终身教育体系。要把起点教育、阶段教育扩展为继续教育、终身教育，把学校教育扩展为社会教育、社区教育，由重正规教育、学历教育转变为正规教育和非正规教育、学历教育和职业资格证书教育并行并重。实行普通高校、高职院校、成人学校之间学分转换，拓宽高职院校毕业生接受本科教育通道，高职院校毕业生可以通过专升本考试进入本科高校相关专业学习。建立本科高校学分互认联盟。继续完善国家和地方的开放大学体系、自学考试制度、网络在线学习等多种学习方式，鼓励成人高校、继续教育机构面向在职人员及其他学习者，实行弹性学制、学分累积、宽进严出，提供多样化的学习选择和成长途径，探索建立多种形式学习成果认定转换制度，拓宽终身学习通道。

要发挥社会方方面面的作用，提供丰富的终身学习服务。媒体特别是主流媒体要按照建设学习型社会的要求，拿出更多的板面、栏目、频道，承担为公众终身学习服务的责任。专家学者要开展科学理论、科技知识、历史文化、经济金融、身心修养等各种各样的学习辅导。学校、机关、群团组织要开发利用好本单位的学习资源，公共图书馆、学校图书馆、社区阅览室及各种博物馆、科技馆要充分发挥学习功能。要继续推进高雅艺术和优秀图书进校园、进社区、进村镇，特别是深入开展文化下乡活动，使之经常化、制度化，为学习型村镇建设服务。

由于信息网络技术的快速发展，教育网络课程的开发与应用已变得十分突出。2008 年，美国麻省理工学院联合全球多所一流大学创建了国际开放课件联盟，拉开了网络公开课的序幕。目前已有超过 250 所知名大学加入联盟，开放共享了超过 20 种语言的 14000 余门课程，其中不乏许多世界顶尖名校的精品课程。十二五期间，中国教育部将建设1000门精品视频公开课，网络公开课成为终身学习的广阔海洋。特别是随着智能手机、平板电脑、笔记本电脑功能的完善，为实现学习型社会时时学习、处处学习、事事学习的要求提供了技术保障。因此，要依托现代信息网络技术搭建人们公共学习的平台。英国有专家指出，过度依赖搜索引擎和网络文本提供的超级链接是当下网民的通病；神经医学的最新研究成果表明，这些电子工具在帮助人们快速查找到目标信息的同时，暗中局限了人们的视野，也使他们越来越缺乏耐心读完长篇幅有难度的文章，因而最终可能损害人们的理解力和记忆力。这一点也启示我们，在充分发挥网络给学习带来的优势的同时，也要防止其弊端，避免学习的碎片化和肤浅化。

五、建设学习型政党

"我一生最大的爱好是读书。""饭可以一日不吃，觉可以一日不睡，书不可以一日不读。"这是毛泽东说过的话。他在延安时还说过一句话："我如果再过10年死了，那么就要学9年零359日。"毛泽东终生以书为伴，即使在弥留之际仍坚持要看文件、看书。1976年9月7日这天，经过抢救刚苏醒过来的毛泽东要看一本书，由于语言不清，就用颤抖的手握笔写下一个"三"字，又用手敲敲木质的床头，工作人员猜出他是想看有关时任日本首相三木武夫的书。在工作人员帮助下，毛泽东只看了几分钟，就又昏迷过去。根据医疗组护理记录，8日这天，毛泽东看文件、看书11次，共2小时50分钟。他最后读书的时间是1976年9月8日晨，也就是在他临终前一天的5时50分。

毛泽东活到老、学到老，生命不息，读书学习不止的精神感人至深，然而更为重要的是他对马克思主义学习观的深刻阐释和对全党学习运动的正确指导。他提出"要把全党变成一个大学校"，"全党的同志，研究学问，大家都要学到底，都要进这个无期大学"，号召"来一个全党的学习竞赛"；指出任何一个有相当研究能力的共产党员，特别是干部都要学习马克思主义的理论，学习中国的历史遗产，研究革命运动的发展；要求学习马克思主义要"有的放矢"，"为着解决中国革命的理论问题和策略问题而去从它找立场，找观点，找方法"；强调"读书是学习，使用也是学习，而且是更重要的学习"，核心思想是坚持马克思主义的普遍真理同中国革命的具体实践相结合，实现马克思主义中国化。

党的十一届三中全会前后，为适应党和国家工作重心转移，邓小平倡导全党要重新学习。他多次指出:"实现现代化是一场深刻的伟大革命。全党同志一定要善于学习,善于重新学习,除学习马列主义毛泽东思想外,还要学习经济学、学科学技术、学管理","几百个中央委员,几千个中央和地方的高级干部,要带头钻研现代化经济建设","从实践中学,从书本上学,从自己和人家的经验教训中学"。邓小平强调:"学习马列要精,要管用的。长篇的东西是少数搞专业的人读的,群众怎么读?要求读大本子,那是形式主义,办不到……我们改革开放的成功,不是靠本本,而是靠实践,靠实事求是……我读的书不多,就是一条,相信毛主席的实事求是,过去我们打仗靠这个,现在搞建设、搞改革也靠这个。我们讲了一辈子马克思主义,其实马克思主义并不玄奥。马克思主义是很朴实的东西,很朴实的道理。"他还说:"你们查一查,我们三中全会以来所作的决定,哪一条是从马列主义的书上抄下来的,没有。但是你再查一查,我们哪一条是违反马列主义、毛泽东思想的,没有。"这些思想的核心,是解放思想、实事求是。

继邓小平之后,江泽民告诫全党:"一个党、一个国家、一个民族,特别是像我们这样一个大党、大国和人口众多的民族,如果没有科学理论的武装和对各种新知识的掌握,就不可能有真正的腾飞,不可能有现代化的前途。所以,学习问题,关系到广大干部自身的进步,关系到国家、民族的兴衰和社会主义现代化事业的成败。"

正是基于这些对学习的深刻认识,在构建学习型社会的大背景下,党中央进一步提出了建设马克思主义学习型政党的目标。建设马克思主义学习型政党,就是要使学习科学理论和先进知识在全党形成制度、形成风气,就是要以有效的学习提升党的创新能力,增强党的生机活力,使党真正成为由科学理论武装、具有世界眼光、善于把握规律、富于创新精神的马克思主义政党。这是保持党在理论和实践上的先进性的本质要求,是在新的历史条件下继承和弘扬党的优良传统、发扬党的政治优势的必然要求,是新形势新任务对党的建设提出的新要求,也是构建学习型社会的要求,指引全党把学习推向一个新的阶段。

要坚持推进马克思主义中国化、时代化、大众化。马克思主义中国化,就是把马克思主义基本原理同中国具体实际相结合,深入研究和解决中国革命、建设、改革不同历史时期的实际问题,总结中国的独特经验,形成具有中国风格、中国气派的马克思主义。马克思主义时代化,就是把马克思主义同时代特征结合起来,使之紧跟时代发展步伐,不断吸收新的时代内容,科学回答时代课题。马克思主义大众化,就是把马克思主义理论用简单质朴的语言讲清楚，用群众喜闻乐见的方式说明白，使之更好地为广大党员和人民大众所理解、所接受。马克思主义中国化、时代化、大众化，核心是马克思主义中国化。

要坚持用中国特色社会主义理论体系武装全党。中国特色社会主义理论体系是马克思主义中国化最新成果，是党最可宝贵的政治和精神财富，是全国各族人民团结奋斗的共同思想基础。组织和推动党员、干部加强对中国特色社会主义理论体系的系统学习，做到真学真懂真信真用，是建设马克思主义学习型政党的一项战略任务。

要坚持开展社会主义核心价值体系学习教育。要在认知、认同上下功夫，使社会主义核心价值体系转化为党员的精神信仰和基本价值取向；在贯穿、融入上下功夫，切实把社会主义核心价值体系体现到党员、干部教育管理的全过程；在践行、示范上下功夫，通过党员、干部率先垂范推动社会主义核心价值体系建设。

要坚持马克思主义哲学的学习教育。陈云是中国共产党第一代和第二代中央领导集体的重要成员，他在延安当中央组织部长的时候，毛泽东先后三次当面同他谈过要学哲学，还派教员帮助他们学习。那时中央组织部成立了一个学习小组，一共6个人，从1938年开始学习，坚持了5年。陈云说："总之，我个人的体会是：学习哲学，可以使人开窍。学习哲学，终身受用。"他总结了长期的革命斗争经验之后，提出了"不唯上，不唯书，要唯实"的观点，指出："不唯上，并不是上面的话不要听。不唯书，也不是说文件、书都不要读。要唯实，就是只有从实际出发，实事求是地研究处理问题，这是最靠得住的。"陈云精辟地阐明了实事求是的根本之点在于"唯实"，并提出了全面认识客观事物的方法——"全面、比较、反复"。他说："一九四二年我养病的时候，仔细研究了毛主席的著作和文电，感到贯穿在里面的一个基本思想，就是实事求是。弄清'事实'并不容易。为了弄清'事实'，我把它概括为六个字，就是：全面、比较、反复。所谓全面，就是不仅要看到正面，还要看到反面；不仅要听正面的意见，也要听反面的意见。所谓比较，一是左右的比较，……二是前后的比较……所谓反复，就是事情初步定了以后还要摆一摆，想一想，听一听不同意见。即使没有不同意见，还要自己设想出可能有的反对意见。"在我国社会主义建设过程中，陈云提出了许多真知灼见，"摸着石头过河"也是他首先提出来的。学习哲学，把握客观世界和人类思维的一般规律，可以开阔思路和眼界，真正做到"思接千载""视通万里"；可以提高自己的感受能力、分析能力和综合能力，逐步形成一种自觉

的、科学的思维方式。这种思维方式将长远地发生作用，对人们改造自然和社会的活动有重要指导意义。事实上，在"知识爆炸"的今天，已经有越来越多的人认识到不仅要注重学习、积累知识，而且更要注意掌握获得知识和运用知识的正确方法。联合国教科文组织的埃德加·富尔先生预言："未来的文盲，不再是不识字的人，而是没有学会怎样学习的人。"要学会学习，就要学习掌握马克思主义哲学。

要建设学习型党组织。大力营造和形成重视学习、崇尚学习、坚持学习的浓厚氛围，牢固确立党组织全员学习、党员终身学习的理念，建立健全管用有效的学习制度，包括进一步加强和改进党委（党组）中心组学习制度，健全和落实常态化、多样化的党员及干部学习培训制度，建立健全促进学习、保障学习的竞争机制，激励机制，创新机制和考核机制，引导广大党员、干部，把兴趣、心思、精力放在学习上，放在干事创业上，不断增强建设学习型党组织的吸引力和凝聚力。

第四章 丰富基层群众文化活动
为群众办实事

突出长效机制建设
全面扎实推进农家书屋可持续发展

河北省石家庄市栾城区文化广电新闻出版局 杨志新

2016 年 7 月 15 日，河北省"农家书屋科技大讲堂"系列活动启动仪式在我区柳林屯村举行，省新闻出版广电局有关领导出席启动仪式，省农业专家现场进行了农业科技讲座。省"农家书屋科技大讲堂"系列活动选定在我区启动，表明了省市部门对我区农家书屋建设工作的充分肯定。

我区农家书屋工程已实现全区 173 个村全覆盖，建设工作走在省市前列。省政协副主席王玉梅、省政协副主席曹素华、市人大副主任李屏东分别带领省政协、市人大视察团视察我区农家书屋工作，给予了高度评价。中央电视台记者专程到我区王家屯农家书屋拍摄资料，进行采访。我区代表石家庄市高标准通过了省基层建设年农家书屋帮扶项目的验收。我区连年被评为省、市农家书屋工程建设先进单位。南浪头村被授予"全国示范农家书屋"称号。王家屯村被命名为河北省全民阅读"书香之村"，王家屯村农家书屋被授予第六届全国"服务农民、服务基层"文化建设先进集体称号。

近年以来，我区结合美丽乡村建设，大力实施农家书屋再提升工程，进一步突出长效机制建设，加强对管理人员培训，农家书屋建设水平有了新提高。主要做法有：

一是领导高度重视，农家书屋建设常抓不懈。区委、区政府高度重视农家书屋建设工作，区专门成立了农家书屋建设领导小组，由区委副书记任组

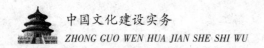

长，区委常委、宣传部长和政府主管副区长任副组长，由各乡镇、相关部门主要领导为成员。同时，将农家书屋建设情况列入了对乡镇年度考核内容，半年一考核，考核结果由主管副区长签字报区考核办。几年来，虽然区委、区政府主要领导几次变动，主管领导几次调整，但区委、区政府对农家书屋建设始终保持了领导力度不松、工作目标不变、投入资金不减，农家书屋建设按照既定规划目标，有序推进，一年一大步。

二是切实加大投入，推进农家书屋规范化建设。近年来，我区累计为农家书屋建设投资 300 余万元，为农家书屋制作了桌椅、书柜、制度牌、登记本等，使全区农家书屋实现了十统一，即：门牌统一、制度牌统一、书柜统一、桌凳统一、各类登记本统一、上岗证统一、借阅证统一、管理员标牌统一、开放时间牌统一、宣传材料统一。在省市配送的图书尚未到位的情况下，我区不等不靠，由财政出资 40 余万元，按照建设标准，为剩余的 59 个村购置配送了图书，率先在全市实现了农家书屋全覆盖。我区农家书屋建设顺利通过省农家书屋领导小组检查验收，并得到省领导好评。今年以来，我区又为农家书屋补充书桌、书柜等 100 余套。

三是相互协调配合，形成建设农家书屋的强大合力。在书屋用房上，区文广新局切实加大协调力度，要求优先保障农家书屋建设用房，对存在困难的村，督促乡镇主要领导亲自过问，解决问题。有的村村干部让出办公室用来建设农家书屋，南浪头等村筹措资金，维修了房顶，更换了铝合金门窗。为了增加农家书屋的藏书量，我区除了按要求采购图书外，在区政府的倡导下，在全区开展了"捐书惠农"活动，全区所有乡镇、区直各单位、区直各大企业共计 105 个单位全部在规定时间内参加了捐书活动，共捐图书 6 万余册。省市驻重点帮扶村工作队也积极捐献，这些图书可为全区每家书屋增加400 余册的藏书量。

四是加强管理考核，狠抓图书管理员队伍培训。为切实发挥农家书屋作用，我们加大了日常管理力度，每月由主管局长带队，不定期深入农村进行检查，重点检查农家书屋免费开放情况、借阅情况、图书保管等日常管理。我们还将农家书屋建设纳入对乡镇考核内容，制订了具体考核办法，每半年会同组织部对各乡镇农家书屋建设管理情况进行考核排队。图书管理员是农家书屋发挥作用的基础，我区对新建书屋管理员进行业务培训，合格者颁发上岗证。同时，每年都组织对农家书屋管理员，特别是新调整的管理员进行一次集中培训，并实行到区图书馆跟班学习制度。

五是举办丰富活动，充分发挥农家书屋作用。广泛开展读书演讲活动。

我区选送的贾艳芳同志，在参加"对我帮助最大的一本书"河北省演讲比赛中，荣获全省第一名的好成绩。在石家庄市文广新局开展的"我的书屋、我的家"为主题的农家书屋读书演讲比赛中，我区选送的两名选手分获二等奖、三等奖的佳绩。区文广新局下发了《关于在全区开展以"我读书，我受益"为主题的农家书屋阅读讲演活动的通知》，要求各乡镇组织各村读书受益者进行演讲，每个乡镇选拔3至5名选手参加区级演讲。目前已进行了二届。同时，利用春节、假期等组织开展展览、征文、法制宣传、知识竞赛、家政服务培训等活动。

六是发挥典型作用，营造全民读书氛围。农家书屋建成后，受到了广大群众的欢迎，群众纷纷走进书屋，学习知识，开阔眼界，增长见识，并涌现出了一批致富、守法、和谐的学用典型。如王家屯种花姑娘王馨、北浪头依靠种菜致富的魏晓林、南柴村重获健康的张增书，等等。这些群众身边的人和事，具有切实的说服力和感染力，成了宣传农家书屋的活教材。区文广新局因势利导，通过多种形式加强宣传教育，使更多的群众了解到农家书屋的作用，主动走向书屋。如今的栾城农村，农民群众读书用书已经蔚然成风。良好的读书氛围、用书风尚，不仅直接促进了农民致富和农村经济发展，也极大地推动了农村精神文明创建和法制建设。

下步工作：一是在农家书屋实现全覆盖的基础上，为进一步提升农家书屋建设水平，我区正组织开展创建评选"星级农家书屋"活动，现正在全区推开。二是结合文化资源共享工程，逐步为各村农家书屋配备电脑、电视机、DVD机等硬件设施，及时更新图书，提高农家书屋建设标准，进一步扩大数字农家书屋安装范围，使农家书屋发挥更大作用。现在全区配备微机、投影仪的村已达到70%。三是除了对管理员加强培训外，还要经常组织管理员经验交流会，不断提升管理水平。

搭建文化活动平台　推进群众文化大发展

河北省灵寿县文化教育局　付建敏　殷岩忠

党的十八大以来，灵寿文化系统全面贯彻落实习近平总书记在文艺座谈会上的讲话精神，高扬社会主义核心价值观的旗帜，以高度的文化自觉和文化自信，准确把握时代脉搏，不断创新文化服务模式，大力弘扬社会正能量，推进灵寿文化事业大发展。

一、与时俱进，推动网络广场舞的开展

近几年，全县从城区到山村，广场舞、交谊舞等健康向上的文化活动已经蔚然成风，特别是广场舞已经成为最宜身心健康、最受群众欢迎、参与人群最广、人数最多的文化活动，目前全县自发组织的广场舞团队有上千个，参与群众数万人，如果把这支庞大的队伍凝聚起来，可以利用互联网向他们并通过他们向全社会传播社会主义核心价值观，传播各种正能量，这将是我县精神文明建设的一支庞大队伍和强大力量！同时为了提高全县广场舞整体水平，更好地激发群众参与积极性，我们开始谋划筹办灵寿县网络广场舞大赛。活动构想很快得到了上级领导和基层群众的广泛认同和大力支持，省群艺馆马维斌馆长、市文广新局赵树斌副局长和市群艺馆高永峰馆长等领导多次过问活动进展，莅临指导；县委、县政府召开专题会议，广泛动员，认真部署；县委宣传、文化多部门多单位协调联动、齐抓共管，各乡镇文化站积极参与，深入到各村向每个广场舞团队做宣传指导，组织参赛。

灵寿县网络广场舞大赛每届为期一年。每期由 12 个广场舞参视频赛，要求每支舞蹈队至少 12 个人、统一服装，由网民在灵舞网投票选出获胜舞蹈队，参赛人员遍布全县 15 个乡镇，40 多个企事业单位。

为了保证活动质量，全县各级文化工作者根据群众要求，顶严寒、冒酷暑，开展上门培训辅导，指导节目录制前期准备、现场发放宣传页、手把手教群众投票。工作人员走遍了全县的山山水水，所到之处深受广大群众热烈欢迎，特别是在山区，村民敲锣打鼓欢迎辅导和录制人员的到来，直到节目录制结束时，还有许多舞蹈队要求报名参赛。同时，每期舞蹈视频上传后，安排专人通知各舞蹈队，鼓励他们利用微信、QQ 等多种形式，广泛发动亲朋

好友关注网络投票进展情况，不断扩大影响。

网络的优势使该项活动达到了家喻户晓、盛况空前，全国各地，甚至在国外工作灵寿籍人员都积极参与这项活动。因此灵寿县首届网络广场舞大赛就取得了圆满成功，共有 31 万多网民参与投票，视频点击量达到 80 多万次，把灵寿广场文化推向了一个新高潮。

网络广场舞大赛不仅受到基层群众的欢迎，并且以活动新颖、影响广泛、实效明显引起了全国关注。2015 年 10 月 30 日，我县应邀远赴重庆，参加"2015 年中国文化馆年会"文化馆公共文化服务创新案例展。这次年会由国家文化部、重庆市政府主办，中国文化馆协会、文化部全国公共文化发展中心、重庆市文化委员会承办。博览会在重庆国际展览中心举办，整个展区分为"榜样展区"和"方阵展区"两大块。其中"榜样展区"集中展示了全国 20 个文化馆创新服务案例和 13 个数字文化馆试点及示范项目，"灵寿县网络广场舞大赛"作为全国唯一的县级文化馆公共文化服务典型案例在"榜样展区"展出，得到了全国各地同仁的充分认可和高度赞誉，也为我们石家庄市文化系统赢得荣誉。

今年，我县进一步推动文化服务创新，县委宣传部、文明办、文联、文化教育局、广播电视台联合举办的"弘扬核心价值观、齐跳百姓健康舞、共筑美丽中国梦"网络广场舞大赛，提高全民身体素质和幸福指数，努力提升灵寿文化的美誉度和知名度，打造灵寿文化精品！

二、搭建文艺演出平台，举办"四季欢歌　百姓舞台"

近年来，随着经济快速发展和社会进步，涌现出众多群众自发组织的民间文艺团体，他们长期活跃于田间地头、农家小院，为推动农村文化发挥了重要作用。这些文艺团体长期活跃在基层文化一线，形式多样，服务方式灵活，具有浓厚的地方特色，贴近百姓，被许多基层群众接受和喜爱。据不完全统计我县有民间文艺团队 70 多个。

为了给广大文艺表演爱好者提供一个上台表演、交流艺术的平台，文化馆自 2013 年以来连续成功举办了三界"四季欢歌　百姓舞台"的演出活动，今年是第四届，活动正在报名中。

该活动凡所有民间文艺团队、文艺爱好者均可报名，根据报名顺序和节目形式合理安排，只要够一场演出时，由文化馆搭建舞台，免费提供音响、灯光等演出设备，没有节目主持人的文化馆安排工作人员主持，选择人员密集的合适场地进行演出。参加报名的有企事业单位干部职工、退休人员、农

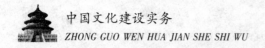

民朋友。鼓励不同的文艺团队同台演出或交流演出，演出地点有县城广场、乡镇文化站、行政村文化活动广场等，把节目送到群众家门口。

节目演出形式丰富多彩，不仅有农民歌手、群众广场舞、农民鼓乐队（红白喜事演奏）、农民戏曲、还有农民朋友自编的快板、小品（多为反应农村新变化和孝敬父母的内容）、双簧表演等，演出内容都是群众身边的事，贴近生活，通俗易懂，具有明显的乡土特色，符合当地的民俗习惯，承载着民俗文化的传承和发展，深受广大群众的喜爱，每次演出都会吸引周边十里八乡的群众前来观看，观众人数远远超过了文化馆组织的专业演出，一些表演好的群众演员成为了当地人们茶余饭后谈论的"明星"。

正因为民间艺人和民间文艺团队是传统文化的承载者和传播者，呈现了地方的民俗、民风，是最接地气文艺队伍，最能贴近群众生活，同时他们也在推动者传统文化的创新和发展，为社会传递者正能量，所以我们举办的"四季欢歌 百姓舞台"是非常成功的。此活动已形成了灵寿文化活动的品牌，只要群众需要我们将一直办下去。

三、繁荣文化事业，搭建学习交流平台

为了促进灵寿文化事业的大发展、大繁荣，加强社会各界的学术交流，我们举办过的学习交流活动有：中山文化研讨会（灵寿中山文化爱好者及相关专家参加）、中山人说中山故事演讲比赛、付氏文化研讨会（有来自全国各地付氏知名人士和付氏文化研究者上百人参加）、摄影家协会会员与专家座谈交流、以及书法美术等交流学习活动，每年都在 3 次以上，几百人参加。

提质增速　齐抓共管
切实增强公共文化服务群众的能力

河北省邯郸县文化广电新闻出版局　田九海

邯郸县位于河北省南部，是成语典故之乡、古赵文化和龙文化的发源地之一，拥有3000多年的灿烂历史文化。现县域面积279平方公里，辖2镇5乡、2个街道、2个省级园区、158个行政村、17个社区居委会，总人口30万，是一个典型的城郊县。特别是近几年来，邯郸县委、县政府以"文化富民，建设文化强县"为奋斗目标，以争创文化先进县为龙头，抓硬件，促软件，抓重点，求特色，动员全县人民群众积极投身文化事业，采取灵活多样的方式，开展丰富多彩的活动，全面提高了我县广大干部群众的科学文化素质和我县文化工作水平，促进了全县经济、政治、文化协调发展，初步探索出一条适应市场经济新形势、独具特色的文化建设路子，使全县文化事业呈现出欣欣向荣的可喜局面，取得了令人瞩目的成绩。

一、加强对文化工作的领导，切实把文化建设摆上重要位置

一是领导高度重视。县委、县政府始终重视文化工作，把文化建设作为落实"科教兴县"战略，促进全县三个文明建设协调发展的重要举措来抓，把文化事业发展纳入全县国民经济和社会发展总体规划，纳入干部政绩考核的重要内容，为切实加强对全县文化事业建设工作的领导，县成立了《公共文化服务体系建设领导小组》，制定了《关于加强公共文化服务体系建设的实施意见》等一系列加强文化工作的文件。每年多次召开县委常委会议和县政府常务会议，专门研究文化工作，帮助解决工作中的实际困难和问题，从政策、机构、编制、人员工资和资金投入上大力支持文化事业发展。县委、县政府负责人亲自参加每年举办的"送文化下乡"的系列活动，县委、县政府分管负责人亲自带队参加文化市场专项整治活动。县人大、县政协还充分发挥自身优势，每年都组织人大代表、政协委员就文化建设工作中存在的问题开展专题调研，并形成专题调研报告，提出加强文化工作的意见和建议。二

是全社会齐抓共管。大文化建设涉及到方方面面，抓好文化建设必须全党动员，全社会参与，形成合力。为此，县委、县政府成立了文化事业发展协调领导小组，积极协调乡镇和组织、宣传、文化、计划、教育、科技、民政、财政、人事、农业、计生、工青妇等部门参与文化实践活动，并明确了各级各有关部门的职责，年终认真考核，进行评比表彰，从而有力地调动了乡镇和县直有关部门抓好大文化建设的积极性。在全县上下形成了县四大班子带头、各乡镇、职能部门通力协作、全社会共同参与的大文化建设工作格局。三是加大资金投入。自 2012 年以来，县财政对文化事业的投入已达到 500 余万元。同时，县委、县政府还制定了一系列优惠政策，动员鼓励各类企业、社会团体、机关事业单位和个人联合开发文化产业，从而在全县形成了财政投入为主体，社会投入为必要补充的文化建设投入机制，为文化事业提供了长期、持续、稳定的发展保障。

二、大力加强文化基础设施，建立健全文化工作网络

县委、县政府把文化设施建设纳入县域城镇建设的总体规划，与乡村规划有机结合起来，不断加快文化基础设施建设。县级重点抓好文化馆、图书馆、影剧院建设，乡镇、社区重点抓好文化站、文化广场等公共文化活动场所设施建设，图书室和村文化大院设施的配套，健全了县乡村三级文化工作网络。一是文化活动场所日益完善。为适应建设文化强县的需要，近年来，县政府不断增强对县文化馆软、硬件建设，增设有音乐室、培训室、展厅等，每年举办美术、书法、摄影、音乐、舞蹈、电子琴、美术、书法等培训班。文化馆已成为双休日、节假日人们学习、休闲、娱乐的好去处。乡镇文化阵地建设得到进一步加强。近几年来，乡镇每年投入资金 60 多万元用于文化设施建设。全县 7 个乡镇全部建有文化站，配备了专职文化干部，做到了人员、设施、经费、活动四落实。县城 17 个社区都建立了文化广场。县成立了老年大学，参加活动的退（离）休老同志 500 多人。全县拥有村级文化室 158 个。目前，全县已建立起以县文化馆为龙头，以乡镇文化站、文体活动中心、社区文化广场为枢纽，以村文化室、文化户为基础的布局合理、设施完善、城乡一体的文化活动网络。二是图书馆事业稳步发展。县政府逐年加大对图书馆的投入力度，积极支持全县图书馆事业的发展。年购新书 5000 余册，全县7 个乡镇、街道都建有图书室。各级图书馆（室）通过举办读书座谈会、学习培训班、读书知识竞赛，开展书评活动、送书下乡等活动，促进了全县读书热潮的形成，满足了人民群众对文化的渴求。三是文博工作健康开展。认

真宣传和贯彻实施《文物保护法》，严格文物调查、勘探、报批程序，对重点文物保护单位设立标志牌，划定保护范围，建立管理档案，加强对文物的保护。目前县境内现拥有省级、市、县级文物保护单位共 15 处，聘任文物保护员 20 名。四是数字电影基础设施得到加强。2011 年县投资 400 余万元建成邯郸市第一家县级数字电影院，从根本上改变电影放映基础设施落后的局面，为全县人民提供一个舒适的现代化电影院。

三、积极开展群众性文化艺术活动，丰富城乡群众精神文化生活

群众性文化活动繁荣活跃是保证文化事业充满生机活力、实现可持续发展的源泉和动力，县委、县政府始终把这项工作作为推动文化事业发展的一个重要抓手，积极鼓励和支持群众性文化艺术活动的开展，认真抓好农村文化、企业文化、校园文化、广场文化、节日文化、家庭文化建设，逐步形成主流文化、高雅文化、通俗文化、商业文化、娱乐文化齐头并进的良好格局。

1、"送文化下乡"活动经常化、职能化、制度化。近年来，县委、县政府始终把农村文化的繁荣和发展作为文化工作的重头戏来抓，每年都拨出专款，组织艺术团体深入乡镇、村巡回演出，全年开展送文化、送戏下乡活动150 余场，送电影下乡 1900 多场，送图书下乡 5000 多册。由于文化"下乡"节目丰富多彩，贴近生活，贴近群众，不仅陶冶了群众情操，而且使农民在娱乐中受到教育，有力地促进了先进文化占领农村文化阵地。

2、双休日文化活动久盛不衰。为满足县城广大干部群众双休日精神文化需求，文化部门创办了双休日文化系列活动，文化馆开展的各色培训、老年活动室、书画室、文化小广场，图书馆借书阅览室等，全天候免费为群众开放。每到双休日夜晚，城乡、农村街头锣鼓声声，乐曲悠扬，人如潮涌，既有专业文艺团体的演出，也有戏迷、广场舞的绝活等，持之以恒，从未间断，双休日文化活动已成为邯郸县城乡群众文化活动的一道亮丽风景线。

3、社区文化蓬勃发展。社区文化的发展催生了如夕阳红老年艺术团、健身队、秧歌队等百余个艺术团体，这些团体中的群众文化活动骨干大都是离退休干部职工、市民，群众，他们自编自演，自弹自唱，自娱自乐，在广场、街头、乡村到处都留下了他们的足迹，成为一只编外的文艺宣传队。

4、未成年人文化工作深入开展。县委、县政府认真落实《中共中央国务院关于进一步加强和改进未成年人思想道德建设的若干意见》精神，对未成

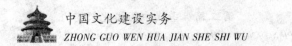

年人文化工作做到有部署、有措施、有效果。文化馆、图书馆开辟专门的少儿文化场所，向未成年人免费开放。由县文化馆组织的少年民乐、书画、舞蹈等培训，每年参加学习的达 300 余人，全县涌现出校园文化艺术团体 40 余个，城乡重点中小学都有拿得出、叫得响的文艺演出队和优秀节目。

四、切实加强文化市场管理，积极推进文化产业健康发展

县委、县政府坚持"一手抓繁荣，一手抓管理"的方针，大力加强文化市场管理，保证了文化市场繁荣有序发展，一是加强文化执法队伍建设。2010 年，县委、县政府新组建了"文化市场行政执法队"，编制 10 名，人员工资由财政全部供给。各乡镇、街道均配备了文化专干，村配备文化市场监督员，负责管理本辖区内的文化、新闻出版工作。目前，全县文化市场管理队伍达 300 人。二是加强市场监管。县委、县政府坚持"两手抓，两手都要硬"的方针，建立健全文化市场行政执法规章制度，加强对文化市场的管理，深入持久地开展"扫黄打非"工作，保证了文化市场的繁荣、健康、有序发展。三是文化产业初具规模。县委、县政府要求全县上下树立大文化、大市场、大产业观念，制定和完善了文化产业发展政策，推动了我县文化产业快速、健康发展。目前，全县有国办文化事业单位 5 个；文艺表演单位 7 个；国营、集体、股份制和民营个私企业创办文化经营单位 120 多个。这些文化经营项目为丰富和活跃全县广大人民群众的精神文化生活发挥了积极作用，促进了邯郸县经济发展和社会进步，为扩大就业、涵养税源、广开财源发挥了重要作用。

五、积极推进文化体制改革，切实加强文化人才队伍建设

一是加大文化单位改革力度。认真落实公益性文化单位人员编制和收入待遇，积极推行人员聘用制度和岗位管理制度，加大分配制度改革力度，形成文化单位干部能上能下、职工能进能出、分配能高能低的用人机制。如县曲剧团，已有 60 年的建团史，是我县唯一一家老牌国有剧团，自成立以来，该团始终坚持"二为"方向和"双百"方针，面向农村、面向农民。坚持正常演出，深受广大群众喜爱，为丰富全县农民群众文化生活做出了应有的贡献。特别是近几年来，在戏剧演出行业不景气，县级剧团纷纷出现危机、瘫

痪甚至倒闭的情况下，该团紧紧抓住文化体制改革的历史机遇，以满足群众需求为定位，并精心策划、全面包装、推出了一大批新品、精品，常年坚持免费"送戏下乡"达百余场。他们创作了许多新编现代优秀剧目，如《邯郸县令——马功芩》、《桃花落在石龙岭》、《父子情仇》、《远望》等作品，先后参加河北省第六届戏剧节和河北省第七届戏剧节，并荣获"优秀表演奖"、"组织奖"、"音乐唱腔设计奖"和"导演奖"。二是加强文化人才队伍建设。县委、县政府高度重视文化人才队伍建设，积极创造条件，鼓励支持乡土文化人才的成长。县文化部门以县文化馆为阵地，常年举办舞蹈、音乐（声乐、器乐、钢琴）、摄影、书画培训班，培养了一大批业余文艺人才。目前，全县有省级以上书画协会员 7 人，省级以上作协会员 6 人，省级以上摄影协会会员 6 人。如河沙镇南街一群地地道道的农民因爱好书法绘画自发成立了南街书画社，并定期开展不同形式的活动，成为当地文化活动的带头人。在他们的影响下，富裕起来的农民参与文化活动的热情空前高涨，近几年来，相继成立了野草诗社、尚璧画社等 5 个民间社团组织，全县基本上建立起了一支素质高、业务能力强、有责任心的、稳定的、专群结合的文化工作者队伍。为发展丰富农村文化做出了贡献。

近年来，我县涌现出了大批热爱文化艺术的文化创作人才，他们通过深入基层体验生活创作了大量的贴近生活、贴近百姓的艺术作品。王治中（笔名桑麻）的散文《木箱深处的碎花被面》、《最后的温暖》入选《21 世纪文学大系》，有散文集《在沉默中守望》、《归路茫茫》出版，2005 年 4 月，成为河北文学院第七届签约作家。刘文杰的书法、篆刻、摄影作品在《人民日报》等报刊发表，书法作品入选首届、二届"中国颜真卿奖全国书法"大赛。王建民的章草作品入选第八届全国书法展。农民漫画家李培根创作的漫画《变脸》荣获全国新闻奖二等奖。陈书江中篇小说《哲学家的故事》刊发于《北京文学》。岳川的画作《浑莽大塬》在人民日报社和中共中央文献研究室联合举办的"纪念邓小平同志诞辰 100 周年"书画展上获奖。摄影协会主席牛立保的《乡村会议》入选第四届全国艺术摄影大奖赛，副主席刘文英的《激情奔涌》获省行业摄影大赛一等奖。民间艺术协会副主席张显义被评为"河北民间工艺美术大师"。舞蹈协会主席武邵在中央电视台"非常 6＋1"栏目中进行了才艺展示。孙永振、薛美兰则将土生土长的邯郸快板带进了中央电视台，他们采摘生活中的美与丑、善与恶，以新鲜的生活体验激活邯郸快板的兴奋点和生命力，使之生长出文明生活方式的崭新枝芽。2005 年，民间艺术协会组织民间艺术家参加"邯郸市首届民间艺术精品展"和"邯郸市首届旅

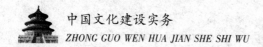
游纪念品大赛"，作品葫芦彩绘《面具》、面塑《将相和》、烫画《金陵十二钗》荣获一等奖；戏剧作家刘璞历年来先后创作了《赵武灵王》、《九龙圣母》、《罗敷女》等剧本，前两部已被拍成戏剧电视剧在中央电视台播出。文化馆的文艺干部也深入群众创作了反映农民生活的舞蹈、快板、歌曲等作品，多次在"燕赵群星奖"等大赛中获奖。节目《喜庆》获河北省群文创作奖和表演二等奖双重奖励，文化馆同志的书法作品在"中国书法艺术"华表奖"及中国书画"画圣奖"等比赛中屡屡获奖。

注重文化品牌建设 繁荣群众文化活动

河北省邢台市桥西区文化新闻出版体育局 常丽霞

近年来，区文新体局在区委、区政府及上级部门的正确领导下，围绕"丰富提高文化生活，推进文化品牌建设"工作思路，创新思路，创新做法，整体工作全面提升，圆满完成了各项工作任务，受到了各级领导和社会各界的一致好评，为我区文化体育事业发展作出了积极的贡献。

一、全力推动提升文化惠民工程

（一）建设完善公共文化服务设施网络

2016 年全面加强公共文化服务体系建设，扩大公共文化服务覆盖面。根据"建民生文艺圈，圆百姓幸福梦"公共文化服务布局图，明确了 12 个类型、100 多个文化活动点。同时，积极向上级争取文化专项资金 480 余万元，建设完成区级全民健身活动中心、基本建成区图书馆；建成了 2 个镇数字图书馆、7 个文化活动中心（站）、61 个文化室、92 个体育健身广场，实现了农家书屋全覆盖，并向各个社区（村）发放价值 300 余万元的文体设备，惠及群众 30 余万人。形成了区、镇（办）、村（社区）三级文化网络，并实施了全方位无死角网络化管理，构筑了十五分钟民生文化活动圈。

（二）常态化文化活动不断提高

一是坚持开展了常态化的惠民文化活动。按照"文化四季、美丽桥西"的总体部署，开展常态化、系列化的文化惠民活动。春有新春文化大集、春之声音乐会和阳春戏曲晚会；夏有文化活动周、广场舞展演、七一书画展和社区运动会；秋有中秋戏曲晚会和全民健身活动展演；冬有新年音乐节系列文化活动。举办、承办了"纪念反法西斯胜利 70 周年"、"幸福跳起来"等大型文艺惠民活动，极大提高了桥西文化在省市的知名度。每年累计组织群众文化活动 1000 余场次、电影放映 400 余场、全民健身活动 10 余场，发动群众演员、运动员 20000 多人次、受益群众 50 万人次。二是组织了服务基层的免费文化培训。组织开展舞蹈、声乐、主持以及群众文化工作理论、灯光音响设备操作等各种培训，培养文化骨干 3000 多人次，先后在公共文化场馆组织了合唱、豫剧、交响乐、京剧等 10 多个群众团队常年开展学习交流活动。

（三）组建夯实文化队伍建设

把建设一支能扎根基层的文化队伍作为工作重点。一是队伍普及广泛，发现和培育了一批乡土文化能人、文化传承人等基层优秀文化人才。全区80%以上的社区（村）建有群众文化队伍，达130多支、3000多人。二是活动形式多样，在全区先后组织成立了桥西区舞蹈家协会、西北留书画协会等多种类型的文化队伍，既有效整合了全区文化资源，又提高了全民参与度。三是团体影响力大，相继组织我区文艺团体，参加省、市各类比赛，并取得优秀成绩。其中桥西区舞蹈家协会在省委宣传部和省文化厅联合举办的"幸福跳起来"广场舞大赛邢台赛区中脱颖而出，代表邢台市参加全省广场舞大赛，并取得优异成绩。通过品牌效应、文化志愿者的带动，群众参与文化活动的积极性主动性有了很大的提高，真正成为了文化建设的主体。

二、培树壮大品牌文化影响力

（一）培树提高群众文化品牌影响力

围绕周末大舞台、李马农民月月乐、群众戏曲文化广场、广场舞大赛四个文化品牌开展活动。"周末大舞台"是每周末晚上组织京剧、豫剧、合唱、河北梆子等群众喜欢的文艺演出，每场观众均达1000余人；"戏曲文化广场"每周三天在七里河大桥下以豫剧为主要形式，吸引了周边几个县区票友参加，被群众戏称为"群众文化大篷车"；"李马农民月月乐"以李马农民艺术团为主要力量，每月下旬的周日在李马小学操场进行综合性演出，吸引带动了我区西北部10多个村的群众参与和观看；"广场舞大赛"每年一届，来自全区100余支群众舞蹈队伍、2000多名舞蹈爱好者报名参赛，深受群众喜爱、具有广泛的社会影响力。品牌活动的开展实现了周末大舞台带动城市社区、李马农民月月乐带动西北部农村和社区、群众戏曲文化广场带动南部社区农村群众文化、广场舞大赛带动全区舞蹈爱好者。独具品牌特色的文化活动已实现全区、全覆盖。

（二）提高非物质文化遗产传承保护力度

桥西区拥有深厚的文化底蕴，为让桥西的历史文化让更多的群众了解熟知，重点加强了我区非物质文化遗产的挖掘和申报工作，目前，我区已有古拳法沈氏"随手"及"牌匾与碑文雕刻技艺"两个项目成功入选市级第五批非遗名录。

（三）努力培育新兴群众文化品牌亮点

继续实行"引进来"和"走出去"文化交流机制，常年与兄弟县区开展文化品牌交流提升工作，积极吸取先进的文化品牌培育经验，不断提升扩大我区文化品牌的创新力和影响力。

三、规范发展文化市场

（一）强化市场监管

先后组织开展了针对文化市场的"净网"、"清源"、"秋风"、"奋战一百天、安全保双节"等专项行动。通过周检查、月巡查、定时检查、错时检查等文化市场执法方式，共计检查各类文化市场经营场所 200 余家次，出动执法人员 500 余人次，现场整改隐患 20 余家次，限期整改隐患 8 家次，保证了我区文化市场的有序经营。创新制定了《互联网上网服务经营场所分级管理办法》，对全区网吧按照日常守法经营情况实行 A、B、C、D 四级分级管理办法，此举既合理规划了检查执法力量，又提升了业户守法经营积极性，此项工作得到上级部门的充分肯定并向全市推广。

（二）优化发展环境

狠抓全程协办机制和首问责任制，精简文化审批环节。实行"提前一公里"服务机制，凡在我局办理审批事项的经营业户，所有相关手续和许可证件需重新审核或办理的，均由业务科室进行提前告知服务，从根本上做到服务让群众舒心满意。积极组建桥西区文化市场经营业户网络服务平台，通过网络及时将文化市场管理相关信息告知全区经营业户，并听取经营业户相关意见建议，既提升了审批服务水平，又拉近了管理者和服务对象之间的距离。

创新机制　完善服务
加快石楼县文化建设的步伐

山西省石楼县文化局　郑世胜

　　基层文化是基层事业的灵魂，作为一种无所不在的软力量，渗透于基层事业的各个层面之中，是基层事业科学发展的强大动力。新形势下，构建和发展基层文化，对于基层事业的整体促进和推动，发挥基层在社会建设中的骨干作用，具有十分重要的意义和作用。石楼县基层工作以创新开拓的理念，务实高效的作风，在基层文化建设方面取得了突出的成绩，得到了领导的高度肯定，在全市产生了良好的社会反响，具有比较典型的示范意义和辐射作用。

一、基层文化核心理念的石楼实践

　　石楼位于山西省西部，作为山西省欠发达地区，虽然缺乏财政优势，但是近年来，石楼的文化体系建设、新社会组织党建、基层法制工作、城乡基层事业一体化等多项工作却走在了全省前列，取得了引人瞩目的成绩。这些成绩的取得都得益于石楼基层人始终坚持"忠诚、为民、责任、奉献"的服务理念，并将其提炼为基层文化核心理念，打造出基层文化建设的石楼样本。

　　（一）始终坚持"忠诚"的精神内核，以推进基层事业城乡一体化为抓手，基本民生保障水平得到持续改善

　　"忠诚"是基层工作的内在要求，是基层文化的精神内核。为实现2016年基本实现基层事业城乡一体化，初步形成与经济社会发展水平相适应、与基本公共服务均等化目标相协调的发展格局，石楼县基层部门怀着对基层事业的高度忠诚，克服财政压力，不断加大基层事业改革创新力度，推进基层事业城乡一体化发展，以"小财政"推动"大民生"，城乡基本民生保障取得全面发展。

　　（二）紧紧围绕"为民"的根本宗旨，不断完善文化服务体系，社会化文化服务能力得到强化

　　"为民"是基层工作的本质特征，是基层文化的根本宗旨。面对人口老龄

化、高龄化、特别是空巢化和家庭小型化形势的严峻挑战，石楼县以"为民"为己任，把满足群众文化需求作为重要目标，不断创新机制，努力优化政策，着力推进文化服务体系建设。探索建立了适合石楼实际的"以居家文化为基础、以社区服务为依托、以机构文化服务为支撑"的立体式、社会化文化服务体系，基本形成了以护理型为重点、助养型为辅助、居家型为补充的机构文化服务模式。在全省率先建立了文化服务指导中心，搭建了市—县（市、区）—乡镇（街道）—城乡社区四级文化服务平台，完善社区为老生活照料网络建设。其中，街道积极探索实现了"政府支持、市场运作、公益志愿、社会参与"四轮驱动的城区文化服务新机制，全面实施了"文化繁荣、信息搭台、服务标准、整合资源、市场推动"五大行动计划建设，走出了一条适合本街道的居家文化新模式。

（三）积极履行基层"责任"的必然要求，推动新社会组织党建，基层社会管理创新取得重大突破

"责任"是基层工作的重要保障，是基层文化的必然要求。近年来，新社会组织发展迅速，数量不断壮大，很多已经代替或承担了政府公共服务的职能，急需更好地培育、引导。为更好地实现政府职能延伸，石楼县基层部门切实履行基层责任，在对新社会组织管理中不断探索新思路新办法，把新社会组织党建全覆盖工作作为加强和创新社会管理、巩固党的执政之基的重要抓手全力推进。在党建活动载体建设、党员作用发挥平台、管理工作机制各方面积极探索，率先在全省实现新社会组织党建全覆盖，为新社会组织党建工作提供了有益经验。

针对新社会组织党建工作面临的党组织组建难、党员教育管理难、党组织开展活动难、党组织发挥作用难和发展党员难等一系列问题。石楼县提出了新社会组织党建全覆盖"四必建"和"五个有"的要求，"四必建"即有党员的新社会组织都要采取多种方式建立党组织；有 3 名以上党员的新社会组织全部单独建立党组织；拥有 80 家以上会员单位且有一定数量专职工作人员的社会团体和从业人员 30 人以上的民办非企业单位、社会中介组织都要建立党组织；所有商会都要建立党组织。"五个有"即有专（兼）职党建工作联络员；有入党积极分子；有每年一次的负责人教育培训；有群团组织；有党建宣传栏。在新社会组织党建工作中，石楼县委组织部还特别批准建立了石楼县社会组织促进会党委，为没有党组织挂靠的新社会组织建立了挂靠党委，解决了那些数量众多、分布零散、管理不顺的新社会组织中党员组织关系迁转、党员教育管理、党组织组建等问题。

（四）秉承基层人"奉献"的价值理念，不断提高基层法制工作水平，基层基础建设得到加强

"奉献"是基层工作的不竭动力，是基层文化的价值追求。随着政府职能的转变，基层部门承担的社会管理职能不断拓展，基层行政执法的任务也越来越繁重。为确保基层对象的基本权益得到保障，2008 年，石楼县在全省率先成立了基层行政执法支队。四年多的运行中，以执法支队为代表的石楼基层工作者淡泊名利、甘于奉献，共办理各类违法案件 122 件，为基层事业健康发展、为加快民生改善提供了有效的法律保障。

目前，石楼县基层行政执法改革成效显著，初步建立了基层综合执法、联合执法机制，有力提升了基层法制工作水平，促进了法治基层建设。石楼县基层行政执法支队经批准为监督管理类事业单位，后明确为参公管理类单位，并核定编制数 10 名，其中科级职数 2 名，同时在基层局内设法规处，在基层系统内部建立了综合执法机制，促进了人力、物力、财力的集中使用，从根本上解决了基层执法力量薄弱、执法不到位、监督力量不够等问题。为增强执法合力，石楼县专门成立了由分管领导任组长，基层、编办、法制、公安、工商、财政（地税）、执法、国土等 17 个部门为成员的基层法制工作领导小组，明确各部门的主要职责，建立了由基层部门牵头、相关部门配合的基层联合执法工作机制。并通过联席会议的方式，进一步确保了基层联合执法机制顺畅运行，切实提升了基层法制工作水平。

二、石楼基层文化建设的启示

作为山西经济后发地区，石楼基层工作取得如此瞩目的成绩，得力于以"忠诚、为民、责任、奉献"为内涵的基层文化核心理念的引领，得力于基层文化实践载体的有效构建，以及对于未来进一步提升石楼基层文化建设内涵基本路径的持续完善。作为基层基层文化实践的典型代表，石楼基层文化建设宝贵经验，对基层基层文化建设都具有启示价值，值得借鉴。

（一）基层文化核心理念是基层事业发展的内在引领

破解基层系统的文化意识与基层事业发展的形势不相适应的制约，正确认识基层文化的"观念形态"与"实践形式"，充分发挥基层文化作为基层工作强大思想保证、精神动力和智力支持的重要地位。现阶段，社会文化建设被提到了非常重要的位置，各行各业都把文化建设放在优先发展的位置，各种事物、各类产品都被赋予了文化的内涵。基层文化作为社会文化体系建设的重要组成，具有丰富的体系和深刻内涵。但目前，基层部门的同志对基层文化的内涵普遍缺乏深刻的理解，并存在一些片面的认识。从基层来看，基层文化建设大多数是零打碎敲，够不上真正意义上的基层文化建设。在调研中我们发现，石楼在山西全省积极推动现代大基层发展的背景下，积极挖掘出符合基层事业大局和区域特点的基层文化内涵，将"忠诚、为民、责任、奉献"提炼为基层文化的核心理念，作为现代大基层的基层工作伦理、指导思想和实践形式。

其中，"忠诚"涵盖了基层业务的所有领域，也是对文化理念的高度认同。基层人只有拥有一颗忠诚之心，才能树立高度的责任心和事业心，才会求真务实勇于开拓创新，才会拥有奉献精神，才会将为民之举落到实处。"为民"是基层工作核心理念的集中体现，政府的很多民生工作、爱民之情、亲民之意、为民之举、利民之策都是通过基层部门予以落实，基层工作者要始终充满为民的感情，把群众利益作为第一目标，把群众呼声作为第一信号，把为民解困作为首要责任。"责任"是落实基层工作要求、确保基层工作质量、提升基层工作水平的重要保障。有责任才能务实，才能创新。"奉献"所体现的是一种职业道德境界，就是要做到爱岗敬业、淡泊名利、克己奉公、清正廉洁、甘于奉献，既是基层工作宗旨和伦理要求的实践体现，也是基层人的价值追求。要提高基层文化的水平和层次，观念先行是引领。

石楼探索出一条将基层文化"观念形态"与"实践形式"有机结合的道路，将基层文化精神内核、价值理念、必然要求和基本宗旨，外化和落实到基层事业实践中，真正发挥了基层文化强大的内驱动力、方向引领和核心支撑作用。

（二）基层文化载体建设是基层文化体系建设的外化支撑

破解基层文化设施建设与基层文化体系不相适应的制约，将基层文化设施建设作为支撑基层文化体系构建的重要载体和平台。基层文化具有多层次的体系构成，这些文化的表现与交流需要一定的平台和载体，也就是需要基层文化设施来连接和沟通。但当前，基层文化建设活动内容单一，形式单调，对弘扬基层精神、塑造基层形象、加强职业道德建设等深层次的领域重视不够；基层基础设施，特别是福利服务单位建设投入不够，能够体现基层文化和传承发扬中华传统文化的不多，还停留在基本建设和基本生计的层面，没有更多的精力和能力来培育发展基层文化；同时，市、县等基层部门的文化设施十分匮乏，制约了基层文化的传播、交流和发展。在调研中，我们深刻感受到，石楼基层文化重大突破和成果，离不开其基层文化载体的建设。

一是不断完善基层文化基础设施。积极创造条件，完善机关、直属单位

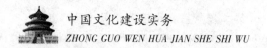

和行业管理单位的文化设施，组织开展广大员工和服务对象喜闻乐见、健康向上的文化活动，使广大参与者在身心愉悦中感受文化魅力、体味时代精神、提高文化素养。

二是构建多形式、多渠道的基层文化宣传平台。以主动、准确、适度、恰当为原则，从工作着力点和群众关注点入手，建立和完善基层新闻发言人制度，完善基层门户网站；充分发挥大众传媒、新兴媒体的宣传教育作用；利用各种平台，主动发布信息，善于倾听民意，积极引导舆论，让公众走近基层、了解基层、支持基层，不断增强基层的影响力和公信度。

三是构建丰富的基层文化体系。以社会福利工作为载体，弘扬尊老敬老的孝文化。以孝亲助老为主题的孝文化教育，旨在建设优秀传统孝文化传承体系，营造良好的社会环境和温馨和谐的家庭氛围，提高老年人的幸福指数；以专项事务管理工作为载体，倡导移风易俗的婚姻殡葬文化，大力推进殡葬制度改革，积极推行绿色殡葬、生态殡葬；以优抚安置工作为载体，谱写军民团结的双拥文化，贯彻《烈士褒扬条例》，实施零散烈士纪念设施保护工程，旨在发挥烈士纪念设施"褒扬烈士、教育群众"的功能；以救灾救助、社会救助和慈善工作为载体，弘扬扶危济困的传统美德；以区划地名工作为载体，弘扬底蕴深厚的地名文化等等。

四是着力打造优秀基层文化品牌。从贴近基层干部职工和人民群众思想为出发点，坚持思想性、艺术性、观赏性和大众性相统一，以反映基层人为民奉献、开拓创新的时代精神为主旋律，精心打造基层文化品牌，以文化精品增进大众对基层工作的理解和认同如，社会救助文化体现为民解困的仁政情怀；婚姻文化体现生生不息的家庭意识；殡葬文化体现慎始敬终的生命意识；老龄工作体现重孝厚养的尊老意识；地名文化体现乡土归属的地缘意识；拥军文化体现富国强军的民族自觉。

（三）基层文化实施路径是基层文化潜在功能持续释放的制度保障

破解基层文化资源的开发使用与资源的潜在优势不相适应的制约，注重基层文化建设规划的科学性和发展实施机制的有效性，最大程度挖掘基层文化资源，保障基层文化效应的持续释放。当前，基层文化资源的优势没有得到充分发挥，缺乏对基层文化建设系统性的规划和实施设计。石楼认识到现有基层文化建设存在不足，在基层文化发展思路、资源发掘等方面，与现代大基层的要求仍存在距离，设计了一整套基层文化发展思路和路径，并设计了实施方案。虽然这些想法是基于石楼本地实际，但对其他地方加强此项工作也具有一定的启发和借鉴意义。

一是加强宣传教育。观念先行，强化对现代大基层内涵以及基层文化核心理念的理解，提升基层文化的水平和层次。引导全市基层人积极转变"基层观"，在研究基层工作、调研基层事项、制定基层政策的过程中，从"为民"的角度出发，重视民智、民意的价值。积极创新学习载体，加强宣传资源的整合，不断创新基层文化活动载体，扩大基层影响。

二是突出规划引领作用。结合全市经济社会建设实际和发展趋势，认真落实基层事业发展"十二五"规划，切实保证现代大基层建设的有序推进基础上，将全市基层文化建设紧扣规划要求，注重长远目标与近期目标、整体与局部等方面的有机统一。

三是构建协同作战机制。切实加强对基层工作的领导，加大改革创新力度，健全体制机制。加强对基层工作的领导，把基层工作摆到经济社会发展更加突出的位置，建立领导有力、组织健全、权责清晰、协调顺畅的基层管理体制和城乡互通、开放、融合的工作机制市、县（市、区）基层部门实现信息互通、资源共用、项目共建、成果共享。探索建立厅市合作机制，以"五大基地"建设为抓手，积极争取上级有关部门加大对石楼基层在资金、项目、人才、政策等方面的支持力度，不断推进基层管理服务创新。增强基层服务能力，以法制化、规范化、标准化和信息化导向，制订完善救助、文化、社区等社会服务标准，提高基层政策法规工作水平。构建直接面向社会公众的基层信息化综合服务平台，提供优质快捷的网上审批服务。夯实基层工作基础，加大基层事业投入，健全稳定可靠的基层事业投入增长机制和支出绩效评估机制；加大基层基础设施和服务网络建设。

三、进一步做好基层基层文化建设的建议

从石楼基层文化建设的经验和成果，不难看出，基层文化与基层事业存在内在天然联系，尤其是在缺乏财政优势的经济后发地区，基层文化建设对促进基层事业发展发挥了关键作用。目前，在全面深化改革的阶段，各种社会问题和矛盾将随着改革的深入集中体现，长期处于一线的基层工作将面临更为严峻的挑战，更应该加快推进基层文化对基层工作的引领和推动作用。结合石楼为代表的基层文化实践，我们提出几点思考和建议。

（一）应统筹国家基层文化建设"至上而下"顶层设计和基层文化建设"至下而上"的渗透作用

基层文化建设是一项具有长期性、复杂性和艰巨性的系统工程，从全局来看，对基层文化的建设缺乏战略研究和长期规划，基层文化的发展已经逐

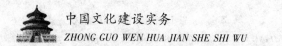

渐受到重视，但基层部门没有制定过单独的基层文化发规划，缺乏至上而下的顶层设计，缺乏发展基层文化的指导思想、目标、原则和工作重点，尚未形成全国层面统一的思路。尤其是在基层工作在社会建设中的地位越来越重要阶段，面对基层工作的新形势、新任务，如何发挥基层文化的资源优势，还缺乏深入研究，难以适应社会文化发展的趋势。从基层实践来看，各地经济社会发展阶段不同，基层工作的实施基础和成效也千差万别，但基层文化的建设和发展与经济条件等硬件约束关联度较小，其可实现超越经济发展阶段的前瞻式发展，成为引领基层各项事业的助推剂，并在全国基层事业全局中发挥至下而上的渗透作用。因此，我们认为，应将石楼等基层文化建设放到国家基层文化建设大事业的背景下推动，在国家层面提出基层文化发展的战略，出台推动基层文化建设的规划，积极推动基层文化整体性、系统性发展。

（二）应均衡发挥基层文化建设中有形载体和无形平台的综合实力

基层文化作为同时具备"观念形态"与"实践形式"的有机结合，其整体表现形式内源于意，外化于形，需要结合基层基础设施等有形载体的构建，以及社会福利制度、社会救助制度、文化制度等制度性无形平台，以将基层文化的具体内涵和基层文化体系的多层次观念形态，真正落实到实践中去。这是一种基层文化发展所应具备的综合实力，尤其是基层文化作为基层工作的第一线，应该在这两大基础性工作上做足、做实，将我们在基层工作实践中发现、体会以及升华的基层文化内涵，通过有形、无形载体又具化到实践中去，实现一种循环中不断上升的基层文化发展道路。

（三）应同步推动基层文化实践经验总结和基层文化基础理论研究

基层文化是社会文化体系的重要组成，基层文化的实践是基层文化事业的基本构成，也是基层文化事业呈现蓬勃发展的生命力所在。在基层事业深化改革的关键阶段，包括基层文化在内的基层经验成为基层事业改革、成为社会建设的"经验库"，同时，由此升华和提升宝贵经验，将成为基层文化基础理论问题取得突破的重要基础。因此，应该加大对基层文化实践经验的总结，将石楼等在基层文化建设方面取得突出成绩的地区，设为基层文化建设经验的观察点。并加大对基层文化基础理论的研究，以理论指导实践，以实践助推理论研究，以推动基层文化的蓬勃发展。

加强管理　优化资源
加快乡镇综合文化站发展

内蒙古自治区凉城县文化旅游新闻出版广电局

一、全县的基本情况

凉城县位于内蒙古自治区中南部，隶属乌兰察布市，是蒙、晋、冀三省区交界地带的中心。境内四面环山、中怀滩川（盆地），水域、滩涂、湿地、草原星罗棋布，素有"七山一水二分滩"之称。土地总面积3458.3平方公里，辖8个乡镇1个办事处，132个村委会，10个居委会，总户籍人口24万，居住有汉、蒙、满、回等15个民族。也是老一辈革命家贺龙、关向应、李井泉以及原最高人民法院院长郑天翔同志在抗日战争和解放战争时期生活和居住过的地方。

2015年末完成地区生产总值79.4亿元；公共财政预算收入完成4.08亿元；固定资产投资完成27亿元；社会消费品零售总额完成19.4亿元；城乡居民人均可支配收入分别达到24205元和9727元。

我县文化资源非常富集，在岱海湖畔通过历史的滋养、以蒙汉为主的各民族融合交融形成了厚重的"岱海文化"，通过多年来的挖掘、整理、发展、传承，对"岱海文化"进行粗浅定位，她包含了十二种文化现象：一是以环岱海古人类遗址群为代表的远古文化，二是以参合陂为代表的拓跋鲜卑文化，三是以汉长城、明长城为代表的长城文化，四是以岱海旅游区为代表的蓝色旅游文化，五是以二龙什台国家森林公园、猴山森林公园为代表的绿色旅游文化，六是以贺龙革命活动旧址、绥蒙革命纪念园为代表的红色旅游文化，七是以岱海温泉、滑雪场为代表的浴疗休闲、度假健身文化，八是以汇祥寺遗址、龙华三会寺为代表的佛教文化，九是以六苏木、三苏木为代表的察哈尔蒙古族文化，十是以二人台为代表的西口汉族移民文化，十一是以曹碾为代表的曹碾满族文化，十二是以海城村、旧堂村为代表的天主教文化。

二、乡镇综合文化站建设情况

近年来，县委、政府把文化阵地建设当作发展文化事业的首要工作，按

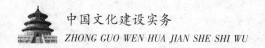

照"抢抓机遇、夯实基础、加大投入、完善设施"的总方针，切实加强了乡镇综合文化站基础设施建设。同时，创新健全相关机制，确保了文化站的正常运行。

1、加大投入，乡镇综合文化站实现高标准建设

按照"建制乡镇建新站，撤销乡镇搞维修，辐射人口布规模，服务半径定布局"的思路进行乡镇综合文化站总体规划。在建设资金筹措上，我们抢抓这一发展机遇期，本着现有资金为主，适当超前的原则，以"乡镇筹一点、文化局配一点、体育局投一点、县财政补一点、一事一议拿一点"的形式投入，共完成基建投资1500多万元。文化站建设模式上尽可能实现"五位一体"的模式，整合各种资源，把"文化站、文化广场、文化墙、露天舞台、健身器材"建在一起，发挥综合作用。截止目前，全县已完成"五位一体"模式文化站7处。

2012和2013两个年度完成国家下达的10个乡镇综合文化站建设任务（一个合建），下达建筑任务3600平方米，实际完成6000多平方米。基建投资1500万元中，国家项目投入近400万元，县、乡两级共投入1100多万元建设配套设施。

文化站建设及覆盖人口分乡镇情况为：永兴镇文化站建成970平方米，露天剧场400平方米，文化广场20000平方米，覆盖人口1.4万人。麦胡图镇文化站建成1000平方米，露天剧场400平方米，文化广场10000平方米，覆盖人口3万。曹碾满族乡文化站建成600平方米，露天剧场1处，文化广场5000平方米，覆盖人口0.5万。蛮汉镇文化站建成310平方米，维修露天剧场2处，新建文化广场4000平方米，覆盖人口2.5万。厂汉营乡文化站建成765平方米，新建露天剧场300平方米，文化广场2000平方米，覆盖人口1.3万。岱海旅游区办事处文化站建成900平方米，新建露天剧场200平方米，文化广场2000平方米，覆盖人口1.2万。天成乡文化站建成315平方米，维修露天剧场1处，新建文化广场5000平方米，覆盖人口2.6万。六苏木镇文化站建成318平方米，维修露天剧场1处，覆盖人口3.6万。岱海镇建成1000平方米，覆盖人口8万。

2、多方保障，乡镇综合文化站服务功能得到了提升

通过多年的投入，截止目前所有乡镇综合文化站都设置了图书阅览室、电子阅览室、棋牌室、多功能活动室、电影放映室等功能室，并配置了图书、阅览桌椅、棋牌桌、台球桌、乒乓球桌以及健身器材等文化娱乐、体育健身等设施设备，实现了覆盖全镇、辐射周边的格局。

一是在资金投入上下功夫。在文化站运行初期，我局通过政府采购，提高国家对文化站内部设备配套经费投入效益，每站 5 万元，共 50 万元。同时又使用自治区重点文化示范县项目资金近 50 万元进行捆绑投入，使各个文化站能够正常运行。2013 年国家对所有文化站提供每年 5 万元免费开放资金，我县为了提高免费开放资金使用效益，确保各文化站的良好运行，创新资金管理机制，免费开放资金和村级文化事业资金由县财政局统一拨付文化局，为了避免因乡镇财力不足挪用专项资金的现象，实现集中管理，乡镇报帐制，局领导和乡镇分管领导会签支出、集中统筹安排支付两种形式，使专项资金真正发挥出应有的效益，严格的经费管理使文化惠民服务能力不断加强。

　　二是在活动开展上下功夫。各文化站年均免费开放时间 260 多天，实行错时开放，周一二休息，其余时间开放，周开放时间不低于 30 小时。并充分利用功能齐全的设施设备积极组织开展群众文化活动，除了常规性日常开展活动外，每个文化站每年组织大型群众文化活动 6~12 次。

　　今年我局在乡镇综合文化站运行上探索新路径，在开展常规服务项目的同时，采取集中活动和开展地方特色活动相结合的方式，在县文化局的指导下，进行集中性活动，如安排各乡镇综合文化站都要举办四项大型综合活动，即举办了迎新春群众文化活动，举办了首届农民艺术节暨文化站特色文化周活动，举办春秋两季乡镇文化广场演出活动，举办秋季物资交流大会。同时各文化站充分挖掘本地文化资源，进行特色活动，如天成乡集中民间爱好者排练自己区域内的传统特色戏"耍猴儿"和"双山道情"；永兴镇举办二月二庙会，以花灯、舞车车灯、焰火、二人台表演以及永兴社火；蛮汉镇为爱好者排练自己传统特色大秧歌调戏曲等等。文化站常规服务项目：图书阅览、电子阅览室、无线上网、戏曲排练、各种培训、棋牌活动、广场舞蹈、扭秧歌、室外健身、室内乒乓球、台球、电影放映等 10 多种项目。据不完全统计，每年全县文化站图书室年均接待读者 2 万多人（次）、电子阅览室 8000多人（次）、棋牌室接待群众 3 多人（次）、多功能活动室 4 万多人（次）、室内电影放映 300 多场，体育健身 8 万多人（次），室内外演出观众达 15 万人（次）。全县乡镇综合文化站发挥了服务群众的功能，同时也成为乡镇所在地的文化中心。

　　因基础设施强、工作开展好，麦胡图镇综合文化站被文化部评为国家三级文化站，是全市唯一获此殊荣的文化站，永兴镇综合文化站被自治区文化厅评为 2013~2014 年度自治区十佳文化站。

　　同时为了丰富群众文化生活，解决乡镇综合文化站服务半径小的问题，

结合自治区在农村牧区实施"十个全覆盖"工程，全县共建成146家村委会文化活动室，组建起180支农村秧歌队。

三是在服务群众上下功夫。为确保文化站的正常运行，各乡镇成立了文化站机构，明确分管领导，每个文化站配备站长1名，专职工作人员2~3名，负责文化站的日常管理运行。同时将工作地点从政府移到文化站，并建立健全了相关工作制度，确保工作人员专注于群众文化工作。

为了解决乡镇文化站干部上下班时间比较正点，服务群众时间上无法保证，我局积极探索建立乡镇综合文化站文化专管员机制，每个文化站从当地退休老干部、老教师或者文化爱好者中聘请1~2人作为乡镇文化站专管员，负责文化站的日常管理，每人每年给予7200元的工资补助，保证文化站的开放时间，为群众提供了优质的服务。

从2015年开始，创新惠民演出模式，在县乌兰牧骑送戏下乡的基础上，开创了"群众点菜 政府买单"的惠民演出模式，由文化站根据群众需求，自行聘请县内外演出团体为群众提供喜闻乐见的节目。按乡镇人口和覆盖区域，文化局把惠民演出资金安排到文化站，文化站募集社会赞助资金完成演出，去年我局支出30多万元，社会赞助60多万元，完成演出近180场。通过这一方式的转变，极大地带动了社会力量参与文化惠民活动。

同时在转变工作方式上下功夫，去年为全县文化站购买了3000多袋洗衣粉、2000块肥皂和部分化肥作为奖品，鼓励群众走进文化站参与各类比赛，让群众敢于走进属于自己的文化站室。为了对文化站免费开放进行监督，我局建立了群众需求反馈机制和监督机制，公布了举报电话等，畅通了群众诉求渠道，如未按时开放遭到群众举报，专管员每受一次举报就会按日工资的十倍予以扣除。

三、乡镇文化站运行和管理中存在的主要问题

虽然我县在乡镇综合文化站建设中取得了可喜的成效，在运行和管理中我们也进行了有益的探索，但是现实中也存在一定的困难和不足，亟待在今后的工作中认真研究并加以解决，主要表现在以下几个方面。

1、乡镇重视不够，发挥作用不足。部分乡镇领导重视经济建设不重视文化建设，虽然国家提出五位一体的发展模式，但具体到基层，文化建设仍然属于"说起来重要，干起来次要，忙起来不要"。乡镇工作任务非常重，乡镇领导精力大部分用于经济建设，很难抽出时间过问文化站工作，甚至有的乡镇领导认为文化站是群众玩的地方，建设都没有必要，更别谈把优秀干部派

到文化站发展文化事业。我局负责基层工作的干部感慨地说，"你有钱可以更新文化站设备，但你无法购买乡镇主要领导的重视"，正好印证了"老大难，老大难，老大出马就不难了"这句话。所以乡镇主要领导重视对文化站运行和管理至观重要，只有把主要领导重视问题解决了，文化局热乡镇冷的文化发展现状才能彻底改变。

2、保障资金不足，经费来源单一。我县乡镇综合文化站基础设施建设完善，服务功能齐全。但是实际运行中存在的困难很多，因我县虽然属自治区级贫困县，但财政困难程度超过部分国贫县，属吃饭财政，因此重视文化建设的乡镇在基建工程中已经承担了很大一笔债务，在运行中更无力投入，所以乡镇文化站的运行经费来源只能依靠上级补助，而每个文化站每年5万元的国家免费开放经费远远不能满足运行需求。我们属于北方地区，全年取暖期为6个月，每个文化站取暖经费大约需要1万元，夜勤及烧暖气工资近1万元，专管员工资7200元，水电费每年5000元，办公费及网络费5000元，设备更新维修1万元，场地维修费1万元，这些常规支出5万元已经不足，所以活动开展经费几乎没有，我局把全县文化项目资金进行整合投入，才勉强维持各文化站的运行。所以国家对西部贫困地区文化事业投入经费，根据每年每人进行投入的机制急需实施，否则文化事业的大繁荣、大发展无法落地。

3、管理机制不畅，队伍有待加强。文化站管理机制实行的是业务工作由县文化局管理，人事关系由乡（镇）政府管理的双重管理模式，而且在最后一轮乡镇机构改革时，编制部门没有设立专门的文化站机构，也没有确定文化站人员编制，导致乡镇文化站没有正式身份，更无法设立自己的账户，每年所需经费只能向文化局报账，自己无法下账。乡镇虽然根据文化发展的需求配备了文化站工作人员，但是重视程度不够，导致文化站需要的专业人才进不来，而县文化局在行政上又不便于管。同时现有的工作人员大部分是从原乡（镇）政府其他部门调配而来，专业知识和技能不强导致服务群众能力不足，急需要有效的专业培训。

四、保障乡镇综合文化站运行和管理的意见和建议

1、关于优化资源配置的建议。优化文化资源配置对于开展农村文化工作起着至关重要的作用，在乡镇综合文化站建设初期，按照乡镇所在地建设乡镇综合文化站，没有考虑人口覆盖因素，致使部分文化站辐射半径不合理，建议在现有文化站建设的基础上，根据辐射半径在人口集中的重点村新建一部分文化站，配套建设文化广场和露天舞台，满足群众文化需求。建议中央

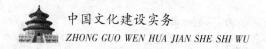

财政加大对文化建设的转移支付力度，增加免费开放资金，同时要考虑北方地区取暖、相对于南方地区居住分散距离远等因素对北方地区进行综合评价，综合测算投入资金额度。同时整合各个系统在农村的宣传和意识形态服务上的投入，把这块投入统一放在乡镇综合文化站，使各项投入在这块党的阵地上发挥更大的作用。借鉴社会福利彩票、体育彩票和希望工程募资的成功经验，设立国家或者区域性农村文化融资平台，制订奖券发行、减免税收等政策促进社会、企业对文化发展的赞助，拓宽农村文化事业发展经费来源渠道。使农村文化事业发展真正不缺钱，才能让占人口大多数的农民真正实现平等地享受文化事业发展的成果，自信地享受自己的文化生活，自觉地传承自己的文化。

2、关于发挥效益，避免闲置浪费的建议。乡镇综合文化站作为公共文化服务体系的重要组成部门，其服务对象是广大人民群众，乡镇综合文化站真正发挥了效益，才能满足广大农民的文化需求，保障农民的文化权益。这些问题笔者在第三部分"乡镇文化站运行和管理中存在的主要问题"中已经谈到了，从人力、财力、物力等角度进行了阐述，这里不再赘述。总结我8年来从事基层文化工作的经验，就农村文化事业发展，提出自己的不成熟建议。

首先还是解决一个社会认识问题，也可以说全社会对农村文化事业发展的重视问题。这是问题的根本，需要从国家层面提出解决办法，作为基层文化工作者无力启及这一命题，但是让全社会喜欢文化、重视文化、敬畏文化、尊重文化从业人员这幅美景老在我的脑海浮现；其次要从国家层面上进行农村文化事业顶层设计，入手解决体制机制问题。通过大媒体宣传、设立荣誉激励机制、完善党政责任奖惩机制、综合投入保障机制使农村文化事业有人抓、有钱抓、有责任抓、有能力抓；最后是文化系统要组建农村文化事业发展专门机构和团队，并且要出台详细的运行体系。近年来，文化事业硬件投入还可以，但文化系统的机构设置和人员配置没有跟进，造成硬件"硬"了起来，软件还一如既往地"软"，形成发挥效益少，形成闲置浪费的综合病，这也是一些文化局抓农村文化工作总感觉力不从心的原因。这些意见和建设非常粗浅，希望批评指正。

创建惠民平台　筑梦文化绿园

吉林省长春市绿园区文化体育局

抢抓机遇，强力推进绿园文化事业建设的发展繁荣。2011 年，长春市被纳入国家（2011～2013）年创建国家公共文化服务体系示范区首批创建城市之一，绿园区作为长春市五个城区中文化设施设备薄弱的城区，把这次示范区创建工作作为特色文化区建设的难得机遇，在创建过程中，努力探索网络健全、结构合理、发展均衡、运行有效的公共文化服务体系。在管理机制、运行机制、社团组织建设、人才培养、特色文化活动等方面锐意开拓，大胆探索。全区文化工作呈现了不断发展繁荣的大好局面，2013 年 8 月代表长春市通过了国家创建公共文化服务体系示范区达标验收。先后获得了以青年街道龙泉社区全国文化先进社区、绿园区全国文化先进区为代表的国家级奖项 20 余项，省级奖项 60 余项，主要抓了以下几方面：

一、夯实基础，全面覆盖

惠民服务，舍得投入。着力构建网络健全、层次清晰，结构合理，功能齐全，利民便民的百姓文化活动网络阵地体系。示范区创建以来，区政府先后投入近亿元，新建了区图书馆、文化馆 2 个国家一级馆；改建新建了三镇五街 8 个建筑面积 300 平方米以上的综合文化站，24 个 100 平方米以上的村文化活动室和 56 个社区文化活动室。形成了区、镇街、村社区"三级"文化活动阵地网络，在设置了符合示范区创建标准的文化活动室、图书室、电子阅览室和多功能厅基础上，结合居民活动特点，增设了一批活动场所。同时配备了设施设备，建立健全了各项规章制度，通过市区两级人事部门向社会招聘社区文化专干，形成了比较完善的运行机制和管理机制。同时，区财政局也为惠民服务平台的正常运营提供了经费保障。将按全区人口总数每人 1 元钱文化活动经费计 60 万元；区三级网络阵地免费开放专项经费；以及图书馆专项购书经费每年 47.5 万元全部纳入财政预算。使全区文化事业步入了不断发展繁荣的健康轨道。

在建设中我们因势利导，大胆探索以百姓需求为目标加强展硬件建设。在全区文化活动网络阵地建设中我们感觉到，由于"三级"网络阵地建设，

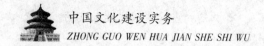

是依据创建示范区标准实施的。必须建在交通方便、人口集中地区域，但却忽视了一些地处偏远、分散、交通不便的群众的文化需求，有一部分群众不能够随其所愿地参加活动。为进一步保障人民群众共享文化的权力，我们创新服务载体，延伸阵地建设，区图书馆先后在区文化大厦门前路边，政务大厅，学校周边设置了24小时自助图书馆，而且与省市图书借阅平台联网，实现了通借同还；在偏远的农民家中建成了"365"100余处、百姓书房，开设图书漂流角68处；同时实施图书定期更换制度。区文体局配合省市、镇街、村社区建设，近几年来，先后在全区建设露天大舞台7处，千米农村小广场8处；建立自然屯文化活动站18处，在社区创建了以社区红墙、文化墙为载体的文化宣传阵地30余处近万平方米，文化楼栋623栋，实现了"五级"文化阵地网络全覆盖，百姓与文化活动阵地之间实现零公里；惠民文化活动实现了零距离。

二、强化品牌，打造特色

"五级"文化阵地网络的形成，极大地方便了群众，受到了群众欢迎，提高了群众参与活动的积极性。为进一步发挥阵地作用，不断提高群众文化活动质量和欣赏水平，结合村屯和社区居民的起居特点和喜好，我们充分发挥当地名人作用，及时成立特色活动组织，开展"一街一镇一团一队"特色品牌工程建设。并邀请专家进行专题培训，文化馆业余干部进行日常辅导。收到了显著效果。目前城西镇的农民画已出具规模；西新镇、合心镇先后被省文化厅命名为"业余文学创作特色镇"、"少儿画特色镇"。西新镇的业余文学创作硕果累累，文学创作骨干的诗词歌赋先后多次获省市奖励。在庆祝建国60周年歌词创作中，有三位作者作品入选并获奖，应邀进京领奖，获得由中宣部等六家主办单位颁发的获奖证书。合心镇少儿画，硬笔书法、软笔书法多次参加省内外文化交流，先后被选送到加拿大、日本等国家展出，漂洋过海参加国际文化交流。此外，正阳街道的日常生活工艺品收藏；青年街道的美术工艺品制作；春城街道的丝织画；林园街道的剪纸都有了活动场地，协会组织和特色队伍。以区诗书画研究会为龙头的诗书画分别出刊了诗集和书画集，并开始步入规范化轨道。涌现出一大批诗词书法爱好者，形成了以弘扬社会主义核心价值观为创作主题的队伍和活动氛围。

三、共建共享，协调发展

突出大文化发展理念，不断加强社会主义资源的整合，将辖区内的高校、部队、机关、企事业单位的文化资源整合起来，充分发挥在公共文化服务体系建设中的重要作用。与所在社区、村签订文化共建联盟，实现了"阵地联用、工作联作、名人联育、活动联搞的喜人景象"。截止目前全区文化签订协作联盟30个，协作单位文化资源定向向社会提供，定期开展读书会、道德大讲堂、演讲报告会、文艺演出等活动，形成了常态化、系列化、规范化，进一步巩固了驻区单位与村、社区群众之间的常态联系机制，成为全区公共文化服务体系建设的一大亮点。

同时，以民办公助、共建共享等方式扶持资助王维东、夏维忠等热衷公益文体服务的爱心人士。创建公共文化服务体系示范区以来，先后为王维东乒乓球俱乐部免费做暖房子工程、提供器材等各种资助近百万，王维东以自家近2000平方米的2层楼作为体育俱乐部，每年365天免费开放，每天参与活动的乒乓球爱好者达到400人次；为夏维忠自建的1000余平方米的农民文化大院提供图书、器材等各类活动器材及活动资金达到10余万元，在文化大院免费开展了道德大讲堂、诗社、二人转剧场以及图书阅览室，并定期开展书会、笔会等培训活动，在丰富农民业余文化生活，方面起到了很好的辐射带动作用，深受周边群众欢迎。创建示范区以来，我们共建共享、扶助公益性社团组织80余个，每年参与社团活动的群众逾百万人次。

四、巩固队伍，丰富载体

以促进全区文化活动不断发展繁荣为目标，努力强化基层文化管理队伍；群众文化活动骨干队伍以及志愿者队伍三支队伍的素质建设。广泛动员社会力量参与公共文化建设，形成了类别齐全、专兼结合、体制内外并举发展新方面。巩固壮大的管理队伍，区文化馆在编人员增加到了23人，其中专业人员增加到18名；三镇五街共8个综合文化站都配备了1名站长和2名业务人员；每个社区、村配备了1名专职文化管理员；培育一支上千人群众文化活动骨干队伍，集聚了一支文化活动志愿者队伍。同时充分发挥群众文化能人、名人、热心人的积极主动作用，组建各类社团组织逐步建立健全了引导有力、激励有效、参与有序的文化运行机制。与此同时，建立文化专家库、文化团队库和作品库以及活动项目库，目前库存群众文化活动项目近百个；社会文艺团体150个；社区文化团队95个；注册文化志愿者950人；为全区文化的发展繁荣奠定了坚实的基础。

积极培树示范社区、典型社团、草根人物、文化能人等典型，让身边的人、身边的事发挥带动作用，以点带面，引导群众参与文化活动，让老百姓

由"蹲在台下看"到"站到台上演",真正成为文化活动的主角。

五、突出重点、强化均衡

广泛开展公益文化活动。搭建公益性文化活动平台,以"唱响绿园、惠及民生"为主题,深入开展全民阅读、全民健身、文艺汇演等群众性文化活动,精心组织秧歌、曲艺、运动会等各类赛事活动,每年开展大型文艺演出100余场,创建了省级太极拳特色示范区文化品牌,基本形成了季季有大赛、月月有比赛、周周有节目、天天有活动。同时,还通过农村数字电影放映、农家书屋建设的全覆盖,以"百姓系列"文化活动形式,加大对农村的文化辐射力。

推进文化均衡发展。针对城乡发展仍不平衡等实际情况,我们坚持公益性和均等性原则,把公共文化服务的重点放到基层和农村,不断满足群众日益增长的文化需求。组织开展"三下乡"等活动,大力开展面向农村的信息咨询、巡演巡展等服务,开展了文化进军营、进企业、进社区、进工地、进学校"五进"活动,受益人群达到万余人,实现重心下移、资源下移、服务下移。同时,加强对农民工、老年人、少年儿童、残疾人等特殊群体的文化服务。两年来,到养老机构公益演出20余场次,免费指导儿童学习乐器、声乐、舞蹈、冰上项目上万人次,通过开展农民工歌手大赛、到建筑工地互动式演出,外来务工人员"周末文化加油站"等方式,满足不同群体的精神文化需求,有效促进了公共文化的均衡化发展。

创建示范区以来,在各级领导大力支持和鼓舞下,通过大家的共同努力,我区的公共文化服务体系建设取得了可喜成果,公共文化服务能力得到了全面提升。但也要清醒看到,文化与经济社会发展的进程和水平相比,与城乡群众日益增长的精神文化需求相比,我区公共文化服务体系建设整体还比较滞后,还存在诸多制约公共文化服务体系科学发展的突出矛盾和问题。这也是我们下步工作中需要认真思考和着重解决的,我们将以更加清醒的文化自觉、更加强烈的责任意识,更加有力的组织领导,更加务实的政策措施,切实推动我区公共文化服务体系迈上新台阶。

浅析博物馆免费开放在群众
文化建设中的独特作用

吉林省白山市文化广电新闻出版局　吴世泰　刘　锐

博物馆免费开放后，吸引广大群众走进博物馆，积极参与博物馆的各项活动，不仅降低了公益文化的"门槛"，也丰富了群众文化生活的内容。博物馆作为征集、典藏、陈列和研究代表自然和人类文化遗产的实物的场所，以其不同于其他公共文化空间的丰富资源，在群众文化建设中显示了独具特色的作用。

2008 年 1 月，中宣部、财政部、文化部和国家文物局联合印发《全国博物馆、纪念馆向社会免费开放工作的通知》，启动了博物馆、纪念馆和全国爱国主义教育示范基地向社会免费开放的工作。

"免费开放"功在社会，利在百姓，体现了政府文化惠民政策的具体落实，成为提高公共文化服务水平、满足人民群众文化需求的重要举措。但在这些公共空间所提供的群众文化中，博物馆文化以其独有的丰富资源，成为群众文化中一道独具特色的风景。就博物馆免费开放在群众文化建设中所发挥的独特作用和如何更好的发挥这种作用，提供以下几点思考：

一、博物馆免费开放与群众文化建设之间的关系

"群众文化"一词真正开始使用是在 1953 年。群众文化，是指人们职业外，自我参与、自我娱乐、自我开发的社会性文化。是以人民群众活动为主题，以自娱自教为主导，以满足自身精神生活需要为目的，以文化娱乐活动为主要内容的社会历史现象。

博物馆是人类文明记忆、传承、创新的重要阵地，是陈列、展示、宣传人类文化和自然遗存的重要场所，是继承人类历史文化遗产的重要载体，也是展示社会文明发展的重要窗口。博物馆的这些功能决定了博物馆、特别是公办综合性的历史博物馆，是重要的公共文化资源，具有鲜明的公益性特征。博物馆向社会免费开放，把这种"公益性"彰显到了最大，把门槛降到了最低，从制度上保证了社会各阶层的群众，都能共享到同一水准的文化发展的

成果。吸引更多的公众走进博物馆，是党的十七大关于社会主义文化大发展大繁荣的具体实践，是加强社会主义核心价值体系建设的有效手段，也是满足人民群众日益增长的精神文化需求，保障人民群众文化权益，实现文化遗产保护成果由人民共享的具体实践，更是构建公共文化服务体系，促进群众文化建设的重要举措。

由此可见，博物馆免费开放与群众文化建设是相互依存的，博物馆免费开放包含在群众文化建设中，是群众文化建设中重要的实现方式。目前全国博物馆已有 3000 多所，其中多数是改革开放后发展起来的，并呈逐年递升态势。现在大多数博物馆已面向社会免费开放。这体现了国家注重群众文化事业，在全民公益文化事业上迈出了一大步，也反映出群众对博物馆文化的需求。

二、博物馆免费开放在群众文化建设中的独特作用

1、在休闲娱乐中获得智慧启迪，成为一种新的群众文化生活方式

群众文化的种类有很多，提供群众文化的空间也有很多，但是博物馆作为研究、收藏、展示人类进步文明遗迹的场所，馆内展品具有非常丰富的历史、艺术、科学、鉴赏的价值。这些展品存储了丰富又鲜活的历史记忆，让群众在身心放松的状态下，于休闲中获得知识，从观赏中启迪智慧。目前，由于全国大多数博物馆都已免费向社会开放，文化自觉普遍唤醒，进入博物馆参观的人越来越多。"以前，在我的印象中，博物馆多是文化人去的地方，普通群众很少光顾，免费开放后感觉离我们普通人更近了。听说博物馆的民俗展览不错，专门过来看看，展品真的很有地域特色，感觉看了很新鲜，很长见识。"这是笔者所在博物馆参观群众中一位带着小孩的中年妇女朴实的说法。可见，博物馆免费开放带给群众的不仅是一种降低门槛的参观方式，更多的是让普通群众把参观博物馆从过去的"望而却步"逐步变为一种新的群众文化生活方式，也引导了群众文化由过去的娱乐型向求知型、探索型转变。

2、满足群众与文化服务者之间互动的需求，营造和谐快乐的群众文化氛围

博物馆提供的群众文化与其他场所相比，不仅有丰富的文化资源，同时也能够满足与群众之间的互动需求。在博物馆免费开放工作中，讲解是一个十分重要的环节。讲解是博物馆与群众之间沟通的桥梁，是满足群众互动需求的主要手段。现在博物馆所提供的讲解服务都是"以人为本"的理念，改变了过去轻人重物的倾向。为群众提供的讲解内容，不仅重视藏品所包含的

历史文化价值，更重视群众的参观需求。根据群众的需求进行讲解，挑选群众想看、爱听的进行讲解，随时随地满足参观群众的求知欲，准确回答群众提出的各类问题，让群众参与到讲解之中，最大程度满足参观群众愿望。

3、展出内容唤起群众集体记忆，潜移默化塑造城市精神

在博物馆的类型当中有很大一部分是历史博物馆。现在的每一座城市几乎都有一座博物馆，在这些博物馆里通常展示着这座城市的历史、人文、过去和现在。博物馆通过这样的展示，让群众文化与城市文化融合在一起。由每一件展品引发群众自身的回忆及对过去岁月的思索，从而产生由衷的自豪感，自发的城市认同感，实现了良性的集体回忆过程。这对塑造城市精神产生了一种潜移默化的作用，同时也对地域性群众文化的形成起到了一定的作用。

三、博物馆免费开放后应加强的工作举措

1、提高展览水平，提高群众文化的品味

博物馆是国家的文物收藏单位，以收藏、展览、研究为基础职能。其中展览是博物馆的主要工作。一个精彩的展览，必然是内涵丰富、形式新颖、思想性和艺术性完美统一的文化精品。不断提供精品展览，是博物馆提高群众文化品位的主要方式，也是服务观众、吸引观众的前提条件。展览中要体现"以人为本"，体现"人性化"。笔者认为要体现"人性化"，重要的是在主题正确、内容丰富的基础上，要有观众喜闻乐见的新颖形式，把观众的感受放在第一位，让人们体验到参观是一种精神享受，做到展览内容贴近实际、贴近生活、贴近群众。同时作为一个地域文化的传播者，博物馆应当把积极发掘本地域文化渊源、民间习俗等特色内容作为展览的切入点，对于鲜活、质朴，具有浓郁地域特色的非物质文化形态的东西，要积极引入，使其与群众产生共鸣，形成独特的群众文化内容，提高群众文化品位。

2、开办流动展，满足不同领域群众文化需求

博物馆虽然是以场所为主要文化宣传空间，但是新时代的群众需求也要求博物馆有新的服务方式。开办特色流动展是很多博物馆提供人性化群众文化服务的主要方式。现在的博物馆应该不拘泥于"馆舍天地"，而应该走到"大千世界"，走入人民群众中。博物馆人应该认识到，在我国，社会上的不同人群有着不同的文化和社会背景，因此应注意细分观众群体，满足各阶层、各领域群众的文化需求，尤其不能忽视在城市经济、文化领域处于底层和被边缘化的人群。比如外来务工人员，很多外来打工者由于受金钱、时间、身

份等多种原因，很难享受到社会文化成果，文化生活贫乏，但作为群众，他们有享受文化生活的权利。博物馆的流动展可以选择一些适合这类人群的主题展览送到这些务工者的工作场所，他们便可以享受到同其他群众一样的文化食粮，同时也增进了外来人员对所在城市的亲近感。再比如老年人，他们由于身体原因可能无法参与过多的群众文化，虽然对文化生活有渴望，但常常无法实现，如果能根据老年群体的特点和需求，在老年群体集中的场所开展特定主题的流动展，这就能使老年观众在安全、舒适、方便的环境中享受博物馆带来的群众文化。

3、创新服务形式，丰富群众文化内容

群众对博物馆虽然接触不多，但对博物馆充满了兴趣与期待，迫切希望参与其中，体验快乐。博物馆应该创造机会，开展活动，改变服务形式，让群众融入博物馆文化。博物馆本身就是全社会参与的事业，依靠群众的力量办好博物馆，是其发展的一个重要因素。虽然现在博物馆为群众开展了很多文化服务，比如开设讲座、发展博物馆之友、志愿者等等。但是实际上这些活动都还是以博物馆为主题开设的，并没有让群众很好的参与进来，只是作为受众在被动的接受。如果博物馆能够让公众参与陈列与布展，在陈列设计和布展工作中，把社会群众的意见纳入陈列，有些部分让群众亲自参与，通过多种方式，了解群众对展览主题、展品的态度，了解群众可能提出的问题，了解群众的特殊兴趣、信仰与爱好，一定会让群众在这些体验和参与之中获得更多乐趣。对于博物馆之友和博物馆志愿者，不再是单纯地让他们参与讲解工作，而是开展一些能够与藏品有接触的活动。比如博物馆可以将一些急待修复的藏品列出清单，呼吁志愿者与博物馆之友"领养"，并由领养人出资维护，从而增强群众的文物保护责任意识。这样不仅可以提高群众的参与性，也丰富了群众文化生活的内容，并在活动中提高了群众的文化品位与文化责任。

4、提升博物馆服务质量，为群众文化营造良好环境

精彩展览虽然是吸引群众的主要原因，但提高博物馆服务质量也同样重要。当群众进入博物馆时，既有精彩展品可看，又有完善服务可享，便会有宾至如归、反客为主之感，心情舒畅、兴趣盎然。这样，博物馆的群众文化服务功能就在潜移默化中自然地落到实处。博物馆工作者首先应该清晰的认识到，群众进入博物馆参观学习，分享人类文化与自然遗产的价值，乃是不可剥夺的社会人权。因此，博物馆理应从维护公民权利的角度做好各项服务工作，满足公众共享遗产的需求。这样，就要改变以往在提供宣传、教育、

娱乐时候的"被动"态度，积极向"主动"转变，确立以"人"为本的价值取向，将社会上服务行业"顾客至上"的理念运用到博物馆服务中来，让观众进入博物馆参观能享受到优质的服务，感受到被尊重的感觉。首先是前台接待、讲解和安保人员，他们的服务态度对博物馆发挥其各种功能起到重要的作用，是博物馆服务质量优劣的体现。他们对观众应该做到：发自内心的微笑、友善亲切的问候、热情欢迎的手势、耐心解答问题。而讲解员除了担当讲解外，还要做好观众的服务员。应该为给予观众热情、细致的讲解，把生硬的"说教"变为与观众间平等的"交流"和"互动"。要用自身热情的态度，优秀的讲解水平和恰如其分的言谈举止塑造博物馆服务群众的良好形象。博物馆从事其他业务的工作者也应该改变旧的观念，树立服务意识，把自身的业务知识运用到服务于大众中来，与公众分享。

人民群众是文化建设的主题，也是文化成果的最终享有者和受益者。随着我国经济社会的快速发展和公共文化服务体系的不断完善，广大人民群众的文化建设必将得到进一步的发展和实现，将会享受到越来越多的文化大餐，人们的群众文化生活也将越来越丰富博物馆功能。作为社会文明的一块重要阵地，应该在众多的公共文化传媒和载体中，形成独特的博物馆文化现象，利用自己的特色，为人民群众的文化建设发挥更多的作用。

注重五个结合　做优惠民文化

江苏省建湖县文化广电新闻出版局　侍宏健

近年来，建湖县以创建省级公共文化服务体系示范区为契机，以改革创新为动力，以改善文化民生为宗旨，注重五个结合，做优做实文化惠民工作，群众幸福指数得以提升。

一、注重主辅结合，变"独角戏"为"大合唱"

政府主导是文化惠民的重头戏。建湖县委、县政府高度重视文化惠民工作，"十二五"期间出台了《建湖县文化建设五年规划》和《建湖县文化惠民创精品创特色实施意见》等政策文件，明确每年财政拿出700万元用于文化惠民活动，同时先后投入10多亿用于新建或改善文化设施，迅速改变了全县文化设施落后、服务功能低下的状况。近来，县委、县政府在新出台的《建湖县文化建设迈上新台阶的意见》中规定，从2016年起，县财政每年安排文化奖补资金1500万元，政府购买文化产品的力度越来越大。在不断加大政府主导的同时鼓励群众自发参与文化惠民工程，积极引导鼓励各种社会力量以兴办文化实体、赞助文化项目、联办文化活动及免费提供文化设施、产品、技术等形式参与文化惠民服务。目前，全县已有淮剧票友5000多人、文化志愿者1000多人、业余文艺团队50多个、民间剧团10多个参与文化惠民活动。江苏豪迈集团不仅每年投入近百万元赞助文化活动，还为所在地颜单镇每个村建起了"文化广场"。恒济镇利用社会力量把文化中心、便民中心、文化公园、养老中心联动发展，形成"恒济现象"。社会力量成为全县文化惠民的辅助力量，也促使文化惠民舞台上由政府"独角戏"变为社会"大合唱"。

二、注重供需结合，变"配送式"为"订单式"

文化产品供给是文化惠民的一个重要环节，建湖县围绕文化产品供给侧结构性改革进行有效的创新探索。一方面加大剧目生产力度，省杂技团每年生产大型杂技剧1～2台，新创杂技节目20多个，县淮剧团新排大戏2台、复排大戏6台、小戏小品20多个，每年全县文艺汇演自编自导自演节目50多个，民营剧团、业余团队生产节目百余个，大量的文化产品为文化惠民演出提供了丰富的资源。另一方面多渠道接受群众订单，在演出时发放征求意见表、电视网络上播放候选节目单，召开群众代表"订货会"，下派人员到村庄、企业、学校驻点调研，公布咨询投诉电话，及时收集群众反馈的信息，真正了解到农民喜欢看什么、工人喜欢看什么、学生喜欢看什么，切实解决供需结构上的矛盾，使文化惠民服务变"配送式"为"订单式"。

三、注重城乡结合，变"局部热"为"全覆盖"

文化设施是开展文化惠民活动，满足人民群众日益增长精神文化需求的重要载体平台。县城文化设施建设全面转型升级，2012年建成苏北一流的文化艺术中心，2015年，又在双湖公园内新建了博物馆、江淮戏苑和领先苏北的县级美术馆，形成"四馆一苑"公共文化设施格局。乡镇文化设施建设全面扩容提档，全县12个镇级文化站均为国家等级文化站，其中有4家达到3000平方米以上。村级文化设施建设基本达标，全县199个行政村和47个社区按照省规定的标准，基本建成面积不低于80平方米、配备全国文化信息资源共享工程基层服务点的文化室，农家书屋的藏书在2000册以上，还建成一批星级农家书屋。文化公园（广场）星罗棋布，县城投入3.7亿元，建成面积达2000亩，富有水乡特色、民族风情、文化内涵的双湖公园，园内建有6大主题广场。目前县城建有10亩以上的文化广场30多处，所有镇（街道、区）均建有100～300亩的文化公园（广场）。由于近几年文化设施城乡同步发展，初步构成覆盖城乡、纵横交错、便利群众的文化惠民设施网络体系。村镇文化活动方面，在文化下乡"三送"活动的基础上，又增加"杂技村村到、校校到"，"淮剧进村庄、进社区"的系列活动，加之各镇每年自办10项活动，镇村的文化活动不断丰富，群众的参与率越来越高。

四、注重淮杂结合，变"单散打"为"组合拳"

建湖杂技、盐城淮剧于2008年被列入国家级非物质文化遗产名录，我县全方位挖掘和整合地域文化资源，把淮杂艺术全面融入文化惠民活动之中，打造具有建湖特色的文化惠民活动品牌。建湖杂技积极参与公共文化下基层巡演活动，开展"杂技周末剧场"和"杂技村村到、校校到"惠民演出活动，杂技团逐步凸显"精品创作有底气、出国演出扬志气、文化惠民接地气、基层演出聚人气"的"四气"亮点。淮剧更是建湖群众喜闻乐见的艺术形式，

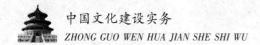

主要有"全县业余文艺汇演"、"淮杂文化庙会"、"淮剧艺术周"、"淮剧票友大奖赛"、"淮剧进课堂、进社区、进茶馆、进田头"等活动，既集中展示了淮剧创作演出的新成果，又将之及时转化为文化惠民活动，极大地丰富了广大群众的文化生活。从今年起，贯穿全年的文化惠民"四大活动"就落实到每周：省杂技团每周六下午在县文化艺术中心免费举办"杂技周末剧场"，同时送"杂技村村到、校校到"，做到一个不漏；县淮剧团则在每周日下午，固定在"江淮戏苑"进行"淮剧周末舞台"免费演出，同时送"淮剧进村庄、进社区"，做到送戏下村居一个不能少。全年淮剧、杂技惠民演出超 500 场，使淮剧、杂技既能单独展示、也能组合演出，既得到很好的传承发展也有力地促进了惠民文化的创新升级。这样淮杂艺术在惠民舞台上"唱主角"，逐步形成了"天天有文化娱乐活动、周周有精彩文艺演出、季季有重大文艺赛事、年年有惠民文化创新成果"的惠民文化"四有"新态势。

五、注重上下结合，变"凑场子"为"高大上"

省杂技团可算得上"上得国际大都市、下得乡村百姓家"的能上能下的惠民演出能手。2015 年，杂技团升格为"江苏省杂技团"更加扮靓了"建湖杂技"的文化名片。2013 年 7 月，创作的大型杂技音乐剧《猴·西游记》登上世界著名的美国纽约林肯艺术中心演出，引起轰动，连续商演 27 场，首次成为在林肯艺术中心连续商演超 20 场记录的东方艺术团体。该团已出访过 30 多个国家和地区，获得奖项 80 多个。就是这个登过国际艺术殿堂的团队，今年一结束赴哥伦比亚、荷兰和文莱等 4 国演出后，立马走进村庄和学校去实施惠民演出 300 场的"大单"，覆盖全县 199 个行政村、47 个社区和 53 所学校。杂技团今年已经与多名国内外名导演、名教练、名演员签约加入省杂技团发展团队，按照"国内一流"的定位排练"高、新、尖"的杂技节目参加国内外杂技赛事，同时要在文化惠民中出精品、挑大梁。县政府专门出台《关于扶持江苏省杂技团发展的意见》，每年投入 800 万元支持杂技精品生产和杂技惠民活动，有这样的团队参加惠民演出，改变过去下乡演出"搭台子、凑场子"的现象，使惠民舞台"高端、大气、上档次"，让老百姓在家门口就能享受到高品位的惠民文化服务。

作者简介：

　　侍宏健，现任江苏省建湖县文化广电新闻出版局局长、党委书记。

注重业余文艺团队建设
促进群众文化繁荣发展

浙江省磐安县文化广电新闻出版局　潘玲玲　周梅玲

磐安县是九山半水半分田的山区县，有 20 万人口，19 个乡镇，363 个行政村，8 个社区，1196 平方公里，具有地域宽广、人口分散、乡镇和行政村数量较多的特点。为了让群众文化活动渗透到每一个角落，文化权益人人共享，我县在注重业余文艺团队建设方面走出了一条特色创新之路。近年来，在上级文化部门的重视和支持下，我县业余文艺团队队伍不断壮大，门类更加齐全，水平日益提高，活动逐年增多，逐步形成了覆盖城乡、门类齐全、层次多样的业余文艺团队队伍，使文化惠民从"送文化"转向"种文化"，由"被动输血"向"主动造血"转变，创新文化惠民方式，扩大文化惠民覆盖面，团队建设在我县社会文化发展，群众文化活动的普及，以及公共文化标准化服务体系的构建中发挥重要作用，提高了文化惠民的效果。下面就我县如何注重业余文艺团队建设，促进群众文化繁荣发展谈一点经验。

一、主要成效

磐安县的业余文艺团队建设走在全省前列，在浙江省公共文化服务评估中，业余文艺团队建设连续三年排在全省前 3 名。多种多样的专业门类、由下而上的塔形梯队结构，是我县城乡文化活动的主要生力军。全县有业余文艺团队 1193 支，平均每个村达到 3 支以上，团队人数近 2 万人，占我县总人口的 10%。特色文艺团队 50 支，星级文艺团队 40 支，非遗特色团队 12 支，特色文艺团队和特色非遗团队占团队总额的 10%，平均每个乡镇拥有特色文艺团队和非遗文艺团队 5 支。每支业余文艺团队平均每年开展自主活动 200 次，参加村级文艺活动 15 次，参加乡镇级文艺活动 6 次。特色文艺团队和非遗特色团队每年举办特色活动和参加县级活动 12 次以上。优秀非遗特色团队"磐安县民间艺术团"走出国门，参加第 32 届法国瓦龙国际民间艺术节展演 11 场，获"最佳演出奖"，打响了"东方非遗"的国际品牌。优秀非遗团队参加了 2016 横店狂欢旅游节，"磐安非遗进横店"活动中非遗特色团队连续 9

天活动展演了 18 场，助推了文化旅游互融发展。累计每年业余文艺团队建设经费投入达 500 万元，其中政府奖励补助 150 万元左右。我县的业余文艺团队建设主要表现在以下几个方面：

1、保总量，提升了文艺团队总体水平。我县的业余文艺团队覆盖城乡，遍布每个村落。自 2012 年开展业余文艺团队建设以来，群众热情高涨，团队不断增多，业余文艺团队门类齐全，有婺剧表演、越剧表演、民乐演奏、腰鼓队、秧歌队、排舞队、合唱队、综艺表演队、曲艺演艺队、舞蹈队、影视表演队等。以业余文艺团队为依托，形成了村村能演出、人人能弹唱、天天有活动，文化活动遍地开花的喜人局面。

2、提质量，突出了特色团队展演能力。在业余文艺团队的基础上，特色文艺团队是我县的另一个特色。我县有特色文艺团队 50 支，特色非遗团队 12 支，星级团队 40 支。这些团队是业余文艺团队中的优秀代表，具有业务水平较高、活动开展较多、有一定知名度、能独立承办专场演出的特点。特色非遗团队以传承某一项非物质文化遗产为基础，在传承的基础上有所创新，在演出活动中对非遗项目进行弘扬和推广。

3、有活动，体现了文艺团队社会效益。团队演出是我县文化活动中的主要力量，在全县各种文化活动中发挥重大作用。主要有以下几个方面：一是充分参与县、乡镇、村三级文化活动。在我县历届农民艺术节中，团队演出是主要的生力军，团队选送的节目和参赛人员占到总数的一半以上。在历届杜鹃花节、茶文化节、药交会演出中，以及国家级非物质文化遗产赶茶场活动、七夕庙会、谷将山庙会等民俗文化活动中，每年参与演出的业余文艺团队达到 50 支以上，参加演出的人员达到 1000 多人。在每年举办的乡镇农民文艺汇演中，业余文艺团队是主要的班底，各村通过业余文艺团队向乡镇选送节目，每年参加乡镇级演出活动的业余文艺团队达到 200 支以上，参与演出 4000 多人次。每年春节举办的村级春晚活动，更是业余文艺团队的大舞台，大大小小的团队都可以在乡村村晚中一显身手。二是积极参与各种传统节庆活动。文化礼堂的发展和建设，给业余文艺团队提供了新的演出舞台。传统文化的回归、传统节日的倡导给活动提供了契机。近年来，各业余文艺团队举办各种传统节庆活动越来越多，如重阳节在文化礼堂举办重阳敬老活动，中秋节、端午节、元宵节举办与本地民风相适应的文化活动。据统计，2015 年业余文艺团队举办重阳敬老、中秋节、元宵节等活动 239 场。三是积极参与各种交流演出。各业余文艺团队积极参与演出交流活动，乡镇之间、各村之间演出互动非常活跃，团队每年承办主题送戏下乡 100 场次以上。在文广新局的精心培育下，非遗特色团队"磐安县民间艺术团"走出国门，2015 年参加了第 32 届法国瓦龙国际民间艺术节演出，连续演出 11 场，获得"最佳表演奖"的国际赞誉，在瓦龙市政府广场举办了唯一一场国家专场演出——"中国主题日"演出，打开了磐安民间艺术向世界展示的窗口，达到了非遗特色文艺团队演出展示的顶峰。在 2016 年横店旅游节之际，非遗特色团队举办了"磐安非遗进横店"专场演出，在横店明清古民居博览城演出 18 场次，获得好评。

二、主要做法

我县文化底蕴深厚，非物质文化遗产丰富，同时又是国家级文明县城，是休闲养生的好地方，独特的地方特点蕴育了丰富的地方文化和多才多艺的人民群众。

1、做好引导，多种渠道组建团队。一是自发组建。随着文化水平的发展，农民群众自发组建各种业余文艺团队，一些有共同爱好的组合在一起，活跃在各文化广场、村文化活动中心、老年活动中心等地方，自娱自乐。二是引导组建。以乡镇文化站为主导，对各村有文艺特长的加以分类、引导，组成民乐队、排舞、婺剧表演队、秧歌队等不同专业的业余文艺团队。以县级文化部门为主导，对全县有一定专业水准的艺术人才加以归类，组成了县级水平的业余文艺团队，如婺剧促进会、磐安民间艺术团、炼火表演队、乐之海越剧表演队等。

2、搭好平台，多种措施培育团队。一是提供经费保障。每年列出扶持业余文艺团队的专项经费，对质量优、活动多、发展良好的业余文艺团队进行扶持和奖励，用于团队的活动开展、设备添置、业务培训等。根据业余文艺团队的规模和活动效果，分档次给予奖励补助。2015 年对特色业余文艺团队、特色非遗团队的扶持经费奖励达到 130 万元。二是做好业务提升。安排专项经费，吸收有各种业务特长的人组建"乡音辅导员"队伍，建立"乡音辅导员"管理办法和下派辅导机制，结合团队需求以"你点我送"的形式向各团队送培训、送辅导，每年累计下乡辅导 200 多次，惠及 80 多支业余团队。开展文化队伍素质提升"千人培训工程"，邀请浙江省"耕山播海"专家团来磐授课，开展了"摄影艺术"、"非遗知识"、"普通话与主持人艺术"、"舞蹈基础入门"等培训。对磐安民间艺术团等特色非遗团队，邀请省级非遗专家专门进行辅导，对非遗节目进行改编和创新，以加班加点的进度进行排练，最后打造成一台出国展示的非遗精品节目。三是提供展示平台。利用村级春晚、乡镇农民文艺汇演、县农民艺术节等活动展示团队风采。在农民艺术节中开设"文化力量·民间精彩"千支团队大展演活动中，由乡镇进行团队选拔赛，在选拔赛的基础上每个乡镇选送一到二支优秀团队参加县里展演。提供县外展示平台，到横店明清古民居博览城进行为时9天的磐安非遗专场演出。提供国际展示平台，磐安县民间艺术团参加了法国瓦龙第32届国际民间艺术节展演活动。

3、建好制度，形成管理长效机制。一是制定扶持政策。出台了《业余文艺团队经费补助管理办法》和《特色文艺团队评选办法》文件，按照文件执行。二是建立考核机制。每年对团队的管理机构、管理制度、队员名单、器材设备、年度活动次数、经费情况等进行细化考核，根据各项标准的完成情况，来评定当年的特色文艺团队、星级文艺团队、特色非遗团队。对考核不合格的团队，取消特色文艺团队享受资格。

三、几点思考和建议

1、争取社会力量的支持。一是争取社会经费支持。业余文艺团队来自民间、服务于民间，近年来，对业余文艺团队的扶持培育工作基本依赖文化部门，由于文化经费来源有限，不能长期满足团队成长的需求，所以要争取社会重视，争取社会力量对业余文艺团队的支持，对有意向的单位和企业，推荐向业余文艺团队结对。反过来，文艺团队也可以活跃单位和企业的文化生活，双方互赢互助。二是争取社会人才支持。现有的业余文艺团队成员基本以农村、社区人员为主，有一定专业水准的学校音乐老师、单位文艺骨干等参与团队活动较少。拓宽渠道，利用教育部门的人才资源，共同为文艺团队的建设谋划出力。

2、保持与时俱进。当前高速发展的社会，瞬息万变，要在文艺团队的建设中融入时代元素。如开设团队微信发布平台，开设网络交流学习平台等。在节目的创作编排上也要紧跟时代脉搏，围绕社会主旋律进行活动和创作。

3、注重持续发展。由于业余文艺团队的成员来自不同岗位，团队管理者和成员出于共同的爱好聚集在一起，所以会呈现出流动性。时间久了，也会出现老一辈成员退出团队的情况。如何保证团队持续发展，培养新人、接班人，也是应该考虑的问题。

4、做好服务管理工作。文化部门要做好业余文艺团队的管理服务工作，有专人负责管理。做到手中有团队、心中有团队、工作中想着团队，及时掌握团队状况，才能使业余文艺团队发展地更好，走得更远。

让公共图书真正"动"起来

安徽省太湖县文化委员会 徐 克 孙长旺

为加快推进公共文化服务体系建设步伐，有效盘活公共文化服务资源，提高城乡公共图书资源的利用率，最大限度地实现公共文化服务的公益性、基本性、均等性、便利性。2013 年以来，太湖县以创建国家和省级公共文化服务体系示范区为契机，在省文化厅的科学指导下，强力推进农村公共图书服务一体化建设，按照"整合资源、强化保障、统采统配、统一平台、通借通还"的工作思路，在全县城乡搭建了以县图书馆为总馆、15 个乡镇综合文化站为分馆、188 个农家书屋为基层服务点的公共图书服务网络，受益人群覆盖全县 15 个乡镇 174 个村 10 个社区，有效盘活了城乡公共图书资源，真正使县、乡、村三级公共图书资源"活"起来了、"转"起来了，有力地促进了县域经济、社会和文化事业的建设发展。太湖县的主要做法是：

一、加强领导，硬化措施，确保一体化建设工作有保障

①领导重视，责任到位。县委、县政府高度重视公共文化服务体系建设，及时将农村公共图书服务一体化建设工作摆上重要议事日程，县政府成立了领导小组，由分管县长任组长，县委宣传部、县文广新局、教育局、财政局、妇联、新华书店等有关单位负责人为成员，在县文广新局设立办公室，及时研究制订工作总体方案，分解落实年度工作任务和目标，做到了目标明确，责任具体，组织有序。②增加编制，人员到位。为解决县图书总馆人少事多等矛盾，2014 年县政府及时将县图书馆人员全额供给编制由 8 人增至 15 人，专门设立县农村公共图书服务一体化建设采编部，抽调 4 名工作经验足、技术力量强的业务人员，具体负责图书采编工作。③加大投入，保障到位。为建立起城乡公共图书通借通还的网络服务平台，太湖县先后筹措资金 60 多万元，在 15 个乡镇综合文化站全部配备了计算机等相关设备，购置了力博图书管理软件。先后采购北京人天公司、黄山书市、县新华书店及万品图书有限公司图书共 20000 册参与配送、流转，确保图书流转所需的质量和数量。2014 年，县财政将 174 个村级农家书屋（文化管理员）日常管护补助经费，按照 1500 元/村的标准纳入了财政预算予以

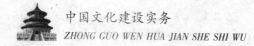

保障。同时，县图书馆及时将外租的馆舍收回，整合原有的采编室进行改扩建，配置了空调、电脑、桌椅等设备，添置了8组书架，全方位为一体化建设工作创造良好的工作环境。省文化厅丁光清副厅长、市政府黄杰副市长、市局刘春旺局长和县委、县政府主要领导等多次现场予以指导，确保了整个一体化建设工作的顺利开展。

二、明确目标，以点带面，确保一体化建设工作有力度

①科学确定图书配送总量。按照省文化厅的要求，县图书总馆每年选择20%左右的基本藏书参与流转，2013年在5个乡镇图书分馆进行试点，共配送10000册参与流转，初步建立起了乡镇分馆之间公共图书"通借通还、统一平台"网络管理模式。2014年，在试点取得成功经验的基础上，以点带面，在15个乡镇全面铺开，通过以县图书总馆为配置流转中枢、各乡镇图书分馆为流转平台，按每个农家书屋及社区图书室60册的标准采购图书，为全县农家书屋和社区图书室实际配送图书13289册，增加图书配送2249册。2015年，县图书总馆的纸质图书藏量也增加到了132963册，基本保证了流动配送图书的规模。②最大限度满足农村读者需求。为解决服务群众"最后一公里"问题，太湖县图书馆先后4次专门邀请农民代表召开座谈会，充分征求大家在农家书屋的管理、发展、图书采购等方面的意见和建议，分年度科学制定图书采选计划，在多采品种的同时兼顾一定复本量，重点采购符合农村读者需求，具有针对性、实用性的图书，确保图书在实际流转过程中能被农民读者接纳，真正让基层群众不仅有书看，还能常看新书、常看好书、常看有益的书。③扎实做好图书流转的各项内业工作。几万册图书的分类、编目、加工是一项繁杂的业务，在短时间内，仅仅靠3~4名业务人员是难以完成任务的。为将采购和需要配送的图书尽快完成采编、参与流转，县图书馆及时整合县新华书店和馆内各业务部门的人力资源，集中时间，全员参与。同时，县文广新局充分发挥该县基层文化站工作人员"县聘乡用、局属直管"的优势，以5天为限，分期分批抽调15个乡镇文化站和新招录的11名专业人员在第一时间参与图书的分类、编目、加工，不仅保证了完成图书编目业务的时间和质量要求，也通过实际操作使一线业务人员熟悉和提升了图书配送流转服务的能力和水平。

三、规范管理，强化培训，确保一体化建设工作有实效

①建立总分馆制。遵照一体化建设工作总体方案的要求，及时在县图书馆挂牌成立了"太湖县图书总馆"，明确由县图书总馆具体负责全县农村公共图书服务一体化图书统一采购、统一编目和统一配送等业务工作；统一制做了15个乡镇分馆标牌，名称为"太湖县图书总馆XX乡镇分馆"，具体负责本乡镇公共图书日常管理维护、读者服务以及各村之间的图书流转交换工作，指导农家书屋开展日常管理维护和读者借阅服务。举行了全县总、分馆授牌仪式，统一印制了《读者借阅登记册》、卡片、书袋等资料和分馆借阅卡。②做好图书的配送流转。县图书总馆利用流动图书车与各乡镇分馆之间，通过扫描入库，每半年开展流动配送图书1次，每次流动图书都不少于当年新购置图书总数的30%；各乡镇分馆按每4～6个村为一组，每半年流转交换一次，每两年为一周期，以确保流动配送的图书在各农家书屋间循环流动。目前，全县所有的乡镇分馆和农家书屋已完成了第一周期的流转。③积极探索简捷方便的借阅方式。在采编工作中，总馆业务人员根据基层图书流转的实际，主动增加业务步骤和工作量，把传统借阅与现代借阅方式结合起来，一方面按照要求为流转图书粘贴条形码，通过总、分馆通借通还平台扫描借阅，另一方面又按照传统的借阅方式为每一本图书配备了借书登记卡、借书卡片等，不仅为规范管理、有效流转提供了便利，同时也使农家书屋开展借阅服务的能力和水平得到提升。④扎实做好培训辅导。2013年，太湖县图书总馆专门邀请力博软件公司的工程师为15个乡镇分馆的负责人及管理员进行采编、流通借阅等软件的培训，并为乡镇分馆业务计算机安装了力博系统管理软件。2014年，又创新工作思路，组织县图书总馆技术骨干，采取送培训下乡的方式，分别在全县15个乡镇召集各乡镇分馆及所属的农家书屋管理员，巡回举办了"农家书屋管理员培训班"，通过集中培训，一方面强化了各乡镇分馆管理员开展图书上架、编目、流通、书袋卡借阅、软件操作等业务知识培训；另一方面对**各农家书屋图书管理员**进行了图书借阅管理制度的重要性和书袋卡借阅、**上架、流通方式、服务方式**等内容的培训。这样，既省去了村级农家书屋管理员舟车劳顿的辛苦，又使实地培训的效果更加直观、明显，进一步提高了图书借阅工作的实用性、操作性和规范性。⑤一体化建设工作成效日益现显。通过农村公共图书服务一体化的建设，现在，只要手续齐全，农民读者都可以在全县任意一个村的农家书屋借还图书，农民群众"看书难、

借书难"的问题基本能得到解决，比如：在汤泉乡吴岭村、百里镇吴畈村、牛镇镇羊河村、江塘乡五星村和五一村的农家书屋、徐桥镇桥东村农家文化大院等地，每天都要接待村民借阅100余人（次），农村社会一种爱好读书、甘居书屋的新气象正在形成，县、乡、村公共文化资源也开始"活"起来、"转"起来了，农村公共图书服务一体化的成效也将日益显现。

书香上栗更醉人

江西省上栗县文化广电新闻出版局　文星亮　荣莉莉

书是人类进步的阶梯，书是全人类的营养品。以花炮闻名于世的我县，2016 年以来开始了一项堪称伟大的举措——建设"书香上栗"。按照我们的初衷，在经济快速发展，社会思潮激荡的当今时代，作为传统阅读对象的书籍，应当重新回归，并更好地发挥引领风尚、教育人民、服务社会、推动发展的作用。

夏末初秋，仍是热浪滚滚，置身花炮之乡，分明感受到了这里迅速展开的书香工程带来的阵阵书香。

一、书香上栗从"悦读人生"读书月活动发端

2016 年三月，我县举办了首届书香上栗·悦读人生读书月活动，以在全县党员干部中营造爱读书、善读书、读好书的良好氛围，提升全县干部队伍素质，强化宗旨意识，转变机关作风。有关部门经过认真挑选，推介了机械工业出版社出版的你在为谁工作和陕西师范大学出版社出版的不抱怨的世界两部图书。按照要求，推介书目除由我局适量赠送，各乡镇、各部门股级以上干部都由本单位配套。各乡镇场、各部门根据活动方案的要求，结合各自实际开展各种形式的读书活动，并作好读书笔记、撰写心得体会。

各乡镇至少推选读书笔记 5 本和心得体会 5 篇、各部门至少推选读书笔记 2 本和心得体会 2 篇进行评比，心得体会原则上以推介书籍为主。评选为优秀读书笔记和心得体会的单位和个人将给予相关奖励。

首届读书月活动的成功举办，坚定了我县打造"书香上栗"工程的信心，也促使我县拟从今年起每年利用一个月时间在全县开展读书月活动，并形成制度，铸成品牌。

二、农家书屋让袅袅书香遍布广大农村

我县有 1 个国家二级文化馆、1 个三级图书馆、1 个花炮展示馆，10 个乡镇综合文化站，155 家农家书屋，实现了全覆盖，其中，桐木镇蕉源村农家书屋还荣获了"全国示范农家书屋"称号。

在我县布局完善的县——乡（镇）——村三级公共图书服务网络中，近年来针对一百多家农家书屋的工作尤其值得一提。

我县长平乡狮形村农家书屋因为评估优秀去年4月份获得了我局给予的音响、服装和电脑奖励。临近星辉村12名老同志老党员以为是上级部门按户发放的。气鼓鼓找到我局后才知道，自己村的书屋还没达标得不到资助和奖励。于是大家找到村支书评理，以"下次选举不投你票"相"要挟"，敦促村干部加大力度。村干部可不敢怠慢。今年该村也顺利评定为一级农家书屋并获得了相应奖励。

农家书屋统一桌椅书柜，统一标志，统一管理后，如何让静静的图书发挥作用？是今年我县思考的课题。经过思考，我们认为，孩子是所有家庭的中心，先吸引儿童方能吸引孩子的家长。我县向所有书屋陪送了《幼儿益智画册》《自然探秘》《中国少年儿童》《儿童大世界》《东方娃娃》等10种少儿报刊，又选取《家庭医生报》、《致富快报》、《法制文萃报》、《农业信息报》等4份报纸和《饮食与健康》、《老同志之友》、《知识窗》免费赠送给乡镇图书室及书屋。通过少年儿童这一主要读书群体，带动老中青群体阅读，报刊杂志带动了书屋其它书籍的借阅，进一步提高了乡镇图书室及书屋的利用率。

三、特色书屋让图书馆免费开放延伸到方方面面

以县图书馆为依托，以乡镇综合文化站图书室及村级农家书屋为基础，以学校、医院、军营、厂企等行业书屋为补充，以点带面，推动"书香上栗"建设。我县本着节约资源、物尽其用的原则，倡导社会捐书行动，探索推动特色书屋建设并免费向群众开放。此举成为书香上栗一大特色。

我局与县创建办、卫生局合作，在县医院、县中医院、县妇幼保健院、县栗江医院及各乡镇卫生院建设了"康复书屋"，住院人员可凭住院证在住院期间免费借阅书籍，从而丰富医院患者文化生活，满足患者的精神文化需要。不断完善"校园书屋"，增加学生的课外阅读量，提高学生的读写能力，建设师生的精神家园，全面提升师生的整体素质。设立以'书香、茶香、墨香'为主题的"休闲书屋"，让广大市民在休闲、品茗的同时，感受文化氛围的熏陶，并通过阅读提升自身素质；在看守所建设"励志"书屋，利用每周下午休息时间向看守所在押人员开放，为在押人员添加了精神食粮，使他们重拾生活信心，改恶从善，重新做人，为今后在社会立足打下良好的基础；在县人武部、县公安消防大队分别建设"军营书屋"，丰富了广大官兵的业余文化

生活，培养"军地两用"复合型人才；在我县"鑫通机械"等大型企业建设"农民工"书屋，满足农民工的阅读需求。

特色书屋的建立，特别是康复书屋、励志书屋和农民工书屋的建立，均为全省首创，得到了广泛好评。

打造文化惠民升级版

江西省安远县文化广电新闻出版局　赖德新　刘红光　刘晓峰

2015 年，在市委宣传部和市文广新局的直接关心指导下，安远县大力实施"农家书屋＋电商"工程，探索性地将公共文化服务平台与电子商务有机融合，开拓了一条文化富民的新路子，打造了文化惠民的升级版。

一、主要做法

（一）建"六个一"，促进文化平台转型升级

在乡村，按照"六个一"标准，建设乡村"农家书屋＋电商"服务站，使之成为百姓文化学习交流的平台、电商产品交易的中心和村民打开世界的新窗口。即：

完善一个办公场所。利用农家书屋（社区服务中心、文化活动室或经营门店），配套完善服务站。建立一套网络系统。利用覆盖城乡的农家书屋文化信息资源共享工程基层网络系统，开展电商服务。设置一块电子显示屏。提供即时的农副产品收购、快递收发及文化资源服务等信息。设立一个图书阅读角。在每个站点设立图书阅读角和数字图书馆，免费向村民开放和下载。购置一批货品展示柜。提供一个直观的展示平台。派送一名文化管理员。农家书屋管理员同时也是电商站点的经营业主。

（二）添"一加三"，助力文化要素有机融入

在县城，采取"一加三"的模式，创建全县文化与电商共建共享中心，让文化要素有机融入电商产业。

"一"，就是在电商产业园建立一个县级文化信息资源共享中心，将文化信息资源共享平台与电商"安商通"公共服务平台相融合，让每个电商企业都能享受文化资源的配套服务。

"三"，就是"共享中心"的三项主要职能。即：

1、创立一个共享工程技术部。负责园区企业文化创意指导、培训，以及乡村站点的业务技术指导和信息平台的运营管理。

2、设立一名文化专员。选派懂网络、有创意的干部到"共享中心"任文化信息管理员，作为与产业园之间的联络协调员、电商企业的文化指导员，

负责"共享中心"的文化信息管理服务，为不同的电商企业和站点推送丰富的文化信息。

3、建立一个文化书屋。创建"爱尚书屋"，免费提供时尚书刊借阅、数字图书下载。同时，创办"读书沙龙"，为电商企业搭建文化交流的平台。

（三）创"三个三"，推进文化融合持续长效

1、强化三项机制。一是推动机制。成立由县委书记任组长、县委宣传部牵头、文广新局具体负责的领导小组，统筹调度、解决发展中存在的问题。二是责任机制。由文广新局具体负责日常事务的组织管理，实行目标管理责任制，层层抓落实。三是考核机制。由县委宣传部牵头，将"农家书屋＋电商"列入乡（镇）、部门年终考核。

2、实行三个统一。一是统一规划。在县城，引导电商企业进入产业园。在农村，每个乡（镇）政府所在地至少建1个一级站，每个乡（镇）选择一个村建1个示范站，由点及面，逐步推开。二是统一管理。由文广新局牵头、电商办配合，对"农家书屋＋电商"运行系统统一进行技术升级和维护管理。三是统一推送。由宣传部牵头，开展文化征集活动，建立文化资源信息库，由文化专员统一发布推送，为电商企业提供文化信息服务。

3、健全三大保障。一是政策保障。凡入驻电商产业园的，享有"免费文化创意培训指导、免租金三年和贴息贷款"的"两免一贴"政策；每个县直单位至少扶持建设一个示范站。二是资金保障。县财政切出专项资金，以奖代补支持站点建设。同时，给予书屋管理员每月500元公益补贴。三是人才保障。创建县电商学院，免费对站点管理员进行培训，并积极引进人才，为"农家书屋＋电商"提供智力支撑。

二、主要成效

文化引领电商，电商传承文化。"农家书屋＋电商"，实现了公共文化服务与电商产业互促共进。

1、文以载商，推进了电子商务进农村。在偏远山区，许多农民无法接入互联网，对电商接触甚少，物流网络也是一片空白。利用农家书屋的文化信息资源共享工程与电商的有机融合，有效解决了网络和物流进村的难题，把电商带进了农村。特别是农家书屋管理员成为电商从业员，不仅因为增加收入而稳定了乡村文化管理员队伍，更是由于示范作用，指导带动更多的有条件的村民做起了电商，有效推动了精准扶贫工作的开展。

2、以文赋商，提升了电商产品附加值。"农家书屋＋电商"，让电商企业更加注重文化创意、文化包装，有效提升了产品附加值和吸引力。如"本甄蜂蜜"，只要一扫二维码，便能了解到蜜蜂原生态的生长环境、采蜜过程和制作流程，并针对情人节、中秋节等不同节气，进行创意包装，每斤售价118元还供不应求。她说："我卖的不是蜂蜜，而是文化。"

3、以商传文，增强了安远文化软实力。"农家书屋＋电商"，因产品赋予了浓郁的地方特色文化，在卖产品的同时，也在"卖"文化，提升了"文化安远"的软实力。许多人在电商产品中了解了安远的风光和文化，慕名而来的游客越来越多。今年春节期间，三百山景区游客爆满，风景管理局不得不发布本地游客错峰游览的温馨提示。数据显示，春节期间共接待游客7.1万人次，同比增加20.5%。

三、几点体会

1、"农家书屋＋电商"是实施文化和电商扶贫的新路径。文化平台与电商平台的融合贯通，打通了信息化基础建设和乡村物流配送的"最后一公里"，既破解了制约电商发展的瓶颈，又推进了精准扶贫，加快了贫困地区脱贫致富步伐。

2、"农家书屋＋电商"是服务大众创业、万众创新的新探索。它打开了广大农村青年了解世界的一扇新窗口，让他们有了新的创业机会，有了施展才华的舞台。对于适应经济发展新常态，顺应网络时代新潮流，打造经济发展新引擎，推动农村经济社会发展，意义重大而深远。

3、"农家书屋＋电商"是提升文化信息资源共享工程效益的新选择。"农家书屋＋电商"，增加了文化受众，拓展了文化空间，延伸了文化服务，激发了文化活力，为这一文化惠民工程如何更好地服务经济、服务大众探索了新途径，实现了从文化平台到经济平台，从文化资源到发展资源，从文化惠民到文化富民的有效转化。

加强农村文化建设　丰富农民文化生活

山东省沂南县文化广电新闻出版局　于明江　许　洁

　　近年来，沂南县各级党委、政府认真落实科学发展观，促进社会主义和谐社会建设，加大对农村文化工作的投资和关注，通过扎实推进乡镇综合文化站建设、农村文化大院、农家书屋建设、公共电子阅览室及文化广场建设等工作的开展，农村文化事业有了新的发展，人民群众的精神文化生活有所改善，全县农村群众文化生活走上了一个新台阶。

一、农村文化生活局面可喜

（一）加强领导，农村文化建设受到应有重视

　　一是各级党委、政府按照中央和省、市关于加强基层文化建设工作的要求，切实提高对文化工作重要性的认识，坚持把文化工作摆在全县工作的重要位置。二是充分考虑、科学规划文化基础设施的建设，采取政府投入、资产置换、资源整合等办法，新建、改建和扩建公益性文化设施。

（二）配置资源，文化设施建设初具规模

　　各级财政加大对农村文化基础设施建设的投入和扶持力度，截止目前，全县 16 个乡镇（街道）、经济开发区全部建成综合文化站，乡镇基层中心文化信息资源共享工程以及行政村（社区）基层点覆盖率均达到 100%；乡镇综合文化站、农家书屋、村级文化大院、公共电子阅览室及文化广场等成为了农民群众休闲娱乐、文艺活动和汲取农业科技知识的好去处，在丰富农村文化生活的同时，为农民脱贫致富提供了一定的文化支撑。

（三）因势利导，群众文化活动日趋丰富

　　开展好送戏、送图书、送书画、送电影"四送"活动。按照"文化主导、部门联姻、广泛参与"的原则，精心编排形式活泼、贴近实际的节目，让农民群众在欣赏、娱乐的过程中懂政策、受教育、学知识，寓教于乐，取得了很好的效果。

二、当前农村群众文化生活存在的问题

（一）乡镇文化设施落后、使用率不高

一是乡镇（街道）、开发区文化阵地少、使用率不高。除设有综合文化站外，别无其它活动阵地，图书室、电脑室等偶尔有人借书、上网外，造成一定程度的资源闲置。二是村级文化阵地形同虚设。城区社区、居委会经济条件较好，活动设施较好，队伍活跃，活动丰富。但受地域和自然经济条件限制，少数村居文化设施落后、场地简陋，只有很少一部分体育健身器材，缺少器乐、音响设施，仅有的器材也限于锣鼓家什，形同虚设，不能满群足众日益增长的精神文化需求。

（二）乡镇文化活动形式单调，内容陈旧

目前，文化活动有两类：一类是参加上级部门组织的文化活动，如全县职工运动会、广场文化艺术节等；一类是自办的文体活动，主要是跳健身舞、文艺汇演等，基本上都属于简单的自娱自乐或强身健体类型的活动，缺乏创新和吸引力。近几年，随着农村群众生活水平的提高，在一些传统的节庆日，也组织开展了一些民间民俗文化活动，但绝大部分乡镇农民听广播、看电影、看文艺演出还存在一定困难，很少能参加一些文体活动，文化生活十分单调、贫乏，农村赌博、封建迷信活动有所抬头。

（三）乡镇文化人才匮乏，队伍建设体制不健全

一是有的乡镇文化站人员知识结构不尽合理，年龄偏大，思想观念陈旧、现代意识不强，文化素质较低、缺少专业特长，无法满足新时期文化建设的需要。二是乡镇文化站工作人员多数都不是文化专业人员，再加上乡镇人员混岗使用现象比较严重，多数文化站人员不干文化工作，即使有人干很多还是兼职。三是由于工资待遇不高，又缺少活动经费，一些专业人才只好外出谋生、发展，造成文化专业人才流失严重。

三、强化农村文化建设的发展思路

（一）坚持把农村文化建设列入重要议事日程

发展和繁荣农村文化，满足农民群众多层次多方面的精神文化需求，对于促进社会主义新农村建设，同样具有十分重要的意义。在保障年度文化事业经费投入的基础上，畅通民间投入管道，通过民办公助、政策扶持，积极鼓励发展民办文化，扶持热心公益文化事业的社会各界人士，面向群众开展

形式多样的文化经营和服务活动。

（二）加强农村文化基本阵地建设

继续加快乡镇、村居两级文化基础设施建设，全力构筑乡镇、村居、户三级文化网络体系；努力搞好资源整合，统筹宣传、党建、教育、科技、计生等现有设施资源优化配置，综合利用，发挥现有各类阵地的文化综合效益。

（三）活动多样化，打造特色文化

从群众的文化诉求入手，由原来的"一枝独秀"到"村村唱戏村村舞"，"天天有活动、月月有演出、季季有高潮"，让文化惠民落到实处。一是大力开展基层文化活动，使节俗文化活动成为街道民间文化的主流。大力开展民间艺术表演活动。二是积极响应各级各类文化下乡活动，以党的群众路线教育实践活动开展为抓手，继续搞好联系服务群众文艺宣传队走进村居、社区工作，为广大群众送去精神食粮。

（四）锻造一支高素质的农村文化队伍

坚持面向社会招贤纳才，吸引有文化专长、热爱文化事业的人才到文化战线工作，解决农村文化人才青黄不接的问题；分期分批对乡镇文化骨干进行培训，提高基层文化队伍的专业素质。

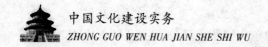
发挥文化先导作用　提升公共文化服务水平

山东省莘县文化广电新闻出版局　夏振华　康学森

　　莘县文化馆切实发挥公共文化场馆作用，努力提高公共文化服务水平，加大力度免费向社会开放各项公共文化资源，以满足人民群众日益增长的精神文化需求，通过加强组织领导，建立健全各项制度突出公益性服务特色，使免费开放取得了很好的成效。

一、文化活动缤纷异常

　　2015 年各类文化活动精彩纷呈，1 月，举办"第二届戏曲晚会"，京剧协会、豫剧协会和戏曲爱好者 70 余人参加此次演出。2 月，参加"聊城市纪念抗战胜利 70 周年美术作品展"，选送 10 余副作品参加展览，其中 4 副作品获得奖项。3 月参加聊城市首届民俗文化艺术节民舞民乐大赛，我馆选送的舞蹈《腰鼓》、《傣族情深》获得优秀节目奖，文化馆获得组织奖。同月，聊城市民俗文化艺术节闭幕仪式暨舞龙舞狮大赛，我馆选送的"竹马龙灯"获得金奖，文化馆获得优秀组织奖。7 月，选送 3 幅作品参加"第十一届山东文化艺术节全省优秀美术作品展"。11 月，我馆馆员的群众文化论文在省论文比赛中获得优异成绩。5 月第四届合唱节成功举办，全县 24 个乡镇（街道）的 24 支代表队，1000 余人参加此次比赛。6 月，聊城市"践行群众路线，共筑中国梦"书画展上，我县选送 12 副作品参加比赛，其中获得一等奖 1 人，二等奖 1 人，三等奖 4 人，文化馆获得优秀组织奖。9 月，我馆馆办团队"九曲相声社"成立，社团顾问由张涛、康学森先生担任，耿登朝、杨晓波先生担任艺术指导，成员主要为 80 后、90 后青年曲艺爱好者组成，首期成员达 30 余人。8 月 27 日上午，举办了"纪念抗战胜利 70 周年诗歌朗诵赛"，来自全县的 36 组 40 余人参赛选手进行了激烈的角逐。10 月，举办了第二届"农商行杯"广场舞大赛，全县 24 个乡镇、街，以辖区为单位先后进行了预赛，最后，每个镇选出了 3 支舞蹈队，办事处选出 8 支舞蹈队参加决赛，分别参加南部赛区决赛、北部赛区决赛和城区赛区决赛。15 日，来自县域南部的 10 个乡镇的 32 支代表队参加了南部赛区决赛；16 日，来自北部 9 个乡镇的 30 支代表队参加了北部赛区决赛。经过激烈角逐，柿子园镇代表队和朝城镇夕阳红扇子舞队荣获南部赛区决赛一等奖；来自燕店镇的一米阳光舞蹈队和大王寨镇的水韵舞蹈队荣获北部赛区决赛一等奖。经过30天的初赛、复赛，最终莘州街道皇行社区馨美健身队、老年体协健身舞代表队获得一等奖。11月1日，举办"九曲相声社"专场演出，九曲社员、山东快书表演者韩明昊快书专场演出。

二、免费开展文化艺术培训

5月，举办古筝成人基础培训班，共有20余人参加此次培训。8月份举办少儿暑期艺术培训班，培训课目为少儿书法、美术和舞蹈，参加培训者达150余人；9月份举办广场舞培训，打破以往馆内培训形式，业务骨干深入基层，对各个乡镇文艺骨干进行培训、指导。此次培训共有70余人参加。9月中旬举办"群星大讲堂"摄影培训班，邀请聊城市摄影家协会专业老师讲课，参加培训共有60余人；10月份邀聊城市服装表演专业教师来我馆进行中老年时装表演培训，共有20余人参加。

三、精心组织策划开展群众文化活动

面对新的形势，莘县文化馆积极贯彻国家有关文件精神，尽最大可能向社会各界免费提供文化资源，充分利用各种活动室的功能，用电子屏幕把活动排表向群众公示：

周一：京剧协会活动、古筝训练、文学创作交流、馨美健身舞

周二：美术书法交流、豫剧演唱、葫芦丝训练、馨美健身舞

周三：古筝训练、摄影交流、馨美健身舞

周四：京剧协会活动、葫芦丝训练、馨美健身舞

周五：美术书法交流、馨美健身舞、摄影交流、葫芦丝训练

周六：京剧协会活动、馨美健身舞

周日：文学创作交流、豫剧演唱、馨美健身舞

四、精心准备、迎接评估

6~7月，为了迎接全国第四次文化馆评估，我馆全体精心准备，规范化办公，建成独立网站，加强各项规章制度，完善档案管理。经过过努力，我馆顺利通过一级馆评估。

2015年，经过全馆共同努力，取得优异成绩，为我县群众文化工作作出卓越贡献。

贴近群众　办实事
文化惠民　村村到

山东省成武县文化体育局　汪雁征

2014 年，成武县把践行党的群众路线作为丰富文化生活的指导方针，深入基层调研，了解民情民意，通过送戏下乡、曲艺下乡、综合文艺演出下乡、培训下乡等工作，丰富全县群众文化生活，群众满意度有了明显的提升。我们的主要做法是：

一、扎根基层，制定详细工作计划

在全市上半年群众满意度调查中我县群众文化生活满意度仅仅得了 60 分，这对我们是个巨大的警醒，如何提升群众满意度，成为局领导班子深入思考和强化担当的一个重大问题。局领导班子多次召开专门会议研究决定，一是深入调研，了解民情民意。7 月初，局领导班子分 3 组深入全县 14 个镇（办、区）调查了解基层文化活动阵地的开放利用情况以及文化活动的开展情况，现场面对面收集听取群众对基础文化设施、文化下乡、农家书屋的意见建议。同时制定了领导班子成员每季度开展一次下基层调研活动，每年下基层不少于 20 天的制度，使了解群众对文化生活的需求形成常态化。二是制定计划，强化工作责任。按照梳理的群众意见，结合实际，领导班子进行了责任分工，明确了职责任务。制定了配送设备计划、丰富群众文化生活的文艺下乡计划和业务培训计划。

二、强化落实，完善文化服务体系

一是构建和完善文化服务体系。加快县镇村三级文化设施全覆盖。在县层面，加快"两馆"建设进度，目前主体工程和外部装修已完成，投资 1000 多万元的周自齐纪念馆对外开放。在镇、村层面，争取文化专项资金 300 多万元，结合省派第一书记，重点新建了 40 个农村文化小广场和乡村大舞台，并为 31 个村的文化大院增设了儒学讲堂。配送了价值 96 万元的各类文化活动器材，投入 45 万元为 254 家农家书屋更新书籍。二是构建和完善文化培养体系。充分发挥文化馆专业人员的作用，以镇为单位，将镇上所有的文化业务骨干集中到镇文化站进行培训；以村为单位，根据各村不同的要求，到行政村集中在文化小广场和文化大院进行业务指导。全年培育文艺骨干1200余人次，参与培训人数2万人，帮助新组建了60支秧歌队和128支广场舞队，为基层文化活动的开展提供了基本保障。三是构建和完善专业人才保障体系。为提升文化服务档次，更好的服务全县群众，今年共招聘各类文艺人才11名，很好的解决了各类文艺人才特别是四平调保护传承中心人才缺乏的问题，组织文化系统干部职工参加省、市各种业务培训；每年6次对专职文化站长、文化大院和书屋管理员进行培训。

三、创新工作，繁荣群众文化生活

一是全面开展送戏下乡。我们将送戏下乡分为春冬两季，由四平调保护传承中心和大平调剧团共同承担，及时编排和更新剧目，编排了《伯乐传奇》、《民警新曲》、《半夜猫叫》、《烈火人生》、《中秋夜》、《三娘教子》、《喜相逢》等群众喜闻乐见的一些剧目，送到老百姓的眼前，深受广大群众的欢迎，两个剧团全年共完成送戏下乡320场，超额完成了任务目标。二是广泛开展文化活动。利用节庆、农闲等举办各类大型文化活动，贯穿全年，先后举办了民间艺术节、元宵灯展、军民联欢演出、秧歌大赛、广场舞大赛、春节晚会等大型文化活动，特别是秧歌广场舞大赛，先在全县14个镇（办、区）初赛，最后在县城决赛，全县400余支队伍参赛，选出60支队伍参加在县城举行的决赛，大赛前后共一个月的时间，影响面广、群众参与面广，充分调动了群众参与性，收到了良好的效果。为检验民间文艺团体的演出能力，还在红旗剧院举行了民营剧团调演和曲艺调演，这些活动极大地活跃了群众文化生活，提高了群众满意度。三是打造文化活动品牌。为扩大文艺表演的影响力，提高全民参与性，联合多个部门先后举办了3季歌手大赛，1季青少年才艺表演大赛，1季全民运动会，活动不仅吸引了周边县市的文化艺术爱好者参加，更能让本县的群众观看到形式多样、丰富多彩的文艺活动，有效地促进了全县基层文化活动的开展。

四、整合资源，发挥基层人才作用

我们整合了全县的基层文化资源，采取政府购买服务的方式开展送文艺下乡。一是组建镇文艺演出队，在每个镇（办、区）组建一支由文艺爱好者

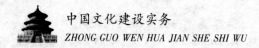

组成的文艺演出小分队，文化馆进行艺术指导，帮助编排一台 90 到 120 分钟的节目，由文化站长带领在本辖区代表文体局巡回开展文艺演出，就近服务群众，我局以每场 500 元的标准予以补助，既调动了文化站长的积极性，也满足了文艺爱好者的表演欲望。二是组建民间曲艺队，由文化馆召集全县所有民间艺人，采取现场观看、就近组队，规定曲目等方式，组建了 12 支民间曲艺队，签订演出协议，在全县 475 个行政村巡回演出，我局以每人每场 50 元的标准予以补助，实现了送文艺下乡行政村全覆盖，受到了群众的普遍欢迎，这些活动能够到达离乡镇驻地比较远、文化活动相对匮乏的村庄，真正做到文化服务"零距离"，形成浓郁的文化氛围。

通过不懈的努力，在全市 2014 年下半年的群众满意度调查中比上半年有了大幅度提升，位居全市第三。尽管取得了一些进步，但我们也清醒地意识到，在满足文化生活需求方面，我们做的还欠缺很多，在 2015 年的工作中，我们将继续以满足群众文化需求为目标，加大文化投入力度，文艺下乡力度，加强基层文化设施建设，文艺人才队伍建设，多开展各类文化活动，贴近群众，走到老百姓身边，以一流的工作，一流的服务，一流的管理，一流的业绩，来服务群众，服务社会。

村村广场舞　快乐大家跳

湖北省石首市文化旅游局　夏翎翔　马灵之

　　优化和完善公共文化服务体系，推进并实施城乡文化一体化工程，培育与创新群众文化活动品牌，是新时期群众文化活动的新需求与新期待。石首市实施"快乐广场大家跳"品牌文化活动创建工作，多法并举，强力推进农村广场文化活动，引导农村广场舞活动健康发展。目前全市275个村村村建立了1支以上的广场舞队伍，全市90%以上行政村都建有文化广场。呈现出村村广场舞、快乐大家跳的文化景观，农民群众精神文化生活得到极大改善。

一、整体部署抓谋划

　　市委、市政府高度重视文化惠民工作，市委书记丁辉、市委副书记、代市长夏锡璠分别调研农村文化建设情况，听取了文化部门关于大力发展农村广场文化，开展"快乐广场大家跳"品牌文化活动创建工作的思路，指出活动有创意、接地气，要将这一群众自发的文化行动引导成有组织、有规划、有措施的文化活动，要求由政府主导，部门牵头，整体联动。今年4月17日，市委宣传部发出《关于印发＜石首市"快乐广场大家跳"品牌文化活动创建工作实施方案＞的通知》，提出了用三年时间达到村村都有表演队、村村都有展演点，形成有组织、有阵地、有规模的文化活动品牌。并成立了"快乐广场大家跳"品牌文化活动创建工作领导小组，组员由市委办、市政府办、市文化局、市体育局、市财政局等相关单位负责人组成。同时，还印发了《关于举办"快乐广场大家跳"广场舞展演比赛的通知》，决定9月份在全市举办村级广场舞比赛活动。

二、武装骨干抓培训

　　农村广场舞虽然深受群众喜爱，但要推广首先必须解决好农民"不会跳"和"怕丑跳"两大问题。对此，我们采取培训业务、武装骨干带头跳的办法全面推进。5月17日至19日，市文化局举办了为期三天的全市文化艺术培训班，各乡镇办区文化站站长、文艺团队负责人、广场舞辅导员、民间艺人代

表、文艺创作骨干等共计 80 多人参加了培训学习。培训内容主要是广场舞表演基本技能、文艺表演技巧等。同时，市文化局将市群艺馆专业老师分四个组分别由局一名班子成员带队分赴各乡、镇、办（区）开展培训活动，先后培训 600 多人。在此基础上，全市各乡、镇、办（区）都组织了类似的培训辅导交流活动。横沟市镇组织村妇女主任集中在挖口子村村部进行了 10 天培训，培训代表纷纷表示 10 天不够，镇里又延期 5 天，共举办 15 天培训班。在培训过程中，社会上一些文艺爱好者虽没被纳入培训对象，但主动申请要求加入培训，其学习热情空前高潮；桃花山镇邀请市老年体协的老师对他们全镇的妇女主任进行为期一周的广场舞培训，老师离去之后，他们又从培训队员中挑选出优秀队员再为大家进行辅导；6 月底市群艺馆组织老师到久合垸乡讲课，原定只有 50 人参加，后来一下子有 100 多人聚集在乡小学广场，等待学习。调关沙咀村村长带头学习广场舞，场场培训不落下，被调关镇广场舞友戏称为"沙咀舞爷"。据统计，全市举办各级各类培训班 30 余期，层层培训骨干 2000 多人次。而这些文艺骨干在自己学到一些基础知识之后回到村，在各自的村庄发挥作用，他们以一带十，带动更多的群众参与到自娱自乐的农村广场文化活动中来。

三、规范阵地抓建设

开展广场舞活动，文化广场是基础。全市有 275 个行政村，绝大多数村没有跳广场舞的阵地，有的在农户门前，有的在商店门口，面积小，条件差，严重影响了农村广场舞的推广。为了规范活动场所，抓好阵地建设，市文化局、市体育局到全市 275 个村实地调查，对现有活动场所逐村拍照建立档案，对没有阵地或阵地不规范的村，要求两年内必须在村部或农户集中点建一个面积 200 ㎡以上的混凝土广场，满足群众广场舞活动需要。目前，全市新建村级文化广场的热情高涨。全市有 137 个村正在建设或筹建文化广场。今年全市广场阵地普及率将达到 90%。

四、整合财力抓激励

为了加快"快乐广场大家跳"品牌文化活动推进步伐，市政府组织协调市文化局、市体育局、市财政局，整合上级农村文化相关经费，建立农村广场文化"以奖代补"办法：对新建一个标准广场（200 ㎡以上）的村奖励10000 元；对组建广场舞代表队并坚持常年活动的村每年予以 2000 元的补助。

十月上旬，市里组织专班对各地广场建设情况进行了逐村检查验收，有125个村广场建设达标，现已将补助资金拨付到村。同时，市里对展演比赛活动安排了相应的经费，用于奖励获奖的队伍和队员。各乡、镇、办（区）和村也相应制定了相关扶持办法，对比赛、交流活动给予一定的资金扶持，如调关镇伯牙口村筹资为广场舞队伍每人配备了三套服装；横沟市镇马家棚村利用老板资助的2万元钱为广场舞队伍购置了音响设备和服装。甚至有些家庭都实施了激励办法，如横沟市镇木剑口村村民曾乐安对老伴承诺，只要她坚持跳舞，他就每天坚持用摩托车接送她到离家近三公里的村广场去跳舞。五个多月来，他硬是天天坚持兑现他的承诺。

五、快速推进抓活动

　　开展广场舞展演比赛活动是推进"快乐广场大家跳"品牌文化活动创建，大力发展农村广场文化工作的有力推手。今年9月26日，市里组织开展了"快乐广场大家跳"村级广场舞大赛，全市15个乡镇办区都选派了一支代表队参赛，参赛队员全部是村级队伍，省委宣传部纪检组长问青松、荆州市委常委、宣传部长幸敬华及省文化厅、荆州市文化局领导都亲临比赛现场进行指导，新华社、湖北日报、楚天都市报、荆州日报、荆州电视台等媒体对这一活动进行了大力宣传。与此同时，全市各乡、镇、办（区）都组织了广场舞比赛。市委常委、大垸镇党委书记杨帆亲自安排部署全镇广场舞比赛活动，并督促各村支部书记组建队伍参赛。市乡两级通过广场舞比赛活动开展，有效加快了农村广场文化的发展。全市各村的积极性空前高涨，群众也踊跃参与。如南口镇上官洲、古夹垸、新垸子三个村的广场舞爱好者自发组织交流活动，每名队员自发交100元活动经费，于5月20日在古夹垸村进行了一天展演交流活动，从早上8时一直表演到下午4时。桃花山镇有些村庄在大山深处，村民与村民之间相距很远，他们依然在大山深处组织山里大婶小妹跳起来了。有的村庄还组建2支广场舞活动队，他们在一起交流，表演，渐渐放弃了过去的生活陋习，向着新型健康的生活方式转变，据初步统计、全市275个行政村已建广场舞队伍284支。如今在石首农村，无论晚霞映天，还是暮霭笼罩，无论村舍门前，还是田坪禾场，到处都是美妙的旋律、婀娜的身姿，呈现出一幅人与自然、人与人和谐相处的景象。

　　用高尚的精神塑造人，积聚正能量，需要用具体的形式去实现。我们开展"快乐广场大家跳"品牌文化活动创建其实是用最普通、最平凡的艺术形式在培养最普通、最平凡的人的精神境界和文明素质，形成一种良好的社会

风尚。自活动开展以来，我市农村群众文化生活得到了极大丰富，村平组织活动100多场（次）。不少村干部说，过去村里麻将馆多，打牌赌钱的多。今年组织跳广场舞后，现在跳舞的多，健身的多，社会和谐安定了。村村广场舞，快乐大家跳。广场舞，已经成为石首农民的新时尚。

探索"文化+"　助力大扶贫

湖北省通山县文体新局

通山县是省级扶贫开发重点县、幕阜山片区扶贫攻坚县。近年来，全县上下紧紧围绕"打赢精准扶贫攻坚战，确保全面建成小康社会"，实现"山通水富，绿色发展"，坚持扶贫先扶志，扶贫必扶智，积极创新扶贫方法、思路和模式，着力做活做实"文化+"，为大扶贫增添"文化元素"，在挖掘文化、运用文化和开发文化中，帮助困难群众脱贫致富奔小康，促进物质文明与精神文明协调发展，促进城乡协调发展，走出了一条文化扶民、惠民、富民的新路子。先后获评全国群众体育先进县、中国民间文化艺术之乡；成功申报国家文物保护单位2个、省级8个，国家"非遗"保护项目1个、省级7个；在全省率先实现村级农民健身工程全覆盖。

一、做深文化+，补脱贫之志

主动将文化重心下移，加强基层文化设施建设，丰富群众文化生活，实施文化渗透，在"乐民"的基础上"育民"，着力在民风引领上做文章。一是实施文化阵地建设。大力实施"三边"（场地建到村边，器材安在家边，服务送到身边）战略，投入资金1600余万元，恢复重建乡镇文化站、村文化室，建成205个村级（社区）农家书屋，在全市率先实现农家书屋全覆盖，出台《关于加快推进农村文化广场建设的实施意见》，按照省文化厅提出的建设要求，建成30个村级示范文化广场，全县187个村，村村建起了农民文艺团队，实现了电视户户通、广播村村响，文化活动室、农家书屋村村有、体育健身设施村村全，文化惠民演出、农村电影放映、全民阅读和全民健身样样齐，让贫困群众有书看、有报读、有广播电视听、有戏有电影看，基层文化阵地设施齐全，城乡差距显著缩小。二是加强文化能人培养。实施"十团百对千能人"扶持工程，组织专业老师深入农村开展义务辅导，"点对点"指导艺术创作，"一对一"进行文化辅导，"手把手"传授专业知识，"实打实"开展文化扶贫，每年开展文化能人培训20余批次、5000余人次。通过培训，大批基层群众成为乡村文化能人，不少农民张口成歌，迈步即舞，白天田头忙劳作，晚上广场晒歌忙，乡村文化品质大幅度提升。基层群众自编自导自演的《花棍舞》《赶雀仔》《山里妹子出云关》《开心阿奶》等节目分别在省市大赛中获奖,《护林防火歌》《婆婆告媳妇》《三个女人一台戏》以及山歌《新农村里新气象》等一批民间草根文艺作品成为群众抢手节目。三是注重文化活动引导。健全文化辅导长效机制,扶持群众性文化队伍,"送"与"扶"结合,把舞台交给群众,让群众成为文化活动的主角。以乡镇文化站、村文化室、乡村中心文化广场等为载体,支持培育文化能人,结合各地家风、民风,注重民俗文化传承,创作精品节目,开展形式多样的文化活动,满足基层尤其是贫困村群众文化需求,广泛吸引群众参与,培育文明风尚,让社会主义核心价值观成为群众精神内核,在潜移默化中不断提升文明素质、传递社会正能量,激发求富致富内生动力,破解贫困群众"等、靠、要"思想,树立积极向上的时代新风尚。我县南林桥镇大坪村7个老上访户,其中4个自从加入了村文艺队后,他们不再满口怨气满面怒容,终日乐呵呵的唱歌跳舞,还用"人生一世何必争于一事"去劝阻老访友上访。

二、做广文化+,长增收之技

以村级农家书屋、农民学校、农民科技培训等为载体,加大对农民的文化科技等教育,用好教育扶贫这个"播种机",把"文化扶贫"落到实处。一是打造致富信息"加油站"。按照打造农民知识技能"加油站""充电桩"定位,着力加强对村级农家书屋的建设和管理。深度结合贫困群众文化素质低,发展家庭经济缺计划,缺技术、缺管理能力的实际,有针对性地多选择一些群众易于理解、便于接受的科技致富类实用书籍,并及时做好更新替换和补充,让广大群众通过农家书屋获取信息,实现快速致富。黄沙铺镇晨光村村民孟垂进通过农家书屋,在获得了购买联合收割机优惠政策信息和学会再生稻种植技能后,在村里组织成立专业合作社,带动十几个困难户实现户年均增收5万元以上。二是创办致富技能"梦工厂"。以为困难群众提供免费技能培训服务为中心,鼓励乡镇创办农民学校,以课堂在基层、在现场的模式,通过技术培训、田间指导、实验示范等方式,结合各村特色和市场需求,制定缺什么,补什么,急需什么,培训什么的扶贫培训计划,灵活设置培训课程和培训模式,开展农民扶贫培训工作。为贫困农民量身定制培训方案,做到增强贫困群众劳动技能,提高自我发展、自我创业能力,加快增收步伐,帮助困难群众早日脱贫致富奔小康。我县南林桥镇农民学校开办以来,邀请专家讲解小龙虾养殖技术,累计完成培训2万余人次,一大批困难群众通过培训掌握了种养殖技术,实现了脱贫致富。三是拓宽致富增收"新领域"。抢抓我县跻身全国 56 个电子商务进农村示范试点县和全省 7 个农村电子商务发展综合示范县的有利契机，将互联网思维引入农村，助推信息化发展，推进"智慧乡村"建设，全县建成农村淘宝 41 个，完成农村合伙人招募 200 余人，全县近 50% 的农村实现了农村淘宝覆盖，一大批城乡贫困人员实现就业增收。富士峰、蜜之源、大畈麻饼、九宫有机茶、大山子花卉等一批农产品热销网络，其中唐老农油茶仅 2015 年双十一节实现网络销售 180 余万元，九宫有机茶因之出口创汇。

三、做长文化＋，拓致富之路

按照"文化＋旅游""文化＋农业"等发展思路，因地制宜发展生态农业、乡村旅游，带动贫困户实现增收致富。一是文化＋旅游。严格按照"保护为主、抢救第一、合理利用、加强管理"的文物保护工作方针，在加大文物和非遗项目传承保护力度的基础上，支持合理开发利用民间文化资源，发展有地方特色的文化产业，着力推动祖业传承活化，积极帮助和带动更多的贫困群众脱贫致富。近年来，群众利用古民居资源开展致富项目 320 多个，带动就业近 5000 人。二是文化＋农业。按照高标准规划、高起点建设要求，本着智能化管理、信息化销售的理念，实现农业与乡村文化内涵融合，将农业产业演变为具有较高文化含量和文化价值的新型业态，赋予农业全新的产业价值，丰富农业的产业功能，实现产业链延伸，满足人们在物质和精神文化方面的多样需求，使农业从单一的农产品供给功能向兼具生活休闲、生态保护、旅游度假、文明传承、教育等复合功能转变，可以满足人们的精神需求，成为人们的精神家园。我县大畈镇故乡里现代农业体验园，通过贫困户流转土地入股，采取合作经营模式，实现将贫困户土地连片经营，推出体验游项目，让游客在耕农家地、摘农家菜、吃农家饭的过程中，体验农村生活，填补农家回忆，成功实现将"乡愁"文化融入农业经营，备受城市游客青睐，经营效益良好。

前一阶段，在上级党委政府及有关部门的正确领导下，我们在推进实施文化扶贫工作中，坚持结合实际，创新思路，敢闯敢试，勇做善为，走出了一条符合通山精准扶贫实际的文化扶贫新路径，为确保与全国全省同步实现脱贫摘帽积累了经验，奠定了基础。下一步，我们将以此次会议为契机，认真贯彻落实本次会议精神，认真学习先进工作经验，不断完善精准扶贫措施，进一步发挥文化在扶贫中的作用。

变 "送文化" 为 "种文化"

湖南省株洲市芦淞区文化体育和旅游局　瞿孝安

近年来，芦淞区改变过去以"送文化"下乡为主的公共文化供给模式，变"输血"为"造血"，采取了行之有效的措施，在基层"种文化"。大家都知道，以往都是采取"政府出钱办，大家围着看"的方式"送文化"下基层，但因为受到许多方面因素的制约，"送文化"的次数是有限的，多数群众看不到这种"送"来的文化；或者说看到了，感受到了，却因没有参与、互动，只能把这种送来的文化当成是一种形式上的"热闹"，远远不能满足基层广大人民群众的文化需求，也影响了基层的各项建设。因此，下基层"种"文化是一项迫切而重大的"民生工程"。

那么怎样才能变"送文化"为"种文化"呢？那就是发展培育民间文艺团队，因为民间文艺团队是群众文化的主体，是城市社区群众文化活动的骨干力量，更是农村群众文化活动的生力军。他们来自基层、贴近社会、贴近生活，有着丰富的创作素材和不竭的创作源泉，他们通过自创、自编、自导、自演身边的人和事，展示社会风貌，歌颂现实生活，在繁荣基层文化活动中有着不可替代的作用。

目前，芦淞区记录在案的各种类型的民间文艺团队49个，包括歌舞类的30个，诗词类的1个，声乐类的1个，器乐类的2个，戏剧类的2个，其他综合性的团队13个，这些文艺团队，能够坚持经常性演出的38个，大部分属于自娱自乐型团队，以自娱自乐为目的，自发性强，团队规模一般在30～100人之间，人员构成以城市退休干部为主力，文化素质较高，对文化艺术兴趣浓厚，追求迫切，他们认为退休以后应该继续发挥余热服务社会，使自己的晚年生活更有意义。大家聚在一起唱唱歌、跳跳舞，既锻炼了身体，又陶冶了情操，还能多交一些朋友，是一举多得的活动。

一、正确引导，培育民间文艺团体良性发展的土壤

一是注重组织建设。建立民间文艺团体协会性组织，协调和组织民间文艺团体的演出活动，同时建立和完善民间文艺人才贮备库，共收录了诗词类的15人，舞蹈类的28人，器乐类的13人，并于2010年至今相继成立了芦淞

区文学艺术协会、诗词协会、书法家协会、摄影家协会、非公经济同心艺术团等。

二是加强引导，抓好监管，引导民间文化文艺团体走上良性发展之路。制定了《芦淞区民间文艺团体演出管理办法》等规定，对成立民间文艺演出团体的申请、程序、演出活动内容和统筹协调办法、表彰奖励措施等进行明确规定。

三是牢牢把握宣传导向，选好主题创作。打破团队的门户之见，在全区范围内组织创作能力较强人员精心创作，以多种主题，多种形式，锤炼成融思想性、艺术性、娱乐性为一体的精品剧目。如：为动力之声艺术团打造的舞蹈《搞笑容嬷嬷》2013 年参加"中国达人秀"活动、2014 年参加央视 12 频道《戏法大过年》节目录制；打造的合唱《一根竹竿容易弯》荣获 2013 年"大陆台湾首届合唱节"金奖；打造的舞蹈《赶摆路上》荣获首届中华体育舞蹈大赛香港国际艺术节金奖，为沿河社区艺术团打造的京歌《梦株洲》2014 年登上央视舞台；2015 年参加湖南广电春节联欢晚会……，这些剧目经常出现在市、区文化活动的舞台上，深受广大群众喜爱。

二、多方扶持，夯实民间文艺团体蓬勃发展的后劲

一是政府领导高度重视。一方面为文艺团体提供场地，在基层设立文化活动中心 11 个，文化活动室 22 个，范围遍及七办四乡，并在区文化馆设协会办公室，文化馆舞蹈排练厅长期免费使用。另一方面给予了必要的资金投入，为民间文艺团队购置必要的服装、道具、乐器和音响设备等。区委、区政府还多次拨付资金用于各文艺团队服装、道具、歌单印制、异地演出交通费等的开支。区委宣传部部长、区文体局局长、区文化馆馆长均多次抽时间前往观看辖区各文艺团队的活动演出并给予指导。以我区白关镇为例，该镇以人为本、情系农民，培育群众文化活动品牌——"乡村文化艺术节"，努力实现"处处可以享受文化、人人可以享受文化"的目标，充分展现农民群众的主角地位，切实保障农民群众的文化权益，出现了团队骨干争相献策、业余演员争相上台、农民群众争相观看的喜人局面，呈现出农村文化活动红红火火的繁荣景象。于是区委、区政府在 2016 年开创性地推进白关建制镇文化建设，着力打造三个白关"镇村大舞台"，并通过"政府购买、群众看戏"的方式，开展"镇村大舞台"文艺演出，提供机会给文艺团队施展才华。

二是加大培训力度。文化发展的根在基层、在群众，文化价值的实现也在基层、在群众。只有舍得"在根上浇水"，加大从基层发现培育文艺团体的

力度，才能缔造出更加绚烂的文化之花。我们知道，在基层有很多基础扎实、底蕴丰富的文艺团队，但是他们得不到专门的训练，得不到更高层次的学习、深造和交流机会，没有机会走出去开阔眼界学习，最终难以上"档次"。为使健康文化扎根基层，芦淞区文化馆每年都定期对民间文艺团队进行免费培训。范围涉及诗词、舞蹈、书法、绘画等多种形式，如 2015 年我们开展的文艺团队免费舞蹈培训班、文艺团队资料汇编暨电脑办公软件操作免费培训班、湖南省原创广场舞教材免费培训班等。吸引了广大文艺爱好者的热情参与，从 2010 年至今，芦淞区文化馆每年举办各类免费艺术培训班近 20 期，累计免费培训学员数千名。大大提升了基层文艺队伍的整体质量，另外我们还设置了老年艺术大学艺术培训部等机构，在校学员常年保持在 100 人以上，还多次组织专业干部下基层，如 2015 年区文化馆组织下基层指导就达 11 次之多，2016 年上半年共举办各类文艺培训班 48 场次，并组织团队骨干参加株洲市基层公共文化服务培训班，为辖区内的文艺团队提供系统培训和专业辅导，较大提升了文艺团队的水平。

三是创新方式，拓宽融资渠道。经费问题是困扰团队发展的重要问题。芦淞区充分利用区内商业氛围浓厚、经济活跃的特点，将群文活动和商业活动有机结合，广泛接纳民间资本，灵活多变、因地制宜地使团队经费得以保障，较好地弥补了财政投入的不足。一是建立了"以奖代补"机制，对群众自发投资建设文艺团队进行奖励。二是采取接受捐赠、引导投资、自愿集资等形式吸纳民间资本，大力发展民间艺术团体。三是鼓励、扶持一批民间文艺团体参加商业演出和文艺产业开发，对有示范性、导向性的重点文化项目，建立奖励机制并给予优惠政策，创造良好的市场环境。如：畅想艺术团，该团发挥他们主要项目民族舞的优势，融合了一些现代舞以及各种舞蹈的多种元素，创造了一种新型舞蹈，并广为推介，市场反响很好，一方面带动了服务产业，另一方面被广大群众广为流传。

三、注重交流，营造民间文艺团体发展壮大的平台

"一花独放不是春，万紫千红春满园"。芦淞区近年来频繁的举行了很多大中型公益性文艺演出，在丰富广大群众文化生活的同时，也为各民间文艺团体提供了互相交流、互相学习的平台。

一是大力开展群众性节庆文化活动。近年来开展的元宵系列文化活动、"百团大汇演"等活动均邀请各文艺团队参加，使每个民间艺术队伍不论实力、水平都有表现的机会。每年举办的"元宵游园"活动都吸引了数十支民

俗队伍参与，营造了良好的节日气氛；株洲市"百团大汇演"中，芦淞区共有10余个团队、500多名演员参演，历时1个月，举行展演20场，观众达3万余人。

二是尽量地多举办歌咏比赛、合唱节、舞蹈比赛等一些民间艺术比赛，促使民间艺术队伍树立比拼意识，自主训练，自我提高。连续四年举办的"欢乐潇湘"大型群众文艺汇演，吸引了年龄跨度从不足10岁的儿童到70多岁的古稀老人，参赛节目形式丰富多彩，涵盖歌舞、器乐、魔术、小品、戏曲、快板、鼓舞、舞狮、模特走秀、情景朗诵、剪刻纸等上10种艺术形式。2013年我区3个节目赴省演出，获得金奖节目1个、银奖节目1、铜奖节目1个，同时我区也获得了五区唯一的优秀组织工作奖。2014年我区同样有3个节目进省演出，为演出增色不少。

三是积极培育文化志愿者队伍，于2013年5月成立了"群文服务团"，发动和组织文化工作者深入基层帮助辅导群众开展文艺、文化活动。2016年4月，湖南卫视对我区畅想艺术团进行了独家专访，该团队是我区文化志愿服务团队中较为突出的一支，自成立以来以多种形式参与各种公益活动的宣传和演出，赢得了社会的广泛赞誉，该团队组建了株洲市畅想慈灯社会工作服务中心，接受区民政局委托的株洲市大同社工基地的孵化培育，为计生特殊家庭和空巢老人家庭提供服务。

近年来的实践，让文化悄悄地在芦淞基层的土壤里扎了根。这样的成果来之不易，但这样的工作还要继续，才能让种在土壤中的文化，有更长足的发展，"种文化"一定会绽放出持久的魅力。

加强管理　督促整改
助推文化各项工作顺利进行

湖南省江永县民族宗教和文体广电新闻出版局　钱建洪　高山千

2016年度，我局各项工作取得了一个良好的开端，取得了不错的成绩，主要表现在以下几大点：

一、民族宗教政策落实情况

1、积极争取资金，助推特色村寨建设和乡庆工作。上半年已争取散居少数民族发展资金90万元，其中民族特色村寨建设45万元，乡庆资金40万元，文化专项资金5万元。

2、认真执行高考考生民族优惠政策，完成审核工作。今年全县参加高考学生人数1151人，参加民族优惠政策审批的"两种考生"1088人，其中：聚居区少数民族考生251人，少数民族人数过半县少数民族考生520人，少数民族人口过半县汉族考生317人。1088名享受民族优惠类别考生的审批结果完全符合政策规定，没有差错，考生、学校双满意，社会反响良好。

3、积极推荐第三届湖南省少数民族特色村寨。我们按照省民族特色村寨评选领导小组的要求、标准，深入乡村，实地考察，充分比照，从30多个备选的村寨中选出夏层铺镇上甘棠村和上江圩镇下新屋村参加市第三届少数民族特色村寨的评选。现正组织广大干部群众积极参与评选活动，争取入选成功。

二、重点工程进展顺利

出于保护文化遗产，开发江永旅游资源的考虑，县委、县政府实施了一批古村落和文物修缮工程，并委托文广新局进行工程施工监管，兰溪盘王庙施工进度一切正常；上甘棠三期维修正在施工进行中；消防工程的追加工程中的消防水池正在建设中，向省厅行文申请示建设的消防工程控制室，目前设计方案已经做好；古村昂山脚下右侧隐蔽位置旧杂房旁修建一个100平方米左右的仿古控制室，目前财政评审已做好，已呈报省文物局，正等待批复。

三、群文工作有效开展，文艺创作推陈出新

一是组织全县美术、书法、摄影爱好者，精心创作作品 100 余幅，从中筛选 70 幅优秀作品，在文化馆二楼展厅举办"2016 庆元旦美术、书法、摄影展"。展出时间为 1 月 1 日~30 日。二是组织各文艺团体，举办"迎新春·民俗大拜年"群众文化活动，近 150 余名的演员身着传统民族服装，从市民广场出发，沿着五一大道向新车站进发，一路上长鼓咚咚、龙腾狮跃，所到之处引来市民的阵阵喝彩。整个活动热闹而祥和。三是在知青广场举办 2016 年"锦绣潇湘·永州发现"优秀摄影、书画、奇石作品展。共展出书画、摄影、奇石作品 300 幅（件）。作品主题突出，贴近群众，鼓舞人心，格调高雅，富有感染力和表现力，充分展示出江永广大干部职工深厚的文化底蕴、饱满的创作热情和扎实的艺术功底。四是协助永州市非遗中心对"女书习俗"国家级代表性传承人何静华进行抢救性记录拍摄工作。

四、电视广播户户通工程开展情况

2016 年一季度，文广新局共向全县无法接收广播电视的农村住户发放广播电视户户通 5500 套，用于改善农村村民的广播电视收看情况，目前已经安装开通近 4000 套。

五、村村响工作开展情况

2016 年"村村响"工程作为文化惠民工程，省、市、县各级政府都非常重视，一季度因基层政府正在面临行政区划调整，故正在对"村村响"工作实施规划做了相应的调整，进度有所延后，二季度我县乡镇区划调整和合村并镇方案已经实施完成，"村村响"工程现正在走政府采购程序。

六、文化市场执法力度大

上半年来，文化市场综合执法大队在县民宗和文体广新局的正确领导下，严格执法，取得了一些成绩。共开展"扫黄打非"、小片网专项整治、网吧专项整治、校园周边环境整治、公共娱乐场所消防安全大检查等行动 9 次，日常巡查 57 次，处罚网吧 14 家，KTV1 家，收缴非法出版物 161 本，黄色淫秽光碟 37 张，确保江永文化市场有序健康发展。

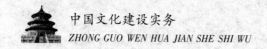

七、体育事业蓬勃发展

1、今年度，5月13日市运会举重项目在市体育中心举行。年初，我们制定了备战计划，选拔好参赛运动员，积极科学有效的训练，经过5个月的备战，体校运动员在市运会举重项目上获得五个第一名、三个第二名、二个第三名、一个第四名、总分第二的好成绩。

2、利用节假日，积极举办各类体育健身活动。2月我们举办了迎新春体育运动会，设有冬泳、气排球、门球、羽毛球、乒乓球五个项目近800名运动员参赛，最大的亮点是冬泳联谊赛吸引了数千名市民观看；4月底我们配合县总工会开展庆五一系列体育活动，有600名运动员参加比赛；4月，全县老年人门球赛拉开序幕，每月逢十、十一日，将有42支门球队参赛；5月全县太极拳年度推广活动启动，有8支队伍进行了展示；5月20日，全县羊奶系列门球邀请赛开幕，共有38支队伍参赛。通过系列体育活动，带动了全县全民健身活动的开展。

3、积极参加省市各项健身体育活动。4月20日参加市门协门球锦标赛；5月中旬参加市工间操比赛；5月13日至14日参加市健康杯门球赛；5月18日至20日参加湖南省第九届老年人健步走比赛；5月20日到22荣参加湘阴站湖南省山地户外休闲体育大会。通过走出去，开阔了视野，促进了各项体育竞技水平的提高。

八、基础体育设施不断完善

上半年向省局申报了20套健身路径，正陆续到位，向国家发改委申报的公共体育场项目资金已到位，目前正在报建，有望在7月份动工新建。

九、存在的主要困难

1、文物所承担的文物保护职责重，但相应的机构级别和人员编制未得到有效保障，影响了工作职能的发挥。

2、我县已有女书习俗、洗泥节等国家、省级非遗项目，还有非遗线索102条，传承人28人，但我县至今未成立专业的非遗保护机构，专门从事非遗保护工作。

3、文化馆、图书馆的馆舍设备老旧，需要加大经费投入，修缮馆舍，改善免费开放条件。

4、业余体教结合、经费问题，体校生就近入学困难很大，学习与训练不能有机的结合，训练时间得不到保障，业余体校每年预算资金7万元，除水、电等费用外，所剩无几，不能增加运动员的营养，和增加他们的训练强度，外出比赛费用难以保证。

5、民族宗教工作的调查研究工作需要进一步加强，超前考虑、谋划长远的能力不强，创新民族宗教工作的新思路、新办法、新举措不够多；争取上级民族资金项目的力度需要进一步加强，在"跑项目、争资金"方面不够主动，民族资金的管理使用工作还需进一步规范；巩固和发展平等团结互助和谐的社会主义民族关系、维护民族团结和社会稳定的任务还相当艰巨；依法管理宗教事务的能力需要进一步加强，发挥爱国宗教团体和宗教界人士的积极作用方面，需要进一步探索。

十、2016 年下半年工作计划

民族宗教工作：1、积极争取少数民族扶贫发展资金。根据省民宗委的安排部署，积极申报，争取项目资金。2、组织全县干部群众参与上甘棠村和普美女书园第三届湖南省最美少数民族特色村寨的网络投票活动。3、配合省市民宗委、县委县政府做好松柏瑶族乡30周年庆典工作。4、做好省市民宗委、县委县政府安排的其它各项工作。

文化市场执法工作：1、加大文化市场监督执法力度，组织文化执法大队对校园周边及沿街报刊亭，出版物企业、印刷企业进行一次执法大检查，对发现出售非法杂志报刊、低俗出版物的商贩和报刊杂志亭要加大处罚力度。2、加大安全生产巡查力度，对全县的KTV、网吧、酒吧、会所进行一次安全生产大检查活动，对一些安全隐患进行排查，督促相关企业进行整改。

重点工程建设：1、继续推进兰溪盘王庙、上甘棠三期维修工程按进度施工。2、继续推进上甘棠古村落争创"AAAA"景区工作，争取项目资金推进上甘棠区旅游资源的保护和开发。

精诚团结　攻坚克难
开辟文化工作新局面

湖南省蓝山县文体广电新闻出版局　梁社忠　徐化平

近几年以来，我局在省市业务主管部门的指导下，在县委、县政府的领导下，我局以舍我其谁的豪情，以科学务实的精神，精诚团结，开拓进取，攻坚克难、奋勇拼搏，创造性的开展工作，各项工作都上了新的台阶，主要体现以下几个方面：

一、近几年以来取得的成绩

（一）文化广电新闻出版工作成绩斐然

全县建成 15 个乡镇综合文化站，359 家农家书屋，人均公共文体活动面积达到 2 平方的全面小康标准。五年来，组织开展"欢乐潇湘"系列文化活动，打造了湘江源梨花节、村（春）晚等文化品牌，共送戏下乡 200 余场次，送电影下乡 2 万多场，实施"村村通"、"户户通"工程，增加广播电视用户 1.2 万多户，基本解决了广大人民群众读书看报、看戏、看电影困难问题。同时文化遗产保护不断得到加强，新增省级保护项目 4 个，塔下寺修缮工程完成。五里坪古墓群顺利发掘，并评为全国文物行政执法十大指导性案例。2013 年荣获了中宣部、文化部、国家新闻出版总局联合颁发的第五届全国"服务农民、服务基层文化建设"先进集体称号。在全省"欢乐潇湘"大型群众文艺汇演活动和省艺术节中获得金奖、银奖、铜奖节目各一个，创建省级"扫黄打非"示范社区一个，2012 年、2013 年、2015 年被市我局评为目标管理考核先进单位，2014 年局机关被评为市级卫生单位。

（二）体育工作结硕果

近几年以来，全县上下深入贯彻落实《全民健身条例》，以全民健身日为契机，掀起全民健身新高潮，群众体育意识进一步增强，群众体育活动广泛开展，经常参加体育活动的人数占全县总人口的 33%；人民群众体质明显增强，成年人体质监测合格率达到 80%；全民健身组织网络体系不断完善，各类社会体育指导员超过 200 余人；体育设施逐年增多，完成 133 个农民体育健身工程和 30 个室外健身路径工程建设。体育工作得到了省市的充分肯定，被评为全国 2011 年全民健身活动先进单位、湖南省 2011 年全民健身日活动先进单位、湖南省 2004～2012 年度群众体育工作先进集体、湖南省第四次体育场地普查工作先进单位，多次荣获永州市体育系统的各项表彰。体育运动竞技水平不断发展，制定了《蓝山县体育竞赛奖励办法》，人才培养布局日臻合理，选材、输送机制日臻完善，圆满完成各项指标任务，涌现了一大批优秀的体育运动人才，在 2014 年 9 月的湖南省第十二届运动会上获 5 金 2 铜好成绩，并荣获"参加湖南省第十二届运动会先进单位"称号。

二、主要工作措施和做法

（一）积极承办农家书屋、广播电视"村村通户户通"等为民办实事工程

我们高度重视、认真研究、精心策划、认真组织，调动各方面积极性大力推进工程的实施，全部实现了预期目标。农家书屋自 2007 年试点建设以来，至第四次党代会底，全县已建成 359 家农家书屋，实现了行政村的全覆盖、全开放，目前我们在完善后续管理，逐步加强各级对农家书屋的考评和后续投入，尽量发挥它传递社会正能量的作用。在农家书屋建设中，局长梁社忠同志第四次党代会获评省级先进个人，先后有新圩镇上清涵村廖世泽、塔峰镇高阳村钟积武等 6 名优秀农家书屋管理员获评省市先进称号。2013、2014 二年共完成"村村通"免费向边远山区群众发放地面卫星接收器 3300 多套，并完成了洪观、蓝屏、太平、大洞、田心等乡镇的数字信号的整体传输，增加有线电视覆盖 4000 多户。农村公益电影放映涉及全县 25 个乡镇场办事处 358 个行政村，全县放映率达到 100%，全面完成 8500 场公益电影放映任务。农村广播"村村响"完成了楠市镇试点建设。现正在筹备全县各行政村全覆盖建设项目。

（二）认真抓好图书馆、文化馆、乡镇文化站开展免费开放、送戏下乡、演艺惠民"和公益电影放映工作

图书馆近两年新增馆藏图书 12300 多册，新增读者 1231 人，读者来馆借阅 66346 人次，书刊借阅 48309 册次，电子阅览室上机 9305 人次，图书自动化管理系统正式投入运行服务读者，实现了图书订购、录入、流通及读者管理的自动化；完成各类大型展览 4 次、培训班 15 次、公益讲座 4 次；开展的"三湘读书月"活动多次获得省市先进，其中新圩镇上清涵村荣获湖南省第三届"书香村组"荣誉称号。群众文化活动方面，多次举办有影响的大型群众

活动，连续三年成功举办了春节联欢晚会，并实现电视现场直播；"欢乐潇湘，和美蓝山"大型群众文艺活动海选赛、复赛、市决赛，获一等奖赴省决赛；其它有，"2014 中国蓝山湘江源生态文化旅游节"文艺演出、创省文明城市大型文艺汇演、演艺惠民送戏下乡、犁头瑶族乡成立三十周年庆典文艺汇演等大型群众文艺活动，组织引导全县的群众广场舞活动，开展文艺、文学、美术、书画、摄影作品评选活动等。县电影公司根据国家"2131"工程的总体要求，积极做好公益电影放映工作，每年组织 200 多部优秀影片，抽调二十多名精干专业电影放映员，组成 12 个农村电影放映队，每年为全县 358 个行政村送电影下乡四千多场，深受农民群众好评。通过深入学校、社区、乡镇（农村）、部队进行了广泛文化宣传，各类文化活动惠及人数达数十万人次，在全县营造了良好的社会文化氛围。

（三）不断加强文化遗产保护工作

文物保护工作全面升级，塔下寺的保护修缮和环境整治工作全面推开，社会各界群众积极参与募捐工作，筹集募捐资金 140 多万元；完成了万年桥、挑盐古道、虎溪、滨溪等文物保护单位的保护规划并通过省文物局的审批；五里坪古墓群的发掘工作有序推进，有力的支持了县域经济的发展。

（四）不断完善文化体育基础设施建设

电影院重建正式启动，并将于今年底完工，投入使用；塔下寺文化广场建设已完成征地拆迁，年内将动工修建；"四馆二中心"（图书馆、文化馆、博物馆、体育馆、青少年活动中心、文体中心）已纳入到县城整体规划中，正在着力实施前期筹备工作；完成 15 个建制乡镇的综合文化站的建设和设备配送工作，并自筹资金为全县 25 个乡镇办事处配设了一个价值两万多元图书的图书室，极大地改善了基层干部群众的文化学习条件；为全县部分行政村和文艺骨干队伍免费配送音响设备近 200 套，便于群众文化活动的开展。

（五）努力创造文化体育建设良好氛围

1、县文体广电新系统建立健全了文化体育产业专项统计体系，组织开展了安全大检查、少儿读物大检查、秋风扫落叶式的扫黄打非行动，经过学习和业务熟悉，已建立网上审批和网上办公、办事议程，工作更规范，效率更快捷；统筹好了全县文化体育事业和文化体育产业、数量规模和质量效益、文化生产和文化传播、经济效益和社会效益的关系，文化事业和文化产业专业引导资金正在争取资金落实。

2、把好文化体育市场年检换证关，规范文化市场秩序。逐步理顺文化市场管理体制，每年初，我局对全县所有文化、体育、新闻出版市场进行了年检年审、换证工作。在整个年检年审换证过程中，我们对全县文化体育经营户进行了严格的清理排查，年检换证合格率达99%，并对全县文化体育市场经营户进行政策的学习和法律法规的培训。

3、2014年，蓝山县创建"扫黄打非""塔峰镇舜峰社区示范点"的工作在上级主管部门的支持下顺利开展实施，为我县"扫黄打非"工作的创新发展提供了宝贵的实践经验。

4、2013～2014年，机关事业单位软件正版化工作，在上级机关和县委政府的指导下，我们排除一切困难和干扰，圆满完成了全县机关事业单位1022套正版WPS办公软件的安装和管理，有效地促进了我县机关事业单位软件正版化工作的发展，有力的维护了政府在人民群众面前率先使用正版软件，保护知识产权的正面形象。

5、加强文化体育市场日常监管工作。充分发挥我局职能作用，强化与公安、工商、文化、体育执法等"扫黄打非"成员单位的协作配合，对全县网吧、电游、音像制品、书刊游泳池等经营户进行了不间断地日常检查和集中整治行动。仅2014年，就开展联合联动执法专项行动8次，出动执法人员8425人次、执法车辆933车次，处罚违规经营的文化体育经营单位42家，按照"全覆盖、零容忍、严执法、重实效"的总体要求，对无照无证的文化体育经营户采取了及时关停和整改措施。一是加强出版物市场监管。分别于3月、9月开学前，对全县各中小学使用教材教辅读物情况及校园周边环境进行检查，严厉打击发行盗版教材和非法教辅出版物的行为，为青少年营造良好的读书学习环境。

（六）认真组织开展体育工作

1、群众体育工作丰富多彩。认真贯彻实施《全民健身条例》、《湖南省全民健身条例》、《湖南省全民健身实施计划（2011～2015）》、《永州市全民健身实施计划（2011～2015年)》，结合我县实际和群众喜好，因地制宜地开展全民健身活动，促进了全民健身活动的蓬勃开展。全县共举办、参加各类运动会、单项比赛和健身活动100余项次，参与人数40万人次，同时承办了有影响力的湖南省"九星杯·围棋赛"和"永郴两市六县篮球友谊赛"，群众体育工作丰富多彩。

2、竞技体育实力明显增强。一是建章立制，明确奖惩措施，确保体育竞技持续、健康、稳步发展。制定和出台了《蓝山县2015年～2018年竞技体育工作方案》明确了对教练员、运动员的训练要求，并制定了相应的奖惩措施。二是加强了对青少年业余体校的管理，制定了《蓝山县2015年青少年业余体

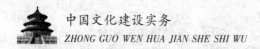

校管理制度》，建立了"县青少年业余体校体育人才培训基地"。加大对田径、乒乓球、举重等体育后备人才的培养，积极努力向省市选拔、输送优秀的体育运动人才。

3、体育场地建设稳步推进。一是启动县体育中心项目建设，征地工作已完成，项目建设进入规划设计和争取上级立项阶段；二是实施农民体育健身工程，积极指导乡村建设篮球场等体育设施；三是突出服务"精准扶贫"这个中心，为全县 50 个精准扶贫村有针对性地免费配送篮球架、乒乓球桌、室外健身器材，扶贫村村村拥有了体育健身设施；四是指导机关、企事业单位和学校新建、改建公共体育设施；五是引导社会力量投资建设体育设施，康美健身俱乐部、风云运动馆、雄鹰乒乓球俱乐部、苇航健身会所、航昇水乐园等一批社会投资的体育场馆和设施初具规模，为群众的健身活动提供了更多场所。共支持指导修建 133 个农民体育健身工程、49 个村级健身路径。

4、基层体育组织建设逐步完善。分别举办了气排球、门球、篮球裁判员和社会体育指导员培训班，培训 160 人次。指导成立了羽毛球协会和乒乓球协会的换届。

5、体育彩票销售稳步推进。为切实稳定我县电脑体育彩票的销售，我局加大了对彩票的宣传力度，利用广播、电视、报纸对彩票的公益性进行宣传。同时，派专人分管体育彩票，制定了《蓝山县体育彩票销售考核办法》，组织人员不定期的深入各网点检查，要求各网点提高服务质量，依法经营及时掌握各网点情况，体育彩票销售稳步上升。

三、存在主要问题

近几年以来，我局的工作虽然取得了一定成绩，但是离广大人民群众的期待，仍有许多不足，集中表现在以下一些方面：

1、文化体育体制改革尚未彻底。一是文化体育广电事业发展没有到位。由于历史的原因，经费投入不足、场地狭窄、人员缺少等因素，目前没有建立起广播电视节目监播监听监看中心、新媒体和广播电视信号的监测监管平台，新闻宣传、网络传输、安全播出等存在着监管无技术、无平台、无手段的现象，无法按照中央、省市的要求实现对广播电视行业的有效管理。县级广播电视功能不全，有电视无广播。二是管理和执法存在脱节。文化体育行政、文化体育事业、文化体育执法三个部门之间存在职权不明，职能交叉，关系没有理顺的现象，出现问题难以划分责任。产生该问题的原因主要是从上至下文化体育体制改革尚未完全理顺。

2、公共文化体育基础设施薄弱。由于历史（种种）原因，我县的文化基础设施在全省全市处于落后水平。一是城区没有标志性的文化体育设施。没有综合性的群众文化体育活动场所，文化体育设施功能不全，器材陈旧，公共文化体育设施远远低于国家标准，不利于开展公共文化体育服务。"两馆一中心"的建设，群众要求很迫切，多次向人大、政协提出建议和意见，"两馆一中心"的依然没有好的建设方案。电影院建设虽然已经动工，但资金缺口还很大。二是农村的基本公共文化权益保障不到位。一些文化站、农家书屋因人员、管理等原因利用率不高，再就是收听收看当地广播电视节目难，覆盖面窄，全县有9个乡镇办事处、54%的行政村收看不到蓝山的广播电视节目。存在该问题的原因主要是我县财力紧张，部门争取力度不够，多年来向文化事业的投入严重不足。

3、文化体育服务能力不强。城乡文化体育服务不均衡。城镇群众精神文化生活相对比较丰富，农村群众文化生活过于单调、活动形式单一的问题尚未根本解决。部分乡镇文化站、农家书屋流于形式，没有起到很好的作用。文艺社团缺乏专业技术人才，缺乏专业训练，难以满足群众需求。产生该问题的原因主要是经费缺乏，管理上没有建立激励机制。

4、文化体育市场监管没有到位。文化体育市场管理存在许多薄弱环节，市场中违法违规经营现象还没有从根本上解决。文化体育执法队伍人员欠缺专业知识、专业器材，难以实现有效监管。产生该问题的原因主要是文化体育市场管理体制没有理顺，经费投入不足。

5、文化遗产保护力度有所欠缺。一是文物资源的自然损毁非常普遍，尤其是人为破坏文物情况日趋严重，一些重要的古代文化遗址及许多有价值的古代和近现代文物建筑、古村落、历史街区在旧城改造、新农村建设中拆毁。二是非物质文化遗产整理、申报、保护乏力。产生该问题的原因主要是宣传不到位，文化遗产保护意识薄弱，缺乏专业人才。

6、文化体育产业没有做大做强。我县文化体育产业取得一定成绩，但与发达地区相比，还存在一定差距。我县文化体育产业增加值占 GDP 比重为2.95%，低于全省5%平均水平。文化体育企业数量不少，但龙头企业不多，大部分是个体户微小企业，企业的规模化、社会化、公司化、产业化程度低，发展的速度、规模和效益有待提高。产生该问题的原因主要是对文化产业引导扶持不力，没有落实文化事业、文化体育产业引导资金设立管理使用制度。

7、队伍建设有待加强。一是队伍整体素质偏低。对新常态下的文化体育工作不适应，能力不足。优秀的创新型文化体育人才奇缺，体育运动项目的

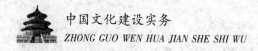
拔尖人才少，省运会夺 5 枚金牌，全运会、奥运会没有拿过金牌。二是服务意识不强。存在讲待遇不讲工作的现象。当"可以了、要得了"先生，不求精湛，敷衍了事，缺乏责任心、事业感。产生该问题的原因主要是受编制和机制的束缚，人才引不进，管理机制不畅。

四、几点建议

1、认真贯彻落实中央、省委关于推进文化建设的战略部署，专注研究蓝山的文化建设工作，真正把文化建设纳入全县经济社会发展的统一规划。

2、请上级大力支持我县的"两馆一中心"建设。

作者简介：

梁社忠，现任湖南省蓝山县文广新局党组书记、局长。

自参加工作历任：蓝山二中教师、团委书记；蓝山县委宣传部理教干事；蓝山县委宣传部副科级干部；蓝山县委宣传部副部长、文明办主任；蓝山县委宣传部常务副部长；蓝山县文化局局长；蓝山县文广新局党组书记、局长；

2016 年 3 月至今任湖南省蓝山县文体广新局党组书记（主持全局工作）。

马山县创建"中国民间文化艺术之乡"的成功经验

广西壮族自治区马山县文化新闻出版广电和体育局　蒙海军　李海瑛

马山县历史悠久，文化灿烂，民族民间文化底蕴深厚。全县形成了以壮族三声部民歌、壮族会鼓、壮族打扁担、壮族打榔、壮族踩花灯、壮族传扬歌、瑶族蚩尤舞、瑶族剪刀歌、上刀山下火海等为代表的特色民族民间文化。其中壮族三声部民歌、壮族会鼓、壮族打扁担闻名遐迩，被誉为马山"文化三宝"。群众文艺活动十分活跃，全县各种文艺团体达 100 多个，演员 4000 多名，每年各文艺团体演出 300 多场。马山县 2001 年被评为自治区文化先进县，2004 年被自治区授予"广西民间艺术之乡"称号，2008 年、2011 年、2014 年连续三次（每三年评选一次）被国家文化部授予"中国民间文化艺术之乡"荣誉称号，2012 年被中国民间文艺家协会命名为"中国会鼓之乡"称号。

马山县委、县人民政府高度重视民间文化艺术的传承和发展，将民间文化艺术传承和发展工作列入县委、县人民政府重要工作议事日程，列入国民经济和社会发展总体规划，为全县文化事业、文化产业和民间文化艺术工作制定了一系列政策和措施，有力促进了民间文化艺术工作的健康发展。

一、马山县创建"中国民间文化艺术之乡"的成功经验

（一）不断完善文化基础设施建设

随着经济迅速增长，人民群众的精神文化需求不断提高，全县社会文化活动呈现出前所未有的活跃局面，完善文化设施建设的要求日益强烈。县委、县人民政府高瞻远瞩，审时度势，站在建设特色文化先进县长远发展战略高度，积极争取资金，合理安排投入，先后建成一批富有地域风格、建设内容独到的标志性文化建筑群。

2010 年 5 月，累计投入 1380 万元，建造了占地面积 20000 平方米、总建筑面积 6000 平方米、可容纳 5000 人的马山县体育馆，配套建造的县图书馆

和县文化馆综合大楼各 150 平方米也同时落成。县体育馆是一个集全民健身、文化娱乐、节日庆典等功能于一体的大型文体活动场馆，县文化馆大楼服务功能厅室设计齐全，图书馆大楼空间设计符合时代阅读信息服务发展要求，三馆的建成开启了全县文化设施建设新时代。2012 年至 2014 年，以集中展示地方特色文化为主要功能的民俗文化展示馆，以展示创业史实和光辉业绩的县成就馆，以"振世雄风"会鼓雕塑为主题标志的会鼓广场等文化设施在县体育馆前先后建成，与县体育馆交相辉映，构成了马山特色文化地标建筑群。

2003 年至 2015 年年底，全县已建成 11 个乡镇文化站，59 个村级服务中心，65 个文艺舞台，396 个乡村社区村篮球场，35 处体育健身路径，165 个农家书屋，"村村通"广播电视直播卫星设备覆盖到全县大部分山区农户，县、乡、村、户四级文化网络阵地已经形成。分别于 2014 年 12 月和 2015 年 12 月建成的古寨瑶族乡民族文化长廊和民族文化展示馆，白山镇大同村壮族会鼓传承基地展示馆，加方乡加方村壮族打扁担展示馆，以其独特的建筑风格和设计内容成为了马山乡村文化设施建设发展水平的新标志。

（二）不断促进群众文化活动

激发和维护群众参与热情，以多彩的群众性文化活动营造浓郁的文化活动氛围，凸显地方特色文化内涵，充分发挥先进文化的示范作用，引领健康生活新风尚，全县群众性文化活动呈现出主办主体多元化、表演主体多元化、运作方式多元化的新格局。

1、春节文化活动。每年春节、元宵节期间，积极组织开展山歌擂台赛、会鼓比赛、游园活动、书法比赛、斗鸡比赛、黑山羊擂台竞技比赛等文体活动，举行民歌、会鼓、打榔舞、扁担舞采茶舞等文艺节目演出，丰富了节日期间群众的文化生活。

2、文化下乡活动。每年积极开展"文化三下乡"活动，组织文艺工作者走进乡村、社区、校园、企业，为群众献艺、春联、字画、图书等，努力满足基层群众文化生活需求。

3、节日文化活动。每年以"世界读书日"、"文化遗产日"、"五一"、"五四"、"七一"、"国庆"和"元旦"等节日为载体，积极开展文艺演出和文化宣传活动，增强了群众崇尚文化、珍爱文化资源的意识和树文明新风。

4、广场文化活动。每天晚上在县体育馆广场、人民广场等主体广场组织开展健身操、广场舞、即兴演出等丰富的广场文化活动，辐射带动乡村社区文化活动蓬勃发展。目前，全县已形成天天有活动、周周有安排、月月有主题、年年有汇演的广场文化活动特色。

5、乡村文化活动。全县目前共组建有 80 多支农村业余文艺队，活跃在各乡村社区。随着农村基层公共文化基础设施建设的逐步完善，各文艺队在开展农村文化活动方面的引领作用日益突出。其中，壮族会鼓队、打扁担表演队、三声部民歌演唱队、打榔队等特色表演队，分布在大部分乡镇，在县乡两级的全面指导下，队伍组织管理水平、演出的艺术性和观赏性不断提高，多次代表全县参加区内外的各类文艺赛事，充分发挥了活跃农村文艺舞台的骨干作用。村屯、社区的节日文艺晚会、农耕文化活动常年开展，农村文化活动保持活跃局面。自 2015 年开始，全县十一个乡镇还举行了月月生态旅游特色文化活动节。如古零镇的三月三"欢哈节"、白山镇的鼓祖文化节、加方乡的黑山羊文化节、古寨瑶族乡的金银花节、里当瑶族乡的达努节、百龙滩镇的红水河会鼓节、林圩镇的赏花节、周鹿镇的斗牛狂欢节、永州镇的红色文化之旅、乔利乡的中秋歌圩节、金钗镇的石林文化旅游节等极富地域特点的文化活动，给全县农村文化活动注入了新的内涵和特色。

（三）不断树立特色文化品牌

为展示马山底蕴深厚的民族文化、丰富多彩的旅游资源、品味独特的美食文化，马山县委、县人民政府按照"经济建设努力加快发展，文化建设努力争创一流"的工作思路，在加强经济建设的同时，狠抓文化建设，充分利用自身的区位优势，依托丰富的文化旅游资源，借助新平台、抓住新机遇、谋求新发展。2007 年来，连续成功举办了九届"中国黑山羊之乡——广西南宁马山文化旅游美食节"大型节会活动，打响了一场文化品牌战。

文化旅游美食节以"山欢水笑好地方，我们一起去马山"为主题，以"体验民族文化，游览奇山秀水，品尝生态美食，感受美丽马山"为主线，以展示"壮族三声部民歌，壮族会鼓，壮族打扁担"等马山"文化三宝"为主要内容，以大规模、大阵容，如千人唱三声部民歌、千人会鼓、千人打扁担等"三个千"的展演活动，充分展示马山底蕴深厚的民族文化、丰富多彩的旅游资源、品味独特的美食文化，并以灵活的表现形式、丰富的活动内容突出节会的亮点。如其亮点如下：

一是表现形式新颖。每一届的节会活动都在不断创新马山"文化三宝"的表演形式。如：2011 年第五届文化旅游美食节，壮族三声部民歌的演唱，通过男声无伴奏、无伴奏大合唱、歌舞等形式，体现马山民歌的雄浑气魄，展示马山少数民族多声部民歌的天籁神韵。2012 年第六届文化旅游美食节，壮族会鼓的表演，加入女子鼓手和少年鼓手，并通过制作独具地方民族特色的表演道具，编排飘逸灵动、节奏活跃的表演形式，充分展示壮族会鼓丰富的文化内涵。2013 年第七届文化旅游美食节，壮族打扁担的表演，则加入了人语音乐、打击乐伴奏，展现壮族扁担舞变化无穷的魅力。

二是展演规模浩大恢弘。如：2007 年第一届和 2008 年第二届文化旅游美食节举行的千人唱三声部民歌、千人会鼓、千人扁担舞场面宏大，气势磅礴。2009 年第三届和 2010 年第四届文化旅游美食节举行的民俗风情巡游表演方阵，浩浩荡荡，震撼人心。2007 年至 2015 年每一届文化旅游美食节举行的姑娘江风情夜活动，聚集来自各乡镇的山歌队、会鼓队、扁担舞队、民间文艺队等同时表演，阵容强大，精彩纷呈。

三是民俗文化氛围浓郁。每一届的节会活动期间，通过开放民俗文化展示馆，举办姑娘江风情夜，多层面、多角度展示马山魅力无穷的民俗风情。除马山"文化三宝"（壮族三声部民歌、壮族会鼓、壮族打扁担）展演外，丝弦戏、师公戏、采茶戏、踩花灯、瑶族剪刀歌、上刀山下火海等地方民间文艺也一并亮相。民俗展示馆通过实物、图片、声像、场景设置等形式，展示马山久远的历史和丰富的民俗民间文化，游客身处展示馆，可轻松地了解马山的民族文化发展进程。

四是群众广泛参与互动。每年节会举办的大型民俗风情巡游和姑娘江欢歌——马山民俗风情之夜，都有万名以上群众参与，通过万名群众参与，突出了广场文化群众广泛参与互动的特点，所有参演节目，以群众演员为主，节目展演体现了群众化，观众可以加入各种表演活动之中，亲身体验马山各种民间文化艺术的魅力，达到演员与观众互动的目的，节会成为了群众自己的狂欢节。

五是展示内容丰富多彩。每届节会除举办山歌擂台赛、会鼓比赛、商品展、奇石书画展之外，还举办马山农特产品展，推介马山黑山羊、旱藕粉、金银花、彩色竹豆、开心甜笋等农特产品品牌。举办美食一条街，推出马山土鸡、香牛、红水河油鱼、黑豆菜肴等特色食品。尤其是万人千羊宴，几千宾客同时品尝马山生态美食。还举办户外嘉年华活动，通过开展攀岩挑战赛、水上趣味竞技比赛和美丽乡村骑游活动，让广大游客在享受运动乐趣的同时，欣赏迷人的田园风光，感受乡村的自然和谐。

六是风情旅游独具魅力。每届节会推出乡村特色旅游线路，让游客游览世界十大名洞之一的金伦洞、广西"八大美景"之一的红水河画廊、广西知名岩洞寺庙灵阳寺、"天然氧吧"弄拉自然生态保护区、广西最长暗河永州定乐江地下暗河、神秘的金钗石林等马山秀丽风景，领略马山"山奇、水秀、洞幽、石美"的内涵，体验独特的马山乡村生态、养生旅游。

由于始终坚持体现特色、强化创新、常有新意，并突出活动广场化、群众化、民俗化、休闲化、原生态的特点，每一届文化旅游美食节的节庆效应深入人心，海内外游客纷至沓来，马山的人气、财气、名气得到了充分集聚和提升，马山的实力、魅力、活力得到了充分彰显和展示。

（四）不断推动各项事业的蓬勃发展

每一届节会取得的一系列成果，对马山县经济社会的发展特别是文化事业和旅游产业的发展产生了深远的影响。文化旅游美食节全面展示了马山神奇秀美的山水风光和底蕴深厚的民族文化，成功将民族文化、生态旅游和商贸活动有机融合，聚集了人气，刺激了消费，拉动了内需，促进了文化、旅游等相关产业的繁荣发展，对交通运输、娱乐购物、餐饮住宿、服务业等第三产业也起到了明显的带动作用。目前，来马山的游客、旅游车辆明显增长，各景区景点、酒店客房生意红火，商贸市场生意逐渐走旺。计不完全统计，这九届文化旅游美食节期间，全县累计接待区内外游客 90 多万人次，旅游总收入超过 1 亿元。各类商贸活动累计实现现货交易金额达 9200 多万元，综合消费达 8800 多万元户，招商引资及劳务输出洽谈推介会达成合作协议 100 多项，涉及金额 3 亿多元，劳动力输出 4 万多人。同时，城乡消费明显增长，各超市、商场客流量普遍增长 20% 以上，销售额增长 15% 以上。显然，马山文化旅游美食节，当前已成为了马山人民的重大节日，也成为了马山县创建"中国民间文化艺术之乡"的重要活动品牌。可以说，文化事业的繁荣发展，不仅可以满足人民群众日益增长的物质文化需要，而且成为了带动县域经济和社会各项事业健康协调发展的强力引擎。

（五）不断加强民族民间文化遗产的保护力度

为做好马山民族民间文化遗产的保护传承工作，2007 年在古零镇安善村建立了壮族三声部民歌传承基地。2008 年至 2010 年分别挂牌成立了白山镇大同村、百龙滩镇勉圩村壮族会鼓传承基地，加方乡加方村壮族打扁担传承基地，古寨瑶族乡古寨村壮族打榔传承基地。2014 年又分别在城北小学、安善小学、古零镇中心小学、县文化馆等地挂牌成立了 4 个壮族三声部民歌传承基地。2010 年 3 月，投入 200 多万元资金，在县体育馆建立了总面积 400 多平方米的马山县民俗文化展示馆；2012 年 4 月，在县文化馆挂牌成立了马山县非物质文化遗产保护中心和马山县非物质文化遗产展演队；2014 年 12 月，在古寨瑶族乡和白山镇大同村分别建成了彰显民族特色的古寨瑶族乡民族文化展示馆，白山镇大同村壮族会鼓传承基地展示馆等。各基地和展示馆的建成，为马山民族民间文化遗产的保护传承工作奠定了坚实的基础。

为使民族文化进校园传承，2008 年，在对安善村小学进行两年试点的基础上，2011 年 11 月，在全县各中小学校明确了古寨初中、加方初中、合作初中、合群初中、城西小学、城南小学、城北小学、同富小学、安善小学、勉圩中心小学等十所学校为马山民族传统文化进校园试点学校，给予重点扶持。在试点学校，将被誉为马山"文化三宝"的壮族三声部民歌、壮族会鼓、壮族打扁担引入课堂。2012 年 3 月组织专家编写了《马山壮族三声部民歌教材》；2012 年 5 月 29 日，在各试点学校举行马山"文化三宝"进校园阶段性成果展，同日，马山县教育局召开"马山文化三宝"进校园推进会；2013 年 8 月，举办全县首届马山"文化三宝"进校园师资专业培训班 3 期；2014 年至 2016 年，成功举办了三届马山"文化三宝"进校园工作成果展演。

非遗文化进校园既丰富活跃了校园文化生活，也使广大青少年学生对保护和弘扬非物质文化遗产的热情不断升温，形成了政府推动与学校、学生主动参与相结合的非物质文化遗产传承保护的良好局面。

二、创建"中国民间文化艺术之乡"工作存在的困难和问题

虽然马山县对民族民间文化保护工作给予了高度重视，但随着经济社会的快速发展，民族民间文化保护工作仍然存在一些亟待解决的问题。

（一）保护经费投入不足，抢救、保护工作难以全方位开展

马山是国定贫困县，县级财政可用于民族传统文化遗产保护传承的经费非常有限，各文艺团体及协会的自筹能力也非常有限，马山县的民族民间文化遗产保护传承经费基本上只能依靠上级专项拨款，远远不能满足我县民族民间文化遗产保护传承经费需求，特别是村屯民族民间文化遗产保护传承经费更加缺乏，不利于我县民族民间文化遗产的保护传承工作。

（二）民族民间艺术传承队伍有待壮大

一些民族民间文化卓著的编、导、演人才有的已经去世，有的年龄偏大，有的因无法维持生计而改行，导致民间艺人数量不断减少。目前，能起骨干作用、有较高水平的中青年人才数量不多，有兴趣并愿意学习传统艺术的青少年不是很多。目前，我县三声部民歌、会鼓、打扁担等民间艺人大多是五十岁以上的人，系统掌握民族民间文化的年青人才队伍有待发展壮大。

（三）保护传承机制尚待完善

目前，我县对民族民间文化保护传承基地建设验收及单个民族民间文化

遗产的抢救挖掘、扶持办法、监督检查、考核评估等机制尚待进一步完善。

（四）传承研究工作尚待加强

虽然我县开展了一系列民族民间文化遗产保护传承工作。但是，传承的广度和深度尚待加强。

三、对进一步加强"中国民间文化艺术之乡"创建工作的思考及建议

马山民族民间文化，是民众生活的重要组成部分，在当代仍然散发着独特的光彩和魅力，仍然是推动社会发展的不竭动力，是文化创新的基础和源泉。虽然目前马山县在开展民族民间文化保护传承中取得了一定成效。但是，民族文化的传承与发展还需要大量的人、财、物等资源，需要形成一系列的法规与机制等等，来确保民族文化的传承和发展。

一是大力发展少数民族乡村经济。民族乡村经济比较落后，但文化资源比较丰富，而且这个文化资源同时是大多民族乡村的优势资源。经济发展是个基础，只有大力发展民族经济，才能更好地为民族文化保护发展提供有利的物质保障。同时，积极利用民族文化这个优势资源，使之成为新的经济增长点。因此，民族乡村经济发展和文化保护发展相辅相成，缺一不可。

二是积极培养民族文化优秀人才。要采取有效措施，充分发挥民族乡村、民族学校、民族民间文化传承保护基地的作用，组织开展民族乡土教材采编、宣传和挖掘工作，努力培养出一批民族文化的研究人才。积极引进一批民族民间文化专业人士，以提高队伍的整体素质。积极培养通晓民族民间文化专业知识和市场经济运作的经营型人才和管理型人才，开拓民族文化的展演、商品和旅游市场，发扬光大民族优秀文化。

三是建立民族文化保护协调机构。结合我县实际，吸收民族、文化、财政和旅游等有关部门，成立县、乡（镇）两级民族文化保护协调机构，统一协调和指导本区域内的民族文化的普查、抢救和保护工作；聘请有关民族、民俗等方面的民族文化专家学者，具体负责对全县民族文化抢救和保护规划的制定、项目评估和业务指导等工作。制定民族乡村社会主义新农村建设规划时，要体现民族文化特色。形成社会合力，充分发挥文联、专业协会、民间艺术研究会、新闻媒体和文化单位的积极性，编纂民俗文化系列丛书，建立县级民俗文化保护网站。鼓励和支持运用各种媒体对民俗文化及其保护工作进行宣传展示。普及保护知识，培养保护意识，增进对民族文化的认同，

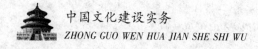
促进社会共享。

四是融入时代艺术元素，拓宽发展新路子。首先是民族民间文化进课堂。从孩子们抓起，从中小学的教育做起，让孩子们从小就接触我们的传统文化，培养他们的艺术情趣。比如，可以考虑编印我县非物质文化遗产方面的教材，现在我们已经在着手三声部民歌教程和会鼓新鼓谱发放给中小学生，使得孩子们了解本地民族珍贵的非物质文化遗产，从小就树立起珍惜和保护民族民间文化的意识。其次，建立民族民间艺术团体和教育基地。根据民族民间文化地域分布情况，在民族民间文化发源地的中心学校或乡镇文化站建立传承基地，成立民族民间文化表演团队和教育基地，确定各项目的传承人，组建传承队伍。在县职业中学设立民族歌手班，将有艺术天赋的学生，集中到县职业中学进行专业培训，培养高素质的民族民间文化传承人。

五是继续巩固"中国民间文化艺术之乡"荣誉称号。全县文化人士和老百姓都把它看作是一块响亮的文化牌子，这是彰显和弘扬特色传统文化的牌子，是激发和鼓舞人心的荣誉。通过创建艺术之乡，促进全县人民文化自觉、自信、自尊和自强的认识和提高。十七届六中全会《决定》中关于文化功能价值的相关表述中指出：就是要用各地富有特色的乡土文化，引领一方风尚，教育一方民众，服务一方社会，推动一方发展。我们就是通过创建和申报工作，进一步引导广大群众广泛参与传统文化创造和继承活动，推动这个文化成果包括传统文化活动的深入和广泛普及，最终让老百姓亲手创造的传统文化成果变成涵养他们心灵、滋育他们精神、丰富他们生活、服务他们致富的切实手段和现实途径。

让文化阳光照耀每一个人

广西壮族自治区柳州市柳南区文化体育和新闻出版局　覃　捷

　　在柳南，人们可以通过文化微信公众平台，随时了解柳南文化活动资讯，在家门口享受文化服务和参与文化活动；可以及时浏览文化培训"菜单"，根据自己的兴趣爱好选择培训科目，亲身体验"柳南区两馆公益课程"的免费教学。在柳南，有需要的老人可以到社区上老年大学，让晚年充实而有趣；小候鸟们可以在社区的"候鸟港湾"参加社会实践、寻求帮助，感受家庭的温暖；外来务工人员可以到"进城务工人员活动中心"体验丰富的精神文化生活；爱好吹拉弹唱的老票友们可以在任何一个广场和有小游园的地方尽情展示。在柳南大地上，这样专门针对特殊人群的公共文化"福利"已不鲜见。

　　这些只是柳南百姓文化生活中的一个个片段，体现出来的是柳南区为特殊人群提供公共文化均等化服务的积极探索、大胆尝试。近年来，柳南区不仅在社会保障、民生福利等"看得见"的方面，给予特殊群体大力帮扶，在"看不见"的文化软服务方面，也为退休工人、外来务工人员、残疾人、低收入群体、随迁子女等特殊群体"量身订制"文化服务，有针对性、平等地开展帮扶，促进基本公共文化服务标准化、均等化，让帮扶政策真正行之有效、掷地有声。

　　2015年5月，柳南区为老工业城区特殊人群提供公共文化均等化服务的课题，顺利通过国家文化部公共文化司组织的第三批国家公共文化服务体系示范项目创建资格评审，被列入第三批国家公共文化服务体系示范项目创建。站在新的起点上，柳南区提升硬实力的前提下，高位谋划、逐项突破，形成独具特色的柳南文化模式，助推特殊人群基本公共文化服务标准化均等化早日实现。

一、谋划：塑造"柳南模式"

　　作为柳州的一个老工业城区，柳南区国企多、企业化社区多、工人多、退休职工多、外来务工人员多、随迁子女多，低收入及低保户多、文化民生问题突出。数据是最好的证明，辖区登记的退休工人有4.9万人，占全市退休工人的24.5%；进城务工人员14.02万人，占全市31.07%，进城务工人员随迁就读子女24033人，分布在45所学校就读；低保户2249户，持证残疾人

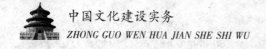
8613 人，占全市区持证残疾人数的 30.47%。

如何让这些特殊人群享受均等的公共文化服务，让生活在柳南这个美好大家庭的每一个人都共享文化阳光，成为摆在柳南改革设计者面前的一大命题。

中共中央办公厅、国务院办公厅颁布实施《关于加快构建现代公共文化服务体系的意见》，也对加快构建现代公共文化服务体系提出更高要求。于是，柳南区委、区政府根据自身公共文化建设要求和特殊群体的文化需求，高起点谋划，探索出一种以公共文化机构、社区和其他社会组织为实施主体，以特殊人群为服务对象，以星罗棋布的城区、街道（乡镇）、社区（村屯）文化馆（室）、图书（馆）室为服务阵地，以"根据需要提供服务""有文化需求找社区"的公益性运作发展机制，以文企结合、文教联动、文社协作为服务方式的创建特殊人群公共文化服务体系的新路子来。

在谋面布局中，还打破了传统公共文化建设"一刀切"、公共文化建设"有什么提供什么"的服务模式，更加注重公共文化发展的特殊性，更加关注公共文化服务中的特殊群体，公共文化服务模式设计人性化凸显。

二、部署：开出"多效良方"

一把钥匙开一把锁。柳南区在实现特殊人群基本公共文化服务标准化均等化进程中，根据特殊人群的特点量身定制，按照需求差异逐项突破。

"夕阳时光"无限美好。结合退休工人的业余兴趣爱好，依托 6 个街道（社区）文化活动中心创办老年大学，采取老年人喜闻乐见的教学方式，进行科学文化知识普及、开展养生保健、文学艺术和实用技能培训。支持专业和业余演艺团体定期深入农村、社区，为退休工人提供演出等公益文化服务。针对老年人喜爱参与广场文化活动的特点，扶持和文化广场，通过举办广场舞培训和比赛，社区文化艺术节，老年文艺展演，老年书画摄影才艺展示等，搭建老年人参与文化活动的平台。

残弱群体感受到了社会的关爱。在残疾人、低保户、低收入群体主要集中居住区，组织开展"送欢乐下基层"系列文化志愿者服务活动、"心手相连，欢乐相聚你我他"关爱困难群体系列活动，"文化大餐季季送"活动，建立"月月播爱心电影专场"，让弱势群体享受到免费看演出、观电影、参加活动的公益服务。评选"感动柳南"十大残疾人，开展残疾人家庭才艺展示、手工 DIY 展示、紧急救护常识演示、趣味运动会等活动，使他们感受到来自社会的关爱。

随迁子女感受到了家的温暖。在随迁子女比较集中的社区成立"候鸟港湾"随迁子女综合教育服务阵地，邀请各行业专家、职业能手，开办各类"家教课堂""绿色课堂""健康教育课堂""暑期课堂"，为随迁子女打造温馨家园。实施"一校一品、一生一特"教学模式，在随迁子女比较集中的12所学校，有针对性地开展文化艺术教育培训，使每个学生在校期间能掌握一门以上文艺特长。

进城务工人员有了归属感。形成相对完善的"政府主导、企业共建、社会参与"的农民工文化工作机制，建立相对稳定的农民工文化经费保障机制。在外来务工人员比较集中的河西、潭西、银山街道的社区，建立5个外来务工人员文化活动中心，内设图书室、棋牌活动室、书画室、歌舞厅、乒乓球室等活动场所，搭建一个个触手可及的"文化服务站"。

三、保障：舍得下"硬功夫"

近年来，为"织密"公共文化服务体系，提升文化"软实力"，柳南区下了不少"硬功夫"，为特殊群体享有基本文化权益提供了保障。

文化设施均衡广覆盖。目前，全区建有县（区）级文化馆、图书馆各1个，社区文化活动中心52个，村级公共文化服务中心16个，社区（农家）书屋110个，以及文化小广场15个，社区文体休闲场地80多个。为辖区居民新建文化健身路径63条，篮球场10个，舞台8个，文化广场5个。经过几年建设，实现社区、村文体活动场所和设施全覆盖。

人才队伍建设出成效。公共文化的繁荣，离不开人才的储备。成立有区、街道、社区文艺团队80支，文艺骨干200余人，文化志愿者2000余人，不定期开展文化志愿服务。

公共文化服务微距离。大力组织开展社区文化、村镇文化、校园文化、家庭文化等群众性文化活动，逐步打造出"和谐柳南元宵花灯展"、"活力柳南全民健身运动大会"、"欢乐柳南群众文艺会演"、"魅力柳南摄影大赛"等具有柳南特色的文化活动品牌。采取"流动的影院、流动的舞台、流动的书香＋送讲座、送展览、送培训"的形式，经常性组织各类流动文化服务活动，"三下乡"、"送欢乐下基层"、文化"五进"等活动开展已常态化。

机制平台实现多元化。在公共文化服务产品供给方式力求创新，开启政府购买、市场运作、社会参与的多种方式互为补充的新模式。在促进特殊群体基本公共文化服务均等化中，柳南区探索出文企联动、文教联动、文社协作的长效机制，同时，积极引导社会力量参与公共文化服务。

开展群众文化
民间文化及非物质文化遗产活动

四川省中江县文体广电出版局　林俊风　钟蕊琳　张　锐

县文化馆按照川文办发［2011］号精神，于 2011 年 12 月底免费向社会开放，开展公益性文化服务活动。实行免费开放以来，每天到县文化馆参加文化活动的群众多达 400 余人次，其中每周 2 次以上按时参加活动的团体多达 18 个（不包括临时活动的团体和群众）；自 2011 年 12 月开馆以来，每年举办展览不少于 4 个，参观人数达不下于 2 万人次；组织文艺演出不少于 90 场次，参加人员 8 万人次，举办培训班 12 班次，培训人员 1500 人次，举办公益性讲座 2 次，参加人数 130 人次；从 2013 年 3 月份开始，每晚 6：30～9：00 免费在文化馆广场开展广场舞蹈活动，每月参加人数达 2100 人次；每年为县级各机关、企事业单位免费提供排练场地 100 余次，参加人数 2760 人次；2014 年成立中江县文化馆民间艺术团、中江县继光合唱团、中江县民乐团、中江县农民工、留守儿童艺术活动培训中心等团队，组织专业人员为 45 个乡镇文化站的人员进行免费辅导培训；人数高达 310 余人次；全年组织大型文化活动 7 次，开展"宣传当的十八大精神文艺巡演"、"践行群众路线、飘扬文化旗帜、文化惠及民生、欢乐情系乡村"深入全县 45 个乡镇、村、学校共演出 110 场次，先后举办了 2014 新年音乐会，中江庙会，美丽中国梦·快乐过大年元宵文艺演出，芍药谷赏花节文艺演出，中国梦文化进万家文艺演出，"科技、文化、卫生"三下乡文艺演出，庆祝中国共产党成立 93 周年文艺演出，"芍药飘香——中江县广场群众文化活动"摇滚之夜、拉丁舞之夜等专场文艺演出，组织专业人员到太安镇桃花沟进行创作采风活动等群众文化活动。

一、开展群众文化活动

1、配合县委宣传部、县文联、县文体广电出版局织了书法家到悦来镇送春联下乡，为群众书写春联上百幅；

2、组织文艺骨干创作编排舞蹈《中国火起来》参加"金曲迎春·舞动天府　四川省群众广场舞大赛"总决赛，并获优秀奖；组织专业干部到德阳参加"三阳开泰"德阳、绵阳、资阳三市群文艺术展演开幕式；开展"送文化进军营"文艺慰问演出；

3、承担中江县 2015 年第二十届"科技之春暨科技、文化、卫生"三下乡文艺演出；同月，组织专业人员到太安镇桃花沟进行创作采风活动；

4、组织专业干部到各个社区对文艺骨干进行腰鼓辅导、培训；编创的文艺节目参加"2015 年第三届芍药花节"开幕式；承担凯江镇庆"五一"迎"五四"文艺联欢活动；

5、组织专业干部及文艺爱好者编创节目参加第二十五次"全国助残日活动"——"残健同行·梦圆小康"助残交流会；

6、组织专业干部及文艺爱好者编排舞蹈《快乐老百姓》、《芍药花开》、合唱《明天会更好》等节目到甘柏小学参加"七彩阳光——中江县白果乡庆祝六一国际儿童节"文艺演出；承办御河小学庆"六一"暨中江县民间艺术培训传承基地成立仪式；

7、文艺小分队组织创作、编排文艺节目参加四川省第六届乡村旅游节开幕式；

8、组织业余舞蹈爱好者编排歌舞《美丽中国》、《快乐老百姓》、《阳光路上》等文艺节目参加"军旗飘扬"——中江县庆八一军民联欢活动；

9、9 月初，文化馆民间艺术团排练舞蹈《幸福阳光》、老体协二团排练京歌《没有共产党就没有新中国》、文艺小分队组织排练文艺作品参加"我爱你　中国——中江县文化惠民文艺巡演启动仪式。

二、开展民间文化活动

1、每年的正月初一至初五为中江庙会在火神庙、镇江寺共组织了三十余台各种形式的文艺演出，深得观众的喜爱；

2、编排文艺节目参加回龙小学庆"六一"暨中江县民间艺术培训传承基地成立仪式；中江县文化馆继光合唱团到德阳市参加"2015 年唱响德阳合唱艺术节暨第二届四川群星合唱展演德阳选拔活动，获得优秀展演奖；组织文艺小分队和继光合唱团到德阳市分别参加"记忆端午·美丽乡愁—2015 年第七届端午群众文化周文化院坝优秀文艺节目调演"及"记忆端午·美丽乡愁—德阳市第七届端午龙舟群众文化周合唱音乐会"一系列主题活动；

3、继光合唱团排练歌曲《加德阳市文联举办的"纪念中国抗战胜利暨世界反法西斯战争春天我们来到战场》参胜利 70 周年"系列文艺演出；

4、25 日，文化馆民间艺术团创作、编排的舞蹈《久违的中江　久违的

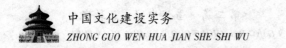

你》、《扎西德勒》参加德阳市宣传部主办的舞动德阳群众广场舞电视大赛决赛。

三、非物质文化遗产

1、为进一步推动我县农村特色文化的发展，也进一步挖掘、整理和传承我县民间文化，从 2015 年起在上级主管部门的支持下，联合乡镇、学校，以活动为载体，充分展示民间文艺文化内容，推动当地特色文化的建设和民间艺术的传承。至 2015 年底，将在全县建立包括回龙、永安、仓山、白果（柑柏）、实验小学御河校区、实验小学、城北中学等学校建立中江县民间艺术传承基地。旨在通过这些基地的建设将蕴含着中江深厚地域色彩的仓山大乐、小金龙、川剧、花鼓等民间艺术进行有效的整理和传承。

2、排练乐舞《仓山大乐》参加德阳市首届三星堆丝绸之路戏剧节文艺演出。

四、对外文化交流

1、2015 年 3 月，著名作曲家朱嘉琪与市音乐舞蹈家协会秘书长王姣同中江本土音乐爱好者进行"踏着春天的旋律"德阳市 2015 年歌曲创作采风与交流活动。

2、2015 年 6 月，邀请中省领导、专家李立山、中国曲协艺术中心主任曲华江、表演艺术家杨菲等专业人士为中江曲艺爱好者进行 2015 年中国文联文艺培训志愿服务项目曲艺培训会，与中江广大曲艺爱好者进行曲艺交流。

以文化服务凝聚重建正能量

四川省天全县文化新闻出版和广播影视局　杨贤斌

天全县位于四川西部、二郎山的东麓，幅员面积2400平方公里，人口15万，下辖15个乡镇。被称为川藏门户，茶马重镇。茶马文化、土司文化、红军文化、藏汉佛教文化、民间文化、生态文化在这片土地上交融生辉。

天全县文化新闻出版和广播影视局全局职工64人，下属文化馆、图书馆、红军纪念馆、落夕山差转台、文化执法大队、文管所，县电视台。局设群众文化艺术股、电影股、新闻出版股，行政审批股、办公室、计划财务股。近年，尤其是4.20地震发生之后，天全紧紧抓住灾后重建机遇，奋力推进文化基础设施建设，提高基层公共文化服务质量，以丰富多彩的文化活动，不断满足广大群众不断增长的文化生活需求，为灾后重建营造了良好的文化氛围。

一、创新工作思路，加强文化阵地建设

长期以来，天全文化阵地建设相对滞后。天全紧紧抓住5.12和4.20两次灾后重建机遇，争取重建资金，加强阵地建设，使全县文化阵地实现了质的提升。

一是文化馆、图书馆、红军纪念馆全面升级上档。争取重建资金2400余万元新建天全县文化馆、图书馆、改造提升红军纪念馆。（其中，5.12后争取1200余万元新建文化馆、图书馆，4.20后争取1200万元加固维修文化馆、图书馆、改造提升红军纪念馆），改造后的文化馆正在申报国家一级馆，图书馆正准备申报国家二级馆；红军纪念馆集红军长征在天全、天全历史、城市规划、420感恩馆为一体，成为天全的展陈中心。

二是15个乡镇文化站和138个村文化活动室全面提升。重建之前乡镇文化站多为乡政府挤占。420之后争取重建资金540万新建9个站，加固6个站，15个站全部实现全天候免费开放。同时建成15个农民工文化驿站和留守儿童之家，建成小河乡、老场乡两个省级综合示范站。138个村文化活动室也通过重建、改造提升，为农村群众提供了很好的活动阵地。

三是文化大院、图书阅读点成为新阵地。天全创新思路，利用农家大院

和农家乐饭庄等有利条件，建成 8 个文化大院；结合"全民阅读，书香天全"在企业、茶庄、网吧、医院等建成 15 个图书阅读点。文化阵地细胞建设，有效地服务于广大群众的文化生活；为充分利用和保护好文物资源，天全将老场乡杨家祠堂建成省级示范站、吉祥寺建成二郎山书画院，白君庙、杨家上祠、张七庙建成村级文化活动室（院坝）示范点，带动了农村文化活动开展。

四是创办纸媒体开发新媒。创办《二郎山》文学季刊，已出刊 28 期，二郎山文学部落在省内产生一定的影响；创办《生态文化研究》已出刊 3 期；创办《天全文艺》出刊 7 期，综合反映天全文化工作；在电视台开办文艺频道，开通手机客户端，开辟《和川大舞台》《和川文艺》栏目，展播文艺节目和文艺作品；开办天全文化馆网站和微信平台。这些传统媒体和新媒体发挥阵地作用，很好地宣传了全县文化工作。

二、创建文化品牌活动，激发群众文化热情

在没有专业演出队伍，师职队伍的基层，群众文化活动光靠老百姓自发组织是不行的，必须创建文化活动品牌，激发群众参与热情。2012 年以来，天全县着手打造文化活动品牌，收到了良好的社会效果。在第四次全国文化馆评估定级第三方公众满意度调查中，天全县文化馆群众满意度为 95.6%。

一是"百姓大舞台，春晚等你来"大型电视节目选拔活动连续开展四届，群众参与热情空前高涨。2012 年春节前夕，成功举办第一届"百姓大舞台，春晚等你来"大型电视节目选拔活动，全县 15 个乡镇和 6 个社区共计 223 个节目参与选拔活动，参选演员人数近 3000 人次。2013 年、2014 年，又成功举办第二届、第三届春晚选拔活动，参选节目和参与人数呈逐年上升趋势，节目质量也越来越好，成为天全打造的第一个经典品牌活动案例。目前第五届"春晚等你来"已拉开帷幕。

二是广场舞大赛连续开展四届。2012 年 8 月，举办首届全民广场舞大赛，各乡镇、各社区 17 支队伍共计 364 人参加广场舞大赛。2013 年 8 月，第二届广场舞队伍增至 22 支，参赛人数为 453 人；2014 年第三届广场大赛参赛队伍达到 30 支，参赛人数增至 535 人。在 2015 年刚刚结束的第四届广场舞大赛中，有 47 支参赛队共计 1200 人参赛。队伍呈逐年递增，参演人员的人员结构从老龄化逐步年轻化。在第四届广场舞大赛中，获取社会企业赞助金 5 万元，实现从文化活动品牌到文化收益的跨越。

三是"起跑线"少儿文化活动连续举办四期。随着文化活动影响力在儿童中的进一步扩大，我们因势导利，结合儿童文化活动特点，全新打造儿童

文化活动品牌——"起跑线"。2015年"起跑线"成功举办四场文艺演出，其中"'蝶舞天涯，情暖学心'起跑线庆六一公益文艺演出"，不仅为儿童提供了展示舞台，同时为贫困儿童募集善款5000元。

四是创建传统文化节日的活动品牌。发掘传统文化节日资源，创建了"端午诗会和祭奠屈原仪式"成功举办第二届；创办"上巳雅集"于三月举办了首届。传统节日活动品牌受到观众赞誉。

五是农民读书节连续开展四届，新年歌友会连续举办两届。采用申报制，在乡镇开展农民读书节活动，目前已成功举办三届，第四届筹备工作已经启动。每年元旦前夕举办新年歌友会，成为歌唱爱好者的节日。目前已成功举办两届。

六是文学文艺创作不断繁荣。出版《二郎山文学丛书》和《二郎山文艺丛书》，县内作家多次获得省级以上文化学奖，书法家入选省级以上书展。

三、大胆探索，基层文艺团体培养和管理队伍新思路

2012年以来，天全积极探索，大胆创新，开创了文化队伍建设新局面。

一是恢复成立二郎山艺术团。2012年11月，天全恢复成立了二郎山艺术团。艺术团下设各个分团。截止目前，艺术团已在文化馆演出40余场次。在4.20芦山地震后，艺术团小分深入乡村慰问演出达40余场次，灾后重建期间，组织"感恩奋进乡村行"演出30余场次。艺术团文学部、摄影部、书画部创作了大量的文学文艺作品，陆续在国家级，省级、市级文学刊发发表，参加各类展出和演出获得一致好评。2013年12月，二郎山艺术团被文化部评为2013年"文化志愿者基层服务年"示范项目并受到表彰。

二是加强骨干培训，提升培训质量。天全针对基层文艺团体骨干和乡镇文化干事开展的音乐、舞蹈、曲艺、书法、美术等艺术门类的创作培训已成为惯例。各门类每年至少开展一次集中培训活动。培训老师均从市文化馆或市相关艺术协会聘请，每年参训人员累计达到1000多人次。每年书法、美术、摄影展出分别达到2场次以上，利用这些展出机会，对文艺骨干进行现场培训。提高了文艺创作水平。

三是通过以演代训、以辅代训等多种形式，对基层文艺团体进行一对一培训，促进了基层文艺团队的建设。尤其是420地震之后，文化馆的场地被政府作为单位部门临时过渡安置场所，天全创新思路，利用县内各种培训结构阵地和师资开展各种培训，目前与5家社会艺术培训机构建立了合作关系，每期培训辅导学员800多人次，向专业艺术院校输送人才达200多人次。

四是通过三区文化志愿者和局自聘文化志愿者，加强了基层文化阵地管理队伍和培训队伍建设。2015 年天全争取三区志愿者项目 6 名，自聘 4 名，2016 年争取三区志愿者 11 名，自聘 4 名，基本保证了农村文化阵地管理队伍和培训人才。实现了文化阵地真正意义的免费开放。

四、加强资金管理，以奖代补促进农村群众文化活动开展

国家、省级财政每年给了我们上百万的免费开放和图书补给资金。这些资金如果平均划到乡上，极大可能被挤占挪用。为此天全整合资金资源，按照"以活动为载体，以奖代补"的原则，有效地提高了资金使用和农村文化服务的水平。

一是根据各乡站每年"百姓大舞台""广场舞大赛"的组织实施情况给予资金补贴，确保文化资金用于文化服务。二是每年对乡镇文化站进行综合考核，按照活动开展、档案资产管理、图书管理、免费开放、文物保护情况等进行综合评分，划分档次，根据考核结果划拨免费开放资金。三是对农村文艺宣传队成绩突出的，采取现金补贴和服装道具补贴两种方式对文艺队伍进行扶持。

五、存在问题和下一步打算

虽然我们在基层公共文化服务工作中进行了一些有效的探索和实践，但在工作中还存在一定的困难和问题，离群众的需求和上级的要求还有一定差距。

一是农村公共文化服务水平有待提高。尤其在节目创作、策划、组织等方面还有很大差距。尤其是出不了精品，参加省级文艺比赛困难。二是农村文艺人才匮乏。当下农村基层参加文娱活动的大多是中老年人，年轻人很少，骨干培养不起来。三是农村文化站文化干事青黄不接，管理员严重缺乏。文化干事大多老龄化且都有包村任务，真正用到文化工作上的时间和精力很少。当前，利用三区计划自愿者解决了一部分管理员，实现了真正意义上的免费开放，希望三区计划自愿者一直实行下去。

在下一步工作中，我们将：一是进一步发掘本土文化资源，创作出优秀的本土文艺作品。力争通过三到五年时间，打造一台舞台剧目精品《巍巍二郎》，以此代表本土文化特色。二是进一步夯实文化阵地建设。在建好三馆一

站的同时，加强文化阵地细胞建设，努力实现基层公共文化服务全覆盖。三是引进文艺人才，加强文艺培训，提升文化队伍的素质和演出水平。四是进一步加强资金管理和工作督查，确保发挥资金最大效应，推动基层公共文化服务开展。五是不断探索政府购买基层公共文化服务路子，通过政府购买，让文化下乡和基层文化阵地管理得到进一步加强。

六、建议

一是请帮忙呼吁，基层文化阵地管理人员和培训人才的补充和配置。农村乡镇文化干事面临老龄化、能力不适应等问题。需要加大招聘力度，不断充实年轻人才。增加县级文化专业人才编制和人才引进。县级文化馆之前编制 10 人，图书馆 5 人，纪念馆 3 人。目前县级文化阵地也面临艺术人才青黄不接的问题，如果不增加编制，又无法引进人才。对基层文化队伍的培训面临一个大问题。

二是村级文化阵地建设，还需要大量的项目和资金，请求帮忙呼吁，通过下达一定的村级文化阵地建设项目和资金，不断推进村社级文化阵地建设。

三是农村公益电影放音一定程度上弥补了老百姓看电影难的问题，现在我们已经建成乡镇固定放映点和部分村级放映点。需要大量优质的片源。可拷贝片源需要花很多钱（到院线公司拷贝电影大约需要 50 元一部）可以建立一个免费下载电影的平台。让老百姓可以随时看电影。

锐意进取　跨越发展
开创文化工作新局面

贵州省三穗县文体广电旅游局　向运华　何　荣　陈智旻

一、"十二五"时期主要工作成效。

在县委、县政府的领导下，在上级业务部门的精心指导下，坚持以邓小平理论和"三个代表"重要思想为指导，深入贯彻落实科学发展观，以党的十八届会议精神为动力，以加速发展、加快转型、推动跨越为主基调，通过党的群众路线教育实践活动，紧紧依靠和团结全体干部职工，锐意进取、克服困难，扎实有效地开展工作，主要成效如下：

（一）文体基础设施建设成果丰硕

"十二五"以来建成全县9个乡镇综合文化站、将军广场、和平广场。建成杨至成故居、大跃进遗存博物馆、千里苗疆博物馆、雅中苗族博物馆。提升杨至成将军纪念馆为省级优秀馆、县文化馆为国家二级馆、县图书馆为三级馆。建成159个村级图书室和159个文化资源共享工程。建成三穗县体育馆、县老年体育活动中心、县行政中心职工篮球场和工业园区等体育健身路径8条。建成台烈、长吉、瓦寨、良上、雪洞、滚马、桐林等7个乡镇级体育健身工程。建成寨头等80个村级农民体育健身工程。完成寨秧坡无线基站扩建工程。建成广播电视"村村通"工程1.9万座，"户户村"工程6806座，全县有线数字电视用户已达18510户（其中主机用户16200户、副机用户2310户），全县九个乡镇所在地及公路沿线群众都能收看到有线电视节目，广播电视覆盖率达98%。建成县城首家城市影院——圣世王朝。配备县文化馆大型室外音响灯光设备和县广播电视台演播室设备，提升公共服务能力和水平。

（二）发掘民族民间文化

1.文化遗产普查申报成效显著。全面完成了第三次全国文物普查、可移动文物普查和全国第六次体育场地普查工作。部分重点文化遗产得到省州县人民政府保护。完成新穗街历史文化街区规划保护性整治工作。目前，我县省级文物保护单位有 2 处，州保单位 2 处，县保单位 37 处；列入省级非物质文化遗产保护名录 7 项，州级 11 项，县级 31 项，省级非遗代表性传承人 2 人，州级 2 人，县级 42 人。

2. 文化成果编撰。由文广局主办出版的内部刊物《文笔塔》、《三穗故事》、《三穗县文物集》、《三穗县非物质文化遗产名录集》等，深受好评。协助出版的《三穗诗词选》、《雅中千年苗寨》、《侗乡历代诗词选》、《神话传说》、《三穗文史天地》等作品，繁荣了三穗民族民间文化。

2015 年 5 月，寨头被省苗学研究会授予"中国苗族第一村"称号；12 月，"中国侗族·三穗款文化保护和发展论坛"在三穗举办，会上省侗学研究会授予我县款场乡为"侗族款文化之乡"。

（三）持续推进文化惠民

1. 认真做好免费开放。县文化馆通过国家二级馆验收，图书馆三级验收，扎实推进文化馆、图书馆、"大跃进"遗存博物馆、将军纪念馆和乡镇综合文化站免费开放工作。杨至成将军纪念馆、故居，"大跃进"博物馆年接待团体 130 个，参观人数年均 10 万余人次。杨至成将军纪念馆 2012 年被省文物局评为优秀博物馆。

2. 民族民间文化蓬勃发展，群众文化活动丰富多彩。自 2010 年连续三年举办春节民族文化活动。每年组织指导寨头"二月二"、良上"巴冶土王戊"、良上"六月六"、中国北部侗族"圣婆文化节"等系列大型民族文化活动。成功打造寨头"二月二"襀桥节、巴冶"土王戊"、圣婆文化节、桐林"六月六"、款文化节等具有影响力的民族民间文化品牌活动，为民族村寨组织编辑排演"苗疆魂"、"圣婆现世"、"祭桥"、木桶舞等具有民族文化元素的文艺精品节目。连续组织县中老年文艺队参加全州群众广场舞蹈大赛获得不同等次奖项；组织推荐台烈镇寨头村万岩妹剪纸作品"寨头服饰"，参加全省首届"剪纸大赛"活动，喜获省级传统组一等奖、州级传统组一等奖，其作品收藏在贵州省博物馆。

3. 切实抓好文化"三下乡"。开展文体活动、文艺下乡年均 30 场次，观众年均达 6 万余人次；放映农村公益电影年 1908 场，观众年均达 16 万人次；支持切尼斯获得者童伟筹建"天下第一长联"文化园，赠送图书 1000 册。向县看守所、老年大学、工业园区、乡镇文化站、农家书屋累计赠阅图书 9 万余册。创建高铁、县医院、政务中心图书免费阅读小站。

4. 举办形式多样的培训班。文化馆和 9 个乡镇文化站每年开办各种器乐、绘画和少儿民族舞蹈、健身操、拉丁舞培训，深入农村、社区为全县 100 多

支中老年文艺队伍进行文艺辅导 200 多次，达 3000 多人（次）。为了加大对乡镇和村级、社区文艺队伍培训力度，发挥文化站作用，从 2014 年起我局就将 9 名文工团下派到 9 个乡镇文化站作为文化专干并签订了目标责任书，协助各乡镇抓好各项文化文艺工作，效果非常显著；图书馆利用乡镇文化站共享工程设备为 9 个乡镇举办村干电脑基础知识与技能提高培训，参训人数达 200 多人。积极参与寨头民族旅游村寨建设，与黔东南凯里学院培训客座教授王光德老师联合开办了寨头苗族刺绣培训基地，年培训人数达 100 余人。

（四）加强传统村落保护

深入开展调查研究，制定出台传统村落保护发展方案，协调推进雅中传统村落保护发展工作。加大项目资金投入，加强古井、古碑等文化设施建设，完成了古风雨桥、雅中苗族博物馆、篮球场维修、古芦笙场等建设任务。同时，挖掘苗族花灯戏、柴担舞等民族文化，出版《雅中千年苗寨》书籍，提升传统村落的民族文化内涵。

（五）对外宣传明显提升

"十二五"期间紧紧围绕县委、政府的重大决策和工作部署，关注民声、民意、民情、民生等群众热点难点问题，克服工作中的各种困难，为全县改革、发展和稳定提供正确的舆论导向。坚持重大主题活动宣传，重点突出，引导有力，充分利用自办节目广泛播出贯彻中央、省、州、县的决策和会议精神。努力利用省、州上级新闻媒体，大力宣传三穗在社会稳定、经济建设、民生保障和农业农村工作等方面取得新安突破、新成绩。五年共播出《三穗新闻》1120 期，《手机报》1541 期、《一周要闻》260 期、《身边》110 期。其中州级媒体采用 1418 条，省级媒体采用 122 条，中央媒体采用 8 条。"十二五"期间不论是新闻数量，还是新闻质都较十一五期间有极大提高。上级媒体采用率也在逐年提高。

采购配置了一套现场直播系统设备，改造虚拟演播室；策划了《普法进行时》、《健康有约》、《行走家乡》等多档接近百姓，群众喜闻乐见的民生类栏目。

（六）文化市场管理得到加强

重点加强 10 家网吧、3 家歌舞娱乐场所专项行动，签订《网吧、娱乐场所安全经营管理目标责任书》、《网吧、娱乐场所禁毒责任书》，"十二五"期间未有出现文化市场安全事故。注重加强校园周边环境整治，校园环境进一步净化。加强与工商、公安、安监等部门联合执法，成效明显。

二、"十三五"文化发展目标

（一）培育打造黔东中心城市文化核心区，创建黔东中心公共文化服务体系示范区、民族团结文化示范区和黔东中心文化产业聚集区

到 2020 年，全县文明社区、文明乡村达 80% 以上。全县文化服务或志愿者达 10% 以上。全县文化繁荣，素质提升，人民幸福。以文化惠民的抓手，重点发展"三馆一站"、"民族文化街区、体育健身场所等，到 2020 年，每万人拥有文化活动设施 1500 平方米，每万人拥有文化广场 2000 平方米，拥有体育场所 8000 平方米。充分发挥我县黔东中心交通、区位等资源优势，科学规划文化产业园区，面积不低于 1 平方公里，重点布局民族演艺、旅游休闲、水上乐团、以及高、中端文化企业，建成有序的文化市场体系。到 2020 年，全县文化产业产值达 5% 以上，真正使文化产业成为全县国民经济的支柱性产业。

（二）打造三穗特色博物馆展览群

以历史记忆、民族记忆、农耕记忆、特定历史产物记忆、特色文化现象记忆为突破口，在大跃进遗存博物馆、杨至成将军纪念馆、千里苗疆（门户）博物馆的基础上，抓紧建设三穗历代名人史馆、十二商会馆、款文化博物馆、北部侗族民俗博物馆、剿匪军事博物馆、鸭产业博物馆、竹编工艺博物馆、传统村落和民族文化村寨生态博物馆等。组建博物馆理事会，加强博物馆管理，展示博物馆存史、资政、育人的积极作用，激发和提升参观者的集体主义和爱国主义精神。

（三）构建黔东中心文化发展新格局

1. 古城古镇文化。继续规划打造新穗街历史文化街区建设，建成集休闲、旅游、共和国历史记忆、文化遗产展示、商业购物、博物馆等观瞻的古城街区。积极整合塘冲水库建设移民搬迁资源，依托德明邛水长官司文化和天下第一长联品牌，建成高铁新区邛水长官司古镇（万人古镇）。依托圣婆文化、三民桥遗址、古石雕刻技艺、古竹编技艺等历史文化现象建成瓦寨古镇。

2. 民族宗教文化。依托中国苗族第一村－－寨头，打造黔东中心民族文化旅游景区，依托款场、桐林等侗族款文化打造北部侗族款文化核心示范区、《桃花源记》原型地体验旅游示范区，依托八号界牌万亩竹海、溶洞群、土法造纸等资源打造贵洞探险体验区。积极引导和扶持民族文化村寨走乡村旅游发展之路。依托灵山寺（甘霖寺）、圣德山寺，将古永灵山寺恢复打造中国西部第一座悬空寺景区，将圣德山打造成为中国北部侗族圣婆文化旅游景区。

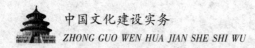

3. 红色革命文化。依托良上红军亭、红军树、至成将军纪念馆、故居、德明吴氏宗祠等红色革命文化遗迹和文化现象，打造红色革命文化旅游胜地，加强爱国主义教育，提振全县人民发展热情，增强文化自信和文化自觉。

4. 美丽生态文化。积极引进资金打造三穗邛水河休闲度假带建设。充分利用塘冲水库、平坝电站等水利资源做好水上文章。发挥永灵山、老山坡等自然资源，提升文化旅游景区和商业开发价值。建成一批具有户外健身、健体修复、滨水景观特质和文化气息的生态旅游休闲度假区。加强农耕文化传承和培育，彰显生态农耕文明。

黔南州实施"幸福进万家"
扎实推进文化惠民工程实施

贵州省黔南布依族苗族自治州文化广电新闻出版局　莫才军

多年以来，黔南州积极实施"幸福进万家——文化精品乡村行"文化惠民工程，以"政府主导、社会参与、文化惠民"为原则，政府出资为公众的文化消费买单，即政府向民间文艺团体购买文化产品，无偿提供给基层民众，切实解决基层群众看戏难，保障民众享受文化的权益。"幸福进万家"正如贵州高原上的山花，在黔南大地上灿烂绽放。这一文化惠民工程催生的文化普及硕果，惠及了全州各族人民。

一、强化保障机制扎实推进项目实施

（一）加强组织领导

自"幸福进万家——文化精品乡村行"成功申报国家公共文化服务示范项目后，黔南州人民政府迅速制定了《黔南州"幸福进万家——文化精品乡村行"文化惠民工程实施方案》，并成立了由州委常委、副州长刘建民同志任组长、州政府相关部门为成员的创建国家公共文化服务体系示范项目领导小组，同时还建立了项目创建领导小组联席会议制度，明确成员单位相应的职责和分工，每年召开两次专题会议研究示范项目创建工作。在项目启动实施后，各县（市）亦参照设置了领导小组加强对项目实施工作的领导。

（二）纳入重点考核

州政府分别于2014年和2015年年初将该项工作在政府工作报告中作出安排部署，各县（市）也将项目的实施纳入政府年度工作考核目标。州政府办印发了《"幸福进万家——文化精品乡村行"文化惠民工程实施方案》和《关于进一步做好"幸福进万家"文化惠民工程工作的通知》，对实施"幸福进万家——文化精品乡村行"示范项目的指导思想、目标任务、原则要求、操作规范等进行安排部署。

（三）落实资金投入

为确保创建工作顺利推进，州、县各级政府严格按照创建要求划拨配套

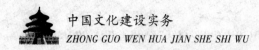
资金。开展项目创建两年来，州财政安排专项资金 140 万元用于项目实施培训和采购工作。全州各县（市）财政对项目创建投入专项资金达 983.67 万元。如瓮安县每年安排 100 万元用于该项工作，有效保障了项目的开展。

（四）狠抓督促检查

州创建领导小组高度重视示范项目创建工作措施的落实，明确由州文广新局负责项目落实的日常督导工作，州督查督办局定期开展专项督查，每年抽调相关人员组成 4 个督察组分别到县市对实施"幸福进万家"示范项目情况进行督查，重点是对各县（市）资金到位、计划场次、方案制定和工作落实等方面进行督促检查。通过多层次督查，促进了工作有序开展。根据州的统一部署，瓮安、平塘两县于 2013 年率先启动了创建工作，其余 10 个县（市）先后于 2014 年启动本县创建工作。

（五）营造良好氛围

为加大项目的宣传、推广力度，州文广新局制定了《关于黔南州"幸福进万家——文化精品乡村行"宣传工作方案》，在各级刊物发表相关文章 4 篇，在各级媒体播发相关新闻 60 余条、专题片 3 部，编发创建工作简报 20 余期。形式多样的推介宣传，为项目实施营造了良好的社会氛围。

有了组织、政策、经费和舆论的保障，各地"幸福进万家——文化精品乡村行"活动扎实、有序地开展。全州通过政府购买的"乡村行"演出及文化下乡演出年均达 2000 余场，创作、编排"文化精品"逐年增加。还带动形成广场文化活动天天开展，节庆活动定期开展，公益文化表演活动经常开展，传统民俗节庆文化活动常态化开展。

二、严格标准规范操作确保项目效果

（一）科学设计，规范运作

"幸福进万家——文化精品乡村行"示范项目在实施过程中，始终坚持了"政府采购、群众参与、社会联动、文化惠民"创建原则和指导思想，认真抓实各环节具体措施的落实。

一是落实政府招标采购。把政府出资向社会购买公益演出服务作为项目实施的基础和关键，自觉运用政府采购杠杆撬动社会资源投入公共文化服务。在项目实施过程中，我们十分重视政府采购操作的规范性和配送方法的多样性。由州文广新局在总结平塘、瓮安两县试点经验基础上提出指导性操作规范，并分别在平塘、瓮安两县召开项目启动观摩会和项目推进现场会，指导各县市按照统一规范结合自身实际制定科学的竞标采购方案。政府的采购集

中体现在：文化行政部门发布采购公告（包含采购数量、采购价格、节目要求、采购时间等）——社会文艺团队报名——以乡镇或社区为单位组织初选——组织集中竞标采购（通过初选的民间演出队伍参加集中展演、评委评分）——确定中标队伍——分配演出任务——送文化下基层演出——群众满意度评估等工作环节。

二是广泛动员群众参与。在项目实施过程中，我们始终坚持政府扶持引导、文化部门搭台唱戏、社会文艺团队积极参与的原则，各级通过政府出资采购、文化部门定向培训引导，对民间演艺团队给予一定演出装备和资金扶持，广泛动员社会文艺团队积极参与竞标。在项目实施的两年中，每年全州均有近 500 支社会文艺团队参与竞标，平塘一个县就有 80 多支队伍参与竞标，实现了公共文化服务政府引导、群众共建共享的目标。

三是整合社会各方资源。如何引导社会力量积极参与公共文化建设，是政府文化部门的重要职责。在项目实施过程中，我们除了充分激发广大社会文艺演出团队（重点是农村社区）的积极性外，注意在通过整合宣传主题、集中部门行业资源，在特定的送文化下基层主题的召引下，通过政府引导和群众争取等方式获得宣传、文化、财税、司法、信合、计生、教育等部门单位出资购买（补贴）公益演出服务，平塘县每年都整合部门资金 40 余万元用于项目实施，形成了明显的聚沙成塔效应，弥补了政府购买文化服务投入不足。

四是追求群众满意效果。为了在公益演出上真正贴近群众的需求、获得群众的认可，我们在项目实施过程中，注重围绕政府需求和导向确定节目选题、立足群众需求确定艺术表现形式、采购环节合理设置群众评委权重、建立群众意见回馈机制等几个环节的工作。

（二）项目带动，文化惠民

"幸福进万家——文化精品乡村行"自 2013 年实施以来，我们一直严格按照项目规划的要求稳步推进，成效明显。

一是提高了政府为基层群众送文化的能力。主要表现在"进"和"行"方面。2013 年初，瓮安县、平塘县便启动了"幸福进万家——文化精品乡村行"采购工作，尽管当年 10 月该项目才申报成功，但两县创建工作并未因申报审批原因而停滞，当年通过政府购买送文化下乡演出达 213 场（次）。2014 年，创建工作在全州全面推开，当年全州文化下乡演出达 700 余场（次）；2015 年，创建工作在总结中不断完善，开始进入发展的快车道，当年全州文化下乡演出达 1327 场，超额完成了规划中关于"每年安排 1000 场以上"的

文艺演出任务。目前"幸福进万家——文化精品乡村行"已实现对全州 12 个县（市）、240 个乡镇（街道）、1533 个村（社区）的全覆盖，确保全州每个村的群众都能在家门口看到 1 至 2 场精品文艺演出。

二是促进了全州城乡群众文化活动健康发展。在抓项目推进的同时，全州各级文化部门依托春节、国庆及地方丰富多彩的民族传统节日，如"苗族四月八"、"布依族六月六"、"水族端节"等组织开展歌舞展演、书画摄影展览、民族山歌赛等群众喜闻乐见的节日文化活动。许多活动的质量、档次、规模比过去有了提升，如长顺县的"四月八"民族歌舞展演、惠水县的端午节"龙游涟江·好花正红"民歌展演、平塘的"水龙文化艺术节"、瓮安县的"瓮水长歌文化旅游艺术节"、都匀市的"毛尖茶文化节"、独山县的"花灯艺术节"、三都县的"水族端节"文艺展演、福泉的"6.24"民族歌会等。

三是开创了文艺"精品"创作生产的繁荣局面。黔南各文化单位部门、各艺术团队着力打造文化精品，高质量的文艺作品不断涌现，如《水族芦笙舞》获全国少数民族文化汇演优秀奖；苗族舞蹈《苗山节拍》获全国少数民族文艺汇演优秀奖；《黔南民族服饰》获全国少数民族服饰表演比赛一等奖；水族双人舞《水中月》获第十届孔雀杯少数民族舞蹈比赛优秀编导奖；小品《号码警察》获全国群星奖比赛金奖；花灯歌舞剧《好花红》获贵州省"五个一"工程奖；舞蹈《水书印象》获首届贵州省文艺奖等等。丰硕的文艺精品创作成果带来的是文化自信和文化自觉，各具特色的群众文化活动品牌也借着"幸福进万家——文化精品乡村行"的东风逐步形成，如州文广新局每年一届的"好花正红"民族文艺展演、瓮安县"百姓大舞台"、福泉市"民间大舞台"等等，这些群众文化活动品牌的打造，较好地发挥了示范带动作用，推动群众文化活动经常化、规模化、特色化发展。

四是创新了坚持人民需求导向的公共文化服务机制。通过该项目的实施，形成了对接群众需求，文化部门积极参与、民间文艺团队竞标演出、政府公开采购（补贴）的公共文化新的服务机制。文化馆及其馆办艺术团队除组织实施民间文艺团队竞标等具体工作外，着力创作、编排和打造文艺精品，参加大型演出活动并定向配送到乡镇和行政村；民间文艺团队带着自己的队伍及节目，参加政府组织的竞标演出。中标后，根据政府统一安排完成相应的演出场次。演出活动按照"三贴近"的要求开展，通过向基层群众发放问卷、反馈意见表等形式，了解群众的需求，听取群众对节目和演出效果的反映。始终以群众喜不喜欢、满不满意、高不高兴作为衡量工作成效的重要标准。

五是推动了当地公共文化设施体系建设和完善。结合项目创建，我州的文化基础设施建设也有了进一步的发展。投资 8604 万元的州博物馆项目经费已完成主体工程建设；投资州 9000 万元的州图书馆新馆已开工建设；州文化馆新馆已完成可研报告编制，进入选址协调工作阶段。在完成新建 208 个乡镇综合文化站的任务的基础上，争取到了 2866 万元的资金用于对文化站设备进行升级改造，配置了相应的设施设备。与此同时，部分县政府采取财政投入、社会融资等方式，投资新建图书馆、文化馆、大剧院等文化设施，如长顺县两馆总投资 710 万元，瓮安县两馆总投资 1548 万元，荔波县投入 1.6 亿建设大剧院，福泉市投入 2.8 亿建设文体活动中心，惠水县投入 3.8 亿元建设好花红文化广场等。

六是形成了理论与实践价值兼备的课题研究成果。为形成推动"幸福进万家——文化精品乡村行"项目建设的长效机制，黔南州文广新局制定了《保障基层群众基本文化权益课题研究的实施方案》，成立了相应的组织机构，并组织相关专家开展专题研究。通过两年的调查研究，项目课题组撰写了《以"幸福进万家——文化精品乡村行"为载体构建贫困民族地区政府采购公益性文化新机制》的研究报告，总结了"幸福进万家——文化精品乡村行"建设的背景和基础、创建过程及经验做法等，尤其从制度的层面对"幸福进万家——文化精品乡村行"的成功经验进行了总结和提升。该项目因其创新性和示范性，于 2015 年列入黔南社科创新课题，结题成果获优秀等次。在此基础上形成了《关于进一步保障基层群众的基本文化权益的意见》在 12 县（市）指导实施。

三、项目对欠发达地区具有的示范价值

通过对两年多项目创建的总结，我们认为"幸福进万家——文化精品乡村行"这个由政府主导、民间参与、社会联动的"文化招投标"模式，对广大农村基层，尤其是西部欠发达地区具有以下示范价值：

（一）实现政府文化职能由"办"文化向"管"文化转变

通过购买（补贴）民间文艺队伍及其节目，发挥了财政资金"四两拨千斤"的作用，撬动了社会各方面的力量和资源投入到公共文化服务上来。既将分散在政府各部门及其他社会经济组织中的资源（宣传经费等）整合起来集中投入，同时又发挥了文化馆等国家公共文化服务机构的引领、带动作用，通过群众文化群众办，切实满足了基层群众欣赏文化、享受文化、参与文化、创造文化的迫切需求。

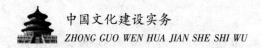

（二）较好地回应和满足了群众强烈的文化参与需求

随着社会的不断进步，群众文化生活需求的多样性和丰富性不断增长，越来越多的人由被动地接受文化向主动参与文化的方向转变，社会上的各类文化"领头羊"迫切需要政府的政策性引导扶持和提供相应的展示平台。黔南州作为西部欠发达地区，当地日益增长的业余文艺团队证明了这一点，而大量的民间演出队伍参与实践还证明，通过培训引导他们完全有能力参与到公共文化的服务中来。

（三）有效提升了群众参与文化创造的水平和能力

项目的实施，充分调动了民间演出队伍参与办文化的积极性。为提高演技，丰富节目内容，避免在政府采购的"竞标"中被淘汰，各演艺团队都十分注重创作新的节目，平时都忙着学习表演技巧，苦练演技，保持不断进取的激情。通过项目创建，这些原来普普通通的老百姓实现了从文化鉴赏到文化参与再到文化创造的跨越，文化部门的群众文化工作方式也实现了由"送"文化向"种"文化、"养"文化的转变。

（四）提高了基层政府提供基本公共文化服务的效能

演出活动坚持政府配送和群众需求相结合的原则，通过定向购买和定向投送，把着力点放在"保基本，广覆盖，促公平"上，保证每个村每年至少能看到一场演出。同时，根据群众的反馈意见，在队伍、节目和时间方面作出调整，不断提高购买文化服务的质量。

（五）政府采购文化模式培育和促进了农村文化消费

"竞标"成功的民间艺术团完成政府安排的"幸福进万家"演出任务后，更多的时间会承接本地婚丧嫁娶、开业庆典、新居乔迁等活动的有偿演出服务，有的还远赴他乡（如广东、广西）进行商业演出。在满足群众基本文化需求的同时，促进了基层的文化消费，孕育了农村文化产业的雏型。

在黔南州全面推进"幸福进万家——文化精品乡村行"示范项目实施的基础上，贵州省文化厅于2015年专门就该项目组织了全省各地区文化部门参加的跨地区经验交流会，推动该项工作在全省进行推广。另外，先后有广东省珠海市、广西自治区柳州地区文化部门组团到黔南进行观摩学习，由此可见该项目具有较好的示范价值。

四、下一步的工作思路及举措

"幸福进万家——文化精品乡村行"示范项目是政府主导、公共财政支撑、社会力量参与的一项文化惠民工程，黔南州经过两年多的创建，已取得

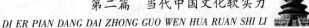

了一定的成果，关键的是有了扎实的基础。围绕构建现代公共文化服务体系的总目标，我们还要向纵深推进。

一是纳入经济社会发展总体规划。黔南州委、州政府现已将全面实施"幸福进万家"文化惠民工程纳入《黔南州国民经济和社会发展"十三五"规划》中，并将其作为全州"十三五"实施大文化战略行动、推进构建现代公共文化服务体系的重要支撑措施来布局，明确将"幸福进万家"惠民服务项目作为"十三五"重点实施的六大文化工程之一。

二是进一步夯实措施扩大效果。我们将结合贯彻落实国家、省、州构建现代公共文化服务体系建设的有关政策措施，将公共文化服务经费纳入财政年度预算，加大经费投入力度，确保政府购买公共文化服务相关要求得到落实。挖掘、总结和提炼创建工作中特色亮点工作，确保各项创建工作落到实处。

三是拓展政府购买文化服务领域。我们将继续以"幸福进万家——文化精品乡村行"示范项目为抓手，创新公共文化服务模式，将政府购买服务手段拓展到公共文化服务的广播电影电视、新闻出版、文物保护等领域，积极探索统筹推进公共文化服务均衡发展、增强公共文化服务发展动力、加强公共文化产品和服务的长效机制。

公共文化地企共建　发展成果全民共享

甘肃省金昌市文化广播影视新闻出版局

　　金昌缘矿兴企、因企设市，是典型的新兴工业城市，城市的设立和发展基于企业的建设和发展之上。辖区内有金川集团公司、八冶建设公司、金化集团公司等众多的国有大中型企业。企业在长期的发展过程中，逐步积累了丰富的设施、人才等文化服务资源，在全市文化服务资源中占据着较大的比重。自创建国家公共文化服务体系示范区以来，金昌市不断整合各大企业公共文化服务资源，强化共建共享，形成了"政府主导、企业参与、优势互补、资源共享"的公共文化建设和服务供给格局，走出了地企携手共建公共文化服务体系示范区的金昌模式，有效地满足和保障了公民基本文化权益。

一、抓阵地，拓展公共文化服务空间

　　以"集约节约、共建共享"为理念，有效整合政府企业公共文化资源，构成了覆盖全市、功能完善、设施配套的文化活动空间，加快了构建公共文化服务体系示范区的进程。一是重"强基"，强化公共文化服务阵地功能。不断改善企业场馆功能，实现企业政府公共文化服务阵地资源优势互补。对金川公司、八冶公司、金化集团、金昌发电公司等国有大中型企业现有的文化、体育、科技等场馆进行改造和完善，增设了电子阅览室、少儿阅览室、残疾人阅览室，建设了无障碍设施，科学合理的配置了舞台、灯光、音响等设备设施，提升了公共文化服务功能，扩大公共文化覆盖面。同时，进一步将文体服务向一线延伸，在车间、社区增设了基层图书室、娱乐室、体育活动室等，方便了职工群众参与活动。通过企业文化资源的整合建设，全市公共文化服务场馆覆盖率得到极大地提升，城市"十分钟（800米）文体娱乐圈"基本形成。二是重"统筹"，实现文化资源集约共享。建立高效的公共文化服务互通机制，统筹安排政府企业公共文化资源，实现文化资源的集约共享。通过两年创建活动，逐步形成了"座谈＋辅导＋督查"的企业参与公共文化服务日常工作模式和"互通互联"沟通协调机制。市文化职能部门在充分了解企业参与公共文化服务的困难和问题的基础上，对企业利用现有文化资源开展公共文化服务进行交流座谈，并派出督查指导组进行检查指导，从专业角度辅导企业，开展各类公共文化服务项目，加强公共文化服务能力建设，有效地促进了企业参与公共文化服务工作。同时，市级公共文化服务单位与企业文化部门，互通各种文献资料及文体娱乐设施设备购置情况，企业注重行业发展需求和职工从业要求购置各类专业资源，政府公共文化服务单位注重购置大众类资源的购置，政府企业互为补充、相得益彰，为广大人民群众提供了丰富多彩的精神文化产品。三是重"转换"，拓展公共文化新空间。积极利用企业文化建设的卓越成果，拓展公共文化服务新空间，为广大人民群众服务。金川公司、金化集团公司等企业图书馆藏书超过 10 万册，包括文学艺术、历史文化、医药医学、工艺技术等数十个种类，有效的拓展了政府图书馆藏书的种类和藏书量；金川科技以实物、模型、图片记录了企业历史文化，展现了金昌市的发展历程，成为学习历史、感受科技力量和思想道德建设、进行爱国主义和国防教育的最佳场所，进一步拓展了金昌文化内涵；金川植物园汇集了西部无法看到的奇特盆景、热带鱼类、稀有植物，使金昌人享受到了"南国美景"。金川矿山公园，更是打造出了西北戈壁工业新城特色的山体式公园，是地企携手共建的最好见证，成为金昌一道靓丽的风景线。金川集团新闻中心自办的电视节目和报纸更是有效的促进了地方和企业文化的覆盖面。特别是，金川公司职工居住小区文体活动中心和社区文化中心实现联建，真正实现了"资源共用、活动共办、地企共建、成果共享"统筹公共文化服务新格局。

二、抓载体，丰富公共文化服务内容

充分发挥企业文化资源优势，不断强化共建共享，着力提高公共文化服务水平，确保广大群众享受均等、优质的公共文化服务。一是企业所属各类场馆全部实行零门槛、全时段、无障碍免费开放。金川集团公司、金化集团公司等国有大中型企业文化类场馆在为企业职工提供服务的同时，每周向社会开放 2 天，每年累计开放时间超过了 800 小时；体育类室内场馆每周向社会开放 2 次，每年累计开放时间超过了 400 小时，室外设施实现了常年向社会开放；科技、展览、培训类场馆实行预约开放。二是创新工作思路，充分发挥企业资本优势，改进文化服务方式。全市各大中型企业着力突出自身资金和场馆优势，通过购买、捐赠等形式，不断引进市内外文艺院团和有较高成就的专家、艺术家，开展了群众性交流演出、专业知识讲座以及艺术展览等活动。金川集团公司、八冶建设公司等国有大中型企业每年免费向社会群众提供演出、辅导、培训、讲座、展览等文体活动达到了 4 场次以上，文学、

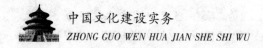

观赏石文化品鉴、游泳音乐欣赏、休闲·鱼乐、快板知识与技巧欣赏展示、餐桌文明等一批具有较高水平的知识讲座免费为广大群众提供。同时，各大企业以重大节日、重大庆典为契机，以赞助、扶持、冠名等形式，广泛开展开展群众性文化体育活动，进一步扩大了企业知名度和社会影响力。三是深入开展职工文体活动。通过地企联建，各企业相继形成了文化"四进"活动品牌，即"送文化进职工"，每年免费为借阅图书，免费为职工书写春联，"送文化进岗位"，将安全文化、廉政文化、制度文化等警示语宣传、张贴到公司各岗位，"送文化进社区"，每年将自编自演的社火表演、锅庄舞表演送进生活福利区，"送文化进社会"，紧密结合"双联"活动，将科学施肥知识、文艺表演、惠农政策送到各企业联系点。同时，各企业常年举办广场舞、社火队表演，结合重大节庆，开展了职工文化艺术节、青春飞扬歌咏大赛、职工书画绘画作品创作暨展览、职工运动会、庆"五一"征文大赛、庆"七一"大合唱、迎新年年会、春节文艺会演、正月元宵社火灯谜晚会等丰富多彩的文化活动，及"弘扬传统文化、提升职工素质"主题教育活动，"运动迸发活力，劳动展现风采"系列体育活动等精彩纷呈，极大地丰富了企业职工及广大人民群众的精神文化需求，企业职工参加文化活动的时间人均每周超过了 3.5 小时。四是充分发挥各自优势强化地企交流合作。秉承地企交流合作的优良传统，开展文化机构多层次、多形式的交流合作活动，实现资源互补。以政府购买或企业免费提供的方式，引导企业文艺团体和职工社团开展文化交流和下基层服务活动，各大企业每年向乡镇、街道（社区）送文艺演出不超过了 3 场（次）。同时，企业与基层单位建立初步建立起了文化联建帮扶机制，通过购买或捐赠等形式，向基层提供了电脑、书籍、乐器、健身器材等文化体育设备，极大地改善了基层特别是农村的文化体育设施条件，弥补了政府资金短缺，服务资源不足的问题。

三、抓保障，构筑公共文化服务平台

健全完善政策、制度体系，形成了政府、企业双向互动、共同促进的良好态势。一是市委、市政府先后出台《金昌市鼓励和引导企业参与公共文化服务的指导意见》、《金昌市企业参与公共文化服务的实施意见》、《金昌市加强公共文化服务体系建设的优惠政策》等政策措施，各企业积极相应市委、市政府号召，参照政府公共文化服务单位各类规定，出台了相关规定措施，并建立了金昌市企业参与公共文化服务协调领导小组，实行企业参与公共文化服务目标责任管理，制定出台了考核办法，形成了"党委统一领导、党政齐抓共建、职能部门牵头负责、企业积极参与"的工作机制。二是根据企业文化场馆建设情况，各国有大中型企业加强了人员配备，合理设定了管理服务岗位，实现了企业文化有人负责、有人管理、有人服务。同时，由市级职能部门和企业共同合作，进一步加强了企业文化人才的管理与培训，每年组织培训活动达到了 4 次，时间超过了 5 天，切实提高了企业文化骨干队伍的思想理论、专业技能和服务水平。三是不断建立完善了企业文化艺术人才评价评估机制和企业文化人才资格认证制度，建立了企业文化人才信息库，形成竞争机制，促进了企业文化人才发展。四是按照各企业文化志愿者和业余文化骨干每千人不少于 5 人，规模以上企业至少应建立 1 支以上经常开展活动的专职或业余文化团体队伍的标准，建立完善了企业文化志愿者制度，鼓励企业职工组建自娱自乐班子和文化行业协会，目前，全市各大中型企业共有文化志愿者 1000 余人，业余文艺团队及行业协会 100 多支。五是全市各级党委政府和行政部门将企业纳入到公共文化管理、服务、引导、扶持的范畴，通过政策引导、资金扶持、业务培训、项目帮扶、税收优惠等方式，鼓励和引导企业参与公共文化服务。并建立起了政府购买公共文化服务机制，市、县（区）财政设立了企业参与公共文化服务专项资金，对企业文体场馆免费开放服务、下基层演出、公益性展演展览等公共文化服务活动，给予适当奖励和补贴。六是加大企业文化建设投入，确保参与公共文化服务资金保障。市委、市政府明确要求，国有大中型企业每年公共文化服务的投入资金不低于企业职工工资总额的 1%，规模以上非公企业每年公共文化服务投入资金应不低于职工工资总额的 0.5%，用于扶持企业文化场馆免费开放、开展送文化活动和文化精品生产、企业文献收藏、工业遗产保护、文化人才培养等。同时，要求各级政府部门认真落实土地、价格、税收等优惠政策，对企业公益性文化设施建设项目，按照市级公共文化设施建设优惠标准，在选址、立项、建设等方面予以优先考虑。

建立健全基层公共文化服务运行机制
逐步实现公共文化服务均等化

甘肃省民勤县文化体育广播影视局　赵新民　马　冈

全面贯彻党的十八大、十八届三中、四中、五中全会，省委十二届九次全委会议暨全省经济工作会议、市委三届八次全委（扩大）会议暨全市经济工作会议和习近平总书记系列重要讲话精神，按照加快建设"特色文化县"的总体要求，以社会全面进步和人的全面发展为目的，努力发展社会主义先进文化，健全公共文化服务设施网络，提高公共文化产品供给能力，丰富公共文化服务内容，打造公共文化服务品牌，落实公共文化服务保障措施，保障群众就近便捷享受文化的基本权益，努力推进文化大发展、大繁荣，不断满足人民群众日益增长的精神文化需求，为我县构建社会主义和谐社会提供坚实的思想道德基础和良好的文化条件。

一、基本原则

1. 政府主导，社会参与。坚持以政府为主导、以公益性文化机构为骨干建设的原则，完善鼓励捐赠和赞助等政策，支持社会力量兴办非企业文化机构、参与公共文化设施建设与管理，努力形成政府主导、社会力量广泛参与公共文化建设的格局。

2. 面向基层，服务群众。以满足广大人民群众多样化的精神文化需求、促进人的全面发展为根本任务，不断实现工作重心和资源的下移，充分发挥先进文化对人的思想引领和启迪作用，对人的精神抚慰和激励作用，对社会矛盾的疏导和缓解作用，对广大人民群众的亲和力与凝聚作用。

3. 保障权益，多元发展。逐步实现公共文化服务体系建设对不同城乡居民群体的全面覆盖，有效地保障人民群众的基本文化权益，逐步实现公共文化服务均等化。注重对民族民间艺术的挖掘、保护与整理，加大精品创作力度，扩大文化交流，保护文化特色，促进文化的多样性发展。

4. 统筹发展，资源共享。坚持城乡、区域间文化统筹发展，通过示范引导和辐射带动，强化对硬件设施弱势乡镇、社区的扶持，加快农村文化建设，推动不同区域文化协调发展。加强统一规划与管理，加强部门的协调，推进资源共建共享。

5. 重在普及，着眼提高。以公共文化机构与设施为基本阵地，广泛开展群众喜闻乐见的文化活动，扩大活动的覆盖面，加快公共文化的普及。提高公共文化队伍素养，创作公共文化精品，打造公共文化活动特色品牌，促进公共文化工作的提高、创新与发展。

二、目标要求

以培育有理想、有道德、有文化、有纪律的社会主义公民为目标，努力提高市民思想道德素质和科学文化素质，促进人的全面发展。至"十三五"期末，每万人拥有公共文化服务机构数、乡镇综合文化设施覆盖率、广播影视业、出版业服务功能等指标于于全市和全省领先水平；全县80%以上的乡镇、社区初步形成布局合理、功能完备、覆盖全社会的公共文化设施体系；文化队伍不断壮大，文化资源得到有效保护和利用，文化服务保障体系不断完善，先进文化的渗透力、感召力、辐射力和竞争力进一步增强。

1. 形成公共文化设施体系。按照优化结构、均等布局、突出重点、分级配置的原则，重点建设一批体现城市特色和时代精神的现代化标志性文化设施，加快现有文化设施的改造和基层文化设施的配套建设；优化配置基层文化活动场所；建立以示范社区为中心数字电影放映设施体系；初步形成布局合理、设施完善、功能齐备、覆盖城乡的县、乡镇（街道）、村（社区）三级公共文化设施网络。

2. 提升公共文化服务能力。完善公共文化服务网络，增强公共文化服务机构的活力，丰富公共文化服务的内容与样式，提高公共文化产品的生产供给能力，保障广大群众的基本文化权益。探索产业化运作途径，为广大群众提供更多优质的公共文化产品与服务。发展文化产业，繁荣文化市场，为提高公共文化服务能力提供坚实的产业支撑。

3. 建设高素质公共文化人才队伍。建立健全各级公共文化机构，落实人员，保障经费和待遇。改革文化队伍育人选人用人机制，加快培养高素质的公共文化管理干部和专业骨干，不断培育各类文化活动人才，充分发挥他们的作用。加强面向基层的文化队伍建设，打造面广量大、专兼结合、素质优良、富有创造力的公共文化人才队伍体系。

4. 打造公共文化服务品牌。不断推出思想精深、艺术精湛、制作精良的公共文化产品；充分利用丰富的历史文化资源，积极开展与城市地位相适应

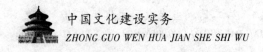
的文化活动，培育一批文化活动品牌。

5. 完善公共文化服务保障。完善组织、政策、经费、机制等措施，倡导社会力量办文化，资助公益性文化机构和活动，支持民间职业剧团发展，鼓励和引导农民、社区居民自办文化，逐步完善社区文化指导员和农村文化辅导员制度，形成党委领导、政府管理、各司其责、共同参与、形成合力、服务群众的公共文化服务保障体系。

三、加强公共文化服务体系建设的主要任务

（一）加快推进重大公共文化服务工程建设

1. 基层文化阵地工程。在全县普及符合标准的乡镇（街道）综合文化设施和社区（村）文化活动中心（室）。到2020年，全县各乡镇（社区）均有标准的乡镇（街道）综合文化设施和社区（村）文化活动中心（室），整合资源，使全县所有行政村建成标准化村级文化活动室。

2. 文化信息资源共享工程。以数字化网络为重要传输平台，推进面向基层的"文化信息资源共享工程"建设。积极发展农村服务点，逐步提高基层文化活动机构提供数字化文化信息服务的能力。实现县、乡、村文化信息资源共享全覆盖。

3. 农村电影放映工程。按照政府购买、农民受惠的原则，完善公益性电影放映体制，推进农村电影数字化，让广大农民群众看到电影、看好电影。到2020年，基本实现每个行政村每月放映1场电影，数字化程度达到100%。

4. "农家书屋"工程。按照政府资助建设、鼓励社会捐助、农民自我管理的原则，与农村基层组织活动场所建设、村级图书室建设等结合起来，实现优势互补，推进"农家书屋"工程建设。每个书屋拥有一定数量的党报党刊和适合农民群众阅读的经济、科学、法律、卫生、文化类图书、期刊和音像制品，做到内容丰富、服务规范、农民满意。

（二）提高公共文化产品生产供给能力

1. 建立健全覆盖全面的公共文化设施网络。结合全县总体规划，制订文化设施建设规划，建立重大项目建设储备库，优化城市社区和乡村公共文化资源配置，采取新建扩建和改造挖潜相结合的方式，统筹规划，建设一批惠及广大人民群众的基础性公共文化设施和开放性特色文化活动阵地，实现县有文化馆、图书馆，乡镇（街道）有综合文化站，行政村（社区）有文化活动室；优化公共文化资源配置，形成覆盖城乡、结构合理、功能健全、实用高效的公共文化设施网络。

2. 加强公共文化产品生产。鼓励县域内艺术演艺团体多创作、演出体现"三贴近"原则的优秀艺术作品。鼓励文化馆多创作针对青少年、老年、进城务工者等特殊人群的优秀节目，增加公益广告和科普、信息服务等公共文化服务类节目，注重提高服务质量。要支持和培育以服务新农村建设为主的出版作品，增加农民群众买得起、读得懂、用得上的通俗读物的品种和数量。以民勤小曲戏艺术节、端阳节赛诗会、苏武庙会等品牌活动为平台，广泛开展群众喜爱的、提升审美情趣的公共文化活动。

同时，加强面向农村和农民的文艺创作，保证农村题材文艺作品在各类艺术创作总量中占一定比例。通过举办农村题材小曲戏、歌舞比赛、展演、评奖等活动，不断推出新人新作。培育和形成群众文艺创作群体和基地，为农村文艺舞台注入新的生机和活力。加强对农村题材规划、创作的组织和扶持，鼓励生产反映农村和农民群众生活的影视作品。发展农村文化中介组织，扶持鼓励民间职业剧团和农民读书社等组织，推动"文化下乡"活动的制度化和经常化，健全基层文化产品流通渠道，繁荣农村文化市场，实现文化工作重心、文化资源和文化服务下移，不断丰富基层公共文化产品的选择。

3. 广泛开展公益性文化服务。积极推广政府购买公益文化产品和服务，确保经济困难家庭、进城务工人员和残疾人等弱势群体享受公共文化生活，公平享有基本文化权益。坚持文化下基层、进乡村活动。每年集中招标采购适用于农村的图书，直接配送到"农家书屋"。积极举办针对进城务工人员的文化活动。

4. 提高公共文化服务技术和产业支撑能力。加快现代科技应用步伐，提高公共文化服务的信息化、网络化水平。以打造"数字民勤"为目标，进一步发展影视制作业、出版业、发行业、印刷复制业、广告业、演艺业、娱乐业、文化会展业、数字内容和动漫产业等重点文化产业，为公共文化服务提供坚实的产业支撑。鼓励兴建大众化数字影院，鼓励经营单位薄利多销，采取措施，改变票价高、群众消费不起的状况。鼓励和引导农民、社区居民自办文化，开发独特文化资源；发展专、精、特、新中小文化企业，支持各类市场主体积极开发农村出版物发行、电影放映、文艺表演等文化市场，丰富面向基层、面向群众的文化产品种类和数量。

（三）培养造就高素质的公共文化工作者队伍

县本级要科学制订公共文化人才建设规划，建立继续教育制度和考核评价制度，加强对基层文化工作的考核。依托党校、公共文化服务机构，建立群众文化队伍从业人员培训基地，实施业务干部培训计划，着力培训文化业

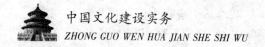

务干部。多渠道引进、培养懂经营、懂管理、懂业务的复合型人才和适应发展需求的高科技人才。加快形成群众文化人才培养、使用、流动等一体化服务体系，通过3~5年的努力，基本解决公共文化队伍人才匮乏、人员老化、业务力量薄弱等问题，提高公共文化队伍整体素质。对长期从事公共文化工作并取得突出成绩的人员给予奖励，营造尊重人才、尊重劳动、拴心留人的良好氛围。

（四）开展丰富多彩的文化活动

重点抓好创品牌出精品工作，做大做强导向性、示范性的文化品牌。以专业机构为主体，形成多元化的文艺创作队伍，研究和挖掘具有鲜明地域特征的文化创作题材，以各种文艺样式，创作一批展现民勤改革开放和现代化建设成就的优秀作品；依托文化遗产民间艺术展示，挖掘和整理具有浓郁地域特色的民间艺术，培养一批地域特色的民族民间艺术品牌；依托活动扩大与国内外优秀文化的相互交流，提升城市文化品位；依托大型群众文化活动、文化活动下基层和高雅艺术进社区、文化下乡等活动，以喜闻乐见的形式，活跃和丰富广大人民群众的文化生活；依托小曲戏汇演、广场舞大奖赛等活动，发现和培育各艺术门类的样板队伍和优秀艺术新人，不断推进艺术精品创作；有重点地打造一批具有特色的品牌活动、品牌人物和品牌产品。抓好城乡文化的交流和推广，以城带乡，以城促乡，发挥文化品牌的辐射和带动作用，让城乡群众充分享受文化活动的乐趣，不断满足广大人民群众的文化生活需求。

四、加强公共文化服务体系建设的保障措施

（一）加强公共文化服务体系建设的领导

进一步明确各级政府建设公共文化服务体系的主体责任，建立健全政府统一领导、相关部门分工负责、工青妇等群众团体积极参与的工作机制，形成推动公共文化服务体系建设的合力。要把公共文化服务体系建设纳入各级政府的重要议事日程，纳入经济社会发展总体规划，纳入财政预算，纳入干部晋升考核指标，确保公共文化服务体系建设各项目标的实现。

（二）完善公共文化服务投入机制

加大对文化设施建设和重大文化工程建设的投入。改革政府投入方式，以项目投入为手段，以激发活力为目标，加强审计和监督，提高公共资金使用效益。在保证政府投入不少的前提下，进一步完善鼓励、捐赠和赞助等政策，拓宽筹资渠道，引导社会资金以多种方式投入公益性文化事业。

（三）统筹城乡公共文化发展

县、乡镇（街道）文化机构要面向农村、面向基层，制订年度公益性文化项目实施计划，明确服务内容，改进服务方式；制订符合本地居民自办文化发展的目标、措施和相关政策，鼓励农民自办文化大院、文化室、图书室等，大力扶持民间职业剧团和农村业余剧团，因地制宜，分类指导，不断促进自办文化健康发展；动员社会力量支持农村文化建设，建立城市对农村文化活动援助机制，促进城乡文化一体化发展。

（四）创新公共文化服务运行机制

深化公益性文化事业单位内部制度改革，增强活力，改善服务，深化经营性文化单位和文艺院团体制改革。鼓励发展面向市场、自主经营、自我发展的艺术表演团体、艺术表演场所和演出中介机构，形成多种艺术表演经营组织形式并存的格局。积极探索基层公共文化设施专业化、社会化管理模式，研究制订基层文化阵地管理条例，规范文化阵地管理与服务；根据文化馆、图书馆、乡镇综合文化站等公共文化服务机构的特点，分类制订建设标准和服务标准，加强绩效评估；研究实施文化先进乡镇（街道）创评机制，不断提高基层文化工作水平。引入竞争机制，对重要公共文化产品、重大公共文化服务项目和公益性文化活动，实行政府采购、项目贴息、定向资助、贷款贴息等措施，扩大服务范围，提高服务质量，增强服务效益。

（五）规范公共文化市场秩序

坚持一手抓繁荣、一手抓管理的方针，健全和完善公共文化市场管理体制，不断改进管理手段和方法，实现管理经常化和制度化。加强文化市场综合执法力度，深入开展"扫黄打非"工作，整顿和规范文化市场秩序，严厉打击违法违规活动，取缔无证无照经营。重点加强对演出娱乐、电影放映、印刷业、出版物市场、网吧等管理，坚决打击传播色情、封建迷信等违法行为，确保公共文化市场健康有序发展。

提升区文化软实力　打造区文化阵地建设

青海省西宁市城东区科技文体旅游局　柴新宁

从 2015 年 12 月下旬开始为期 80 天的"三节"群众文化活动，开展了"辞旧迎新"元旦系列活动"金猴迎春"春节系列活动、"东区吉祥"元宵系列活动，大板块共 15 项全区性活动及各镇、社区自行组织的上百项文化活动，既有广场演出、农民拔河赛、民族音乐会、元宵诗会、美食旅游等特色品牌活动，又有社火展演、龙门迎春等民族传统活动项目，可谓精彩纷呈。

1、2015 年 12 月 20 日，以举办城东区"三节"群众文化活动启动仪式为标志，拉开了系列群众活动的帷幕，共完成全区性大型群众文体活动 15 项，韵家口镇、各社区完成小型活动 100 余项。

2、我区文化惠民服务能力不断增强。农村电影公益放映工程顺利推进。每年放映农村公益电影 100 多场（次），实现了"每个行政村平均每月放映 1 场电影"的目标。2016 年开展了"百姓影院"活动，65 岁以上老人 2400 张、免费向辖区老党员、贫困人群、残疾人、留守老人儿童等弱势群体发放电影票 5000 多张并结合"两学一做"主题进行了"百场"文艺宣传演出进社区、"千幅"春联送祝福、"万张"影票送百姓活动。结合了"三下乡"、优秀社火展演等活动，组织文艺表演团队和文艺工作者开展送文化进农村活动，协调相关部门，实现为每个行政村每月放一场电影，每年两场戏剧或文艺演出，组织 3 次以上较大规模的群众文化活动，丰富了农村群众的文化生活。大力实施公共文化服务场所免费开放，区文化馆、二镇、各社区（村）的文化活动站（室）已全部向社会免费开放，为我区各族群众提供公共文化服务每周不少于 42 小时。

3、开展了送"福"进千家活动。组织城东区书法美术摄影家协会的书法家书写春联和"福"字，送到辖区千家万户，增添了家庭的节日喜庆气氛。

4、开展了"非遗"项目专场表演。节目期间将我区唯一的省级非物质文化遗产项目——回族"八门拳"在景熙丰公园进行了展演。使群众进一步认知非遗，激发群众对民族文化的传承和保护意识。

5、2016 年城东区优秀歌舞社火展演活动在辖区泰宁广场举行把社火送到社区、送到群众身边，真正体现了"文化惠民"的理念。

6、创建国家公共文化服务体系工作迎检工作全面开展，把公共文化服务体系建设作为文化改革发展的基础性、战略性工作加以推进，在经费投入、设施建设、政策保障、服务能力提升等方面取得了可喜成绩。在创文迎检工作中做好了充分的准备，顺利通过了国家验收。我区两镇、十二社区综合文化站已有6个单位已完全达标，3个单位正在装修阶段下半年基本达标，2个单位属于资源共享，我区将持续保持常态化创建，全力做好构建现代公共文化服务体系、整合城乡各类文化资源、保障特殊群体基本文化权益、推动公共文化服务为重点工作，不断提高广大人民群众的文化获得感和幸福感。另外，根据《国家公共文化服务体系建设的标准》要求，在中惠紫金城新建文化馆和图书馆，建筑面积3660平方米，内设沙龙、多功能培训排练厅，现正在装修，预计在2016年9月份正式投入使用。

7、5月18日我局在泰宁花园举办"博物馆宣传日"活动，以"品高原文化，赏博物风雅；保护文物功在当代，利在千秋为主题，开展了弘扬爱国情怀和社会主义核心价值观等方面的宣传活动，为促进全球博物馆事业的健康发展，吸引全社会公众对博物馆事业的了解、参与和关注起到重要作用。

8、为了丰富群众的精神文化生活，促进我区旅游业的发展，5月20日上午11时，在泰宁广场举办百场演出暨文化旅游节启动仪式隆重举行，各具特色的民族舞蹈、花儿表演等节目为现场观众送上了一场精彩的文化盛宴。为镇、社区、民间文化队伍提供了一个展示自我、宣传自我的平台，丰富广大群众的精神文化生活。

9、5月31日城东区第五届乡趣牡丹文化节在韵家口镇朱家庄村农家院举办，活动主要以赏牡丹、观盆景、书画展为主要内容，活动主题以"名画饰山庄，歌曲韵河湟"传承中华文化为倡导，突出农家特色，彰显地方特色，展示农家文化产业乡村旅游业发展提升东区对外知名度和影响力为宗旨，展示东区神奇美丽的自然风光，多姿多彩的民族风情。

11、为深入开展"两学一做"学习教育，以"两学一做"学习教育为契机，自选动作精准化，认真抓好当前各项重点工作。6月2日，区文化馆与国际村社区在国际村钟楼广场举办了"促团结、促和谐、促稳定"创建民族团结进步先进区暨"文化惠民"文艺汇演。

12、为庆祝中国共产党成立95周年暨红军长征胜利80周年，7月1日上午，城东区文化馆与大众社区党工委在青海省武警总队十四中队联合开展文化惠民进军营演出活动，与广大官兵共庆党的生日。

13、文化市场综合执法大队在辖区内网吧和娱乐场所、出版物市场开展

专项检查，重点对学校周边做到经常查、反复查，2015 年我区共有文化经营户 118 户，参加今年年检的共 102 户（其中网吧 45 家，音像 20 家，书店 17 家，娱乐场所 20 家），未参加年检的 13 户已吊销（其中网吧 3 家，音像 4 家，书店 3 家，娱乐场所 3 家）；2016 年新增文化市场经营户共 4 家（其中网吧 3 家，娱乐场所 1 家）。半年期间，对辖区文化市场经营单位检查共计 754 家次（其中网吧 394 家次，出版物经营单位 240 家次，娱乐场所 120 家次）。网吧立案 4 家，停业整顿 2 家次，控烟罚款 3 家，没收盗版书籍 1（万）册，没收非法销售音像制品 1.5（万）张，各种危险塑料制品玩具 2 余件，接收举报电话 3 次（件），取缔无证经营摊点 1 个，未发现政治性出版物。经过全面检查整改，全区文化市场整体运行形势良好，严厉打击了接纳未成年人上网和非法经营盗版出版物的违法行为，有效提升了保护知识产权的积极性。

下半年我区将继续实施文化惠民"百千万"工程，开展各类丰富的群众文化活动和文化旅游节，继续加大文化市场整治力度，净化文化市场风气，进一步提升我区文化软实力，打造东区文化阵地建设。

开拓创新 奋力打造平安特色文化

青海省海东市平安区文化旅游体育局 李翠红

平安区文广局在区委、区政府的正确领导下，在上级领导的指导下，坚持以邓小平理论和"三个代表"重要思想为指导，深入贯彻落实科学发展观，紧紧围绕全区中心工作，开拓创新，锐意进取，切实加强公共文化服务体系建设，大力开展群众性文化体育活动和全民健身活动。以加强我局机关效能建设优化发展环境为动力，大力推进全区文化体育建设事业又快又好发展，为构建社会主义和谐、美丽新平安作出了积极贡献。现将调研情况报告如下：

一、工作完成情况

（一）文化建设工作

在文化事业中，我局广泛开展文化活动，丰富群众文化生活，在各个节日期间，开展了形式多样的文化活动，如在区中心广场等地举办了以"践行社会主义核心价值观"为主题的系列群众文化活动，受到了广大群众的热烈欢迎。利用宣传"两会"精神和"四下乡"（即文化、科教、法律、卫生四下乡）活动，开展冬春季文化下乡活动。协助各受援单位组织开展各类文化活动，如三合镇广场舞大赛、平安镇社区文艺比赛、平安镇"迎春节 送温暖"慰问孤残老人文艺演出等。组织我区的两支皮影队利用各种节庆活动到三合镇仲家村、新庄村等地进行传承演出，并为皮影演出人员购买人身意外伤害险。为了提高基层文化队伍素质，我局还积极举办各类培训班，安排文化工作者深入到三合镇、古城乡、平安镇、石灰窑乡等行政村开展为期一个月的社火及文艺节目辅导。先后在文化馆、沙沟乡大寨子村、石沟沿村、平安镇等开展音响、眉户戏、锅庄舞、合唱、健身球、太极双扇等培训班。

（二）文化市场管理工作

加强文化市场管理，规范市场经营秩序。制定下发专项行动方案，并明确重点工作任务，把握重点时段和时间节点，我局采取"五全力"，即全力开展"清源2015"专项行动、全力开展"固边2015"专项行动、全力开展"净网2015"专项行动、全力开展"秋风2015"专项行动、全力开展"护苗2015"专项行动，确保2015年平安区"扫黄打非"专项行动取得了实效。我局对校园周边文化市场进行了全面"体检"。彻底清查校园周边非法图书、音像制品经营行为。对校园周边经营图书、音像店进行拉网式清查，重点查处恐怖、色情、暴力等含有不健康文化内容的非法图书、音像制品，从严查处查缴色情口袋本、黄色卡通画册、暴力游戏软件等非法出版物，不良贴画等非法印刷品，特别清缴了宣扬淫秽色情、凶杀暴力、封建迷信的非法出版物和含有政治性、宗教类内容的反动宣传品。严厉打击网吧、歌舞等娱乐场所违法接纳未成年人行为。严格禁止在中小学校 200 米范围内开办电子游艺室、歌舞厅、网吧等娱乐场所，取缔校园周边方圆 200 米以内的网吧、电子游艺所。彻底净化了校园周边文化市场，有效打击了校园周边文化市场违法违规行为。

（三）文物管理工作

加强文物管理工作，有效保护文物资源。我局对我区洪水泉清真寺、明长城平安段 10 处烽火台及 2 处关堡遗址等国保单位编制完成了文字卷、图纸卷、照片卷、保护规划及保护工程方案卷、行政管理文件卷、参考资料卷等各类卷宗 20 余卷，形成了系统、翔实、准确的档案内容。开展了全国第一次可移动文物普查馆藏文物的登记、测量、拍照等基础普查工作。世界博物馆日当天，我局在区中心广场开展了以"博物馆致力于一个可持续发展的社会"为主题的宣传活动，以散发宣传单、制作展板、悬挂横幅等多种形式向广大市民进行了宣传，活动期间发放了"平安区名胜旅游概览"宣传册。

（四）图书馆管理工作

提高图书管理水平，更好地服务广大读者。我局配合全区科技、文化、卫生、法律"四下乡"开展送书下乡活动：一是在平安中心广场、三合镇三合村等地现场展出、赠送图书；二是利用古城村"二月二"交流活动，群众比较集中的机会，将科技、农业、法律等图书现场发放到了村民的手中。三是为营造爱书、读书、用书的良好社会风气，充分发挥图书馆的文化公益性能，利用"青海省卫生三下乡暨全民健康素养促进活动大型义诊现场会"及文化、科技、卫生、法律"四下乡"活动等群众相对集中的大好时机，深入开展延伸服务，免费将社会公德、法律常识、生活热点难点及农业科学种养技术等图书现场发放到了广大市民的手中，让书香飘进了千家万户。四是在第 20 个世界读书日，我局在区城中心广场组织开展了世界读书日宣传活动，悬挂横幅，发放宣传资料，展出、发放科技、军事、励志、文学类等图书，解答现场群众咨询。五是完成了石灰窑、沙沟、巴藏沟、平安镇等 4 个乡镇综合文化站的"公共电子阅览室"建立工作并为他们配备了建立电子阅览室所需的电脑、电脑桌椅及水星 E560 交换机、标识牌等设备。乡镇公共电子阅览室的建成，满足了乡镇群众最基本的网络文化需求。

（五）体育健身工作

贯彻全民健身纲要，推进体育事业发展。在平安区棉纺厂度假村协办了以"登高健身、喜迎新年、科学健身、幸福生活"为主题的"2015 年中国体育彩票全国新年登高健身活动。我局协调组织区四支传统射箭代表队参加河湟射箭邀请赛，并获得了团体第一名及个人一、二名的好成绩。积极配合区委、区政府完成海东市平安区首届职工运动会，并踊跃参与运动会项目，取得了较好的成绩。

二、存在的问题

1. 文化活动普通，特色文化活动缺乏。近年来，按照上级领导的要求，我局组织了丰富多彩的群众文化活动，扎实推进"送文化下乡"，大力开展"图书馆免费开放"，有效充实了群众的精神文化生活。但在精品、特色文化打造上还比较乏力，没有形成一些具有我区特色的文化活动，有影响的文艺作品创作还十分欠缺，多数文化活动形式单一。

2. 文化产业发展薄弱，公共文化服务体系作用发挥不够。尽管全区已初步形成公共文化服务网络，由于以文养文的路子不多，人才资源缺乏，文化产业发展空虚，导致其作用发挥较差。

三、主要措施

1. 以立足本土创特色文化为突破口，奋力打造特色文化。坚持以民间文艺团体为载体，以公共服务阵地为主导，将文化优势转化为产业优势，大力弘扬我区独具特色的地方文化，努力创建特色文化品牌。积极培育名人、名著，引进和承接外地先进文化和现代文化活动。

2. 以推进文化惠民工程为切入点，进一步加强公共文化服务体系建设。努力加大区政府投入、建立健全财政投入稳定增长机制和建立文化发展基金，拓宽融资渠道；增添配套设施，完善和制定保障机制；整合文化资源，优化人才结构，最大发挥其功能和作用；积极调动我区各层面、各文化阵地和广大人民群众投身文化活动的积极性和创造性，对文化产业、文化事业发展政策上给与倾斜，以壮大文化产业、扩大规模，提高公共文化服务体系建设水平和社会经济效益。

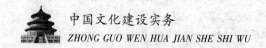

2016 玉树漂流世界杯成功举办

青海省玉树市文化体育旅游广播电视局

更秋棋梅　张　岩　索南詹德　索昂文青　曲尼措毛

　　为加快文化体育与旅游资源深度融合，按照低碳、绿色、生态发展理念，充分利用玉树独特的水资源，玉树市人民政府经过了三年来艰辛细致的申办工作，终于将2016漂流世界杯举办地落户到了玉树，并确立玉树为国家高原漂流培训基地。以玉树与世界第一次握手为契机，把玉树打造成世界级漂流圣地，促进玉树文化旅游产业快速的发展，通过各大主流媒体、微信平台、网络等手段大力宣传玉树的新面貌、新氛围，让世界了解玉树、让玉树感受世界。在国家体育总局水上运动管理中心，省、州各级政府的共同努力，2016玉树漂流世界杯已成功举办，现将2016玉树漂流世界举办情况作简要总结如下：

　　玉树市自筹备发展漂流活动以来，2014年由市政府购买8艘漂流艇，水利、旅游、交通等部门具体负责河道的考察、清理漂流事业，市政府聘请国内资深漂流人士指导培训玉树漂流工作。通过前期的基础性工作，2015年玉树州政府与中国极限运动协会签订了漂流中国活动框架协议。为了开展好活动，玉树市委、市政府先后两次安排团队赴长江源头，进行前期的路线考察，并最终确定赛事活动的起点，2015年6月5日，由玉树市人民政府副市长普布加措带队的漂流队从长江源头发来格拉丹东雪山姜古嫡如冰川冰漂的视频资料，与此同时，在玉树格萨尔广场进行了漂流中国启动仪式。参加"漂流中国—2015长江玉树极限挑战赛活动"的主要领导和嘉宾有国家水上运动管理中心负责人、青海省体育局领导、州市政府主要领导、中国极限运动协会和国内外运动员，民间资深漂流人士，活动完成了扎曲河激流艇比赛路线，通天河漂流艇比赛等内容，并且为国内外选手颁发了多项证书。

　　举办好漂流世界杯作为2016年的一项重点工作，年初着手对杂曲河（巴曲河）进行了清理疏通，在通天河测试动力艇运行情况，安排各部门对玉树的环境卫生进行了全面的清理和政治工作，设立了"江源生态漂流码头"（玉树市城际漂流路线共计6公里，分别在当代和新寨设立了码头的起点和终点）。与此同时，市政府与各主流媒体、策划团队进行沟通、恰谈，签订了玉树举办漂流世界杯赛事的赛前预热宣传、赛事活动及赛后专题片等外宣工作的方案，漂流世界杯前期预热片由央视的马挥团队负责制作，并已在规定期限内播放。

1月19日玉树州委常委、市委书记蔡成勇同志带队赴京与中国水上运动管理中心负责同志进行了亲密的对接，通过近3天连续的交流和对接，最终选定玉树为举办2016漂流世界杯的举办城市，同时由中国极限运动协会授权的国家高原漂流培训基地落户玉树市，掀开了玉树乃至青海体育产业上具有划时代意义的一页。4月8日，国际漂流协会负责人，中国极限运动协会负责人、央视等媒体和民间漂流人士抵达玉树，对玉树申办漂流世界杯赛事综合服务功能、赛事路线等进行了为期5天的考察，通过对杂曲河（巴曲河）、通天河、金沙江等流域的河道实地考察。国际漂流协会主席对3名国家运动员和2名地方漂流爱好者进行了深入细致的培训。

5月24日下午14：30在北京召开，玉树市委副书记、市长扎西才让，市人民政府副市长普布加措及市文体旅游广电局局长更秋其梅等领导参加了此次新闻发布会，于此同时进行了国家高原漂流培训基地（玉树）的授牌仪式，由市委副书记、市长扎西才让正式揭牌，玉树与世界正式建立交流文化、共商协作、推动发现的平台。6月5日国际环境保护日，由玉树市人民政府副市长普布加措、文体旅游广电局副局长索南詹德等领导与中国极限运动协会组成28人的小分队，赴长江源头采集"2016漂流世界杯"圣水，并同步进行圣水传递活动，为2016年漂流世界杯活动打响前奏。6月28日在西宁举行新闻发布会。赛事期间，来自中国、英国、新西兰、捷克、哥斯达黎加等10个国家和地区的16支参赛队伍，近100多名选手参加玉树举办的"2016漂流世界杯"活动。6月底我市采购的比赛相关船只、器材等的已全部到位。7月初由市委常委、市总工会主席臧拉带头负责从各单位及社会团体招募志愿者，负责各国代表与运动员在玉树驻留期间的后勤工作；负责各国代表与运动员比赛和在玉树期间与领导、队员、工作人员等之间的翻译工作。为每个国家派两名负责后勤的工作人员和两名翻译员，全程陪同完成各国代表及运动员在玉树比赛期间的各项活动。负责各国代表和运动员在玉树期间的社会活动，并协助运动员的需求，负责各国代表和运动员与领导、队员、工作人员之间的口译和赛事相关的笔译工作。

7月15日开始各国选手陆续到达玉树，以最短的时间熟悉赛道、加紧练习，争取在比赛期间拿到最好的成绩。7月19日。2016玉树漂流世界杯在玉树市巴塘河赛道正式拉开序幕，各国漂流健儿将在为期三天的比赛中展开各

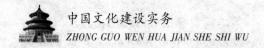
项漂流比赛的激烈角逐。首日比赛项目市冲刺赛和 PK 赛，20、21 号分别进行障碍赛和长距离赛。

2016 玉树漂流世界杯期间由市委常委、市宣传部部长韩芝芬带头 1、负责编制并实施赛事宣传方案，协商赛事播出与宣传战略合作事项，协助合作媒体完成赛事活动的现场采编任务；2、负责整个赛事活动的宣传和新闻报道；联络媒体组织和受理国内外媒体记者采访报名组织现场采访等工作；3、负责与报社、电视台等新闻媒体对接，做好活动进展情况的宣传报道；4、负责及时总结活动中的先进经验、典型做法，并对整个活动过程进行拍摄记录。5、负责组稿、审稿、编辑稿件和相关图片，精心校对，严格把关，确保稿件报送的质量和数量，做好迎接各级媒体采访工作；6、负责完成"漂流世界杯"执委会交办的其它工作任务等，在各相关部门、责任人的团结协作下，2016 漂流世界杯顺利完成，无出现任何赛事事故，并且在运动员、领队、裁判住宿、餐饮、交通、医疗等接待工作需求方面，我市相关负责人专门组织会议，与漂流世界杯负责人胡海品等积极探讨、学习组织，充分结合各国的饮食习惯、生活习俗制定符合各国饮食习惯的饭餐和饮品。

"2016 玉树漂流世界杯"活动为玉树文化资源，旅游资源、体育资源的推介平台，通过各大主流媒体、微信平台、网络媒体、宣传册等对漂流赛事活动前期、中期及赛后的大力宣传，促进玉树的认知度，加快了玉树旅游形象品牌的知名度，让更多的人了解玉树、走进玉树、感受玉树，促进了玉树第三产业的快速发展，带动了玉树经济的逐步增长，更为将来玉树的文化、旅游、体育事业的发展奠定了基础。

加强乡镇综合文化站建设
促进社区和农村文化繁荣发展

宁夏回族自治区银川市兴庆区文化体育旅游局　陈　杰　李宁武

乡镇综合文化站工程是公共文化服务体系的重要节点，是社会主义新农村文化建设的基础性工程。加强乡镇综合文化站建设，对满足农民群众最基本文化生活需求，促进社区和农村文化繁荣发展具有十分重要的意义。兴庆区位于银川市的中心区域，有着1300多年的历史，是自治区政治、经济、文化、金融、信息中心，具有明显的区位优势。现辖区总面积为828平方公里，辖有2乡2镇、11个街道办事处、1个燕鸽湖管委会、90个社区，37个行政村，户籍人口80万。按照自治区文化厅《关于开展全区乡镇综合文化站基本情况调研的通知》要求，现就兴庆区综合文化站基本情况报告如下：

一、兴庆区乡镇文化站设施建设基本情况

兴庆区共有15所文化站，其中街道文化站11个，乡镇文化站4个。11个街道文化站中，2012年新建凤凰北街街道文化站，面积460平方米，内部配套各类设施设备齐全；2014年新建丽景街文化站，面积400平方米，内部配套各类设施设备齐全；2015年新改建的文化街文化站，面积300平方米，内部配套各类设施设备齐全；2016年新建山南街街道文化站，面积近400平米，正在建设中；利用现有阵地改建的文化站有2个，分别是：前进街街道文化站和胜利街街道文化站；依托社区老年活动中心挂牌的有7个，分别是：依托富华社区老年活动中心挂牌的新华街文化站；依托铁南社区（后更名为南苑社区）老年活动中心挂牌的富宁街文化站；依托华新社区老年活动中心挂牌的解放西街文化站；依托丽景社区挂牌的银古路街文化站；依托北门社区老年活动中心挂牌的玉皇阁北街文化站，已全部投入使用。

按照《兴庆区加强乡镇（街道）标准化文化活动中心和村（社区）文化活动室（大院、活动中心）建设工作方案》，对乡镇文化站建设项目资金、规模、时限予以明确。通贵乡、掌政镇文化站项目已于2009年建成，面积均在300平米以上；大新镇文化站2011年迁建投入使用，面积2000平米以上；

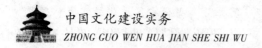

2013 年月牙湖乡文化站建设项目和乡政府建设项目捆绑，建设面积为 300 平方米，目前四个乡镇文化站已达到建设标准，对外开放，已完善相应的服务功能。

兴庆区 11 个街道文化站和 4 个乡镇文化站 15 个文化站总面积为 10145 平方米，平均每个乡镇（街道）文化站面积约 676.3 平方米，都配备了音响、灯光、桌椅、书架文体器材等相关设备。4 个乡镇文化站单独设置率达 100%，总面积为 4366.25 平方米，平均每个乡镇文化站面积约 1091 平方米，各文化站均有 2000 平面以上的文化广场，设置有多功能厅、图书阅览室、电子阅览室、活动培训室等"四室一厅"功能，配有电脑、音响、图书等设施设备和文化信息资源共享设施。其中面积最大的文化站是掌政镇综合文化站，建筑面积 1400 平方米，也是目前设施设备最好的，设施设备有：室内灯光音响 1 套、书架 10 组、桌椅 5 组、电子阅报机 1 台、电子图书下载器、电脑 10 台、打印机 1 台、照相机 1 台、乒乓球 1 组、图书 3000 册。使用面积和设施配备均达到国家对西部地区基层文化站建设标准和银川市综合文化站建设标准的相关要求。

15 个乡镇（街道）文化站从业人员 29 人，应有事业编制人员 15 人，实际占编 11 人，其余 18 人为公岗和大学生志愿者。专职文化专干 9 个，兼职 6 个。

二、兴庆区乡镇文化站运行情况和效益发挥情况

兴庆区各文化站实行目标管理责任制，由县区文化体育主管部门与当地乡镇签订目标管理责任书，加强对文化站的管理和业务指导。乡镇综合文化站采取站长专人负责制，按照国家规定全部实行免费开放。各乡镇文化站于 2012 年底正式向公众全部免费开放，实现无障碍、零门槛进入，所有免费开放项目规章制度健全，服务内容明确，保障机制完善。

乡镇综合文化站免费开放包括：书报刊阅览室室、电子阅览室、培训教室、多功能活动厅、娱乐活动室等；普及性的文化艺术辅导培训、时政法制科普教育、公益性群众文化活动、公益性展览展示、体育健身、培训基层队伍和业余文艺骨干、指导群众文艺作品创作等基本文化服务项目。各文化站建立免费服务公示、预告制度，所有免费开放场所都建立免费开放公示制度，在显著位置公示免费开放的管理办法、政策措施、服务项目、开放时间、观众须知等制度。开放时间为每周不低于 42 小时。为进一步推动免费开放工作的深入开展，建立免费开放工作机制。通过报刊、电视、网络等媒体，开展

形式多样的宣传活动，扩大免费开放的公众知晓率，吸引广大群众走进文化场所，为免费开放工作营造良好的社会氛围。兴庆区政府加大了对文化基础设施建设的投入和支持力度，2012 年安排文化大发展大繁荣专项经费 2000 万元，其中 1500 万元用于公共文化服务体系建设。538 万元资金用于乡镇文化站、街道文化活动中心、社区（村）文化活动室建设及公共电子阅览室建设，为乡镇（街道）文化站的建设和活动开展工作提供强有力的财政保障。

作为公共文化服务最基层支点，综合文化站围绕基本文化服务功能，坚持以社会效益为主，创新公共文化服务内容、形式、手段，开展流动服务、联网服务，向城乡基层延伸公共文化服务，拓展服务领域。各乡镇综合文化站充分发挥文化站载体作用，积极开展丰富多彩的群众性文化活动。通过举办庆"七一"文艺演出、庆"十一"文艺演出、元宵节社火展演等节庆活动及"百乡千村农民运动会"、农民文化艺术节、送戏下乡、农民文化大院文艺汇演等活动形式，在实现均等普惠的基础上，逐步增设个性化服务，重点加强对未成年人、老年人、农民工等特殊人群的对象化服务，以开展活动和服务为载体，普及农民的文化知识，提高农民的文化素质，为丰富群众的文化生活做出了积极的贡献。截止目前依托文化站建成 8 个街道中心图书馆，图书 24000 册，总面积 1200 平方米。兴庆区民间文艺团队共 73 支，2800 多人。其中乡镇（村）文艺团队 39 支，820 人。每年送文化下乡可达 100 余场次，观众人数达 36000 人次。

除此之外，综合文化站还开展以文化体育活动为载体的培训辅导、信息共享、健身娱乐等活动，全年举办培各类训班 35 个，培训人数达 3700 人次。

三、存在的问题及原因

1、文化站队伍不稳定

兴庆区 15 个乡镇（街道）文化站实际从业人员 29 人，应有事业编制人员 15 人，目前占编 11 人，其余 18 人为社会公益性岗位和大学生志愿者，人员经常出现不稳定流动现象。以 4 个乡镇文化站为例，共有文化管理人员 10 人，应有事业编制人员 4 人，实际占编仅 3 人，其余 7 人为公岗和大学生志愿者。因公岗和大学生志愿者每一年签订一次劳动合同，且工资待遇较低，使其流动性频繁，仅在 2012 年至 2014 年两年中，掌政镇、大新镇更换文化专干达三次，严重影响了文化工作的顺利开展。

2、文化专干的专业素养不高

基层文化专干选拔比较困难，有些专干是一人多职，存在专干不专现象，出现以下问题：一是专业能力不强。乡镇文化专干业务辅导、专业培训等方面能力有待提高，在开展广场舞培训、书美影等较为基本专业的培训辅导时，依赖性较强。二是组织能力有待提高。目前乡镇文化专干只能完成上级安排的常规工作，在特色文化活动开展方面思路还不够开阔，办法也不够多，行动上还比较乏力。三是组织能力较弱。乡镇文化专干在充分发挥本辖区的民间文艺团队作用，组织团队参与活动时组织能力较弱，对团队疏于管理只停留在一般管理上，在业务指导、出谋划策上的能力也较弱，难于产生吸引力和凝聚力。

3、文化站的综合服务能力有待提高

文化站虽然开展了大量文化活动，但是离国家、自治区、银川市有关部门的标准还是有一定差距的，综合服务能力还有待遇提高。客观方面表现在文化站在人才的调动和引进方面相当困难，青黄不接、后继乏人的问题也非常突出。主观方面与各乡镇（街道）对文化站工作不重视有很大关系，安排文化专干除文化工作外，还兼职妇联、团委、宗教等多项工作，附加的这些工作，严重影响了文化站工作的开展，制约了文化站综合服务能力的提高，这一问题比较普遍。

四、意见和建议

1、以政府为主导，依据乡镇综合文化站职能制定县（乡）级财政对乡镇综合文化站经费保障的标准，由县级文化部门根据考核结果核发给各乡镇文化站。探索建立公共文化多元投资体系的途径，将部分文化服务项目推向市场，形成"以文养文""以文补文"的格局，以税费减免、荣誉表彰等政策环境鼓励和支持企业、个人对乡镇文化事业定向资助。

2、加强各村文化基础设施建设。上级有关部门要切实加大资金投入力度，逐步改变群众文化活动场地、设备、器材设施不足和现代传媒、网络等硬件落后的状况。同时，要整合好现有的文化设施资源，对各类公共文化设施统筹规划，合理配置，进一步实现资源共享，避免重复建设。

3、文化站管理人员大多兼职，建议各乡镇应与编制、人事部门积极联系，通过公开招聘方式聘任文化站站长和专职工作人员，在工资待遇、福利、社会保险等方面给保障。同时，进行上岗培训、定期考核，提高管理人员的业务水平和能力。

4、加大资金投入力度，在文化站建管资金上有长期保障。文化站是基层文化服务体系建设的关键，必须加大文化站建设资金和运行维护资金的投入。

各级政府应建立相应的扶持资金，乡镇应将文化站运行经费纳入财政预算，制定专门制度建好、用好、管好文化站，使文化站各种文化资源不断更新，满足农民群众文化生活需求。

5、通过严格管理，在提高文化站利用率上下功夫。要抓好管理这一关键环节，巩固建设成果。乡镇综合文化站要发挥其阵地作用，强化服务职能，在积极开展宣传教育、文化下乡、图书借阅、培训指导等常规文化活动的基础上，在节庆日、农闲时节，利用基础设施优势开展大中型文化活动，并组织开展文艺赛事、健身文体活动以及流动文化服务等，让群众就近、方便地参加各种群众文化活动，多层次、多形式地丰富农民群众的精神文化生活。只有让乡镇综合文化站切实发挥作用，让农民群众真正得到实惠，才能真正保持文化站的生命力。

6、完善考核管理制度。明确乡镇政府和上级文化部门的相关责任，进一步建立健全年度目标考核体制，以静态考核与动态评价相结合的方式对乡镇文化工作进行综合评定，将考评结果与乡镇领导的工作业绩晋升考核紧密结合；乡镇政府要建立规范长效的文化站工作管理制度，确保乡镇文化站每天向群众开放，定期开展各类文化活动，充分发挥文化站职能。

7、加大文化主管部门对乡镇文化站的业务指导职能，因地制宜地制定农村文化建设规划，强化分类指导，落实相关政策措施，逐步提高乡镇文化站业务工作水平。

8、优化文化站队伍建设。要在切实保证乡镇文化站人员应有编制条件下，确保专人专职专用，杜绝临时抓差，随意挪用现象；同时引入竞争机制，积极引进具有文艺特长、热爱文化事业的专业人才充实队伍；可根据实际情况，发展农村编外文化队伍，发动当地有文化热情的"农村文化带头人"参与到乡镇文化工作中；要定期开展文化站从业人员培训，切实提高他们的理论水平、职业操守、业务能力，努力在全区建立一支素质高、能力强、业务精的农村基层文化干部队伍。

凝心聚力 服务群众
全力推进文化事业繁荣发展

新疆维吾尔自治区克拉玛依市克拉玛依区文体旅游局　宋海霞　王　炎　王　璐

文化基础设施逐渐完善，群众文化活动精彩纷呈，精品体育赛事接连上演，文化交流对话百花齐放……

"十二五"期间，克拉玛依区不断加强文化体育事业建设，合理规划，分步实施，突出重点，全面推进我区的文化事业和文化产业上档升级，不仅培养出了一批批的文艺工作者及爱好者，成功推广了众多精彩赛事及优秀文艺作品，同时，文体事业的不断发展也丰富了市民的业余生活，为市民的学习、工作、生活提供了更加良好、积极、健康的氛围和基础。

一、加强文化基础设施建设

图书馆里，各类读物被码放整齐，等待爱书人前往阅读，体育馆内，羽毛球场拼杀激烈，篮球馆中激战正酣……文化基础设施的不断升级，为市民业余生活带来了更多选择。

十二五期间，按照《国家公共文化服务体系示范区创建标准》，区委、区政府对区文化馆、图书馆、艺术馆、读书园地及街道社区内公共空间设施场地及基本服务项目进行规范管理，有效整合全区的公共文化服务资源和项目，实现基层公共文化服务资源的共建共享，提高公共文化服务场所的有效使用率。在此期间，全面实施了"两馆一站"的免费开放工作，免费开放"两馆一站"的公共空间设施场地，创新服务形式，为广大居民免费提供文化艺术培训、讲座、展览展示、群众文化活动等基本文化服务项目，完善各类规章制度以便"两馆一站"免费开放工作更好的进行。

在此期间，区委、区政府不断加强图书资源共享工程建设。区图书馆共编目图书28747万册，订阅了报纸、期刊、杂志共计1500册，期刊室、报刊室、民文室阅览室已面向市民开放，据统计月人均进馆近千人次。同时，不断加大全区公共电子阅览室的建设，积极争取自治区、市级资金，为小拐乡、街道社区电子阅览室配置电脑及桌椅158套。加强对街道社区图书室的管理工作，提高管理人员热情和服务质量。依托世界读书日、学习宣传月在各社区开设流动图书点，开展新书推荐、免费办证、旧书交换义卖等活动。

在文化基础服务方面，克拉玛依区积极做好杨鸣山艺术馆的维护、管理工作。培训讲解员，做好艺术馆日常的参观接待讲解工作，仅2015年全年接待参观人数久达24705人。同时，杨鸣山艺术馆已成为全疆的艺术教学基地，通过先后与自治区艺术学院、新疆师范大学、新疆教育学院美术系、昌吉师院美术系、奎屯师院美术系进行了联系，协商将杨鸣山艺术馆作为这些高等美术院校的"艺术教学基地"，使全疆的学生、学者、艺术爱好者有更多机会鉴赏、临摹到杨鸣山先生的作品，提高全疆的美术教学水平，将其打造成克拉玛依城区文化名片。

二、群众文化活动丰富多彩

十二五期间，各类群众文化活动不断上演，文艺工作不仅接近群众，而且深入群众，为我市市民带来的丰富多彩的文娱盛宴。

在常年坚持举办大量群众文化活动的基础上，克拉玛依区一直坚持从普及文化中提炼特色文化队伍，组织开展具有我区特色的文化活动，坚持文化活动必须要有民族性、时代性、地域性。同时，在特色文化中，我们着重开展了校园文化、社区文化、民族文化和老年文化，并不断通过合作的形式来带动整合，提高石油文化、军营文化和职工文化，做到各种特色文化相互融合、相互推动、相互发展，共同繁荣。

以"百日广场文化活动竞赛"、"社区文艺展演"、特色广场文化活动等为平台，较好地满足了广大群众的文化需求，群众文化活动参与率逐年提升。2012年，克拉玛依区在全区各街道社区广场开展了广场文化活动，由社区176个文化辅导员在全区87个广场通过定时、定点、定人、定项目的方式带领社区居民开展有氧健身操、民族舞、广场舞、秧歌等项目的活动，吸引和带动了更多的居民参与到群众文化活动中来。进一步推动机关干部深入基层、为民服务，加深干部与群众的感情，有效解决基层的困难，走党的群众路线。

为弘扬传统文化，十二五期间，我区积极开展"我们的节日"节庆文化活动，打造节庆文化活动品牌。通过组织开展迎新年现代民乐专场晚会、优秀文艺节目展演、迎新年钟声庆典仪式、元宵节灯会庙会、庆"六一"少儿文艺展演、少儿绘画大赛、"端午节"传统民俗文化展示等活动，集中展示优秀传统文化精华，弘扬中华传统文化精髓，营造浓厚的节日文化氛围，让广大市民体验传统、感知民俗、享受民趣。在节庆文化活动中，尝试利用社会

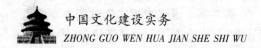

力量办节，充分发挥社会组织、文化企业的力量参与到文化建设中来。

2013年，克拉玛依区成功举办了克拉玛依区第六届文化艺术节活动。在历时2个多月的艺术节期间，通过以"百姓的节日"为定位，以"克拉玛依我爱你"为主题，围绕巡（大巡展）、演（专场主题演出）、赛（各类比赛）、展（展示活动）、讲（各类讲座读书活动）、游（旅游活动）六个板块开展了"克拉玛依我爱你"文化大巡展等大型活动3场；特色广场文化活动、少年儿童剧展演、本土原创音乐节等主题专场演出25场、克拉玛依区本土书画大赛等展览展示活动7场、克拉玛依本土歌手大赛、最美广场舞大赛、剪纸大赛等文化赛事活动3场、各类培训、讲座、体育、旅游等丰富多彩的活动20余场。同时，邀请中国武警政治部文工团艺术家及白碱滩、乌尔禾兄弟城区的优秀节目来我区进行交流演出，与我区创作的文化艺术精品节目相结合，成功举办了克拉玛依区第六届文化艺术节闭幕。整个艺术节活动，形式多样，群众参与面广，充分体现了百姓的节日、艺术的盛会的办节宗旨，对推动我区实施"文化兴区"战略，提升辖区居民文化素质、凝聚人心，推动精神文明建设，发挥了重要作用。

三、体育事业建设蓬勃发展

为促进特色体育活动品牌化的深入开展，全面推进我区全民健身事业的蓬勃发展，紧紧围绕"每天锻炼一小时、健康工作五十年、幸福生活一辈子"的主线，以"全民健身系列活动"、"文化艺术节体育系列活动"、"走向冰雪"运动会三大健身活动品牌为抓手，十二五期间，全区开展了全民健身系列活动、克拉玛依区职工趣味运动会、克拉玛依"民族团结"业余足球俱乐部联赛、新疆麦西来甫健身操培训、克拉玛依区空竹培训、克拉玛依区五四青年节体能挑战赛、克拉玛依区廉政杯职工羽毛球比赛、克拉玛依区中老年门球比赛、"科学健身　全民健康"全国运动健身科学指导系列活动等各类精彩赛事，扎实有效推进了全民运动，全民健身的生活理念。

十二五期间，区委、区政府全面贯彻落实《中共中央国务院关于加强青少年体育、增强青少年体质的意见》，以全区体育规划建设目标和总体部署为指引，加快青少年体育阵地建设，整合体育资源，扎实有效地做好体育基础培训和竞技体育工作，依托10所体育传统项目学校、12所自治区"冰上运动示范学校"和3所自治区"足球运动示范学校"，做好普及基础工作的同时，建立6支克拉玛依区少儿运动队。开展武术、轮滑、滑冰、围棋、足球、篮球等中小学生赛事，为克拉玛依选拔优秀后备人才。继续开展自治区青少年羽毛球公开赛、自治区"油城杯"速度轮滑公开赛。积极开展武术、速度轮滑项目的对外交流工作，挑选优秀运动员参加全国速度轮滑比赛，在现有的轮滑发展基础上，通过合理规划，让轮滑运动的文化内涵融入到克拉玛依城市大文化之中，让轮滑运动成为克拉玛依一张有份量的名片之一。2011 年，我区中国轮滑协会授予中国轮滑运动品牌城市称号。

2015 年，区政府积极配合市政府做好十三运会各项工作。一是在自治区第十三届运动会中，承办了自治区第十三届运动会三个竞赛项目——速度轮滑、武术套路和中国象棋；同时配合完成了裁判员、群先代表接待，开幕式2500 名演员抽调、节目编排、演员及观众的背景审查等工作。二是我区参赛队代表克拉玛依市出征自治区十三运会并取得了优异的成绩。其中速度轮滑项目在自治区第十三届运动会轮滑比赛中包揽了全部的 30 枚金牌、团体总分第一的好成绩；武术套路比赛中得了 9 枚金牌、团体总分第一名；少年乙组足球取得了第五名的成绩。

立足本县实际　创办少数民族节目
发挥喉舌作用　丰富群众文化生活

新疆维吾尔自治区岳普湖县文化体育广播影视局　俞兆文

近年来，岳普湖县按照《国务院关于进一步繁荣发展少数民族文化事业的若干意见》（国发〔2009〕29号）文件提出："大力发展少数民族广播影视事业"。"提高少数民族语言广播影视节目制作能力，加强优秀广播影视作品少数民族语言译制工作。提高民族地区电台、电视台少数民族语言节目自办率"。"推出内容更加新颖、形式更加多样、数量更加丰富的少数民族广播影视作品，更好地满足各族群众多层次、多方面、多样化精神文化需求"的要求，岳普湖县广播电视台努力把"让广大人民群众从听的到、看的到广播电视节目到实现听的好、看的好广播电视节目这一目标"作为践行党的群众路线，贯彻落实党和国家民族政策，确保社会稳定和长治久安的重要工作来抓，通过创办民语广播电视栏目，不断提高岳普湖自办节目收视率，促进了广播影视事业的蓬勃发展。

一、基本情况

岳普湖县全县总人口17万人，其中维吾尔族群众16.6万人，维吾尔族人口比例为98%。2010年以前，由于受到思想观念及人才、资金、技术、设备等因素的制约，岳普湖县广播电视台开办的维吾尔语广播电视节目几乎没有。居住在农村的维吾尔族群众只能收听到新疆人民广播电台和新疆电视台转播的民族节目。为了丰富广大人民群众的业余文化生活，让广大农民群众听得好广播，看到电视，岳普湖县根据本县的实际，创办了4档人民群众喜闻乐见的广播电视节目，分别是广播专栏节目《女人世界》、《花丛》、《法治园地》；电视专栏节目《岳普湖纵横》、《我的梦中国梦》、《幸福生活随手拍》，借用自治区、地区和岳普湖电教中心和各相关部门片源开办《科技苑》这些节目受到了基层老百姓的欢迎。2015年，还相继举办了《岳普湖农民好声音》在岳普湖各族群众中引起很大的轰动。《岳普湖民族团结杯电视歌手大赛》要报名参比赛的选手达到300余人。邀请民间艺人开办了《在祖国的怀抱里唱响最美旋律》一经播出，咨询电话不断。同时，指导乡镇文化站利用社会力量开办录制《岳普湖乡农民好声音》。

二、狠抓投入、不断夯实广播电视节目创作基础

通过多方筹措资金，对摄、录、编、播设备进行升级改造和更新换代，积极申请国家预算内投资 250 万元，对摄录编设备进行了更新改造；县财政投入 186 万元，在岳普湖东城区重建了 1155 平方米广播电视发射机房；申请援疆资金 400 万元，建设自立式 168 米广播电视发射塔 1 座；整合国家高山无线发射台站建设资金 200 万元，县本级财政投入资金 400 万元，对广播电视演播室等基础设施进行了改造，更新了硬盘播出系统等。特别是对本县维吾尔语广播电视发射机进行了更新换代，提高了发射功率，由原来的不足 300 瓦提高到现在的 1 千瓦。这一系列措施的实施，从根本上解决了广播电视信号覆盖范围小，信号质量差等问题。从根本上保障了所制作播出的维吾尔语广播电视节目能够传送到千家万户。

三、建强队伍、为创办少数民族广播电视节目奠定人才基础

开办少数民族语言广播电视节目，人才是关键因素。近年来，岳普湖县广播影视局努力抓好人才队伍建设，一是争取县委政府的支持，不断充实广播电视"新鲜血液"。2011 年，县广播影视局通过择岗竞聘，分流了一批不能适应新形势下广播电视工作的人员，为充实广播电视人才队伍腾出了编制，目前，广播影视局新招聘广播电视专业人员 5 人。二是采取请进来，走出去的办法，不断提高广播电视工作人员的综合素质，先后选派 10 人前往山东泰安电视台、新疆电视台和喀什电视台进行跟班学习，提升创办节目的水平。三是建立健全了各项规章制度，特别是对广播电视节目创作人员进行绩效考核，并对所有任务进行了细化量化，全台上下形成了以人为本，感情留人良好氛围，从而造就了一支想干事、能干事、干成事的人才队伍。

四、提升质量，不断丰富民语节目内容

岳普湖县广播电视台自办节目主要有《岳普湖新闻》、《女人世界》、《花丛》、《法制园地》、《岳普湖纵横》、《幸福生活随手拍》、《中国梦我的梦》共六档。在自办栏目创办中，始终牢牢把握住正确的舆论导向，努力做到广

播电视节目贴近百姓、贴近实际、贴近生活，突出反映岳普湖地域特点、历史人文和风土人情，体现民族特色，聚焦维吾尔族群众关注的经济、政治、文化、社会和生态等方面的热点问题。

在《岳普湖新闻》制作中，突出基层新闻，将镜头对准广大老百姓。严格执行中央八项规定，减少会议新闻时长。同时，以正面宣传为主，大力弘扬社会正能量。在《岳普湖新闻》播出时间上，做到与维汉语同步播出，提高新闻的时效性。

在广播栏目《女人世界》、《花丛》、《法制宣传》创作中，做到期期都有新内容，重点围绕社会关注的话题、网络炒作的新闻热点、杂志热评等，受到了广大观众的喜爱。

在电视栏目《中国梦我的梦》、《岳普湖纵横》、《幸福生活随手拍》的创作中，专门成立专题部，配备6人，负责三档栏目的创作，做到每周一期。创作内容以岳普湖人为创作对象，让岳普湖人说出心声、展现岳普湖人幸福生活，通过身边事、身边人，展现岳普湖新面貌。

针对出租车、私家车越来越多的特点，利用已有频点，开办岳普湖城市音乐综合广播，主要是播放维汉歌曲、宣传政策为主要目的，收听岳普湖城市音乐广播已成部分车主的习惯。

此外，对于邀请中央、自治区、地区及其他媒体合作拍摄的专题片源，第一时间翻译成维语播出。如在《地理中国》播出的《沉睡的沙漠古城》（上下集）、《岳普湖》《我的家岳普湖》、《住村足迹》等。对于新疆电视台维吾尔语频率来岳普湖拍摄的片源，及时录制后在岳普湖台播出。用群众身边的人、身边的事吸引岳普湖电视观众。

总之，通过近年来创办民族栏目，我们体会很深，县委政府领导重视是关键，自身努力是重点，群众满意是中心，总结起来就一句话"痛并快乐看"。在今后的工作中，我们会继续努力，创作出更加精彩的民族节目，切实提升全县老百姓精神文化生活幸福指数。

第三篇
文化产业管理和融合发展

第一章　文化产业理论特征

第一节　文化产业的概念及其内涵

文化产业与文化和产业相联系，但不是文化和产业的简单相加。文化产业是一个具有独立意义和自身价值内涵的概念。然而，文化产业又是与文化和产业不能相分离的。因此，揭示文化产业的内涵，就不能不对文化产业与文化、文化产业与产业之间的相互关系进行基本的分析，并且在这个基础上来分析和解释文化产业的内涵。

一、文化与文化产业

文化是一种创造性的文明行为及其过程形态。文化是一种生存方式的有意味体现，是一种物化表现。文化是一种生存方式的非物质建构。文化是人类赖以生存的一种社会力量形态。文化产业是文化的所有这些要素的综合形态。它是创造文明的行为与过程，因此，文化产业是创意的，是不断地在创造性过程中发展的。

文化是一种生存方式的有意味体现，当这种有意味的体现用多样的艺术与科学的手段加以生动的表现的时候，文化产业就成为各种现代文化意义的产业符号形态。人们在创造这些产业符号形态的同时，也创造了一个属于自己的对象世界，并且以这种方式去实现对于世界的认识和把握，由此使这个世界成为有意味的世界。

文化是一种生存方式的非物质建构，一种超自然力，使得人类借助于这种超自然力得以建构起完全不同于自然构成的、与自然的物质构成相对立的非物质构成，并且通过这个构成使自己的种群完全区别于动物界，同时又使自己的种群在这种非物质的建构过程中彼此相区别，这就是非物质文化遗产和文化资源生成的重要动力因素，它使得人类的各种形态的精神文化创造积累为文化资源成为可能，而正是这种文化资源成为现代文化产业得以生存与发展的重要内容，而文化产业也通过这种非物质建构为物质的建构积累新的资本形态，使文化的非物质形态的可持续发展成为可能。文化的多样性源于生物的多样性，人类本身就是生物多样性的一个产物。

文化是人类赖以生存的一种社会力量形态，不仅不同的人群因不同的文化被社会划分和造就成不同的阶级和阶层，而且构成了不同的政治和经济利益与权利。人们发展文化都是为了能够赢得更大和更多的利益与权利，并且通过文化的创造使这种利益和权力合法化、制度化。因此，文化成为人类社会竞争的一种手段和形态。当文化产业成为这种竞争形态的崭新力量而被发现以后，文化产业便成为文化领导权或文化霸权的争夺对象。文化产业的市场准入便成为文化竞争的最主要的形态和领域。

文化与文化产业是两个既相联系又相区别的概念系统。在现代中国的公共政策意义上，文化是由作为观念形态的文化、文化事业和文化产业构成的。毛泽东在《新民主主义论》中讨论文化与政治和经济的关系的时候，曾经把讨论的对象限定在"作为观念形态的文化"范围内，从而使他提出的关于文化与政治和经济三者之间的关系的著名论断至今仍然是我们正确理解和把握三者关系的基本原理之一。中国共产党第十六次全国代表大会提出了"文化事业和文化产业"的概念，丰富和扩大了人们对文化的科学理解和认识：文化不仅有作为观念形态的存在方式，而且还有"公益性文化事业"的存在方式和"经营性文化产业"的存在方式，正是这三位一体构成了当代中国文化形态和存在方式的基本结构与整体性。在这个基本结构中，"作为观念形态的文化"是灵魂，就是马克思主义在意识形态领域里的指导地位规定和决定了"公益性文化事业"与"经营性文化产业"在当代中国的运动方向和价值取向。而文化产业则是以市场经济的方式和形态展现与实现文化的当代精神和当代品格。不同观念形态的文化决定了不同国家文化产业运动和发展的价值取向。但是，在文化的生产和传播随着现代科学技术的发展已经发生根本变化的情况下，文化产业已经成为现代文化存在最具体的形态和方式，当不发展文化产业便不能建设和发展现代文化的时候，发展文化产业就成为文化发展的最重要的动力之一。

二、产业与文化产业

产业是一个经济学的领域和经济学概念，甚至主要是一个工业经济学概念。我国现行的《辞海》和《现代汉语词典》中关于"产业"这一概念的解释集中地反映了这种认知。《辞海》解释说"产业"是"指各种生产、经营事业，见第一产业、第二产业、第三产业。特指工业，如产业革命。"《现代汉语词典》则明确认为是"关于工业生产的（用作定语）：产业工人、产业部门、产业革命"。这种认知的局限性在今天看来是明显的，因为产业这个概念无论在内容上还是在形态上都已经远远超越了工具书的定义。"产业"不仅可以做定语使用来限定某一对象的性质，而且在更多的时候会成为被限定的对象，如农业产业、旅游产业、文化产业等，特指的使用越来越少。产业这一概念正在被用来描述一切进入市场的生产和事业形态。从这个意义上说，《辞海》中关于"产业"解释的第一个意义项更符合今天人们在使用这一概念时对于某一经济现象的认知和把握。但是，"关于工业生产的"或"特指工业"的解释却揭示了"产业"这一概念由来的词源学根据。世界近代工业革命的发生是"产业"这一概念产生的最直接的历史实践基础。因为在此之前人们还没有关于产业的概念，有的只是手工业的概念。

从这两个不同的角度来理解和把握文化产业及产业和文化产业的关系，就可以使我们建立起关于文化产业概念理解的分析框架。首先，文化产业是指各种文化生产、经营事业。这里的"事业"与和"文化产业"相对应的"文化事业"是不同的，是一个关于文化产业存在状况的整体性概念，是指具有明确目标、规模和系统的对整个人类社会发展有影响的文化行为和文化活动。在一个大的政策层面上，它是对应于政治和经济的。其次，文化产业与工业有着密切的关系，是关于工业生产行为和生产手段在文化产品生产和文化发展中的应用，"关于工业生产的"定义在某种程度上揭示了文化产业生产方式的特征。在这一点上，法兰克福学派创造了"机器复制"这一概念，可以说把握住了文化产业在生产方式上与现代工业生产的关系。最后，文化产业是整个产业体系构成中的一个重要组成部分，产业运动的一般规律和一般关系是构成文化产业运动的重要动力结构之一，决定了文化产业和一般产业的关系。但是，文化产业之所以是文化产业还在于它和一般产业形态与运动规律的差别性，即终极价值目标的差异性。正是这种差异性影响和决定了文化产业与一般产业运动的特殊性，并且在产业政策与产业制度等各个方面都与其他产业相区别。

三、文化产业的定义及其内涵

文化产业作为一种特殊的文化形态和特殊的经济形态,影响了人们对于文化产业的质的规定性的把握。从不同的角度看文化产业,完全可以得出不同的理解。这就决定了文化产业定义的难度。国际社会由于文化背景不同和行业分类指标体系的差异,对文化产业的内涵存在不同的理解和认识,给出了诸多不同的文化产业定义。

1997 年,欧盟委托当时的轮值主席国芬兰对欧洲文化的现状进行调研,在此后发表的关于文化产业的报告中,把文化产业定义为"是基于文化意义内容的生产活动",除了新闻出版业、广播影视业、音像业、网络业、文学艺术、音乐创作外,还包括一切具有现代文化内容标识的产品和贸易活动,如摄影、舞蹈、工业与建筑设计、艺术场馆、博物馆、艺术拍卖、体育,以及文化演出、教育活动等。而美国在同期出台的"北美行业分类系统"则把新闻出版、影视、通信和信息四大门类融为一体,形成了一个与欧盟对文化产业的定义有着较大区别的文化产业体系。澳大利亚是把文化和休闲作为一个整体来定义文化产业的,认为文化和休闲活动包括娱乐、放松和消遣活动,视觉、音乐、写作、动感和戏剧等形式的艺术表现,体育运动技能的应用、训练和开发,文化内容和精神价值的创造、发展、保存和传播,以及为了促进和推动上述各项活动而开展的相关活动,即将以从事文化和休闲活动为目的的行业、产品和服务归为文化和休闲产业。

联合国教科文组织在题为《文化、贸易和全球化》的报告中认为:"文化产业这个概念是指那些包含创作、生产、销售'内容'的产业。从本质上讲,它们与文化有关且是不可触摸的,一般通过著作权来保护,并且以商品或服务的形态出现。'文化产业'通常被称为'创造性产业',但在不同的领域也有不同的称谓。在经济学术语里,文化产业被称为'朝阳产业';在技术领域,它被视做'内容产业'。"联合国教科文组织的这个界定,只是"文化产业"众多"定义"中的一种,并没有成为国际社会的普遍性共识。但是,联合国的定义明确了文化产业是包含创作、生产、销售"内容"的产业,这是文化产业区别于其他产业的本质属性,正是这一属性确立了文化产业的价值及其在社会生活中的特殊地位。这应该成为认识文化产业本质属性的根本基础。

"文化产业"这一定义,从产生到现在一直是许多学者议论的对象。由于探讨的视角不同,所以结果往往也不同。因此,对文化产业的定义和范畴的界定一直没有停止过。

　　我国学术界早期的一些相关的研究文章中往往直接引用西方文化产业或大众文化的概念，并没有对我国文化产业的概念范畴进行准确的界定。迄今为止，对什么是文化产业，即文化产业概念的内涵是什么，还没有完全一致的看法，但学者们在文化产业是把文化作为商品进行生产、流通、消费、再生产的产业这一点上有着共同的认识。也就是说，文化产业是使文化性因素与经济性因素既保持各自的特殊性又合为一体的产业。

　　《文化蓝皮书——2001～2002年中国文化产业发展报告》中给出了理解文化产业最基本的出发点：就所提供产品的性质而言，文化产业可以被理解为向消费者提供精神产品或服务的行业；就其经济过程的性质而言，文化产业可以被定义为"按照工业标准生产、再生产、储存及分配文化产品和服务的一系列活动"；在我们这样一个特定的制度环境中，文化产业除了具有一般产业属性之外，还具有某些特殊的社会和意识形态属性。由此，对文化产业可以做出这样的定义：现代文化产业实际上是一个巨大的"产业群"，它们奠基于大规模复制技术之上，履行最广泛传播的功能，经商业动机的刺激和经济链条的中介，迅速向传统文化艺术的原创和保存这两个基本环节渗透——将原创变成资源开发，将保存变成展示，并将整个过程奠定在现代知识产权之上。

　　全国政协与文化部所组成的文化产业联合调查组于2001年对国内2省1直辖市所属9个市进行了实地考察，在总结各省实践基础上对文化产业作了如下界定：文化产业是指从事文化产品生产和提供文化服务的经营性行业。文化产业是文化建设的重要组成部分，文化产业和公益事业两者共同构成了文化建设的内容。文化产业主要包括文化艺术、文化出版、广播影视、文化旅游等四个领域，具体行业的划分尚待进一步研究。"联合调查组对文化产业的界定与国际经济学界的探索基本是相吻合的。

　　《中国文化产业年度发展报告（2003）》将文化产业定义为：由市场化的行为主体实施的，以满足人们的精神文化需求为目的而提供文化产品或文化服务的大规模商业活动的集合。该报告按照文化产品或文化服务的特性与文化产业辐射半径相结合的原则将文化产业划分为八大类：纸质传媒业、影音传媒业、网络传媒业、广告产业、旅游产业、艺术产业、教育产业、体育产业。

　　《文化产业与大众文化：正本清源与理论梳理的尝试》一文提出一个值得关注的问题："文化产业"与"大众文化"的概念在中国语境中的混乱和不

规范。文化产业与大众文化自诞生之日起，就是西方社会学、文化学领域议论烽起、分歧严重的话题。在今天的中国，这种混乱不仅出现在各种文化实践活动中，同时也存在于理论界的热烈争论中——遗憾的是许多文化实践和文化争论因为范畴与概念的错位和混乱而变得无效和无谓。

关于文化产业与文化事业的关系问题也一度引起不少学者探究的兴趣，至今已经有了比较明确的结论：文化产业与文化事业是中国文化建设过程中两个互有交叉渗透又相互独立的不同形态。它们的运作方式是有区别的：文化事业是重要的社会公益事业之一，向社会提供公共产品和公共文化服务，运作所需资金主要依靠政府部门拨款，主体的主要行为是非营利活动；文化产业是文化建设活动中活动主体用产业方式进行运作，一般进行以营利为目的的经济活动。但文化产业和文化事业两者的目的都是满足人民群众的精神文化需要。

学者们在文化产业的明确概念定义问题上各有自己的意见。因此，在文化产业范围的界定上，也就是把这一范围限定到什么程度的问题上，因个人、团体或国家的不同而有所区别。这是因为究竟有哪些领域可以包括到文化产业内，首先取决于一个国家的产业化及科学技术的发展水平。另外，随着技术的发展，不同时代的对象可能有很大区别。比如，三十年前文化产业只包括出版、印刷、报刊、广播、电影、音乐、博物馆等，但现在已包括广告、文化观光及伴随技术发展而产生的数码内容等。这表明由于各国的文化地位韵差异和文化产业概念本身的多样性，文化产业在各国所指的范围有所不同，而且因为技术的发展而被广泛应用于各类产业，所以文化产业所包括的范围呈现出不断扩大的趋势。

中国在很长一段时间内对文化产业一直没有统一的分类标准，各地区、各部门在定义和范围的界定上区别很大，这在很大程度上影响了对中国文化产业发展状况的认识和地区间的比较，也在一定程度上影响了文化产业政策的制定和实施。而且，由于文化产业的家底不清，文化产业在国民经济中的地位和对社会经济的作用也不能得到很好的反映。为此，2003 年 7 月 22 日，由中共中央宣传部牵头，成立了国家统计局、文化部、广电总局、新闻出版总署、国家文物局等单位参加的"文化产业统计研究课题组"。课题组的任务是科学界定文化产业的概念，建立文化产业指标体系和统计制度，为党中央的文化方针政策和文化体制改革提供科学的统计数据。2004 年，国家统计局发布了《文化与相关产业分类》，第一次提出了统计学意义上的关于文化产业的国家定义，即"为社会公众提供文化、娱乐产品和服务的活动"。国家间关于文化产业的不同定义，实质上反映了不同国家间的文化产业政策。因此，不同的文化产业定义包含着深刻的政治和经济动因，一方面反映了一个国家文化产业发展与开放的程度，另一方面也反映了一个国家文化产业在整个国家的全球战略利益安排中的地位和作用。在国际文化贸易中，根据谁的定义来定义"文化产业"概念，实际上也就决定了以谁为主制定"游戏规则"，因而这是一个涉及国家文化主权的重大问题。2012 年，国家统计局根据发展的情况对 2004 年的版本进行了修订，重新定义了文化产业，即"本分类规定的文化及相关产业是指为社会公众提供文化产品和文化相关产品的生产活动的集合"，"文化产品和相关文化产品的生产活动。"成为定义"文化产业"的核心价值。根据以上定义，国家统计局还将我国文化及相关产业的范围概括为四个方面：一是以文化为核心内容，为直接满足人们的精神需要而进行的创作、制造、传播、展示等文化产品（包括货物和服务）的生产活动；二是为实现文化产品生产所必需的辅助生产活动；三是作为文化产品实物载体或制作（使用、传播、展示）工具的文化用品的生产活动（包括制造和销售）；四是为实现文化产品生产所需专用设备的生产活动（包括制造和销售）。"

文化产业是现代经济和社会发展的政策工具和支持系统。1998 年，英国布莱尔政府为了寻求对工业化进程中所带来的文明负担的克服与超越，制定并提出了"创意产业政策"。2002 年，中国政府为了解决经济结构的战略性转型过程中所遭遇到的结构性矛盾与体制性障碍，提出了"大力发展文化产业"的应对之策，把发展文化产业看作是实现经济结构战略性调整的重要政策选择。《文化及相关产业分类》的颁布与修订，都不只是一般意义上的统计工作完善。统计在任何时候都不是一般意义上的统计部门的工作，而是重要的产业政策导向。掘中央文化企业国有资产监督管理领导小组办公室的分析报告，2004～2013 年十年间，中国文化产业从 2004 年的 3440 亿元增加到 2013 年的 20081 亿元人民币；在 GDP 的占比中，2004 年占比 2.15%，2011 年占比 3.28%，2012 年占比 3.48%，2013 年占比 3.42%，文化产业发展已经成为国民经济新的增长点，在国民经济发展中的地位已经举足轻重。中国文化产业之所以获得了长足的发展，其中一个最根本的原因就是，从中央到地方各地纷纷制定各种文化产业发展战略和发展规划，并且把它列入国民经济和社会发展总体战略之中。文化产业有效地克服了文化和经济发展非均衡动态运动规律，以知识经济的形态实现了文化与经济的有机统一，并且在这个基础上为产业结构升级、经济结构调整和社会文明发展转型提供了有效的

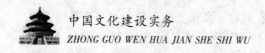

载体和形态。

文化产业是现代社会构成的重要的组织形态和存在方式之一，它以自己的内容和方式整合与反映了社会构成的文化变动及其背后所蕴含的权利与利益关系。正是这种关系奠定了文化产业结构形成和变动的政治经济学基础。因此，文化产业结构并不是现存的若干文化行业的简单组合，而是现存一切文化关系的制度性反映与总和。它既反映了一定生产力水平和制度条件下文化商品的市场化程度，同时也反映了在这种背景条件下人们文化消费需求的主体差异，以及由这种差异所反映出来的主体社会身份、享有文化权力的程度和文化关系的差异。由于文化产业的存在形态与文化消费主体的消费行为之间存在着某种结构上的对应关系，而这种关系又反映着不同主体间的经济与文化关系及由这种关系决定的不同的社会关系，因而文化产业结构是人的社会关系延伸。由于政府拥有对社会资源进行权威性分配的权力，文化产业结构作为一种资源的存在方式，又是过去历史分配的一个结果，因此，任何形态的文化产业结构都是过去制度权威的权力安排的产物。这就使得文化产业超越了一般产业的意义，而具有了政治经济学和制度经济学的意义。正是这种意义决定了文化产业内涵的全部丰富性和复杂性。

四、文化产业与文化产业文化

文化产业是文化产品生产和服务的社会文化生态系统。文化产业文化是指在这个机制和系统的运动过程中形成的某种精神、传统、价值观及由此而形成的制度与规制形态，并且以这种精神、传统和价值观把自己同其他产业区别开。因而，由文化产业的运动发展而形成的文化产业。文化是一个国家文化产业发展成熟的标志，具有鲜明的可识别性和影响力，是一个国家文化软实力构成的重要内容之一。美国以好莱坞为代表的电影产业及由此而形成的"好莱坞文化"，进入 21 世纪以来日本的动漫文化，韩国网络游戏等领域所形成的所谓"韩流"，都是最典型的文化产业与文化产业文化的关系。

文化产业文化是在文化产业的生命发展中凝练而成的一种文化精神与文化风格，这种精神与风格集中表现为它们在文化产品生产的题材选择上、叙述的审美取向上、作品形象的建构上以及通过这一系列所表现出来的文化追求和文化价值观的信仰上。这是文化产业文化的精髓，是一种文化产业得以延续和发展下去的东西。这是一种有生命的、不断在修正中延续的东西，是文化产业文化发展的命脉。文化产业文化是一种传统和不可替代的标志性意义。不同的文化产业有不同的文化产业文化，即便是相同的文化产业，在不同的国家和地区也会由于不同国家和地区的文化及制度性差异而形成不同的文化产业文化。美国和法国是西方两个最大的文化产业国家，都拥有发达的文化产业，但是在文化产业文化上则存在着较大的差异性。美国的文化产业更助长和强调自由主义的市场经济取向，而法国则更突出国家主义的市场经济取向。不同的文化产业文化是导致和造成文化产业竞争的重要动因。近代以来，中国以商务印书馆和中华书局为代表的中国现代出版业所形成的"传承文明"的出版文化具有鲜明的中国特色。正是由于这样的现代出版文化具有原创性与标志性，只可借鉴而不可复制，因而成为中国出版产业的楷模。而这恰恰与中国传统的出版文化传统相一致。

文化产业文化本质上是一种价值取向，对于一个社会和国家而言具有坐标性，集中体现和代表了这个国家与民族的价值主张，包括它的意识形态信仰、文化传统和审美伦理，具有鲜明的社会精神和社会思潮的引领性。按照德国小韦伯和伊利亚德的说法，文明使整个世界各种人越来越相似，越来越按照共同的规则生活，它是可以学的，是可以进步的，而文化是保持各个民族始终不一样的东西。因此，文明和文化会有冲突——普世价值和个别价值的冲突。只要文化多样性作为一种普世价值观是合理的，那么维护文化多样性即承认文化存在的差异性及在此基础上建立起来的个别价值观就是合理的，它同样是一种普世价值，也应当得到承认和尊重。从这个意义上说，文化产业文化的形成对于文化产业的发展来说具有更加重要的价值，而这正是文化产业真正内涵之所在。

第二节　文化产业的属性与特征

任何一种事物都有它决定其本质的属性规定，这就是它与其他事物相区别的质的规定性。研究、揭示和分析文化产业的属性，是认识和把握文化产业本质特征的一个基本条件。

一、文化产业多重属性的内容与形式

在和其他产业类型相比较的过程中可以发现，之所以很难给文化产业下一个公认的定义，一个重要的原因就是文化产业具有多重属性，现有的任何一种关于文化产业的定义都不能涵盖它的所有内容。就从现阶段文化产业运动的实际和世界上大多数国家关于文化产业政策的运动和管理来看，文化产业属性的多重性集中地反映在各国文化产业政策价值取向的多样性之中。这种政策价值取向的多样性主要表现在经济性、政治性、社会性、文化性和意识形态属性上。正是这几个方面构成了文化产业属性的多重性。

经济性是从文化产业的经营性特性而言的。无论是文化产品的生产还是文化产品的消费，都涉及基本的买卖行为，都发生这样那样的经济关系。文化产业作为市场主体，必须讲究投入与产出，讲究成本核算，讲究市场规律，讲究盈利和盈利模式等。对于文化消费者来说，除了应当享有的政府提供的公共文化物品之外，他的任何文化消费需求的满足都只能通过购买行为才能实现。当一种文化消费成为时尚时，它会影响文化产业结构的市场变动，造成文化产业结构运动。在这里，文化产业主客体的关系可以表现为纯粹的经济行为和经济关系。在所有这些关系当中，作用于其他经济行为体的市场经济规律也同样作用于文化产业的运动和发展。所谓"经营性文化产业"正是凸现了文化产业的经济学属性。

政治性是由文化产业具有对国家政治的干涉性特征决定的。文化产业主要是内容生产、供应和服务。由于在现代社会条件下，任何的内容生产都包含着对现行政治行为肯定或否定的态度（不管它是用怎样的形式），而任何肯定或否定的态度都会对社会造成影响，形成公众对政治主体的褒贬态度，进而影响到政权的巩固和国家的稳定，因此，不管你是否愿意和承认，文化产业，特别是它的核心部分如新闻传播作为舆论工具都具有强烈的干政性和参政性，政治性也就自然地成为文化产业的重要属性之一。2005 年 2 月，日本活力门公司通过证券市场收购了日本放送公司的 40.5% 有表决权的股份，随之在两家媒体之间便爆发了一场"收购与反收购战"。此事引起了日本朝野上下的高度关注，不仅日本政界的许多重量级人物纷纷反对活力门收购日本放送，日本首相小泉纯一郎也表示要加强研究，限制外资进入日本媒体。为此，日本执政的自民党电气通信调查委员会决定修改有关法律，加强限制外资进入日本传媒，防止外资控制舆论工具。日本敢送是日本大型传媒企业"富士产经集团"的核心企业，也是日本三大民间电视台富士电视台的母公司。活力门是日本三大网络媒体（门户网站）之一。一场企业间的纯粹经济行为的股权争夺战，为什么在日本引起如此大的轰动？日本最大的报纸《读卖新闻》于 2005 年 2 月 24 日发表的题为《必须清除外资间接支配日本放送公司危险》的社论对此作了回答：活力门是通过向美国雷曼兄弟证券公司发行和转换债券筹措资金来收购日本放送股权的。如果不加限制，雷曼公司只要将债券转换成股票，就会成为活力门的控股公司。这样，外资就可以通过活力门控制日本放送，再通过日本放送与富士电视台、富士电视台与《产经新闻》的资本关系，影响日本的舆论机构。"而舆论是可以影口向和左右政治行为与政治力量的。这个时候，经济也就变成了政治，而政治是经济的集中体现也就得到了市场的确证。文化产业的政治属性在市场经济中便生动地表现了出来。

所谓社会性是指文化产业对于人们的社会生存的一种影响状态，"文化大众化生存"。在文化产业所有形态的运动中，无论是经济的还是政治的都是通过文化产品的生产和传播，作用于人的精神世界，满足人们的精神消费需求，影响人的生活态度和生活方式，改变人的观察世界和认识世界的思维模式，进而影响人的社会行为。在文化大众化生存的状态下和在现代世界体系中，任何精神文化力量的传播和精神文化需求的实现，不借助于文化产业的存在性形态都是很难达到它的目的的。不断地学习、掌握和借助于新的文化传媒手段来提升自己的文化生存质量，已经成为现代社会人们的集体无意识。20世纪80~90年代，用新年贺卡互赠祝福曾经是人们在新年来到之前的一种重要的社会生存方式，并且还由此而带动了一项产业，同步提高了邮政业务的增长。但是，2003年以后，随着手机短信功能在非典期间得到充分的发挥之后，用手机短信来祝贺新年便取代了新年贺卡，成为人们在新年期间一种新的生存方式。由于手机的功能远远超过贺卡功能的单一性和时效性，具有贺卡所不具有的便利。快捷、即时、互动等特性，因此，手机便迅速成为人们日常生活中重要的联络、沟通和传播的重要方式。文化产业和信息产业的结合，文化传播模式向数字化、大众化、娱乐化转变，正在深刻地改变着人们的交往方式、思维方式和行为方式。德国媒体心理学家温特豪夫·斯伯格教授通过对电视和人们的行为心理关系研究后指出，电视悄然成为一个隐蔽的教育者，开始塑造新的社会性格。手机短信、网络游戏等一些新型的文化产业正在给人们的社会关系带来革命性变化，文化产业的迅速发展正在日益成为人们的社会化存在的重要样式。

文化性是文化产业更为本质的一种属性。文化产业属性相比较于其他产业形态的一个最大区别，就是其文化性。所谓文化性是指文化产业的整个生命运动本质上是文化的生产、流通、传播与交流，是满足人类社会的精神发展需求和实现人们的文明生存。人们关于文化的生产、消费、流通和交流，本质上都是要实现精神地和艺术地把握世界，在把握世界韵过程中把握人本身。因此，从一部世界文化产业发展史来看，文化产业每一次在技术上和产业形态上的超越与升级，不仅扩大了人类社会之间的交往手段和认识世界的方法，而且加深了对人类社会的世界形态的了解。每一次文化产业革命之所以都带来了"文化产业发展困境"，就是因为每一次革命不只丰富了人类创造财富的手段，更重要的是每一次革命的先行者对于文化生产与文化传播的控制都威胁到了他人的对于相反文化权利的拥有。文化产业也因此具有了国家文化安全的意义。它的全部价值就在于文化产业的全部生命运动都是关于文化的符号与意义的生产和交换，而符号和意义是可以改变人们的生存理念进而改变人们的整个生存方式的。文化市场的准入也正是在这个意义上具有了捍卫文化个性和文化多样性的重要价值。

意识形态属性应当包含两个方面的意义：一是文化产业生产和服务是关于内容的运动，生产和服务所提供的都是特定的价值选择，这种选择最终表现为文化消费及由文化消费而生长出来的消费文化的演变，集中反映了一定历史时期和社会发展阶段意识形态的变化。关于文化消费的消费文化的演变不仅仅是爱好、兴趣、审美及购物习惯的改变，而且是对时间、空间、社会、个人、家庭和国家等概念在认识与理解上的革命性转变。而造成这种革命性转变的历史性实现，恰恰是由于文化产业的发展。文化产业在这里充当了意识形态革命的传播工具和实现渠道。文化产业形态的任何一个新的发展在为人们提供一种新的认识世界的工具的同时，也为人们提供了一种改变世界的手段。文化产业秩序决定文化消费行为的模式，同时。由文化产业构成的世界不但创造文化商品，而且还会被文化商品创造。所以，文化产业的演变也就意味着社会的意识形态的演变。掌握了文化产业演变的主导权，也就掌握了社会的意识形态演变的主导权。由于广播电视和新闻出版在整个社会的意识形态的演变过程中具有与大众沟通的直接性，因此，广电业和出版业也就自然地处于整个文化产业的核心部位，各国对广电业和出版业市场准入的控制也就自然成为现代政府文化管理的重要内容。正是由于文化产业在文化生产与传播中具有其他产业经济形态所不具有的意识形态演变功能，因此，关于文化产业准入的制度选择与政策规定和控制以及在这一领域所表现出来的竞争，也就客观地使文化产业本身成为意识形态，也就是说把文化产业作为意识形态来建设与管理。这就是文化产业的意识形态属性的第二层意义。在这里，哈贝马斯的"作为'意识形态'的科学技术"理论是可以作为分析工具来说明这一问题的。也就是说，关于文化产业的理解及对待文化产业的态度本身是充满意识形态性的。

在中国，虽然长期以来文化产业在事实上存在并影响着中国的文化建设，但是，在整个 20 世纪后半叶的社会主义建设过程中，中国却一直不提文化产业，甚至到了 20 世纪 90 年代后期政府文化主管部门已经进入了文化产业发展规划阶段，学术界已经对在中国大力发展文化产业进行政策与体制性障碍的理论研究有所突破时，"文化产业"在中国依然没有获得合法性身份。直到 1999 年中共中央关于第十个五年计划的建议中正式提出要发展"有关文化产业"的时候，这种状况才被打破，文化产业也才在中国取得了它的合法性身份。在文化产业问题上出现的分歧，实际上是关于文化产业本身的意识形态分歧。一旦这种分歧意见成为一种占主导地位的意见，文化产业便被迅速提到了一个前所未有的发展地位。文化产业成为一种力量，一种对原有文化的、政治的和经济的利益格局进行重新分配的力量。是否在本地区的国民经济和社会发展中大力发展文化产业，不是看本地区是否有条件和能力发展文化产业，而是看是否在政治上和党中央保持一致，从而出现了全国性的文化产业大跃进的现象。文化产业正是在这个意义上被意识形态化了，这也是发展文化产业作为一项科学决策和科学发展观在一些地方走了样的原因。正是由于文化产业具有重新配置资源和改造社会的能力，因此，无论是对文化产业进行控制还是放松管制，虽然表面上看来是反映了政策主体文化上的主观意志，但是其实它却反映了文化产业的某些本质方面，文化产业的意识形态属性正是属于这样的本质方面。

二、文化产业多重属性的形成基因

文化产业多重属性是在文化产业的发展过程中，随着文化产业的社会文化功能的不断释放和发挥而逐步形成的。这里既有客观的因素，也有主观的因素。客观的因素是文化产业的多重属性并不是一下子就形成的，而是有一个形成的历史过程，这个过程不是由文化产业本身的条件决定的，而是由社会生产力的发展程度决定的，没有现代工业文明和信息技术的发明，也就没有文化产业形态的多样性和社会文化功能的多样性，因为正是这种多样性构成了文化产业属性的多样性。这种多样性是客观存在的，也是潜在的，是有待于社会主体去发现的。不同的社会主体处于不同的社会生产力水平和不同的社会制度条件下，对文化产业的属性的认识是不一样的，因此，各国各地区关于文化产业的政策及其管理制度也是不一样的。从这个意义上说，文化产业的多重属性是主客观运动的结果。由于主观的价值判断还是基于对文化产业社会功能的认识，因此，最终规定文化产业属性的还是文化产业作为社会存在事物本身的规定性。

形成文化产业多重属性的一个重要基因就是文化产业结构的复杂性和层

次性。根据我国国家统计局2004年3月发布的《文化及相关产业分类》对文化产业的划分，文化产业分为三个层级：文化产业核心层、文化产业外围层、相关文化产业层。具体的不同文化产业形态被分别划分在这三个层级之中，如图3-1所示。

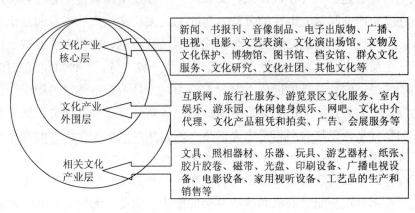

新闻、书报刊、音像制品、电子出版物、广播、电视、电影、文艺表演、文化演出场馆、文物及文化保护、博物馆、图书馆、档案馆、群众文化服务、文化研究、文化社团、其他文化等

互联网、旅行社服务、游览景区文化服务、室内娱乐、游乐园、休闲健身娱乐、网吧、文化中介代理、文化产品租凭和拍卖、广告、会展服务等

文具、照相器材、乐器、玩具、游艺器材、纸张、胶片胶卷、磁带、光盘、印刷设备、广播电视设备、电影设备、家用视听设备、工艺品的生产和销售等

图3-1　文化产业层级划分

从图中可以看出，划分和归类的一个重要标准是各文化产业门类的内容对于国家和社会影响的重要性程度。所谓核心层、外围层和相关层都是社会管理主体关于文化产业对社会的影响和责任的判断的结果。从纯粹的意义上讲，产业无所谓核心与外围之分，但是不同的产业在国民经济和社会发展中作用的大小和重要性的强弱却是有区别的。文化产业发展的成熟程度是衡量一个国家和社会综合竞争力与综合国力的重要指标，而在文化产业本身的发展过程中，真正决定和影响一个国家与地区的文化产业综合竞争能力尤其是核心竞争力的是处于核心层的文化产业。其中，现代传媒产业毫无疑问又处于核心的核心。这也就是为什么日本活力门收购日本放送会引起日本上下广泛关注的重要原因。从我国关于文化产业分类的层次划分来看，一个基本的技术路线就是根据内容的重要性逐层递减，相关文化产业层主要是文化生产的物质资料和技术装备，不涉及内容生产和传播，因此其重要性也就远不及核心层。相关文化产业层主要属于经济性的，政治的、文化的和意识形态的属性基本上没有。属于文化产业核心层的文化产业门类则都不同程度地对社会和国家政治生活有着巨大的影响，具有强烈和鲜明的政治、文化与意识形态性。属于文化产业外围层的文化产业门类则刚好处在二者之间，更能表现出它的社会性功能。文化产业属性正是由文化产业本身的丰富、复杂和多样性决定的。

2012 年，中国国家统计局对 2004 年版的《文化及相关产业》进行了修改。根据新的分类标准，原来的"三层次"圈层分类取消了，取而代之的是更符合中国现实的"二分法"，即分成"文化产品的生产"和"文化相关产品的生产"两个部分，不再按"文化服务"和"相关文化服务"来分类，突出"文化产品的生产"，并对原来的分类进行调整，形成了新的文化产业内容生产的框架结构，如表 3 - 1 所示。

表 3 - 1　文化内容生产的构成

类　别	行　业	细　目
文化内容生产	新闻服务	通讯社、广播电台和电视台的经营活动
	出版服务	图书、报纸、期刊、音像制品及电子出版物等出版
	影视制作	电影和影视节目制作
	广播节目制作	录音制作
	演艺	文艺创作与表演
	工艺美术品生产	雕塑工艺品、金属工艺品、漆器工艺品、花圃工艺品、编织工艺品、抽纱刺绣工艺品、地毯挂毯和珠宝首饰的生产以及园林、陈设艺术及其他陶瓷制品制造
	文化内容保存服务	图书馆、档案馆、博物馆、纪念馆、烈士陵园的经营活动以及非物质文化遗产保护

从表 3 - 1 可以看出，发生了以下变化：一是把原来的"新闻服务"和"出版发行和版权服务"合并为"新闻出版发行服务"一个大类，保留"广播电视电影服务""文化艺术服务""文化休闲娱乐服务"，将"网络文化服务"更名为"文化信息传输服务"；二是新增"文化创意和设计服务""工艺美术品的生产""文化产品生产的辅助生产"三个大类；三是取消原大类"其他文化服务"，将其中的广告服务移至新增的"文化创意和设计服务"大类中，其他内容移至新增的"文化产品生产的辅助生产"大类中；四是将原"文化用品、设备及相关文化产品的生产"和"文化用品、设备及相关文化产品的销售"两个大类修订为"文化用品的生产"和"文化专用设备的生产"两个大类。按行业分，文化产业分别划分为文化制造业、文化批零业和文化服务业；按活动性质分，则分为文化产品的生产和文化相关产品生产，并且为了避免与在政策层面上的"创意产业"和"文化创意产业"相混淆，则专门分列了"文化创意和设计服务"，从而使之能够更好地反映、规范和指导中

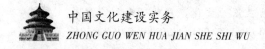
国的文化产业实践。

三、文化产业多重属性与文化产业价值运动的多重性

文化产业的多重属性决定了文化产业价值运动的多重性。不同的文化产业的属性具有差异性，因此，其价值构成、价值实现和价值运动是不一样的。属于文化产业相关层的文化产业，由于其内容远离核心层或者说除了玩具和工艺品等还多少涉及一些文化和意识形态内容之外，其他的都不存在政治的、文化的和意识形态的功能，这些产业门类的价值运动主要是受市场经济规律的作用和影响，并随着价值规律的运动而运动。只是当文化产业的核心层在非市场因素的作用下出现超常规发展需求的时候，相关文化产业层的有关行业才会偏离一般价值规律的运动，呈现出非市场因素的价值运动。而属于文化产业核心层和文化产业外围层的价值运动则要比相关文化产业层的价值运动复杂得多。政治的、经济的、文化的、意识形态的等价值运动常常是交叉作用，同时产生和发挥影响。在文化产业核心层中的许多文化产业门类，如新闻、书报刊、音像制品、电子出版物、广播、电视、电影、文艺表演等，反映和表现得尤其明显。虽然从现行的我国文化产业分类的层级结构来看，文化产业核心层与文化产业外围层存在着中心和边缘的差别，但是属于文化产业外围层的某些文化产业的价值运动未必一定比属于文化产业核心层的某些文化产业价值运动的重要性小，有些行业对整个社会构成的影响力，甚至远远超过了被划分在核心门类中的文化产业，如互联网。互联网由于其交互性特征，不论是娱乐内容，还是新闻内容，或者是关于意识形态，其价值运动的多样性与复杂性及其他在构成国家文化安全方面的重要性都是文化演出场馆等所无法比拟的。

因此，文化产业的多重属性不仅整体性地构成和规定了文化产业价值运动的多重性，而且不同的文化产业门类的价值运动也是不一样的。不同的文化产业门类的价值运动，在不同的文化生态环境下，其价值运动有时可以在不同的引力作用下相互影响，一般来说，那些意识形态价值取向特别强烈的文化产业门类的价值运动，更能对那些意识形态较弱或者不那么具备意识形态功能的文化产业门类的价值运动方向产生引力作用，从而导致这种文化产业门类价值运动曲线的曲率变化，使这一类文化产业门类呈现出价值运动的多重性。玩具和工艺品生产的政治化与意识形态化往往表现得最为明显。由于文化产业的价值体现与人们对它的功能性发挥的程度相关，因此，当人们对某一类文化产业的认识和某一类文化产业矛盾展开的丰富性还不相一致的时候，该门类文化产业的价值运动往往偏离其运动的应有轨迹。例如，对于网络游戏及由此出现的网络游戏产业及其管理，在我国就曾经仅仅把它看作是一般的信息产业，而忽视了它的娱乐和意识形态的交互性，因此在管理体制上对于网吧的管理就被纳入信息产业部，只是到了网吧业迅速发展开成为文化市场中的一个全新行业，并且已经日益给人们的精神文化生活带来了深刻的影响，特别是给未成年人带来影响的时候，我们才重新获得了对网络游戏产业的深刻认识。网络游戏产业的价值运动由于其价值的被发现而出现全新的运动态势，即国家对网络游戏产业战略和政策的调整。正是基于这样的战略和政策的调整，网络游戏产业在中国的价值运动才从一个自在的价值存在发展成为一个在政府的宏观调控之下的自为的价值存在与运动。而当动漫成为文化实现和文化消费满足的重要方式的时候，建设与发展动漫也就自然地成为建设与发展网络信息文化的重要领域，动漫产业价值运动的文化属性也就自然地突现成为它的主要方面。

第三节　文化产业运动规律

文化产业运动规律是文化产业内部联系的一种结构系统，它是有层次的，不同的文化产业构成层次不仅有不同的力的作用方式，而且不同的力的作用方式之间还会构成不同的力量关系和力量系统。正是这样的力的内部构成和作用系统的整体性，构成了文化产业运动的内部联系。文化产业内部联系的丰富性和复杂性决定了不同文化产业之间不同的运动规律。

一、文化产业运动规律的多样性与复杂性

文化产业是政治、经济、文化和社会等共同影响而产生的社会运动现象。构成动因的多元性决定了文化产业生命运动规律的多样性和复杂性。从这些规律作用与文化产业运动发展的不同作用和效果来看，可以将其分成文化产业运动的外部规律和内部规律两大类型。外部规律更多地表现为文化产业与社会发展和经济发展与政治发展规律之间的联系，如生产力与生产关系的规律、经济基础与上层建筑关系的规律、市场与政府双重作用的规律、区域发展不平衡规律、科技先导牵引产业形态创新规律等。内部规律主要表现为文化产业作为独立的社会形态在社会的各种因素的作用下形成的决定文化产业

之所以是文化产业运动的那些特殊规律性，正是这些规律性决定了文化产业与其他产业形态相区别，如文化多样性发展规律、不对称内容发展规律、文化需求与引导消费互动发展规律、精英文化和大众文化价值取向非线性发展规律等。所有这些决定了文化产业发展运动规律的多样性与复杂性。

（一）社会发展的一般规律是文化产业发展的第一规律

生产力与生产关系、经济基础与上层建筑之间的运动规律在根本上制约着文化产业发展的基本规律。文化产业是一切社会文化关系的总和。作为经济形态，文化产业的任何发展总是同社会生产力发展成正比例关系，只有社会生产力的发展才有文化产业发展的基本条件和基本动力，这里既包括人的因素，也包括物的因素，同时还包括社会发展阶段的因素。作为文化形态，文化产业的太部分属于上层建筑，文化产业的发展不仅受经济和社会运动规律的影响，而且还要受上层建筑其他各个方面的影响，尤其是政治体制及由政治体制而派生出来的文化管理制度和文化体制。在这里不仅涉及文化产业在国民经济与社会发展中的地位和作用的认识，而且特别重要的是文化产业的准入制度直接规定和反映了在一定的政治制度下的文化产业政策，以及由此而反映出来的社会文化关系，也就是说，它反映了文化生产力（文化生产资料）的分配关系和不同的文化主体之间的享有文化权利、拥有文化权利的关系。因此，文化产业的任何运动都是文化和社会发展一般规律运动的结果，切实反映着这种运动关系的。

（二）产业运动和市场经济发展的一般规律是文化产业发展的第二规律

文化产业运动有着一般产业运动的基本形态和基本结构，因此也必然要受到一般产业经济运动规律的制约；市场是产业存在的空间形态，没有市场形态和市场方式也就无所谓产业的生命形态。因此，市场不仅决定了产业运动的空间形态，而且还决定了这种形态变迁的空间走向。这就是市场对资源配置的基础性作用。文化产业作为一种特殊的经济形态，是以市场经济为基础的，虽然它主要满足人们的精神文化消费需求，但是，当这种需求还只能以交换的方式才能得到实现的时候，市场便成为实现这种交易的最好方式。因此，供求关系和供求规律就不仅是一般商品的运动规律，而且也是文化商品的运动规律。文化产业作为人的文化生产和经营活动，就不能不按照这一规律来展开自己生命的全部的合目的性。否则，不仅文化产业自身得不到合乎逻辑的发展，而且还会影响整个经济结构的优化和整个产业体系的成熟与发展，最终影响文化产业文化功能的发挥。

（三）文化发展规律是文化产业发展的第三规律

文化发展规律是相对于政治、经济发展规律的规律形态，是指与物质文明相对应的精神文明形态的发展规律。文化产业首先是文化，其次才属于经济范畴。说它首先是文化，是因为它是关于文化的生产和经营的活动，而这种生产和经营是满足人们的精神文化消费需求的活动，是在实现了基本的物质消费需求后的人类精神地把握世界的活动。一切关于文化的生产和经营都是为精神的生产和经营，尽管这些生产和经营在表面上看来似乎都是为了追求利润和资本，但是在资本和利润的背后无不包含着巨大的文化追求和文化利益，以及借此实现的更大的政治和经济利益。因为文化生产和经营是最直接的价值观生产和价值观经营，通过价值观的生产、经营与传播来实现政治和经济的霸权与垄断，无不是文化资本的真正目的。因为文化产业是最直接的关于价值观的生产和经营活动，并且有着资本的真正目的，所以就决定了市场准入和文化审查制度的不可避免性及其合理性。因此，不仅文化发展规律决定了文化产业的发展规律，文化发展的多样性规律也决定了文化产业发展的多样性规律。一因为文化发展的规律具有多样性，所以文化价值观的存在也有多样性，导致不同文化价值观体系下形成的不同国家文化产业制度、文化审查制度和文化市场准入制度也有多样性。文化市场准入制度和文化审查制度的冲突，不是经济制度冲突，而是文化制度冲突是文化价值观体系冲突及由这种体系形成的国家制度冲突。这就是经济体制完全相同的国家却有着不同的文化市场准入制度和文化审查制度的重要原因。

二、文化产业运动的特殊规律

任何事物的发展都有两个方面，一方面是事物发展的普遍规律，另一方面是事物发展的特殊规律，而正是事物发展的特殊规律把该事物与其他事物相区别。这就是矛盾的普遍性与特殊性运动的规律。文化产业既是文化的特殊形态，也是经济的特殊形态，还是社会发展的特殊形态。因此，探索和认识文化产业发展的特殊规律，对于更好地按照文化产业的发展规律去发展文化产业具有特别重要的意义。

文化产业是在文化发展到工业文明阶段而产生的一种全新的文化成长形态和发展方式。机器复制这一革命性特征使得文化生产和传播产生了全新的形态和模式。从文化产业发展的历史进程来看，我们将文化产业发展的特殊规律概括为以下几种。

（一）科技前导规律

文化产业与以往历史上所有文化生产方式的一个最大区别就是它的高科技性。中国早在 9 世纪就发明了印刷术，11 世纪发明了活字印刷使印刷技术发生了一次历史性的革命,不仅使生产成本大大降低,而且提高了文化生产力。文化产品的大量复制使得文化传播的时间与空间模式都发生了巨大的变化。然而,活字材料成分的局限性和手工作坊的生产方式却最终妨碍了印刷产业在中国的形成。15世纪,德国发明家古登堡发明的印刷机不仅克服了手工作坊式的印刷技术的局限,而且为现代印刷技术革命和产业化实现开创了新的发展道路。机器印刷的出现和激光照排技术的发明,每一次印刷科技的革命不仅为印刷产业的现代升级提供了文化生产力革命的动力,而且使整个文化产业的结构发生了根本性的变化,并且带动了其他文化产业形态的革命。在这里,文化生产技术在关键性领域的突破成为推动文化产业革命及新文化变革的主导力量。在现代科技的驱动下,文化生产与传播技术对文化产业发展的推动力不断增大,产业升级过程趋于缩短。

科学技术推动产业革命需要经历一个转化过程。这令转化过程取决于科学驱动技术突破的力度和科技成果转化为文化产业技术装备的速度。

(二) 双重复合转变规律

文化产业发展最终将实现产业形态和文化建设模式两个方面的根本转变。任何一次文化变革都有一个最终的目的,那就是发展和提高文化生产力与传播力。这是由文化变革自身内在的规律性决定的,并且不以人的意志为转移。然而,文化产业运动和其他任何一种社会变革运动相比,最大的特征就是其任何一次革命性的变革都会导致文化的经济形态和文化的意识形态的同步变革,作用于文化变革的精神生产规律和价值规律共同发生着作用。在文化经济运动的商品属性和意识形态属性规律的影响下,文化产业是最不能像其他产业那样完全由市场的机制规律来调节的,文化产业的意识形态属性决定了政府作为国家文化的执行者,必然要在文化产业发展的运动过程中体现国家的文化精神和价值导向的意志。只有市场和政府、看得见的手与看不见的手同时有机协调,文化产业的运动才能处在符合文化产业发展要求的合规律与合目的性的状态之中。

任何一次的文化产业作为文化发展形态的变革,都会引起文化建设模式的根本转变。"五四"新文化运动的实现,得益于新型的现代出版业,而现代出版业的发展又使得文化的生产和传播形态发生了根本性的变化。传媒大众化的特点先天地决定了传播要素生命形态的革命,白话文取代文言文也就自然地成为新文化运动作为现代中国新文化建设模式的典型选择。白话文作为社会交际工具的转变,使得文化是少数人的文化专利成为不可能。白话文的普及必然导致思想革命和文化革命超出它的范围而引发社会革命。革命的发展需求，在推动现代中国文化产业形成与发展的同时，也使得文化的意识形态属性得到了现代性的张扬。文化产业在发展自身的同时成为促进社会进步的工具。20 世纪 80 年代后，中国的全面改革开放导致人们对文化产品的生产和思想的传播模式进行全新的思考。文化大革命导致文化产业全面的意识形态化，也使得社会对文化产业的认识在反思过程中进入了一个合乎文化产业自身发展逻辑的新阶段。意识形态领域的革命重新唤起了人们对文化和文化产业的科学认识。文化产业在经历了相当长的一个意识形态化的历史发展阶段后，重新又回归到文化的本体，回归到了文化存在运动的当代形态。文化产业成为建设与实现有中国特色社会主义文化的重要途径。当不发展文化产业，文化建设就不能实现，文化生产力与传播力就无法得到提高的时候，发展文化产业也就成为当代中国文化发展的必然选择。在这里，文化经济运动的商品属性和意识形态属性规律，文化商品生产的价值规律和国家文化意志主导规律，同时发挥作用。这两种规律的峰值运动决定着文化产业在不同的历史时期和发展阶段运动的不同形态，并且由此而推动着不同历史时期文化建设的模式和战略取向。

（三）阶段递进规律

文化产业发展一般要经历三个阶段：转型——发展——成熟。转型是由旧的文化形态和发展模式向新的文化形态和发展模式转变的过渡阶段。这个阶段的特点是前产业形态、现产业形态与后产业形态并存，新旧文化体制交叉。中国正处于这样的转型阶段。这一阶段结束的标志是在一个或少数先进国家率先完成文化产业发展的新技术装备、新市场发展样式和新文化管理体制的转型，建立起具有全新文化功能的文化产业集团，并在世界文化市场的竞争中率先制定和使用相关文化产品生产与销售的技术标准，改变世界文化市场的国际竞争格局，并赢得文化市场主动权。对于中国文化产业发展来说，要完成这一阶段还有相当长的一段路要走。发展是在转型的基础上出现突破和飞跃的加速发展阶段。这一阶段的特点是少数率先开展文化产业革命的国家急需更新文化生产和传播的技术装备，不断发展和提升文化产品市场标准体系，完善新的文化产业理论和国际市场建设理论，继续摆脱旧的文化管理体制，发挥新文化变革的导向作用。大多数国家采取购买、引进、仿制和知识产权转让等方法，学习新技术，更新旧装备，开始从体制到机制转变的文化体制改革，积极参与国际文化事务、国际文化组织和国际文化规则的制定。一些具有广泛性的文化生产与传播的新技术、新手段、新体制被迅速采纳。这一阶段结束的标志是世界范围内新的文化产业形态和文化发展模式占主导地位，旧的文化产业形态和文化发展模式逐步退出文化发展的主渠道和主市场。成熟是在发展的基础上出现的相对稳定并孕育新的产业革命的萌芽。

（四）机制变革规律

机制是指文化产业构成各要素之间的结构关系和运行方式。文化产业运动是一项系统工程，不仅要以科技发展为基础，还要以市场需求为导向，同时更要服务于不同的历史时期社会发展提出来的对文化发展的现代要求。因此，文化产业发展不仅要沿着双重复合、阶段递进的规律运动，而且还要沿着技术装备、产业理论、组织体制、市场机制及其相互之间的结构关系和运行方式的协调发展运动。从西方主要发达国家文化产业发展的实际流程来看，每一次文化产业革命的实现都是以文化产业内部要素相互促进、协调发展、整体变革的方式运行的，包括新文化产业技术装备、新文化产业理论、新文化制度变革和新的文化市场规则的制定。我国在文化体制改革中提出要进行"体制改革和机制创新"，就是在充分尊重文化产业发展运动的基本规律的基础上提出来的。转变体制，创新机制，都是围绕着积极发展文化产业这个目标提出来的。

（五）增长周期波动规律

文化产业的增长周期与影响和决定其增长的内容相关。从文化产业各不同形态成长周期的长短曲线来看，一种技术的生命周期是决定一种文化产业形态生命周期的重要因素。在其他因素不变的情况下，越是取决于技术创新的文化产业，其生命周期越短，其波动形态与该项技术生命周期的波动曲线越呈正相关关系：越是由内容决定的文化产业形态，其生命周期越长，波动形态越长。文化产业发展的历程已经表明，随着科学技术进步同期的不断缩短，以高新技术手段为载体的文化产业革命和产业生长周期也在不断缩短。由于这种缩短无法与文化产业内容增长获得同步效应，因此，文化产业增长周期正在向与科学技术和文化内容相背的方向发展。内容的增长不能与文化产业新的形态增长需求同步，就导致了文化产业发展过程中的"传媒过剩，内容不足"的发生和"内容为王"的文化产业增长机制。

由于文化产业具有一般的产业所没有的意识形态属性，因此，文化产业的周期性波动在技术创新条件之外还存在着反周期力量。这种反周期力量主要表现在两个方面。从我国文化产业发展的情况来看，地方政府一方面是文化产业发展的执行者、推动者，另一方面又可能是文化产业发展必须解决的文化体制改革的对象，所以地方政府和文化行政主管部门就可能成为一种对文化产业而言的反周期力量。民营的非公文化经济是另一方面的反周期性力

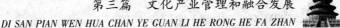

量。因为民营的非公文化经济相对于国营的公有文化经济来说，更容易受市场经济的无政府主义特征驱动，因此，当政府对某一文化产业的过度扩张对该文化产业成长造成极大的伤害，而不得不对宏观市场准入进行调控的时候，民营的非公文化经济就会成为重要的对政府宏观调控的反周期力量。这两种反周期力量都会对文化产业增长周期的曲线运动造成很大的影响，因此与技术创新决定文化产业生命周期的规律性运动构成反运动。这种反运动的周期性表现曲线的变化长度将直接影响文化产业增长的周期性波动的长度。因此，在我们关注技术创新周期对于文化产业增长周期波动的影响规律时，还必须要关注文化经济运行中其他力量的变化。

文化产业是文化构成要素的综合形态。文化的丰富性与复杂性，是影响和决定文化产业本质属性的前提。不同的观念形态的文化决定了不同国家和地区的文化产业运动与价值取向。世界近代产业革命是"产业"这一概念诞生最直接的历史实践基础。这是我们理解和把握文化、产业与文化产业关系的两大基本前提。

第二章　文化产业运行机制

第一节　文化产业运行的市场机制

文化产业运行的市场机制是文化产业运动规律和内在工作方式及其相互关系的空间存在方式。也就是说，文化产业的生命运动是以怎样一种方式和形态存在并且发展着的，是什么样的力量制约和影响着文化产业运存和发展的轨迹，因此，必须对所有这些内容和一般原理有一个基本的了解。

一、文化市场主体与市场经济结构

文化市场主体和一定的市场经济结构是文化产业运行市场机制最基本的形态。主体在一定的经济结构中活动，而一定的市场经济结构又与市场主体的发育和成熟性程度密切相关。二者相辅相成共同构成了文化产业运行的市场机制。

（一）文化市场主体

文化市场主体是文化市场运行过程中具有自我组织、自我调节、自我约束能力的经济体，即介入文化市场运行的有关当事人或实体。它包括两大类：一是决定市场供求的主体，包括文化产品的生产者、销售者和消费者；二是接入文化市场运行的主体，包括政府管理机构和文化中介机构。

从文化市场发展的过程来看，文化市场主体可以分为以下三大类。

（1）文化消费者。消费需求是文化市场的主导需求和最终需求，它的扩大和缩小决定着文化市场规模的扩大和萎缩。文化消费结构的任何变化都会导致文化市场内容结构的更大变化。因此，能否满足文化消费需求，引导文化消费和培育新的文化消费需求趋向，是决定一个文化企业能否在文化市场竞争中获得利润最大化的关键。培育文化消费市场是培育文化市场主体的重要内容之一。

（2）文化企业。在现代文化市场经济中，文化企业是文化市场最重要的市场主体，文化企业需求作为企业生存与发展实现的存在方式，它的满足和实现程度决定了一个国家或地区文化市场发育的成熟性程度。因而文化企业需求是一种重要的文化市场需求，只有这种需求满足得到充分实现，文化消费需求满足的充分实现才是可能的。在现代市场经济条件下，现代企业制度胸建立是文化市场经济体制确立的重要保障和标志之一。

（3）政府和文化中介机构。在现代市场形态下，不仅具有组织和管理文化产业的职能，同时也是重要的采购者。在中国，在一定条件下、在一定的文化领域，政府还是主办文化产业的具体行为者。文化中介机构，特别是文化经纪人、版权代理公司、文化创意和策划公司、文化行业协会与文化经纪人协会等，则直接参与了文化市场运行的过程，是文化市场运行中不可替代的纽带和桥梁。长期的计划经济体制造成了我国文化市场的发育极不成熟，由于政府承担了办文化的主要角色，不仅在宏观文化经济制度方面形成了政府办文化的单一的市场主体体制，而且在微观文化经济方面，文化企业由于过多地承担了政府办文化的义务，缺乏作为市场主体应有的自主权，因此，根据文化市场经济发展的客观规律，改革我国的文化体制的一个重要内容就是恢复企业作为文化市场主体的本来身份，参照现代企业制度重塑文化企业的市场主体身份。

（二）文化经济结构

文化经济结构是指在市场经济体制中，构成文化经济整体的各种经济成分和各种产业形式及其相互关系，主要包括文化产业结构和文化企业的所有制结构。文化产业结构是指各文化产业之间和产业内部各文化行业之间的数量对比关系。所有制结构是指文化经济整体的经济成分，即各种文化生产资料的所有制形式在整个文化市场体系中的地位、作用及相互关系。现阶段我国文化经济的所有制结构是以国有文化经济为主体，多种所有制形式并存的文化经济制度，包括非公有制文化经济、外国在华投资的文化经济体和股份制经济联合体等。

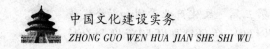

二、文化市场规则与机制

（一）文化市场规则

文化市场规则是政府文化主管部门、立法机构和文化行业组织按照文化市场运行的客观规律制定或沿袭下来的文化行为准则。它是一个由文化法律、法规、制度、政策和惯例组成的文化市场行为约束力体系，要求每个参与文化市场活动的主体必须遵守。

文化市场规则主要包括制度性规则和运行性规则两大类。制度性规则主要是指包括知识产权在内的产权法律制度，用以保证文化市场主体的财产所有权不受侵犯；运行性规则主要是指关于文化市场活动的文化政策、法规和条件，用以保障文化市场的平稳运行。

文化市场规则的主要内容包括市场准入规则、市场竞争规则和市场交易规则。

文化市场准入规则是指市场的准入应遵守一定的法规和具备相应的条件，包括准入的文化产业领域、被准入行业的外资进入的标准、企业进入该行业必须具备的注册资本金等。例如，在新中国成立以后相当长的一段时间内，我国的图书分销市场一直没有对外开放，对内基本上也只有新华书店一家包揽全国的图书分销市场。文化产业准入管制一直是我国文化产业准入的大原则。加入世界贸易组织后，根据中国政府入世议定书的规定，我国将从加入世贸组织的第一年起，用三年的时间逐步在图书分销领域放松产业准入管制，在书报刊分销领域的过渡期结束后，外资进入我国书报刊分销领域的限制将基本取消。再如，中华人民共和国文化部2004年7月1日发布的《营业性演出管理条例实施细则》规定，演出公司申请取得承担涉外演出业务资格，应当具备"有500万元以上注册资本"。

文化市场竞争规则是指市场主体在平等的条件下开展竞争的行为标准，主要包括各市场主体在采购文化生产要素和出售文化产品时价格的公平和税赋的公平。2000年以后，我国多次关于电影票价过高的讨论和批评，关于图书价格放开后虚高的批评，都是着眼于文化市场竞争的公平性问题。为了推进文化体制改革，实现从原有的事业单位向经营性企业单位的平稳过渡，我国政府专门制定了过渡时期的文化体制改革单位在改革中实施优惠的税赋政策。这种短期政策在某种程度上的不公平本质上是为了克服由转制而带来的企业发展的成本负担，目的是要为建立长期、稳定、公平的文化产业的税赋政策提供扎实的基础。

文化市场交易规则是指交易行为的规范和准则，如公开交易、交易自愿、等价、互惠、禁止欺行霸市行为等。尤其是艺术品拍卖等交易活动，完善和健康的市场交易规则显得特别重要。在我国文化体制改革过程中，一些地区利用政府行政权力来强行并购地方文化资产所引发的争执，就是违反了交易自愿的原则造成的。交易规则背后有着市场主体深切的利益所在，只有互惠才能互利和双赢，零和游戏不符合市场交易规则。

（二）文化市场机制

文化市场机制是市场经济中各市场主体、客体要素之间的以文化经济联系为主要存在形态和方式的基本经济联系和相互作用，及其对文化资源配置的调节功能。它是价值规律规定和影响文化市场供求关系、价格运动和市场竞争等要素相互关系和相互作用的过程系统与方式系统。文化市场机制充分发挥作用的关键是确定市场主体的独立性，使文化产业经营主体真正成为自主经营、自负盈亏、自我约束、自我发展且享有民事权利和独立承担民事责任的经济实体，能够对市场信息作出及时灵敏的反应，并以此来调节企业的文化生产经营活动。要充分发挥文化市场机制作用，在我国还取决于政府文化管理职能的转变，关键是实行政企分开，使文化企业真正享有市场主体的地位。这也是我国文化体制改革的一项重要内容和目的。

三、文化市场体系

市场机制作用的充分发挥有赖于统一的市场体系的建立。没有一个统一、完备和有机协调的文化市场体系，就不可能有文化产业健康全面的发展。统一、完备、有机协调的文化市场体系是文化产业繁荣与发展必不可少的文化生态环境。所谓文化市场体系就是指这样一个各类文化市场有机联系的文化生态运动系统。一个完备的文化市场体系包括文化商品市场、文化生产要素市场、文化技术和信息市场等。这是文化市场体系的基本结构。

（一）文化商品市场

市场是商品交换的空间运动系统。商品作为市场主体的对象，属于市场客体构成系统。文化商品市场主要包括文化消费品市场和文化生产资料市场。

消费品是满足人们消费需求的商品，也称最终产品。所谓文化消费品市场，就是提供最终文化产品直接满足人们文化消费需求的文化消费品市场。

生产资料是劳动过程中使用的劳动资料和劳动对象的总称。所谓文化生产资料市场就是文化生产资料的交易和流通系统。

与文化消费品市场相比，文化生产资料市场的一个最大特点就是关于文化生产资料的交换主要是在文化生产企业之间进行的，其目的是扩大文化商品的再生产。文化消费品市场的运动是为了最大限度地满足消费主体的精神文化需求，因此，文化消费品市场的结构随着社会文化消费需求的变化而变化，需求弹性大，而文化生产资料市场的结构则随着文化产业结构的变化而变化，具有相对的稳定性。一般来说，一旦一种文化生产资料市场由于相关文化产业的诞生而形成，那么非等这个文化产业在产业结构的调整中解体而不会结束，因而具有需求弹性小的特点。

（二）文化生产要素市场

文化生产要素市场是指文化生产过程中的最基本的要素运动所构成的系统，主要包括文化资本市场和文化人才市场。

文化资本市场主要是指以货币资本为主要内容的用以发展文化产业的金融资本的投资和融资流通系统。文化投资是指货币资本直接用于文化产业的开发与发展；融资是指通过证券市场以发行债券或股票的方式进行文化投资，增强和提高企业的综合实力用于发展文化产业。由于货币在现代经济中是所有资源的一般表现形式，资源的分配首先表现为资金的分配，因此，文化资本市场及其发育程度在整个文化市场体系中占有极为重要的地位，是文化市场体系成熟性程度的重要标志。在计划经济体制下，我国基本上没有现代经济学意义上的文化投资市场，政府是文化产业唯一的投资主体。改革开放后，随着我国证券市场的开放，通过组织股份制上市公司，利用证券市场融资，克服文化产业发展的资金短缺问题，逐渐地成为我国文化体制改革的一项重要内容。2004 年 12 月 22 日，北青传媒发展股份有限公司（简称"北青传媒"）在香港 H 股上市，共发行股数 4774 万，集资 9.0467 亿港元。"北青传媒"的母公司是北京青年报社，控股 65.8%，是"北青传媒"的大股东。"北青传媒"成为首家在内地之外的市场上市的国有媒体公司，它的上市不仅可以通过直接融资壮大自己，更重要的是通过资本市场走出了一条中国传媒产业走向国际的发展之路。2004 年，随着中国文化体制改革的不断深入和国家投融资体制的改革，允许外资和私营资本进入文化产业正成为中国文化资本市场发育的巨大政策动力。如何培育和发展成熟的文化资本市场，已经成为完善、统一的中国文化市场体系的重要课题。

文化资本市场是现代文化经济发展的重要推动力。文化资本市场的发展既受国民经济发展的制约，又有其相对的独立性。这就决定了文化资本市场在推动文化产业发展的同时，自身也存在较大的系统风险。如果对文化资本市场与文化产业发展的相对独立性认识不足，就把握不好文化资本市场的健康发展与我国文化产业和文化市场安全发展的关系。作为在由计划经济体制向社会主义市场经济体制转变过程中形成的新兴市场，我国的文化资本市场还存在许多影响其功能正常发挥的问题。这些问题主要表现在：一是制度缺陷，如股权分置问题；二是市场结构亟待优化，如债券市场没有与股票市场协调发展，也没有形成满足不同投融资者需求的多层次的文化资本市场；三是金融产品单一，如缺乏能用于防范文化投资风险的衍生产品，包括文化保险。加入世贸组织后，我国文化产业和金融服务业正逐步融入经济全球化进程，文化资本市场的改革要求随着文化体制改革的进一步深入和文化产业的加速发展，将变得越来越迫切。

中国文化资本市场是在中国资本市场的形成过程中逐步形成的，它的许多问题有的是资本市场本身发育不完善的问题，有的是文化产业、文化市场发展不成熟的问题，还有的是国家宏观金融政策和金融制度创新不到位的问题，因此，要解决文化资本市场的问题，就必须运用科学的方法去观察和分析整个资本市场的运动形态和运动结构，运用总揽全局的战略思维去把握整个资本市场的改革进程，在这个过程中去分析和解决文化资本市场中的具体问题和特殊问题。文化资本市场的改革应着眼于促进文化产业制度和文化市场制度建设、市场结构调整和文化产品创新，以充分发挥文化资本市场的资源配置功能。在这里，必须科学地把握文化资本市场改革发展中的"度"：一是微观层面即投资回报层面，这是文化投资者个体概念中的度，它要求有一个合理的投资回报；二是中观层面即结构制度层面，这是市场概念中的度，它要求完善文化资本市场的结构和制度；三是宏观层面即社会和谐层面，这是社会稳定与发展概念和国家文化经济安全概念中的度，它要求有利于促进社会和文化的稳定、安全与发展。

人才是对一切产业发展最终起决定作用的因素。没有人才，任何文化资源都无法获得有效的配置和实现效益的最大化。文化人才市场，也称文化劳动力市场，主要是指文化劳动力在市场机制的作用下进行文化人才的合理配置的系统。它的作用是运用市场机制调节文化劳动的供求关系，推动人才的合理流动与人才培养结构的有序调节，实现文化人力资源的合理配置。推动文化人才市场运动的最基本的动力，是产业结构调整所带来的新的文化产业的增长。网络游戏产业是 21 世纪兴起的成长性最强的新型文化产业。高新技术要求的特点决定了传统的人才资源储备结构无法满足网络游戏产业发展对网络游戏开发人才的需求。据国家新闻出版总署和信息产业部发布的《2004年度中国游戏产业报告》显示，2005 年初，我国主要的 73 家自主研发公司正在开发的原创网络游戏共有 109 款，从 2005 年至 2010 年，我国将至少有 300 余款自主开发的大型网络游戏上市，而相关的网络游戏专业开发人员仅有几千人，缺口达一万五千多人。网络游戏研发人才匮乏，特别是中高级人才奇缺的情况，已经成为严重制约产业持续发展的"瓶颈"。因此，加快开发网络游戏人才市场，迅速形成高素质网络游戏人才培养机制，就成为我国网络游戏产业发展的一项战略需求。

（三）文化服务市场

文化服务市场主要包括版权交易、文化资讯服务、艺术设计和文化中介服务等文化服务业。文化服务强调为生产者服务。服务的一个基本分类是追加（附加）服务和核心服务。追加服务同产品与贸易密不可分，它本身并不像文化消费者直接提供独立的服务，而是作为产品核心效用的派生效用。例如，时装制作中的设计服务等，主要功能和作用是提高产品的文化附加值。它的结果是使人们可以明显感受到产品中追加服务价值的大小，并由此而决定了该产品的质量和档次。这种文化服务可以表现在某一个单项的商品上，同时也可以体现在整个产业上。例如创意产业，它可以为制造业厂商提供高品质的追加服务，以提高商品的整体竞争能力。现代文化服务业具有一对一的个性化特点，很难体现规模效益。现代文化服务业知识含量高，无法判断是否存在"暴利"，它的一个重要标准就是看市场和客户是否接受。有的时候一个创意和策划的巨大的价值所可能给企业和产品带来的巨大的经济利益，常常是很难具体量化的。所以一个完善和成熟的文化市场体系，必然有一个完善和成熟的文化服务市场体系，并且通过建立现代文化服务业集聚区来推动文化资源的有效配置、文化产业链的形成和专业水平的提高。

第二节　文化产业运行与政府宏观调控机制

市场是产业存在的一种空间生命形态和运行方式。市场是一种无政府形态。市场运动的规律必然导致发展的无序和失衡，进而造成经济危机。因此，要防止和克服市场发展无政府主义状态，就不能没有政府的宏观调控。一般的商品运行是如此，文化商品运行更是如此。文化市场既是文化产业空间存在形态的运行方式，同时又通过市场获得它的生命存在的全部价值。由于文化产业作为精神产品的生产和流通涉及一个社会的终极关怀，对一个社会形态中一定的人群存在来说具有身份认证的意义，因此，自从有了文化产品和文化产品的交易及其市场形态之后，关于它的运行从来都不是放任自由的，而是始终处在某种力量的调控之下，即宏观调控。

一、文化产业运行中的市场失灵与非市场失灵

市场对文化资源的配置有着灵活而有效的导向作用，在价值规律的支配下，可以实现高效、合理、优化组合的文化资源配置目标。但是，市场不是万能的。作为一只"看不见的手"，市场存在着一系列自身难以克服的缺陷，即所谓"市场失灵"问题。文化市场作为市场经济的一种存在形态，也同样存在这个问题，主要表现在以下几个方面。

（一）文化市场功能的缺陷

把追求利润最大化作为目标，开展市场竞争，是文化市场主体的集体无意识。因此，在利益的驱动下，文化市场主体行为往往产发生经济效益和社会效益、整体利益和局部利益、长远利益和眼前利益很难有效地结合起来的矛盾。这些矛盾是市场经济运动的一种客观存在，靠文化市场本身的作用无法自行解决，如提供公共文化产品和公共文化服务问题、有关国家文化积累的大型原创性文化项目的开发建设问题等。再如，像淫秽书刊、色情电影和游戏等，对经营者来说可以获得暴利，但是对公民的精神健康、未成年人的成长、公共文化安全和国家文化安全则会造成巨大损害。所有这些市场本身都无法通过自身的功能解决。因此，依法整顿文化市场，取缔各种形式的非法出版物和打击盗版，也就自然地成为政府为适应文化市场健康发展的内在需求，规范文化市场秩序而采取的重要内容。

（二）文化市场竞争机制缺陷

文化竞争是文化市场存在和运动的精髓，但是有竞争就会有失败和胜利，结果必然会造成文化市场垄断。所谓垄断就是市场主体为了自身的利益试图独占市场，以获取额外利润。文化垄断排斥文化竞争，阻碍技术进步和文化多样性发展，其后果是束缚文化市场功能的发挥，阻碍文化生产要素的合理流动和社会文化资源的优化配置。世界文化市场存在的由几个跨国公司垄断就是属于这种情况。

（三）文化市场的分配不公

市场交易在原则上是平等和等价的。但是，由于一定的文化市场利益格局是一定历史条件下社会文化分配的结果，因此，由此而形成的人们所拥有的禀赋不同，文化分配水平就会有差距，而且由于文化市场价格随文化供求

关系的波动而上升和下降，而这种运动关系又会造成进一步的分配不公，所以市场的自发调节不仅不会自觉地平衡文化收入的矛盾，相反还会使文化分配不公的差距扩大，从而偏离社会所追求的最基本的原则，引发社会矛盾。中国普遍存在的城乡文化分配不公既有历史形成的原因，也有近几年来实行市场经济体制后扩大的因素。

（四）文化市场调节缺陷

市场机制的作用主要是依靠灵敏的市场信号和优胜劣汰的市场竞争。但是，市场价格信号是在文化商品投放文化市场以后形成的，因此，市场调节是一种事后调解。这种事后调节有两个弱点，即滞后性与盲目性。一方面，任何文化产品的市场运动从价格形成到信号反馈再到商品生产，都会存在一个时间差，而调节总是在信息反馈之后的主体行为，因此，这种滞后性不可避免地会造成文化损失。另一方面，文化市场主体是以分散自主决策为特征的，在市场自发性的基础上，对文化市场的供求关系的变化趋势往往缺乏科学的预测，在市场化过程中往往带有很大的盲目性。在我国文化市场的发展过程中，之所以会出现图书出版和电视剧拍摄一哄而上，造成投资过剩、市场过度饱和，从而导致投资失败的现象，其原因就在这里，虽然现在也有不少大型文化企业进行文化市场发展趋势预测，但是，文化市场发展的不确定因素及文化市场的特殊性规律，都可能使这种盲目性放大，2003年突发"非典"事件给我国文化娱乐市场造成重大打击就是典型案例。因此，单靠市场调节并不能保持文化经济总量的综合平衡和文化经济的稳定增长。

市场调节本身存在的缺陷和消极方面，是导致市场经济国家出现周期性经济危机和其他经济与社会矛盾的一个重要原因，也是国家实行和不断完善政府对经济的宏观调控的重要原因。在现代世界体系中，那种完全由"看不见的手"自发调节市场运行的经济模式已经不存在了，而普遍采用的是政府宏观调控这只"看得见的手"和市场机制这只"看不见的手"的有机结合。即便是像美国这样的所谓完全市场经济国家，在涉及市场安全的时候，也常常实行政府干预。经济领域里是如此，文化领域里也是如此。美国商务部当年对美国在线和时代华纳并购案的审查就是一个典型案例。

市场缺陷是造成市场失灵的主要原因，正是为了纠正市场失灵才会由政府干预。我们把这种政府干预行为称为"非市场"行为。市场会失灵，非市场也会失灵。市场缺陷是政府干预的必要条件但不是充分条件。也就是说，在有些失常的领域，简单地置换为政府干预并不一定解决问题，有时甚至造成更坏的结果。造成非市场失灵的一个重要原因是成本与收益相脱离。在市场活动中，生产成本与收入是密切相联系的，否则生产就无法继续进行下去。一般的物质生产是如此，文化商品生产也是如此。但是在非市场活动中，由于成本来自公民的税收和其他非市场资源，经济核算与利责机制因缺乏底线标准而难以衡量，结果导致成本和效率评估标准难以把握而最终使非市场行为失败。长期存在于我国国有文艺院团体制中的弊端就是其中最典型的表现。这也就是我国在开始建设社会主义市场经济体制的过程中要进行文化体制改革的一个重要原因。

二、文化产业运行中的宏观调控与政府职能

当今的市场经济是一种现代市场经济。现代市场经济与自由放任的市场经济的一个根本的不同就是它包含着对市场的宏观调控。因此，宏观调控不是外在于现代市场经济的一个内容，而是现代市场经济不可分割的组成部分。宏观调控有两个基本特征：一是从宏观整体考虑问题；二是有很大的不确定性。特别是在经济全球化背景下，一方面，资源是在全球市场内配置的；另一方面，影响全球经济运动的因素太多，混沌学的"蝴蝶效应"时有发生，正是这种情况导致了宏观调控的不确定性。一般来说，宏观调控是政府运用经济的、法律的和必要的行政手段，对市场经济的运行从总量上和结构上进行调节、引导和控制的行为，以实现市场的相对平衡和国民经济持续、快速、健康发展。但是，现代市场经济意义上的宏观调控不只是政府行为，而且还包括社会行为，或者说更主要的是社会行为。例如，作为宏观调控手段之一的信息发布，在很大程度上就是由社会进行的，包括行业协会、金融机构、学术机构乃至咨询公司等。我国第一个关于中国文化产业的发展形势分析和预测报告——《文化蓝皮书：中国文化产业发展报告》（简称"文化产业蓝皮书"）就是由中国社科院文化研究中心和上海交通大学国家文化产业创新与发展研究基地联合组成的研究机构发布的，它的分析和对策研究及其提供的信息对政府，企业和社会都起到了巨大的指导作用，直接影响了中国文化产业的市场发展。正是现代市场经济本身的内在需求催生了文化产业蓝皮书，并且给中国文化产业的发展带来了巨大的影响。2012 年，上海交通大学国家文化产业创新与发展研究基地在多年研究的基础上，运用大数据对中国文化产业发展进行新的宏观理论与政策分析，发布了中国第一个《中国文化产业发展指数报告》（CCIDl），"其得出的新的研究成果经新华社和《人民日报》等主流媒体发布之后，在全国产生了极大的影响，使得不少省市据此而重新修正了文化产业发展指标，完善了对文化产业发展的"文化审计"。由于在现

代市场经济条件下，充满活力的市场无时无刻不在变化之中，因此，宏观调控也无不是在无时无刻之中进行的。也就是说，现代市场经济宏观调控没有一个专门的宏观调控时期或阶段，而是根据市场修复机制本身提出的要求随时进行的。一段时间内我国对文化市场进行比较频繁的治理整顿就属于这种情况。

在所有的宏观调控机制中，政府始终是实现宏观调控的最主要的行为者。与社会主义文化市场的发展要求相适应，政府作为宏观文化管理和社会文化生活的调节者，它的主要职能和内容是经济调节、市场监管、社会管理和公共服务。

（一）保障职能

这一职能的根本作用在于为文化市场的健康和有序发展提供一个良好的政治、经济和社会环境。这一职能主要包括以下几个方面。

（1）保障和维护一个安全的文化环境。它包括对内和对外两个方面。对外主要是维护国家文化主权和文化安全，开展积极的国际文化交流和推动积极的国际文化市场竞争，鼓励发展国际文化贸易，努力创造和维持一个有利于中国文化发展的和平的国际环境。对内主要确保公共文化设施建设的需求，向社会提供充分的公共文化产品和公共文化服务，规范和引导文化市场的健康发展，确保国家和广大人民群众的根本文化利益和文化权利的充分实现。

（2）进行文化管理和市场监督，维护文化市场秩序。政府通过文化立法和执法来规范各类文化市场主体的行为，限制各种不正当的文化活动，打击各种非法文化行为，尤其是各种形式的盗版，切实维护文化市场竞争的公平、公正和有序。

（3）保护文化环境和文化资源。健康的文化环境和循环增长的文化资源积累是确保文化市场可持续发展的重要保证。因此，对任何毒化文化环境和破坏文化资源包括掠夺性开发和利用文化资源的行为，都要通过建立有效的保障体系和文化制度系统予以遏制。

（二）调节职能

这一职能主要指政府运用各种经济的、法律的和必要的行政手段，对文化市场的经济运行进行间接的调节和干预，确保文化市场的运行方向和发展趋势有利于整个社会发展的文化需求和民族与国家的文化安全。经济的手段包括金融、税收、价格、利率和收入分配等，法律的手段主要指国家立法机关和政府行政机关通过制定有关文化法律和文化法规来实现政府的宏观调控，规范文化市场竞争秩序，以维护国家和公民的文化利益与权利。法律的手段主要包括制定和完善文化市场宏观调控体系的文化法律、法规，如文化法、文化产业振兴法、著作权法、文物保护法、出版法和电影法等；制定规范各文化市场主体行为的法律，如文化市场法等；制定规范文化市场竞争秩序的法律，如反垄断法、反不正当竞争法等。

（三）辅助的资源配置职能

辅助的资源配置职能主要包括三个方面。

（1）政府通过制定国家文化产业发展规划和产业政策，引导文化生产力的合理布局和文化经济结构的调整，促进文化产业结构的优化和国家文化产业整体素质的提高。通过提高文化产业质量来增加文化产业的存量，扩大和丰富文化资源的积累。

（2）保持文化产业发展和文化产品的市场供应的总量平衡，保持文化市场价格的稳定运行和文化分配的公平性。

（3）直接参与某些重大文化经济活动，投资建设社会无力创办或事关国家文化安全或国家文化发展所必需的大型文化建设项目，如大型文化基本建设（国家图书馆）、重大图书出版项目（《中国大百科全书》），以消除国家文化发展的障碍。

从计划经济实现向市场经济体制的全面转型，是一个相当长的历史过程。在这个过程中，对于像中国这样一个经济文化和社会发展极不平衡的国家来说，政府的职能会在不同的问题层面上发挥不同的作用。在文化市场的建设中，中国政府的职能主要有三个方面：一是由市场固有的缺陷决定的政府一般性文化经济职能，主要是保持文化与国民经济的综合平衡和社会的协调发展，遏制文化市场竞争走向垄断，划定文化市场主体的产权边界和利益边界等；二是由文化体制转型决定的政府阶段性文化经济职能，主要是部分地替代市场、培育市场、推进市场化改革。在这个过程中，政府不可能从一切文化市场的竞争性领域退出，还有相当一部分文化产业由政府来办；三是由文化国情决定的政府特殊的文化经济职能，主要是对涉及国家文化安全的那些核心文化产业部门实行刚性控制，强化对文化市场的综合管理和文化污染的防治、加大对基础文化设施建设的投入。

三、文化市场宏观调控的目的、原则与手段

宏观调控的主要主体是政府，调控的对象是市场经济的运行，调控的内容包括总量和结构两个方面。从文化市场与政府的一般关系来说，一方面，市场处于基础地位，政府宏观调控的目的在于弥补文化市场自身运动的不足，

而不是代替或取代文化市场运动。政府的宏观调控要建立在市场经济规律充分发挥的基础上，否则就会出现政府干预过多甚至发生政府代替文化市场、取消文化市场的现象。另一方面，政府对文化市场运行的调控不是被动和无能为力的，而是主动和积极的，否则就会处于放任状态，导致文化市场发展无序。因此，宏观调控的目的不是限制市场，更不是削弱市场，而是为了让市场更健康、更健全地发展，保证市场持续发展的活力。

文化市场宏观调控所要解决的是文化产品的供给与需求的关系，是产业结构与产业组织的关系，是大众文化消费需求的健康度关怀与国家文化安全的需求度关系。根本问题是要保证文化经济运行的总供给与总需求的平衡。

任何内容的政府宏观调控总是在一定的原则指导下进行的，这些原则不仅一般地反映了政策主体的文化意旨、文化理想和文化追求，而且还反映了政策主体对文化市场发展规律的把握，以及这种把握在实际运用中所达到的智慧性程度。宏观调控共三个基本原则。

（一）宏观间接调控原则

这一原则要求政府实现以下三个方面的职能转变。

（1）由以直接管理为主转向以间接管理为主，即主要运用经济手段，以市场为导向，通过市场机制引导文化企业的发展，使文化企业的经营活动符合国家文化发展要求和文化产业发展目标。凡是市场机制能够解决的问题，都应该由文化市场主体在市场的发展中获得解决，政府不要干预。

（2）由以微观管理为主转向以宏观管理为主。在社会主义市场经济中，市场是全部经济活动的基础，企业的经营活动以市场为中心。文化企业是自主经营、自负盈亏的文化市场主体。政府对文化市场的调控主要是宏观产业政策调控和市场导向调控。微观决策包括生产什么、怎样生产等，应该由文化企业根据文化市场的需求自主决定。在这里，政府当然有关于文化生产和市场运动的总量调控，但是这种总量调控对于文化企业来说仍然是必须掌握的文化市场变动与发展的信息。政府宏观调控的任何信息对于文化企业的微观决策来说，都不是可有可无的决策之外的某种存在因素，在某种程度上，政府的宏观调控尤其是有关文化产业政策方面的政府信息对于文化企业适时地调整文化产业结构，实现产品的升级换代具有特别重要的意义。

（3）由管项目审批、管钱、管物转向制订规划、提供协调、监督和服务。这就是要求政府要从办文化向管文化转变。制定规划一方面是要通过规划体现国家文化意志，公开表明国家发展的需要，另一方面也是引导文化企业行为，培育新的市场发展增长点，克服市场在发展过程中的盲目性，协调文化市场主体之间的利益关系，调整利益格局，完善文化市场机制，对市场运行进行监督，同时为文化市场健康有序地发展提供服务。

（二）国家文化安全控制原则

政府的宏观调控不可能实现对所有的文化经济的控制，而是着重控制那些事关国家文化主权和国家文化安全的重点文化部门、资源、产业和产品，根据各文化部门在国民经济和国家文化安全中的地位及重要性，采取不同的宏观调控政策和建立不同的市场准入制度。例如，国家对核心出版领域的控制和对新闻媒体准入的控制就体现了这一原则。在某种程度上，这也是国际普遍使用的原则。这种控制更多的是通过制定文化产业政策和文化法律法规来进行的。

（三）多种宏观调控手段综合运用原则

文化市场是一个综合系统，涉及国家的文化政治和文化经济的各个方面。由于市场发育的成熟性程度的差异，因此，在不同的文化市场的发展阶段，市场所反映和暴露出来的问题是不一样的，文化市场主体对于政府的文化需求也是不一样的。根据不同的市场需求和国家总体战略，政府在实现对文化市场的宏观调控过程中也不能以不变应万变，而必须从文化市场运动本身的特殊性出发，在中国就必须从中国文化市场发育、发展的实际情况出发综合运用各种调控手段。在文化领域里，政府宏观调控手段主要有文化经济政策、文化产业政策、文化法规和必要的文化行政管理。只有实行综合宏观调控，才能防止和克服政府在文化管理上的简单化和片面性。

现代市场经济宏观调控的手段都是宏观经济要素，一般不直接涉及中观区域经济，更不直接涉及微观企业经济。宏观经济要素包括信息、汇率、税收、货币量及经济法规等。只有当这些经济和法律手段都无效时，才动用必要的行政手段。总之，现代市场经济宏观调控的手段是全面的和多渠道的，互相配合又互相制约，共同构成了一个市场宏观调控体系。

第三节 现代企业制度与文化产业运行机制

建立社会主义文化市场经济体制，在微观层次上实行文化企业经营机制的转换，使文化企业真正成为自主经营、自负盈亏、自我发展、自我约束的市场竞争主体和享有民事权利并承担民事责任的法律实体，按照现代企业制

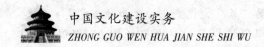

度进行文化企业的改革与重组，是我国文化产业发展的一个重要趋向，同时也是我国文化产业运行机制的一个重要的制度性基础。深入研究现代企业制度与文化产业发展的关系，探求按照现代企业制度的要求建立我国文化产业的制度体系和运行机制，是我国文化产业理论研究和文化产业政策建设的一项重要内容。

一、中国文化企业制度分析

中国文化企业制度是一种特殊的社会制度形态。由于自近代以来中国文化产业的发生和发展经历了不同的发展时期和制度形态，而且这种制度形态在今天还在运动变化之中，这就使得中国文化企业形态和文化企业制度仍然处在成长期。因此，对中国文化企业制度的分析，就必须从近代以来中国社会制度的变迁出发，大致可以划分为三个历史发展阶段和四个历史发展时期。

第一阶段是自中国近代新闻报业、图书出版业、印刷业、娱乐业为基础发展起来的以现代中国电影和唱片业的诞生为标志的中国文化产业的发生期。这个时期的中国文化企业制度经历了以单一业主企业为主、合伙企业为辅逐步向以合伙企业为主、单一业主企业为辅转变的历史过程。大多数文化企业由个人出资兴办，业主直接管理，享有企业的全部经营利润，同时业主要负无限责任。随着生产力水平的提高和城市经济的发展，文化消费市场的急剧扩张所带来的文化生产能力的扩张对资本需求的增大，使得单一的文化企业已经不能适应扩大再生产的需要，为了扩大企业的经营规模和分散经营风险，合伙文化企业应运而生。文化市场竞争的不断增强所带来的竞争压力，以及未来的不确定因素的增大，使得企业的经营风险也增大，为了克服由此而带来的企业发展困境，于是出现了以公司制为新企业制度形态的文化企业，以上海商务印书馆、百代唱片公司为代表的股份制合作企业开始出现。中国文化企业总体上呈现出多元发展态势。

第二阶段是新中国成立以后至20世纪60年代中国文化企业的社会主义改造和创建时期。单一业主企业与合伙企业基本上被两种集体所有制所取代：一种被称为大集体，另一种被称为小集体。这类文化企业形态比较集中在演艺产业和图书报刊零售、租赁业。新闻、出版、广播、电影等被收归国有，其中有一部分为公私合营企业，但大多数被改制成国有文化企业。大集体也分两种类型，即国营和地方国营。前者属中央管理，后者为地方管理。随着公私合营政策的结束，企业的所有产权全部归国家所有。直至20世纪70年代末，各种形式的文化企业基本上都归于一种文化企业制度，那就是文化领

域里的计划经济体制所形成的国有文化企业制度。这一制度创建的初期，特别是在 20 世纪 50 年代通过对戏曲表演体制的改革，将民间表演团体组织起来，建立了多种所有制形式的经营性的文艺表演机构，对于整合社会文艺资源和解放文艺生产力发挥了积极作用。但是，严格的计划经济体制和文化市场的发展规律之间深刻的内在矛盾，也凸现了新的单一的以政府办文化为主要特征的文化企业制度的局限性。

第三阶段是 20 世纪 70 年代末、80 年代初开始的中国文化市场复苏到 21 世纪初中国全面启动文化体制改革的中国文化企业的战略转型时期。这一阶段又可以分为两个时期。70 年代末、80 年代初是文化市场的萌发期，凸现了发展文化产业的巨大历史需求和战略性转移中国文化发展思路与政策的历史必然性。单一的市场主体已经严重不适应文化产业和文化市场发展的巨大需求。改革文化企业的巨大主题，内蕴于文化市场发展的巨大喷发之中。20 世纪 80 年代两次启动的文艺院团体制改革可以被看作是改革中国文化企业制度的先声。但是，两次文艺院团体制改革失败的一个巨大收获，就是对中国文化体制改革的路径选择的重新思考。2002 年，中国做出了大力发展文化产业的战略决策，为文化体制改革找准了战略突破口。中国文化企业制度发展进入了一个全面创新的历史新时期。文化体制改革的最终目的是解放文化生产力。中国文化企业的改革必须建立在这个基础上。而中国文化企业制度的创建这一崭新的战略命题也就历史地成为中国文化产业发展必须要解决的问题。转换体制，创新机制成为中国文化企业制度改革的政策导向和市场导向，也是这一阶段最主要的特点。

二、现代企业制度与文化产业运营机制创新

转换体制和创新机制是我国文化体制改革的重点，同时也揭示了体制和机制之间的内在逻辑关系。国有文化企业缺乏竞争活力，这是长期以来我国在文化产业领域里实行单一的市场主体的必然结果。借鉴经济体制改革领域里的做法，通过在文化领域里建立现代企业制度，推进文化产业的机制创新，是我国文化体制改革正在探索的发展道路之一。

（一）企业制度与文化企业

企业是具有独立法人资格的经济组织。它是一个投入产出系统，是从事生产和经营的基本单位，其种类多种多样。按照不同的标准，可以有不同的分类：按行业划分，可分为工业企业、农业企业、交通运输企业和文化企业等；按规模划分，可以分为大型企业、中型企业和小型企业；按不同生产要

素所占比重划分，可以分为劳动密集型企业和技术密集型企业；按照企业属性划分，可以分为国有企业、非公有制企业、外资企业等。所谓企业制度，是指在一定的社会制度条件下企业按照某种经济关系原则所建立起来的经济组织体系，主要包括产权制度、经营管理制度和分配制度等内容。

文化企业是以文化产品的生产和经营为主要内容的经济实体。它是现代企业存在的重要形态和方式之一。在整个企业制度体系中，文化企业不仅一般地成为投资品的主要消费对象，而且也是重要的向其他企业提供投资晶的来源地。因此，文化企业既是企业制度体系中的重要内容，同时又是推动企业制度不断创新的重要动力。根据我国国家统计局颁布的《文化及相关产业分类》的划分，这类文化企业在我国主要包括以下五类：一是为社会公众提供实物型精神文化产品和娱乐活动的企业；二是为社会公众提供可参与和选择的精神文化服务与休闲娱乐服务及相关的文化保护和管理活动的企业；三是提供文化、娱乐产品所必需的设备、材料的生产和销售活动的企业；四是提供文化、娱乐服务所必需的设备、用品的生产和销售活动的企业；五是与文化、娱乐相关的其他活动的企业。国民经济行业分类是它的划分基础，而经营性是文化企业区别于文化事业单位公益性属性的本质特征。

（二）现代企业制度的内容、特点与文化企业特性的要求

现代企业制度是一种区别于传统企业制度的经济组织体系。它既不同于计划经济体制下的国有企业制度，也不同于早期的企业制度。现代企业制度的主要特点有四个：①产权关系清晰，权责明确。②政企分开。在现代企业制度下，政府和企业是两种不同性质的组织。政府管理经济的职能，主要是制定和执行宏观调控政策，创造良好的经济发展环境，培育市场体系，监督市场运行和维护公平竞争，调节社会分配和组织社会保障，同时管理国有资产和监督国有资产经营，实现国家的经济和社会发展目标。政府运用经济手段、法律手段和必要的行政手段管理国民经济，一般不直接干预企业的生产经营活动。企业是以营利为目的的经济组织，按市场需求组织生产经营，并在市场竞争中优胜劣汰。③健全的企业经营机制，包括利益机制、决策机制、动力机制、约束机制和发展机制等。④管理科学，主要是指企业的组织结构合理，管理制度健全，管理决策层具有较高的领导素质。

现代企业制度包括三个方面的基本内容：现代企业产权制度、现代企业组织制度和现代企业管理制度。现代企业产权制度的最主要的标志和内容就是企业法人制度和有限责任制度；现代企业组织制度的本质特征就是建立企业的法人治理结构；现代企业管理制度就是企业不仅在管理思想、管理组织、

管理人才、管理方法和管理手段上实现现代化，而且把这几个方面的内容和管理职能结合起来，对企业实行有效的管理。

文化企业是一种特殊的现代企业形式。虽然它在资本运作、市场营销、品牌战略等方面与其他现代企业形式存在着很大的相似性，但是文化企业与其他所有企业的本质差异是关于精神产品的生产与服务的提供，满足的是人们精神消费的需求。其他企业可以不为社会提供公共物品，但是文化企业尤其是属于核心文化产业层的文化企业，为社会提供公共文化物品却是它的重要内容之一。文化企业通过文化产品的生产与供应，直接和间接地承担着塑造公众精神文化世界的社会责任，虽然企业行业的企业也有它的社会责任，但是这种责任比起文化企业的社会责任则是间接的而不是直接的。正是由于文化企业有着为其他企业所没有的社会责任，因此，这就决定了文化企业不能一般地套用现代企业制度的所有内容和形式，而应当根据文化企业的特点创造性地运用现代企业制度中的成功经验和理论成果，形成能够满足文化企业在市场经济条件下发展的具有个性的经济组织体系。中国文化企业形态经历了多个历史变迁的改造和塑造，具有中国关于现代文化企业制度的特殊理解，社会主义的公有制曾经是它的最主要的制度形式。随着社会主义市场经济的提出和文化体制改革的不断深化，多种所有制成分进入文化产业，形成了文化产业投资主体多元化和文化企业属性的多样性格局，但是并没有从本质上消除中国文化企业的特殊责任和特殊使命。特别是居于核心文化产业层的、占主导地位的国有文化企业的改革，现代企业制度的应用推广还有许多理论和实践问题需要解决。在如何实现产权关系清晰和政企分开的问题上，已有的探索和遭遇到的新问题说明超越现代企业制度理论，探索和创造既符合文化企业发展规律又具有中国特点和满足中国文化企业建设需要的新的现代文化企业制度，已经成为当代中国文化体制改革与文化企业制度创新的重大课题。在这里，区别不同文化企业的行业特征和属性，分别对我国文化企事业单位进行现代企业制度改革，是一项基本原则。例如，云南丽江在进行文化体制改革试点时，就特别注意区分经营性文化产业和非经营性文化事业两个层次，把具有市场属性的资产从现行体制中剥离出来，分期分批推向市场，改造、改组为国有控股或多种经济成分组成的股份制文化企业，使其逐步与政府财政脱钩，实现市场主体的重新定位。国家规定外资和一般社会资本不得进入文化产业核心层的内容生产领域（出版社、报社）就是一个必须遵循的原则。也就是说，这一部分的文化单位虽然实现了体制改革，但是并不等于说这一类文化企业也完全按照现代企业制度进行重组。这里涉及的许

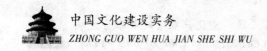
多问题都需要做进一步的深入研究。

(三) 股份制与现代企业产权制度在文化企业发展中的应用

股份制是现代企业组织最重要的存在形式之一，被认为是现代企业制度的典型形式，是一种适应社会大生产要求的财产组织形式。这种企业制度相比较于其他企业制度有二个显著的特点：①通过产权的双重化，将终极所有权与法人所有权相分离，确立企业的法人地位和法人所有权，企业成为独立的市场主体，可以决策一切经营活动，实现资产独立运行。②在企业内部形成权力制衡机制。法人所有权与经营权适度分离，实现企业内部的"三权分立"，即董事会代表法人所有权来决策企业中长期目标，经理阶层掌握和负责企业的日常经营活动，职工代表劳动者的利益参与企业的决策与管理从而形成法人所有者、经营者、劳动者的权责利统一的相互制约机制，保证企业行为的合法化。⑧企业具有独立的财产支配权，并对财产运营负全部责任，收益与风险、权利与义务相对称，企业自负盈亏。

现代企业产权制度是以产权关系为依托，对企业财产关系进行合理有效的组合、调节的制度安排。所谓产权就是财产权的简称，是资产所有权、占有权、支配权和使用权及其代理关系的统称。产权是若干权能的集合，而不是专指一项权能，它的核心是所有权。它是由法律规定的行为主体（所有者）对于客体（财产）的最高的、排他性的独占权。其他所有权能都是在这个基础上派生出来的。产权的各项权能既可以统一，也可以分离。在公司制企业中，产权的权能实现了分离，从单一业主的原始产权到终极所有权和法人财产权的分离，并由此产生了委托和代理关系。产权清晰的程度不仅影响企业的行为和后果，而且会减少交易成本。产权理论是在论述社会成本问题时提出来的。由于交易成本的存在且大于零，产权的明确界定可以减少交易成本，减少未来的不确定性。然而我国的产权在第一层次上，企业内部就不清晰了。企业没有法人财产权、国有资产代表缺席及出资人事实上的负无限责任，使企业不能成为独立的商品生产者和经营者，从而导致企业资产运营效率低下。这个问题同样也是国有文化企业发展的主要问题和文化体制改革的重要内容之一。

现代企业产权制度的特征是：产权关系清晰且代表明确，在现代企业产权制度下，出资人是谁和由谁来代表都十分明确；实现了原始产权和法人财产权的分离、法人财产权和经营权的分离；产权具有流动性，使出资人的资产保值与增值得到保证。

现代企业产权制度主要有以下三个方面的内容。

（1）法人财产制度。法人财产制度是指公司作为法人对公司的财产具有排他性使用权、经营权、收益权和自由处置权。它是现代企业产权制度的前提。也就是说，在现代企业制度下，出资人只能拥有它所投资的那一部分股权，每一个股东都不能单独支配企业，无论这些出资人是自然人还是法人。尽管他们都是权利主体，但是，一旦他们共同投资、组织设立新公司，公司法人便成为主体，股东仅仅是公司成员。除了解散清理和依法转让外，他们不能抽走他们的出资。公私财产是独立的，具有排他性，这是公司活动的物质基础。

　　（2）有限责任制度。有限责任制度是指出资人以出资额为限对公司的债务负有限清偿责任，企业以其全部财产对其债务负有限清偿责任。有限责任制度解决了投资者的后顾之忧，企业也由此获得了自主经营的权利。有限责任制度的创立，是建立现代企业制度的必要条件，使资本的集中成为可能。

　　（3）法人治理结构。法人治理结构是现代企业制度的一种重要管理形式。它是由股东大会、董事会、监事会和高层管理人员组成的一种企业管理的组织结构，并通过法定的形式明确各个组成部分的责、权、利，形成了调解所有者、公司法人、经营者和职工之间关系的制衡和约束机制。在这种治理结构下，终极所有权、法人财产权、经营权各自独有人格化的代表。在法人治理结构中，股东大会是最高权力机构。股东大会选举董事组成董事会，并将财产交付他们来托管，同时还选举监事组成监事会，对公司的经营活动进行监督。高层经营人员受聘于董事会，在授权范围内对公司的日常经营活动负责，是董事会领导下的执行机构。决策机构、监督机构、执行机构构成了法人治理结构的组织体系，也是现代企业制度的组织形式。

　　中国的文化企业在新中国成立以后经历了一系列改造，自20世纪80年代起，基本形成了国有文化企业一统天下的局面。计划经济时期曾经有过的集体所有制文化单位，如文艺表演剧团和图书零售门市等，到了20世纪80年代以后基本上都成为国有的了，原来的企业性质也都成为事业单位。文化系统的绝大多数企业实行事业单位企业化管理，使得经营性和非经营性相混淆，政府承担着直接办文化企业的全部风险。文化体制改革的一个最大目的就是要理顺文化事业和文化产业的关系，实现政府从办文化向管文化的转变。把经营性的内容从文化事业单位剥离出来，按照现代企业制度实行文化企业制度重组，是文化体制改革的重要内容。上海新华发行集团是全国文化产业中采取挂牌竞价方式转让股权的第一家企业，也是我国出版发行界率先完成混合所有制改造的企业。2004年11月，上海新华发行集团通过在产权交易市

场公开挂牌、招标征集伙伴的方式与上海绿地集团有限公司签约，后者出资
3.48 亿元获得 49% 股权，其余 51% 股权由上海各媒体集团和政府投资公司等
5 家股东所有。

产权制度改革是我国文化体制改革借鉴经济体制改革的重要制度选择。
但是，产权制度不是决定企业行为的唯一或全部因素，市场结构、企业组织、
企业经营目标和国家文化产业政策等因素都对文化企业行为产生和发挥影响，
有时甚至是重要影响。因此，把现代产权制度作为唯一的推进我国文化体制
改革的目标取向，不仅不能解决我国文化产业发展中的一系列问题，而且甚
至会造成国有文化资产流失和社会文化资源的无穷浪费并最终损害国家和公
民的文化利益。特别是非公有制文化企业在文化产业领域里取得的巨大成功，
有不少甚至还是那种原始的单一的企业组织形式，实行的是家族制管理体制；
还有的是在集体经济的基础上建立起来的，如浙江横店集团。所有这些都说
明当代中国文化体制改革和文化产业的发展，向既存的新制度经济学理论范
式提出了重大的理论挑战。对文化体制改革和文化经济增长而言，制度是重
要的，但不是决定性的，不能把产权和所有权简单地等同起来，也不能把所
有权概念看作是隶属于产权关系之下，把所有制解释为产权关系的制度化。
在这里，必须坚持生产资料所有权关系是所有制的核心理论，国有文化企业
是国家文化建设的支柱、国家文化安全的保障和社会稳定的基础。国有文化
企业股份制改革的实质是全体劳动者凭借国有文化资本所有权，利用股份制
这种企业资本组织形式，获取自身经济利益。只有在竞争性领域搞活和发展
国有控股文化企业，才能真正维护社会主义基本文化经济制度，发展社会主
义文化事业。经济学家郎咸平在谈到国有企业改革时特别强调职业经理人的
作用。他说，一个有信托责任的、有能力的职业经理人，在任何产权制度下
都能把企业做好。企业效益的好坏，并不在于是谁来控股，而是职业经理人
对成本的控制问题。这种观点对于国有文化体制改革的路径选择具有启发
意义。

三、国有文化资产管理与中国文化产业现代企业制度的建立

我国文化体制改革中最突出的问题之一，就是文化企业转制改革过程中
产权划分和产权归属等产权关系，特别是关于国有文化资产的处置问题。这
个问题解决得如何直接关系到中国文化产业现代企业制度的建立和文化产业
运营机制的创新。

（一）国有文化资产的内容

国有文化资产是关于国有文化单位的资产属性的概念，其范围主要包括文化、新闻出版、广播电影电视等宣传文化部门管辖的国有文化企事业单位，内容包括动产和不动产、有形资产和无形资产等。在隶属关系上，我国国有文化资产又分为中央和地方两个层次。长期以来，我国的文化企事业单位实行的基本上是财政拨款制度，也就是说，无论是中央还是地方，文化事业和文化企业单位的投资都是由公共财政实行的。这就决定了所有这些单位由此而形成了资产的国有性质。由于在计划经济条件下，我国基本上实行的是福利性的国家文化政策，只讲投入不讲产出，实际上在文化的生产和流通两个方面都是由国家统包统销的，实行的是政府无限责任制，不管是文化事业单位还是文化企业单位，既没有独立法人的权利，也不承担国有文化资产保值增值的义务，因此，从理论上讲，国有文化资产属全体人民所有。

（二）国有文化资产管理

国有文化资产代表缺席是我国国有文化企业产权关系模糊的突出问题。在文化体制改革和现代企业制度建立中如何解决这一问题，也是需要我们在实践中探索的。现阶段，我国对国有资产管理实行的是国家统一所有、政府分级监管、企业自主经营的体制。由于政府既担负着社会管理职能，又担负着国有文化资产管理的职能，既办文化又管文化，所以当政府管理国有文化资产时，由谁来代表国有文化资产行使所有者的权利，并对国有文化资产保值增值，就成为一个必须逾越的障碍。为了克服政府在这个问题上的制度困境，文化体制改革的一个重要内容就是实现政府从办文化向管文化的职能转变，将政府的社会管理职能和国有文化资产管理职能分开，借鉴经济体制改革的成功做法，设立国有文化资产管理机构，其主要职能是制定国有文化资产管理的规章制度，清产核资，并授权将国有文化资产委托给各个国有文化资产的经营组织如文化投资公司、控股公司、国有文化资产经营公司等去经营，实行政企分开，并由各经营机构对国有文化资产的保值增值负责。在文化体制改革过程中，我国的国有文化资产管理主要有两种形式，一种形式是由政府国有资产管理部门授权党委宣传部门对国有文化资产经营进行监督管理，另一种形式就是成立国有文化资产经营管理公司。2005 年 5 月 26 日，经重庆市委、市政府批准，重庆市国有文化资产经营管理有限责任公司成立。新成立的国有文化资产经营管理公司对市政府负责，作为"出资人"代表市政府依法履行"出资人"职责，对授权范围内的国有文化资产经营进行监督管理，并通过制定文化发展规划，调整国有文化资产投资方向，推动文化事

业布局和文化产业结构的战略性调整。但是，公司不直接参与授权范围内务单位的经营活动，以保证后者的市场主体地位。

目前，非公有制文化经济已经得到长足发展，成为社会主义文化市场经济的重要力量。从发展趋势看，非公有制文化经济随着我国市场准入的进一步放开还将继续发展，但是，无论怎样，国有文化经济的主导作用仍然是我国文化产业实现长期稳定发展的客观战略需要，这是由我国社会主义制度决定的。因此，绝不能把国有文化产业布局和文化经济结构的战略性调整理解为国有文化经济从一切竞争性领域退出，也不能理解为中央"进"、地方"退"。

在市场经济条件下，国有文化经济的主导作用主要体现在控制力、影响力、带动力上。控制力主要体现在国有文化经济在关系国民文化经济命脉的重要文化产业和关键领域占支配地位，体现在一批具有国际经济实力的大公司和大型文化产业集团身上，体现在通过不断深化改革以增强国有文化经济的整体活力和竞争力上。发挥国有文化经济的主导作用必须通过不断改革、不断调整和优化文化产业结构来实现。因此，必须坚持有进有退、有所为有所不为，加快建立和完善国有文化资本有进有退、合理流动的机制，进一步推动国有文化资本更多地投向关系国家文化安全和国家文化经济命脉的重要文化产业和领域；进一步对国有文化企业进行战略性改组，加快培育和发展一批实力雄厚、竞争力强、具有国际战略投资能力的国有大型文化企业和跨国文化产业集团，使之成为我国文化经济的支柱和参与国际文化市场竞争的战略主体力量；适应社会化大生产和市场经济的要求，进一步深化文化体制改革，建立和完善现代企业制度，不断增强国有文化经济的活力和竞争力，壮大我国文化产业的综合实力和国际竞争力，从而在改革文化生产关系的过程中，实现文化生产力的巨大解放，繁荣和发展有中国特色的社会主义文化。

文化体制改革的一个重要任务就是实现文化资源配置效率的提高，通过文化体制改革来解放文化生产力。随着中国文化体制改革的不断深入和经济的持续高速增长，与发达国家相比，原有的成本上的优势将逐渐减弱。中国文化企业在继续完成文化体制改革所必须解决的提高文化资源配置效率的问题的同时，实现向提高文化生产效率的转变，这是中国文化企业的唯一出路。过去大量的成本投入消耗在生产者与生产者之间的交易上，文化产业整合就是要调整文化生产者与文化生产者之间的关系，即供应链的关系，通过形成全新的文化产业链，最大限度地降低成本和最大限度地提高效益。

第三章 文化产业管理的体系与层次

第一节 文化产业的产业组织要素

经济学中的组织概念是由英国著名经济学家马歇尔首先提出的。在1890年出版的《经济学原理》一书中，马歇尔把组织列为一种能够强化知识作用的新的生产要素，其内容包括企业内部组织、同一产业中各种企业间的组织、不同产业间的组织形态以及政府组织等。

文化产业作为一个相对独立的产业门类，符合产业组织的一般规律。在基本的产业组织结构方面，文化产业遵循管理的基本规律，即管理主体确立管理目标体系，建立管理的组织系统和法律与政策系统，通过一定的市场结构系统发挥作用，调节管理对象，并通过运行进行信息系统的评价、检测和控制。因此，参与文化产业经济活动的行为主体及其相互关系，以及维持产业运转的各种机制、制度等，构成了文化产业的产业组织系统，这些组织要素包括参与产业管理的行为主体、产业管理的目标系统、产业管理的组织系统、产业的法律政策系统、市场竞争结构、文化金融组织体系和文化科技系统等。

一、文化产业管理的参与主体

文化产业的管理主体包括政府、企业、公益组织、中介组织等，在不同范围和层次的产业运作结构中，这些实体都可以成为文化产业的管理主体，并且发挥着各自的作用。它们有时候是管理者，有时候则是被管理者。例如，

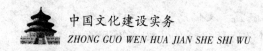

在微观层次的文化企业管理中，企业的业主和管理团队是管理者，而在宏观层面的产业政策指导和市场监督方面，政府部门是管理者，企业、个体参与者及其经营活动则是被管理的对象。

产业管理的参与主体，在法律政策框架下，在文化产业生产、供应和消费的产业活动中形成了相互影响、相互依赖的关系。这些关系包括市场行为主体的经济交换关系、政府对市场其他主体的规制与引导关系，以及组织内部的行政关系和职能管理关系。

与一般产业不同的是，在文化产业中大量的创意工作者以个体或者个人工作室的名义参与到产业活动中，前者在法律上是自然人，后者则是私营业主。这些依靠个人品牌和人力资本参与文化市场的经济活动主体，往往会在文化产业的产品生产、产品销售中起到决定性的作用。文化产业活动中活跃着大量的中微型企业和个体自然人，使文化产业管理更具有复杂性和特殊性，主要体现在投资、生产组织、营销、利润分配、税收等方面。

例如，在设计、影视、艺术品经营等产业中，对于以个人设计工作室、编剧、影星等某个人的智力劳动为主要投入要素的产业活动，生产活动具有项目性和一次性的特点，大多依靠合同关系和临时性的项目团队来完成文化产品的生产和交付活动。影视剧通常在影视项目立项后，才成立剧组并注册账户，影视剧项目完成后，剧组便就此解散。因此，这类文化产品经营管理的特点是具体生产运作部门不像传统的制造业一样具有稳定的、已注册的生产单位，而在生产组织管理、工商登记、税收管理和利润分配等方面也具有一定的特殊性。

二、目标体系

每个参与文化产业经济活动的行为主体，都带有自身的目的性。这些行为主体依据其市场定位和产业活动范围，形成自己的目标、战略、行动计划和资源配置计划等。这些长期战略目标以及为达成这些目标而形成的短期任务等，构成了文化产业管理的目标体系。

例如，对于政府行政组织来说，其产业管理的主要功能是进行市场的规制和引导，以达到文化产业的经济发展目标和行政管理及意识形态管理的目标，产业经济发展包括文化产业总体的发展速度、发展规模和产业结构等。

再如，对于某一文化企业来说，需要根据其所处的细分市场，确定目标客户，建立企业长期的经营战略和短期的行动目标，这些月标又会层层分解到各个部门，形成企业的目标管理体系，以引导文化企业的经营活动。

文化产业不同的市场主体，依据其在产业组织系统中的性质、定位和功能，具有不同的目标体系，这些目标又是相互影响和相辅相成的。综上所述，政府的调控目标直接影响到市场中各个参与主体的经济目标能否实现。而市场参与主体的经济目标直接引导着这些主体的经济行为，这些行为结果的综合效应，必将影响到市场和产业总体的运行，影响到政府长期规划的制定和调控目标能否实现。

例如，自党的"十六大"以来，我国政府持续地推进文化体制改革，大力发展文化产业，提出了要将文化产业作为新的经济增长点和支柱产业的战略目标，各地政府也都相继制定了文化产业发展目标，制定了文化产业发展规划。由于这些产业发展目标的推动和执行，社会资本大量进入文化产业，致使文化产业的投资规模大幅度增加，文化企业活力不断增强，各地区相继涌现了大量文化企业集团，国外文化企业也相继进入我国的文化及相关领域，大量社会资本投入影视剧开发、院线建设、演出市场、艺术品拍卖、网络文化等领域。

三、运行组织系统

任何产业的运行都以一定的产业组织为特征。文化产业管理组织系统包括行政管理组织系统和生产供应组织系统。一方面，文化产品是内容产品，其所包含的精神内容具有文化意识形态属性，文化产业的行政管理组织系统具有意识形态管理的功能；另一方面，文化产品生产、供应与一般物质产品不同，是精神内容的生产、传播和销售过程，因此文化产业的生产供应组织系统与其他产业也不相同。这两方面因素共同作用，形成了文化产业管理组织的特殊性。

（一）文化产业的行政组织系统

虽然各国的政治文化背景不同，会形成不同的文化管理体制，但是由于意识形态管理的需要，各国政府都会设立相应的行政管理组织进行监管。文化行政管理组织体系不但实行市场的总体管理监督功能，也同时实行文化的各项政策引导和监管功能。

世界上大部分国家都设有与文化产业相关的专门管理部门，这些部门包括对文化产业的创意成果管理的知识产权管理部门，如国家知识产权局和地方的知识产权行政管理机构；与文化产业的具体内容管理和业务指导相关的管理部门，如对广播电视、新闻出版、互联网信息传播等相关内容的管理；对于文化产业生产与组织管理还有相关的经济行政管理组织，如工商、税务、

文化市场的行政执法组织等。

（二）生产供应的产业组织系统

生产供应组织是一个产业周绕市场需求从原材料供应、生产，到产品传播、销售等环节形成的产业链条。在现代市场体系中，文化产业的生产供应是市场引导的自发行为，不是计划发生的。市场的供求规律使市场价格机制成为"看不见的手"，它是引导整个生产组织的动力。文化生产单位被市场价格所引导而进行生产决策，其组织资源进行生产和供应。

文化产业是生产和供应精神产品的产业，由于精神产品的生产、价值转化具有独特性，文化产业的生产供应组织系统与一般的物质产品的生产供应组织系统不同，表现在从原材料到产品销售链条上的不同，包括精神内容研发与生产，精神产品的制造与供应两个过程。

首先是精神内容研发与生产过程，是创意工作者或者文化创意公司对原创精神内容进行研发与生产的过程。参与精神内容研发与生产过程的不只是文化企业和创意工作者，还包括政府文化教育部门、科研部门、文化事业部门，以及为创意研发提供技术、设备和信息支持的单位和个人。精神内容的创造可能是个体的劳动，也可能是群体和组织的行为，如一个画家通常是以个体劳动的方式进行绘画创作，画家也可能是隶属于某个画院，或者在高校任教，或者是画廊签约的职业画家。而一个剧目、一个影视剧的创作过程，则需要通过编剧、导演、演员等多个环节的协同创作。

其次是从精神内容研发到批量化复制生产的过程，是精神内容的价值被复制到物质载体中的过程，是文化产品规模化生产、传播、销售的过程。例如，影视剧被拍摄制作完成是精神内容的创作阶段，而影视剧以胶片或者数字技术进行复制，通过发行系统在各地的院线上映的过程，是制片单位、发行单位、终端零售院线对影视剧产品的规模化复制、销售的产业组织运作过程。再如，画家的原创作品，虽然是不可复制的，其生产组织过程则是通过画廊、美术馆、拍卖行或者私人藏家等市场主体运作，让这一作品从画家手中流传到藏家手中，完成产业组织的运作过程。

（三）网络化的产业组织系统

文化产业的产业组织体系呈现出网络化特征。一是如上所述，文化产品的生产存在参与主体多样化和复杂化的特点，不同的主体之间经常以松散的、临时的契约形式组合在一起，呈现网络化组织的特点。

二是文化产业产品的核心部分是精神内容，精神内容具有以较低成本被复制和移植到其他物质载体中的特点，使文化产业的各行业之间具有十分强的关联性,产业组织上具有网络化的趋势。例如,上述影视作品的精神内容,能衍生出很多其他的文化产品形式,可以将同样的精神内容改编成动画、游戏等,这些产品被称为"准精神产品",同时影片中的形象还可以被复制到一般的物质载体中去,如迪士尼的玩具和文具等,这些产品则被称为"泛精神产品"。这两种关联性使在文化产业的产业组织内,以及与其他产业之间都存在非常强大的关联性,可以在产业供应链上形成多种价值的交换关系,形成网络化的产业组织形态。

四、法律政策系统

任何一个产业的运行,都建立在一定"游戏规则"之上。这些"游戏规则"就是保障产品市场安全规范和产业组织正常运行的法律与政策条例。法律与政策规范了市场与产业组织中主体的行为,是产业组织正常运行的保障。

对于文化产业来说,由于文化产品的特殊性,主要表现在精神内容的原创性、易复制性和强意识形态属性,文化产业不但要制定相关的产业经济政策,还要制定文化方面的法律法规。文化法律与政策包含三个部分:第一,文化基本法,这相当于文化方面的宪法,规定了公民基本的文化权利。例如,韩国和日本等国家制定了相当于文化宪法的文化基本法,与文化基本法配套的是国家关于文化方面的纲领性文件和指导性政策。第二,文化专门法,包括《新闻法》《电影法》《出版法》等,这些法律法规主要针对文化的相关领域和行业领域的行为进行规范。第三,相关的文化部门法,分别在民法、行政法、著作权法等法律法规中进行了规定。例如,我国行政法有关规定是国家文化行政管理部门进行文化管理的法律依据。《合同法》《著作权法》《公司法》《保险法》等法律规定中包含了对文化市场的文化商品交换和生产过程中行为主体的权利义务关系。

为了发展文化产业,在上述三个方面的法律基础上,政府部门还会制定相应的文化产业政策,这些政策包括文化产业的准入政策、文化资源保护政策、文化用地政策、文化科技政策和文化人才政策等。针对文化产业中的不同行业,政府相关部门还会制定相关具体的产业政策,如影视产业的相关管理政策、演出行业鼓励对外演出和给予剧团的政策扶持等相关政策。这些产业政策与上述法律法规共同构成了文化产业管理的法律与政策系统。

五、市场竞争结构

市场竞争结构是产业组织的最重要子系统。文化市场竞争结构是文化市

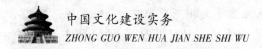

场中参与竞争的主体之间，以及买卖双方之间相互作用、相互竞争形成的市场体系。通常在经济理论中，根据市场的四个方面的因素加以分类，这四个因素分别如下：①买卖双方的数量情况；②进入和退出一个市场的难易程度；③个别企业控制价格的能力；④产品的差别程度。

根据上述四个方面的因素，可以将市场的结构分为以下基本类型。

第一种是完全竞争市场。在这类市场中存在很多买者和卖者，资源可以自由流动而不必付出成本，因此进入和退出这个市场没有壁垒。在这样的市场中，产品是基本同质的，没有差别。单个企业基本没有对价格的控制力，价格是由市场的供求双方决定的，这类市场在现实中很少存在。

第二种是完全垄断市场。在这类市场中只有一家企业，因此这家企业具有较强的市场价格控制能力。完全的垄断市场也不多见。例如，在改革开放前，计划体制下的电信部门和邮政部门只由国家许可的一家国有企业经营，垄断了市场。

第三种是混合型市场。在现实生活中通常是介于完全竞争市场和完全垄断市场这两种极端情况之间，也就是既有一定的竞争又具有一定垄断的混合型市场。其中一类属于寡头市场，即市场中存在少数几个寡头企业，它们之间相互竞争，并对市场具有一定的价格控制能力；另一类是垄断竞争市场，在这类市场中，有较多的企业数量，经营有一定差别的产品，单个企业有一定的市场价格控制力，但远不如寡头企业强。

由于文化产业中企业生产和提供的是精神产品，其具有一定的差异性和独特性，这对于寡头市场和垄断竞争市场的形成有所影响。例如，在互联网服务行业中，搜索引擎主要以谷歌和百度的市场占有率较高，它们的搜索原理基本相同，因此类似寡头市场；而在影视剧、动画、游戏等制作产业，虽然有一些相对较大的公司，但是提供的产品在题材类型上都各有差异，而且还受到新公司和海外产品的竞争，是相对市场化程度较高的行业。相比之下，尽管全国有几十家卫星频道，但都是国有企业，资源垄断，市场竞争性就相对较弱。

除了文化企业之外，在文化产业的市场上，还活跃着很多个体自然人、中介组织、非营利机构等，构成了市场的重要组成部分。特别是文化经纪中介组织、文化非营利机构等，在文化市场中发挥着不可或缺的作用。

六、信息系统

文化产业管理的信息系统，是文化产业管理中信息的沟通、传播和反馈系统。

首先，从宏观市场方面来看，市场价格信息是市场得以正常运行的基础，文化产品和服务的价格信息传导机制，使文化产业上下游各个环节之间得以相互衔接，形成产业供应链中产品价值的流动，文化产品才得以完成策划、研发、制作、传播、配送和销售的每个环节。由于文化产品是精神内容，因此信息的扭曲和偏差都会造成市场的失灵。

其次，政府对产业的规划和调控，依赖于信息系统。政府统计部门是对产业信息监控和管理的主要部门。此外，文化产业各个行业专门的管理部门也是信息的主要来源。这些信息是政府对文化产业发展状况进行评估和发展趋势进行正确判断的基础。

再次，市场中企事业单位的经营与发展，依赖于市场信息和组织信息的内外信息系统。市场价格信息、消费者需求信息、政府的各项政策信息、供应商和销售商的供求信息等，是企业经营的基础。文化企业作为产业中的细胞，也会相应地建立起企业自身的信息系统，根据文化企业的发展目标和产品属性，建立起文化产品的经营业务单位和部门，并形成层级式直线组织方式，从而实现企业组织自身的信息收集和信息沟通。

最后，文化消费者只有掌握准确的信息，才能正确地作出消费决策。作为市场中的消费者，也会通过各种媒介和信息渠道，获得所需要的文化产品信息，从而作出正确的消费决策。例如，对于电视剧、电影、戏剧、演出等文化产品的消费，观众是否决定购票观看，取决于消费者对这些产品内容的了解程度和喜爱程度，企业也就相应地需要通过各种媒介向消费者传达相应的精神内容信息，如影视剧宣传、演出宣传和票房营销等，这都是为了建构产品信息的传播渠道，以保障信息能够被正确地、有效地传达给目标观众。

七、金融组织系统

由于文化产业投资风险大，周期长，文化产业的运营通常需要金融的支持，但是大多数文化企业所生产的文化产品是精神内容产品，属于无形资产，其可供进行资金融通的抵押资产不多。因此建立为其进行金融支持的文化产业运营组织体系，对文化产业的可持续发展至关重要。

文化金融组织系统是文化产业的资金融通市场，是指在经济运行过程中，文化产业的资金供求双方运用各种金融工具为文化产业投资与生产进行资金融通的市场组织体系，包括市场中各类可以为文化产业投资提供资金的投资机构和金融中介机构。

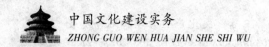

文化金融组织体系的构成十分复杂，它是由许多不同的市场组织组成的一个庞大体系，分为货币市场和资本市场两大类。货币市场是融通短期资金的市场组织，包括银行的资金借贷、同业拆借市场、商业票据市场、银行承兑汇票市场、短期政府债券市场等短期资金融通。资本市场包括中长期信贷市场和证券市场。中长期信贷市场是金融机构与工商企业之间的贷款市场，证券市场是通过文化企业的证券发行与交易进行融资的市场，包括债券市场、股票市场、基金市场、保险市场、融资租赁市场等。

八、科技系统

现代文化产业是文化、科技相融合的产物，如网络游戏、互联网内容服务等新兴文化产业，信息与数字技术成为支撑现代文化产业发展的重要资源和动力。文化科技系统就是包括与文化产业相关的文化科技创新体系、文化科技人才培养体系、文化科技技术推广应用体系、文化科技的产业孵化平台等文化科技组织系统。

第二节　文化产业管理的基本层次

文化产业管理既包括政府部门对市场、产业的宏观管理，也包括文化企业的微观管理行为。因此，文化产业管理涵盖了从宏观到微观的不同层次。不同层次文化产业管理具有特定的管理主体、管理对象、管理范围，从而形成了不同文化产业管理的基本原理、方法。通常，可以将文化产业管理分为宏观、中观、微观三个不同层次。

一、文化产业的宏观管理

文化产业的宏观管理是指对文化产业总量经济的管理与调控。所谓总量，就是产业经济运行的总体情况，而不是指产业中某个行业、某个企业或某个局部区域的经济问题。例如，宏观管理的主要目标是文化产业的经济增加值、文化产业对经济总体增长的贡献度、文化产业的就业率、固定资产总投资额度等总量指标。

文化产业宏观管理的主要管理主体是政府管理部门等行政组织。宏观管理的主要手段是通过政府制定相关产业政策以实现对产业的调控目标。文化产业宏观管理包括以下基本内容。

一是对文化产业发展进行宏观的经济统计与监测。统计部门和文化部门应定期在每个经济年度对文化产业的相关经济指标进行统计调查，并汇总形成文化产业的统计调查报告和公告。在统计信息的基础上，对文化产业发展的总体情况进行历史对比和现状分析，对文化产业发展进行评估和预测。

二是对文化产业总体的规划与布局。在统计分析基础上，对文化产业未来的远景战略目标、发展规模、增长速度、行业结构、产业布局、重大项目等进行合理预估和科学规划。

三是制定与完善文化产业的相关经济政策和配套措施。根据产业规划要求，制定和完善文化产业相关的配套措施和政策体系，包括文化准入、文化投融资、文化产业税收、文化对外贸易、文化科技、文化人才等各方面的政策。政府各级部门同时通过产业行政组织体系贯彻落实相关政策，对政策实施的效果进行实时评价和修正。

二、文化产业的中观管理

文化产业的中观管理是介于微观和宏观的中间层次，分为两个方面的管理：一是对局部区域的文化产业发展的区域经济管理；二是对文化产业中某个具体的行业进行管理。

（一）区域文化产业管理

区域文化产业管理是对某一行政区域或者局部地理空间范围的文化产业发展在产业结构、产业规模、产业布局、发展速度、就业水平等方面的区域经济管理问题。区域文化产业管理的主要内容如下。

1. 区域文化产业的总体规划和布局

局部的区域范围是个十分含糊的概念，所以可以有不同的空间层次。通常区域是具有相关地理联系，以土地和经济联系为特征的地理空间划分。例如，南北差异形成的地理区域，黄河中下游地区、长三角区域经济等。

对于文化产业来说，通常还可以从文化地理关系来进一步划分，如吴文化区域、徽派文化、齐鲁文化等。由于文化产业总是在一定的空间中形成、布局和发展，与文化产业相关的各类文化资源也会呈现一定的地理分布特征，如文化遗产和文化旅游资源通常按照一定的区域地理文化特征分布；文化人才、文化科技和文化信息资源通常都会向大城市集聚，形成地理集聚分布现象。在区域文化产业管理中的主体依然是政府部门，所以区域的划分会带有

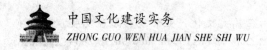
较强的行政区域划分色彩，以一省一市的区域空间进行产业规划与布局。因此，区域文化产业管理通常是按照行政的层级，形成自上而下的区域产业管理层级关系，在这一系统中，各个层级之间的目标体系、政策体系形成了相互联系、相互支持的系统。

在区域的规划与布局中经常还会涉及两个地理层次的问题。二是城市为集聚空间的城市文化产业发展问题。由于上述文化相关资源向城市集聚的趋势，形成了以城市为中心的文化产业。在城市文化产业发展中，文化产业不但成为城市经济结构中重要的组成部分，而且由于文化产品中精神内容的意识形态特性，城市文化产业发展进而影响到城市文化设施、文化消费、文化形象、公民文化素养、文化艺术事业等各个方面，对城市的经济、文化与社会的总体发展起到重要的作用。二是文化产业园区的规划建设问题。文化产业园区是在区域文化产业集聚发展的一种模式和产业形态，是在区域文化产业中观管理层次中一个更具体的局部空间产业规划、布局和建设管理问题。文化产业园区已经成为区域和城市文化产业管理中重要的子系统，很多具体的产业政策、措施都是围绕园区的建设加以细化，并以产业园区为平台，形成局部的产业集聚态势，以带动整体的城市和区域文化产业发展。

此外，在区域地理空间中的文化产业管理，离不开产业经济发展的本质特性——区域集群化发展。文化产业集群是指集中于一定地理区域内，文化产业各个行业的众多具有分工合作关系和不同规模等级的文化企业，以及与其发展有关的各种机构、组织等行为主体紧密联系在一起的空间积聚体，代表着介于市场和等级制之间的一种新的空间经济组织形式。区域文化产业集群发展的战略、政策与措施，也是区域文化产业管理的重要内容。

2. 制定和完善区域文化产业的政策

如上所述，区域文化产业管理涉及城市、园区等十分具体的区域空间产业管理，包括区域文化公共设施建设、区域文化资源开发、区域化文化人才培养、区域文化科技发展等。所以，作为中观层次的区域文化产业管理的政策与措施体系，与宏观层次不同，体现出更具体和可操作性的特点。例如，在区域文化产业的规划与布局中，要明确人才引进的各项住房、科研补贴，引进企业的税收优惠幅度与具体的政策和措施。

3. 区域文化资源的保护与开发

区域文化资源是区域文化产业发展的基本条件。区域文化资源包括各项历史文化资源、文化科技资源、文化人力资源、文化版权资源、文化基础设施资源等。对于区域文化资源的管理包括区域文化公共设施资源的规划和布局，区域历史文化资源的保护、利用与开发，区域文化人力资源的培育和扶持，区域文化版权资源的保护与开发，区域文化科技创新资源的培育与引进等。

区域文化资源管理的相关措施与政策，决定了区域文化资源的布局和资源配置状况，并最终影响到区域文化产业的竞争力水平。区域文化资源的管理是区域文化产业管理的重要内容，在提到区域文化资源时，通常会犯的错误是将其等同于区域的历史文化资源或者文化遗产资源，这混同了资源的概念。区域文化资源不仅仅是指对区域现存的历史文化资源的保护与利用问题，还涉及所有文化产业发展所投入的相关文化资源，对这些历史文化资源的保护与利用，以及对相关文化创新资源的配置、引进与培育是关键。

4. 区域文化产业的重大项目管理

在区域文化产业发展中，需要通过具体的重大项目投资以及重要平台建设，来实现资源集聚和龙头带动作用。这些重大项目通常是区域文化产业发展规划长期目标得以实现的关键。而且，这些重大项目和重大公共平台基础设施的规划与建设，具有高投资、高风险的特征，具有长期的战略意义，需要通过政府来推动，并通过相关政策给予扶持。例如，为了加快推进区域文化产业的结构调整和优化，需要推动新兴文化产业发展，尤其是与互联网相关的新兴文化业态，需要政府从战略层面推动互联网相关重大公共技术平台建设、文化科技孵化平台建设、文化产权交易平台建设等方面的重大项目建设。

（二）文化产业的行业管理

文化产业中包含很多行业，包括从传统的表演业、书画业、出版业、会展业，到近现代的影视产业、游戏产业、网络文化服务业等。文化产业的不同行业所生产、供应的文化产品和服务的性质不同，会形成不同行业之间较大的差异性。因此，除了在宏观上需要制定一些所有文化行业共同的政策和规定之外，还需要针对每个行业的不同特点、不同发展水平和发展阶段，制定相应的政策与措施。例如，音乐表演类产业和书画艺术品市场的差异较大，前者涉及剧团、剧场的经营管理和文艺院团的体制改革问题，后者则涉及画廊、拍卖行、美术馆、展览馆、艺术晶交易市场的规范管理问题。二者在产品形态、产业形态方面都存在较大差异，需要针对性地制定不同的管理政策。

为了对文化产业进行管理，各国政府有的设置了相应的行业管理部门，有的则主要通过行业协会和有关法律来规范行业行为。美国联邦政府中的15个内阁级部门，没有一个部门负责文化产业发展的监管，"无为"和"零管制"是美国政府特别是联邦政府的执政原则。"无为"并不代表美国政府对文化产业发展完全无所作为，放任不管。相反，政府在为文化产业发展提供一个自由竞争环境的同时，提供了各种软硬件支持。在美国联邦政府的支持下，一些重要的行业协会或非政府组织在争取行业利益、提供相关服务、规范行业行为、促进从业人员自律等方面发挥作用。在中国，则是由文化部、国家广电新闻出版总局对文化产业进行相应的行业管理。

三、文化产业的微观管理

文化产业的微观管理，是指文化产业中微观主体的经营与管理问题，这些主体包括文化企业、文化非营利机构和中介组织等。

（一）文化企业管理

文化企业是文化市场中的细胞，是文化产业最重要的经营主体。文化企业管理虽然具有一般企业管理的规律，即企业经营管理的计划、组织、领导和控制过程，但是由于文化产业是智力与创意密集型产业，文化企业自身在企业战略、产业上下游合作关系、产品生产研发、组织结构、人力资源与团队建设、文化营销、财务管理等方面都具有十分显著的独特性。

（二）文化非营利机构

文化非营利机构，是指不以营利为目的的文化组织，具有社会公益性质，如美术馆、博物馆、图书馆、文化行业协会组织等。这些文化非营利机构虽然不以营利为目的，但是它们通过市场提供文化产品和服务，并满足社会公众的文化需求，这些产品和服务同样也可以为这些非营利文化机构带来经营收入。这些组织在文化产业中发挥着一定的功能，完善和补充市场和企业所不能完成的作用，对文化产业的正常和健康运转起到促进作用。例如，大部分美术馆虽然属于非营利性质，但是一方面可以为画廊和艺术家提供展览场所，为艺术产品提供营销和推广渠道；另一方面这些美术馆发挥自身在艺术教育方面的优势，从而长期培育艺术消费群体和艺术消费习惯，对艺术品市场和艺术品经营具有重要作用，是产业经营中不可或缺的一环。

再如，文化产业的行业协会是政府、企业和市场之间的一种中介组织，对本行业产品和服务质量、竞争手段、经营作风进行严格监督，维护行业信誉，鼓励公平竞争，打击违法、违规行为，制定并执行行规行约和各类标准，协调本行业企业之间的经营行为。

（三）文化产业的项目管理

文化产业中大量产品和服务的生产和提供是以项目的形式开展的，这是文化产业的一大特点。例如，影视剧、音乐表演、戏剧、会展活动项目、游戏开发等，每个产品都是一个特殊的项目，具有不可复制性。因此，文化产业中项目管理具有十分重要的地位。

同时，由于文化产品和服务不同于一般的工程、制造和科技产品研发项目，其产品和服务的形式是以特定的精神内容的创造、生产、传播和销售为特点，参与项目的人有艺术家、管理者、投资者等各种不同的角色，因此造成了文化项目更大的信息不对称性和风险性，对管理沟通协同、风险控制、进度控制、成本控制等都提出了更高的要求。除了需要采取一般的项目管理方法与工具之外，还要有相应的配套商业机制。

第三节　文化产业管理的基本体系

如前所述，文化产业管理包括从宏观到微观的不同层次，同时在文化产业管理的每个层次中，都有相应的目标系统、组织系统、信息系统、法律与政策系统等。这些层级与系统组成了文化产业管理的基本体系结构。

此外，文化产业管理不是孤立的体系，文化产业管理与文化事业管理之间存在内在的联系和相互影响关系，针对我国当前文化产业管理的现实情况，还具有转型期的特殊性。

一、文化产业管理体系的构成

如表 3-2 所示，文化产业管理包括从宏观、中观到微观的管理层次。不同的管理层次，具有不同的管理主体、目标系统、组织体系、信息系统、市场定位、法律与政策系统。

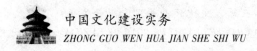

表3-2　文化产业管理体系要素构成

	管理主体	目标系统	组织系统	市场定位	法律与政策系统	文化金融系统	文化科技系统	信息系统
宏观	政府部门	宏观产业规模、产业结构、增长、就业、人才等发展目标	行政组织系统、产业结构系统	宏观调控、政策引导、市场监督、意识形态管理、产业战略规划布局	国家文化相关法律制度、法律法规、产业政策	文化产业投融资体制管理	国家文化科技创新系统战略与规划	国家统计部门的信息系统,各级行政管理组织的信息系统
中观	政府部门	区域产业和文化各行业发展目标	政府行政、组织系统、区域产业、结构、产业集群、产业集聚等	宏观调控、政策引导、市场监督、意识形态管理、产业战略规划布局	地方政府行政法规、行业法规、区域产业规划与政策	区域和行业文化投融资的具体机制、政策和措施	区域文化科技创新系统、区域文化科技创新政策、区域文化科技创新人才	区域行政管理信息沟通系统、区域经济信息统计系统等
微观	文化企业、文化非营利机构	组织自身的经营与发展目标	微观组织系统产业链和供应链组织系统文化细分市场的竞争结构	自主经营自担责任公平竞争	组织章程、发展战略、组织各项经营方针与政策、计划等	文化产业的财务融资、证券化、风险投资等	文化科技项目研发、产品创新、商业模式创新等	市场参与主体的组织内的信息系统、市场信息传播媒介系统等

从宏观到微观，不同层次之间的管理具有内在的联系和统一性。

第一，宏观的产业管理在管理月标系统、法律与政策系统上，对中观具有指导意义，对微观的企业主体也具有引导和规范的功能。

第二，在组织体系上，宏观和中观层次的管理主体主要是各级政府行政组织体系，这些组织是根据国家行政法的规定设立的，在文化产业管理体系中承担总体规划、引导、规范监督和调控的功能。对于微观层次来说，文化企业、非营利文化机构具有微观的、内部的组织系统，这些组织系统之间相互联系形成了产业的组织网络。例如，文化企业除了具有内部的微观组织运行体系外，还与其产业内的文化资源供应商、文化产品销售商、文化内容传播机构等形成产业中的生产供应关系，形成产业供应链。

第三，在信息系统上，宏观的信息统计、分析与预测是建立在中观和微观的主体运行所产生的信息基础上的。宏观经济总量是微观主体经济的加总和综合作用的结果。

第四，在市场定位上，文化产业管理的不同主体虽然同处于文化产业市场环境中，但是它们在市场中的定位各不相同，发挥的职能也不相同，因而形成了在宏观、中观和微观方面不同的目标、职能。例如，对于政府行政部门来说，主要是宏观和中观层次的统计、规划、政策引导和市场监督等，不会对微观企业主体的经营活动直接干预，也不应当直接参与市场的文化产品和服务的经营管理。

第五，在法律与政策系统方面，宏观层次是国家关于文化产业的法律制度、各项法律法规与政策规定等，这是政府部门指导产业宏观管理和进行市场引导和规范的主要工具。对具体的文化企业、文化非营利机构等微观主体来说，要在这些法律与政策所规范的体系框架下进行经营管理活动，并在组织层面根据组织发展目标，构建组织微观层次的目标系统、组织战略、发展方针政策和计划等政策系统等。

二、文化产业管理与文化事业管理的关系

文化产业管理足以市场为中心，文化产业参与的各个市场主体对文化产业的产业经济运行进行管理协调，实现其经济目标。文化事业是提供公益性的文化产品和服务，以社会与国家的文化建设需要为中心。

文化产业管理与文化事业管理在文化建设中所承担的功能和使命不同，但二者相互影响。

其一，文化事业的发展为文化产业提供文化人才、文化遗产、文化基础

设施等资源以及技术条件的支持。例如,文化事业管理所形成的各项文化公共基础设施为文化产业的发展提供了公共的服务平台;文化产业人才教育为文化产业输送大量文化人才;国家文化科技研发创新的大量研发事业性投入形成重大技术成果和技术平台,为文化产业发展提供的技术支持;各级文化部门对文化遗产和非物质文化遗产的保护,为文化旅游、文化手工艺开发、文化演艺节庆、文化影视与游戏等提供了丰富的资源支撑和内容原材料基础。

其二,文化产业管理能够促使文化产业对文化事业的反哺。通过文化产业管理,一方面可以加快文化内容资源的利用和开发,扩大文化内容的传播范围,加深文化传播的影响,繁荣文化市场,对文化事业的发展起到促进作用;另一方面通过文化产业管理促进新兴文化产业发展,促进文化科技、文化金融的融合,促进文化事业在文化新兴领域的发展,促进文化事业单位运用新的管理方式和产品服务形式。例如,随着互联网技术的发展,首先是在文化产业领域涌现大量文化新兴业态,新兴产业发展使得网络内容产品和服务层出不穷,如微信、微博、手机游戏、互联网电视等,这些方法、技术可以被运用到文化事业的建设与管理中,从而降低文化事业建设的成本,提高文化事业管理的效率。例如,通过全国文化信息共享工程、利用游戏、动漫等新方式,进行文化宣传和文化遗产数字化保护。

综上所述,文化产业管理与文化事业管理虽然目标、功能和定位不同,二者不可替代,但是二者相互影响和相互联系。因此在进行文化产业管理时,我们不应孤立地看待文化产业管理的问题,在研究和分析文化产业管理的层次和内部系统结构时,同时也要关注其与文化事业管理相关目标、组织系统和运行机制的影响关系。特别是在宏观和中观的产业管理中,文化产业的发展规划、组织系统、信息系统等的建立和运行,要综合考虑产业发展、文化发展和意识形态管理等多方面的因素。

第四章　文化企业管理

第一节　文化企业管理的基本内容

文化企业是以利润最大化为目标，以文化、创意和人力资本等无形资源为主要投入要素，提供文化产品和服务以获取商业利益的组织。与一般企业不同的是，文化企业的产出是文化产品，文化产品的意识形态属性决定了文化企业一方面要按照企业自身的利润最大化目标依法生产经营，另一方面还要服从政府意识形态管理方面的规定和要求。文化企业的特殊之处在于其要素投入中不只是金融资本和物质资源，还有品牌、人力资本、技术、知识产权等无形的资本，而后者往往是文化企业的核心资源。文化企业管理过程包含了计划、组织、领导和控制等企业管理的一般性规律。同时，由于上述特殊性，文化企业在企业的治理结构、企业组织设计、战略管理、营销管理、投资管理和财务管理等方面具有自身的特点。

一、文化企业的计划管理

文化企业中文化产品的生产通常涉及不同部门、组织、人员间的分工合作，存在许多不可预见的情况，因此对于文化企业来说，市场需求具有较强的不确定性，更需要对生产和销售进行周密的计划。

（一）计划的层次性

从企业最高领导层到基层的执行人员，可以分为若干层次。一个广电集团的董事长所考虑的是集团的战略问题，集团的技术部门经理考虑的是技术

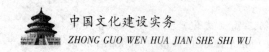

引进和设备更新的问题，而基层的技术小组长关心的是每周节目播出的技术问题。不同层次的纵向工作分工形成了文化企业计划的层次性。

（二）计划的基本类型

通常组织的计划可以分为如下几个类型。

1. 宗旨或使命

一个组织的存在总是为了实现某一任务。宗旨或使命（Mission）说明了组织的追求及组织存在的理由。例如，微软公司的使命是"致力于提供使工作、学习、生活更加方便、丰富的个人电脑软件"；迪士尼公司的使命是"让人们快乐"；索尼公司的使命是"体验发展技术，造福大众的快乐"。

2. 目标

企业的使命需要转化为企业各管理层次的具体目标。目标需要被分解，与具体的管理层次结合，形成各个管理层次的具体目标。目标同时又分为长期、中期和短期目标。

文化企业的产品的核心是精神内容，具有意识形态的属性，这也就会受到政府、社会多方面因素的干预。因此，文化企业的产品除了经济效益目标之外，有时还会受到社会因素的制约，如社会责凭和社会效益等问题，这使得文化企业的目标具有多元性特点。曾经有文化企业的经营者用一个形象的比喻，说明了这种特点。他说，国有文化企业如同一只鸡，既要打鸣，又要下蛋，如何是好？

3. 战略

战略是达到组织目标的一种总体的谋略或路径选择。人们常把战略看成是事关组织全局的方案、谋略或韬略。它通常规定组织的长远发展方向、发展重点、组织的行为方式，以及资源分配的优先领域，是组织制订各类具体规划、计划的重要依据。例如，某影视公司将上市作为战略，以此来指导投资和项目决策。

4. "政策"、程序和规则

企业管理中的"政策"是借用的名词，是指企业在决策时或处理问题时用来指导人们思考与行动的明文规定。政策有助于将一些问题事先确定下来，避免重复分析，有助于主管人员进行授权。政策作为评价方案的指南，在决策时具有一定程度的自由处置权。在制定和执行政策时，必须坚持连续性和完整性。程序和规则是行动的实际指导，详细指出处理具体问题时的例行方法和步骤。例如，某影视公司，为了实现上市的战略目标，决定成立制片人工作室，并且给主要的制片人和签约导演、编剧、演员个人以股份。这些都属于"政策"的范畴。

5. 预算

预算是为了实现未来目标而对各项资源投入和使用进行分配。编制预算能够促使人们去详细制订计划，平衡各种计划。由于预算总是用数字来表现的，因此它能使计划工作做得更细致、精确。例如，电影制片公司需要对每部电影进行细致的预算制定工作，将剧情切割成一个个的画面场景，核算每个场景所需要的道具、人员、设备配合，根据工作量估计摄影棚租用时间，核算相应的成本，并且要将不可预测的因素考虑在内。在好莱坞，各大公司都有自己的预算部门负责设计预算方案。对于独立制片人，则会聘请一位经验丰富的会计师。一部电影作品总预算包括制片的前期准备开支、制片过程的开支和后期制作的开支三个阶段，此外，还要加上导演、摄影师、剧作家和大明星的工资和酬劳。在一般情况下，一个摄制组必须配有一个财务管理小组，对每一笔开支都有详细的记录。

二、文化企业的治理与组织管理

（一）文化企业的公司治理

现代公司是法人实体，是投资人共同出资，按照事先约定的公司章程来独立运作的营利性组织。对于公司法人而言，股东是出资人，但他们中间的绝大多数人不直接参与日常经营，只是依法享有企业经营成果的收益权和重大事项的决策权。按照现代企业所有权和经营权分离的制度，公司的经营活动由职业经理人来组织进行。经营层的利益与公司股东的利益往往并不一致。公司治理是要保证公司的出资人可以获得他们投资所带来的收益，防止内部人控制问题，并在企业内部形成相互制约、管控有力的决策制度。

文化企业的治理问题，要比我们所熟知的公司治理困难得多。由于文化企业的关键资源为创意、人力资本、知识产权等无形资源，这些无形资产与拥有它们的个人和团队紧密相关，不能用管理物质资源的方式来管理。无形资产说到底是人的资源，如个人所拥有的名声、人脉和知识，都不可能让渡给企业。因此，文化企业的信息不对称性非常明显。例如，对于演出经纪和影视拍摄方面，相关的信息只有制片人、经纪人和导演最清楚。影视公司的股东们一般不会直接去经营公司，而由制片人代表出资人对影视剧的投资作出决策，他与他的经营团队成为决定公司产品和市场的关键。出资人对具体的剧本的选择、制作、发行等环节无从深入了解，出资人看到的只不过是提交上来经过修饰的公司报告或者最终的电影拷贝，投资的利益具有很大的不

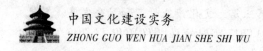

确定性。

一般说来，公司治理主要是指公司的股东、董事及经理层之间的关系，即通过设立董事会、监事会，以及设置独立董事、社会监督、股权激励计划等机制对经营层进行监督和激励。对于文化企业来说，公司治理必须将公司的治理结构、治理机制和公司的管理组织结构相结合，除了传统上的公司治理手段外，还涉及公司整体组织设计、信息披露机制和激励机制。

（二）文化企业的组织设计

通常的组织设计涉及两个基本的问题。第一，组织的横向职能分工，即每个管理层次所涵盖的管理范围，或者指一名领导者直接领导的下属的数量，通常又叫作管理的幅度。第二，纵向的决策权力分配，也就是从最高级的管理层次到最基层的管理层级的纵向的分工关系，通常也叫作管理的层级。

文化企业组织设计首先是要评估和确认公司的关键资源。例如，对于一个网络游戏的运营公司，其关键资源并不是公司拥有的服务器、电脑、办公大楼等，而是公司商业模式、公司游戏软件版权、人力资本。

在明确公司的管理对象的基础上，应进一步识别与关键资源相关的生产活动链条。通过确立与关键资源相关的各项活动，进一步对这些活动的性质和关系加以分析，对这些活动之间的相互关系进行归类和分组。在此基础上，可以进一步确定由此形成的公司内外的分工关系，以及公司内部各个岗位的职责。

文化企业这些活动可能并不局限于公司的内部，而是涉广泛的外部关系，涉及企业内外的各种利益相关者。例如，电影公司涉及与文学原著作者、编剧、政府电影管理审批机构、投资人、导演、演员、发行公司等外部单位和个人的合作，在电影制片过程中，除了根据电影核心创意资源的生产制作形成了制片、后期制作、剧务、财务、市场推广等部门关系外，还要与外部的发行公司、宣传媒体机构、银行、保险机构、律师所、外景基地等建立合作关系。在对这些活动加以分类的基础上，形成了一系列与电影业务直接相关的管理部门，如企划、投资、法务、财务、制片、宣发等。

（三）文化企业的主要组织结构特点

文化企业的组织设计通常表现为以下几方面。

1. 组织层次的扁平化

组织的扁平化，要求组织从最高层到基层执行职能之间的层级减少，组织内部自下而上和自上而下的信息传达与沟通速度将会随着层级的减少而加快，高层管理者能够更及时地了解到基层的运行情况，了解外部市场的变化。

因为文化企业以文化产品和文化活动为主要业务，并且表现为一个项目单元。这些文化项目从项目发现到资源整合，直到收回投资获得利润，都与公司外部发生密切联系。这就要求决策高效、支持到位、沟通便捷，不能像普通企业那样按部就班、架床叠屋。

2. 虚拟组织和网络组织

随着网络技术的发展，企业组织结构也发生了很大变化。在企业和项目组内部，正在兴起新的虚拟组织和网络组织。虚拟组织是运用技术手段将两个以上的独立创意人员、部门或单位联系在一起，为完成一个共同的任务，在一定时间内结成的临时组织。网络组织是由多个独立的个人、部门组成的联合体，它的运行不是靠传统的层级控制，而是在定义成员角色和各自任务的基础上，借助现代信息技术，通过密集的多边联系、互利和交互式的合作来完成共同追求的目标。新的网络组织还包括 QQ 群、微信群等。其特点就是便捷、高效和去层级化。

与传统的组织相比，文化企业中存在大量的因文化项目而临时组建的虚拟组织和网络组织，呈现出由"组织内"转变为"跨组织"、由"当面沟通"变为"虚拟沟通"、由"奖罚控制"变为"目标导向"的特点。例如，电影后期制作，常常在全球范围内选择合适的小组成员，共同组成项目小组，以项目目标为导向，通过互联网络进行沟通，将不同地区成员的工作最终汇总到一个项目数据中心，各地的研究人员也可以从数据中心获得相应的技术支持。有时导演在美国好莱坞，设计总监在法国，制作人员在加拿大和中国。但最终所呈现出来的，却是一个完整的艺术品。

3. 模块化

网络化和虚拟化的基础是将组织的各职能模块化，然后根据市场的需求而进行组合的过程。例如，一个电影剧组，每个职能都可以建立起潜在的候选人员，可以针对一个特定的电影项目需要，对候选的人员进行选择，将不同的人员进行组合，电影拍摄完之后，剧组自然就解散。当下一个任务发生时，又可以根据任务的能力需求，将不同的能力模块组织到一起。演艺活动也是如此，演艺节目内容和演职人员可以设计成围绕节目创意的固定模块组件，一个节目模块又可以由不同的演员来演出。演艺项目可以根据不同的演艺晚会和活动的内容需求，将不同的节目和演员组合起来。再如，在咨询和培训公司中，可以将课程模块化，建立一个强大的师资库，根据客户培训需求、成本利润目标等，进行项目的设计。

4. 文化企业集团的组织设计

文化企业集团的组织架构通常可以根据集团公司的投资管理模式和集团

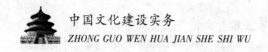

的规模采取 U 型、H 型和 M 型组织模式。

U 型组织结构产生于现代企业发展早期阶段的 U 型结构（United structure），是现代企业最基本的组织结构，其特点是管理层级的集中控制。U 型结构具体可分为以下三种形式：（1）直线结构（Line structure）。直线结构的组织形式是沿着指挥链进行各种作业，每个人只向一个上级负责，必须绝对地服从这个上级的命令。（2）职能结构（Funcfional structure）。职能结构是按职能实行专业分工的管理办法来取代直线结构的全能式管理。下级既要服从上级主管人员的指挥，也要听从上级各职能部门的指挥。（3）直线职能制（Line and function system）。直线职能制结构形式是保证直线统一指挥，充分发挥专业职能机构的作用。

H 型结构（Holding company，H - form）即控股公司结构。在 H 型公司持有子公司或分公司部分或全部股份，下属各子公司具有独立的法人资格，是相对独立的利润中心。控股公司依据其所从事活动的内容，可分为纯粹控股公司和混合控股公司。纯粹控股公司是指其目的只掌握子公司的股份，本身不直接从事生产经营活动的公司。混合控股公司指既从事股权控制，又从事某种实际业务经营的公司。

M 型结构（Multidivisional structure）也称事业部制或多部门结构。这种结构可以针对单个产品、服务、产品组合、主要工程或项目、地理分布、商务或利润中心来组织事业部。

（1）产品事业部结构。这种事业部方式要求产品之间存在很大的关联性，各职能部门存在很大的相似性，总公司可以集中起来设立一个统一的职能部门，事业部主要从事生产。例如，会展公司可以根据会展产品或主题不同设立事业部，并集中设立财务、市场、物流、广告、办公室等职能部门。再如，演艺公司可以把大型节目事业部、交响乐、民乐等不同类型的产品分设事业部，而将票务、剧场、广告、舞美、演出经纪等统一设立职能部门。

（2）多事业部结构。总公司下设多个事业部，各个事业部生产自己设计的产品，并且各个事业部都设立自己的职能部门，进行支持性服务。例如，集团可以根据文化产品的属性，设立影视、广告、网络、演艺等多个事业部，由于这些产品市场存在一定差异性，需要设立相应的营销、创意研发部门来支持其业务。

（3）矩阵式结构。是对职能部门化和产品部门化两种形式相融合的一种管理形式，通过使用双重权威、信息以及报告关系和网络，把职能设计和产品设计结合起来，同时实现纵向与横向联系。

三、文化企业的领导

（一）建立共同远景目标

领导者对企业的规划，包含了企业在未来要在文化市场中形成什么样的影响力，以及如何在现有的细分市场中扩张其他领域。这除了对企业所拥有资源状况和所处经营环境的深入了解外，还要能够把握和预测市场的发展趋势。通常产业竞争环境的变迁会受到技术、产业内竞争、政府政策、消费者的需求变化等因素的影响。例如，VCD、DVD 技术的出现对传统的录像机市场的冲击；高密度的图像声音压缩技术的出现造成整个影视节目制作、存储、传输和营销的变化；以及音像市场产品结构转变，为一些企业创造了机会，而对另一些企业则是灾难。

企业的领导者必须对这些因素变化对企业的影响作出判断，并据此为文化企业制订远景规划和市场定位。在愿景目标和现实之间，领导者必须能够搭起桥梁和通道，也就是将愿景和战略目标分解为近期和中期的目标，并规划达到目标需要开展的各项战略部署。

例如，在 20 世纪 80 年代，默多克就已经注意到了电视的发展潜力。他认为，新闻集团是大众化新闻及娱乐产品的创造者和经营者，要取得成功，只有靠电视。而把人们吸引到电视机前的最佳途径就是卫星传输。因此，默多克开始将他的触角从环球报业伸向广播、电视、电影，不断地提升他对国际传媒的占有率与影响力，以建立一个属于他自己的全球卫星电视网。新闻集团首先在英国和欧洲建立根据地，接着占领全球传媒制高点——美国。由于美国宪法禁止外国人拥有美国电视台，为了更好地进入美国市场，1985 年默多克加入了美国国籍，并于同年收购了 20 世纪福克斯 50% 的股份。为了能够控制未来传媒市场，新闻集团不惜花了 16 年时间敲开中国市场的大门。所有这些战略行动都是为了能够实现新闻集团传媒帝国的愿景。

（二）打追团队、设计组织

文化创意人员是文化企业中最核心的资源之一，是文化产品和服务的研发者和经营者。因此，文化企业的领导需要有效地将这些创意人员围绕企业的生产活动组织起来。

首先，在建立管理团队时，在职能分配上应注意团队成员在专业技术和性格上的互补。文化企业从产品研发、生产到销售是一个充满创意和创新的过程，团队的多元化有利于团队成员之间的互补，有利于通过相互的取长补短激发新的思维、新的创见。领导者应当考虑将不同性格和能力的文化专业

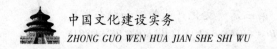

人才组合到团队中，使他们能够从不同的角度全面地、深入地分析问题，各自承担起自己岗位的责任。

其次，应设立程序，定制规则，增强组织的凝聚力。文化企业中，不同专业的人才组合在一起，由于各自的背景和专业不同，以及对团队其他成员专业职能的不了解，会造成意见的不一致和沟通上的困难。例如，对于网络电视或者网络游戏的项目开发，涉及文化艺术类、技术类、财务类、市场策划与营销类各种类型的专业人才，这些不同的角色之间经常会发生矛盾，为了市场和技术上的问题会牺牲艺术性，而技术方案又受到财务预算的制约，因此在组织和团队中，领导要建立起沟通与解决争议的程序和规则，并在上下级之间，成员之间建立一种相互信任，如电影、戏剧，制片和导演之间、导演与演员，以及剧组工作人员之间必须形成一种彼此间的相互依赖信任关系，才能保证产品的高质量和高效率地生产。

（三）沟通教育、权变领导

文化产品的开发周期长，而文化产品的销售受到消费者心理因素影响较大，文化产品市场的经营风险很大，如果不能够及时地获取市场信息，非常容易决策失误。市场的动荡变化，使文化企业的决策不能一成不变，常常是在执行过程中不断作出调整，因此领导的决策在实行过程中，需要持续的沟通。在决策之前，需要进行充分的信息收集，从下属，甚至一线人员那里获取可靠的信息和建设性的意见。百事达的总裁维恩虽然放手让主管们去执行，但是重要的决策都必须自己亲自作出，并且要求下属在提出新的提案时，必须为自己的提案负责，进行充分的辩护，下属如果能够据理力争，言之有理，他就会仔细聆听。百事达的这种领导方式是其能够在短短几年内成功兼并大量企业，并且迅速完成扩张成为娱乐业巨头的重要原因之一。

不同的文化产品具有不同的任务结构和生产组织方式，需要采用不同的领导方式。在进行一项新项目或新文化产品投资时，往往面临巨大的风险，同时又需要准确及时地把握市场舶时机。在这种前景极其不明确的情况下，不同的人往往对问题会有不同的看法，各种不同的意见难以统一。不讲民主办不好事情，只讲民主又办不成事情。由于任务的紧急性和迫切性，通常需要领导果断地作出决策，有的时候需要采取专制的管理风格，来保证执行的效率和效果。而当文化产品进入成熟期的时候，市场的风险较小，而且随着市场规模的扩大和产品品牌知名度的提高，还可能会产生很多文化衍生产品，这些衍生产品大多是一些经营环境相对稳定的产业，此时领导者往往需要通过一种温和、民主的领导方式，来促使团队成员产生更多的创意，最大程度地扩展核心精神内容的关联产品，实现价值最大化。例如，电视台在首次做《中国好声音》时，由于前景不明朗，决策风险相对较大。但当第一期取得巨大成功后，由于收视率预期十分乐观，运营过程就不需要领导过多干预。

企业发展的不同阶段，需要采用不同的领导方式。在企业发展的初期，通常也是文化创意的生产导入期，此时公司的结构比较简单，资金比较缺乏，遇到的问题也相对棘手，对领导者形成极大的挑战，领导者更加倾向于专制的领导方式，来减少不必要的协调成本，保持组织的快速反应。然而，随着公司进入高速增长和规模不断扩大，文化企业的业务会不断扩展，跨越多个文化行业，或者通过衍生产品的开发进入非文化行业。而每个行业又会有不同的行业特征、需求状况和竞争态势，由此要求领导层能够放权，并建立起领导团队，而不是依靠一两个人的力量主宰公司，此时团队集中了优秀的管理者和业务骨干，需要采取相对民主化的管理方式。对于企业的最高领导者来说，应当更多地关注战略性的问题。

四、文化企业的控制

文化企业的控制，是一种实时性的控制，这主要是因为文化企业面临复杂的市场环境和产品的复杂性需要企业进行及时的调整和控制。管理者在制定文化企业战略和计划时就要考虑到可能发生的问题，并为执行过程中发生的情况做准备，确定可能出现问题的环节，进行实时监控。

一方面，文化市场的竞争激烈，文化产品的生命周期短，文化产业市场的机会窗口，也就是对于企业来说机会存在的时间是非常短的。另一方面，文化产业投资非常大，市场的竞争导致一旦决策失误，会造成很大损失。所以文化企业高风险和高收益的特征，使文化企业经营中经常会发生一些意外的情况，必须做出迅速的反应，并对这种危机进行重新控制。危机管理就是要对可能发生的意外情况设置监控点，制定危机的警戒线和处理危机的应急程序。例如，在会展、赛事、节庆和演出等项目的经营过程中，所有的活动都发生在人群大量聚集的场所中，组织者需要对会场安全、饮食、交通、天气等进行预先的控制，包括会展火灾防范、饮食安全、交通疏散，以及天气变化预案等。在实施过程中，还要对有关环节进行监控，及时掌握信息，对出现的问题在第一时间进行应急处理。

此外，由于文化产品的意识形态属性，政策性的突发事件、国家意识形态管理和国内外不同社会文化和宗教信仰的意识形态方面的冲突，都可能对项目乃至企业产生重大影响。必须对法律、政治环境具有高度的敏感性，能

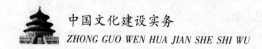

够避免政治、法律和意识形态管理等方面引起的障碍和危机。如由于国家严厉惩戒艺人不轨行为时，要求禁止这些艺人参与的影视作品的播放和放映，从而导致制片方面临巨大危机。也正是这个原因，制片方在与艺人签约时会更加慎重，更加在意其品行。

第二节 文化企业的战略管理

企业战略管理是企业在宏观层次通过分析、预测、规划、控制等手段，实现充分利用该企业的人、财、物等资源，以达到优化管理，提高经济效益的目的。企业战略管理是对企业战略的设计、选择、控制和实施，直至达到企业战略总目标的全过程。战略管理涉及企业发展的全局性、长远性的重大问题。诸如企业的经营方向、市场开拓、产品开发、科技发展、机制改革、组织机构改组、重大技术改造、筹资融资等。企业战略管理是从全局和长远的观点研究企业在竞争环境下，生存与发展的重大问题，是现代企业高层领导人最主要的职能，在现代企业管理中处于核心地位，是决定企业经营成败的关键。

一、文化企业的环境分析

（一）宏观环境因素

文化企业所面临的宏观环境因素包括政治、技术、经济、社会文化四个主要方面。对于文化企业来说，宏观环境因素影响要比一般企业敏感得多，尤其是政治、社会文化因素。

1. 政治因素

由于文化本身的意识形态属性，政治与法律因素对文化企业的影响往往与社会文化因素相互交织。首先，国家的文化管理体制、文化政策直接影响到企业的运行模式和经营范围。其次，对于文化产业各国在产业的准入政策、政府的监控力度上也不尽相同，如各国对网络文化传播的监控制度和手段不同，会直接影响到网上游戏、网络博彩业、网络服务提供，以及网络图书、音像和电影的销售等行业的发展。

2. 社会文化环境

文化企业提供的文化产品，是精神产品。文化消费是一种精神消费，消费行为直接受到消费者的文化观念的左右。文化因素包含了核心文化和亚文化两个主要方面。

核心文化。某一社会里的人所持有的许多核心信仰与价值观念，往往是持久的。这些观念有时是根深蒂固的，并且被嵌入到电影、文学、电视、戏剧、歌词之中。因此，文化企业的产品中所包含的精神内容如果与社会的核心文化观念相冲突，如果文化企业的产品经营的结果造成的社会影响直接与核心文化观念所倡导的相违背，企业将会受到社会文化因素的强烈制约与影响。例如，在中东国家，政教合一的体制，使得对于宗教方面的很多禁忌对文化产品有很大的限制，像电影中所反映的妇女问题、种族问题等。这些问题在今天常常表现为文明的冲突，这种冲突甚至可能演变成暴力行为。法国巴黎《沙尔利周刊》因为多次刊发讽刺穆斯林的漫画，受到强烈抗议，并且在 2015 年 1 月 7 日演变成一场血腥事件，导致包括主编在内的 12 人丧生。

亚文化。每个社会都有亚文化，即由共同的价值观念体系所产生的共同的生活经验或生活环境的人类群体所构成。他们各有其共同的信仰、爱好和行为。这些亚文化群体表现出不同的需求。亚文化对文化企业的产品市场规模、产品生命周期等有着重要的影响。例如，在中国大陆，欧洲游戏软件一直敌不过韩国游戏，其原因在于中国青年一代对欧洲历史文化背景、游戏的脚本故事情节不是十分熟悉，对欧洲游戏的高复杂性也难以适应，而中国游戏玩家大都为青少年学生，所以欧洲游戏只是受到一些对欧美文化了解的白领阶层的喜爱。

3. 技术环境分析

随着数字技术的迅速发展，文化产品的科技含量不断提高。多媒体技术的加速发展和互联网络的广泛应用，信息传播的范围、速度和形态都发生了革命性的变化，使各种信息能够以文字、图片、动画乃至声音、影像等多种形式迅速传播。带来了文化产品开发设计以及生产模式的转变，文化产品、服务的内容与形式也相应地出现了变化。

例如，从无声电影、有声电影到彩色电影，从普通银幕电影到宽银幕电影、立体声电影、环幕电影、全息电影等。随着电脑技术的发展又出现了《侏罗纪公园》《指环王》《阿凡达》等一些利用电脑来拍摄的新电影，《极地特快》凭借先进的动作捕捉和表情捕捉技术，演员汤姆·汉克斯一人饰演五个角色（真人演员的动作行为、举止表情通过捕捉技术，能够转化成数字信号，输入电脑里，经过处理再输出），3D 动画加动作捕捉使电影如梦幻般美好又如现实般真实，使得人们沉浸在了无限韵想象空间里。

再如演出和戏曲业，舞台美术、电脑灯光、特技等在舞台和剧场演出的应用，促伸传统艺术与现代技术相结合，并且在表现形式和内容上发生变化。今天的音乐剧早已摆脱过去舞台布景，而是综合运用声、光、电等现代技术手段，创造色彩斑斓的舞台效果。再如，图书出版业，随着越来越多的电子图书、报刊的出现，报纸不仅有动态的文字图片效果，还有有声内容可以倾听，英语类的报纸在这个方面尤为领先。

文化产品的传播手段实现了多样化，同一内容的文化品由于传播手段的不同就成了彼此不同的产品。例如，一段乐曲，由 CD 碟承载就是一张音乐作品，经过数字化处理，成为 MP3 格式，再通过 MP3 播放出来就是数码产品。此外，传播手段的多样化使内容从具体形态文化产品中抽离成为可能。例如，我们可以通过手机和电脑从网上下载音乐，存储在不同的载体中，随时读取和欣赏。抽离出的内容经过上述技术手段的整合，实现了内容与内容的重新组合，新的文化产品也得以形成。

历史地看，人类社会的所有文化业态并不是由内容决定的，而是由技术决定的。不同表现和传播手段，决定了文化产业的不同业态。当今世界文化产业业态的最大亮点，就是数字技术与内容产业的结合，催生了数码文化产业。数码文化产业作为一个完整的产业链，包括从创意、内容制作、技术支持、市场推广、市场交易、内容复制与传输等各个方面，仅仅从内容的提供方式划分，数码文化产业至少包含了下述几个领域：游戏产业、电脑动画、数码学习、数码影音、网络服务提供商、数码出版、数码内容复制与交易、电子竞技、主题公园、数码文化博览会等派生行业，以及文化产业的金融、财务、推广、物流、经纪、法律服务等其他服务业。

4. 经济环境

文化的产生与发展是物质生产发展到一定阶段的产物。当物质经济发展到一定程度，人类社会需求将发生变化，对精神产品的消费成为人类追求，精神性或非物质性消费需求正在抬头，并成为生活消费的主流。所以，一个地区的经济增长水平、人均可支配收入的大小不但决定了该地区的市场规模的总量，而且也影响着该地区的市场需求结构的变化。总体来说，随着经济的增长，人们精神需求日益增加，为文化企业的发展创造了良好的外部环境。

（二）产业竞争环境

任何产业都存在五种基本竞争力量，这五种基本竞争力量的状况及其综合强度，引发产业内在经济结构的变化，从而决定着产业内部竞争的激烈程度，决定着产业活动获得利润的最终潜力，即潜在的营利性。

1. 现有企业之间的竞争

文化企业的竞争集中在精神内容产品的差异性竞争。精神消费本身是一种高层的消费需求，是一种休闲消费，对产品的差异性要求高。精神内容产品的差异性决定了文化产品的竞争力。文化企业之间这种在产品及其经营模式的差异化方面的竞争，促使文化产业成为一个充满了创意与创新的产业，使得以创意为核心的人力资本等无形资源成为文化产业的核心要素。

2. 进入障碍

进入障碍是指那些允许现有企业赚取正的经济利润，却使产业的新进入者无利可图的因素。

（1）规模经济。如果大规模经营可以产生显著的成本优势，那么新进入者就必须达到这种规模。否则，单位成本将限制其获利能力。规模经济同样存在于广告、采购、研究与开发和售后服务等活动之中。流行歌曲唱片的发行销售数量、图书发行销售量、一款游戏所拥有的玩家人数等都代表了文化产品的规模，规模越大，其锁定的消费者就越多，其竞争优势也就越强。

（2）资本需求。如果资本需求和成本很高，也会限制潜在进入者的数量。资本需求包括生产设施建设，研究与开发费用，建立销售网点费用以及产品初期促销费用等。例如，广电设备的巨大投入、出版业大量固定资产的投资、门户网站的建设等都是高投入行业，即使是拍一部电影，也需要很大的投入，在美国好莱坞目前一部电影的平均制作成本是5000万美元左右，加上宣传费用等，往往要超过1个亿，如此巨大的投资，无形之间加大了企业的风险，限制了进入者。

（3）学习曲线效应。经验的不断积累可以使人们逐步发现更有效的工作方法。因此，通过学习经验的积累可以降低单位成本。新进入者可能因缺乏经验而处于高单位成本的劣势。经验曲线是指当某一产品的积累生产量增加时，产品单位成本趋于下降。随着经验的增加，能够形成单位成本下降的趋势有三个原因：劳动的效率，工艺的改进，产品的改善。这点对文化企业尤为重要。文化企业需要大量的专业文化人才、技术人才和管理人才，一个文化产品开发、生产和销售都需要大量的专业知识、技能和经验。通常文化企业中产品的生产和经营都是相对固定的成员形成的团队伙伴，如电影剧组和搭档、设计项目团队、咨询公司团队等，有很多是固定的组合。

（4）专有技术。专利能够防止新的进入者。专有技术或者专门技能将增加进入的难度，如数码文化产业中，很多行业的产品开发需要专有技术，像网络游戏软件开发的引擎等。

（5）转移成本。顾客由于选择新的进入者的产品而承受很高的转移成本是另一种进入障碍。这在电视、报纸、杂志、软件、游戏、展会等行业尤其明显，对精神内容产品的消费通常有一种上瘾的行为，即消费者对某种文化产品消费得越多，对产品的依赖性就会越强。

（6）政府政策。文化产业受到政府的政策影响很大，政府的产业准入政策、税收政策、优惠政策、对行业的监管等，都会直接影响到行业的进入门槛。

（7）独特的资源垄断。对文化产业经营所需要的资源的控制，对进入者形成巨大的威胁。这些资源的垄断有时候是由于规模经济和政府政策的因素导致的。例如，我国的传媒产业中广电、出版和电信，长期以来形成的对国家资源的垄断优势，使国内其他新进入企业很难与其竞争。

3. 替代威胁

与潜在进入者一样，替代品能够夺取业务和加强现有企业之间的竞争。替代品为被替代品的价格规定了最高水平。新的替代品通常代表着新的技术，即使这些替代品最初看起来是无害的，但新的替代品的出现可能会给现有厂商和产品带来强大的威胁。例如，虽然国内的传媒产业中广电、出版等国有企业具有资源垄断和规模经济的优势，但是随着我国加入 WTO 和文化产业的进一步放开，一些竞争性行业将会面临内外夹攻，一些垄断性行业也面临着系统性风险。国外知名的传媒产业巨头和国内新兴民营资本的威胁日益加大。通常，在下列情况下，替代品的威胁是很大的。

（1）有许多相同的有效成本方法满足相同顾客的需要。例如，国内许多区域性的报刊行业，如日报、晚报、晨报等同类产品相互竞争，而且，由于缺乏创意和内容生产方面的差异化，形成了价格竞争，各种报纸面对相同的客户群，相互之间基本上可以相互替代。电视剧、图书等尤其如此，由于题材和播出平台有限，创作过程中的撞车在所难免，市场竞争白热化。

（2）顾客转向替代品只承担很小的转移成本。这一点在电视频道经营方面尤为明显。消费者掌握着遥控器，对于内容的转换（频道转换）承担的成本几乎没有。内容市场定位与差异化竞争就显得尤为重要，而大部分国内电视台各频道节目的差异化很小，目前只是凭借地区垄断的优势，由一两个电视台垄断经营。

4. 购买者的议价能力

购买者的议价能力即顾客或客户通过价格谈判，从销售者或供应商那里获得价格优惠或较低价格的能力。强议价能力意味着能迫使价格下降，从而减少销售者的利润。以影院为例，购买者的议价能力体现在两个方面：首先，随着影院市场竞争的加剧，其他的竞争者会通过价格战和模仿的方式来跟老牌影院抢夺市场，竞争使得消费者有了更多的选择，因此消费者讨价还价的能力在上升，挑剔的顾客会因为商品或服务达不到自己的期望而转向其他竞争对手，所以这种多个影院并存的市场相对提高了购买者的议价能力。其次，影院提供的产品越来越同质，顾客拥有强大的向卖主讨价还价的能力，顾客在不同的影院之间转换的成本很低，顾客的这种讨价还价能力将加剧卖方之间的竞争，当竞争的数量足够大的时候，市场就形成了完全竞争市场，几乎没有利润可言，对于企业来讲，在价格上迎合消费者讨价还价能力往往会陷入低层次竞争的误区。

5. 供应商的议价能力

与上述情况相对的是，在不影响销售的情况下，供应商提高售价的能力就是其议价能力。文化企业的供应商主要是内容的提供商，以及生产内容所需要的各种物质材料和设备的供应。例如，报刊，它的供应商包括印刷设备、摄影器材、各种文字和美工处理软件和硬件、报刊每日的新闻来源和娱乐稿件的提供等。对于文化企业来说，设备、器材和物质耗费等并不构成供应商议价能力的主要部分，因为这些设备的供应是一个买方市场。而真正构成供应商的议价能力的因素是内容的提供以及相关的技术和软件的供应。因为这些资源相对来说比较稀缺，供应商对内容具有版权，对相关的技术具有专业权威性。例如，互联网的内容提供，以及相关的数据库管理技术等，是门户网站主要的生产性资源。俗话说："客大欺店，店大欺客"，上游供应商和文化企业之间的博弈，其实也是稀缺性的较量。一方面，拥有知名当红明星的经纪公司可以和影视公司漫天要价；另一方面，则是小演员为了有戏上而四处托人。

（三）企业内部环境分析

企业所有的资源和能力是企业竞争优势的主要决定因素。文化企业的主要资源为无形资产，对于这些无形资源的分析是企业的战略环境分析的重点。这些无形资产存在以下三个方面的特征。

1. 资源的稀缺性

企业拥有产业发展所必需的关键资源，这些资源的形成较难。例如，网络游戏和软件行业对引擎技术和关键源代码的垄断，我国广播电视和电信行业政策性的垄断等。这些资源往往是长期积累形成或者要进行巨额的投入。

2. 资源的不可完全模仿性

文化企业拥有的各种资源之间一旦建立了某种相互联系，并且形成一种

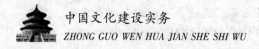

商业模式，竞争对手就很难模仿。例如，迪士尼主题公园、美国的 NBA、好莱坞电影公司的大制作等，这些文化产品都是版权、专业性的人力资本、企业组织能力、营销能力、金融资本、商业流程等多种无形资源和能力的组合，其他公司很难模仿的完全一致。

3．资源的不可完全替代性

它是指竞争对手难以获得完全相同的资源，特别是对无形资源，如创意、大型影视片的策划、组织和营销能力、经典剧目的演绎水平、大型演出和体育赛事的管理能力等，这些资源和能力往往难以用其他资源替代。

二、文化企业战略管理的基本内容

一般而言，战略管理涉及如下几个基本要素。

（一）业务范畴

也就是企业经营业务涉及哪方面的业务、产品或服务。这包括了企业经营的产品系列。对于文化产品来说，由于其精神内容存在较强的可复制性，借助内容的复制和产品品牌的延伸，实现产品系列的网络化。一个精神产品可以依据其内容要素的分解、组合和移植，从产业链上衍生新的产品，同时精神产品可以通过品牌延伸策略扩展产品线。确立一个产品线的战略，必须对产品中包含的精神内容要素和技术要素加以明确。

（二）独有优势

表明某一产品和市场组合的特殊属性，凭借这种属性可以给企业带来强有力的竞争地位。优于竞争对手的优势是什么？如成本、分销网络或客户关系，等等。对于文化企业来说，这种属性的组合与定位可能随着文化行业的不同而有差异。例如，文化旅游业，就需要根据当地的历史文化资源和生态景观资源来确立旅游产品的文化内涵，围绕这些文化内涵来确立相应的产品组合和配套服务体系，并通过相应的营销要素的组合进行推广。每个地方的文化旅游景观应当强调其独特性和不可替代性，不能只是千篇一律地模仿。

（三）资源配置

资源配置是对资源的认识、运用和分配。通常，企业可以利用的资源是有限的，企业需要在现有的市场与未来的机会，现有产品与新产品之间合理配置资源。对于文化企业来说，文化市场的波动性较大，文化产品的周期也是相对较短的，因此需要根据不同时期市场波动的特征，以及产品不同生命周期阶段对企业的资源进行合理的配置。一般说来，在现有市场与新市场，现有产品与新产品之间的资源配置方式和侧重点的不同，可以形成四种不同的战略，如表 3 - 3 所示。

表 3 - 3　文化企业资源配置策略

类　　别	现有产品	新　产　品
现有市场	市场渗透	产品开发
新市场	市场开发	多种经营

一是市场渗透策略。企业立足于现有市场，在现有的产品市场上通过产品细分市场策略、产品的组合和推广策略和价格策略等，实现现有产品销售的扩大，同时通过锁定消费者，保持在现有市场的竞争优势。例如，微软通过软件与计算机硬件的捆绑销售，形成了对个人计算机系统软件市场的垄断。再如，地方报纸通过对本地消费者的营销策略来锁定本地市场，扩大市场占有率。再如，对于主题公园，每一期的投资都非常巨大，大量的固定资产投资很难在短期内再次改造，而每个项目的内容又是相对固化的，所以通常要考虑如何使每个项目最大限度地发挥潜力，此时通常需要通过增加主题公园内的演出和餐饮服务，加强营销推广和广告，以及与其他旅游和节庆相结合，实现利润最大化。

二是新产品开发。通过不断推出新的产品和服务，维持在现有市场的竞争优势。例如，对一些时尚文化产品、流行音乐、电影等，产品生命周期较短，企业需要不断地包装新人，推出新题材影片来满足消费者的需求变化。

三是新市场的开发。市场开发策略与市场渗透策略的不同是不仅仅满足于现有市场，而是通过新市场区域和新的消费者群体的定位，为现有的产品开辟出新的市场。对于文化产品来说，新市场的开发体现在三个方面。首先，通过对现有产品通过跨区域的经营实现产品市场空间总量的扩大。其次，通过细分市场的重新定位，在市场中开发出新的消费者群体。例如，交响乐等高雅音乐，通常消费者的文化层次和消费能力要求较高，年龄层次也偏向中年，企业可以通过结合青少年艺术教育与学校合作，配合一定价格优惠等方式，培育青少年消费者市场。最后，利用文化产品的衍生性和可复制性，通过版权交易、衍生产品销售等，开发出新的市场。

四是多种经营。即企业通过投资于新的文化产品，实现多元化经营。例如，文化企业集团通常通过组建不同的子公司或者事业部来经营不同的文化产品。国际上许多老牌的大型文化传媒企业都是大型跨行业跨国集团，涉及的领域从出版、影视、报纸、主题公园、特许经营权到数码文化，全面挖掘获利潜能，实现产业链的延长和利润的最大化。

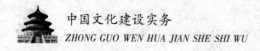

(四) 协同作用

组织中不同部门和企业间如何有效合作，以取得协作增效的效果。内部各经营单位联合起来创造的效益要大于各个经营单位各自努力产生的效益综合。对于文化企业来说，在企业经营和战略决策中要注意三个方面的协同作用。

一是销售协同，即共享销售渠道。例如，音像、图书、软件和相关游戏杂志等产品可以共享连锁销售网络。

二是运行协同。分摊间接费用，共享经验曲线。例如，在企业集团中，各个子公司之间可以通过影视、音像、网络游戏、网络视频之间的协同与合作，共同开发影视、游戏、音像、网络视频内容等产品，对同一精神内容创意开发多种形式的系列产品，从而可以分摊成本，共享经验，扩大市场。

三是管理协同，即技能共享和移植。文化产品与项目的管理与开发，可以实现技能的共享与移植。首先是同一类的文化产品与项目，如电影、演出和会展等很多文化项目，项目的管理和运作经验是共通的，在项目运行、成本控制、团队管理等方面都具有相似性，可以实现技能和管理经验的共享与移植。

三、战略层次

许多公司是多元化的，这些公司往往还拥有多种职能部门。因此，我们有必要区分战略层次，如图3-2所示。

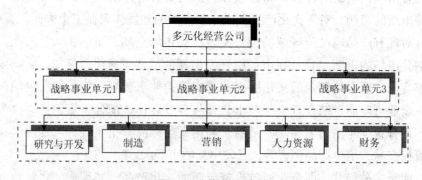

图3-2　战略的层次

(一) 公司层战略

如果公司拥有一种以上的业务就需要一种公司层战略（Corporate - level strategy）。其关心的问题如下：公司的事业（业务）是什么？公司应拥有什么样的事业（业务）组合？其战略行为一般涉及拓展新的业务，如事业单元、产品系列（Product lines）的增加（或剥离），以及在新的领域与其他企业组建合资企业（Joint venture）等。公司层战略应当决定每一种事业在组织中的地位。

（二）事业层战略

当一个组织从事多种不同事业时，建立战略事业单元（Strategic business unit）更便于计划和控制。战略事业单元代表一种单一的事业或相关的业务组合，每一个事业单元应当有自己独特的使命和市场。这使得每一个战略事业单元应该有自己独立于公司其他事业单元的战略。对于文化企业来说，事业层战略涉及企业提供文化产品和服务的业务部门，如影视公司中的制片部门、发行部门等。

公司的经营可以看作是一种事业组合，每一个事业单元都有其明确定义的产品细分市场，并具有明确定义的战略。事业组合中的每一个事业单元按照自身能力和竞争的需要开发自己的战略，同时还必须与整体的组织能力和竞争需要保持一致。

事业层战略（Business – level strategy）关心的问题如下：在我们的事业领域里如何进行竞争？事业层战略规定该事业单元提供的产品或服务，以及向哪些顾客提供产品或服务。其战略行为包括广告宣传、研究与开发（研究是指通过发明新技术来创造一种新产品或新工艺，或改进现有产品；发展则是将已有发明推广于生产过程或其他产品）、设备条件的改善，以及产品系列拓展、收缩的方向和程度。

全部事业单元必须符合作为一个整体的公司的利益，在可接受和控制的风险水平下，使销售、收益和资产结构获得均衡发展。

（三）职能层战略

职能层战略（Functional – level strategy）回答以下问题：我们如何支持事业层战略。职能战略主要包括人力资源战略、财务战略、采购战略、研发战略、品牌战略。可以这么说，除了生产、销售这些直接创造价值的业务战略外，其他所有作为支撑的，都是职能战略范畴，应当与事业层战略保持一致。

四、战略联盟

战略联盟是指两个或两个以上的企业为了一定的目的，通过一定的方式组成的联合体。联盟可以高效运作，完成一些单个企业难以完成的任务。战略联盟一般是由具有共同利益关系的单位之间组成的战略共同体，他们可能是供应者、生产者、分销商之间形成的联盟，甚至可能是竞争者之间形成的联盟，合作各方的关系十分松散，不像传统企业组织中主要通过行政方式进行协调管理。在时间上，战略联盟存在期限一般较短，在战略联盟形成时，一般部门有存续时间的协议，或者规定一个固定的时期，或者规定在一定任务完成之后解散。

战略联盟的组建动因主要包括以下几个方面：一是资源互补，增强企业实力。二是扩大市场份额，文化企业要谋求跨区域乃至全球化的发展，需要通过区域间的合作来建立区域文化市场。尤其是文化产品和服务的对外贸易和交流方面，由于对国外的消费者需求、法律环境和市场信息等方面的不了解，缺少国际营销的实力，此时就需要能够加强国外的发行商和中介机构的合作。三是迅速获取新的技术，弥补自身的技术短板和经验的不足。文化企业中，文化产品和服务的创意和创新都是有潜在的不易被观察的默示知识，如表演、电影编导与摄影、明星包装策划、软件设计、会展策划营销等，这些领域涉及大量的专业技能、技巧和商业模式，文化企业之间可以通过相互合作的方式，实现对这些技术的学习和获取。四是降低风险。现在市场竞争千变万化、瞬息万变，因此企业经营存在巨大的风险，而通过战略联盟的方式可以分担风险，从而使企业经营风险大大降低。例如，网络文化产品在相关技术开发和技术标准化方面，一方面研究开发费用很大，而成功率很低；另一方面标准的行程需要不同的机构的合作，所以存在很大的风险，而通过几个企业组建战略联盟共同开发，不仅可以提高成功的可能性，而且可以使费用得到分担，迅速回收，这就大大降低了风险。

可口可乐、麦当劳、迪士尼三剑客曾经是最著名的战略联盟。在这个铁三角组合中，由于麦当劳和迪士尼都只是作为可口可乐的销售渠道之一，因此对于可口可乐而言，并不需要与它们保持高度的一致，"铁三角"的核心是麦当劳和迪士尼。而它们的行业特点决定了它们主要的战略合作方式是联合营销，触及联合使用商标协议、联合开拓市场、联合开发新项目等领域。迪士尼—麦当劳的协议规定了麦当劳每年的电视广告量以及在全球餐厅中进行的推广活动次数。麦当劳只在迪士尼的电影、电视以及主题公园中进行推广。迪士尼新片的首映日应该配合麦当劳的营销计划，迪士尼旗下的电视网的一些广告时段以低于市场水平的价格出售给麦当劳。在其合作的 10 年中，迪士尼获得了麦当劳全球 3 万多家餐厅构成的庞大推广平台，麦当劳则频频伴随着迪士尼的卡通人物出现。于是，有了迪士尼授权的麦当劳，在促销中陆续推出了很多有名的卡通形象，如"米奇""101 斑点狗""尼墨""神探加吉特"等。而迪士尼公司通过麦当劳分布全球的约 3 万家连锁店，将公司形象进行推广，如每次迪士尼发行新片，麦当劳店中就有电影大海报。它们在市场中几乎是同甘苦共进退。

战略联盟的组建方式主要有以下几种：

一是合资。由两家或两家以上的企业共同出资、共担风险、共享收益而形成的企业。通过合资的方式，合作各方可以以各自的优势资源投入到合资企业中，从而使其发挥单独一家企业所不能发挥的效益。

二是研究与开发协议。为了研究开发某种新产品或新技术，合作方可以签订一个合作开发协议，联盟各方分别以资金、设备、技术、人才投入，联合开发，开发成果按协议由各方共享。由于各方共担开发费用，因此降低了各方的开发成本与风险。

三是定牌生产。如果一方拥有知名品牌，但生产能力不足，另一方有剩余生产能力，则有生产能力的一方可以为知名品牌一方生产，然后对方冠以知名品牌进行销售。这样生产能力不足的一方可以迅速获得一定的生产力，增加产品销售，扩大品牌影响，而另一方则可以利用闲置的生产能力，获取一定的收益。对于拥有品牌的一方，还可以降低投资或购并所产生的风险。

四是特许经营。合作各方还可以通过特许的方式组建战略联盟。其中一方具有重要的无形资产，可以与其他各方签订特许协议，允许他们使用自己的品牌、专利或专有技术，从而形成一种战略联盟。这样，特许方可以通过特许权获取收益，并可以利用规模优势加强无形资产的维护，而受许方可以利用该无形资产扩大销售，提高收益。

五是相互持股。相互持股是合作各方为加强联系而持有对方一定数量的股份，这种战略联盟中各方的关系相对紧密，各方可以进行更长久、密切的合作，与合资不同的是双方的资产、人员不必进行合并。

第三节　文化企业的人力资源管理

文化企业人力资源管理除了具有一般企业人力资源管理的特点外，由于文化企业主要人才为稀缺型的创意型人才，因此人力资源管理具有其特殊性。在文化企业，核心人才往往是现代管理之父彼得·德鲁克所谓的"知识型员工"（knowledge worker）。其特点是创新性强、自主性强、优越感强、成就感强、复杂性高、流动性大。德鲁克甚至认为，"知识型员工不能被有效管理，除非他们比组织内的任何其他人更知道他们的特殊性，否则他们根本没用。"可见，知识型人才犹如一把双刃剑，其使用效果取决于管理者的智慧。

一、人力资源是文化企业核心资源

首先，文化企业的核心产品是精神内容，这种精神内容的体现为创意、版权、构思等，都是人的创造性产物，是人力资本的物化。所以，文化企业在市场中所生产和销售的文化产品是人力资本转化而来的，人力资本是文化企业最重要的生产投入资源。

其次，文化产品需要通过不断地创新，不断地在产品中注入新的精神内容（创意），文化产品的不断推陈出新，企业需要高端创意人才和创意经营管理人才的支撑。

文化产业在人才结构方面，应该包含管理人才、文化专业人才、技术人才三大类。文化专业人才从事文化产品和创意的生产，如签约歌手、签约作家；文化管理人才是指从事文化产品投资、项目管理、行政、财务、物流、营销、文化法律、财务等职能的专业管理人才；技术人才是专业从事技术工作和从事技术性管理的人员。随着文化产业的发展，适应了国际文化产业竞争和全球化的趋势，对于国际经验的法律、财务、项目管理等复合型人才需求很大。

二、文化企业"知识型人才"的特点

马汉·坦普（Mahen Tampoe）通过对 75 名知识型员工的问卷调查，有力地佐证了彼得·德鲁克的创见。该调查发现，受访者最看重的四个激励因素依次为个人发展（personal growth）、自主性（operational autonomy）、工作成绩（task achievement）和金钱报酬（money），其比例分别是 33.74%、30.51%、28.69% 和 7.07%。

（一）知识型员工更追求个人发展的可持续性

知识型员工大多接受过良好的教育，较之其他员工，他们的视野更开阔，接受新事物更快，学习能力更强，综合素质更高，更勇于不断挑战自我、超越自我，具有更强的开拓意识和竞争能力。由于网络和新媒体摧枯拉朽般的强势崛起，电视业态今非昔比的变化，带给知识型员工高强度的心理震荡。就传统电视而言，摄像机、话筒、电视画面、非线性编辑软件可谓知识型员工的常规武器，但是在融媒体时代，他们还需要掌握更多、更复杂的"新式武器"，如手机、数码相机、视频编辑软件、图片编辑软件、网络视频制作软件等。这些技能何时使用、如何组合才能达到最佳融合效果，不仅需要假以时日，更需要敏锐、灵巧和年轻思维。然而，所有这些事业发展中的新情况、新难题，都难以阻挡知识型员工的铿锵步伐，反而成为激励其个人职业发展的新跳板。事实上，学习能力越强的员工，跳槽的可能性也越大。

（二）知识型员工更加强调职场工作的自主空间

今天的知识型员工可以为某个企业奋不顾身，却未必能够为某个企业奋斗终生。文化企业要使知识型员工转化为他者难以获得和难以模仿的专用型人力资本，关键在于培养他们的忠诚度，即对媒体的情感依赖、价值认同和时间投入。

知识型员工的个性化色彩十分突出，他们往往更偏好独立自强，通过发挥自己独特的专业特长以满足其建功立业的成就感。知识型员工对媒体的忠诚主要依靠情感来维系，他们不只是看重经济上的回报，更重视工作的意义与价值，重视媒体为其实践专业理念和应用专业技能所提供的空间和氛围。因此，媒体应给予知识型员工合理的回报和自主的空间，让他们感受到作为专业人士所应当受到的尊重，赋予他们开展专业工作所需的必要的权力和资源，让他们体会到新闻工作的乐趣。而不是处处耳提面命，事事置之度外，成为没有个人意志抒发、缺乏自我决断能力的工作机器或职场木偶。

知识型员工忠诚于自己所热爱的职业而非所服务的组织，当他们服务的组织目标不能与个人职业生涯规划有机契合时，他们兴许会考虑另作选择。当行业市场化的趋势与国有文化机构体制落后之间的矛盾越来越大时，如果不跳槽、不逃离体制，优秀分子会退步，竞争力会下降，最终会被市场淘汰。

人员管理的终极目标是为了某个组织的发展和获得最大的利润而充分调动内部员工的工作积极性，并使之与组织的发展融为一体。由莱茵·哈德莫恩创立的贝塔斯曼人员管理模式十分重视"以人为本，人性致胜"的文化理念。贝塔斯曼在兼顾员工与公司的利益的基础上提倡相对独立、彼此信任、参与交流、共同决策，从而形成了一种平等、尊重、和睦、宽松的工作环境。

（三）知识型员工更加看重事业成就的外在评价

美国著名社会心理学家戴维·麦克利兰（David Clarence McClelland）认为，除了生理需要以外，友谊需要、权力需要和成就需要是人最主要的三种需要。三种需要的强弱程度因人而异。

一般情况下，具有强烈的成就需要的人有追求完美、注重外在评价的显

著特征。他们喜欢能够独立解决问题的工作环境，喜欢独自作出决定和独立承担某项工作；具有追求成功的强烈动机，也更能敏锐地避免失败；非常关注每个阶段的工作结果，期望能够得到工作成效经常、明确和具体的反馈。

心理学家马斯洛在调查一批成功人士时，发现他们常常提到生命中曾有过的一种特殊经历，"感受到一种发自心灵深处的颤栗、欣快、满足、超然的情绪体验"，由此获得的人性解放、心灵自由，照亮了他们的一生。马斯洛把这种感受称为"高峰体验"（peak experience）。

知识型员工力求完美，不满足于平常平庸，更在意自我价值的实现，并强烈期望得到同行和社会的认可。这种从经济收入之外获得的精神满足和心理效用，能够迎合知识型员工情感和心理更高层次的需要，提高其工作满意度和忠诚度。

美国CBS "60分钟" 节目表达的是一种新闻职业理念和信仰。担任过节目执行主编的菲利普·席弗勒曾无不自豪地说："60分钟" 是新闻业的象征和代表客观公正立场的偶像，"为这个栏目工作，我感到骄傲"！著名主持人丹·拉瑟在黯然离职前动情地说："当我走在街上时，我希望人们说，那家伙是一个真正的记者。"显而易见，对誉满全球的丹·拉瑟来说，赚钱并不重要，他更珍爱新闻职业，珍惜与观众分享和交流的过程。

值得注意的是，知识型员工一旦跳槽，对文化企业造成的损失往往难以估量，轻则增加企业的雇佣成本、培训成本、寻找新员工的时间成本等，重则影响其他员工的士气、降低组织机构的稳定性、损害企业形象，甚至泄露企业核心业务的机密。因此，文化企业能否有效降低知识型员工的离职率，将直接影响其未来的可持续发展。

（四）知识型员工更加关注知识成果的经济报偿

美国著名经济学家西奥多·W. 舒尔茨（Theodore. W. ShuRz）在《论人力资本投资》一书中，将资本分为物质资本和人力资本两种形式，他强调："人的知识、能力、健康等人力资本的提高对经济增长的贡献远比物质、劳动力数量的增加重要得多。"因为以知识和技能为内核的人力资本不仅是人的一个有机部分，还可以带来心理满足和物质收益。

薪酬是知识型员工自身价值和社会地位的象征。"情感＋高薪＋制度"是凤凰卫视规避名人离职的有效举措。美国很多电视节目都是以主持人的名字命名的，如《拉里·金现场》《温弗瑞脱口秀》《麦克尼尔/莱赫新闻时间》《大卫晚间秀》。主持人一旦跳槽，就会带走一大批观众。

为了应对同行间的激烈竞争，各大电视网都把有经验的主持人当成宝贝，支付高薪。2005 年 3 月 16 日,为了保证 CNN 在和老对手 FOX 新闻频道的血战中立于不败之地,有线电视新闻网(CNN)宣布,公司与拉里·金的合同延长到 2009 年,每年付给他 700 万美元。

主持 NBC 的谈话节目的奥普拉·温弗瑞在《福布斯》的名单上净资产高达 10 亿美元,成为登上《福布斯》杂志亿万富翁排行榜的第一位黑人妇女。CBS《大卫晚间秀》节目的主持人大卫·莱特曼年薪高达 3150 万美元,被视作"赚钱机器"。

因此,如何通过制定公正、合理又不失灵活的薪酬标准,激活文化企业现有的各种人力资源,增强知识型员工的自信心和工作满意度,提高企业的整体绩效,日益成为文化企业保持生产力和竞争力的关键。

三、文化企业人力资源管理的基本内容

(一)文化企业人力资源选聘

文化企业员工大多数是创意型人才,而高层次创意人才是稀缺性人力资源。因此,文化企业在人才的选聘方面受到人才市场的供求关系和人才竞争的影响较大。文化企业的人力资源部门通常需要跟踪高层次、专业性的创意人才市场,同时要注意从内部培养和选拔优秀的创意人才。

很多文化产品是以项目的方式展开的,人员的组合也是采用短期的项目合同方式选聘的,如拍摄一部电影所聘请的导演、演员和一台晚会聘请的演员等,而一个演员也可能同时出演两部以上的电影。这些人员的流动性很强,是因为他们所拥有的专业技能和个人形象等人力资本属于稀缺性资源。随着文化产业和科学技术的发展,个体文化工作者将会越来越多,如个人工作室、游戏软件编程、演员、导演、编剧、经纪人等,短期雇佣的劳务交易方式,也会成为文化企业的一种主要选择方式。

(二)文化企业的薪酬制度

1. 外部均衡和内部均衡

通常,创意生产过程中,创意人员的薪酬需要根据其贡献大小和名声高低来确定。在创意生产过程中,承担责任越大,其贡献越大,如导演、制片人要对影片的生产和投资负全责,其薪酬也比一般演员高,而主要演员由于其戏份重,片酬也会相对较高。另外,文化产业中名声是重要的资源,文化产品的生产常常需要注入名声的要素,名声往往代表着一个人的能力和市场号召力,所以知名导演和演员自然片酬要高。相同知名度的创意人员之间薪酬存在可比性,这是薪酬的外部均衡,同一个文化项目或者同一个企业内,

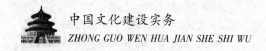

创意人员依据其贡献和名声确定的薪酬差别，这是内部均衡问题。

2. 薪酬结构

创意人员的薪酬除了通常的工资、津贴、奖金之外，由于文化企业产品以项目方式开展的特点，有时还需要根据创意人员参与项目具体情况，设置较复杂的薪酬激励机制，如项目奖励等。对于文化企业的关键员工，为了能够留住这些稀缺的创意人才，还需要设计长期激励计划，如员工持股计划、继续教育计划和员工职业发展与生涯规划等。

凤凰卫视除了给予名主持人高薪之外，还有一定数量的配售股权奖励。根据一份凤凰卫视招股书，凤凰卫视向包括2名公司董事、4名高级管理人员以及146名其他员工的授出股份中，位列承受人第10名的是窦文涛，获得1 064 000股，陈鲁豫和许戈辉与他并列，吴小莉更是高达1 596 000股，他们获得的配售股权仅次于凤凰卫视少数几位总裁级的高级管理人员。凤凰卫视还为主持人提供了一套很好的制度保障，以及对明星的培训和提升机制。凤凰卫视的这些保障给了名主持人一种强烈的归属感。

第四节　文化企业的投资管理

一、投资决策机构的组织形式

常见的投资决策模式是在公司组织结构中设立投资部或项目部，也可将两个职能部门合并为一个部门。项目部门寻求投资项目，并提交投资部门，由投资部门组织对项目的论证，并提交公司经理和董事会决策。这种职能化的分工，一个项目经过了寻找、确定、论证、上报，到批准立项的过程。

在大型企业或有较多事业部门的企业集团中，对于重大项目的投资决策通常采用矩阵的方式，项目组的成员由各个职能部门或者事业部的专业人员组成。这种方式的好处在于，投资管理的成员来自各个不同的职能部门，能够充分地对投资项目发表专业性的意见，并对投资项目进行深入的讨论，充分考虑各个方面的因素。这种投资组织方式的不足之处在于投资成员往往只参与项目的论证，投资项目具体执行是由具体的部门和子公司执行，容易造成论证的人员仅仅从部门利益考虑的本位主义现象，参与讨论的成员过多也会造成论证时间过长，贻误投资时机。

二、项目投资评价

在投资决策中，对于项目投资可行性的客观评价，是决定是否进行投资和采取何种投资方案的基础。对于一个投资项目的评价，通常是从经济效益的角度去评估其在企业经营和存续期间所创造的经济收益是否能够补偿项目的总投资成本。如果投资收益小于成本，那么这个项目就是不值得去投资的。如果投资的收益大于成本，还要对所获得的利润率与其他可选择的投资方案的收益率进行比较。一个投资项目虽然是正的收益，但是如果其年收益率小于银行同期利率的话，那么这笔投资存在银行里要比投资这个项目更加划算。

文化企业的投资可以分为两类，一类是企业对文化项目的投资，这也是文化企业获得主营业务收入的主要途径，我们将其称为项目投资。另一类是对其他文化企业股权的投资，涉及企业兼并和重组，我们将其称为股权投资。

项目投资的决策基础是可行性分析。对于文化企业来说，文化产品和服务的市场存在较大的波动性，有的文化产品和服务其经营期间不长，很多文化产品和服务的未来投资收益很难进行测算和评估，因而投资风险也就较大。例如，一部电影投资可能上亿元，但是电影发行放映的期间很短，全国加上国际发行的影院、网络、有线电视网络的周期也就 1~3 年左右。另一种方法是采取同类比价法，如同类题材的影视剧、同一等级的投资规模以及导演和演员阵容的平均表现情况，即使这样，电影最主要的票房收入还是很难准确预测。每年都会有票房的黑马，小成本的《泰囧》《疯狂的石头》《失恋33天》可以创造票房奇迹，而大投入的大片却经常会遭遇"滑铁卢"。

这样的问题，引导我们对项目的可行性研究进行反思。过度乐观的非理性投资决策方式可能是我们自己挖下的陷阱。其具体表现是投资额估算粗糙，缺乏竞争力分析，轻易举债扩大投资。正是在这种情况下，一些先进的管理公司开始探索在项目可行性分析之外，用不可行性分析管控投资风险；甚至借助军事规划中常用的情景规划法，对行业前景进行前瞻性思考，如我们在决策投资一部都市情感电视剧时，在自身作完可行性分析后，还必须对投资成本进行细化，对同期其他影视公司的同类题材创作动向进行比较分析，更要对都市情感剧的市场需求、政策趋势进行充分的分析后，才能作最后的投资决策。

股权投资的核心是用合适的价格购买股权实现可预期的远期更大收益。对企业价值的评估通常关注有形的物质资产和可以计价的金融资产。文化企业大部分资产是无形的创意资产，如知识产权、客户、关键的创意人力资本，以及公司在文化艺术领域广泛的业界人脉和关系资源等。对于这些无形资产的评估，通常需要根据无形资产的性质采取不同的方法。例如，对知识产权为核心资产的企业，可先确定知识产权资产的存续期间和未来的可获得收益规模，运用一般的资产评价方法评估；对于客户资产、人力资本等，可以运用成本法核算一项客户资产和人力资本的形成过程中总的投入成本，或者用重置成本法核算重新建设和获得这样同类资产所需要的投入成本，也可以用客户资产和人力资本未来可以产生的收益，或者在市场上可以类比的同类资产的价格。在股权投资中，最大的风险是在企业购并完成后，核心人才的流失，这将使企业价值急剧下跌。因此，文化企业的购并投资，除了可以计量和控制的无形资产外，最重要的就是团队的稳定。

三、文化企业投资的分类

投资是一项很复杂的经济活动，为了加强管理和提高投资收益，有必要对投资进行科学的分类。

（一）按投资回收期限分类

按投资回收期限的长短，投资可分为短期投资和长期投资。短期投资是指回收期在一年以内的投资，主要包括现金、应收款项、存货、短期有价证券等投资；长期投资是指回收期在一年以上的投资，主要包括固定资产、无形资产、对外长期投资等。

（二）按投资行为的介入程度分类

按投资行为的介入程度，分为直接投资和间接投资。直接投资包括企业内部直接投资和对外直接投资，前者形成企业内部直接用于生产经营的各项资产，后者形成企业持有的各种股权性资产，如持有子公司或联营公司股份等。在文化项目中，大量投资往往表现为共同参与投资某个文化项目，如一部影视剧、一场音乐会、一个旅游项目，通过参与项目运作，共享利润、共担风险。

美国经济学家乔治·勒蒂格勒说，"没有一家美国大公司不是通过某种程度、某种方式的兼并收购而成长起来的，几乎没有一家大公司主要靠内部扩张成长起来的。"企业由于不完全拥有项目所需的资源，因此需要通过并购的方式获取资源。所谓并购，即兼并与收购的总称，是一种通过转移公司所有权或控制权的方式实现企业资本扩张和业务发展的经营手段，是企业资本运营的重要方式。例如，美国在线于2000年以1 470亿美元收购了时代华纳，就是为了成为一家集电视、电影、杂志和因特网为一体的超级媒体公司。再如，2013 年以来，我国影视产业迅速发展，致使大量社会资本竞相进入，2014 年经营民族风味餐饮的民营上市公司"湘鄂情"连锁餐饮企业收购北京中视精彩影视文化公司 51% 的股权，进军影视产业。2014 年 3 月 11 日晚间，在港上市公司文化中国（代码 01060HK）发布公告称，获得阿里巴巴集团62.44 亿港币的战略投资，阿里巴巴将获得文化中国 60% 的股份。通过这样的购并，马云顺利地进入了电影业，并且成为《京华时报》等知名报刊的幕后老板。

间接投资是指通过购买被投资对象发行的金融工具而将资金间接转移交付给被投资对象使用的投资，如企业购买特定投资对象发行的股票、债券、基金等。这一问题将在"企业投资的资金融通"中详细阐述。

（三）按投资的方向不同分类

按投资的方向不同，企业投资还可以分为对内投资和对外投资。从企业的角度看，对内投资就是项目投资，是指企业将资金投放于为取得供本企业生产经营使用的固定资产、无形资产、其他资产和垫支流动资金而形成的一种投资，如影视项目的策划、网络游戏的构思等。在企业内部组织项目小组，投入少量资金，进行前期的项目开发和市场推广工作，根据项目进展情况和市场决定是否进行进一步投资。一般说来，企业的对内投资具有可控性强的特点，无论是从团队预期还是财务控制，都具有较强的主控性。问题在于如果过分强调自给自足，忽略外部资源的引进和交流，项目风险同样也很大。

对外投资是指企业为购买国家及其他企业发行的有价证券或其他金融产品（包括期货与期权、信托、保险），或以货币资金、实物资产、无形资产向其他企业（如联营企业、子公司等）注入资金而发生的投资。还以影视项目为例，甲公司完成了剧本，并且和导演、主要演员签约后，项目前景已经相对明朗。这时，甲公司可能会邀约其他投资方。对于其他投资方来说，此刻项目成活率较高，风险已经相对可控，但只能作为宾客参与投资，若想掌握甚至接管项目，势必要付出更大的代价。

四、企业投资的资金融通

通常情况下，企业投资的资金有两个主要来源，即企业自有资金和外部获取资金。外部资金有股权和债权两种融资方式。股权融资就是投资方投入一定的资金，换取其在被投资公司或者投资项目的股份，按照同股同权的原则，共同承担项目风险，共享项目收益。债权融资通过借款的方式向银行等金融机构和其他债权人进行融资。债权的原则是安全性、流动性和增值性。

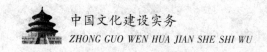

也就是说，债权人不承担项目风险，贷款期限结束，无论项目赚多赚少、是否赚钱，借款人都必须及时偿还本金，并按照事先约定的固定利率，支付利息。

在文化企业兼并和收购的融资方面，由于涉及的资金规模十分巨大，通常都是依靠金融市场，通过资本运作和金融工具，由银行、投资机构和担保机构多方介入，按照金融市场投资方式和规则，完成兼并和收购项目交易。

此外，国际文化项目的投资建设中，也采用了通行的 BoT 项目融资模式，即建设—经营—转让模式（Build operate Transfer）。这种模式的基本思路是，由项目所在国政府或所属机构为项目的建设和经营安排融资，承担风险，开发建设项目并在有限的经营项目获取商业利润，最后根据协议将该项目转让给相应的政府机构。BoT 模式也称为特许权融资。项目的直接投资者和经营者（项目经营者）是 BoT 融资模式的主体。项目经营者从项目所在国政府获得建设和经营项目的特许权，负责组织项目的建设和生产经营，提供项目开发所需的股本资金和技术，安排融资，承担项目风险，并从项目投资和经营中获得利润。目前国内在一些旅游景区的开发中，将景区经营权交给外部投资商，双方约定投资的规划和规模，约定经营期限和经营者的相关责任，到期后无偿移交给当地。

最后，文化企业拥有的大量无形资产，可以通过无形资产的证券化方式融通资金。即通过合理的评估方法来科学、公允地评价无形资产的收益，并由专业的金融机构运作，将其转化为金融证券向社会发行以募集资金的融资方式。例如，1997 年英国超级摇滚歌星大卫·鲍伊（David Bowie）以 287 首歌曲的未来收益权为担保，在美国发行了 10 年期利率 7.9% 总额度 5 500 万美元的债券，金融界称之为"鲍伊债券"——该证券的成功发行使大卫·鲍伊一举成为英国音乐界当时资本净值最高的歌手，具有里程碑式的意义——它把原来局限于抵押住房贷款、汽车、信用卡贷款、应收账款等方面的资产证券化向前推进了一大步，完成了首次音乐作品版权证券化。"鲍伊债券"首次将知识产权纳入证券化的视野，开启了知识产权证券化的新纪元。

第五节　文化企业营销管理

文化企业经营的是文化产品和服务，营销管理中除了包含产品、渠道、

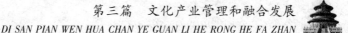

价格和促销等常规因素外，也相应的有自己的特点。

一、文化营销的产品策略

决定文化产品的关键要素是产品中所包含的精神内容。精神内容的选择、组合模式，决定了文化产品的心理价值诉求和理念，决定了这种产品的文化定位和取向。一部电影最终是否能够打动观众，其剧本起到决定性的作用。没有好的剧本，导演也只能做无米之炊。体育赛事、动漫游戏、会展和文化旅游等文化产品，必须依靠其内在的文化娱乐内容来支撑。内容决定了文化产品的品质和品位，以及被选择内容能够代表社会符号象征的内涵。

通常，文化产品的内容选择，都需要根据产品的定位和符号象征意义确定产品的主题，围绕着这个主题，将不同的内容按照特定模式组合起来形成文化产品的核心精神内容。这一过程，我们往往称为创意的生产过程。一台演出、一次会展、一部电影都会有一个主题或者能够体现主题，或者起到象征作用的明星作为主题，并将相关的节目、项目和场景按照特定的次序和方式组合起来形成文化产品的结构，从而能够最大限度地体现出产品的差异性，体现出产品的文化意义、价值诉求和市场定位。

同时，文化产品具有较强的品牌衍生性。由于文化产业不同行业具有较强的关联性，以及文化产业中精神创意内容可以被复制转移到其他制造业中，形成品牌授权和价值衍生，所以在文化营销的产品策略中，要注意建立和维护产品品牌价值。例如，一部文学作品可以被改编成影视剧（也称 IP 剧）、动画片和游戏等多种文化产品，并将其中的任务形象和品牌等通过授权的方式，衍生出玩具、文具、服饰等多样化的衍生产品价值。要实现这一价值创造过程，不但要在产品策划和营销中注意品牌意识，同时还要注意文化产品的版权保护，将版权作为文化产品的重要组成部分，才能保证日后的文化版权经营收益。

在产品策略中注重版权的重要性还在于，对精神内容进行文化产品开发，通常都是从某一具体形态文化产品开始，如上述文学作品改编为影视剧，通过版权界定，可以有效地建立围绕这一精神内容版权可开发的各种产品组合的所有权，如动画、戏剧、游戏和相关衍生产品授权价值等。

二、文化企业产品营销渠道

文化产品的销售，主要是精神内容借用某一种物质载体或者复制技术，

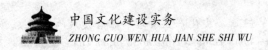

能够被传播，并被展示复现精神内容，被人们感知。

信息的传播渠道是文化产品销售的重要媒介。信息的传播与复制技术成为文化产品的重要传播、宣传和再现的技术手段。传统的营销渠道仍然是销售渠道不可或缺的组成部分，但是互联网已经成为重要的营销渠道。此时，营销渠道不完全局限于地理环境的限制和特定渠道链上的关系限制，营销渠道表现为多元化、网络化的趋势。例如，互联网使图书的传统销售渠道被解构，网络书店和电子商务使传统的实体书店正在逐步消亡；电影的传统销售渠道主要是院线、电视台和音像。互联网的影视版权销售与传播已经逐步取代了音像销售。除此之外，影视片还可以在长途汽车、飞机、手机等移动工具上播出。

文化产品的营销渠道不但呈现多元化、网络化，而且文化产品还可以通过其他产品的渠道进行营销，实现不同产业间的渠道交叉复用。例如，音像光碟产品除了音像专卖店和连锁店外，还可以在超市、书店、咖啡店等休闲场所销售，甚至在车站、飞机场的临时货架上。再如，体育赛事、表演，除了体育场、剧院之外，通过电视转播，也是重要的销售渠道。表演节目也可以在广场、校园、社区、酒吧、咖啡厅等不同的场所。因此，文化产品的传播和销售渠道不但多元，而且相互交叉，只要是人们进行文化和社会性活动的场所，文化产品的渠道就会有生存的空间。

此外，一些艺术品，主要是通过画廊、艺术经纪人进行销售的。艺术经纪人在艺术品的销售过程中，承担了主要的中介职能，并且大量运用了自己的关系网络和专业知识。在演艺界，经纪人也承担了十分重要的角色。除此之外，艺术品最重要的销售渠道是拍卖会、展览等方式。这些拍卖会和展览可以在博物馆、美术馆、艺术宫、商贸中心、酒店、展览馆等不同的大型场所举行。

三、文化产品的定价策略

（一）文化产品的成本结构特征与定价的关系

商品的价格首先取决于它的成本结构。文化产品的生产成本很高，但复制成本却很低。即经济学所说的高固定成本、低边际成本。例如，耗资上亿美元的好莱坞巨片，而复制成本却很低，复制到光盘上的成本更低，从网上下载几乎是零成本。精神内容生产的固定成本的绝大部分是沉没成本，即如果停止生产就无法挽回的成本。文化产品的低可变成本为营销提供了巨大的机会。因为消费者通常是按照其愿意为文化产品所提供的使用价值而付费的，而如果文化产品的复制成本较低，那么就可以具有较大的边际收益，从而为产品定价提供了更大的灵活性和操作空间。

（二）定价的基本方法

1. 取脂定价策略

其名称来自从鲜奶中撇取乳脂，含有提取精华之意，也称市场撇脂定价法。市场撇脂定价法是指许多发明新产品的企业最初设定高价，从市场中一层一层地撇取收益。英特尔公司是市场撇脂定价法的最初使用者。苹果系列产品也习惯使用这种定价方式，将其与"饥饿营销"相结合，吊足消费者胃口，在短期内实现高额利润。时装、时尚工艺品的定价，由于该类产品的生命周期短，时效性强，通常在快速成长阶段采取取脂定价法，获取高额利润。

2. 渗透定价策略

即产品一投入市场就以低于预期的价格销售，争取获得最高的销售量和最大的市场占有率。文化产业产品复制成本比较低，因此在良好的版权保护条件下，内容复制产品如光碟、网络下载付费、手机铃声、微信表情、游戏中角色服装、QQ表情等，可以通过极低的定价，快速地获得大规模的销售，实现规模效益。

3. 差别定价策略

一种常用的差别定价策略是群体定价，即对不同特征的消费者群体设置不同的价格。例如，剧院的差别定价可以对不同位置的座位或包间制定不同的价格，对不同的时间段、节假日制定不同的价格；还有一种差别定价的常用方法是划分产品系列，或者可以称为版本划分，版本划分是指生产商以不同的版本为不同的市场部分提供文化产品。根据不同的顾客需求提供不同的版本。完整的产品系列会使提供的信息的总价值最大化。设计产品系列的基本思想是找出自己产品中有哪些特征对某些用户有极高的价值，而对其他用户没什么重要性，然后依据这个来设计版本。这个策略最常见的例子就是对书籍分平装本和精装本；软件一般都分为标准版和专业版。

4. 动态定价策略

第一，时基定价策略。时基定价策略的关键在于把握顾客不同时间对价格承受的心理差异。例如，超前型购买者对新款时装、电脑、创新电子产品以及新版精装图书趋之若鹜，他们愿意为此支付较高的价格。再如，机票和旅馆的价格可能每天都不一样。

第二，市场细分与限量配给策略。这一策略的基本原理是利用不同渠道、不同时间；不同花销情况下，顾客表现出来的差异性价格承受心理。为此，

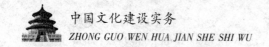

企业必须开发专门的产品服务组合，根据不同的产品配置、渠道、客户类型和时间，进行区别定价。

第三，动态推销策略。动态推销策略利用互联网赋予的强大优势，根据供应情况和库存水平的变化，迅速实施价格调整。例如，在亚马逊网上书店，每当回头客户登录网站，书店都会根据他的消费记录，给予个性化的购书建议。

5. 衍生产品的组合定价

文化产业之间的关联性，以及文化产业与其他产业的关联性，使文化产品可以通过与其他产品的组合形成衍生性产品组合，制定不同的定价策略，实现价值的最大化。例如，日本卡通动画片为了打开中国市场，将动画片免费提供给电视台播放，其真正的盈利点在图书以及动画卡通形象许可后的各种玩具、文具、日用品等衍生产品的收入。再如，在网络游戏产业，网络游戏的客户端软件通常是可以免费下载提供的，企业通过游戏代理收取代理费用，游戏玩家要想玩的话，必须购买游戏公司的游戏点卡。

6. 拍卖估价

对艺术品和各类文化用品的拍卖，已经成为艺术市场最常见的一种销售方式。通常拍卖品都有一个估价或拍卖的底价。估价仅仅只是给买家一个参考。如果买家在拍品的估价之内收购，他所付出的价格应该是合理的。当然，拍卖行在制定估价时，有时会采取一定的策略，如有的拍卖行为了吸引买家踊跃竞投，它会压低拍品估价。除了估价，还有咨询价（估价待询）、参考价、无底价等。

四、文化企业体验营销

文化营销的促销策略是围绕文化产品开展的促销、推广和公共关系工作。文化产品的消费是对精神内容的体验消费过程，如影视广告、新闻专题等，除了运用传统的促销推广措施外，还需要注意运用各种媒介和现场活动进行体验营销。

体验营销是指文化企业以消费者为中心，通过对事件、情景的安排以及特定体验过程的设计，让消费者在体验中产生美妙而深刻的印象，并获得最大程度上的精神满足的过程。例如，迪士尼乐园可以说是最早的体验营销的经典之作，其成功是因为依据其目标顾客的欲望将其规划为"富有想象力的家庭娱乐"。

体验是顾客对一定的刺激物所产生的个人心理感受，但我们必须认识到，体验并不是自发的，而是诱发的，如果缺乏体验的筹划者，消费者的体验便无从产生。要让消费者对企业提供的商品和服务产生美妙的体验，作为体验提供者必须深入分析和把握能激发顾客美妙感受的体验提供物。

体验作为出自消费者的精神和心理感受，这种心理感受是因人而异的，因个人所受教育、文化及亲身经历、爱好的不同，企业必须根据不同消费群体的个性心理特点，仔细研究目标消费者体验需求的差异性。针对消费者的特性将精神产品中的内容加以选择、提取，为特定消费者提供体验的促销品。

例如，一部还没有上市的电影和电视剧、体育现场比赛等，如果将其内容在购买行为发生之前全部传播给消费者，将会大大降低产品的价值，所以需要从精神内容中提取相关的要素，根据消费者的心理，将这些要素有机地组合起来提供给消费者进行体验，如片花、海报等，让观众对其有了少许接触和体验后，产生消费冲动。再如，音乐会、体育现场比赛会运用对明星的宣传和包装、歌手与歌迷互动活动，精彩片断、以往比赛集锦等提供体验的内容，以激起消费者的欲望，让消费者忘情地掏出自己的钱包。

第六节　文化企业的财务管理

文化企业中精神产品的投资生产的差异性，以及文化项目的投资运营都有自身的特点，造成文化企业财务管理需要合理地利用财务技巧处理文化产业经营中的问题。文化企业的财务管理技术性比较强，这里只介绍一些重点内容。

一、文化企业财务管理的特点

古玩行有句老话："三年不开张，开张吃三年。"这形象地反映了文化企业在经营中的不均衡性，这种不均衡性也会直接反映到企业的财务管理中。文化企业财务管理的基本内容与一般企业管理的内容大致相同，包含了财务计划、资产管理、损益核算、财务评价等内容。虽然不同行业的企业在会计科目上分类各具特色，但是基本上能够用上述体系进行计量和管理。文化企业因为其自身的投入资源、产品、资产、生产组织体系等方面特性的差别，使文化企业的财务管理呈现不同的特征和侧重点。

（一）文化企业的业务过程和业务事件的发生重点与顺序不同

很多文化企业业务过程是以一个个项目的方式展开的，业务过程以项目起始与终止的期间为循环周期，如电影、演出、设计项目、体育赛事、会展项目等。而且在一个项目周期中，业务活动所表现的价值的变化与项目资金运动和项目的运作模式有密切关系，在整个周期内，价值变动呈现不均衡的现象。例如，一般的工业企业可以用半成品和存货价值来计算投入产出的转化关系。而在影视片拍摄中，先期的大量投资，被当作费用和成本成为沉没成本，其产出则是胶片或磁盘上的内容，胶片或磁盘只是内容的载体。如果只是计算胶片或磁盘的物质成本，传统的会计体系所采用的汇总方法将无法对资产的价值作出准确计量。例如，在成本核算中，影视剧生产企业与一般生产性企业不同，人员劳务成本、制作费用等占了相当大的比重，在电影的拍摄中有大量布景，耗资很大，而一个场景用了几天拍完后，就全部撤除更换了。这样短的时间内，这些投入转化成电影内容价值显然要远远超过胶片或磁盘本身的价格，而这些都很难在传统会计体系中得到准确核算。

文化项目有的可能在一个会计期间发生大量的成本而没有产生相应的收入，而在下个会计期间却产生大量的销售收入；有的可能却相反，产品还没有生产，就已经有大量版权预售收入。这种不均衡性，如果不能准确核算和充分反映，企业就难以实现对其业务过程的及时监督、管理和控制。

（二）文化企业的关键资源是无形资产

文化企业的主要产品为精神内容，对于可复制性较强的文化产品，如光碟、电影拷贝，它的成本集中在内容的创造，而不在内容复制。精神内容的复制成本较它的生产成本低得多。而对于难以复制的文化产品，如歌舞、戏剧等，这类产品一般没有存货。所以通常正常运营的文化企业存货数量相对较少，存货占用的资金量较小。文化企业主要资产是无形资产，对于无形资产的管理是文化企业财务管理的核心内容。企业的竞争力来自于其所拥有的关键资源。文化企业的核心资源是专业文化人才（如演员、导演、画家）、管理人员和专业技术人员的人力资本、企业拥有的独特的精神内容版权等。

二、文化企业资产管理

（一）应收账款

文化企业的应收账款随着产品形态和销售形式的不同而互不相同。对于可以大量复制的具有物质载体的文化产品，而且产品的销售是以对物质载体产权的转移而实现的，如光碟、音像磁带、图书、报纸、单机的游戏光盘等，这类产品的应收账款类似于一般企业的产品销售的回款，通过对物质载体数量和价格的确认来确定应收账款的数额，通过对账龄的管理来加快企业资金的周转。

有的文化产品虽然有物质载体，但是通过内容的传播来实现销售的，消费者直接享受和购买内容，在销售过程中内容和物质载体分离，如电影院线播放电影、电视节目、网络游戏等，需要购买入场券、游戏点卡等才能获得内容消费的权利。这类产品的销售有的可以通过票房的收入来确定应收取的分账收入，有的可以通过代理方式获取游戏销售收入。但是，有的时候企业难以对销售渠道的收入情况作出准确的监控和统计，可以通过合同方式来确认收入的额度和时间。此时，应收账款的管理主要是以合同管理方式实现对销售款的管理。

对于文化产品，还存在衍生的收入问题。通过版权和形象的许可，文化企业可以在产品的寿命周期内定期获得许可收入。许可收入可以用合同方式明确规定，以在许可期内固定年金方式，或者按照可统计的销售数量提成的方式获得。在此类许可收入中，应收账款的收入管理重点在于收入的可实现性和收入数额的可确定性。

（二）无形资产的控制与管理

对于文化企业来说，最难的莫过于对企业无形资产的内部控制与管理。文化企业无形资产管理主要是针对内部的价值管理，是文化企业所面临的一个新课题。它包括对无形资产的分类、确认、计量、投资和会计处理等。这里的无形资产已经不只是传统会计学上定义的版权、专利等，而且包括公司的品牌、声誉、产品形象、设计、公司的人力资源、社会关系网络等。例如，演艺单位，最重要的资产可能是经典的剧目、大腕艺人和歌手等无形资产。对于俱乐部，球星和教练是俱乐部最宝贵的资产。

对于上述这些无形资产，通常在传统的会计体系中无法准确反映，对公司在无形资产方面的投资，应根据该类资产在企业中的重要性，采用递延方法，将其与产品的价值形成联系起来。例如，对于明星和球星签约期间的各项人力方面的投资，包括球星和歌手在形象包装、培训、健康营养等方面的投资，一般企业中通常被当作一次性摊销的成本费用，而对于文化企业来说，实际上是一种递延资产，应当根据其在服务期间对企业的价值贡献进行合理的分摊，并且将其与公司财务评价系统相联系，以此来评价企业对无形资产投资管理效率。

此外，还要对各种外部因素和偶然因素对这些无形资产造成的损害加以

评估。例如，公司的签约红歌手和大牌影星，由于绯闻和丑闻事件造成身价大跌，从而对公司造成的不良影响、投资损失和正在制作的产品价值贬值等。文化企业应对艺人此类事项通过合同约定等方式加强管理而避免发生，或通过预案积极应对，将影响降至最低。

（三）存货管理

由于文化产品存在原创作品和复制再生品的区别，文化产品的存货主要是以原创内容为存在形态的。文化企业的产品具有很强的创新性，每一件文化产品都不相同，这种内容产品在销售前为企业的存货，这种存货的销售是通过对内容复制后销售出去的，而像光碟、磁带等内容产品的复制成本低，所以内容的存货不能简单地用普通物质产品的标准来衡量。例如，一部电影，其存货就是这部电影的母带，如果以物质材料来计量，无非就是母带和复制的物质价值，但是我们不能就此将复制的胶片当作产品的存货或者产品本身来计算，那样实际上以物质形态载体替代了真正的内容产品，大大扭曲了文化企业资产的价值。同样，对于演艺企业所拥有的剧目，广电所拥有的电视和音乐节目资源等，都是企业的存货。他们都具有一定生命周期，需要对这些存货资产进行价值评估，并在其可以销售的周期内确定适合的递延方法，并确定最终的残值。

三、文化企业损益管理

成本有不同的分类方法，通常制造业将企业的成本分为生产成本、销售成本和管理成本。按照成本的形态，又可以分为固定成本和变动成本。文化企业的产品制造、销售过程具有交叉并行的特征，像电影、体育赛事、会展、演出等营销过程和生产组织过程同步发生，生产、销售和管理成本同时发生，这就增加了成本控制的复杂性和难度。文化企业的产品生产和销售过程中伴随着不可预计的成本发生。例如，天气等不可抗因素引起的演出推迟和拍摄计划的延期，以及增加演职员违约风险、临时增加拍摄片段、返工等方面的成本；网络游戏软件开发测试失败，重新设计；动漫和卡通形象重新设计；建筑设计项目的返工和中途修改等。因此，文化企业损益管理中需要注意成本的分析与控制。

（一）成本分析

文化企业的固定成本包括设备、保险费、财产税、管理人员的薪金等，固定成本在总成本中的比例决定了企业经营杠杆。经营杠杆越大，固定成本比例越高，企业的经营风险也就越大。文化企业的变动成本是指随着文化产品规模扩大而发生变动的成本，如直接的材料消耗、直接的人员费用、每个文化项目中的广告宣传和营销费用等。

在文化产业中，很多文化企业属于轻资产的企业，也就是这类企业的固定资产较少，企业的生产主要以无形资产为主，如体育经纪企业、文化经纪、咨询服务、设计、演出剧团等，这些企业的产品是一个个具体的文化项目，如体育赛事、咨询项目、演出、设计项目等，每个项目都有其独特性，企业成本控制的对象主要是每个文化项目的变动成本，这些变动成本包括宣传营销费用、项目的管理费用、项目的材料和人员费用等。而这类成本的发生与规模、周期有密切关系。此时，成本的控制与项目的生产周期、项目的规模、项目的宣传与推广相联系。对于轻资产运营企业，还有一种降低企业经营风险的方式，是通过关系型的合作网络，建立紧密的合作分工关系，将一些业务外包。例如，会展经营，一次大型的展会实际上是由会展组织与营销、场地、会展工程、会展物流、保安、餐饮、交通旅游等不同的企业和机构分工合作共同完成的。

对于有的文化企业，固定资产比例很大，如传媒产业网络经营部门存在极高的一次性固定成本，而这些固定成本中的绝大部分是沉没成本，如报纸开始运作前购置的印刷机、购买或租用的办公场所和聘用采编骨干、经营人员预先支付的费用等。由于这些投入在一定水平内并不随着精神产品生产、传播数量的增加而增加，也不随着精神产品生产、传播数量的减少而减少，无论媒介是否进行生产、传播精神内容产品都要支付相同数量的投入，这部分成本即为媒介运行的固定成本。对于这类文化企业，固定成本无法无限降低，则企业的生产规模扩张以及对变动成本的控制成为企业成本控制的关键。

（二）成本控制

有的文化产品具有行业的通行标准或者历史经验数据，可以通过标准化的成本来进行控制。例如，一段游戏脚本软件的编辑，一个固定格式外景的拍摄费用，一部古装喜剧类型的电视剧的每集拍摄成本，一个同等规模的展会的宣传成本等。但是，大多数文化产品由于其独特性和原创性，难以用标准化的成本进行控制。例如，设计一座美术馆、大型的体育赛事、一部大片的拍摄等，这些需要通过制定成本控制目标和成本预算进行控制。

对成本控制较可行的办法是预算管理。将成本预算和成本管理进行有机结合，将预算控制纳入成本管理当中，准确地进行成本核算。

预算是在对运营过程分解细化，并对每个环节进行成本的细化分析的基础上制定的。文化企业的预算成本管理根据其产品的特征，需要对每个以文

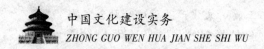

化项目方式运行的产品进行单独的成本预算，并将这个预算纳入到企业的全面预算体系中，如每部电影的制作，需要根据影片的销售目标和拍摄计划制定预算控制，其中包括以下内容。

直接材料：如各种物料和器材的消耗。

直接人工：如编剧、导演、制片人、演职员的酬金、劳务报酬等。

制作费用：如置景、服装、化妆、道具、场地租金、后期编辑费用等。

营销费用：广告宣传、保险费、折旧、发行推广成本等。

管理费用：各类交通、住宿和日用餐费等。

在预算管理中，首先要明确成本责任，如影片的制片人和监制，实际上就是一部电影的项目经理，要对影片的制作成本全面负责，并将相关的管理责任落实到每个环节和剧组的相关管理人员。

对于具体成本项目，因为文化产品的特性不同，可以采用不同的控制方法。对于材料消耗可以根据生产制作量确定材料定额消耗量，或者按照预算中的标准成本进行控制。影视制作公司应根据生产经验和行业特性，制定切实有效的成本核算体系。对于人工成本，可以按照计件或者计时，如影视片拍摄中临时演员和剧务勤杂人员可以按天计酬，而演员按照每集提取片酬。

四、文化企业税收规划

税收规划直接关系到文化企业的经营。税收规划的目标就是要在合法的前提下，利用税务处理技巧使文化企业的税负最小。

（一）筹贵中的税收规划

筹资规划是指利用一定的筹资技巧使企业达到获利水平最大和税负最小的方法。筹资问题不但关系到文化企业的资金获取，同时关系到不同筹资渠道所引起的税负变化。例如，债务融资有一定的税负优势，由于文化企业以无形资产为主，因此较难从银行获取抵押形式的贷款，通常筹资活动由文化企业集团来筹资要比子公司筹资有优势，集团多种经营可以有效地分配资本的成本，为那些难以从银行获得贷款的子公司减轻税负。再如，涉及摄影、后期特效、大型器械的大额购置资金筹集，文化企业通常采取融资租赁方式，因为手续费和利息可直接从应税所得中扣除。

（二）收入确认的税收筹划

就是通过对取得收入的方式和时间、计算方法的选择、控制，以达到节税目的的策略。

一是销售收入确认方式的选择。企业销售有多种结算方式，不同的结算方式其收入的确认时间有不同的标准。通过销售结算方式的选择，控制收入确认的时间，可以合理归属所得年度，以达到减税或延缓纳税的目的。

二是销售收入确认时点的选择。每种销售结算方式都有其收入确认的标准条件，企业通过对收入确认条件的控制，可以控制收入确认的时间。在收入的确认方面，文化产品涉及大量的版权交易，这些交易致使资金支付与产品的生产和交付在时间上分离，如影视片的销售，可能预先通过合同出售相关版权，所以收入采取版权销售时确认，也可能在实际收入发生时确认，时间节点的不同对企业的税负有不同的影响。

（三）成本费用的税务筹划

基于税法对成本、费用的确认和计算的不同规定，根据企业情况选择成本处理和记账方法有利于减轻企业税负水平。

一是存货计价方法的选择。文化企业通常不像制造业那样有大量存货。但是对于一些进行文化产品的销售的企业，如图书、光碟、时装和时尚奢侈品的销售企业，会涉及存货价值处理的问题，图书光碟存货数量多价值大，奢侈品和时装销售企业等产品单件价格较高、品种较多，存货处理非常重要。存货计价方法不同，企业存货营业成本就不同，从而影响应税利润，进而影响所得税。依现行税法，存货计价可以采用先进先出法、后进先出法、加权平均法、移动加权平均法等不同方法，不同的存货计价方法对企业纳税的影响是不同的。采取何种方法为佳，则应具体情况具体分析。

二是折旧和摊销方法的选择。所谓折旧，是将企业的房屋建筑、机器设备等固定资产，在财务账面上通过每年提取一定比例的账面价值作为损耗计入成本。由于折旧要计入产品成本或期间费用，直接关系到企业当期成本、费用的大小，利润的高低，进而影响到应纳所得税的多少，因此折旧方法的选择、折旧的计算就成为十分重要的问题。文化企业特殊性表现拥有很多无形资产，通常无形资产在财务上会被算作费用摊销，但是有的无形资产达到固定资产的要求，可以参照折旧处理，摊销方法选择就十分重要。例如，软件、专利等超过一定价值可按无形资产处理，但软件和专利可能更新周期非常快，摊销年限的选择直接影响到每年计提的额度大小，进而影响到税负水平。

三是成本、费用的确认与列支。利用费用分摊法来影响企业纳税水平，涉及的问题是，如何在企业正常生产经营活动过程中，选择最小的费用支付额，同时能够将费用最大化地摊入账面成本以减小企业税负，即实现生产经营效益与费用支付的最佳组合。例如，一个影视剧项目从策划算起，到最后发行后收入回款,可能经过好几年的时间。这中间投入的资金是十分巨大的,如何进行成本费用的确认来规划税负,实现最佳的税负和支付费用的组合,就非常重要。成本费用的确认,一般有三种方法:一是直接作为当期费用确认;二是按其与营业收入的关系加以确认;三是按一定的方法计算,如完工百分比法予以确认。文化企业很多业务是以项目方式开展的,项目周期可能跨越年度,如何将成本费用在各年度间进行合理确认摊销,不仅是一个财务真实性问题,也是一个与企业税负直接相关的问题。

四是代扣代缴个人所得税。对于文化企业来说,还有一个值得关注的问题。由于文化创意主要依赖"知识型员工",其特点之一是薪酬较高,如何合理处理个人所得税,既考验财务人员的法制意识,又考验其对企业的尽职意识。许多明星大腕在签约时就明确是税后收入,将个人所得税的负担扔给公司,许多小型文化企业因此铤而走险,偷税漏税,最终招致不必要的麻烦。

五、文化企业财务评价

文化企业财务评价的方法,通常采用财务评价的规范指标。在文化企业经营中,还需要注意到两点。

其一,不同的文化企业和产品评价的标准不同。不同的文化企业,其生产经营的文化产品的性质不同,就会有不同的资源配置结构,财务评价的指标也不尽相同。例如,传媒、出版和互联网门户网站等,这些企业的先期投入非常大,固定资产比例较高,而咨询公司、设计公司固定资产和实物资产很少,这两类企业的资产负债率、投资回收期和资本报酬率必然大不相同,不能以相同的指标来考核。文化企业集团子公司经营产品和涉足领域不同,财务评价指标和评价的重点内容也不应该完全一样。

其二,产品生命周期的不同阶段,评价的标准不同。文化产品生命周期不同的阶段,有不同的市场竞争结构、成本结构和市场增长规律,不同时期,财务考核指标也不尽相同。例如,对于时尚品,产品从投放到占有市场的成长期间较短,而在这一时期产品利润率较高,企业应加大投入,扩大市场占有率;随着产品进入成熟期,市场竞争激烈,利润率下降,市场份额趋于稳定,企业的策略应转为控制成本,减少投入,提高利润率;进入衰退期后,企业则采取收割战略,不进行投入,尽快收回投资,开发推广新产品。

第五章 文化与经济从分离发展到融合发展的理论分析

对于人类经济发展的解释一直是经济学最为根本的任务之一，因此，自古典经济学以来关于经济发展原因的研究就受到经济学家的重视。基于对世界经济发展以及经济学关于经济发展的理论研究历程，人类经济发展可归纳为两大思路：一大思路是就经济发展经济；另一大思路是跳出经济发展经济。

所谓就经济发展经济，是将经济发展归结为经济要素、物质因素。早在古典经济学时期，威廉·配第（1662）就认为，"土地是财富之母，劳动是财富之父"；作为法国资产阶级庸俗经济学的创始人让—巴蒂斯特·萨伊（1803）提出了生产"三要素"论，认为"土地、劳动及资本是一切社会生产所不可或缺的三大要素，商品价值是由土地、劳动、资本三要素协同创造的，是由三要素在创造效用中各自提供的生产性服务所决定的"；马克思则将经济发展的基本要素归结为劳动者、劳动工具及劳动对象，认为决定生产力高低的因素有三个：劳动者、生产资料与劳动对象，即生产力二劳动者＋生产工具＋劳动对象。到新古典经济学时期，马歇尔（1890）将萨伊的生产三要素论扩展为四要素论，即生产由劳动、资本、土地、和组织（企业家才能）共同决定。新古典增长理论则认为，劳动、资本、土地是经济增长的基本要素，即这三大要素，构成生产过程的投入，其中土地不是很重要的，为了简化，新古典生产函数可写为：$Q = f(K, L)$，其中 Q 表示产出，K 是资本，L 是劳动。由此可知，新古典生产函数被定义为：投入与产出的技术关系，也就是一种物与物之间的关系。

所谓跳出经济发展经济，即认为经济发展不仅取决于经济要素、物质因素，更取决于非经济要素、非物质因素。这一思路大致经历了以下三大阶段：

（1）科技、知识元素注入经济，科学技术及其创新精神成为现代经济的核心和主要推动力，形成科技与经济的融合发展。随着科技革命的迅速发展，科技给经济发展带来了前所未有的变化。李海舰、王松（2010）认为，在市场化、国际化的背景下，科技进步不仅成为经济发展的关键性因素，而且也成为各国家和地区竞争的核心因素。由此，也就直接推动了人们观念的变革和思维的拓展。经济学理论界提出了新经济增长理论（即内生增长理论），给出了新的生产函数 $Q = f (K, L, A)$，其中 A 代表技术进步来描述经济增长，将经济长期增长的动力归结为技术进步、劳动与资本，并以各国技术进步的差距解释各国经济增长水平的差距。生产力的变化主要体现在生产率的变化，而那些生产要素的生产率主要取决于科学技术生产力，它包括劳动者所受的教育，劳动者所具备的知识，劳动者的专业技术，劳动者的素质，劳动者对其专业技术的掌握和熟练程度等。也就是说，经济发展中科技贡献率的不断提高，科技进步日益成为经济发展的决定性因素和战略资源，真正成为第一生产力。从某种意义上说，这就是科技与经济日益形成融合发展。而且，二者的融合发展成为这一阶段世界各国发展的必由之路，最终导致世界科技、经济一体化发展的大趋势。

（2）信息元素注入经济，形成信息与经济的融合发展。随着人类社会开始从工业文明时代向信息文明时代转型，在信息技术为代表的第三次科技革命浪潮推动下，大批综合性、边缘性和交叉学科的出现和发展带来了具有先进性、前沿性的新兴产业、新行业的兴起。这些新兴产业的兴起立即成了该时期经济发展最活跃的因素，尤其是信息产业更成了各国的主导产业，形成了新的增长极。而且，传统产业信息化的改造还成了其升级发展的最根本途径。由此，信息技术成为科技进步的最革命性因素，更使得生产力发生了革命性的飞跃，从而也成为经济增长的关键性因素。"基于此，理论界的研究认为在信息时代，信息化是经济发展的核心驱动力和关键性资源，对于发达国家而言，要保持经济持续的增长及竞争的优势地位必须依靠信息化，并争取信息化的主导权；对发展中国家而言，只有将信息化与工业化结合起来，充分利用后发优势，才能加快推进工业化进程，实现对发达国家的赶超"。在实践中，早在 20 世纪 90 年代初期美国就将建立信息高速公路上升到国家战略；2002 年中国提出了以信息化和工业化相结合为核心的新型工业化道路"。从经济发展方式转变的视角，在这一阶段，实现了由科技与经济的融合发展到信息化与经济的融合发展的转变。

（3）文化元素注入经济，形成文化与经济的融合发展。进入 21 世纪，随着经济全球化的发展，世界各国以市场为纽带广泛地加强了相互间的经济、科技、政治、文化及物质与精神生活领域里的交流和联系，推动了传统文化、经济观念的转变，不同文化价值观的融合互补，推进了文化与经济之间新型关系的发展。在经济学理论界，尽管对文化禀赋经济含义的研究还没有在经济发展的文献或思想中占据重要地位，但是文化因素的信念仍然渗透到了经济发展思想和实践的每一个领域。如迈克尔·波特教授（2000）指出随着人类社会的发展，文化对于经济繁荣有着越来越重要的正面影响。同时，他还认为各个社会存在的一些独特之需要、技能、价值观及工作模式构成了经济、文化的不同方面，进而有利于形成生产率的文化特色，该特色是其他社会难以模仿的竞争优势的重要源泉。在现实中，"伴随着文化的开放性发展，越来越多的文化元素融入到经济中，并逐步成为经济发展最为重要和有效的动力之源。也就是说，文化成了主导力量引领经济发展"。应该说，文化与经济的融合发展是最高形态的融合发展。

　　由此可见，随着社会发展，文化和经济的融合发展明显加速。文化与经济的各种横向关系普遍建立，物质生产和精神生产相互渗透、转化、一体化的趋势越发明显，客观上要求变革传统的文化与经济发展观念、创立符合时代要求的新观念和理论。

第一节　从分离论到融合论

　　从某种意义上而言，文化与经济经历了一个由分离发展到融合发展的过程。经济学的理论是为解释经济现象服务的，因此，相应地经济学理论中关于文化与经济的研究也经历了从分离论到融合论的发展过程。

一、分离论

（一）对立论

　　认为文化与经济处于对立状态，具体表现是文化发展和经济发展是对立的，其原因就在于稀缺性资源的存在；使得资源在二者之间的配置是相互对立的，即资源配置到文化领域比较多，则意味着配置到经济领域比较少，反之亦然。

　　就我国而言，过去文化是被扭曲的。新中国成立以后，一直把文化作为一条"战线"、一块"阵地"。文化战线只能是附属于政治战线、军事战线的

一条重要战线。在这种情形下，包括影视、文学、艺术在内的所有文化完全依附于政治，成为政治和权力斗争的工具。由此，李海舰和王松（2010）指出，"这一时期文化仅仅是一种政治、一种口号；文化成为宣传，文化成为官话。在形式上是抓革命促生产；而实际上文化沦为了政治说教、宣传工具及意识形态的一种表象，也即通俗意义上的假话、大话、空话。这是典型的'说一套，做一套'"。在实际中，整个文化生产和服务都由国家财政负担的专门性事业部门或事业单位来负责，由此文化成为纯粹"花钱"的事情，它从属于意识形态，依附于政治。从中可见，在过去的计划经济体制下，只有文化事业，文化与经济是对立的。其结果是抓革命没有带来促生产，反而造成了文化与经济的对立发展。

（二）割裂论

随着社会和经济的发展、科技的进步，人类文化因素的作用对经济活动的影响越来越大，由此，使得以前潜在、间接的文化因素日渐凸显，最直接的表现就是知识、技术的创新与运用及管理与控制等。因此，理论界认为二者不是对立的，更不会因为文化的发展，占用资源而影响经济的发展。但是对于文化与经济关系的认识，仍旧停留在分离层面上，割裂了二者的关系。

概括而言，割裂论将文化与经济视为彼此分离的两类事物，认为尽管二者并不处于对立状态，但二者的发展是各不相关的、各自独立的，即"文化就是文化，经济就是经济。在实际中，搞文化的人不懂经济，搞经济的人不懂文化；文化是文化部门的事情，经济是经济部门的事情，即二者风牛马不相即，各走各的道"。割裂论还认为文化与经济在性质方面也有本质的差异。其中，文化具有政治性、高雅性的特征，具有意识形态的属性，基本没有世俗味，更谈不上资本的属性；经济则没有政治属性、相对世俗化，具有物质性和货币性的特征，是一种纯生产力（李海舰、王松，2010）。

二、融合论

20世纪80年代以来，随着知识经济时代的到来，尤其是网络的兴起，文化的力量日益凸显，文化与经济呈现出"你中有我、我中有你"的局面，二者开始相互融合，并逐步走向一体化发展。从融合发展的角度解读，其实质是非经济因素如文化、精神等，与经济逐步融合，并在经济发展中起着越来越重要的作用。

为更好地解释现实世界的经济发展，理论界开始关注文化等非经济因素对经济的影响，并逐步形成融合论的认识。在实际中，与非经济因素如文化等与经济逐步融合发展的过程相应，该认识经历了由补充论、主体论到主导论的演进过程。

（一）补充论

"补充论承认文化与经济是相互联系的，彼此相关的，而不对立的、割裂的，并把文化当作经济的一种补充，具有促进或阻碍经济发展的作用。故而，补充论主张应让文化进入经济领域，发挥其应有的作用"。随着我国从计划经济体制向社会主义市场经济体制的转轨变型，文化建设的基础平台正在发生根本性的转换，即将文化建设看成是经济建设的重要补充，和经济、政治建设一起成为社会建设的重要组成部分。并把文化隶属于经济，视文化为经济的一部分。同时认为文化作为经济发展的手段尽管十分重要，但它最终只能作为经济发展的手段或促进者这样一个次要的地位。如创意、文化产业的出现与兴起、体验经济、快乐经济、对形式美和文化品位的追求、对名声的推崇等就实现了文化与经济某种程度的融合，成了经济发展的重要补充。

由于补充论没有将文化与经济置于平等的地位，始终认为经济比文化更重要，文化只是经济的补充，对于经济发展而言，文化可多可少的，甚至可有可无。在实际中，当经济发展需要文化作为补充时，就利用文化，在经济发展不需要文化的时候，则文把化当作无用的"点缀"和"花瓶"。由此可见，补充论对文化与经济的融合发展的认识仍是不彻底、不完整的（李海舰、王松，2010）。

（二）主体论

主体论认为，将文化视为经济的补充是不够的，文化应该是经济发展的主体之一。正如李海舰和王松所指出的，虽然文化的意识形态属性还是存在的，但文化的资本性开始得到更多的体现，并发挥着越来越大的作用。文化成了经济发展的一种资源、资本，文化成了生产力。约翰·霍金斯（2006）认为文化资源是一种软实力、一种重要的生产资料和战略资本，通过与生产环节的融合，有利于经济结构、产业结构的优化与升级，成为促进经济增长方式转变的核心要素。在实际中，经济的范围开始突破物质经济，成为物质经济和精神经济的总和；而且由于精神消费、文化消费具有无限性的特点，精神经济的地位越来越重要。

（三）主导论

"随着文化因素进一步融入到经济中，文化对经济发展开始发挥主导作用，使得财富的范围不断扩大，并使财富积累发生了根本性改变"。现在，财富不仅包括劳动财富和自然财富，还包括人文财富（李海舰、原磊，2008）

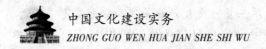

尤其是，空气阳光、绿水青山、森林清泉、鸟语花香、蓝天白云，健康、快乐、安全、休闲及亲情都成了财富的内容。由此，财富的积累包括物质资本、自然资本及人文资本的积累，其积累方式更加多元化（李海舰、王松，2010）。因此，主导论认为对于经济发展而言，文化是最高层次的资本，是最高层次的生产力，起到了"点石成金"、"画龙点睛"的效果。也就是说，文化对经济发展起到了主导作用。尽管如此，我们还必须意识到，文化无论如何也替代不了经济，二者各有其价值，而最终还是要以发展经济为本（李海舰、王松，2010）。为充分发挥文化的主导作用，必须打通文化与经济的联系，使二者融合在一起。

在现实中，人们已经充分认识到文化对经济发展的引领和主导作用。以山东威海市为例，过去威海市依靠美丽的自然景观来吸引游客，如阳光、沙滩、良好的气候环境及优越的地理环境，人们感受到的是风景优美的天然威海。但由于自然景观一方面维护管理成本很高；另一方面承受能力与吸引力毕竟有限，其结果是自然景观带来了巨大的成本负担，成为沉重的"包袱"。后来，通过将人文、历史等文化因素引入到地方经济发展中来，使得"包袱"成为"财富"。一是开发渔业文化，如通过修建渔具博物馆，展示渔具及渔具演化，并表演织网；通过渔民习俗表演、渔家乐，带给人们渔业体验、探海体验；通过隆重的出海、祭海仪式，升华人们对渔业文化的感受。二是开发海洋文化，如通过建设海底动物、植物博物馆，让人们欣赏动物表演、体验海底世界探险等；开展海上体育运动、海上观光，游览山上布满中华五千年的历代景观。三是开发"殖民文化"，如修缮德国建筑、英国建筑，并注重其内在的文化含义，使之既成为建筑景观，又成为人文景观；英迹文化等非物质文化遗产的开发，让人们体验人文威海的魅力。这样，威海将自然威海与人文威海融为一体，让人们在旅游、观光、娱乐、休闲的同时，也能体会到威海深厚的人文魅力，使得经济效益不断提高。

第二节　文化引领经济发展

基于对 21 世纪以来世界各国经济发展实践的观察，李海舰和王松（2010）认为各种文化因素已经成为经济活动中的主导力量，成为现代生产力最重要的源泉。尤其是文化资源具有稀缺性、可重复利用性、边际收益递增的特性，使得文化资源逐渐成为推动经济发展的主导性力量，发挥着引领经济发展的作用。这是因为：一方面，从文化需求的角度而言，它能有效拉动内需。物质财富越是丰富，文化需求就越是巨大 。"随着经济的发展，社会经历从温饱到小康再到富裕的演化过程，当人们基本物质需求得到满足时，人们的消费开始逐渐非物质化，也就是说从注重使用价值到注重观念价值；从追求质量到追求品位；从认同同质化到认同异质化，对于消费的感受经历了由物到心再到灵的转变"。特别是当今社会人们的文化层次普遍提高，导致文化需求的增加极快。另一方面"从文化供给的角度而言，文化供给对经济增长有巨大的提升作用"。这主要表现在，人力资本、创新精神及其他文化因素对经济增长的贡献率越来越大。目前，发达国家科技进步对经济增长的贡献率已超过60%，有些产业领域如信息技术、生物工程等已超过90%。经济实力的增强不再取决于自然资源、物质资本等有形资产，而主要取决于技术创新、知识产权、人力资本及文化因素等。

对经济社会的发展而言，文化的内在驱动力比经济力、政治力更强大。文化已成为影响地区、国家竞争力的关键因素，在国民经济与社会发展中的地位和作用越来越重要。具体而言，经济活动中注入的文化内涵越多，物质生产中产品的档次和附加值就越高，竞争力就越强，效益就越好；文化发展中吸收的经济成分越多，科技含量越高，文化的覆盖面越广，影响力就越大，渗透力就越强；文化决定着资源的开发、组合，决定着经济增长和社会进步的速度，决定着经济增长和社会发展的合理性，推动着先进价值体系的形成，协调着市场和环境的结合与互动，以及人才素质的提高。当然，文化对经济发展的影响具有双重性，一方面，健康积极的文化观念推动着经济的发展，如改革开放以来人们思想的解放、观念的变革及开放意识的确立就极大地唤起了中国经济的活力，促进了经济的快速增长。另一方面，陈旧、保守、封闭等消极的文化观念往往阻碍着经济发展。因此，对历史形成的文化环境和文化传统需要进行理性的分析。

综上所述，人类文化因素的作用贯穿于经济活动与发展过程的始终，文化与经济是逐步相互融合发展的。在物质产品生产处于上升时期的时代，文化因素的作用主要是潜在的和间接的，文化对经济的影响最直接表现为知识、技术的创新与运用、管理与控制、对形式美、品牌的追求，以及对名声的推崇等。在物质产品的生产力极大发展以后，经济活动中的文化因素开始更为活跃，与经济融合发展，并成为经济活动与发展的主导因素。

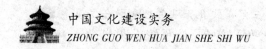

一、国内发展取向

在回顾我国的经济发展历程的基础上，根据发展手段选择的区别，将国家发展生产力的演进路线归纳为以下四个时期：①政治导向时期（1949～1978），主要通过政治手段发展经济，即当时流行的"抓革命促生产、抓政治促发展"的口号。在口头上是统一的，实际做法却是矛盾的，抓革命的结果是耽搁生产，由此形成了文化与经济的分离发展。导致经济没有取得应有的发展，而且文化的发展也比较落后。②经济导向时期（1978～2003），主要通过经济手段发展经济，即将"以经济建设为中心"确定为基本路线、方针。在这期间，文化与经济的关系，表现为由二者的完全分离状态向二者的逐渐渗透式状态转换。随着改革开放，思路转变，一方面是解放思想；另一方面是学习了国外的先进经验，总结了经验教训，认识到了经济发展是不能靠抓政治的，没有物质文明就不会有精神文明，前者是后者的基础。从管理文化角度看，传统文化是我国进行现代化管理的宝贵财富。在管理实践，我们将传统文化运用于微观经济管理和宏观经济管理中去，从而达到传统文化因素和经济活动的渗透式结合。由于这种结合是以管理为中介，或者是通过管理这座桥梁而得到实现的，即随着中国传统文化→管理→经济的不断渗透，使文化与经济不是完全分离的，即相对分离。③生态导向时期（2003年至今），2003年的"非典疫情"事件改变了人们对于经济发展的认识，促成了新发展观念的形成，由此党中央提出了"科学发展观"，开始在经济中注人生态元素，通过生态手段发展经济，即抓生态促发展。本阶段也是由文化与经济的分离到相对融合发展的转换阶段。一是随着物质经济的优先发展，物质生产力发展到出现资源富余程度，文化消费开始增多，使得社会对文化产品的需求保证了文化企业和文化产业的经济效益和社会效益。二是文化与管理已经得到相互融合，形成文化资本。三是随着我国市场经济的逐步完善，以市场为导向的文化产品生产，能在市场中找寻自身生存的合理位置，并通过文化产品价值内容"寻租"，既不断提高大众对文化的欣赏水平，丰富文化产品内容，为文化产业发展寻找方向，又加速文化产品生产部门的整合，促成文化生产部门的经济化运作。④文化导向时期（今后），主要通过文化手段发展经济。随着知识经济、文化经济的兴起，在经济发展中注入文化元素，使文化成为最高资本，引领经济发展。在现实中，要使经济又好又快的发展，必须抓人文和生态两个方面，实现文化和经济的完全融合发展。

二、国际发展比较

随着经济发展中的决定性因素不断转化为非物质资本，如人力资本、创新精神等文化因素。相应的，各国经济发展对企业、产业、区域及国家的科学技术、创新能力及文化的要求也越来越高。基于此，国家综合竞争力越来越多取决于文化、精神等非经济因素。

改革开放以来，中国实现了经济的快速发展。国内生产总值（GDP）由1978 年的 3645.2 亿元增加到 2011 年的 472881.6 亿元，以不变价格计算年均增长 9.89%，人均国内生产总值由 381 元增加到 35181 元，堪称"中国的奇迹"、"东亚的奇迹"。尤其是在国际金融危机之后，中国率先走出危机，实现了硬实力和"软实力"的提升。具体而言，在硬实力方面，2011 年中国的GDP 约合 73215.1 亿美元（按现行汇率计算，下同），已经稳居全球第 2 位，外汇储备 31811.5 亿美元为世界第一。在"软实力"方面，全世界现在都认可中国经济发展模式、"中国奇迹"、中国道路和北京共识。2007 年中共中央第十七次全国代表大会上明确提出要提高国家文化"软实力"，约瑟夫·奈（2009）据此认为中国的官方语言已经将"软实力"概念纳入其中。综合国力的大幅度跃升使中国跻身 G20 的行列，甚至与美国并列，被称为 C2。（李海舰、王松，2010）。尽管如此，从两国的发展现状来看，差距仍旧是非常明显的。

其一，就硬实力而言，无论是经济总量、人均收入还是对外贸易中美两国都相差较大。以 2011 年为例，美国 GDP 为 150944 亿美元，中国为 73215.1万亿美元，中国仅为美国的 1/2 弱；而人均 GDP 相差更大，根据 IMF 的统计，2012 年美国人均 GDP 为 49802 美元，全球排名第 11 位，中国为 6094 美元，全球排名第 84 位。按联合国"一天收入低于 1 美元"的贫困标准，中国还有约 1.28 亿贫困人口，中国仍是发展中国家。根据美国商务部经济与统计局公布的数据，美国进出口总额 4.9 万亿美元，货物贸易和服务贸易进出口总额分别为 3.88 万亿美元和 1.02 万亿美元，均居世界第 1 位，中国进出口总额达 38667.6 亿美元，差距也比较明显。

其二，就"软实力"而言，中国与美国的差距更为明显。首先，从产业结构来看，美国表现为产业软化、产业空心化，服务业（第三产业）产值占GDP 的比重已接近 80%，更为重要的是其中体现"软实力"的产业如版权产业占据了较大份额。以 2007 年为例，其核心版权产业（Core Copyright Industries）的增加值为 8891 亿美元，占 GDP 的 6.44%；总体版权产业（Total

Copyright Industries）的增加值为 15200 亿美元，占 GDP 的 11.05%。2004～2007 年，核心版权产业和总体版权产业的实际年增长率是美国整体经济增长率的两倍多。但中国的第二产业比重依然过高，2008 年第一产业、第二产业、第三产业产值比重为 11.3∶48.6∶40.1；同时，文化产业的比重也比较低，2009 年文化产业增加值占 GDP 的比重不足 3%。与此形成鲜明对照的是，美国文化产业的出口高速增长，出口价值位居世界第一。以 2007 年为例，其核心版权产业在国外市场的总销售额接近 1260 亿美元，比 2006 年增加了 8%。我国商务部的 2009 年《我国文化产品及服务进出口状况年度报告》显示，在国际文化产品市场中，美国所占份额已达 42.6%；美国的视听产品出口额列于航空航天产品之后，居所有行业的第 2 位，其中，2010 年美国海外票房收入就达 212 亿美元。尤其要指出的是，美国实物产品的国际贸易处于逆差状态，然而文化产品的顺差却非常高，2005 年个人、文化、娱乐服务的顺差额为 9510 亿美元。与此形成对比的是，迄今为止，中国的文化产品的国际贸易发展仍处于起步阶段，2009 年中国文化产品销售额仅占国际市场的 2% 弱，2010 年中国的海外票房收入也不过是 5.31 亿美元。另外，总的来看，尽管中国的对外贸易顺差较大，但文化服务贸易却一直是逆差，也就是说，中国对外贸易的顺差都来自于实物产品贸易（李海舰、王松，2010）。

以上分析表明，美国通过出口文化产品对外输出他们的价值观、思想体系、文化理念和生活方式，从他国进口实物产品。中国则完全相反。可以说中国与美国的差距不仅仅表现在量的方面，更表现在质的方面。针对这一现象，撒切尔夫人指出："中国是不可能成为超级大国的……现在的中国向外输出的是电视机，而不是思想观念，甚至不是电视节目"（Margaret Thatcher，2002）。撒切尔夫人认为其原因在于中国缺少文化、思想等"软实力"，这种力量的匮乏导致话语权的丧失和价值观的边缘化。美国能成为超级大国依靠的不单是硬实力，更是"软实力"，而其"软实力"的重要源泉就是美国文化。正如约瑟夫·奈（2002）所说："美国文化的全球影响力有助于增强我们的"软实力"——即我们的文化和意识形态的号召力"。这充分证明"软实力"来源于一个国家的文化、价值观念的吸引力（约瑟夫·奈，1990），即"软实力"是以文化为代表的，文化决定了一国的软实力。不仅如此，在知识经济时代，文化还决定一国的硬实力。米切尔·J·沃尔夫（2001）在《娱乐经济》中指出："文化、娱乐——而不是那些看上去更实在的汽车制造、钢铁、金融服务业——正在迅速成为新的全球经济增长的驱动轮。"约瑟夫·奈（1990）还指出："在信息时代，土地、资本、自然资源，都不一定是真正的财富。当前投资驱动型（Investment Driven）经济已经走到尽头，我们必须转向创新驱动型（Innovation Driven）经济与知识驱动型经济的领域。而这需要新思维、新知识等非物质资源来推动。"

因此，"文化是一国创造力的重要源泉；文化是一国竞争力的重要因素；文化是一国'软实力'的重要标志；文化是一国价值链的高端环节"。国际话语权竞争的背后，是价值观和传统文化的竞争。以上带给中国的反思就是，中国应该从小国模式向大国模式转变，即从输出产品到输出文化，从重视制造业等物质经济的发展转向重视文化因素的引入及精神经济的发展，这就要求文化与经济的融合发展，并由文化引领经济发展，从而做到发展导向的转变，实现经济增长方式的转变，实现由工业大国向工业强国的转变。

第三节　对文化产业及发展的反思

一、国内外文化产业的界定

文化产业在世界上引起关注大致已有约半个世纪的历史，理论界至今并没有统一的定义。一致公认的是，"文化产业"（CultureIndustry）这一概念最早是由法兰克福学派提出的。该概念1944年首次出现于法兰克福学派代表人物霍克海默和阿尔多诺共著的《文化产业：欺骗公共的启蒙精神》（The Culture Industry：Enlightenment as MassDeeeption）一文，该文后来收入《启蒙的辩证法》。他们并没有给文化产业下一个明确的定义，而是用"文化产业"这一概念来批判资本主义社会里凭借先进的技术手段大规模复制、传播和消费文化产品的现象。

后来一系列学者对文化产业进行了定义，其中比较有代表性的如下：贾斯廷·奥康纳（2004）认为："文化产业是指以经营符号性商品为主的那些活动，这些商品的基本经济价值源自于它们的文化价值。"提摩·坎泰尔（1996）认为："文化产业指那些使用同类生产和组织模式如工业化的大企业的社会机构，这些机构生产和传播文化产品和文化服务。如报纸、期刊和书籍的出版部门、影像公司、音乐出版部门、商业性体育机构等。"安迪·C.普拉特（2004）认为：文化产业"这一概念与以文化形式出现的物质生产中所牵扯到的各种活动有关系（这些文化形式如电影、电视，戏剧、音乐及美术)"。尼古拉斯·加纳姆（1983）把文化产业定义为"传统文化事业中特别具有可大量复制性的产业"。这一定义揭示出文化产业是从传统文化事业中分离出来的事实，并认为传统文化事业中具有了大量可复制性的部分即可称之为文化产业。大卫·索罗斯比（2001）综合了英国创意产业特别工作组、贾斯廷·奥康纳和古拉斯·加纳姆的文化产业定义，他认为，"文化产业就是在生产中包含创造性，凝结一定程度的知识产权并传递象征性意义的文化产品和服务"。美国学者斯科特（2004）认为，"文化产业是指基于娱乐、教育和信息等目的的服务产出和基于消费者特殊嗜好、自我肯定和社会展示等目的的人造产品的集合"。该定义从需求的角度认为传统产业主要满足人们生理上的物质需求，而文化产业通过生产人造产品，满足的是人的娱乐、教育、自我肯定等方面的精神需求。按照约翰·霍金斯在《创意经济：人们如何从思想中创造金钱》所做的定义：版权、专利、商标和设计产业四个部门共同创建了创意产业和创意经济，从中我们可以窥见创意产业的本质，是"用创意资本投入把所有产业联系在一起"。日本学者日下公人（1989）从经济学理论出发，对文化产业作出定义和阐释："文化产业的目的就是创造一种文化符号，然后销售这种文化和文化符号"。这个定义既体现了文化与经济的结合，也体现了哲学、心理学与经济学的结合。

在实际中，文化产业甚至未形成统一的称谓，各国根据本国的实际从不同角度对文化产业进行了界定。联合国教科文组织（UNESCO）在《文化、贸易和全球化（Culture，Trade and Globalization）》中指出，"文化产业是指那些包含创作、生产、销售'内容'的产业"。在英国，文化产业被称为"创意产业"（Creative lndustry），英国的创意产业工作组（Creative Industries Task Force，1998，2001）定义认为，创意产业就是源于个人创意、技能及智慧，通过知识产权的开发和运用，而形成具有创造财富和就业潜力的行业。包括出版、音乐、表演艺术、电影、电视和广播、软件、游戏软件、广告、建筑、设计、艺术品和古董交易市场、手工艺品及时装在内的13种行业，可以看出其界定非常宽泛。在美国，并没有所谓文化产业的提法，而是从文化产品具有知识产权的角度将文化产业界定为版权产业，共六类分别为：文化艺术、音乐唱片、出版业、影视业、传媒业、网络服务业。在日本，强调内容的精神属性，文化产业被称为内容产业，认为凡是与文化相关联的产业都属于内容产业，范围也比较广泛。除传统的演出、展览、新闻出版外，休闲娱乐、广播影视、体育、旅游等都包括在内。欧盟"Info 2000 许划"中把内容产业的主体定义为"那些制造、开发、包装和销售信息产品及其服务的产业"。

中国的文化产业发展起步较慢，相关研究也明显落后于发达国家。在国内学术界，学者们大多是在借鉴国外代表性定义的基础上，结合本国文化产业实际情况，从不同角度对文化产业进行定义。胡惠林（2001）从系统论角度进行将文化产业定义为一个以精神产品的生产、交换和消费为主要特征的产业系统。该定义强调了文化产业的精神性，但没有把精神服务纳入文化产业之中。李江帆（2003）基于产品具有文化性的角度，指出文化产业就是一种集合体，这种集合体以国民经济中生产具有文化特性的服务产品和实物产品为单位。邓安球（2008）将文化产业定义为市场进行创造、生产、流通、销售具有文化含量的产品和服务的活动，以及与之存在联系的各种参与、支撑等活动的集合，突出了文化产业的市场属性。总体而言，国内大部分学者认为：文化产业是为人们提供文化产品及生产和经营文化产品提供物资设备和智力服务的经济行业。

就实际而言，相比于国外，国内文化产业涵盖的范围更广。《2001～2002年中国文化产业蓝皮书总报告》从产品的性质、经济过程的性质两个方面界定了文化产业：从所提供产品的性质来看，文化产业可被理解为向消费者提供精神产品或服务的行业；从其经济过程的性质来看，文化产业可界定为按照工业标准生产、再生产、储存及分配文化产品和服务的一系列经济活动。2004年5月，国家统计局在与中宣部及国务院有关部门共同研究的基础上，编制了《文化及相关产业分类》，该文件将文化产业定义为"为社会公众提供文化、娱乐产品和服务的活动，以及与这些活动有关联的活动的集合"，该定义将文化产业的核心部分界定为提供文化、娱乐产品和服务的活动，以及与之有关联的活动；2004年10月，文化部在下发的《文化部关于支持和促进文化产业发展的若干意见》中将文化产业界定为从事文化产品生产和提供文化服务的经营性行业，强调了文化产业是一个经营性行业。而按照2009年7月国务院常务会议原则通过的《文化产业振兴规划》，中国文化产业的范围具体包括以下十大门类：影视制作业、出版业、发行业、印刷复制业、广告业、演艺业、娱乐业、文化会展业及数字内容和动漫产业（李海舰、王松，2010）。

以上的回顾表明，虽然不同国家对文化产业的理解不完全一致，然而文化产品的一些基本特征，如精神性和娱乐性等，在各国是相同的。基于此，胡晓明、肖春晔（2009）定义文化产业为从事具有精神性、娱乐性文化产品的生产、流通、消费活动的行业。这充分表明，文化产业的概念虽然在表面上把文化与产业联结起来了，但它仍停留在就文化论文化的层面，未能达到文化与经济真正融合的高度。而且，文化产业概念中的文化似乎也只是狭义的文化概念，它只不过是文化部门一家的事情，而决非广义的文化概念。

二、文化产业界定的几大问题

（一）文化产业不是重复发展就是无法发展

从国内外文化产业的实际来看，文化产业并不是真正意义上的新兴产业，更没有完全成为高增长行业，尤其是其发展的差异化程度不大。在我国这一情况更为突出，第一，就文化产业的界定而言，所涵盖的范围窄。"我国文化产业的十个门类可归纳为三大层面：一是所谓的文化产业核心层，包括新闻、出版发行和版权服务；广播、电视、电影服务；文化艺术服务。二是所谓的外围层，包括文化休闲娱乐服务；网络文化服务；其他文化服务。三是所谓的相关文化产业层，包括文化用品、设备及相关文化产品的生产；文化用品、设备及相关文化产品的销售等"。第二，就我国文化产业的建设而言，文化产业的建设是新一轮的重复生产、重复建设。一方面搞"大而全"、"小而全"，造成建设结构雷同，如动漫产业的情况就是如此；另一方面全国各地已经发展起来的文化产业、创意产业，仍然沿袭着传统产业发展模式，导致整个产业差异化很小。第三，就文化产业的外部环境而言，由于市场经济体制的不完善，导致市场很难真正发挥资源配置、效益优化的作用、市场整合资源的能力无法实现，并导致整个文化产业分散经营、同质生产、恶性竞争、效益低下、积累缓慢。第四，就文化产业的管理体制而言，由于体制的不健全及政府和部门对于文化产业的干预程度较高，文化产业的管理存在条块分割、多头管理、政企不分等问题，致使文化产业难以差异化发展。第五，就文化产业的区域发展而言，目前，"中国政府大力鼓励各地发展文化产业，但是，按照世界各国所定义的文化产业涵盖范围，这类文化产业在中国的省会城市和计划单列城市还可发展，至于广大地级城市和县级城市，因为市场空间限制，根本无法发展。"

（二）文化与经济不是融合发展而是孤立发展

文化与经济不是融合发展而是孤立发展。就我国文化产业的发展现状而言，第一，所谓的文化产业是名不副实的，要么是有文化没创意，要么是有产业没文化。

第二，我国文化产业的企事业单位受传统计划体制束缚影响，市场开拓意识不强，致使"文化产业存在'小散乱'的问题，缺乏自主品牌，只好为国外做代工、做贴牌，或者出口一些'零件'、'素材'，导致产品附加值低、企业效益低，未实现从'中国制造'向'中国创造'的转变"。尤其是我国文化产业的技术水平发展缓慢，没有与先进技术融合，技术创新不够，与发达国家存在较大差距，导致文化产品缺乏吸引力和竞争力；同时本该由政府支持的文化创意人才的专业化、国际化培养投入少；在市场规范、信息服务、发行渠道建设、市场调研等软条件建设方面，对文化产业的支持也很少，由此对文化产业未来可持续发展带来了消极影响。第三，文化产业发展的范围有限，还是局限在所谓文化事业的圈子中，使得文化产业没有和其他产业融合在一起。就我国文化产业的内部而言，市场化水平不高，对政府、部门政策的依赖性较强，使得我国文化产业的各环节间、区域间及所有制之间存在诸多的体制和利益障碍，造成文化产业链过短、文化企业难以"做大做强"等问题，以及难以与其他产业实现融合发展。其根本原因是在文化产业及其发展中，文化与经济仍旧是各行其道，二者并没有真正联系起来，更未能形成相互融合及一体化发展（李海舰、王松，2010）。

（三）文化在社会生活中不是处于中心地带而是处于边缘地带

文化在社会生活中仍旧处于边缘地带而不是中心地带，具体表现在：第一，文化产业软硬失衡，硬条件发展过热、软条件发展滞后，即在文化产业中，文化是"点缀"和"摆设"，主角还是经济。尤其是对文化产业的法规政策建设不重视，导致了相应的制度缺失、产业政策不完善，进一步制约文化及产业的发展，使得文化处于社会生活的边缘地带。以文化地产为例，由于房地产商的大力推动，各级政府的利益关联性高，以及文化政绩的需求，全国各地文化园区、基地、聚集区及影视园区和拍摄基地发展迅速。但这些园区、基地大多缺乏真正的文化资源，且生产流通能力不足，同质化现象严重，难以良性运营，对文化产业发展的支持程度有限，甚至不少逐渐或者必将过渡为房地产项目。反观世界文化产业发展的经验，如美国洛杉矶的好莱坞、纽约的百老汇、英国伦敦西区的演出中心、印度的宝莱坞等都是在具备文化资源优势、品牌优势的基础上发展起来的，是以文化资源为核心通过市场行为自然形成的文化产业集群，因此具有强大而持久的生命力。

第二，我国文化产业在整个国民经济体系和产业结构中，不仅所占比例较小，而且处于被支配地位，是制造业的附属产业。从业结构来看，我国文化产业规模小，属于边缘化产业。从产业竞争力来看，由于国内缺乏真正具有市场主导性的综合性文化企业集团，导致我国文化产业的国际竞争力、市场适应能力不强，因此只能成为制造业的附属产业。正如李海舰、王松（2010）所指出的，文化产业所体现的文化，在社会生活只是处于边缘地带。

第三，对于文化的重视不足，对于文化市场的调研不够，导致文化产品市场占有率低，即使是优质产品也难以形成产业链，产品附加值未能得到有效挖掘。由于未能充分认识文化在社会生活中的中心地位，一方面造成我国文化企业融资难问题普遍存在，部分地区非公资本进入文化产业还存在一定障碍；另一方面造成我国文化企业没有以文化为核心建立与市场经济体制相适应的营销模式，整体的市场拓展能力不强，营销能力普遍较低。

总之，以上情况从根本上制约了文化对经济发展主导和引领作用的发挥。而要真正发挥其作用，必须让文化处于中心地带和统治地位，在经济平台上注入文化，做到"经济搭台，文唱戏"（李海舰、王松，2010）。

（四）文化不是广义文化而是狭义文化

由前面的论述可知，论及文化这一概念，其语意是极其丰富的，因此对于文化的界定应该是开放的。首先，就其"内涵而言，文化就是概念、理念、故事、历史、标准、符号、遗产、文物、知识、智慧。也就是说，本质上文化是广义的、开放的"。就其外延而言，广义的文化是"大文化"和"泛文化"。一切都可以是文化，文化渗透于社会生活的各个方面和领域。它包括自然文化和人文文化等，而且文化不只是文化部门的事情，文化是所有部门的事情。

就我国文化产业的实际情况而言，文化产业所指的文化是文化部门的事情，局限在一定的范围，是狭义的文化而不是广义的文化。一方面，我国文化产业的主体，大都是原来计划经济体制下的具有高度垄断的文化事业单位经过体制改革转化而来的。它们的所有制结构、企业规模大小及在行业中的地位，不是通过市场竞争形成的，其发展基本局限在文化事业的范围中，且受到文化部门的干预较大。如我国图书出版业就是如此，除了中央级出版社外，每个省的图书出版社的结构功能都大致相同。另一方面，长期以来，在社会经济发展中，文化与经济是各自独立的，彼此不相干的。它们拥有属于自己的、独特的运行模式与话语体系，形成了文化是文化，经济是经济的局面。

综上所述，我国文化产业及其发展存在四大问题，即重复发展、孤立发展、文化处于边缘地带及文化是狭义的文化。就现实而言，文化与经济正以前所未有的速度和方式实现融合发展。从融合发展进程的角度来看，文化产业仅仅是二者融合发展过程中的一个阶段性表现。

第四节 文化与经济的融合发展理论架构

正如前面所述,就目前经济学的研究而言,解释文化与经济关系的相关理论已经跟不上经济发展的现实。尤其是,缺乏对二者的融合发展研究,造成现有的理论难以解释现实的经济现象。因此在借鉴传统研究框架的基础上,就需要对传统理论内容进行发展和创新,在不失其理论一般性的同时,归纳和分析文化与经济的融合发展的机理和具体实践,并进行推广和完善,以期为后续的研究建立一个理论框架,也为构建系统完整的文化与经济发展的理论体系奠定基础。

首先,对中国的实际发展现实展开研究,主要希望回答两个问题,即为什么会出现文化与经济的融合;二者未来又应该如何融合。正如前面所述,基于文化与经济的融合发展视角来看,我国的经济发展历程大致可分为四个阶段:①1949~1978年,政治导向时期,文化与经济处于绝对分离状态,各自独立、孤立地发展;②1978~2003年,经济导向时期,文化与经济相对分离阶段,即主要通过管理这个中介渠道进行一定程度的结合;③2003年至今,生态导向时期,文化与经济相对融合,主要通过文化产业的形成进行融合,文化是起点,经济是终点,文化产业是实现文化与经济相互融合的桥梁和纽带;④今后,文化导向事情;女化与经济完全融合的和谐发展。如图3-3所示。

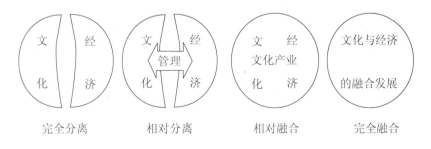

完全分离　　　　相对分离　　　　相对融合　　　　完全融合

图3-3 文化与经济融合发展的过程

其次,从世界社会经济发展的历史进程来看,文化与经济的融合发展过程实质上是作为科学精神和人文精神的文化因素,与经济发展过程中作为生产、交换、分配、消费环节的物质因素的相互渗透、延伸和交融的发展过程，这一过程是由点到面到体，并将最终实现二者的多元性、全方位融合。又因为整个经济过程都受到人的文化理念和价值取向的支配，所以文化与经济的融合发展具有多元性。其主要形式和内容：一是文化资源与人力（劳动力）资源、技术资源、物质资源、资金资源、信息资源五大经济资源的相互融合，共同构成了人类经济发展多元要素；二是形成文化资本，并与社会资本融合，成了最高层次的资本，共同构成当今世界社会生产力；三是文化与物质产品融合，使物质产品有了文化的名称，尤其是品牌文化与品牌产品的融合，使其塑造的品牌产品蕴含越来越多的文化内涵，价值更高；四文化和企业融合，使得企业经营的好坏越来越多地取决于文化因素；五是文化与产业的融合，使得产业的形态发生了变化，成为产业创新和结构升级的主导力量；六是文化与区域经济的融合，成为区域经济和综合国力的重要决定力量。

最后，考虑到文化的多元化、开放性及复杂性，要深化文化与经济的研究，必须在现实研究的基础上，探索新的研究思路、寻找新的研究灵感；必须采用一种截然不同的、非加总的和远离均衡的思维方式；必须将二者置于平等的地位，深入认识文化与经济的融合发展。为此，基于对文化开放式的界定，从路径实现的视角，提炼中国典型事实，按微观到宏观的递进实证研究四个层面上文化与经济的融合发展，综合归纳其内在机制和基本原理，初步构建新的研究范式和理论框架。

（1）产品层面上文化与经济的融合发展。"随着现代社会从产品经济和服务经济开始转向体验经济和知识经济、从物质经济开始转向精神经济，产品已经突破了传统意义的界定"，文化与产品日益相互融合，越来越多的物质产品具有了越来越高的文化含量，这不仅是指它们越来越成为高科技产品，而且也指它们的设计和生产中，包含越来越多的人文精神和价值观念。即产品的商品价值不仅包括使用价值，而且包括观念价值，其中，观念价值更为重要，它使得产品拥有更高的附加值和竞争力。产品层面上文化与经济的融合发展的基本机理是：打造产品的观念价值。

（2）企业层面上文化与经济的融合发展。文化成为企业的资本，而且是最高的资本，企业利润来自思想。其基本原理：一是文化要素决定了企业家的思想，而企业家的思想和企业家精神是创新的根本，是企业发展的核心动力；二是文化要素决定了企业家的选择机制。三是文化，尤其是企业文化决定了企业管理者的经营机制，进而影响总体生产率。企业层面上文化与经济的融合发展的基本机理是："企业要构建将思想转化为行为再转化为绩效的新机制，从而实现企业利润由'有中生有'向'无中生有'的转变"。

（3）产业层面上文化与经济的融合发展。随着经济结构的服务化和需求结构的进化，产业发生了业态革命，其实质是产业形态由"实业"或"虚业"转变为"实业＋虚业"。同时，伴随着业态革命，产业发展方式不断转型，由此使得产业开始由有限发展向无限发展转化。产业层面上文化与经济的融合发展的基本机理是：将文化因素引入产业及将文化资源转化为产业实体。

（4）区域层面上文化与经济的融合发展。随着文化元素的注入，区域文化的作用开始不断凸显。尤其是文化以其无处不在的巨大渗透力影响着区域经济发展，并使得现在的区域经济二物质经济＋精神经济，而且物质经济与精神经济相互融合、相互促进，逐步走向完全融合。其中，物质经济是有限的，精神经济是无限的，具体而言，在现实中区域文化成为区域经济发展的主导力量，区域文化通过与区域内产品、企业、产业及产业集群等的深入结合，形成融合发展，其实现模式和方式是多样的，而且与区域文化的特色有着极大的相关性。在区域发展实践中，文化与经济的融合发展的实现机理主要包括：一是把实的做成虚的。通过区域文化、特色文化与经济实体相结合直接带动区域相关产品和产业的发展，即将区域文化赋予相应的物质载体，从而推动产品、企业及产业的发展；二是把虚的做成实的。通过区域文化的扩展，将人文因素引入区域的其他经济领域，间接带动区域产品、企业及产业的发展。文化和经济在区域层面的融合，形成区域创新系统、产业的根植性（嵌入）；形成区域核心竞争力，创新体系等。文化与经济的融合发展理论构架如图3-4所示。

从本质上讲，文化与经济的融合是市场经济发展的产物，又是现代市场经济的重要组成部分。但现代市场经济是存在宏观调控的经济，这就要求一方面，充分发挥市场对文化资源的基础性作用；另一方面政府在宏观上对文化与经济的融合发展进行有效的支持。

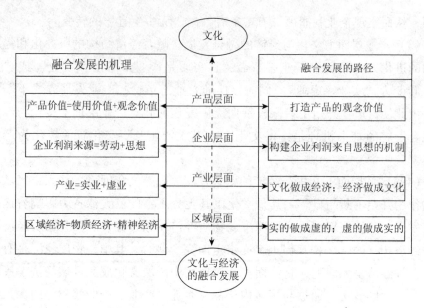

图 3 - 4   文化与经济的融合发展理论构架

第六章 企业、产业层面上 文化与经济的融合发展

　　企业层面的文化与经济的融合发展，首先，体现为企业内部文化的融人，即作为一个完整组织的企业可视为某种特定的文化形象，它由价值观、信念、符号、仪式、信任、处事方式等组成。企业文化的出现也足以证明文化在经济生活中的重要地位，成功的现代企业都有独特的企业文化，这是企业的核心价值体系，通过该体系强大的凝聚力、感染力、亲和力聚集人心，创造富含企业文化形象的高附加值产品。就个体而言，个人的创新精神、合作精神、敬业精神、道德修养、对劳动的态度、对工作的热情、对学习知识的渴望等都是该体系的重要内容。其次，体现为企业经营中文化因素的引入。即通过引入包括思想、信仰、价值观、偏好和信任等文化因素影响员工对待工作、闲暇、风险、教育、创造力、合作等方面的态度来决定各种方案的机会成本，从而影响员工的行为，继而决定经济绩效。最后，体现为现代企业的竞争、兼并或广告宣传大都在文化层面上展开，也就是说企业的竞争就是文化的竞争。这就要求，对于企业层面文化与经济的融合发展研究必须打通企业内部和外部网络，跳出过去限于企业本身的思维框架，而基于社会性网络视角展开。

第一节 文化与企业关系的理论阐释

一、企业性质的变迁

过去，企业就是把物质资本变成利润的组织。新古典经济学认为企业唯

一的功能是根据边际替代原则对生产要素（土地、劳动力、物质资本等有形的物质）进行最优组合，从而实现最大的产量或最低的生产成本。简单将企业看作一只"黑箱"，把企业归结为投入产出的技术性生产函数。科斯（1937）尽管打开了企业的"黑箱"，把企业的性质定义为不同于市场的资源配置机制。但并没有考察物质资本以外的资源配置。一直以来，在经济学和管理学界，都将企业界定为物质产品和资本的经营者。美国管理学大师德鲁克（1966）早在20世纪60年代就很有远见的提出，企业是"把资源变成财富的组织"，这无疑比其他关于企业的界定更深刻，但该定义仍旧没有突破有形资本的网，其所指的资源还是只包括有形的物质资本。即德鲁克还是认为有形的资源，如物质资本、劳动等是企业的利润的源泉，没有真正关注到无形资本、非物质资源的作用，是典型的"有中生有"。

后来，学者们开始反思传统理论对企业研究的局限性，即认为对于企业的研究不能仅限于经济性、物质性范围，应该扩展社会性的范围。由此提出企业也是一个社会性组织，企业是社会运行的微观要素，其社会组织特征通过社会主体性和社会存在性予以体现。现代企业既具有经济性特征又具有社会性特征，既要发挥其经济职能作用，也要发挥其社会职能作用。同时，在经济学和管理学中，实现了对企业认识的进一步深化，即认为企业由追求股东利益最大化的目的变为以追求自身成长为目的"。查尔斯·汉迪提出了现代社会中"存在主义型公司（Existential Corporation）"的概念：这种公司以自我实现为主要目的，尽其可能成长、发展到最好的程度；这种公司对包括投资人、员工、客户、供应商、环境和社会等在内的利益相关者都负有义务，但却不归任何人所有；它掌握自己的命运，追求永续经营；它不是一份被人类占有的财产，而是一个拥有自己财产的社区。概括而言。企业性质由经济性到经济性与社会性并存。即企业是一种综合运用各种资源配置方式的价值创造逻辑与能力的集合体，并通过其社会主体性和社会存在性予以体现。企业的利润不仅来源于自身的物质资本，也来源于社会性的物质资本。

现在，随着知识经济时代的到来，物质资本之外的文化因素对于企业的影响越来越大，文化已经成为企业的资本，而且是一种最高资本。由此，企业的利润主要来自思想文化，而且，"'小思想'带来小利润，'大思想'带来大利润，'无思想'则无利润。从这个意义上而言，钱袋子来自脑袋子；一种新思想就是一种新的货币，一种新思想就是一种新财富，这表明企业利润的获得形式发生了根本性变化，即由'有中生有'变为'无中生有'。由此可见，企业不仅是把物质资源、资本变成利润的组织，更重要的是把文化变成利润的组织"。总之，无论就基本形态还是内在本质而言，在现实中传统意义上的企业已经逐步消亡，知识经济时代的企业是将文化、思想作为主要资源加以配置、利用，并获取利润的组织，这就要求我们必须突破传统思维范式看待企业，将经营企业的重心由物质层面转向非物质层面，如文化、思想等。

二、企业层面上文化与经济融合发展的理论分析

一是文化决定了企业家的思想，而企业家的思想和企业家精神是创新的根本，是企业发展的核心动力。詹姆斯·C. 柯林斯、杰里·L 波拉斯（James C. Collins、Jerrv LPorras，1994）在《基业长青》中指出：利润之上的追求在伟大的公司里，更是被"教派般的文化"灌输；因为所有伟大的公司都是"务实的理想主义者"，它们将利润视为生存条件，但更明白要获取利润必须要有文化、精神的追求。中外企业的发展进程表明，在企业演化发展的不同阶段，文化总是直接或间接地影响企业演化发展的方向，并作用于企业的资源配置范围、强度及其效率。其原因在于，在文化与企业核心竞争力之间，存在着互相渗透、互相依存、互相促进的相辅相成关系。基于这样的关系，文化能启动、引导和推进企业核心竞争力，并形成一种鲜明的差异化竞争战略，使企业具有凝聚力、内在驱动力和对外部环境的适应力。

二是文化要素决定了企业家的选择机制。如林毅夫（2007，2009）关于中国"李约瑟之谜"的分析很好地说明了这一点。在古代，传统的中华文化观念将进入官僚阶层看作是人们在社会中不断往上升迁的最终目标，即"学而优则仕"，使得社会的精英人士、最有才华的人自然大量被吸引到官僚阶层，从而必然限制了从事科学研究、商业活动及实业经营方面的人才资源，使得中国古代经济处于"高水平均衡陷阱"。这说明基于当时中国文化所形成的激励结构，决定了社会、企业家的选择机制，导致古代中国没有发生技术革命。

三是文化尤其是企业文化决定了企业管理者的经营机制。首先，企业文化影响企业内部部门、管理者与员工的关系，以及企业间的竞争、分工、合作关系，进而影响总体生产率。其次，企业文化具有引导力，它能用正确的思想、观念引领企业管理者、员工去实现预期的目标，并随时随地对决策者、管理者及员工发生着作用，帮助这些企业成员在内心中形成对企业的归属感、对职责的使命感、对事业的执着态度，它还能激发企业成员克服困难的勇气，建立创造性的工作观。最后，企业文化具有凝聚力，它能将企业决策层、管

理层及操作层员工的思想凝聚起来,统一思想和认识,从而有利于共同贯彻企业的经营战略。最后,企业文化具有提升力,就是对人的全面发展和企业文明程度的提升作用。适合的企业文化能转变公司管理者和员工的思想认识,提高他们的专业理论和技能,充分调动他们的积极因素,发挥其最大潜能,由此提高企业绩效,形成企业核心竞争力,促进企业发展。哈佛商学院教授约翰·P. 科特、詹姆斯·L 赫斯克特在《企业文化与经营业绩》中说道:"企业文化有可能成为决定企业兴衰的关键因素"。文化决定并标志着企业的视野和品位,如果企业没有找到合适的文化,尤其是没有形成符合企业特点和基本发展规律的文化,最终会走向失败。

第二节　利润来自思想的机理分析与案例研究

一、利润来自思想的机理分析

随着非物质资源成为企业的关键要素,依靠传统的管理方法配置资源难以保证效率,为此,要求企业用思想文化整合资源,提高资源配置和利用效率。从另一个角度讲,就是"企业要构建将思想转化为行为再转化为绩效的新机制,从而实现企业利润由'有中生有'向'无中生有'的转变"。这充分说明,在文化资源融人企业的前提下,企业要获取有形的利润,其根本出路在无形的思想文化层面,正所谓"上下求解,解在上面"。

就目前的现状而言,企业与经营者的情况不外乎有以下三种:第一种是企业与经营者投入了大量的物质资本和人力资本,但利润很低,这在中国大量存在。第二种是企业与经营者投入了大量的物质资本和人力资本,也收获了较大的利润。所谓越是辛苦赚钱越多,赚钱越多越是辛苦。应该说能够做到这种程度的企业和经营者已经是相当不错了,但依旧赚的是辛苦钱和血汗钱,企业的成长也是粗放型增长模式。如"珠三角"、"长三角"地区从事制造业的很多企业和老板们是典型的代表。第三种是企业与经营者投入了并不多的物质资本和人力资本,却取得了巨大的利润。所谓越清闲赚钱越多,赚钱越多越是清闲;清闲赚大钱,赚大钱更清闲。不过这种情况在中国比较少,但在西方发达国家还是比较多的。

概括而言,经营企业主要有两种形式:一种是就企业做企业,停留在物质层面；

另一种是跳出企业做企业，超出物质层面。真正要将企业经营好，必须选择跳出企业做企业，将企业经营提高到文化层面，用思想、用标准来赚钱。对企业经营者而言，就是制造思想，谋篇布局，由此打造大的架构和体系，使企业获得更多利润。因此，一种新思想就是一种新货币，一种新思想就是一种新财富。当今社会，没有新的思想，没有新的理念，没有新的创新，企业就很难获得利润。这也很好说明了有的企业起初获得了很好的发展，现在却难以持续发展，原因就是它们不明白如今企业的利润来源已经发生了变化。

为实现企业利润来自思想，提出了三个要点：第一，要通过提高企业家的思想、文化素质，让其成为思想制造者。当文化资源成为企业发展的主导力量时，企业家的思想对企业经营管理、创新、管理者选择等行为都有重要影响。因此，企业家只有经营好了思想，才能有效配置资源、提高生产率，使企业更有效地获得利润。从这个意义上讲，真正优秀的企业家应该是经营思想的人。第二，要做好企业的文化建设。一是准确定位企业的文化主题；二是做好文化的打造，即企业文化要有提炼，要充实，并且要落到实处，否则文化将成为毫无价值的口号；三是做好文化经营，充分发挥文化的引导作用，使文化成为一种智慧上的启迪，一种精神上的提升，而不仅仅是具体的战术方案。第三，要将文化因素、思想融入到企业管理中，实现文化、思想与管理的相互融合，让文化、思想指导企业管理，由此增强企业管理的"软实力"。这要求将文化与战略有机结合，才能保证文化渗透到日常的管理环节之中，避免"两张皮"现象——即文化是文化，管理是管理，二者不相干，从而实现企业的可持续发展。

二、构建企业思想—行为—绩效的转化机制——基于案例的研究

就当前的情况来说，企业经营发展的主要趋势是把无形的思想和文化转化为有形的企业利润。以海尔为例具体阐释在企业层面如何将思想转化为行为再转化为绩效的内在机制。长期以来，大家都认为利润来源于劳动、生产及产品的销售等物质因素，寓于物质层面研究企业利润及经营活动，故而，单单依靠多流汗、抓生产、抓销售只能导致利润率的低下和企业发展方式的落后，尤其是随着资源环境的约束越来越大，物质资源的成本不断提高，企业这种基于物质层面的粗放型发展难以为继；不久，海尔就意识到了产品质

量的重要作用，并推行了专业化创名牌的战略，不过仍未能彻底超越物质层面来探索经营企业之道，也就无法完全摆脱利润空间狭小的局限性，难以扩展利润空间（李海舰、王松，2010）。现在，海尔充分认识到企业的利润主要来自思想文化，而且思想要创新，新思想就是新财富，而企业成功的决定性因素是"认识事物的世界观发生了根本改变，即价值观的创新"（胡泳，2008）。当前的海尔摒弃了一般企业采用的物质层面的经营战略，独辟蹊径地提出海尔不是产品库，而是思想库的观点。在海尔人的理念中，企业必须"将企业家的责任定位于制造思想、经营思想"，认为企业家就是要不断接受新思想，要不断地充实自己，在群众实践中锻炼成材。正如海尔总裁杨绵绵所说，张瑞敏是个经营思想家，他的许多思想首先来自于创新性的实践。张瑞敏在回答"你在企业中的责任"的提问时表示："第一，应是个设计师，在企业的发展中，如何使组织结构适合于企业的发展；第二，应是个牧师，不断地"布道"，使员工接受企业的文化，把员工自身价值的体现与企业目标的实现结合起来"（胡泳，2007）。在海尔的经营和发展过程中，张瑞敏通过加强文化修养和理论功底等优秀素质的培养，不断提高接受和运用新思想的能力，以及对需求与变化的迅速反应能力，提出了海尔集团发展的战略思想。尤其是其对《孙子兵法》和道家思想的独到见解，令张瑞敏娴熟地将各种西方的经济学、管理学思想为己所用，准确地把握了市场经济中企业发展的精髓，先后创造性地提出了诸如"OEC管理理念"、"斜坡球体理论"、"企业文化激活休克鱼"、"市场链"等多种先进的管理理念。其次把这些抽象的理念转化为具体的企业经营手段。1992～1998年，海尔推行多元化战略，在此期间，他们大力推广"东方亮了再亮西方"等企业文化和理念，顺利完成多元化扩张；1998年以后，海尔又开始推行以创造国际名牌为导向的国际化战略，实施以国际市场作为发展空间的三个1/3的策略，为海尔创国际名牌提供了思想基础（郭鑫、毛升，2003），这是"先胜后战"的谋略思想在现实中的生动运用。另外，海尔还努力将文化建设与企业发展融合在一起，通过质量文化的建设、文化的整合传播、突出敬业报国等一系列文化理念建设提高产品的文化含量，使得文化深深植入管理域的决策和企业日常经营的全过程（李海舰、王松，2010）。海尔提出的企业文化方面的最新理念是，企业文化可以策划，企业上市的前提是价值观和管理先上市。张瑞敏曾表示："海尔17年只做了一件事情就是创新"。海尔高人一筹的地方就在于其符合企业特性的特色文化，以及坚持将这一种文化理念贯彻到底。杨绵绵的话就是佐证："人人都说海尔的核心就是创新文化，但是如何让创新落地。海尔的成功就在于

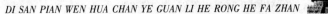

坚持文化，坚持了 20 年"。杨绵绵认为自己就应该不断将新的经营思想推向实践，然后再不遗余力地层层传递下去。她还提出入有三商：情商、智商和韧商，韧商的提高最困难，而海尔的文化却能够有效地提高韧商。企业的具体经营策略和制度是"术"，文化是"道"，它贯穿和渗透在前者中。无形的文化比有形的物质更有力量，是我们这个崇尚理念时代的企业核心竞争力。

基于此，海尔培育出了一套全新的思想—行为—绩效机制，极大提高了企业效率，增加了企业利润，企业发展突飞猛进。当企业未能意识到思想是利润的主要源泉，忽略思想文化对企业发展的推动作用时，则必然难以取得成功。张瑞敏说过，"中国有很多企业过几年就不行了，因为它长期停留在曾经为其带来成功的价值观上而没有在成功之后再找到新的价值观"　（胡泳，2008）。张瑞敏的思想对中国企业家们的启发是多维度的，第一，找准发展道路的前提是不断与时俱进、更新理念，实现观念创新。如若不然，则会导致思路混乱，方向错误。第二，思路正确时也要踏踏实实的不断努力，力戒一蹴而就，要通过"积跬步"来实现至千里，通过量变逐步实现质变。第三，老子说"胜人者有力，自胜者强。"我们要看淡名利、正是挫折，努力战胜自己，做到得意不忘形，失意不失态。唯有如此，才能成为优秀的企业家。

总之，海尔的成功充分证明了企业利润来自于思想，正是张瑞敏将中国传统文化精髓与西方现代管理思想融会贯通，"兼收并蓄、创新发展、自成一家"，创造了富有中国特色、充满竞争力的海尔文化，才使得海尔成长为今天的世界知名企业。

第三节　产业层面上文化与经济的融合发展理论分析

一、产业形态的演进

过去，文化就是文化，文化是文化部门的事情；经济就是经济，经济是经济部门的事情。这反映在产业层面上，产业要么是实业；要么是"虚业"，二者是各自分离、互不相干的。后来，随着高技术产业和信息产业的发展。以第二产业增长为主的经济发展模式（工业化模式经济）逐渐过渡到以第三产业为主的发展模式（后工业化模式）上来，同时产业下游化转移，现代服务业、高技术新兴产业逐渐成为占据主导地位的产业。总体而言，产业只有

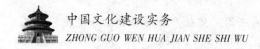

单一的经济目标，对产业发展仅仅从物质财富的增长进行衡量，忽视了社会、人文的发展目标。

现在，随着人们生活水平和文化素质的提高，消费者对形式美、文化品位、体验以及快乐的追求越来越多，社会消费快速向文化消费转移。因此，在这一背景下，知识、文化因素逐渐融入产业和经济发展中，文化对产业及其发展的影响力也越来越大，并且由此带来了一系列产业发展的革命性变化。一是以文化产业、创意产业以及休闲产业为代表的新兴产业开始蓬勃发展，其产值份额持续快速增加，如 2008 年美国文化产业增加值占 GDP 的比重为27%，日本为18%，欧洲在 10% ~ 15%，2009 年中国文化产业增加值达到8400 亿元，占同期 GDP 比重为 2.5% 左右，并且已经成为各国经济发展的增长点；二是随着文化与经济的互动，将构成新时代全新的生产形态和产业发展模式，形成所谓的业态革命，产业是实业和虚业的集合体，而不仅仅是实业或"虚业"，且产业发展的方式也开始转型，呈现无极限发展的趋势。这表明实现了业态革命的产业超越了传统产业相对单一的经济目标，而以经济、社会以及文化的发展为目标，从这个意义上而言，实现了业态革命的产业能更好满足人们的多层次、多元化的需要，代表了未来的产业发展模式和方向。

从生产的角度而言，传统意义上的产业一般按研发、设计、生产、销售的标准流程组织生产，形成单向的生产链和价值链结构；同时由于产业是同类企业的集合，彼此间缺少横向联系，产业组织以垂直一体化为特征（厉无畏、王慧敏，2006），使得产业发展和升级更多是基于物质资源的粗放型模式；实现了业态革命的产业重塑了传统的产业结构，打破了传统产业的界限，形成了多向的生产链和价值链，各产业可以同时与不同的产业产生关联，产业组织形成以文化为中心，研发、设计、生产、销售等环节为外围的同心圆结构，而且每个环节之间相互联系，具有反馈效应，同时，产业发展是由文化资源主导的集约型模式，因此呈现边际收益递增的趋势。

二、产业层面上文化与经济的融合发展机理分析

由产业发展的历史进程可知，"产业发展经历了革命性的转变，从由单一的物质因素决定的传统意义上的产业变为由物质因素、生态因素及人文因素共同决定的新型产业，尤其是生态因素和人文因素与产业的融合给产业发展带来了巨大潜力和价值。鉴于此，为延长产业链和价值链，增加产业利润空间，促进产业优化升级，必须在产业层面上实现文化与经济的融合发展，让融合后的产业既有实业又有'虚业'，成为虚实结合的综合体"。"为此，一

方面，把文化做成经济，做到虚则实之。随着文化开始引领市场需求，并不断创造新需求，文化及其事业有了成为产业的前提条件。墓于此，以实体产业带'虚'的文化，以实体产业扩张'虚'的文化，把'虚'的文化做成实体产业，用实体产业膨胀'虚'的文化，从而将文化从文化领域延伸到实业、产业领域，实现虚业与实业互动、互补、互助发展。另一方面，把经济做成文化，做到实则虚之。通过将精神元素、人文元素、文化元素引入实体产业中，让物质的实体产业文化化，使文化成为产业创新的源泉和产业发展的主导力量，现实文化引领产业发展。由此，增强产业的创新能力、核心竞争力，提高产业的效益"。

具体方式包括：把文化注入产业的物质产品中，如把鱼缸做成专利产品"水族箱"；把文化引入产业创新，推动文化资源与高科技手段、网络等有机结合，形成各具特色的文化业态；把文化做成产业标准等。

第四节　基于案例的研究

一、把文化做成经济——以美国迪士尼为例

过去，迪士尼仅从事动画影视这一个行业，"其创造的米老鼠、唐老鸭、狮子王等只是一个动画形象，它们仅仅出现在迪士尼电影、电视、图书、杂志、VCD、DVD 中。这时的迪士尼属于传统传媒产业，并仅仅经营最传统的传媒业务，即所谓的单纯做文化"。在这一背景下，有着丰富文化内涵的迪士尼动画形象与实业是不相干，二者不是融合发展而是分离发展。后来，随着迪士尼动画形象的深入人心，迪士尼开始成为一种文化现象，其品牌具有了越来越丰富的文化内涵，更为关键的是以上文化因素的不断积累最终引致了实际的市场需求。基于此，迪士尼公司适时抓住机会，改变经营思想，开始将拥有丰富文化内涵的动画形象注入实业中，并以创新为主导的多元化产业战略扩大迪士尼的盈利范围。第一步，超越动画影视的局限，"通过开发迪士尼动画形象的服装、玩具以及礼品来满足实际市场需求，由此成功延伸到实业领域，第二步，把动画形象这个无形的文化资源开发经营到极致，然后全方位扩展，形成了涵盖范围更广的"迪士尼体系。具体包括：迪士尼公园、购物、休闲（体育赛事）体验（演出和文艺活动）"；迪士尼系列商品，如手

表、饰品、服装、箱包、家居用品、毛绒玩具及电子产品；迪士尼旅游、餐饮、住宿；迪士尼制造、服务、零售、出版；迪士尼品牌连锁。在迪士尼体系中，既有"虚业"——传统传媒业务，也有实业——非传媒业务，而且其中扩展出来的非传媒业务贡献更大，其利润的八成左右来源于扩展的非传媒业务。这充分表明，迪士尼通过以虚带实，以实扩虚，做到了一点开花、轮番收入。由此可见，单纯做文化，价值有限；把文化做成经济，价值更大（李海舰、王松，2010）。正所谓"老鼠拉木锨，大头在后面"。

迪士尼通过把文化做成经济，形成了产业的"价值网络"，其中的各个环节、各个主体的价值创造活动都在为整个"价值网络"贡献价值，同时，各个环节、各个主体的自身价值获取又依赖于整个"价值网络"的不断壮大。由此，使得两方面相互促进，进一步扩展了产业的发展空间。

从本质意义上说，迪士尼的成功在于其思想境界超越了一般性的产业发展理念，其所倡导的发展理念如"为所有地方的所有年龄段的人创造快乐"、"时刻满足顾客需要"等，体现出了更高的社会责任感和人文关怀，向市场传递了自己所奉行的价值观、生活态度和社会承诺等文化价值和内容。而更重要的是，迪士尼在该理念的指导下，基于其动画形象的文化内涵，将文化做成经济，让产业成为"虚业"与实业的综合体。

二、把经济做成文化——以养猪产业为例

过去，"在猪从养殖到屠宰的整个过程中都没有考虑其本身的感觉和反应，总体而言，养殖方式、环境不佳，尤其是屠宰过程野蛮，一刀捅进，鲜血直流，待宰的猪嚎叫挣扎"。相关研究表明，当猪处于突然的恐怖和痛苦状态时，就会有应激反应，最直接的后果是其体内会分泌很多激素，比如肾上腺激素会大量分泌，形成毒素。除此之外，处于高度紧张的猪体内乳酸含量会很高，而能量水平会很低，势必使成品肉的质量大大下降，并出现"白肌肉"现象，即猪肉的颜色发白、质软。人吃了这种猪肉后，有害人体健康的毒素、恐惧因素、哀苦因子进入体内，由此影响人的身体健康和心理情绪，产生不良后果。

而随着人类文明的进步，对于动物福利（Animal Welfare）问题的关注越来越多，相应的提倡人类合理、人道地利用动物的呼声也越来越强烈。由此形成了以下共识，为尽量保证那些为人类做出贡献的动物在康乐的状态下生存，应该让它们享有最基本的权利：即在整个生长期中动物应受到合理的待遇，包括饲养环境、饲料质量标准及屠宰时的人道操作标准等。该标准的基

本原则是动物无任何疾病、无行为异常、无心理紧张压抑和痛苦等。正是基于此，世界卫生组织提出动物有五大福利：生理福利，饲粮在数量和质量上要有保证，以促进猪的正常健康和活力，无营养不良，无饥渴之忧虑。环境福利，要让动物有适当的居所，无冷热和生理上的不适，其居所既不过冷也不过热，不影响正常的休息和活动。卫生福利，主要是减少动物的伤病，饲养管理体系应将损伤和疾病风险降至最小限度，而且应在一旦发生这样的情况时能便于对其立即识别并进行处理。行为福利，应保证动物表达天性的自由，无限制地表现大多数正常形式的行为，物理和群体环境应提供必要条件使动物表现出在物种进化过程中获得强烈动机所要实施的行为。心理福利，即减少动物恐惧和交流的心情，无惧怕和应激。其基本内涵是：动物不受饥饿、生活舒适、不痛苦、无恐惧、并有自我表达天性的自由。

　　针对此情况，发达国家相继制定和实施了《动物福利法》，该法规定了养猪、运猪、赶猪及杀猪的一系列标准和要求，具体如下：养猪。养猪户每天至少花 20 秒钟和每头猪相处；猪至少要有 2~3 个玩具供其消遣，以避免猪觉得生活枯燥；木柱不能限制猪的活动，不能追打猪群；要有足够的空间，并让猪拥有铺了稻草的猪窝的权利，拥有供其拱食泥土的权利。还有，仔猪不能打牙、断尾；小猪从出生开始至少吃 13 天的母乳，最好达到 28 天。运猪。猪在运输途中必须保持运输车的清洁，要按时喂食和供水，运输时间超过 8 小时就要休息 24 小时。卸猪。根据运输车辆高度设置高低不等的卸猪台，坡度要小于等于 20 度。这样，可以让猪缓慢地从车上走下来，避免摔伤。赶猪。要拿着塑料棒轻轻地拍猪屁股，哄着它往前走。以前赶猪都是低压棒电击，而一接触电流，猪就会发出恐惧的叫声。杀猪。猪在屠宰前要在屠宰间听音乐让猪的情绪放松，然后洗澡，进入二氧化碳室使其昏迷，或者使用快速电击方式使其昏迷；在猪完全昏迷后才能放血和解剖，而且这个过程必须隔离，以免被其他猪看到。总之，屠宰时在短时间内使猪失去知觉，尽量将动物的痛苦降到最低程度"。通过人道屠宰，能保持猪的肌肉组织完好，猪肉不会因紧张而变得僵硬，肉质更鲜嫩一些，营养价值更高。因此，人们吃到的肉口感会更好，身心也更健康。动物福利对养殖业产生了巨大影响，一方面，在实际中以上这些规定已成为养猪业的产业标准；另一方面，美国、欧盟已经将《动物福利法》的若干规定作为禽肉进口的强制性标准，使其成了继技术"壁垒"、绿色"壁垒"及社会"壁垒"之后的又一贸易"壁垒"——道德"壁垒"。

　　以前，"我国养猪业在技术领域，以育种、引种、改良品种为重点，从营养和饲料工艺入手，不断提高了养猪的技术水平，使得养猪业取得了很大的发展"。但是对于猪群生存环境、饲养、运输和屠宰等环节上的猪"福利"根本不重视：为了追求规模效益，把猪格式化地围在栏圈里，并同时给予它们大量激素、抗生素等催生、促长；为减少运输费用，把猪硬挤在车厢里，且在运输途中不喂食物、不给水；屠宰行为粗暴，全然不顾猪恐惧、痛苦的感受。其结果是"病多、死亡率高、生长发育受阻，又由于养猪饲料成本过高，最终导致不仅经济效益差，而且猪的制品质量不好，影响人体健康。与此同时，欧美等发达国家设立了基于动物福利的道德'壁垒'，即猪肉进口必须满足动物福利条件，造成我国养猪业普遍达不到发达国家的进口标准，产品出口受阻，从而制约了产业发展"。

现在，我国养猪业从动物福利的角度出发，将动物福利的理念引入生猪养殖和屠宰中，形成了生猪养殖和屠宰的一系列标准，不仅提高了养殖水平和动物福利，"也提高了产品质量和产业经济效益，在相当程度上打破了各种贸易'壁垒'，推动了产业发展。通过让猪享有福利，猪快乐了，人吃了才好，这样也符合'天人合一'的思想，充分体现文化、精神因素融入产业中"（李海舰、王松，2010）。

由上面案例可知，如今养猪有了标准，导致养猪产业发生了根本性变化。即文化成为产业的标准，使产业发生了业态革命，即融合后的产业不仅有实业还有"虚业"，而且后者发展更快。从而延长了产业链，促进了产业升级换代，提升了产业发展空间。

第五节　文化与经济的融合发展在产业层面的效应

改革开放以来，我国工业化取得了举世瞩目的成就。整体而言，我国步入工业化中期后阶段，经济总量、人均国民收入得到了巨大的提高，产业结构也得到了极大的提升，中国已经从农业经济大国转变为工业经济大国，这意味着中国经济现代化进程进入了以实现由工业经济大国向工业经济强国转变、推进工业现代化进程为核心任务的新阶段。为了实现从工业经济大国到工业经济强国、从工业经济强国到服务业经济大国的转变，中国的工业化进程仍将继续，但环境问题、产能过剩已经比较严重，资源环境约束与工业化加速推进的矛盾突出。

为此，党的十六大提出全面建设小康社会，到 2020 年基本实现工业化，必须走新型工业化的道路。所谓新型工业化是与传统工业化相对应而言的，是一个系统工程，其内涵是：以信息化带动工业化，以工业化促进信息化，走出一条科技含量高、经济效益好、资源消耗低、环境污染少、人力资源优势得到充分发挥的新型工业化路子，其核心之一是转变经济增长方式。这一指导思想的落实归根结底还要依赖于市场调节机制和产业政策调控下的产业发展方式的转变，而在产业层面上文化与经济的融合发展既是对市场机制的充分利用，同时这种以文化为主导的产业发展模式能真正实现资源节约、环境友好的可持续发展。因此，文化与经济的融合发展在产业层面上的实现是与新型工业化道路，转变经济发展方式的思路相吻合的，对于中国的经济发展具有重要意义。

一、有利于产业创新

所谓产业创新是指通过技术创新、产品创新、管理创新或组合创新等实现行业整体创新，由此形成了一个崭新的产业。它不是产业的局部创新，而是企业技术创新和行业内技术在行业内不断扩散，并得到普及，从而实现以新的技术满足需求的动态过程。产业创新在开创新产业的同时，还会引起产业结构以及经济发展方式的革命性变革。回顾自产业革命以来开始的世界经济史可知，如果一个国家占据了产业创新的战略制高点，它就能在全球经济竞争中占据优势。当前的实践则进一步表明，国家之间的竞争更多表现为产业创新的竞争。

产业层面上文化与经济的融合发展对于产业创新具有重大影响，具体表现在以下几个方面：

第一，产业层面上文化与经济的融合发展，使得产业发展模式发生了革命性的变化，其本身就是一种产业创新。对于产业层面的融合发展的认识不能囿于传统产业的思维逻辑，应该意识到它是对传统产业发展逻辑的颠覆，原因就在于产业发展的主导力量是文化而不是物质。相比于依赖物质资源、资本的传统产业而言，实现了业态革命的产业其核心主导要素是无形资源、文化资源，由此可见，业态革命本身就是产业创新的过程，在这个过程中，产业的发展模式由以开发、利用自然资源、土地、资金、机器等物质要素为核心，转向以开发、利用人力资本、知识资本和文化资源等非物质要素为核心。

第二，在产业层面上文化与经济的融合发展，影响和改变了产业产品的性质、生产特点以及价值创造过程，进一步还改变了原有产业产品市场的供求状态、竞争状况以及产业自身的核心能力，从而为产业创新提供了更好的平台。融合发展的产业上、下游各节点——"产业点"（Industrial Spots）相互依存、相互关联、相互协作和相互促进，形成链式"产业点"创新，即每个产业点的创新都会带动、刺激其上游或下游产业点的创新，从而导致整个产业链的创新。同时，融合发展下的产业链进一步拉长，产业附加价值也随之增加，由此，不仅能促进产业发展，而且有利于产业创新。

第三，由于产业扩展为实业 + "虚业"，产业之间的边界被逐步打破，并形成了共同的文化和市场基础，使得某产业更容易改变结构布局，从一个产业过渡到另一个产业，从而能更有效实现产业创新。

二、有利于产业融合

产业融合（Industry Convergence）是指产业内的不同行业或者不同产业以不同的方式，通过彼此渗透、相互延伸、紧密结合，最终融为一体，并逐步形成一个新产业的动态发展过程（厉无畏、王慧敏，2002）。产业融合可分为产业渗透、产业交叉和产业重组三类。产业融合表现为产业间的渗透发展，你中有我，我中有你，产业界限趋于模糊，新兴产业不断产生。

第一，实现了业态革命的产业，包括实业与虚业，这本身就是一种产业融合。这种融合建立在为消费者提供满足物质需求和文化需求的基础之上，一方面，需要丰富、多样、多元的文化资源拓展消费的空间，满足消费者不断增长的文化需求；另一方面，也需要各种物质的、技术的及信息手段，满足消费者的物质需求。可见，实现产业业态革命的产业本身就包含了实业和"虚业"的融合，也就是说业态革命的实现过程就是产业融合的过程。

第二，实现了业态革命的产业，凭借文化因素的多元性、广泛性及开放性，能有效促进产业融合的发生。由于文化是一个具有极强渗透力和辐射力的元素，它能在产业的各个层面和环节，如产业间、产业内、企业间、企业内及产品之间实现"无缝嫁接"，既可促使相关产业融合形成新的产业，又可促进新兴产业与传统产业的相互融合。

第三，在实现了业态革命的产业中，文化对产业发展起到了主导作用，由此使得产业与产业之间有了更为广泛的关联性，产业边界进一步模糊甚至消失，这样让产业之间的转换更加容易，进一步增加了产业融合发生的可能性。

三、有利于产业结构升级与优化

按照经济学界公认的界定，所谓产业结构升级和优化，是指通过产业调整，使得各产业之间实现协调发展，以满足社会不断增长的需求的过程。它包括两个方面的内容：一是产业结构的平衡和协调（静态）；二是产业结构的高度化（动态）。衡量一个国家或地区的工业化水平，一般可以从经济发展水平、产业结构、工业结构、就业结构和空间结构等方面来进行（陈佳贵等，2007）。其中，产业结构的变化是最为核心的标志。

随着知识经济时代的到来，中国的产业结构升级和优化目标对产业发展提出了新的要求：一方面，从产业链的角度来看，中国产业需要打造新的产业链，以实现从全球价值链低端环节向高端环节升级，由此提升产业的技术水平、创新能力、附加值和国际竞争力，最终实现从粗放型增长向集约型增长的转变，提高生产要素利用效率和资源配置效率；另一方面，从产业之间的角度来看，实现各产业之间的合理配置和协调发展，不断提升以现代服务业为代表的第三产业在国民经济中的比重，尤其是要加强产业间有效合作，以形成资源共享、交易成本降低、专业化加强、促成规模经济、引领产业结构升级的态势。

产业层面上的文化与经济的融合发展对产业结构升级和优化起到很大的促进作用，具体体现在以下几个方面：

其一，实现了业态革命的产业，由于包含了实业和虚业，具有比一般产业更高的劳动生产率和产出投入比，使得产业的高增长和高附加值（垄断利润）倾向将长期保持，所以其发展本身就是产业结构升级。当前，中国产业之间的分工与协作关系较弱，低水平重复建设、总体产能过剩、产业规模小等问题比较突出，而且产业组织合理化程度较低，影响了产业结构升级和优化。而实现了业态革命的产业发展代表了新一代的生产力，使得产业劳动生产率和产出投入比率都大幅提高。其产品文化、技术含量高，具有广阔的市场前景和较高的附加值。也就是说，具有极高的成长性和效益性，会使得产业能够从价值链低端向高端攀升，进而导致整体产业结构的优化升级。

其二，作为以文化资源为基础的"虚业"具有显著的增长效应。一方面，就要素而言，非物质的思想、知识、人文形象、符号、历史等是"虚业"的主要要素投入，与物质要素相比，这些文化要素边际成本递减，环境成本为零，使得"虚业"的成本较低而收益高，增长效应极其明显，因此虚业的发展和扩展对于产业优化升级的效应巨大的；另一方面，就生产产品而言，虚业提供的产品蕴含着丰富的文化内涵和观念价值，不仅能给产品或服务消费者提供各种使用价值以及娱乐、休闲、快乐、欣赏等观念价值，更重要的是还具有一定程度的人力资本投资功能，即"虚业"的人力资本投资具有溢出效应，由此节省了通常的人力资本投资成本。

其三，文化通过渗透、扩散效应，带动产业的优化、升级，由此成为产业结构升级的重要驱动力。实现了业态革命的产业，通过将文化因素、自身的技术进步和规模扩展效应在整个产业结构中扩散，有利于缓解现存产业结构中的结构性矛盾，提高整个产业体系的结构效益，从而推动产业结构的合理化和高度化发展。首先，就产业链的角度来看，"虚业"具有强大的扩散效应，通过该效应能带动和促进其他产业的升级优化。"虚业"包含着丰富的文化内涵，而文化具有扩散能力，通过扩散到其他产业，不仅能带动这些产业的发展，更有利于这些产业自身的融合发展。其次，"虚业"的前向与后向关联度都比较大，以文化为主导的"虚业"凭借文化的渗透力，对上下游的影响进一步增大，将带动上下游产业优化升级。最后，能够促进生产服务产业的发展，提升服务产业在国民经济中的比重，进而优化产业结构。

其四，文化元素与相关产业的融合重塑了传统产业结构。由前面的分析可知，实现了业态革命的产业具有很强的融合效应，它通过产业融合和产业创新的连锁反应，从而使得一国的产业结构得到转换和升级。实现了业态革命的产业由于其中的文化元素具有极强的渗透力，因此更容易与其他产业实现融合，一方面，该融合能跨越传统产业的界限，以文化为先导将先进的技术、服务与传统产业融合，实现传统产业的升级；另一方面，有利于产业链的延伸和新型产业群的生成，由此拓展经济发展空间，进一步推动产业结构的升级优化。

其五，能促进传统产业的升级和跨越式发展。融合发展推动传统产业升级优化和跨越式发展的机制大致包括以下两的：一是借助于文化资源的再创造、再提高，可以深入传统产业的不同层面，一方面赋予传统产业更多的功能；另一方面推动传统产业的改造，促使传统产业结构发生巨大变化，实现传统产业的优化升级。如，将旅游创意资源融入农业，就能逐渐增强农业的观光、旅游、生态功能，并逐渐淡化农业的种植功能，由此优化了农业结构，提高了农业的收益。二是能改变传统产业生产、销售模式。

总之，通过让文化因素和产业发展融合，能增强产业间的横向联系，提高产业规模，解决产业组织合理化问题，并引领产业结构逐渐向高技术化、高资本密集化、高加工度化和高附加值化发展。

第七章　以新的发展理念
开创文化建设新局面

以人为本　文化惠民
努力构建现代公共文化服务体系

河北省唐山市丰南区文化广播电视新闻出版局　张素玲

近年来，唐山市丰南区以"打造文化强区、建设美丽丰南"为总目标，紧紧围绕"一条主线"，切实加强"三个保障"，着力建设"三大体系"，全面推进公共文化服务体系建设工作，促进了全区文化事业蓬勃发展。2010 年以来，始终保持了"全国先进文化（县）区"荣誉称号，成为河北省公共文化建设"二十强"和"公共文化服务体系建设示范区"。2014 年区图书馆被文化部评为"全国最美基层图书馆"，区文化馆入选"全国优秀文化馆"，区文广新局被人力资源社会保障部、文化部评为全国文化系统先进集体。

一、"一条主线"

即"以人为本，文化惠民"的创建主线。区委、区政府始终把构建现代公共文化服务体系作为文化大发展、大繁荣的首要任务，作为实现好、维护好、发展好人民群众基本文化权益的基础工程。将公共文化服务体系建设纳入经济社会发展总体规划，纳入科学发展考评体系，与经济社会发展同安排、同部署、同落实。工作中坚持以百姓需求为导向，对于群众反映强烈的文化方面的意见建议，他们归纳整理后都列入政府办公室会议专题研究落实。

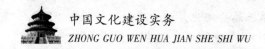

2015 年共征求 6 个方面 200 余条意见建议，他们把这些意见建议编制成文化设施、群众活动、群众队伍、文化精品等四个项目，并将 200 多万元保障经费列入了 2015 年财政预算，真正把群众反映的建议落到实处。

二、"三个保障"

一是工作机制保障。成立了由区政府区长任组长，区委常委、宣传部长和区政府主管副区长任副组长，文化、财政、发改、规划、住建等部门主要负责同志为成员的区创建工作领导小组。每个乡镇都安排专项经费和专业人员从事创建工作。每个村（社区）都从村两委和社区工作人员中明确一名文化专干，负责管理维护辖区内的文化设施和组织开展各项文化活动。同时，区政府每年都组织召开 3 至 5 次文化工作和专题会议，研究部署文化重点工作和重要项目建设。

二是政策措施保障。丰南区在深入贯彻落实习近平总书记全国文艺座谈会上的重要讲话和《国务院关于加快发展体育产业促进体育消费若干意见》以及中共中央办公厅、国务院《关于加快构建现代公共文化服务体系建设意见》精神的基础上，又研究制定出台了《关于加快推进文化惠民和全民健身工程的实施意见》，确定了今后三年公共文化体系建设的目标、重点、财政投入方向及其他保障措施，以区委、区政府文件形式下发执行。

三是经费投入保障。区财政不断加大对文化服务体系建设的投入力度，2010 年以来先后投入资金 4.2 亿元，用于区、乡、村三级公共文化设施建设和各项群众文化活动开展。特别是 2013 年，在财政非常困难、各部门预算全部减少 20% 的情况下，文化场馆设施和文化活动运行经费却未减少一分钱，达到了 700 多万元。从 2015 年起在常规投入的基础上，又设立了每年 210 万元的区级文化惠民专项资金，用于文化精品扶持奖励和政府购买公共文化服务产品。

三、"三大体系"

立足于构建覆盖城乡、便捷高效，保基本、促公平的现代公共文化服务体系，结合丰南实际，加快推进"三大体系"建设。

（一）着眼于贴近群众，建设覆盖城乡的公共文化服务设施体系

一是着力打造区级文化名片。在区位环境最好的惠丰湖北岸建设了 1.8 万平方米的大剧院、文化馆和 2 万多平方米的图书馆、档案馆。其中大剧院

设施水平国际领先，成为全省一流的县级文化设施。2010 年投入使用以来，先后举办了群众文化活动 400 多场次。为满足居民文化活动需求，又投资 3000 万元建成了占地 10 亩仿古四合院风格的群众文化活动中心，中心设有国学馆、墨宝斋、梨园阁、民乐厅、霓裳厅、棋牌室、钢琴室、电子阅览室和经典阅览室、高平影视厅、多功能活动厅等活动场所和 1600 ㎡ 的活动广场，每天参加活动的群众近 200 人。二是建设群众身边的乡村文化设施。按照建设 15 分钟公共文化服务圈的要求，不断加强基层文化基础设施建设。在乡镇文化站、农家书屋、文化共享工程、文化广场实现全覆盖的基础上，结合农村面貌改造提升行动，在全区农村实施了农村文化多功能礼堂工程。目前，已投资 7000 余万元建成农村文化多功能礼堂 154 个，每个文化礼堂建筑面积都在 400 至 600 平方米，集文化演出、道德讲堂、科技培训和民俗活动功能于一体，充分体现了共建共享，极大方便了群众文化活动。

（二）着眼于提高群众，建设深受欢迎的公共文化服务人才队伍体系

一是建设高水平的专业文化队伍。以大剧院、文化馆、群众文化活动中心、百花艺术团的专业人才为骨干，加强区级专业文化队伍建设。目前，全区从事公共文化的各类专业人员达到了 100 余人。其中，成立于 2004 年的百花艺术团，曾多次赴全国各地参加各级各类赛事均获得大奖，为河北、为唐山、为丰南争得荣誉。其创作表演的"丰南篓子秧歌"、"丰南渔民号子"分别在中国民间文艺山花奖和全国渔歌大赛中荣获入围作品奖和金奖。二是建设多元化的群众文化组织。组建了区群众文化总会和区体育总会，以此为依托，进一步加强文化志愿者、社会体育指导员队伍和各类群众文体协会建设。目前，全区群众文体协会达到 26 个，文化志愿者达到 300 人，社会体育指导员达到 600 人。三是建设各具特色的村级（社区）群众文化队伍。采取因地制宜、突出特色的方法，发展基层群众文化队伍 500 多支。先后涌现出老同志合唱团、百花民乐团、百花评剧团、老兵红歌演唱队、东尖坨评剧团、西河评剧团、凤凰皮影队、钱营皮影社、北阳庄腰鼓队等一大批优秀群众文化队伍。其中，老同志合唱团分别在威海、厦门合唱节中获得金奖和银奖，还远赴韩国、新加坡参加国际合唱节，促进了对外交流。2011 年，习近平同志在视察唐山时亲切接见了老同志合唱团，并给予高度评价。2015 年，老同志合唱团赶排的具有丰南特色的《对花》、《丰南渔民号子》、《闹花灯》参加中央电视台《合唱先锋》栏目演出活动，受到在场评委和现场观众的好评。

（三）着眼于愉悦群众，建设丰富多彩的公共文化服务产品供给体系

一是发挥政府和群众组织的作用，为开展群众文化活动提供组织服务。

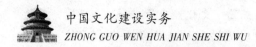

每年，丰南都组织以"百场活动闹新春"为主题的春节文化活动和以"欢乐城乡"为主题、每年一届的城乡群众文化艺术节，开展全区性群众文化活动百余场，通过文艺调演、丰南春晚、少儿春晚、评剧专场演出、元宵灯谜竞猜、青歌赛、戏曲大赛和广场舞大赛等活动，吸引群众广泛参与，参与群众达5万余人。同时，依托群众文化总会和文化志愿者队伍在乡村、社区开展群众身边的活动，每年都组织居民文体展演、节日文化联欢和农民才艺展示等活动千余场。二是搭建百姓文化大舞台，为展示百姓风采、打造草根明星提供平台服务。对一些具备专业素质和较高水平的爱好者，给他们创造实现人生梦想的机会，通过企业冠名赞助、政府筹资等手段为他们举办个人演唱会、演奏会、书画艺术展等活动，让普通群众成为舞台上的明星，引领和带动更多的群众参与文化活动。近年来，先后举办"追梦红楼"音乐会、"红色经典"演唱会、"田园牧歌"书画展等个人艺术展示活动30余场，培植了百花民乐团长张连杰、民歌演唱家魏淑君、二胡演奏名人李春荣等一批草根明星。2015年，支持残疾人夫妻"花枝组合"走上央视星光大道荣获周赛冠军后，又在丰南大剧院组织了"圆梦星光"汇报演出，极大地调动了全区群众参与文化活动的热情。三是打造"唱响美丽乡村"和"书香丰南动车组"品牌，为解决群众文化需求"最后一公里"问题提供便捷服务。几年来坚持送文化下乡，每年都精选健康向上的文化产品送到群众身边和百姓门前。百花艺术团和文化志愿者走进农村，开展"唱响美丽乡村"巡回演出，在演出的同时注意培养群众骨干，辅导群众文化，实现了在"送文化"中"种文化"，每年送演出下乡都在50场以上。区图书馆常年坚持送图书进社区进基层，自行研制的送书下乡车集图书阅览、现场借阅和观看电影等功能于一体，并申请了国家专利，被业内人士称为"书香丰南动车组"。图书馆平均每年组织送图书进基层进社区送图书活动100场以上。目前，"唱响美丽乡村"和"书香丰南动车组"已成为百姓熟知的文化下乡品牌，很好地解决了联系群众"最后一公里"问题。

充分发挥政府主导作用
提升公共文化服务水平

河北省曲周县文化广电新闻出版局　吕计海

建立覆盖全社会的公共文化服务体系，是社会主义文化大发展大繁荣战略的一项重要内容，是全面建设小康社会、健全和完善政府公共服务职能的重要体现。近年来，曲周县政府把加强公共文化服务体系建设纳入了经济社会发展的总目标，积极发挥政府主导作用，采取多种措施加强公共文化服务体系建设，通过各种途径为广大人民群众提供公共文化服务，使广大城乡人民群众的基本文化权益得到了一定的维护和保障。

一、抓好文化基础设施建设是提升公共文化服务水平的前提条件

近年来，曲周县以加强文化设施建设为抓手，以完善公共文化服务体系为目标，坚持统筹规划，逐年增加文化设施建设资金投入，新建和改造了一大批公共文化设施，初步形成了县、乡、村三级公共文化基础设施网络，为进一步完善公共文化体系，提升公共文化水平奠定了坚实的基础。

一是活动场馆初具规模。"十一五"和"十二五"期间，我县充分利用中央省级专项资金和县财政配套资金，维修改造了县文化馆、影剧院，新建了县图书馆、博物馆、青少年活动中心。"两馆"建设达到国家三级馆标准。全县所有公益性文化活动场所，全部免费面向社会开放。

二是基层站室全部建成。"十一五"期间，曲周县7个乡镇综合文化站建设项目列入国家建设规划。我县积极利用中央专项资金，积极筹措配套资金完成乡镇文化站建设任务。其他三个乡镇也因地制宜，改扩建了乡镇文化站。近年来陆续投资100万元为乡镇文化站配备了办公桌椅和文艺器材等设备，为广大人民群众组织开展各类文艺活动，提供了极其有利的条件。

三是农家书屋全部覆盖。近年来，曲周县充分利用上级专项资金及县级配套资金，为全县342个行政村配备了图书、书柜、阅览桌椅等，每村配备专职图书管理员一名。农家书屋建设实现全覆盖，有效解决了广大农民群众

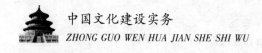

读书难的问题。

二、组织开展群众文化活动，是提升公共文化服务水平的有效途径

验证公共文化服务体系建设是否完善，是否成功的手段是看其本身是否能被群众所接受和热爱，是否能调动广大人民群众参与到这一体系中来，曲周县委、县政府坚持文化工作贴近群众、贴近实际、贴近生活的指导思想，本着"繁荣社区文化，丰富农村文化、发展民办文化"的思路，积极组织和引导言而有信民群众参与文化活动。一系列丰富多彩、形式多样、健康有益的文化活动在曲周大地遍地生花。

广场文化异彩纷呈。自 2002 年开始组织"彩色周末"广场文化活动以来，节目不断增多，形式越来越新，质量日益提高，歌舞、小品、秧歌、电影、电视，百花齐放，月月有主题，周周有特色，期期有亮点。每年从"五一"至"十一"由县委宣传部牵头组织，文化部门具体承办，县直各部门直接参与，联合组织开展活动 20 期以上，观众超过 25 万人次。

节庆文化丰富多彩。每年元宵节、假日由县政府牵头，县直单位参与，文化部门承办，联合组织开展各具特色的节庆文化活动。如今年元宵节组织了"电力杯"龙灯大赛，"卫生杯"群众秧歌大赛，"计生杯"民间花会大赛，"国土杯"元宵之夜广场大联欢，"交通杯"现场书画大献艺等系列活动；"五一"、"七一"、"八一"、"十一"组织了书画比赛、歌咏比赛、演讲大赛等特色鲜明的文化活动，极大丰富了城乡群众的文化生活。

电影文化香溢城乡。县电影公司自 2004 年开始实施农村电影"2131"工程，组建了 10 个放映小分队在全县机关、企业、农村巡回放映，每年免费为群众放映电影 5000 余场，观众达 50 万余人次，受到广大城乡群众的交口称赞。

民间文化独具特色。"柳子腔"是曲周县独具特色的稀有地方剧种，经过两年来的抢救、保护、挖掘，成立了初具规模的柳子腔剧团。编演了《雷姐出气》、《打蛮船》、《棒打姻缘》等传统剧目，在全县农村巡回演出，受到了广大群众的热烈欢迎。

三、建立文化服务长效机制是提升公共文化服务水平的关键所在

　　加强公共文化服务体系建设是当前我国文化建设的一项战略性工作，是各级党委政府肩负的一项重要职责。县级政府处于基层，直接面临着广大基层的人民群众，如何保证公共文化服务体系建立和运行，进一步提升公共文化服务水平，满足广大城乡人民群众日益增长的对精神文化生活需求，那么建立一个切实可行的长效机制势在必行。

　　一是建立财政支撑制度。建立和完善公共文化服务体系，政府起主导作用。加大公共财力投入力度，落实对"基本文化服务"的财力保障，把公益性文化设施建设、公益性文化活动纳入公共财政经常性支出预算，建立长期有效的财政支持体制，是提高公共文化服务水平的必要条件。当前，与市场经济相适应的公共财政体制尚未完全确立，政府对公益事业的投入方式还比较单一，财政投入绩效考核机制也还不健全。特别是在文化领域，财政投入不足与投入方式不合理并存，成为制约公共文化服务体系建设的瓶颈。在加大财政对公共文化投入力度的同时，应积极改进投入的方式方法，探索采用政府采购、资金基金、项目补贴、定向资助、贷款贴息等多种资助途径，对于具备市场竞争的公共服务文化领域，也可通过招投标或特定委托方式吸引各类企业参与，逐步实现公共文化投入由"养人养机构"向"养事养项目"转变。

　　二是建立人才培育制度。公共文化服务人才队伍，是公共文化服务体系建设的基础力量，其素质的高低直接影响着公共文化服务水平和质量。为此，只有建立公共文化服务人才队伍培育机制，加强培训，才能逐步提高公共文化服务队伍素质，提升公共文化服务水平。公共文化服务队伍的学习培训，健全培训考核评估与督查制度，使培训工作走上制度化、规范化道路，使基层公共文化从业人员的职业道德、职业素养和职业技能稳步提高。没有一批全面了解国家公共文化方针政策、深切理解现代公共文化服务思想理念、高素质与职业化的基层公共文化服务领军人物，公共文化服务体系就不会有持续稳定的繁荣发展。

　　三是建立监督考评制度。将公共文化服务体系建设纳入上级政府对下级政府考核内容，是发挥政府主导作用，促进公共文化体系建设，提高公共文化服务水平的重要举措。省和地市级党委、政府要将县级公共文化服务指标纳入科学发展考核评价体系，纳入县级党政领导干部的绩效考核体系，并增

大权重。县级政府要建立健全对乡镇和村级公共文化服务的考核、激励、问责和监督机制，形成层层监督、环环相扣、过程监控、结果考核的责任落实机制。建立健全对县、乡级公共文化机构、重大文化项目工作考核机制，形成科学合理的绩效评价指标体系。在考核中，要充分尊重人民群众在公共服务评价中的主体地位，以人民认可不认可、满意不满意作为评价的重要标准。

四、创新公共文化服务方式是提升公共文化服务水平的有效途径

随着我国市场经济的发展，政府已经不适应成为唯一的公共文化服务供给主体，因为市场经济下出现了种种弊端，社会的发展需要公共文化服务的主体不能单一，必须是多个主体相互补充并列。政府向广大人民群众提供公共文化服务方式也必须随着市场经济的发展而改变，采取切实有效的公共文化服务方式。

一是政府通过设置公共文化服务机构向公民提供公共文化服务。在我国，政府设置的公共文化服务机构在多元化供给主体中发挥着骨干作用，政府通过设置的公共文化服务机构向公民提供公共文化产品和服务是政府供给主体最主要的实现形式。以政府为主导，建立全覆盖的、均等化服务的公共文化服务体系，必须改革现在的公共文化服务机构建设机制、管理体制和服务方式。一方面贯彻公共图书馆、文化馆、乡镇综合文化站建设标准。这三个标准打破了按照行政级别确定公共文化服务设施建设规模的旧模式，确定了以服务人口为主要依据确定公共文化服务设施建设规模的原则和建设指标体系。另一方面，以县级政府为建设主体，建设覆盖全县乡镇农村的公共文化服务网络。

二是政府通过政策鼓励社会力量参与公共文化服务。随着时代的发展，社会组织逐渐增多，社会力量参与公益事业的热情日益高涨，文化领域的非营利组织和志愿工作开始涌现，企业履行社会责任、投资公益文化的意识不断增长，公共文化服务的提供主体正日益多元化。在坚持政府主导的同时，积极鼓励社会力量参与公共文化服务体系建设，既有利于减轻公共财政负担、拓宽资金投入的来源渠道，又有利于弥补国有文化单位不足、有效增加公共文化服务的供给总量。因此，县级政府应通过完善相关法律政策，扩大准入领域、降低准入门槛，引导个人、企业、社会团体等各方面力量通过捐助、捐赠、自办等方式兴办公共文化服务实体、建设公共文化基础设施、开展公

益性文化活动，形成以政府为主导、社会力量积极参与的公共文化服务新格局。比如，政府通过制定各种优惠政策，引导和鼓励社会力量捐助和兴办图书馆、博物馆、文化馆等公共文化服务机构，向公民提供公共文化服务，是政府作为供应主体间接提供公共文化服务的一种重要的实现形式。再比如，政府通过鼓励无偿捐赠、企业冠名、形象展示、重大文化活动推介等形式，吸引社会资金投入公共文化服务，实现政府和企业互利共赢。

三是政府通过购买社会资源，向公民提供公共文化服务《国家"十一五"时期文化发展规划纲要》明确提出"采用政府购买、补贴等方式，向基层、低收入和特殊群体提供免费文化服务"。许多地方建立了公益性文化项目政府采购制度，实现公共文化服务的市场化运作模式。目前，曲周县已在尝试此种模式，对社会团体、个体组织开展的一些公共文化服务活动给予适当的财政补贴，以鼓励广大人民群众积极参与公共文化活动。

作者简介：

吕计海，现任河北省曲周县文化广电新闻出版局副局长。

树品牌 促发展
加快文化事业和文化产业发展

河北省宁晋县文化广播电视新闻出版体育局 张宁辉 韩 星

近年以来在县委、县政府的正确领导下，紧紧围绕中心工作，扎实推进文化强县建设，以促进宁晋经济又好又快发展和社会全面进步为目标，宁晋县文化体育各项事业健康快速发展。先后荣获"全国群众体育工作先进县"、"全国实施农民健身工程先进县"、2011～2013 年度、2014～2016 年度"中国民间文化艺术之乡"、"全国全民健身活动优秀组织奖"、"河北省文物文化系统先进集体"、"河北省文化市场管理工作先进集体"、"邢台市群文工作先进集体"、"邢台市群众体育工作先进单位"等荣誉称号。

一、文体基础设施长足发展

全县各级党委、政府高度重视文化建设，加大了对公共文化设施的投入，文体基础设施按照先进文化的发展要求持续推进，文化的服务功能日益完善，设施管理利用和服务水平明显提高，初步建立健全了县、乡（镇）、村（社区）三级公共文化设施和服务网络，信息资源共享工程、农家书屋等、村级文化活动室一大批文体设施相继建成投入使用，极大的满足了人民群众求知、健身、休闲、娱乐的需要，促进我县文体事业蓬勃发展。

1、县级文体设施不断提高。在体育场一期投入使用后，投资 12 亿元，规划建设包括多功能体育馆、游泳馆、奥林匹克文化公园、名人馆、影剧院等设施的奥林匹克广场工程正在紧张进行中，预计 2017 年底完工。民乐园、综合文化广场、晶龙博物馆等一批大型文体活动场所相继建成并常年开展活动，文化馆、图书馆、数字影院、老干部活动中心、宁纺俱乐部以及遍布城区各种规模的健身广场形成了布局合理、设施完善、功能较为齐全的公共文体设施。

2、农村文体设施逐步完善。投资 200 多万元新建高标准乡镇综合文化站 8 个，文化站设有多功能活动厅、辅导培训室、图书阅览和公共电子阅览室，346 个行政村建有标准农家书屋，文广新体局为 15 个乡镇文化站配送投影仪、音响、大鼓等设备。投资 580 万元建设各类文体活动场所 307 个，占全县行政村的 88.7%，大部分村建有文化活动室，各种俱乐部、文化大院、棋牌室、书画室等场所，坚持开展特色文体活动。让大多数群众都有活动的场所，都能参与到科学、健康、文明的活动中来。

二、文化活动丰富多彩

一是活动多样化。各种协会、俱乐部等民间文体组织遍布全县。目前全县拥有各种文化团体、组织、协会、班会 280 多个，包括民间花会、秧歌、武术、军乐队、业余剧团、书画、棋类等等，特别是民间花会历史悠久、形式多样，有鼓类（招子鼓、大鼓、排鼓、腰鼓、斗鼓等）、龙灯、狮子、高跷、旱船、太平车、二鬼摔跤、八仙七巧灯、江老背江婆、竹马、抬扛等 20 多个种类及形式。这些民间团体常年活跃在基层农村，通过组织汇演、展演、比赛、艺术节、运动会、联欢会等形式的各类活动交流思想、提高水平、展示形象、提升大众的幸福指数。

二是活动专业化。近年来，我们十分重视对农村文体队伍的培养提升，每年举办农村文体业务骨干培训，346 个村实现了文体社会指导员全员培训，为农村培养了自己的文体骨干队伍，使活动水平逐步提高，趋于专业化。

三是大型文体活动亲民化、大众化。近两年，组织各类大型文体表演、竞技活动 40 余项次，其中影响较大的有：元旦长跑比赛、全民健身杯羽毛球赛、广场舞大赛、"全民健身日"武术表演赛、"中国梦·家乡美少儿百米长卷绘宁晋"活动、"宁晋情·中国梦"欢乐走基层文艺演出活动等。

三、文化产业发展步伐加快

宁晋抓住工笔画不放松，大力发展文化产业。在诸多行业中，宁晋工笔画已成为一个具有地方特色的新兴文化产业，分布广、效益好，在宁晋的国民经济发展中占有越来越重要的位置。目前全县从事工笔画创作、临摹及相关人员 4000 多人，分布在县内各乡镇 30 多个村，拥有 5 人以上的画室 200 多个。精心打造工笔画市场、工笔画艺术学校、河渠 393 艺术区、褚家庄农民画室。北京琉璃厂、潘家园，天津古文化街，石家庄燕赵书画市场、古玩城等几大书画市场，逐步成为宁晋工笔画作品的主要集散地，作品销往日本、韩国、东南亚等国家。在全国大展中多人次获奖，积极申报获批 2 个省级文化产业示范基地，1 个省级文化产业示范园区。

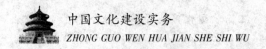

四、文化遗产保护步入正轨

在民间文学、民间美术、民间音乐、民间舞蹈、民间手工技艺、民间信仰、传统医药、传统体育与竞技等八个种类调查搜集非物质文化遗产 20 多项，完成 16 个项目的整理建档和申报工作。其中《宁晋泥坑酿造技艺》、《宁晋西关饸饹制作技艺》被公布为省级非遗项目，其代表性传承人也被批准为省非遗项目代表性传承人；另有市级非遗项目 4 项，县级保护项目 12 项。宁晋西关饸饹面制作技艺，2013 年、2014 年、2015 年分别参加了第六届、第七届、第八届河北省民俗文化节。同时注重对非物质文化遗产的保护传承，成立了宁晋县非物质文化遗产普查领导小组，起草制定了非物质文化遗产普查工作实施方案，将非物质文化遗产保护工作列入工作日程，有布置、有总结、有汇报。

五、文物工作成果显著

十二五以来，全面完成了全国第三次文物普查任务，开展了全国第一次不可移动文物普查工作，完成了国有单位可移动文物调查和第一次不可移动文物普查信息采集、登录工作。加大石刻文物整理力度，把全县分散的石刻文物全部运送宁纺集团集中保护，由宁纺集团出资 200 余万元，在泥坑产业园区建成宁晋碑廊。

六、文化市场繁荣稳定

文化市场管理坚持常抓不懈，全县市场稳定繁荣。在行政服务大厅统一设立审批服务股，实行一站式办公，所有审批服务事项都在窗口办理，简化了审批流程，受到社会各界的好评。2011 年成立宁晋县文化市场行政执法队，积极深入文化市场一线开展工作，以网吧、娱乐场所为重点，扎实做好全县文化市场管理和安全生产工作。网吧市场、出版物市场、娱乐市场等均稳定繁荣发展。

七、图书事业蓬勃发展

宁晋县图书馆在 2013 年全国公共图书馆第五次评估定级中获得"国家三级馆"称号。十二五期间，共接待读者 2 万多人次，借阅图书 5 万多册次。加强硬件设施建设，2014 年购进图书自动化管理系统，使宁晋县图书馆向自动化管理迈近了一大步。为适应数字时代的文化需求，向公众提供个性化、多样化、全媒体数字图书馆服务，购进电子图书，实现了电子图书零的突破。利用信息资源共享平台举办各种培训、讲座。

八、旅游工作全面展开

2011 年 8 月在文广新体局加挂宁晋县旅游局牌子并启用公章，理顺了旅游管理体制，逐步强化了旅游行政职能。根据宁晋实际，重点挖掘现有工农业资源，着力打造乡村旅游项目，谋划指导小河庄农业生态休闲观光园和孔小营贵园旅游区项目建设，积极为乡村旅游项目申报省旅游发展专项资金。利用工笔画资源，把旅游与文化相结合，在发展宁晋工笔画产业的同时，着力将工笔画开发成旅游商品，积极参加各类博览会、文博会，进一步提高宁晋工笔画的影响力。下大力气重点抓好 393 艺术区、泥坑酒文化产业园工业旅游项目、小河庄农业生态休闲观光园、贵园农业生态园等旅游项目建设。

九、2015 年主要工作

（一）以项目建设为抓手，为文体事业积蓄后劲

1、抓好奥林匹克公园项目。投资 12 亿元建设包括多功能体育馆、游泳馆、奥林匹克广场等设施的宁晋县奥林匹克公园，正在加紧进行中。预计整体工程 2017 年底竣工。

2、抓好三百示范工程。为更好地发挥示范带动作用，以为一百个农家书屋示范点每村订阅发放报刊 10 种、为一百个信息资源共享工程示范点每村发放手提电脑 100 台、为一百个全民健身示范点维修更换器材。

3、打造乡村旅游项目。挖掘整合现有工农业资源，着力打造乡村旅游项目。谋划指导小河庄农业生态休闲观光园和孔小营贵园旅游区项目建设，积极创建省级农业休闲和乡村旅游示范点。

（二）以改善民生为目的，为群众办实事、办好事

1、大力改善基层文化设施建设。对全县农村的健身文化活动场所进行普查，新建农村健身文化广场 16 个，使全县农村体育设施覆盖率达农村总数的88% 以上。对全县文体广场所有损坏器材进行更换，目前已对西城区、换马店、大陆村等 8 个乡镇 86 个村的健身器材进行了维修、更换，年底全部完成。并选拔 7 个基础较好的村为他们维修、改造广场和演出舞台。

2、提升基层文体队伍素质。今年推选 3 名农民参加国家一级社会体育指

导员培训，选派重点村 14 人参加国家二级社会体育指导员培训。在文化馆举办免费培训班 2 期，深入胡谷、赵庄等村进行广场舞教学。组织"牵手京津冀、欢乐千万家"、"幸福跳起来"等活动，深入乡镇指导选拔出 24 支优秀队伍在县城进行展示交流，邀请市群艺馆骨干教师 5 人担任评委。

3、发挥乡镇文化站作用。为更好的完善体育公共服务体系，成分发挥乡镇文化站的作用，我们协调资金及时为各乡镇文化站拨付免费开放经费 48.75 万元，用于补充乡镇文化经费的不足，指导乡镇开展科学、健康的文体活动。

（三）以繁荣文化发展体育为己任，全面完成业务目标

1、群众文体活动丰富多彩。基本做到周周有活动、月月有比赛，举办了情系民生、同心逐梦"迎春联欢会；举办了"2015 年健身秧歌大赛"；举办了 2015 年非物质文化遗产项目展示展演活动；举办了象棋、围棋、兵乓球、羽毛球、武术表演比赛等系列体育活动、举办"泥坑杯"篮球比赛、自行车比赛、全民健身日健身展示活动、少儿书画展等活动深受大众欢迎。各协会、县直单位、乡镇、企业、学校等各项活动也轰轰烈烈开展，让群众时刻体会到文化体育给生活带来的健康和快乐。

2、艺术及竞技水平不断提升。参加"德艺双馨"河北省赛区少儿组声乐比赛，获金奖 2 名、少儿组朗诵金奖 2 名；文化馆获最佳艺术教育机构奖；参加"德艺双馨"河北省赛区邢台分赛区少儿组舞蹈比赛，获金奖 2 名，县文广新体局获优秀组织奖；10 幅作品参加邢台市第二届少儿书画作品展，获优秀组织奖；参加邢台市万人百队广场舞比赛获一等奖，参加河北省农民健身秧歌大赛获优秀奖；参加邢台市第十四届全运会获县市区女子全体第二名，中国象棋团体第五名，群众组女子乒乓球团体第二名，青少年男子 75 公斤级举重第一名，群众组男子篮球第五名、群众组登山比赛优秀组织奖等等。通过比赛，加强了交流，开拓了视野，总结了经验，提升了水平。

3、大力发展文化产业。组织宁晋工笔画参加首届冀台交流会暨河北省特色产品台中展；组织宁晋作者携工笔画参加省文化厅组织的传统文化进校园活动，深入河北大学进行展示交流；组织我县文化产业示范基地负责人参加河北省文化产业经营与管理人才培训班；聘请知名画家对宁晋工笔画作者进行创作培训。参加河北省第四届特色文化产品博览会，进一步提升宁晋工笔画的知名度。

4、传承和发扬宁晋传统文化。组织整理资料，设计出版《宁晋民歌集》小样，近日准备出版；举办多次非遗展示活动，耿庄桥的招子鼓、汤家寨背阁、曲家庄狮子、双井的太极拳、西关饸饹面制作技艺等进行现场展示；搜

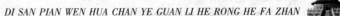
集整理非遗项目 8 个，其中汤家寨背阁等 6 项列入县级非物质文化遗产名录。将背阁、胜福寺筋骨堂文字、视频资料上报市文广新局申报市级非遗项目。

5、规范旅游市场，大力发展乡村旅游。加强对旅游社（分社、服务网点）的管理，定期检查旅游企业，规范市场秩序；注重加大旅游项目建设力度，筛选上报十三五重点旅游项目、旅游厕所改扩建项目、旅游投融资项目；汇总我县旅游项目 4 个制作宁晋县旅游招商项目宣传册，参加了京津冀旅游投融资项目推介活动。整理上报 2 个旅游名录库，推选工笔手绘明信片参评"中国特色旅游商品"。

6、文化市场健康稳定。以县城为中心，以网吧和娱乐场所为重点，扎实做好文化市场监管的各项工作。共动用车辆 80 台（次），出动行政执法人员 160 人（次），检查各类场所 290 家（次）。检查过程中，对经营场所安全通道不畅通，当即责令立即整改。通过坚持不懈的努力，确保我县文化市场健康稳定发展。

十、下一步发展思路

以十八大和十八届三中、四中、五中全会精神为指导，坚持文化体制改革和创新驱动，夯基础、强队伍、树品牌、促发展，弘扬主旋律，传播正能量，加快文化事业和文化产业发展。到 2020 年，形成公共文化服务健全、文体基础设施先进、文化产业全面发展、文化遗产有效保护、文化市场稳定繁荣、全民健身健康发展、广播电视网络健全、旅游业有效启动等八驾马车并驾齐驱的格局，促进文化事业各项发展指标跻身全省先进方阵。

1、加强文体基础设施建设。加强公共文体设施建设，形成完备的县、乡、村三级公共文体设施。完善图书馆、博物馆及各乡镇文化站功能。继续抓好奥林匹克公园项目建设及乡村文体广场建设和升级改造，到 2020 年，县城文化馆达到住建部、国家发改委"文化馆建设标准"（建标 136～2010）、图书馆达到"公共图书馆建设标准"（建标 108～2008）。所有乡镇建成文化站，三分之一达到国颁一级文化站标准，三分之一达到国颁二级文化站标准，三分之一达到国颁三级文化站标准。县城社区 100% 和农村 80% 建有文化活动室，80% 以上的县城社区和农村建有符合相应标准的文化广场。

2、加大文化遗产保护力度。提高文物保护与利用水平，加强文保单位的保护力度，努力改善现有藏品保管条件，提高文物安全技术防范能力。加强非物质文化遗产保护。继续整理申报省、市级非物质文化遗产，建立非物质文化遗产展示和传习场所，利用传统节日和"文化遗产日"，开展丰富多样的

非物质文化遗产展示、展演、讲座以及咨询服务等活动。到 2020 年，基本形成完备的非物质文化遗产保护管理、宣传推广体系，建立非物质遗产保护数据库，挖掘、搜集、整理一批非遗项目。

3、大力发展文化产业。继续加大工笔画产业发展力度。在全力打造一个省级文化产业示范园区，两个省级文化产业示范基地的基础上，到 2020 年，争取新增省级文化产业示范园区一家，省级文化产业示范基地两家，发挥宁晋工笔画学校的作用，与全国专业高校联合，成立知名美术学院宁晋县工笔画学院。与北京、深圳、天津、济南等书画市场联姻，在宁晋建设工笔画专业市场，成为中国北方最大的工笔画生产基地和工笔画集散地，把工笔画打造成宁晋一张亮丽的文化名片。

4、着力发展旅游事业。结合宁晋实际、突出当地特点，重点谋划发展乡村旅游和工业旅游，打造节庆活动，开发旅游商品，到 2020 年争取建成 2A 级以上景区 3 到 5 家，建成星级宾馆 3 到 5 家，创建河北省乡村旅游示范点 2 家以上，打造乡村旅游、温泉休闲游、文化特色游等精品旅游线路 3 条，全面发展宁晋旅游业，增加就业岗位，带动相关产业融合发展。

提升文化产业服务水平
打造博野文化旅游产业品牌

河北省博野县文化广播新闻出版局　刘恩普

博野历史悠久，文化积淀深厚，自东汉本初元年（146 年）建县至今已有近两千年历史。博野历史上名人辈出，是明代著名史学家刘吉，明末清初哲学家、思想家、教育家颜元，现代天文学家程茂兰，世界著名生物学家牛满江的故乡。群众性文化活动十分活跃，全县各种文艺演出团体 160 多个，传统的狮子少林、大鼓队、秧歌、落子，还有京剧、河北梆子、评剧等许多传统文化都扎根民间，为我县的文化繁荣增添了生动的底蕴。

近年来，在市委、市政府的正确领导下，全县经济社会得到了统筹推进的发展，取得了丰硕成果，城乡面貌不断变化，人民生活大幅提升。

一、县城文化建设稳步提升，不断满足人民日益增长的精神文化需求

（一）县城文化设施建设初具规模

一是文化广场建设。县城内建有 4 个文化休闲广场，总计 3 万平米。分别为政府休闲广场、颜元文化广场、博野县农发行休闲广场、县城进口经济景观区。二是文化馆建设。博野县文化馆为无等级馆。该馆始建于 1956 年，占地面积 1200 ㎡，现有平房 6 间，建筑面积 340 ㎡，馆舍因年久失修大多已成为危房，基本设施亦严重缺失，规模和功能已经不适应群众文化的需求及活动的开展。三是博物馆建设。毛主席像章文化展馆于 2014 年 12 月 1 日经河北省文物局审核批准设立，总面积约 700 平方米，收藏像章 25 万余枚，馆内展有 167 块以毛主席像章为主要展现形式的主题展板，310 余幅红色宣传画，260 余尊毛主席瓷像等展品，展现了韶山诞辰、创建井冈山革命根据地、红军两万五千里长征、延安红色政权、开国大典、抗美援朝、经济建设等历史发展脉络，是河北省规模最大的毛主席像章博物馆。四是颜元展室建设。颜元展室建于 2007 年，面积 300 ㎡，展室分 5 个内容，介绍颜元的生平和活动轨迹、思想体系、影响力、著述和部分专家学者研究颜元的文献资料。展室布

设古朴而典雅，是弘扬颜元文化的一个良好的平台。五是影剧院建设。博野县恒源影院成立于 2014 年，为民营企业，总投资 500 万元，建筑面积 980 ㎡，设有 4 个播放厅，356 个座位，引进 3 台 2K 数字电影播放机。六是文体中心建设。博野县全民健身活动中心建于 2014 年，总建筑面积 2475 ㎡，其中体育馆主体建筑面积 1617 ㎡，可设置六个标准羽毛球场地，附属用房包括值班室，休息室，更衣盥洗室，厕所等，系小型、丙级、训练场馆性质。另有一小型健身房有单车 6 辆、跑步机 3 台、多功能健身器 1 台、哑铃 40 个。健身活动中心建筑使用年限 50 年，防火等级不低于二级。每天可接待 300 人次参加锻炼。

（二）文化设施规划建设稳步、有序推进

当前我县正积极开展县城建设"扩容、提质"攻坚行动，县文体活动中心、影剧院、博物馆一批重点文化建设项目已列入规划盘子。其中集"影剧院、图书馆、文化馆、博物馆"为一体的颜元博物馆建设项目已通过科研论证。该项目设计占地 1.5 万平米，建筑面积 0.9 万平米，预计投资 6000 万元。整体设计分为室内和室外广场两部分。室内部分：建筑主体为五层，其中一、二层为多功能厅，建筑面积 3200 平米，层高 9 平米，设有剧场、图书馆、休闲经营服务区；二、三、展厅，建筑面积 3200 平米，设有颜元展区，文化展区，民俗实景区，牛满江、程茂兰等名人展示区；四层为文化馆；五层为办公用房，藏品库、其他功能房。室外部分：馆前广场，用于举办大型室外集会活动；景区，设休闲绿化铺地及喷泉、文化柱、雕塑等建筑小品。

二、公共文化服务体系建设、文化遗产保护利用和文化产业发展不断迈向新的台阶

（一）公共文化服务体系建设为人民生活不断增光添彩

一是农家书屋。全县 133 个村已全部完成农家书屋建设。建成的农家书屋面积都不低于 20 平米，配有书柜 6 个，桌椅 20 余张，各书屋藏书 1500 本左右，涉及政经、科技、生活、文化、少儿等领域，配有报刊 20 余种，音像制品 100 多张，期刊 20 余种。部分书屋还配备了电脑、投影等电子产品。二是文体广场。全县有 117 个完成了文体广场建设，每个均建有 200 ㎡ 小广场一个，均配有健身器材 7～8 件，音响、投影设备一套。还有 10 个村建有小舞台。三是文化"金种子"工程。实施文化"金种子"工程旨在增加文化建设经费投入，加强基层文化设施建设，扶持农村文艺队伍发展，扩大省级非

物质文化遗产"花鼓落子"等具有博野特色民间艺术的影响力和辐射面，丰富城乡群众文化生活，推进全县文化事业发展。近年来，博野县县财政安排专项资金，每村给予 1 万元的扶助资金，用于购置乐器、服装、道具，现已完成了全县 133 个村全覆盖式扶助。四是文化志愿者服务工程。2013 年年底县文广新局选派 12 名文体专业人才，每月深入社区、农村进行加强对乡土文化能人、民间文化传承人和文化活动积极分子的教育和引导工作，两年多以来共计培训 2 千多人。五是公益电影放映。全县组建 6 支放映队伍，每月每个村免费放映一场公益电影，全年放映 1500 多场。六是广播电视播出机构。

（二）文化遗产保护利用和文化产业发展进一步加强

（1）全县有 9 处不可移动文物和 100 件馆藏文物，其中国宝单位一处（兴国寺塔），省保单位 2 处（颜元祠堂、王子坟）。近年来我县又挖掘整理了博野花鼓落子、博野帽儿舞、西河大鼓等一批非物质文化遗产。博野县传统曲目花鼓落子 2009 年列入省非物质文化遗产名录，为深入挖掘传承花鼓落子我县对该曲目进行整体包装，融入了现代文化要素，用博野特有的艺术形式讴歌博野新的时代、新的发展，组织创作编排了《建设社会主义新农村新腰鼓》、《三净活动进万家》、《幸福腰鼓》等新曲目。目前，全县 133 村每个村组建了一支花鼓落子表演队伍。

（2）全县有各类性质的文化体育经营单位 37 家，从业人员 1000 多人。其中歌舞娱乐场所 2 个，影院 1 家，书报刊经营单位 16 个，复印、印刷单位7 个，演出团体 1 家，网吧经营单位 6 家，体育经销单位 4 家，这些文化经营单位为我县文化产业发展都贡献着自己的一份力量。

三、重点文化旅游和文化产业项目服务水平不断提升

我县文化旅游产业依托深厚的文化底蕴和自然的生态优势，瞄准对接京津冀协同发展的历史机遇，围绕"千年古县、生态博野"，致力文化名片建设，积极打造生态高地，发展文化旅游，助推博野经济腾飞，使博野旅游从无到有，由有到特，初步打造了两个可看可玩的旅游景点（沙窝冯村千年古梨园和全国美丽乡村大北河），呈现出强势破局、厚积薄发的迅猛发展态势。

（一）红色旅游

毛主席像章文化展馆。该馆 2014 年 12 月 1 日经河北省文物局审核批准设立，总面积约 700 平方米，收藏像章 25 万余枚，馆内展有 167 块以毛主席像章为主要展现形式的主题展板，310 余幅红色宣传画，260 余尊毛主席瓷像等展品，展现了韶山诞辰、创建井冈山革命根据地、红军两万五千里长征、延

安红色政权、开国大典、抗美援朝、经济建设等历史发展脉络，是河北省规模最大的毛主席像章博物馆。

（二）文化旅游

为打造博野的文化品牌，深入挖掘颜元文化资源，采取有力措施依靠历史文化名人推动我县旅游事业，我县开辟了"颜元文化之旅"，包括颜元祠堂→颜元文化广场→颜元文化展馆三个景点。

颜元祠堂。为省级文物保护单位，位于博野县北杨村乡杨村西北部，俗称"颜家祠堂"，建于清雍正年间，是颜氏后代为纪念颜元而建。颜元祠堂门额悬有齐书楷所书"道冠群儒"匾，门柱上有徐世昌题联"著论能补心性空，抱道不辞筋力苦"，正殿门额悬有民间时期徐世昌题写的"北学之宗"。殿内正中有颜元手拿书卷的塑像，并置有颜元画像。正殿前存有两通碑，院外向左街边有蒋式芬手书"颜习斋故塾"碑一通。

颜元文化广场。位于县城繁华地段，县政府对面。建于 2007 年，投资 140 多万元，占地近 4 千平方米。颜元雕塑成为广场上最大亮点。文化广场的建成不仅满足了群众对高品位休闲健身场所的需要，同时对打造城市亮点、提高城市品位、展示博野悠久灿烂的历史文化起到重要作用。

颜元文化展馆。位于颜元文化广场南侧三楼，2007 年投资 20 多万元修建了颜元文化展室，展室设计流畅明快、古朴典雅，集中展示和还原了颜元的生平、讲学、著书等重要阶段，使人们能够近距离接触颜元，感悟其思想精髓，前来展室参观学习的游客络绎不绝。

（三）休闲农业与乡村旅游

沙窝冯村千年万亩古梨园。博野镇沙窝冯村 5 个相邻村有近万亩连片古梨树群。据传由唐宰相魏征选优培育而成，种植历史已有 1000 多年历史。据河北省林业厅专家测量鉴定，古梨园百年以上古梨树近 8 万余株，是河北省内发现的面积最大、最集中、保存最完好的原生古梨树群落。2015 年初古梨园投资近 300 万元加强了游客服务中心、广场、步游路等基础设施建设，景色景致怡人，景区品位大幅提升。

大北河美丽乡村生态游。景区位于南小王乡大北河村，土地总面积 3500 亩，主要种植梨树、苹果、山楂等各类果树，林木覆盖率达到 95%，先后被评为全国植树造林千佳村和全国"美丽乡村"。该村立足果树多的生态资源，结合农村面貌改造提升行动，大力发展休闲观光旅游，村庄面貌明显改善，村民收入明显增加。2015 年投资 200 万元完成了游客服务中心、旅游厕所、广场等基础设施建设，承载能力进一步提升，大北河生态旅游品牌形象正在形成。

北邑现代农业庄园。位于北杨村乡北邑村，规划占地面积 3000 亩，总投资 1.1 亿元，现种植面积 530 亩，是国家级非物质文化遗产·直隶官府菜蔬菜特供基地，已通过国家有机转换产品认证，并被评为河北省扶贫龙头企业及河北省农村科普示范基地。庄园按照有机种植规范进行生产种植，现有辣椒、圣女果、金瓜、黑花生、黑豆、水果玉米等 30 多种农作物，苹果、梨、核桃、山楂、李子等 10 多种水果，国槐、白皮松、华山松等 20 多种苗木。现累计投资 4000 万元，建设了游客服务中心、钓鱼池及采摘园等。

志广好滋味生态园。位于东墟镇陶墟村，占地 500 亩，总投资 2000 万元，致力发展生态农业，建设了养驴基地和富硒鸡蛋养殖厂，以及"休闲采摘垂钓园"。目前，生态园建有 40 个标准阳光大棚，种植西红柿、黄瓜、西瓜、葡萄、草莓等各类水果蔬菜，依托生态采摘园，发展休闲采摘旅游，让游客自己动手采摘瓜果，感受农家生活的乐趣。

河北汇盈仟畎社农业基地旅游景区。位于南小王乡白塔村，占地 800 余亩，建设了 80 多个蔬菜大棚。2014 年投资 1160 万元，完成果树种植和大棚蔬菜、儿童娱乐区、农村式餐饮、钓鱼池等基础设施建设。2015 年计划投资 500 万元新建 4 个水果大棚，并拓展商业模式，积极开展采摘节、沙地骑行以及热气球等娱乐活动，打造四季有娱乐、四季有采摘的旅游基地。

大连高端彩色苗木基地。位于博野镇大营村，规划用地 5000 亩，总投资 2.3 亿元，现栽植北美红栎、娜塔栎、复叶槭'纯金'、复叶槭'金花叶'、喜马拉雅白桦、茶条槭、紫叶稠李、白蜡等近 20 万余株。基地围绕绿色、生态、高效，逐步建设融苗圃园、观光园、生态园、适度健身园为一体的现代休闲农业基地，并同步建设交通、休憩等各类基础设施，让游人真正享受到林间畅游的乐趣。

药用理疗植物园（筑邦园林）。位于博野镇大营村，规划建设 5000 亩，现已投资 8500 万元栽种景观植物与药用树木以及建设步游路以及卫生厕等基础设施，游客接待中心主体已完工，打造以植物收集、展示研究、观赏为主，兼顾生产的主题园。

四、节庆和品牌文化活动异彩纷呈，奉献给人们一份饕餮盛宴

博野县文化活动十分活跃，"彩色周末"、"百姓大舞台"、"美丽乡村生

态游文化节"等一系列文化活动，省、市媒体多次报道，已形成具有一定影响力的博野品牌文化活动。

2015年4月8日在博野镇沙窝村举办的"中国·博野2015年美丽乡村生态旅游文化节"活动，既有平面旅游活动展示，又有博野特色文化内涵，成为今年生态旅游文化活动的特色和亮点。县政府对沙窝、冯村等5个相邻村近万亩连片原生古梨树授予了"博野镇万亩古梨树群"牌匾，使活动更具博野特色，更有权威性。特别是今年启动使用了我县旅游Logo，使我县旅游品牌更加形象化，更加容易宣传推广。2015年8月18日，我县又举办了中国·博野2015年招商推介暨七夕采摘开园仪式，中国网、省、市媒体报道了活动情况。

但是总体来看，我县文化产业规模较小，尚处于起步阶段。一是文化建设总体上与经济发展还不相适应，文化观念滞后、文化人才匮乏、文化与经济融合不深、城乡文化发展不平衡。二是总量不大，集约化程度不高。文化产业结构散乱，产品单一，产业链短。每个行业的规模小，缺少大中型文体企业，主导产业不突出，技术层次低，科技含量少，竞争力不强。三是资源配置不合理。市场意识淡薄，经济效益低下，文化产业要素市场发育迟缓，不能吸引社会资本进入文化领域。

五、以问题为导向，积极谋划，力争十三五期间文化旅游工作再创新佳绩

工作目标：到2020年，全县文化管理体制和运行机制更加完善，文化改革发展成效更加显著，文化发展环境更加优化，文化在经济社会发展中的作用更加凸显，人民群众精神文化生活更加丰富，全县文化发展主要指标、文化事业整体水平、文化产业综合实力保持全市领先水平，部分行业和领域进入全市乃至全省前列，建成文化旅游强县。

推进措施：一是以大型公共文化设施为骨干，以城乡基层文化设施为重点，以流动文化设施和数字文化阵地建设为补充，加快建设以县城为中心、乡镇为支中心、行政村为节点的城乡一体、布局合理、设施完善、功能齐备的公共文化服务网络，构筑城市"十五分钟文化圈"和农村"十公里文化圈"。建设县图书馆、文化馆、博物馆、体育中心、展览中心、民间艺术馆等大型文化设施，县图书馆、文化馆、档案馆、博物馆达到国家一级馆标准；建设特色文化广场、社区文化广场、社区文化活动中心。实施乡镇综合文化

站、村农家书屋扩容达标和能力提升工程。完成 7 个乡镇文化站标准化建设。健全乡镇宣传文化工作机构，调整充实乡镇综合文化人员力量。对全县所有村的"全覆盖"式扶助打造 80% 村的精品文化室建设项目，着力解决我县部分乡村阵地不规范、文化活动缺装备、文化队伍缺活力等问题，逐步健全完善县、乡、村三级公共文化服务网络体系。

二是挖掘内涵，发展地方文化特色旅游产品。充分利用大北河美丽乡村生态游景点、沙窝千年古梨园生态游景点等的绿色、生态乡村旅游生态优势，发展旅游休闲经济和创意产业，树立博野县品牌。（1）抓紧做好全县绿道规划分步实施，利用现有资源进行改建扩建，形成绿道概念；（2）根据沙窝和大北河实际，按照 A 级景区的要求，注入绿道内涵，重点抓好绿化、美化、净化工作，边建设边申报，提升我县旅游硬实力，力争沙沃、大北河申报 3A 景区成功；（3）在社会各界广泛争引关于旅游产品的创意人才，利用市场机制，招商引资，积极开发梨树根雕、梨木茶具和艺术水果等各类旅游特色艺术品，提高旅游活动附加值。

三是培育发展县域文化产业。筛选、确定一批有传承、有市场、有潜质的文化产业项目，把文化资源转化为文化优势、产业经济优势和竞争优势。挖掘文化产业高渗透、高整合、高增值的特性，将科技、文化因子导入县域经济发展支柱行业，提升优势产品的科技含量和文化附加值，实现经济文化的互融互动。

扬文化之帆　促跨越发展

河北省张北县文化体育广电新闻出版局　闫世君　安颖杰

张北县在推进跨越发展的实践中，把文化建设作为推动"五个张北"建设的重要抓手，努力践行社会主义核心价值观，坚持社会主义先进文化的前进方向，在抓基层、打基础、建机制、强服务上勇于开拓创新，不断提高文化工作的能力和水平，增加公共文化产品和服务供给，用文化丰富广大群众的精神家园，提升了全县的文化软实力。近日，在北京举行的全国文化先进表彰大会上，张北县被文化部、人力资源和社会保障部授予"全国文化先进单位"荣誉称号。

一、强基础，公共文化服务体系日臻完善

近年来，张北县把满足广大群众日益增长的文化需求为文化建设的落脚点，加大文化建设投入力度，加强文化基础设施建设，健全公共文化服务网络，实施文化惠民工程，坚持为人民服务，建设和管理好文化阵地。

文化活动中心、文化活动广场、文化馆、图书馆、博物馆、城展馆、剧场、影院、体育馆，是张北县先后投资10多亿元在新城区崛起的文化建筑群，这些公共文化设施的建成提升了张北的城市文化形象和城市文明程度。常年免费向公众开放的文化馆、图书馆设施先进、功能完善，读者坐在宽敞整洁的阅览室安静地读着自己喜爱的书刊，文艺爱好者在接受专业的培训、辅导。建筑面积近7000平方米的张北县图书馆，是一座现代化综合性公共图书馆，馆内图书全部对读者开放，为全县读者提供贴心的服务。

张北县坚持城乡统筹，"沉"到基层，建设面向群众的文艺阵地建设，投资1000多万元建起18个乡镇文化站、200多个乡村文化活动中心及村民活动广场。同时，以村委办公场所为依托，建成农民文化活动室100多处、农民健身运动场50个、文明生态村100个、农家书屋366个、公共文化信息资源共享工程县级支中心1个、基层服务点325个，让城乡群众都能享受公共文化服务。这些数字是张北县实现县乡村三级公共设施网络体系全覆盖的真实写照，也让张北县走在了全市公共文化设施建设的前列。

公共文化设施的普及和升级，增加了公共文化产品和服务的供给，其公

益性的开放增加了文化场馆的吸引力，使文化服务更加便捷更加丰富，推动了经济社会协调发展。张北县图书馆、文化馆也因被文化部评为国家一级馆。

二、促繁荣，文化活动为群众喜闻乐见

张北县把实践社会主义核心价值体系作为文化建设的中心任务，在文艺创作中重视反映时代精神，讴歌主旋律，关注百姓愿望，把中华优秀传统文化融入精神文化建设之中，坚持为人民抒情、为人民抒怀。

张北县文艺工作者坚持深入生活，创作了《远去的白雪》、《无穷门外话张北》、《张库大道话商城》等文学作品；推出了《最美的草原在张北》、《中都草原》、《百灵鸟歌唱的地方》等原创歌曲，这些艺术形式多样的作品都以张北的历史、文化、风情为创作元素，反映了张北的发展成就和风土人情，传递了真善美。

为传播正能量，引领社会风尚、增强市民的道德荣誉感，提升市民的文化素养，张北县先后出台了《公民道德建设实施纲要》、《张北县"善行河北　情暖张北"主题道德实践活动方案》、《张北县创建文明城市实施方案》等文件，组织市民群众参加文明礼仪知识学习、培训，开展了"张北因你而精彩"、"十佳文明市民"、"十佳文明和谐家庭"、"诚实守信张北人"等主题评选活动，争做文明市民、争当文明使者蔚然成风，营造了和谐的社会氛围。

张北县多个群众文化组织和文化志愿服务队常态化开展送文化下乡活动，极大地活跃了群众文化生活。全县100多个合唱队、舞蹈队、秧歌队、业余文艺演出队常年进村入户，他们表演的节目来自于生活，来自于群众身边的人和事，接地气，观众看着自然、亲切，每年惠及观众20多万人次。16支农村公益电影放映队也走入乡村为村民服务，每年放映电影达4000余场。

三、谋发展，文化产业抢占制高点

在新的机遇面前，张北县把文化资源、生态资源优势转化为文化产业发展优势，不断提高专业化水平，形成了文化旅游、文化娱乐、文化产业园区共同发展的文化产业格局。特别是文化产业专项支持资金，直接或间接撬动社会资金80多亿元，全县文化产业呈现出跨越发展的态势。

六代长城、元中都遗址、百里坝头、野狐岭军事要塞等历史文化资源，呈现着深厚的历史底蕴和传统文化之美，张北县以此为依托，精心打造了冰雪旅游区、草原风光旅游区、风电观光区、野狐岭军事旅游区、坝上城市风

光旅游区及坝头百里风景旅游区，以丰富的内涵、鲜明的特色每年吸引大量游客蜂拥而至，游览观光。

张北草原音乐节坚持品牌化、国际化方向，相继邀请了崔健、汪峰、许巍等国内外顶级摇滚乐队和歌手，形成了自己的品牌特色和独特风格，成为国内外乐迷一致认同的"摇滚狂欢节"。连续举办的张北草原音乐节极大提高了张北的知名度，使其成为张北的响亮名片。"中国国际名城经典汽车巡礼"、"2014 第四届环京自行车赛"、"第九届中国小姐大赛全国总决赛"等旅游活动也为张北增添了时代气息。

古韵今风相互辉映，传承了张北的文化基因，延续了文化脉络，使文化"软实力"成为了县域经济发展的"硬支撑"。2014 年，全县共接待游客人数达 376.3 万人次，实现旅游收入 21.48 亿元。

以融合观念促进文化旅游产业发展

河北省平泉县文化体育广播电影电视局　祁彦春　孙贺文

平泉位于冀辽蒙三省区交界处，有"燕赵门楣、通衢辽蒙"之称，因康熙大帝兴赞"平地涌泉之圣地"而得名，全县总面积3296平方公里，下辖12镇7乡，总人口48万，是河北省重点培育的中等城市。平泉县强力实施"文化活县"发展战略，倾力打造"契丹祖源·圣地平泉"文化品牌，在公益性文化事业建设、文化产业发展、文化遗产保护、文化人才培养等方面取得显著成效，形成特有的县域文化核心竞争力和"尚德、包容、创新、争先"的平泉精神，成为助推全县经济社会科学发展、跨越发展的活力之源。先后获得"全国文明县城""全国科技进步先进县""全国文化先进县""中国文化产业特色园区魅力奖""河北省文化工作先进县""河北省文化产业十强县""中国活性炭之乡""中国食用菌之乡""中国山杏之乡""河北省书法之乡"等诸多殊荣。

平泉县拥有五千多年的红山文化、一千多年的辽金文化和三百多年的满清文化，是契丹民族发祥地。一是平泉契丹文化积淀深厚。平泉在契丹统治下的辽代，属奚、汉、契丹、渤海等各民族杂居之地，各族人民和睦相处，共同开发着这块古老的土地，积淀了深厚的契丹文化。突出的辽墓有大长公主墓、耶律加乙里娩墓、石羊石虎古墓、八王沟辽墓群、小吉沟辽墓等。其中唯辽景宗和萧皇后之女，大长公主墓最为重要。平泉博物馆馆藏文物达1.8万件，其中上等级的400多件文物中，辽金文物占70%，被国家文物专家誉为"河北南有定州定瓷好，北有平泉辽金文物精"。其中在平泉出土的墨绿釉鸡罐壶、黄釉刻牡丹花鸡罐壶、绿釉双猴攀系列花带盖鸡冠壶都是珍品、国家一级文物。二是文化遗产保护成果丰硕。全面开展非物质文化遗产普查、可移动文物普查工作，会州城等国保单位达到4处，省保单位11处，县保单位321处。精心编制会州城、石羊石虎等文物保护规划，已上报国家文物局。"山庄老酒酿造技艺""契丹始祖传说"2项列入国家级非物质文化遗产保护名录，"平泉的传说""八沟石雕""御膳糖饼""改刀肉"等8项技艺列入省级"非遗"名录，5项列入市级"非遗"名录，13项列入县级名录。皮影戏"契丹始祖传说"录制完成。利用用平泉羊汤"非遗"研究成果，深入挖掘平泉羊汤特色餐饮文化，实施平泉羊汤"走出去"战略，出台了《平泉羊汤行业若干优惠政策》，每年安排 200 万元引导资金用于品牌推介、产品开发、旗舰店和标准示范店扶持。三是是地方文化研究深入开展。成立中国契丹文化研究中心、平泉地方文化研究学会和苏颂研究会，深入挖掘利用独特的契丹文化资源，先后举办两届"中国·平泉契丹文化研讨会"和首届"辽金史高级论坛"，形成了依靠契丹文化助推产业提档升级、运用契丹符号彰显城市个性等一批典型成果。四是是契丹文化影响力不断提升。平泉大力加强文化旅游品牌的宣传，围绕"契丹祖源·圣地平泉"城市营销品牌，利用央视等高端媒体和北京公交、地铁广告宣传栏等优势平台，集中展示平泉的特色产业、历史文化、风土人情，《乡约》、《乡村大世界》、《国宝档案》等央视知名栏目相继走进平泉，《辽河溯源》、《探寻契丹祖源》等节目在全国产生了较大影响，同时以平泉历史文化、特色产业为素材的数字电影《州官传奇》和《我是你是我》在央视播出，电视剧《代理县长》即将播放，极大地提高了平泉的影响力和知名度。五是文化产业进一步壮大。制定了《平泉县加快推进文化产业发展的决定》、《平泉县文化产业发展引导资金使用管理办法》等 10 多项优惠政策，对文化产业在项目用地、资金扶持、服务环境、基础设施等方面做出了明确规定，同时将文化产业提升工程纳入富民强县"十项攻坚行动"，为文化产业的强力推进奠定了坚实基础。实践跨界融合，五大文化产业园区稳步推进。文化与旅游融合发展的辽河源契丹文化产业园。实施了总投资 55 亿元的以契丹文化为主题的辽河源契丹文化产业园。目前，投资 1.5 亿元的辽文化主题公园——泽洲园已运营六年，2012 年评为国家 3A 级景区、"河北省十佳公园"；投资 8000 万元的契丹文化饮食一条街投入使用；辽河源国家森林公园 4A 景区争创工作扎实推进，游客接待中心、辽河源漂流、水体景观、九龙蟠杨保护开发等项目建成运营；欢乐谷游乐园、契丹元素符号雕塑群、契丹水洞（溶洞）旅游综合开发等项目正在实施。辽河源契丹文化产业园的建设，填补了国内契丹始祖文化旅游产业的空白。文化与现代农业融合发展的中华菌文化产业园。全力打造集食用菌生产加工、创意农业、特色餐饮、人才培训、旅游会展、生物制药、衍生品开发为一体的完整产业链，实现"一菌带五业"多元拓展。谋划实施了投资 15 亿元的中华菌文化产业园，现已完成投资 6.2 亿元，中华菌文化博览中心、食用菌加工园区、百家蘑菇庄园、食用菌交易市场、河北省食用菌产业技术研究院科研楼等项目完工，成功举办了首届中华菌文化节，投资 1.7 亿元，以食用菌文化为题材的动漫《神菇传奇》正在前期筹划中。

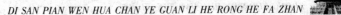
　　文化与传统工业融合发展山庄老酒文化产业园。以山庄老酒集团为载体，以"夷狄古井"孕育的"山庄老酒"文化为依托，实施了总投资10亿元的山庄老酒文化产业园，集中展示山庄老酒特有的品牌、赏酒、论酒文化。目前，中国皇家酒文化博物馆、酒文化广场、包装物立体库房等项目相继落成。成功举办山庄皇家酒封藏大典、酒文化高峰论坛、酒文化之夜演唱会等系列活动。山庄老酒酿造技艺被列入国家非物质文化遗产名录。文化与科技创新融合发展的活性炭文化产业园。投资10亿元的活性炭文化产业园，项目建成后将成为集科技创新、绿色环保、循环经济于一体的综合性园区，年可实现销售收入40亿元，利税5亿元以上。全县炭文化创意产品达到300多个品种，年销售收入达2.5亿元。文化与现代艺术融合发展的油画产业园。集油画制作、展示交易、仓储物流、配套服务等功能于一体的油画产业园于2012年与广西中浙集团签约，总投资30亿元，占地500亩，项目建成后将成为国内有影响的商品油画生产采购基地，文化教育培训基地，旅游观光基地和相关文化产品集聚地。目前投资1.2亿元建设完成油画广场、专家楼、俱乐部等项目建设，带动了平泉社会、经济和生态的可持续发展。

　　实施了"辽、菌、酒、炭、画"五个文化产业园区，先后有辽文化主题公园——泽州园、契丹文化饮食一条街、辽河源水体景观、活性炭文化产品展示基地、酒文化博物馆等多个项目建成投用，成功引进了投资25亿元的契丹水洞项目和投资10亿元的油画产业园项目，并顺利开工建设。积极组织集聚区企业参加文博会、经贸洽谈会、举办专题项目推介会等进行项目推介，开展招商活动，中国活性炭科技创意城项目成功融资3000万元。

发挥资源优势　建设文化平遥

山西省平遥县文化局　闫振贵

平遥县位于山西省中部，总面积1260平方公里，现辖14个乡（镇）3个街道办，273个行政村，总人口52万人。是一个人口大县，文化大县和旅游大县。

平遥境内文物众多，具有较高的历史文化内涵。平遥古城是中国现存最完整的古代县城的原型，是由城墙、街巷、店铺、庙宇、民居组成的大型古建筑群，完整地反映了明清时期的历史风貌。平遥境内现有国家级文保单位19处，各级文保单位99处，特别是双林寺精湛彩塑、镇国寺五代建筑均集中凝聚了民族的伟大创造，享誉中外。

悠久的历史，孕育了平遥灿烂的文化：宗教文化、建筑文化、晋商文化、民俗文化、吏治文化、儒学文化等等，一向受到国内外文化艺术界的重视和关注。这一大批优质资源，为文化创意和文化生产提供了广阔的内容平台，为文化事业和产业的长足发展提供了优越的前提条件。

平遥的各届领导都充分发挥文化资源优势，扬长避短，把经济与文化紧密连系起来，运用文化的力量推动经济社会进步。2012年，平遥县委政府把握文化发展的大趋势、大背景和大机遇，决定以建设文化大平遥为主题建设文化强县，出台了《文化大平遥建设行动方案》，以大文化的视野，开始把着眼点放宽到文化同整个经济社会的结合上。2016年出台了《平遥县政府购买公共文化服务实施意见》，政府对公共文化服务的扶持提升到一个新的水平。

一、打造节庆文化品牌，有效提升古城知名度和影响力

作为全市、全省乃至全国的一个文化大县，我们通过不断挖掘、提升与完善，目前，已成功打造出以4大节庆品牌、3大演艺品牌、3大农村文化旅游品牌、3大非遗品牌为主的一系列文化品牌。

一是4大节庆品牌。即平遥国际摄影大展、平遥中国年、漆文化艺术节和中国平遥微电影节。其中，成功举办了15届的平遥国际摄影大展已成为全国最大、世界知名的摄影节庆活动；平遥中国年于2009年纳入中央文明办"我们的节日——春节"系列活动，被认定为传统节日（春节·元宵节）保

护示范地，成为北方冬季旅游的知名品牌；2007 年开始，每两年举办一届的"中国·平遥漆文化艺术节"，其影响力得到逐步提升；2013 年国家文化部科教司将"中国·平遥微电影节确定为重点文化科技创新扶持项目"，目前已成功举办 3 届，取得良好效果，对于培育新兴产业、拉动新型媒体起了较大助推作用。

二是 3 大演艺品牌。即"又见平遥"、《晋商乡音》和晋商神韵。其中，"又见平遥"大型实景演出项目作为北方第一部印象系列节目，截至 2015 年底，累计演出 1935 场，观演人数达到了 108.35 万人，取得了良好的经济效益、社会效应。

三是 3 大技艺品牌。即推光漆器技艺、平遥牛肉技艺和传统手工技艺。2006 年 5 月，平遥推光漆器髹饰技艺经国务院批准，列入第一批国家级非物质文化遗产名录；平遥永隆漆艺成为"中家驰名商标"，恒隆泰漆艺作品被文化部、外交部确定为国礼。今年 1 月，国家工艺美术协会授予平遥"中国推光漆器之都"、"中国推光漆器博物馆"、"中国古兵器博物馆"荣誉称号。同时，手工布鞋、剪纸、兵器、雕塑等一批传统手工技艺得到弘扬发展，成为平遥特有的技艺品牌。

四是 3 大乡村文化旅游品牌。近年来，我县借助古城旅游发展的良好态势，成功打造了以朱坑六河、段村横坡、襄垣郝开为主的一批乡村旅游发展典型。其中，横坡村被评为"山西最美旅游村"；六河村被评为"山西最美旅游村"、"山西省绿色生态村"；郝开村被评为山西省休闲农业与乡村旅游示范点。

二、全民动员，逐步完善公共文化服务体系建设

满足人民基本文化需求是社会主义文化建设的基本任务，近年来，全县上下以构建"链条完整、功能完善、全民共享的公共文化服务体系"为目标，加强文化基础设施建设，完善公共文化服务网络，努力让群众广泛享有免费或优惠的基本公共文化服务。

1、强化人才队伍建设，努力夯实发展基础

文化人才的培养与发展，是公共文化发展的根本与保障。近年来，我县高度重视公共文化人才的培养工作，初步形成了支撑公共文化发展的三支队伍体系。

一是管理队伍。围绕县、乡、村三级文化阵地建设与管理、提质与上档，不断健全优化文化服务人员配置，先后引进一批公共文化服务志愿者、大中

专毕业生从事公共文化服务与管理工作。全县乡镇文化站辅导员、农村农家书屋管理员、社区文化站专管员基本实现全覆盖。

二是专业队伍。近年来，我县全面强化乡土文化能人、"非遗"传承人等各类专业人才的发现、培养与评价，截至目前，全县共有国家级非遗传承人3名，省级非遗传承人17名；亚太工艺美术大师1名，国家工艺美术大师2名，省级工艺美术大师11名。

三是社团队伍。目前，我县共有文学、书法、美术、摄影、音乐、舞蹈等各类社会团体协会30个，会员近4000余人。特别是一些会员积极参与各级社团活动，其中，国家级会员共12名，省级会员共74人，累计获得国家级各类艺术大赛奖项共108个，在全省乃至全国范围内形成了一定的影响力。这些社团文艺人才，有力地拓展和丰富了全县公共文化服务的范畴。

2、强化服务阵地建设，努力提升保障水平

文化设施建设是提升公共文化服务水平的重要载体与保障。我县立足县域实际，将文化与旅游产业、民生事业充分融合，大力度推进公共文化服务基础设施建设。目前，全县公共文化服务基础设施建设初步形成了"三馆"、"两园"、"五个全覆盖"的保障体系。

一是"三馆"。文化馆、图书馆、体育馆历来是全县文化基础设施建设的短板。去年以来，为彻底解决"三馆"滞后问题，县政府将"三馆"的改造建设列入县重点民生工程之一。投资2000万元铺开文化艺术中心改造工程，该工程具备文化馆、图书馆、演艺中心、非遗展示中心等综合服务功能，投资360万元对体育馆进行了改造，进一步丰富了群众的文化生活。

二是"两园"。2013年开始，相继启动了总投资近2亿元的迎薰公园、惠济公园建设工程。其中，迎薰公园占地面积21.7万平方米，惠济公园占地26万平方米，园内设有儿童游乐场、老年门球场、羽毛球场、篮球场等文体娱乐设施。两大公园已成为城市居民文化休闲、体育活动的综合性场所，日均活动居民近2000人次。

三是"五个全覆盖"。即乡镇文化站、农家书屋、农民健身场所、农村文化活动室、有线广播电视全覆盖。一是乡镇文化站。"十二五"期间，累计投资648万元，全面完成14个乡镇文化站的新改扩建项目，配备了电脑、电视、乐器等设备。其中，5个乡镇文化站被评为市级示范点。二是农家书屋。累计投资682万元，全县273个行政村全部建成农家书屋，同时，通过以奖代补形式，不断充实丰富设施、设备。三是健身场地。全县乡村健身场地实现全覆盖，人均公共体育场馆面积达到1.16平方米，设立健身活动指导站点

109 个。特别是在城区，累计建成城市 500 米健身圈场地 54 个，初步打造大型文体活动广场 4 个，有效满足了群众的文体活动需求。四是有线广播电视。城乡广播、电影、电视全部实现了数字化全覆盖。影视节目更加丰富多彩，人民群众的精神文化生活更加充实。五是农村文化活动室。整合利用基层党员活动室，实现了村文化活动室全覆盖。

3、强化文化载体建设，努力拓展共享渠道

"十二五"以来，我县以"公共文化、全民共享"为目标，不断丰富公共文化服务的落实途径，不断完善公共文化服务的推进举措。目前，全县公共文化服务初步形成了四大载体。

一是电视栏目。依托平遥文化资源优势和人文优势，先后推出了一系列具有平遥特色、群众喜闻乐见的电视栏目。特别是《漫话平遥》、《田园风》、《中医药文化养生沙龙》、《这里是平遥》等栏目，再现了平遥本土文化，丰富了群众精神生活。

二是文化下乡。"十二五"期间，共举办省、市、县各级文化下乡演出 200 余场。深入 14 个乡镇、273 个行政村放映电影 3480 余场，农村寄宿制学校放映电影 159 场。文化大篷车演出活动覆盖了全县 14 个乡镇。通过政府购买服务，平遥弦子书下乡演出每年都在百场以上，连续 7 年举办春节"戏剧乐平遥"专场演出，形成了较好的社会效应。

三是广场文化。为活跃和丰富群众文化生活，近年来，充分发挥团委、工会、妇联、电视台以及县直工委的作用，利用文化广场的开放性、参与性、自娱性特点，"月月有活动、季季有主题"，先后组织开展了一系列有影响、有特色、群众参与度高的广场文化活动。特别是连续多年组织举办的"广场消夏月"文艺精品汇演活动，场均观演人数近千人，极大地丰富了居民的文化生活。

四是社团文体活动。近年来，书法、书画、作家、楹联、雕塑、门球、蓝球等各类文体社团协会，结合各自特点，每年均要组织举办各类文体活动。特别是平遥摄影协会，每年均要利用国际摄影大展举办的重要契机，组织会员开展摄影作品创作与评比活动，并设立本土摄影专栏，参加国际摄影大展。目前，本土摄影家作品展已成为平遥国际摄影大展的一个亮点。

三、深入挖掘，推动文化产业融合发展

当今时代，文化力已经成为综合竞争力的重要组成部分，平遥在探索文化与旅游相互促进、协调发展、共同县繁荣，带动域经济发展方面作了一系

列有益的尝试和努力，找到了符合平遥实际的文化旅游产业发展道路，形成了一种运用文化、交流文化、发展文化的浓郁文化范围。

从 2013 年开始，县政府在财政收支矛盾日渐突出的情况下，每年均要设立 1000 万元的文化产业发展专项基金，大力引导文化产业、文化企业发展，支持文化品牌建设。根据建设国际型旅游目的地、国家级文化旅游名城发展规划，平遥以文化创意为核心，以完善旅游要素和增加收入为中心，紧紧抓住特色人文资源和民俗体验、特色民俗客栈和餐饮消费、特色演艺剧目和民间社火等文化亮点，推动文化旅游由"门票经济"向"综合经济"转型，由"观光游"向"体验游"延伸，平遥古城文化旅游实现质的飞跃。近两年来相继推出了平遥推光漆文化创意产业园、《印象·平遥》大型情境体验剧、"晋商神韵·民俗平遥"、温泉旅游度假等一批文化项目，实现了平遥文化产业的繁荣与发展。由著名导演王潮歌执导的我国首部大型情境体验演出项目《又见平遥》正式公演。总投资 1.23 亿元的推光漆文化创意产业园项目已完成一期工程建设，主体工程中国推光漆器博物馆已竣工，二期工程已完成投资 4240 万元，启动了 2400 平方米的第二条传统工艺制作线、收藏馆、研发培训中心、漆器传统文化表演中心建设；依托 110 亩的平遥国际摄影大展主展区柴油机厂，孵化和拉长大展产业链，建设游、购、娱、展、学及食宿为一体的综合文化服务园区，形成规模化节庆产业链；平遥古城生态文化旅游度假项目成功引进广东粤商商会，项目进入实质性开发阶段。文化与旅游的高度融合，催生了一大批小微型产业快速兴起。

四、传承创新，非遗保护全面加强

平遥作为世界文化遗产、国家历史文化名城，不仅留存着大量文物古迹，也传承着丰厚的非物质文化遗产。目前，已搜集相关线索 1400 余条，公布了县级非遗名录 87 项，平遥推光漆器髹饰技艺、冠云平遥牛肉传统制作工艺、平遥纱阁戏人、平遥道虎壁王氏中医妇科 4 个项目列入国家非物质文化遗产名录，平遥弦子书等 12 个项目列入省级名录，23 个项目列入市级名录。已有4 人入选国家级传承人，17 人入选省级传承人，28 人入选市级传承人。一批大师工作室、手工作坊和非遗传习所、传习中心相继建立，民间大师成为保护的中坚力量，众多有一技之长的青年才俊脱颖而出，全县新增省级以上大师 28 名。2011 年，随着晋中文化生态保护区被确定为国家级文化生态保护区，平遥作为保护区的核心区域，非遗保护工作进入新的阶段。

1、以推光漆器修饰技艺为先导，实施生产性保护。平遥推光漆器作坊和销售点达到110多家，从业人员3000多人。牛肉生产企业49家，雕塑作坊20余个，布鞋形成宝龙斋等16个品牌，剪纸有剪艺园、金剪堂等13个大型摊点，脸谱、皮影、五谷画、木板年画、玻璃画等一大批特色文化产业逐步形成。

2、以推光漆器博物馆为龙头，实施博物馆保护。2010年，平遥推光漆器文化博物馆建成开馆，以此为龙头带动，以宝剑制作技艺为内容的文涛坊古兵器博物馆、以古灯艺制作技艺为内容的灯艺展示馆、平遥牛肉博物馆等相继建成，2015年，国家工美将我县命名为推光漆之都，唐都和文涛坊分别获得了"中国推光漆博物馆"、"中国古兵器艺术博物馆"的殊荣。

3、以纱阁戏人为重点，实施记录性保护。被誉为中华一绝的平遥纱阁戏人，集雕塑、纸扎、戏剧、造型、色彩、舞美为一身，被确定为濒危项目，我们对其实施了以复制复原和数字化保护为重点的抢救性记录。此外，还展开了《平遥民俗》、《平遥票号》、《平遥秧歌》、《平遥鼓书》等非遗系列丛书的搜集整理工作，《平遥牛肉》、《漫谈平遥漆艺》两书业已正式出版。

4、以春节活动为带动，加强民俗保护。民俗作为重要的非物质文化遗产，平遥以"平遥中国年"活动为带动，弘扬传承民俗文化。连续举办了"百台大戏乐平遥"、"百家社火闹平遥"、"万家灯火靓平遥"、"万家锣鼓贺平遥"等传统民俗活动，平遥中国年被评为"中国十佳品牌节庆活动"。在此带动下，民众的文化自觉被唤醒，文化自信不断增强，闹社火、看大戏等各种节日礼俗得到了广泛的认可和传承。

5、以传习基地为中心，加强人才培养。针对平遥众多的传统手工技艺，结合恒隆泰漆艺有限公司与平遥现代工程技术学校联合办学的实际，经省文化厅批准，成立了"国家级晋中文化生态保护区传统手工技艺传习培训基地"，基地聘请相关的大师、专家为客座教授，实现了大师进校园、非遗进课堂的目标，致力于培养传统手工技艺的后继人才。

6、以展览演示为核心，加强宣传造势。为营造全民保护氛围的形成，使非遗融入百姓生活，从而获得更大的生命力，展览展示是核心的工作。近年来，我们举办了中部六省非遗博览会、传统手工技艺精品展等，提振了从业者的信心，促进了人才的成长。同时，积极组织非遗项目走出去，参加世博会、深博会、北博会等数十次展览。此外，适时利用广播、电视、短信、标语、网络、宣传单等多种形式，立体化进行宣传。

在全县上下的共同努力下，建设文化大平遥的战略进军已经有了一个良好的开端。今后，我们将继续以世遗品牌的光大、辐射、带动为引领，以民

族文化的传承、挖掘、弘扬为根本，以古城的原真、完整、全面保护为核心，以晋商文化旅游区为覆盖，繁荣文化事业，壮大文化产业，使文化成为推进县域经济社会转型跨越发展、提升平遥整体形象的强劲支撑和动力，真正把平遥建成山西的文化龙头、中国的知名品牌、世遗的保护典范。

凝聚人心　汇聚力量
加快古县公共文化服务体系建设

山西省古县文化局　尚立春　韩华敏

　　古县地处临汾市东北部，辖4镇3乡111个行政村，9万余人口，县域面积1206平方公里，有"天下第一牡丹"美誉的三合牡丹，是战国名相蔺相如的故里，同时也是山西省的核桃大县，临汾市重要的产煤县。古县县委、县政府坚持实施工业新型化、农业产业化、城乡一体化、文化旅游品牌化四大战略，致力建设富裕、文明、优美古县，先后荣膺"国家卫生县城"、"山西省文化强县"、山西省"十一五"时期经济社会发展先进县、"省级文明和谐县城"、"省级园林县城"、"省级环保模范县城"等称号。"中国·古县牡丹文化旅游节"这一文化旅游品牌被评为"山西省群文之星"称号。古县"俏春姑"手工业协会被列为临汾市文化产业示范基地。

　　近年来，古县县委、县政府以建立覆盖全县的公共文化服务体系为目标，以保障群众基本文化权益为着力点，以文化惠民工程为抓手，以文化设施为载体，以文化服务为核心，加大建设力度，制定保障措施，全县公共文化服务体系建设呈现出蓬勃发展、整体推进、重点突破的良好态势，覆盖城乡的公共文化设施网络基本形成，公共文化服务框架基本建立。

一、古县公共文化服务体系建设情况

（一）公共文化设施实现全覆盖

　　截止目前，我县共有1个公共图书馆、25个图书分馆，1个文化馆，7个乡镇综合文化站，农村文化活动室、文化信息资源共享工程基层服务点和农家书屋实现了全覆盖，广播电视村村通工程已覆盖全部行政村和20户以上通电自然村。

　　古县图书馆建设面积3167平方米，2010年建成并投入使用。2013年，在全国图书馆评估定级中，古县图书馆被评为"国家一级图书馆"。古县图书馆总分馆系统，是全省第一家县级总分馆系统。古县图书馆既是省图书馆的一个分馆，同时也是全县图书馆系统的总馆，并以此为核心，建立起了覆盖全县乡镇、农村、机关、企业、校园、社区及相关公益单位的 25 个分馆，实现了"资源共享、一卡通用、通借通还"的目标，完成了把公共文化服务延伸覆盖到广大基层的有益探索，得到了文化部和国家图书馆的高度重视。

古县文化馆建筑面积达 12000 平方米，室外活动场地 5002 平方米。2011年，在全国文化馆评估定级中，古县文化馆被评为"国家一级文化馆"。

乡镇文化基础设施建设方面，全县七个乡镇综合文化站全部建成，建筑面积均达到了 300 平方米以上，配备有电脑、投影仪、卫星接收、音像等设备及活动器材，达到国家标准。

农村文化设施建设方面，全县 111 个村的农村文化活动室、文化信息资源共享工程基层服务点和农家书屋工程实现了全覆盖。

（二）公共文化服务惠及全民

近年来，我县按照公益性、基本性、均等性和便利性的原则要求，坚持以政府为主导、以公共财政为支撑、以基层特别是农村为重点，大力发展公益性文化事业，覆盖城乡的公共文化服务体系框架基本建立。

1、全面落实免费开放政策，人民群众基本文化权益得到保障

图书馆和文化馆自 2009 年开始向公众免费开放，除工作时间外，全年无节假日，不休息，比中央提出"两馆"免费开放要早两年时间。

7 个乡镇文化站、111 个农村文化活动室、文化信息资源共享基层服务点、农家书屋也于 2010 年实现了全部免费开放。

2、不断完善监督管理体系，农村数字电影放映工作率先达标

古县的农村数字电影放映工作于 2007 年就在全市率先实现"一村一月一场数字电影"的目标，比全省要求早四年。我们制定了"村民代表签字、放映公示、责任追究"等八项工作制度，保证了农村数字电影放映这一惠民政策落实到位、持续推进。

3、继续充实乡镇文化队伍，公共文化服务体系获得人力保障

不断夯实文化工作的队伍基础，2013 年，我县根据"三区"人才支持计划文化工作者专项工作，对全县 7 个乡镇配备专职文化员，分管各乡镇文化工作。通过组织开展业务培训和吸引社会优秀人才从事文化工作等措施，全县文化工作者队伍的整体素质有了大幅度的提升，为公共文化服务体系建设目标的实现提供了人力保障。

（三）规范资金使用和管理

我县 7 个乡镇综合文化站已全部投入使用，文化建设专项资金统一由县财政拨付，由县财政局和县文化局制定资金管理使用规范，严格资金使用和

管理。

（四）群众文化活动丰富多彩

近年来，我县每年举办各类文体活动不少于100余场次，连续举办了九届牡丹文化旅游节、十一届广场消夏月等特色文化活动，并不断创新文化活动形势，开展"乡里乡亲大联欢"群众文化交流活动、开展书法、舞蹈、乐器等公益培训班，不断拓展服务范围。

同时，古县的校园文化、企业文化、社区文化、军营文化等全面发展、各具特色。在学校，组织举办校园文化艺术节，全面提高了学生的综合素质；在企业，举办各类职工文艺晚会，丰富了职工文化生活；在社区，经常组织社区文艺爱好者参加各种社区舞蹈比赛，不定期邀请一些市级社区舞蹈教师对我县的社区文艺骨干进行培训，通过这些文艺骨干的带动，县城周边越来越多的群众参与到社区文化活动中来。

二、古县公共文化服务体系建设中存在的困难和问题

就目前而言，我县公共文化服务体系建设取得了长足的进步，但与经济社会发展的新形势相比，与人民群众对文化建设的新期待相比，还有不小差距。突出表现为：

1、基础设施欠账较多

近年来，古县公共文化服务设施在各级党委、政府的重视下，不断加大投入，实现了县、乡、村三级文化基础设施的全覆盖。但是现在所说的"全覆盖"，仍然属于低水平的"全覆盖"，远没有达到满足群众公共文化需求、引领社会主义先进文化发展方向的要求。

同时，文化站的设施设备基本以上级配送的设备为主，各乡镇自己购置的设备仅占很小一部分，具有地方特色的文化设施很少，适应地方特色文化需求、满足人民群众特殊需要的设备仍需不断充实完善。

2、人才队伍出现断档

一是现有文化单位人才匮乏。在机构改革过程中，由于大批业务骨干退休或提前退休，古县文化系统各部门都出现了严重的人才断档问题。各乡镇文化站及农村文化活动室专业人才短缺严重，基层文化工作开展起来存在一定困难。二是乡村优秀文化人才锐减。乡村本土文化人才大都年事已高，回乡植根于乡村文化的青年人才更是匮乏。三是文化产业优秀人才十分欠缺，尤其缺少产业带头人，文化产业发展比较缓慢。

3、运营体系有待形成

公共文化产品的生产和运营体系的形成任重道远。公共文化产品的生产部门,目前仅仅局限于政府主办的少数几个公益性文化单位,比如文化馆、图书馆、体育馆、青少年活动中心等,行政色彩浓厚,创新精神不足,还不能适应社会发展对于公共文化产品生产运营的需求。社会、企业推出的公共文化产品很少,远未形成产业化运营体系。

4、资金投入缺乏保障

由于历史原因,各地在文化建设方面的投入都存在着很大的欠缺。在这方面,古县的情况还是相对较好的。由于历届县委、县政府领导的重视,古县近年来在文化基础设施建设、文化活动开展、文化产业发展等方面投入很大。但是,仅靠"领导重视"的发展,是不可持续的,也是没有保障的。无论什么事业,要想保证长远的、可持续的发展,就必须有一整套制度体系来做保障。尤其是对于目前管理体系还有待于进一步完善的文化建设来说,更是如此。

三、古县加强公共文化服务体系建设的一些探索

建立完善的公共文化服务体系是一个循序渐进、不断完善的过程,必须坚持政府主导、社会参与和群众共建共享的原则,全面建成满足群众多样化、多层次、多方面的公共文化服务网络体系。

1、制定地方法规,把领导决策、群众共识和部门工作目标上升为可持续的地方发展规划

早在 2005 年 5 月,古县县委、县政府就制定出台了《关于建设文化强县的意见》,较早提出了建设文化强县的奋斗目标。同时,县委、县政府把文化建设与经济建设有机结合起来,大力发展以人文古迹、自然资源、民间民俗为主的"古岳阳"特色文化;大力发展以普及科技知识、丰富精神生活、倡导文明新风为主题的农村文化;大力发展以塑造形象、凝聚人心、增强企业竞争力为目标的企业文化;大力发展以坚定信念、振奋精神、提高效率为主要内容的机关文化;大力发展诚信友爱、和谐融洽的社区文化;大力发展健康向上、丰富多彩的校园文化,努力实现文化与经济、政治的同步发展。在具体实践中,县委、县政府始终把文化建设的发展提到重要的议事日程,把文化事业放到优先发展位置,纳入到全县经济社会发展的总体规划之中。创建经费和文化事业各项费用也全额列入财政预算。正是因为决策层文化建设的高度重视,对于基层公共文化服务体系建设的倾力支持,古县的公共文化

服务体系建设才得以有效推进，"夯实文化基础，挖掘文化潜力，弘扬特色文化，争创文化强县"的理念才得以深入人心。

2、完善财政预算，把经常性公共文化服务经费纳入预算管理范围

古县县委、县政府高度重视文化事业发展，在财力予以倾斜保障。一是加大文化工作的财政预算，确保用于文化事业的经费逐年增长。在全县财政预算中，我县的文化事业预算经费逐年增加，文化事业经费的经常性投入增长幅度不低于经常性财政收入的增长幅度。二是积极调整财政支出结构，增加对公益性文化事业的投入。

3、健全规章制度，通过制度创新来充分调动各级发展文化事业的积极性和主动性

针对当前基层公共文化服务体系，特别是乡镇和农村文化管理体制运行不畅的问题，我县经过认真调研和积极探索，制定出台了《古县乡镇文化站管理制度》、《古县农村文化活动室管理制度》、《古县图书馆分馆系统管理制度》，由政府印发施行。同时，县文化局还配套印发了《古县乡镇文化站工作人员岗位职责》、《古县农村文化活动室工作人员岗位职责》、《古县图书馆分馆系统工作人员岗位职责》，并制定下发了《古县乡镇文化站考核办法》和《古县农村文化活动室考核办法》，考核办法内容具体，任务指标全部量化，年终综合考评排名，并且根据最终排名兑现各乡镇综合文化站和农村文化活动室的免费开放经费。由于制定了一系列的工作制度、工作职责和考核办法，使乡镇、农村文化站（室）的工作有法可依，有章可循，真正体现了公平公正、多劳多得的原则，从而极大地调动了乡村两级开展文化工作、扎实推进公共文化服务体系建设的积极性和主动性。

4、突出特色服务，以富有地方特色的文化产品打响文化品牌

古县在加强公共文化服务体系建设时，充分考虑了古县文化发展实际，大力实施了图书馆总分馆系统建设。

古县图书馆总分馆系统的建设，是古县文化建设的新特色。2011 年，在新建图书馆投入使用之际，古县图书馆在全省首家实施了县级总分馆系统建设，全县 7 个乡镇、县城范围内的所有学校、部分机关单位和企业以及医院、社区、旅游景区、看守所都建成了图书分馆，并在一个农村进行试点，设立了农村图书分馆，实现了县图书馆与各分馆之间的互联互通，并最终实现全县图书馆系统内图书资料的"一卡通用"和"通借通还"。同时还与省图书馆联网，使省图书馆的图书和电子读物也可以在古县图书馆系统内流通。

图书馆总分馆系统建成后，有效解决了全县各公共图书室图书资源短缺、

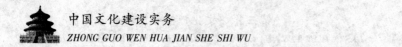

重复采购、服务范围受限等问题，有效整合了全县的公共图书资源。

同时，要进一步扩大文化服务范围，扎实推进老年、职工、妇女儿童活动中心和外来务工人员活动阵地建设。进一步整合资源，整合农家书屋、乡村文化体育活动场所、党员远程教育中心、公共文化信息资源等各类资源，建立农村综合信息服务平台。进一步强化服务，面向基层农村，实现重心下移、资源下移，继续组织好送戏、送电影、送图书、送流动展览等文化下乡活动。进一步发挥现有文化阵地的最大功能，为全县人民做好免费开放工作，推动学校文化资源向社会开放，实现共享。

在今后的工作中，我们将以十八届三中全会精神为指导，进一步推动公共文化服务体系建设，解决当前制约公共文化服务体系发展的突出矛盾和问题，在繁荣文化事业的同时推动文化共享，使公共文化服务体系建设迈入整体推进、科学发展、全面提升的新阶段，全力推动古县文化的大发展大繁荣。

打造旅游文化品牌
培育鄂托克旗文化独特魅力

内蒙古自治区鄂托克旗文化广播电影电视局 云苏米雅

鄂托克旗位于鄂尔多斯高原西部，是内蒙古西部面积较大、产业门类齐全、文化积淀深厚的草原之府、魅力之都；是以蒙古族为主体、汉族占多数的少数民族聚居区；是以畜牧业为基础、服务业为补充、工业占主导的多元产业集中区，总面积2.1万平方公里，辖6个苏木镇、两个自治区重点工业园区，总人口16万人。近年来，全旗文化工作在旗委、政府的正确领导和上级业务部门的大力支持下，牢牢把握正确导向、积极引领社会思潮、扎实推进社会主义核心价值体系建设，以满足人民群众精神文化需求为出发点和落脚点，以建成国家公共文化服务体系示范区为重点，组织实施公共文化服务体系建设、艺术精品创作、文化遗产保护、文化产业发展和文化市场管理，切实保障广大人民群众的文化权益，努力实现全旗文化工作的新跨越。

一、党委政府高度重视

旗委、政府实施了"文化强旗"的指导思想、基本原则、总体目标、工作重点和发展思路，将文化建设纳入政府重要议事日程，纳入国民经济发展总体规划，纳入地方财政预算，纳入城乡建设整体规划和实绩考核体系，形成了全民参与文化建设的良好氛围，财政、文化、人事、规划、土地、税收、工商、广电等各部门分工负责，工青妇等人民团体大力支持的工作机制，形成了推动文化建设的整体合力。2013年开始，旗财政每年安排300万元专项资金用于文化事业发展，其中公共文化服务体系示范区创建资金占文化事业发展资金的60%以上。并通过政府购买、补贴等方式，支持公共文化机构开展形式多样的文化服务，并积极争取社会赞助、捐助，取得明显成效。

二、文化人才队伍不断壮大

一是文化系统人才队伍建设。鄂托克旗文化广播电影电视局是主管全旗文化工作的职能单位，下设鄂托克旗文化馆、鄂托克旗图书馆、鄂托克旗乌兰牧骑、鄂托克旗文物保护管理所、鄂托克旗文化市场综合执法大队、鄂托克旗影剧管理中心等 6 个事业单位，全系统核定人员编制 119 名，实有人员 123 人。正高职称 4 人、副高职称 17 人、中级职称 40 人、初级职称 51 人。6 个苏木镇综合文化站均配备 3 名以上人员编制，文化站专职工作人员达到 33 人，为 73 个行政嘎查村均配备 1 名财政补贴的文化管理员。公共文化单位在职员工参加脱产培训时间每年达到 15 天，苏木镇、嘎查村（社区）基层文化站室工作人员参加集中培训时间达到 5 天。二是民间文化人才队伍和民间文艺队有了长足的发展，全旗现有民间文化人才 300 多人，主要专业方向为非物质文化遗产传承、舞蹈、民乐、石刻、皮艺制作、民乐制作、摄影、刺绣、鄂尔多斯服装制作、鄂尔多斯头饰制作、马具制作、写作等诸多方向。民间文艺队数量达到 60 支，人员数达到 700 余人。

三、公共文化设施网络逐步健全

通过创建国家公共文化服务体系示范区建设，不断完善全旗各级公共文化设施网络，基本形成了旗有"馆"、苏木镇有"站"、嘎查村有"室"、社区有"中心"，并连同文化户在内的四级公共文化服务网络。建成投入使用鄂托克旗综合地质博物馆、文化艺术中心、老年青少年活动中心以及生态植物园、乌兰湖恐龙文化主题公园、全民建设广场等一大批标志性文化场馆（所）；新闻中心、图书档案馆、《蒙古秘史》博物馆主体工程完工；体育馆、拖雷伊金博物馆和成吉思汗圣火文化主题广场正在规划设计。全旗拥有文化馆、图书馆各 1 个，博物馆 4 个，苏木镇综合文化站 6 个，标准嘎查村文化室 73 个，社区文化活动中心 8 个，"草原书屋" 71 家，重点文化户 168 户。全旗公共文化设施总面积达到 277.6 万平米，人均 18 平米，文化设施设置率、覆盖率和受益率均提升。旗图书馆、文化馆均达到"国家县级一级馆"标准，"两馆"分别在 2013 年和 2014 年被自治区文化厅评为"十佳文化馆"和"十佳图书馆"。全旗流动文化服务车达到 11 辆，建成文化馆、图书馆、6 个苏木镇、16 个社区、22 个嘎查村文化室的电子阅览室（文化馆、图书馆 30 台电脑、文化站 20 台、社区 10 台、嘎查村 5 台）。全旗现有 8 个数字电视基站，农牧区已实现广播电视信号全覆盖，农牧民收看到包括市旗两级节目在内的 56 套电视节目。农村牧区嘎查村文化室基础设施建设不断得以完善。

四、加强公益性文化服务，文化活动丰富多彩

全旗公共图书馆、文化馆、博物馆、苏木镇综合文化站、嘎查村文化室、

社区文化活动中心等公共文化设施全部实现免费开放，文化馆、图书馆每周免费开放时间分别达到42小时和56小时，建成老年大学1所，全旗群众文化生活日益丰富。一是品牌文化活动特色鲜明。依托"阿尔寨文化"创办的"中国·阿尔寨文化（旅游）节"已连续举办两届，"幸福鄂托克"大型广场表演、腾格尔"故乡情"演唱会、"凤凰传奇感恩家乡演唱会"等38项系列文化活动社会效应明显，文化节已经成为鄂托克旗培育、展示和传播文化艺术精品的重要载体。二是综合文化活动影响广泛。每年一届的全旗那达慕大会、消夏广场文化活动、全民健身运动会和贯穿每年全年的"生息草原、政策惠民、统筹发展"理论下基层、惠民生暨文化、卫生、科技三下乡活动形式多样，群众积极性高，参与范围广。2011年以来，送戏、送书、送电影等各类文化下乡活动达到1200余场次，惠及群众达10多万人次。三是行业文化活动日趋活跃。春晚、元宵节传统活动、军警民联谊以及馆站阵地文化、社区文化、企业文化、校园文化等活动内容丰富，惠及面广。近年来鄂托克旗组织举办（承办）的"阿尔寨杯"诗歌朗诵大赛、书画摄影大赛和"百戈丽杯"民族魅力展示大赛等300余场活动得到社会一致好评，特别是鄂尔多斯民间舞推广活动更是深受群众欢迎。四是自发文化活动不断涌现。我们以基层文化站和文化户为依托，大力支持农牧民群众自办文化活动，并将其纳入了全旗公共文化服务体系建设范畴。近年来举办的诸如个人演唱会、家庭那达慕、"骆驼圣火文化节"等活动日益增多，文化户杨乌拉创作并表演的小品《父教如金》还曾获首届鄂尔多斯艺术大赛一等奖，农牧民群众已经成为文化活动的真正"当家人"。另外，我们先后出版发行了《鄂托克旗文化系列丛书》、《阿尔寨石窟丛书》、《鄂托克岩画拓片集萃》、《阿尔寨石窟壁画》以及《鄂尔多斯原生态民歌》、《五度纯音组合》系列CD、DVD等70多部文学文艺作品。编撰完成了《鄂托克旗文化志》，编辑整理了《鄂托克旗志（1990～2007）》入志资料。新创文艺节目《祖国的爱》代表全国少数民族赴京参演了喜迎党的十八大全国"倾注三农·情满大地"综艺晚会，演职人员受到党和国家领导人的亲切接见。包金山书法作品《蒙古秘史》系列和德力格尔玛制作的巨型蒙古靴和蒙古鼻烟壶分别获世界吉尼斯纪录"篇幅最多的单面皮雕书法作品"、"最大的蒙古靴—巨型鄂尔多斯马海"、"最大的蒙古族鼻烟壶造型"称号。近年来还先后投入500多万元创作编排了《吉祥草原·印象阿尔寨》、《神马之源·圣火之乡》、《幸福鄂托克》等大型文艺晚会，同时依托这些晚会创作的文艺精品达到1000多个，获国家、自治区和市级各类奖项近100多项。

五、文化产业健康快速发展

通过加快推进文化产业发展，依托于得天独厚的文化旅游资源，以打造文化旅游强旗、鄂尔多斯市西部特色休闲旅游地为目标，力争将文化旅游产业打造成为全旗经济社会发展的支柱型产业之一。通过积极开发文化旅游、文艺演出、休闲娱乐、民族工艺品制造等文化旅游产业，全旗文化旅游产业门类齐全，文化旅游产业增加值站 GDP 比重逐年增加。全旗现有文化经营活动单位 191 家、综合游乐场所 61 家、图书、音像、印刷 68 家、美术装潢、摄影及艺术培训 16 家、互联网络服务（网吧）21 家、文化产品生产单位 15 家，建成 4A 级旅游景区 2 家（碧海阳光温泉旅游区、布龙湖温泉度假区）、2A 级旅游景区 2 家（锦世温泉度假村、苏里格庙旅游区），内蒙古自治区五星级牧家乐 1 户（锡林塔拉草原度假村），内蒙古自治区三星级牧家乐 1 户（顺富牧家乐），建成《蒙古秘史》博物馆主体工程，正在室内装饰。

2014 年 9 月份，为了切实开发利用好文化旅游资源，充分发挥文化旅游产业，旗委、政府成立了鄂托克旗文化旅游产业委员会。2015 年，在全面摸底统计了全旗文化产业企业及个体工商户、民间文艺表演团队的基础上制定了《鄂托克旗"十三五"文化产业发展规划（2015～2020 年）》，明确了"十三五"期间的文化旅游基础设施建设计划，并起草《鄂托克旗社会文化产业发展基金管理办法》、《关于设立扶持社会文化产业发展的政策意见》（包括土地、税收、财政政策、政府采购政策）等文化产业扶持政策方案。为着力在打通"吃住行游购娱"需求链条所有环节和"隔夜游"上下功夫，全方位提升旅游服务水平。

六、文化遗产保护扎实有效

一是加强文物保护管理。完成了第三次全国文物普查工作，现有不可移动文物有 95 处，其中国保单位 3 处，区保单位 14 处，市保单位 15 处，旗保单位 14 处。馆藏文物数量达到 1534 件，其中一级文物 8 件，二级文物 14 件，三级文物 38 件。2013 年启动了第一次全国可移动文物普查工作，现有序推进第二阶段工作，将普查到的文物信息录入国家文物局文物信息平台，已完成 1867 件文物的信息录入工作。二是加强非遗文化传承保护。2011 年，我旗被自治区纳入全区非物质文化遗产普查试点旗，通过全面普查优秀民族文化遗产工作，整理资源目录清单 4221 条、形成文字记录 1500 页 30 多万字，拍照

3904 张（20.03GB），录音 5161 分钟（8.48GB），录像 5004 分钟（918GB），建立了档案库，并出版了《内蒙古自治区非物质文化遗产普查报告（鄂托克旗卷)》、《鄂托克旗非物质文化遗产普查图文集》、《内蒙古自治区非物质文化遗产普查工作试点旗资料汇编》等书。已公布的自治区级非遗保护名录 9 项、代表性传承人 12 人，市级非遗保护名录 20 项、代表性传承人 32 人。2012 年中国民间文艺家协会将我旗命名为"中国成吉思汗圣火文化之乡"，并建立"中国成吉思汗圣火文化保护基地"，2013 年鄂托克旗蒙歌友会被市文化局命名为"国家非物质文化遗产鄂尔多斯婚礼音乐文化传承保护中心"。

七、文化市场健康有序

始终"坚持一手抓繁荣、一手抓管理"的方针，形成了以文化市场综合执法大队为主体，以公安、工商、消防、安检等职能部门相配合的管理体系，并建立了社会义务监督员队伍，建立健全了宣传教育机制、齐抓共管机制、监管网络机制、社会监督机制、从严执法机制，从 2011 年以来，出动检查人员 4500 人次，针对网吧、游戏厅，电脑软件及音像、书报刊等出版物市场和非法地面接收装置开展了多次整治行动，取缔"黑网吧"7 家，无证游戏厅 8 家，停业整改 21 家，查缴非法出版物 2 万余件。重点打击黑网吧和盗版音像制品经营行为，严厉查处网吧接纳未成年人的行为，把消防安全达标作为行政审批的前置必要条件，实现了源头治理，促进了文化市场健康有序发展。

近年来，我旗公共文化建设在我旗党委政府的高度重视和上级业务主管部门的大力支持下，取得了良好的成绩，但是与现代公共文化服务体系建设要求和人民群众对文化发展繁荣的热切期盼相比，还存在一定差距。今后，要按照现代公共文化服务体系建设坚持公益性、基本性、均等性、便利性的要求，继续深化改革，加强城乡统筹，突出软件建设，率先建成符合我旗实际、较为完整、覆盖城乡、能可持续发展的现代公共文化服务体系，推动公共文化服务持续发展的长效机制基本形成，广大群众特别是农牧民群众基本文化权益得到有效保障，对公共文化服务的满意程度明显提高，进一步推动公共文化服务向广覆盖、高效能转变。通过积极争引项目，加大投入力度，到 2020 年，建成文化服务功能更加完善，文化产品供给更加丰富，文化市场管理水平明显提升，文物保护与利用成果突出，文化产业发展壮大，人民群众日益增长的精神文化需求日益丰富，文化交流活动不断增多，全旗文化事业和文化产业更加繁荣发展。

增强文化发展活力　打造商道文化品牌

内蒙古自治区商都县文化旅游新闻出版广电局　王　利　王振杰

　　文化事业建设是一项与时俱进的系统性工程，近年来，商都县文化旅游新闻出版广电局紧紧围绕商都县委、县政府的中心工作，以党的十八届三中、四中、五中全会决定和习近平总书记系列重要讲话精神为科学指南和行动纲领，结合本局的具体工作，增强改革发展的自觉性和坚定性，牢固树立导向意识和阵地意识，确保文化旅游新闻出版广电改革发展的正确方向；努力推进文化、旅游、新闻出版、广电治理能力现代化，提升其事业管理科学化水平，推进文化广电领域各项体制机制创新，各项工作都取得了丰硕的成果，为商都县的经济发展及社会全面进步做出了积极贡献。

一、加强非遗项目的保护和传承

　　商都县非物质文化遗产资源丰富、底蕴深厚，经调研发现商都县现有民族民间民俗四类：东路二人台、晋剧、手工剪纸和民间医药等，是全县各族人民世代相传的宝贵财富，是优秀民族文化积淀的重要载体，也是中华文化的重要组成部分。保护好、传承好、利用好非物质文化遗产，对于弘扬民族优秀传统文化，推进文化强县建设，具有重要意义。近年来，在商都县委、政府的高度重视和支持下，在社会各界的广泛关注下，商都县的非物质文化遗产的保护工作，特别是东路二人台的保护与传承，取得了一定的成果。为了做好这项工作，商都县专门成立了非物质文化遗产保护机构，在开展非物质文化遗产资源普查的基础上，商都县文旅新广局积极培养并申报区级以上非物质文化遗产传承人。目前，自治区级传承人有 2 人，东路二人台入选"人类非物质文化遗产代表作名录"。早在 1997 年 12 月，自治区人民政府公布了第一批"东路二人台艺术之乡"，商都县就榜上有名。

　　商都县加大了文化交流与宣传的力度，连续多年在春节、元宵节和仲夏季节，举办"水漩春"、"水漩之夏"、"古驿七台情"品牌文化活动，扩大了该县民族文化对外影响，使民族文化遗产保护与传承深入人心。商都县是北方游牧文化与中原农耕文化的融合之处，在长期的历史发展进程中，张库商道的开拓起到了极大的作用，使这里商、农、牧、工结合，多民族融合。全县各族人民不仅创造了大量的物质文化遗产，也创造了丰富的非物质文化遗产，正是这些独具特色的灿烂多彩的非物质文化遗产，孕育了民族民间艺术的独特魅力，也为商都文化的繁荣和发展奠定了坚实的基础。这些成绩的取得对于促进民族团结、推动民族文化大发展大繁荣发挥了重要作用。随着非物质文化遗产保护工作的深入开展，经常性与抢救性相结合的方式，得到了全县各部门的高度重视，采取了多项积极措施推动非物质文化遗产保护工作常态化进行。

二、努力推进文化惠民工程建设

2015 年，是我国"十二五"规划的收官之年，也是全区惠民工程"十个全覆盖"工程建设的关键之年。过去的一年里，商都县在推进文化惠民工程建设，夯实公共文化服务基础方面，各项工作都做得扎实到位。

1、实施民族演艺精品工程。2015 年 2 月，县群艺协会组织开展的"美丽中国梦、古驿七台情"征集歌曲 20 余首，迎新春录制晚会上陆进宇倾情演唱的《商都之恋》、刘玉兰演唱的《爱在商都》等，已报区市"五个一工程"评审组参与评选。11 月 20 日，在"美丽中国梦、古驿七台情"征集歌曲中，经评审组委会两次合议，有 10 首歌曲作为大力宣传古驿七台的主打歌曲，进行了录制。新创作葛启珍的《管事宽》、《产前会》，杨万林的《喜看新农村》，熊吴珍的《十个全覆盖就是好》、高乐美的《真情》等二人台小戏 5 个，还有情景剧《幸福家园》和现代小戏《特殊女工》。这些作品从不同侧面反映了商都的风土人情，改革发展中发生的点点滴滴。微电影孙维宇《债》、《蒙古女孩的舞蹈梦》，排练录制完成后已经上报市局。

2、积极开展文化惠民系列活动。商都县文化馆、乌兰牧骑积极开展"送欢乐""五进基层"等文化惠民演出活动，演职人员深入农村牧区、慰问幸福院、进企业军营、入学校社区等，为群众带去了丰富的精神食粮。而县文化馆、图书馆、美术馆、民俗博物馆则继续实施免费开放活动，文化馆、美术馆、青少年活动中心免费开设音乐、美术辅导、武术中老年合唱等 7 个项目培训班；图书馆免费开放所有场馆，免费办理借书证、图书借阅、文化信息资源共享工程等 8 个项目；民俗博物馆免费开放历史展厅和近代文物展厅 2 个场馆；"四馆一中心"一周免费开放时间全部不少于 40 小时。与此同时，他们积极开展各类专题文化活动，让更多的群众受益。

三、发展文化产业　立足本地特色

对于 2016 年的工作,商都县文化旅游新闻出版广电局有着周密的安排和部署。特别是主旋律报道要围绕中心,重点突出,呈现亮点。搞好中央、自治区、市、县的决策部署和会议精神贯彻落实宣传;特别要继续组织广大干部职工,深刻学习领会中央的大政方针和习近平总书记的重要讲话。回顾展示 2015 年全县社会经济发展的新成绩、新经验,充分展现全县发展前景和 2016 年发展的新思路和新举措;围绕做大做强全县工业经济建设,"十个全覆盖"新农村建设,招商引资和项目建设等打好宣传战役。为全县实施项目带动战略,优化发展环境倾心竭力提供舆论支持。为推进全县各项社会事业发展,推动精神文明和法制建设,维护社会稳定营造和谐的舆论氛围。新闻宣传始终坚持"三贴近"原则,使广播电视节目更具舆论引导力,文化影响力和吸引力。狠抓特色栏目,努力实现栏目品牌有突破,发挥舆论监督的积极作用;丰富广播电视文艺节目,活跃群众文化生活。上送区市两级电视台稿件数量要力争实现新突破目标;加大节目创优力度,提高节目整体质量。同时,还要紧紧盯住"十个全覆盖"工程、"四馆一所"建设、小庙子蒙古族民俗村和西山大石架文化旅游等投资项目,争取某些项目早立项、早开工、早完工。特别要在 2016 年底前完成全县 694 个自然村"户户通"建设任务和 213 个行政村(嘎查)"村村响"及文化室整合配套工程,要积极争取资金,为七台镇未达标的社区文化室的建设与内部配套等开展工作。建立农村文化设施建设、运营、管理并重的长效管理机制。完善县公共文化服务基础设施规划与布局,优化提升现有公共文化设施、流动文化设施、虚拟文化设施三个不同层面的公共文化设施体系,形成立体化、交互式公共文化服务平台。

今年,商都县文化旅游新闻出版广电局将以节庆活动为主线,坚持以基层为重点,积极推进文化进农村、进社区、进企业、进校园等"文化惠民"演出活动。继续开展"2016 读书阅读季活动";帮助支持文化站(室)自主开展形式多样的文化活动。他们将倾力打造旅游度假基地与该县打造"商道文化"有机融合,积极探索文化为魂、旅游为体、商业为力的"文商旅"一体发展模式。借助"中国草原避暑之都——乌兰察布"的品牌,结合该县实施的"美丽乡村旅游扶贫工程"重点村项目,继续打造巴达木图庙景点、不冻河生态苑度假村等项目后续升级改造建设工程。借助北京张家口联合举办冬奥会契机,发挥该县与坝上区县山水相邻、人脉相亲的优势,主动与张家口坝上地区对接,加大宣传推介和区域合作力度,包装打造该县独具特色的旅游项目和旅游线路。

在过去的一年里，商都县文化旅游新闻出版广电局被自治区文化厅评为 2014～2015 年度政务信息工作"先进单位"；被乌兰察布市人民政府评为精神文明建设"先进集体"，还获得了乌兰察布市纪念抗日战争暨世界反法西斯战争胜利 70 周年群众合唱节"优秀组织奖"等多项殊荣。展望未来，商都县文化旅游新闻出版广电局全体干部职工依然干劲儿不减，我们也有理由相信在新的一年里，他们会取得更大的成绩。

完善服务体系建设 促进文化大发展

辽宁省长海县文化体育广播影视局 朱 军

近年来，长海县委、县政府高度重视文化工作，着力发展文化旅游产业，极大地推进了全县文化事业和文化产业发展。紧紧围绕"文化强县"为目标，不断完善公共文化服务体系建设，群众性文体活动蓬勃开展，大型体育赛事品牌效应日益彰显，推动了全县文化体育事业发展呈现健康向上、繁荣发展的局面。

（一）县乡村三级公共文化服务设施实现全覆盖

1、完成县文化中心建设。为提升县级文化服务功能，我县于2009年至2011年在电影院原址新建一处文化中心（县文化馆），面积为5300多平方米，总投资达2200万元。内设多功能厅、影（剧）场、展览厅、排练厅、各门类培训教室等。经使用和上级文化部门考评，我县文化中心的总规模、设施条件和综合文化服务能力已达到国家一级馆标准，在全市县（市）级文化服务部门（文化馆）中达到前列水平。

2、完善县图书馆建设。我县在2000年投资900多万元建设完成2900多平方米的图书馆的基础上，"十二五"期间，更新了改造了电子阅览室、多功能报告厅、增设了农民工读书角、盲人读书专区等，现馆藏图书达10万余册、五千余种，全县人均占有藏书达1.5册，人均年增新书在0.5册以上，已连续3次被国家评定为"国家二级图书馆"。我县积极争取市级少儿图书馆政策，在全县5个乡镇建设了8个少儿图书馆分馆，新增少儿图书近3万册。

3、乡镇综合文化站建设。我县在"十二五"间，全县各乡镇综合文化站改造和建设全部高于省颁标准（500平方米），总投资共2500多万元，总面积达14000余平方米，平均面积达2800平方米。在全省也名列前茅。

4、村（社区）综合文化室建设。全县23个行政村和7个社区全部建有综合文化室，且平均面积达到200平方米以上。獐子岛镇在多个自然屯回购闲置农房设置文化室，实现村民与文化室的零距离。23个行政村全部建有"农家书屋"，7个社区的"社区书屋"建设也于2014年底完成。全县建有休闲公园10个，文化健身广场达50余处。

（二）政府公共文化设备投入大

在2012至2013年间创建国家公共文化服务体系示范区建设过程中，我县直接投入设施、设备资金达 134 万，争取上级建设资金 200 多万元；县文化馆、县图书馆、各乡镇综合文化站和 7 个社区建设了现代电子阅览室；文化信息资源共享工程结合有线电视数字化改造实现进村入户；县文化馆利用文化中心剧场建立数字电影院，并成功加入辽宁北方院线，填补了我县数字影院的空白，从加入院线到 2015 年 8 月末，县文化中心电影院共放映院线电影 83 部，放映场次 101 场；我县农村电影放映队数字设备达到 5 套，设备拥有率占全省第一，"十二五"期间放映农村电影 1450 余场次；县图书馆更新了向读者服务的电子设备，增设和扩容了数字图书资源，为我县数字图书馆建设奠定了基础。

（三）群众文化活动队伍逐年壮大

全县已形成以县文化馆为中心、以乡镇综合文化站为点、以村（社区）文化室为线、以屯文化中心户为面的全覆盖文化活动网络，文化活动队伍有 80 余个，常年参与演出和活动的群众达 5000 余人。各种特色群众文艺表演队伍也相继成立，大长山的金秋演唱队、哈仙岛刘家文化大院、渔家乐健身舞队、秧歌队、太极扇队，小长山的威风锣鼓队、海蓬花艺术团，广鹿的老年乐艺术团，獐子岛老来乐健身舞秧歌队等，他们常年活动，丰富、活跃了海岛文化生活。全县每个文化广场每到晚间都活跃着众多的文化队伍，已成为长海文化一景。全县文化志愿者队伍 41 个，志愿者达 3000 余人。

（四）群众文化活动成果喜人

1、文艺作品层出不穷。"十二五"期间，我县原创作品达 300 余件，其中文化馆石浩同志创作的快板《三巴掌》获东北三省曲艺大赛创作、表演双金奖，赵振胜作词、文化馆王国安作曲、刘玉来演唱的歌曲《渔民兄弟》在中国大众音乐协会举办的 2013 美丽中国大型音乐展演全国总评选分获金、银奖，文化馆王成创作的小品《为了健康》代表大连市参加了辽宁省艺术节小品大赛获银奖。由于我县在曲艺创作上的成绩突出，中国曲艺家协会快板艺术委员会特在我县文化馆设了"长海分会"。

2、文化演出获奖连连。在大连首次群众特色文艺展演专场晚会评比中，我县获第一名；在大连市首届群星奖比赛中，我县 7 个具有地方特色的节目获金奖 6 个、银奖 1 个，被市文化界誉为"长海现象"；我县和市文广局联合创作排演的旨在宣传和保护"长海号子"的《大海的歌》专题文艺晚会，在大连人民文化俱乐部公演反响强烈。"十二五"期间我县创作和辅导的节目在参加市级以上的各个比赛中共获得奖项 100 余个。

3、文化旅游融合发展走出新路径。我们积极探索，配合乡镇开展尝试，

小长山乡将我县以往创作的具海岛特色的优秀文艺节目进行组合，编排了一场旅游文化专场晚会，在旅游旺季为上岛游客免费演出，收到好的效果。加紧创作一台表现我们长海历史、文化、民俗风情的旅游文化演出，通过我县和市专家作者的 4 次创作和修改，表演大纲已确立。

（五）文物保护与利用前景喜人

"十二五"期间，经我局的工作努力，我县"小珠山遗址"于 2013 年 5 月被国务院评为公布为第五批国家级文物保护单位。"长海号子"于 2010 年 9 月被国家公布为第二批国家非物质文化遗产保护项目。国家社科院考古所在小珠山遗址的科研发掘上取得最大成果，为小珠山国家考古遗址公园建设奠定了有利基础。"小珠山遗址文物展览馆"、"广鹿民俗文物展览馆"的建设，也为"长海县博物馆"的建设和展示奠定了文物基础。《小珠山遗址保护规划》于 2014 年 7 月完成编制，现已通过省文物局专家评审。

共享文化发展　着力完善公共文化服务体系

吉林省梨树县文化广电新闻出版局　周兴安

近年来，梨树县高度重视公共文化服务体系建设，把构建覆盖全县的公共文化服务体系作为文化惠民工程的重要任务来抓，初步形成了"覆盖城乡、功能齐备"的文化服务格局，切实保障了人民群众共享文化发展成果的权益，促进了文化事业的持续健康发展。

一、我县公共文化服务体系建设基本情况

（一）公共文化设施建设逐步改善

近年来，新建、改扩建了一批公共文化设施，已建成覆盖城乡的县、乡（镇）、村（社区）三级公共文化服务网络。目前，我县图书馆 1 处、文化馆 1 处，均达到国家三级馆标准；影剧院 1 处；乡镇综合文化站 20 个；村级文化服务点 295 个；农村文化大院 355 个。另外，还相继建成了以韩州公园为代表的一批文化广场，以向阳街、学府路为代表的文化景观带。群众利用这些场所开展各类比赛、展览、演出等。

（二）公共文化群众权益得到基本保障

一是全面深化全县文化场馆免费开放。二是全面实施全民阅读工程。三是大力开展群众文化活动。梨树县连续多年坚持开展文化活动、"五一"、"七一"、"十一"等节日文艺演出，开展书画摄影展、诗歌朗诵会、"三下乡"等多项群众性文化活动。2015 年送戏下乡 160 余场次。连续举办了两届"梨树县农民文化艺术节"，推出包括农村文化大院汇演、健身大秧歌展演、农民读书月、梨树历史文化展、本土书画作品展、乡土诗人论坛等内容的系列文化活动。

（三）精神文化产品创出丰硕成果

2015 年梨树县地方戏曲剧团有限责任公司参加"第十届中国·宝丰马街书会全国曲艺邀请赛"获金奖；排演了大型满族神话吉剧《狼妻》，入围吉林省文化厅评选的吉剧优秀剧目，12 月 6 日在北京中国评剧院展演，获得国家文化部领导高度认可和北京观众的热烈欢迎。梨树地方戏曲剧团有限责任公司在成功经验的基础上，进一步举办了本土原创戏曲作品大赛、参与送戏下

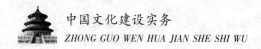

乡等文化活动，进一步提升梨树二人转的外向度、知名度和美誉度。此外，由县文广新局主办的《诗东北》2010 年初创刊至今已出版 20 期。

二、主要做法

（一）抓阵地，拓展文化服务空间

梨树县以"集约节约、共建共享"为理念，大力建设公共文化基础设施，强调作用发挥，从根本上改善文化基础设施状况，构成了覆盖全县、功能完善、设施配套的文化活动空间。一是重"强基"，建设文化阵地。大力实施文化基础设施建设，在投资 480 万元配齐 20 个标准乡镇综合文化站的基础上，连续几年投资近亿元实施了多项文化阵地建设项目。先后新建了诗歌一条街、公共文体活动广场等文化标识建筑，提升了城市文化品位，赋予了城市文化内涵；县图书馆、文化馆、博物馆等公益性文化设施建设不断完善。县图书馆、文化馆均达到国家三级馆标准，博物馆在不断丰富馆藏的基础上，开通"网上博物馆"，为群众参观提供便捷平台。二是重"提质"，打造惠民工程。为真正实现文化成果由群众共享，梨树县着力推动"五大惠民"工程，即农村数字电影放映工程、农村文化大院建设工程、农家书屋建设工程、公共文化设施开放工程、爱国主义教育工程。目前全县建成农村文化大院 355 个，农家书屋 295 个，文化大院、农家书屋建设实现全县行政村"全覆盖"；依托县博物馆、东北民主联军四平保卫战指挥部旧址、革命烈士纪念碑等建成红色旅游景点 1 个、爱国主义教育基地 5 个，红色旅游景点和爱国主义教育示范基地年参观人数逾万人。三是重"便民"，构建服务网络。依托县文化志愿者队伍和县文化专家团队，通过建立县级服务中心、乡镇服务站、村级服务点的方式，形成覆盖全县的文化服务网络。依托县文化馆建成县级文化服务群众中心 1 个，依托乡镇文化站建成服务站 20 个、村级文化服务点 295 个，初步形成一个县、乡、村"三级联动"的文化服务网络。服务中心成立以来，组织文化志愿者深入农村为群众开展秧歌、舞蹈类辅导教学 60 场次，热线专家答疑 230 条，通过网络平台发布文化知识、文艺宣传类信息 1400 条（项）。

（二）抓活动，丰富文化服务内容

梨树县充分利用"中国二人转之乡"、"全国诗歌之乡"、"中国现代农民绘画之乡"等文化品牌优势，推出了一系列丰富的文化活动。一是异彩纷呈的群众文化活动。梨树县连续多年坚持开展文化活动、"五一"、"七一""十一"等节日文艺演出，开展书画摄影展、诗歌朗诵会、"三下乡"等多项群众性文化活动。连续两年成功组织举办了两届"梨树县农民文化艺术节"，精心设计推出包括农村文化大院汇演、健身大秧歌展演、农民读书月、梨树历史文化展、本土书画作品展、乡土诗人论坛等内容的系列文化活动，所有活动围绕服务群众来设计。梨树县首届农民文化艺术节创下了梨树文化活动演出时间最长、参与面最广、观众最多、内容最丰富、最贴近生活、影响最持久的"六个最"。一系列有氛围、有亮点、有效果的文化活动，不仅拓展丰富了文化服务内容，繁荣活跃了全县人民群众文化生活，更有效提升了城市品味和对外形象。二是特色鲜明的文化品牌活动。梨树县是"中国二人转之乡"，二人转艺术在梨树有近三百年的历史，深受当地群众喜爱。2014年9月，梨树二人转成功申报进入国家非物质文化遗产名录。梨树地方戏曲剧团有限责任公司（原梨树地方剧团）连续多年参加国家、省级文艺汇演、戏曲大赛等赛事，均取得优异成绩。在成功经验的基础上，进一步举办了本土原创戏曲作品大赛、送戏下乡等文化活动，进一步提升梨树二人转的外向度、知名度和美誉度。以群众喜闻乐见的形式，实现地方特色艺术普及与"文化惠民"的有机结合、无缝对接。

（三）抓保障，构筑文化服务平台

人才队伍是公共文化服务体系的重要保障。近年来，梨树县不断加大力度，着力构筑"人才支撑平台"，为全县公共文化服务体系建设提供了强大的保障和支撑。梨树县将培养和引进优秀文化人才、建立高质量的公共文化人才队伍作为长抓不懈的重要任务。一方面抓培训。实施梨树文化人才培养"百千万工程"：利用3～5年时间，通过采取请进来、走出去相结合的办法，培养文化专业管理人才100人；通过与高等院校采取联合办学的方式，在乡镇、村开设二人转培训课堂，组织专业教师授课，培养民间二人转艺术人才1000人；通过组织开展系列文化活动、带动和影响文化志愿者队伍发展到1万人以上。另一方面建队伍。挖掘本土资源，广泛发动和整合社会文艺力量组建"二人转"小剧团、民间小乐队等民间文艺团体，加强规范管理，提升演出水平和服务群众能力。目前，梨树县共有专业剧团1个，业余剧团4个，民间二人转表演组织92个。这些艺术团体活跃在全县各乡镇、村屯，并辐射到周边市县及省外，已经形成独特的文化产业，为梨树县的文化发展注入了新鲜血液，增添了新的活力。

三、对加强公共文化服务体系建设的建议

文化是一个民族的精神和灵魂，是国家发展和民族振兴的强大力量，在引导社会、教育人民、推动发展方面起着重要作用。《关于加快构建现代公共

文化服务体系的意见》强调，"要按照全面建成小康社会的总体要求""到2020年，基本建成覆盖城乡、便捷高效、保基本、促公平的现代公共文化服务体系。"《意见》提出，"要统筹推进公共文化服务均衡发展""促进城乡基本公共文化服务均等化"。为构建现代公共文化服务体系，促进基本公共文化服务标准化、均等化，通过对我县公共文化服务体系标准化、均等化情况进行研究分析，提出以下几点建议：

（一）以基础设施和项目建设为切入点，为文化惠民提供基础保障。加快构建现代公共文化服务体系，完善三级公共文化服务设施网络，不断完善公共文化服务体系"硬件"设施，大幅提升"软件"水平，优化公共文化设施梯次布局，推动全县公共文化服务设施加快升级。

（二）推出公共文化服务群众平台建设。按照构建现代公共文化服务体系的总体部署，适应社会主义新农村建设和新型城镇化建设的需求，以满足基层群众多样化的基本公共服务需求为重点，发挥文化部门的职能作用，依托文化志愿者队伍，整合基层各类公共服务资源，形成统一建设、统一管理、统一服务、标准化的综合性公共服务平台，发挥综合管理职能和基本公共服务功能，为基层群众提供便捷的基本公共服务，推进城乡基层公共服务均等化。

（三）加大均等化公共文化设施布局。进一步加大财政购买公共文化服务力度，吸引更多的社会资源进入公共文化服务领域。

（四）加强文化人才队伍建设。精心培训文化业务骨干，为广大文艺干部搭建激发智慧、锻炼才干、积累经验的舞台，让文艺骨干深入群众、深入生活成为文化工作的新常态。深入挖掘乡土文化人才，使更多民间能人有舞台展现、有机会提高、有能量辐射，发自内心地支持文化工作、参与文化工作。

全面提升文化产业建设
促进文化事业蓬勃健康发展

黑龙江省铁力市文化广电体育局　孙力艳　赵宏博　霍　岩

为全面贯彻党的十八大和十八届三中、四中、五中全会精神，深入贯彻习近平总书记系列重要讲话精神，落实省委十一届六次全会部署及伊春市十一届五次党代会精神，结合我市实际将"五大规划"发展理念融入文化工作，准确掌握我市文化事业发展现状。

一、公共文化事业发展方面

在文化事业发展方面，我们更加注重特色与内涵，加快繁荣文化市场，为丰富人民群众精神文化生活提供重要载体。一是加大文化事业资金投入。近五年，我市大力实施文化惠民工程，投入文化事业专项发展资金 1.24 亿元，其中仅公共服务设施资金就达到 6790 万元。二是加快三馆建设。2011年，投资 1430 万元，建成了图书馆、文化馆（群众艺术馆）、博物馆，并向市民免费开放，去年文化馆和图书馆成功晋升国家二级馆。三是加速农村文化建设步伐。"十二五"期间，完成农村惠民五大工程，暨农村广播电视村村通户户通工程、乡镇综合文化站工程、农村电影放映工程、农家书屋工程、农村数字文化工程。目前我市完成 1177 户广播电视户户通任务；共放映电影 5000 场次，观影人数达 10 万人次；完成 7 个乡镇综合文化站建设和 76 个行政村、4 个林场所农家书屋已经实现全覆盖，建成了 29 个中心村文化活动广场和活动室建设，数字资源已实现城乡共享，初步形成了市、乡、村三级文化活动服务体系。四是群众文化活动异彩纷呈。"骊马放歌"、"唱响铁力 k 歌广场"、"我要上春晚"、"象棋争霸赛"、"冰凌花杯"美术书法摄影展等近百场系列活动成为独具铁力特色的文化品牌，全市现有秧歌队、舞蹈队、民乐团、合唱团、棋院等各类业余文化团体 30 余个，年均组织大型展演活动 20多场，获得国家级奖项 20 余个，省级奖项 50 余个。先后承办了全省青少年象棋大赛，第一届"小兴安岭生态杯"全国象棋邀请赛等重要赛事，为省队、国家队培养了一批优秀棋类人才，已有 3 人晋升为"国家级象棋大师"。今年，我们将打造"合唱之乡"、"象棋之乡""排球之乡"作为今年工作的重点，目前"合唱之乡"工作进展良好，已经被省合唱协会批准为省级合唱基地，近期将举行挂牌仪式，"象棋之乡"也在积极申报中。五是文艺创作和文物保护成果喜人。近年来，我市注重挖掘本土文化元素，发挥文化带头人的引领示范作用，涌现出了范宝峰、刘希国、吕迎晨、王跃斌等一批在省内外文化艺术界有较高知名度的文化艺术创作者，为推动我市文化向外传播做出了突出贡献。同时，历史文化遗产得到发掘和保护，全市现有馆藏文物 856 件，全国第三次文物普查中，我市共录入不可移动文物 147 处，列入省级重点文物保护单位 3 处，列入市级文物保护单位 54 处，列入省级非物质文化遗产名录 1 项，列入市级名录 2 项，有 1 人被确定为省级传承人。

二、文化产业发展方面

从文化产业发展看，我市采取了一些积极措施，推进文化事业加快繁荣发展，但与先进地区相比还处在相对初期阶段，还没有形成独具特色、内涵丰富的地方文化。

（一）、文化产业现状

我市现有各类文化经营业户 79 家。其中大型数字院线影院 1 家，歌舞娱乐场所 10 家，书刊零售店 16 家，音像店 2 家，电子游戏 2 家，网吧 39 家，印刷企业 9 家。从业人员共计 208 人次，其中数字影院年票房收入 139 万元。

全市社会体育经营企业达 35 家，涉及高山滑雪、游泳、乒乓球、羽毛球、桌球、棋牌、康体、健身、技能培训等项目。体育彩票销售业绩良好。全市共开设体育电脑彩票销售点 28 个，2015 年销售额达 1869 万元，公益金年收入约 150 万元，为筹措体育发展资金，改善我市体育场馆设施和发展体育事业提供了有力保障。

特色文化企业 29 家（已注册企业）。其中舞蹈室 3 家，画室 5 家，玉石加工厂 8 家，古玩店 4 家，根雕室 9 家。（未注册文化企业待查）。重点文化企业三家，分别是桃山北方园艺研究所、铁力市宏大影院有限公司、骊缘工艺品有限公司，总资产共计 1802 万元，年收入达 257 万元，从业人员 35 人次。

（二）、存在问题

一是文化产业发展意识不强。在很长的一段时间里我们忽视文化的重要作用，往往有这样一种思维定义"文化就是教化"，人们很难把文化与市场联系起来，更不会意识到我们应该注重文化产业的发展，由此就缺少对市场的研究和发展产业思路。二是文化产业缺乏经营与管理人才。文化产业是市场经济与文化艺术相结合的产物，是一个需要高素质人才进行管理和经营活动的领域目前，我市文化领域不仅技术人才短缺，而且更缺乏既懂艺术又会经营管理的复合型人才。三是文化产业缺少拳头产品和企业的支撑。我市文化产业发展的规模普遍弱小，产业未形成规模，竞争实力不强，对于事业发展无法形成有效支撑。

（三）、发展方向

结合省市委关于文化产业发展建设的总体目标，加快壮大我市文化产业发展。一是加快特色产业发展。深度挖掘松明沉香、玉石等特色文化资源，建立特色鲜明、连接完整、效益显著的特色文化产业发展格局。二是加快文化与体育与旅游的深度融合，提升文化整体实力。培育壮大旅游演艺市场主体、打造推广高品质的旅游演艺产品、整顿规范旅游演艺市场秩序。三是加快文化场所建设，补齐我市文化短板。十三五期间，打造一处占地面积1.5公顷，建筑面积15，000平方米，投资3000万元的"骊马"文化产业园；建设占地面积1.0公顷，建筑面积5，000平方米，投资1500万元的科技馆；投资3500万元，建筑面积7000平方米的新建市民健身中心；规划建设集培训、体验、康乐、交流等多功能为一体的青少年宫，满足青少年文化需求；新建一座建筑面积2000平方米的标准化美术馆，打造文化交流展示平台，提升城市文化品位，促进文化体育事业全面提升。

（四）、具体措施

今后我们要重点在基础设施完善、精品工程打造、群众文化开展、全员文化人员的整体培训、文化产业发展、文物工作的加强等方面推进公共文化整体建设。

一是成立专门工作机构，推进重点项目加快建设。成立以主管副市长任组长、市直部门为成员单位的文化产业推进组，以强有力的行政组织力量推动文化产业项目加快建设和文化产业加快发展。推动我市十三五期间文化大型场所建设和文化产业发展壮大。二是出台政策措施，引导重点行业加快发展。根据当前文化产业发展形势和国家、省、市重点工作安排，制定出台了《铁力市文化产业重点项目扶持政策》。通过贷款贴息、融资奖励或项目补贴等方式，扶持重点文化创意型项目，带动银行贷款和社会资本参与文化产业项目建设；制定出台《文化与体育、旅游深度融合实施意见》，引导文化与相关产业融合发展，促进文化产品提升创意水平和科技含量，推动传统文化产业转型升级、新兴文化业态培育壮大、公共文化服务创新优化。三是设立财

政专项资金，扶持重点企业加快成长。从解决文化产业当前困难和长远问题、提振文化企业发展信心的战略角度出发，每年从财政预算中单列专项资金，重点用于扶持文化内容实、牵动能力强、创意水平高、市场成长性好的文化产业项目建设；奖励通过国家或省评选认定的文化产业园区、基地和企业。四是培育文化消费热点，扩大优质文化产品供给。深入挖掘全市优势文化资源潜力，开发特色文化消费市场，扩大优质文化产品供给，拓展大众文化消费渠道，培育文化消费新热点。

关于促进社会力量参
与公共文化建设的实践与思考

浙江省杭州市拱墅区文化广电新闻出版局、体育局 黄 玲 戴丽群 陆 菁

近年来，随着我区经济社会快速发展，人民生活水平的不断提高，群众对精神文化的需求呈现出两方面的特点，一方面是文化需求的快速增长且越来越多样化；另一方面，群众的文化自觉和自信显著增强，参与文化的热情高涨，特别是在大运河申遗的过程中，我区作为运河文化的代表，吸引了一大批关心热爱文化的群众和热心企业家主动投身到我区的文化建设中来。在此过程中，我们也逐步的认识到，在"大文化、小政府"的格局影响下，单纯依靠政府办文化的模式终究是行不通的。如何正确、有效地引导社会力量参与公共文化建设，实现双赢，是一个值得探索的问题。

一、我区推进社会力量参与公共文化建设的主要措施

（一）政企联合，强强联手

政府和民营企业拥有不同的资源，这些资源的整合，可以加快推进公共文化服务体系建设，同时大大调动群众自发的文化热情。2012 年，区文广新局与杭州金海岸演艺集团携手推出的"拱墅金海岸民星大舞台"堪称政企联合文化惠民的成功典范。金海岸集团无偿提供场地、设备，并指派专业策划人员指导节目的编排；文化部门组织专家对表演选手、团队演唱技巧、台风等进行指导，同时通过拱墅新闻网、《今日拱墅》开辟专题、专栏，进行全程录播。通过"政府牵头、企业搭台、百姓唱戏"的模式，打造了一种政府投入小、社会影响大、百姓广参与、群众得实惠的"文化惠民"新模式，年均开展演出 60 余场，服务 18000 多人次。2015 年，我区对"民星大舞台"进行了再次创新和提升，建成"1 + 10"民星大舞台展演基地，辖区 10 个街道都利用现有阵地开辟建设民星大舞台基层展演基地，每年开展展演活动 120 场以上。此外，我区成立了大运河文化沙龙，现有成员单位 30 余家，包括辖区内的老开心茶馆、韵和书院、浙窑陶艺公园、剑瓷视界艺术馆、舒羽咖啡、河畔书屋、高氏相机博物馆、运河民俗画室、柔之艺太极馆等一大批民营文

化企业，从另一个层面补充了群众多样化的文化需求。

（二）政策扶持，激励发展

建立健全社会力量参与公共文化建设的扶持、激励机制，制定出台了《拱墅区关于引导和鼓励社会力量兴办公共文化的实施办法》、《拱墅区文体团队奖励办法》、《关于进一步推进拱墅区基层文化体育事业发展的扶持办法》、《公共文化服务场馆引入社会力量的招募制度》、《关于政府向社会力量购买服务的实施意见》等政策文件，明确了对社会团体、企业和个人等非政府投资兴建公共文化场馆，提供公共文化服务的奖励办法，鼓励通过各种渠道和方式向百姓提供更丰富更优质的文化服务；明确了基层文化团队的扶持办法，对优秀团队给予活动、场地、师资、经费等全方位的指导、服务和帮助，鼓励他们做优做强，创作文艺精品。区财政每年用于团队的表彰、培训、排练、演出、观摩经费近 115 万元，大大提高了团队的积极性。辖区企业浙江泰隆银行、浙江移动通信、詹氏骨科等也纷纷出钱出力出场地支持文化团队建设，主动服务社会。

（三）因势利导，打造品牌

着力加强对精品文化团队的发现、选拔和培育，为精品团队免费提供训练场地，业务指导和培训，并组织他们外出观摩、学习，并优先推荐参加省市相关活动、比赛以及参加城市、省际间，乃至对外的交流活动，逐步选拔和培养出了一批有特色、上水平的基层文艺品牌团队，活跃于区、市、省乃至全国的各类文艺演出活动。如："大关校友民乐队"赴香港参加了国际江南丝竹香港展演赛业余组的比赛，获得演奏金奖等 4 个奖项。"古运河之声艺术团江南丝竹队"在第 28 届上海之春国际音乐节 2011 年海内外江南丝竹邀请赛中喜获铜奖，并应邀在中国音乐的最高殿堂——中国音乐学院国乐厅首开江南丝竹专场音乐会，开创了群众团队走进我国民族音乐最高殿堂的先河。同时，采取脱产学习、在职自学、短期培训等多元化、多形式培训，对团队的骨干进行理论和业务的教育，有效地提高团队骨干的思想和业务素质，促进文艺活动的蓬勃发展。目前，全区拥有骨干业余文体团队 320 支，文化辅导员 506 人，体育指导员 1210 人，这些文体骨干不仅成为先进文化的热爱者、实践者，更成为先进文化的传播者、宣传者，他们积极为居民开展业余文体活动提供免费指导和培训，推进了文体活动的全民化、科学化。由这些文化辅导员指导和创作的优秀作品也层出不穷，《运河蚕娘》、《花朝》等作品在省市文化艺术节上荣获奖项。

二、社会力量参与文化活动中存在的问题

（一）公共文化投资人素质参差不齐

民营资本投入到文化领域，其出发点因人而异。随着浙江省文化政策的日渐宽松，鼓励政策不断出台，不少民营资本介入文化领域，并获得良好的经济效益，这成为不少民营资本从事文化产业的主要动机。也有一些民营文化企业主，是由于个人的兴趣爱好，目的是推广自己所喜欢或者熟悉的文化信息，也有的企业主是出于社会责任感，希望通过文化产品，推动社会的和谐稳定发展。正是由于以上种种出发点的不同，导致民营资本在运营文化产业时，稳定程度各异，持久程度各异，发展方向各异。

（二）社会力量参与意识有待提升

参与公共文化建设是公民的权利和义务，但大多数公民没有这种意识，较为普遍的现象是，参与往往是政府动员的结果。一些民营文化企业家在参与文化建设中，首先考虑的还是经济利益，或碍于情面被动参与，缺乏积极主动性。另外，一些群众团队或个人参与的能力达不到要求，参与效率低下，这主要受制于自身素质、专业程度等诸多因素。公民参与过程中还表现出群体的差异性和不平衡，一些弱势群体的参与机会较少，比如外来务工人员少有参与公共文化服务体系建设的机会。

（三）社会力量自我管理能力差

目前，参与公共文化建设的各类社会力量发展规模有限，其多样化、专业化发展不足，各类组织自身的管理也较不成熟，形成规范化、制度化操作的社会力量更是甚少。社会力量参与公共文化建设存在明显的不稳定性，没有专门的文化活动策划部门，社会组织、团队自身建设又比较薄弱，个人参与又比较随意性，这些因素都直接影响着社会力量与大众之间的联系密度与广度，影响着社会力量服务公共文化建设的质量。社会力量的发展，除了需要政府行政管理、社会监督外，还需要企业、群众团队的自我管理、自我成长，尤其是自身能力的提高。同时还要加强自律，在法律法规的规范下，建立企业和群众团队自我约束、自我控制的保障体制，形成自我管理、自我发展、自我约束的可持续发展态势。

（四）社会力量自身资源不足

资源不足主要表现为经费不足和人才不足。事实上，我区有部分非营利组织处在严重资金不足的状况下，无法开展正常的活动，其中有不少组织处在名存实亡的"休眠状态"。目前，大多数非政府部门没有固定的人才渠道，

主要依靠志愿者开展活动，同时管理文化服务的人才也是严重的老龄化，使这些组织缺乏较好的活动能力、管理能力、创新能力、扩张能力和可持续发展能力。

（五）我区自有资源相对较少

虽然区政府出台了很多政策措施来激励社会力量参与公共文化建设，但由于所拥有的资金总量十分有限，覆盖到的公共文化社团组织的资金支持力度及扶持范围相对有限。此外，在大力打造世界文化遗产时代的运河文化带的进程中，不少运河沿线的文化场地资源也相对有限，尤其，目前很多资源都集中在运河集团手中，而运河集团是市属单位，区政府无法直接管理和协调，也大大制约了区政府对社会力量参与公共文化活动的支持力度和条件。

三、促进社会力量参与公共文化建设的建议

（一）加大政府文化采购

在文化活动及文化项目的开拓与合作方面，政府可以通过公开招标、邀请招标、竞争性谈判、单一来源采购、询价等采购方式，推进公共文化服务的社会化与市场化。逐步建立公共文化服务政府采购制度。实施公益文化项目活动招商、外包服务，部分活动或项目委托具有专业资质的社会机构管理，包括文化产品需求调查、采购、配送以及监管考核等。外包通过签署协议明确各方的权力义务，政府部门对外包民营企业进行监督和考评，要建立文化活动招商的长期机制。

（二）探索文化人才互动机制

人才是公共文化建设中至关重要的一环，应打破现有编制障碍，融合体制内与体制外人才，加强人才流动，将文化类社会组织与民营机构等存在的大量优秀人才通过人才引进、人事代理、劳务派遣等多种形式引入国有公益单位。建立与文化人才的沟通机制，建立健全文化志愿者服务机制，加强宣传力度，通过各种方式，积极引导和鼓励更多人参与到公共文化服务的行列中来，进一步充实公共文化人才队伍，丰富文化活动，带动文化项目。

（三）从制度上破除民营文化企业的发展障碍

从政策上保证民营资本和国有文化企业同等待遇，打破文化体制壁垒，简化相关审批手续，缩短审批时间。在条件允许的情况下，加大文化产业扶持专款。采取补贴、奖励等方式，对具有地域特色、民族特色的重点产业项目，予以及时的资金扶持。强化民营文化龙头企业。积极利用财政、税收、土地等政策，为具有一定技术实力和发展潜力的民营文化企业提供财政和税

收方面的支持，引导走专业化的道路。

（四）加强对民营文化企业主观念上的引导

政府在引导和激励民营资本对公共文化的投入过程中，发挥着重要作用，要积极改变民营资本企业主的观念，提升他们的价值观念和社会责任感，提高公共文化参与素质，自发投入到文化建设中来。具体可以采用：表彰典型，对热心公益文化的企业进行表彰等多种形式的报道。营造氛围，积极倡导企业自身加强文化建设，如在中秋国庆、元旦春节等节假日，开展运动会、歌唱比赛、志愿服务等多式多样的文化活动，丰富企业员工的业余文化生活。培养学习，对区内积极参与公共文化建设的民营文化企业负责人，为他们创造进一步学习和深造的机会，提升自身文化素质，培养文化自觉，增强其社会责任感。

（五）挖掘并积极发挥公共文化建设"三联模式"中的社会力量作用

我区创设的"联盟、联姻、联群"的公共文化服务"三联模式"入选《中国文化发展实务》，被中国文化报报道并做为经验在全国推广，获2014年省文化厅"三以六区"案例创新奖，2015年文化部立项中确定为国家级课题。但"三联模式"目前的运行方式基本是采用临时调派的方式来协调解决，遇到一个项目安排一个协调人，这对于整个三联项目的延续性和深入推进产生一定影响。建议设立专门的工作组统筹负责，再细分为若干小组分工分头协作，最大化"三联"工作组的工作责任意识和工作积极性。在此基础上，继续搜寻各种可能的社会力量充实到"三联"项目之中。

（六）积极争取或开拓场地资源获取渠道

目前，场地资源的短缺成为困扰公共文化实体企业入驻我区的重要瓶颈。运河文化是我区的核心文化资源，而运河文化资源又集中分布与运河带一线，但这些运河带沿线的房产场地资源基本集中在市属企业运河集团手中，想要调度或安排这些房产场地资源十分困难。因而，我区需考虑进一步开拓自有资源或获得争取这些资源条件的渠道。具体做法：①积极争取市委、市政府的支持，基于打造运河文化的基础上，搭建拱墅区与运河集团的协作桥梁，设立协调办公室，协同解决我区引入社会力量参与公共文化建设的场地问题。②盘活我区自有资源，进行区域规划，为社会力量的引入储备场地资源。

新常态下公共文化建设的实践与思考

安徽省马鞍山市花山区文化旅游和体育局　陈　倩　张咏梅

文化是民族的血脉，民无魂不立，国无魂不强。习近平总书记指出，一个国家、一个民族的强盛，总是以文化兴盛为支撑的，中华民族伟大复兴需要以中华文化发展繁荣为条件。文化作为国家综合国力的重要标志，不仅走向历史的前台，而且还越来越进入国家政策的中心，文化战略成为国家发展战略的重要组成部分。党的十八大报告明确提出推进社会主义文化强国建设和完善公共文化服务体系，提高服务效能的要求。公共文化服务作为政府基本公共服务的重要内容，正成为各级党、政府和文化行政主管部门的重要责任。十八大以来，文化强国也成为系列新常态之一。

作为文化主管部门，近年来，我局以党的十八大和习近平系列讲话精神为指导，深入挖掘文化优势，整合文化资源，完善文化供给，对新常态下公共文化服务工作进行了有效的创新与实践，率先出色完成创建公共文化服务体系示范区和省全民健身示范区任务，先后获得"全国群众体育先进单位"、"安徽省全民健身示范县（市、区）"称号，文化馆、图书馆均被评为国家一级馆。

一、示范引领，文化设施从"有"到"优"

区委区政府高度重视文化设施建设，不断加大投入，加强图书馆、文化馆、街道（社区、村）文化服务中心、文化信息资源共享工程、农村电影放映工程和"农家书屋"等文化基础设施建设，改善城乡文化基础条件，形成了以区为中心、覆盖全区城乡、布局日趋合理、功能逐步完善的区、街道（镇）、社区（村）三级综合文化服务网络，让"15分钟文体服务圈"成为连通文化设施与群众的重要桥梁和纽带。

2012年，投入资金100多万，对区文化馆、图书馆重新进行装修、扩容，新增面积1000平米，新增馆室8个，馆室功能更加健全。区文化馆设立独立网站，开通"文化有约"平台，区图书馆与市图积极合作，实施"一卡通"服务，市、区、社区三级图书馆（室）图书通借通还，在辖区人员流动大的地区设置了24小时自助图书馆，让群众可以便捷地就近借还，区图书馆添置

了歌德自助借阅机等数字化设备，数字化服务能力不断提高。

打造东苑社区、南池村、濮塘农民文化乐园、西湖社区和中岗社区2个省级基层综合文化服务中心示范点、解放路街道和塘西街道2个街道和金瑞等10社区市级基层综合文化服务中心示范点，以各示范点为引领，各街道、社区（村）相互学习，整合资源，与老年大学、计生服务站等相结合，通过"一室多用"将公共文化设施变成互联互通的立体网，形成了公共文化共建共享、资源综合利用的局面。各街道、社区公共电子阅览室全覆盖，一批数字化社区正在形成，东苑社区公共电子阅览室被文化部评为"全国公共电子阅览室示范点"。

二、对接需求，文化活动从"有"到"广"

通过需求对接，将传统的"上面送什么，下面看什么"转变为"下面要什么，上面送什么"，使公共文化服务更加贴近实际、贴近群众、贴近生活。一是开展公益免费培训。根据群众多层次、多样化的文化需求每年开设了公益免费辅导班，设立成年声乐、少儿声乐、电子琴、每周一歌、剪纸等班级，群众踊跃报名；二是下基层开展辅导。组织业务骨干，深入街道、社区开展文化辅导活动，为他们编排节目，增强他们参与文化活动的能力和水平；三是满足特殊群体的需求。市清真寺反映希望考虑少数民族群众的阅读需求，区图书馆立即和相关人员联系，送去图书和杂志，建立了少数民族图书室；市福利院优服人员想观看一场演出，区文化馆立即组织人员，将演出送到市福利院；四是鼓励社会力量参与。积极引入市场机制，采取政府购买、项目补贴、定向资助等措施向社会购买服务，鼓励和支持社会力量参与，推动公共文化供给从文化系统的"内循环"转变为市场的"大循环"，打通文化服务"最后一公里"。

每年，实时跟进群众需求，开展"我们的节日"等活动100余场，协助开展"百场文艺下基层"文艺演出20多场；成功举办文化节、东苑大舞台欢乐PK赛、读书节等品牌节庆活动；开展农村文艺演出活动近60多场，体育活动80多场，放映电影100多场。各街道、社区也经常开展演出活动，做到了周周有演出、月月有活动，极大地丰富了老百姓的业余文化活动。

三、特色为先，文化品牌从"有"到"响"

着力挖掘地方特色的文化元素，打造具有花山特色的公共文化品牌，并

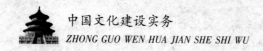

把品牌作为一项系统化工程，提倡树立精品意识，培养特色，纵深建设品牌活动的独特节奏和文化旋律，逐步放大文化品牌的辐射带动效应，以点带面促进均衡发展。

一是打造活动品牌。区划调整后，整合花山区社区文化节和"幸福之花"金家庄文化艺术节资源和品牌优势，创新花山区文化节品牌，历届文化节活动以"民创、民演、民乐、民享"的理念植根群众、面向群众、服务群众，弘扬主旋律，唱响新生活，不断掀起全民参与、共建共享和谐文化的热潮，真正成为"文化的盛会、百姓的舞台、群众的节日"。九届文化节共举办大型文艺演出100余场，优秀电影社区巡回展映400多场，各类文化活动300余场等，区内近100万人次直接或间接参与了活动。文化节已纳入全市的诗歌节系列活动，已经成为我市较有影响力的群众文化品牌。同时，充分利用东苑社区这个百姓大舞台，打造东苑大舞台欢乐pk赛活动品牌。

二是打造队伍品牌。树立"人无我有，人有我优"的理念，在全市率先成立体育总会、健身气功协会、木兰协会、书法美术家协会等民间文艺团队。全区文化队伍城区近200支，农村文化队伍实现了零的突破，有文化队伍10多支。以区文化馆、文化站、文化大院为基地，为民间文艺团队提供艺术培训、活动场地、灯光音响等服务，助力民间文艺团队创新发展，推进城乡群众性文艺团队的健康发展。"映山红"艺术团、木兰协会、花山舞蹈团等多次在国际、国内大赛中获一等奖，全面带动基层群众文化活动蓬勃开展。

三是打造非遗品牌。挖掘辖区民俗特色文化，区委区政府领导多次到辖区学华剪纸调研，专门为张学华免费提供非遗工作室，每年拨出一定的经费，用于张学华组织开展公益教学、非遗进校园及展示、比赛等传承活动。2013年，"学华剪纸"更名"花山剪纸"，2014年，花山剪纸被列入第四批安徽省非物质文化遗产名录。同年，花山剪纸（马鞍山市学华剪纸有限公司）被命名为马鞍山市首批非物质文化遗产传习基地。2015年，花山剪纸大师张学华列入安徽省第五批省级非物质文化遗产项目代表性传承人。2月13日，"花山剪纸"登上央视《消费主张》栏目。

四、贴近生活，文化创作从"有"到"精"

习总书记指出，"艺术的最高境界就是让人动心，让人们的灵魂经受洗礼，让人们发现自然之美、生活之美、心灵之美"，艺术从生活中来，又到生活中去，不断创新的文化产品是公共文化活力与繁荣的源泉。我局每年紧跟时代发展，在辖区居民生活中寻找素材，创作生产群众喜闻乐见的优秀作品，推动人民精神文化生活不断迈上新台阶。2012 年，将"最美女孩"杨蓉割肝救母的感人事迹搬上舞台，创作小品的《最美女孩》，在全市"五一"专场文艺演出、区农家书屋宣传月进社区活动、"世界人口日"专场演出，同时参加中国好人榜巡演，掀起进一步学习杨蓉事迹热潮。2014 年，以辖区内群众生活为素材，与电视台、四季剧院合作创作并拍摄市首部方言电视情景剧《小区人家》，在省、市电视台播出，被誉为"接地气"之作，获市文艺创作精品奖；由辖区安徽山歌影视拍摄的电影《仙人坝的红衣兜》在全国农村电影院线上映；指导完成微电影《法官的故事》；率先尝试将文化创作与旧城改造有机融为一体，完成了跃进桥、幸福路及南池文化墙绘工作；2015 年，根据当前"五城同创"中物业管理这一难点问题，创编了小品《金牌保姆》，小品反映居民与物业之间的现实矛盾，小品通过了物业与居民、居民与居民从冲突—发展—理解—和谐的精彩演绎，让观众在欢笑中深思，指引生活的方向。小品在 2015 文化节开幕式专场演出首次亮相，引起观众的共鸣，受到一致好评。

五、文旅融合，文化产业从"有"到"增"

文化产业是文化与经济相互交融的集中体现，文化的经济功能很大程度上通过文化产业体现。文化产业具有优结构、扩消费、增就业、促跨越、可持续的独特优势和突出特点，是一个朝阳产业、绿色产业，对促进经济增长、提升经济发展质量、推动经济发展方式转变发挥着重要作用。中央高度重视发展文化产业，先后作出了一系列重要论断和部署，明确提出了加快发展文化产业的重大意义、总体思路、目标任务和原则要求。2015 年，我区将区文体局与旅游局合并，成立区文旅体局。同时，成立文化产业办公室，进一步理顺文化产业发展机制，建立一个比较完备的文化产业发展组织体系。对全区文化企业法人单位进行全面调查核对，摸清存量，掌握增量。在此基础上，区委区政府坚持产业转型，以将文化产业打造成我区战略性支柱产业为目标，拉开了文化产业大招商的序幕。以软件电子商务项目为主攻方向，积极对外招大引强。同时，调整结构，优化融合，坚持文化产业发展与城市空间布局、生态环境美化、传统产业提升、历史文化传承相结合原则，按照以文化园区为龙头，以濮塘休闲旅游度假为核心，以大华、欧尚商圈为重点，依靠资源优势，加强了文化与旅游、商业的融合，加强了资源的整合，文化产业快速发展，"吃在花山、玩在花山"成为现实。

一个文明进步的社会必然是物质财富和精神文化共同进步的社会，一个

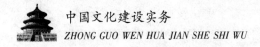
现代化的强国必定是经济、政治、文化、社会、生态文明协同发展的国家。党的十八届三中全会提出，文化改革发展的中心环节是激发全民族的文化创造活力，只有焕发全民族的文化激情，以全民族文化素质和文化意识的提升，才能汇聚起实现民族伟大复兴的正能量。

"十三五"时期，我局将在区委区政府领导下，紧紧围绕花山奋斗目标，全面落实马鞍山市基本公共文化服务标准化建设行动计划（2015～2017年），以巩固提升国家公共文化服务体系示范区和省全民健身示范区创建成果、全面推进公共文化服务标准化建设为主线，切实推进公共文化服务内容、设施建设、队伍人才建设标准化，推动文旅融合发展，开拓创新，扎实工作，为辖区百姓提供优质的公共文化服务，为马鞍山市实施"1+3"名城计划，推进文化旅游名城、数字文化名城和全民阅读名城建设，打造全国公共文化服务名城做出贡献。

树品牌引领 强基础惠民
全力推进公共文化服务体系建设

安徽省桐城市文化广电新闻出版局 徐明翔 赵晴川

桐城市位于皖中，是桐城派故里、黄梅戏之乡、安徽省历史文化名城、全国文化先进市，人文资源丰富，文化底蕴深厚，素有"文都"之美誉，不仅是远近闻名的"院士之乡"（桐城籍"两院"院士 12 位），还是皖江城市带承接产业转移示范区的前沿阵地和合肥经济圈南翼门户城市。国土面积 1571 平方公里，人口 75 万，辖 1 个国家级经济技术开发区、1 个省级经济开发区、12 个镇和 3 个街道、218 个行政村（社区）。近年来，我市高度重视文化建设，树品牌引领，抓重点带动，强基础惠民，进一步完善市、镇（街道）、村（社区）三级文化网络，推进制度设计和机制创新，加强队伍建设，提升服务水平，真正实现了公共文化服务普惠、均等、便利。

一、主要做法

加强组织领导。桐城市委市政府高度重视文化建设，编制出台了《创建公共文化服务体系实施意见》等纲领性文件，并将创建工作纳入了市委市政府重要议事日程，多次召开市委常委会、市长办公会和全市创建工作推进会议进行研究和部署；市政府与安庆市政府和各镇街道签订了《创建责任书》，制定了"创建"《实施方案》，明确了市直各部门和镇街道的创建任务和责任目标，并进一步分解目标任务，落实工作责任。各镇街道也成立了相应的领导机构和工作机构。

加大资金投入。近几来，随着经济快速发展，我市进一步建立健全保障机制，每年文化事业经费的投入增幅都不低于当年同级财政经常性收入的增幅。近三年，我市文化事业经费投入约为 4.5 亿元，占财政支出比例为 2.68%，高于全省平均水平。市财政还安排专项资金用于创建工作，制定了详细的资金管理办法，确保资金科学、高效使用。各镇街道也加大创建资金投入，保障创建工作稳步推进。开展了乡镇综合文化站、农家书屋、公共电子阅览室、农村文化建设专项补助、公共文化场馆免费开放、广播电视村村通、文化下基层进社区等多项民生工程建设。除人员工资和重大文化活动经费保障外，博物馆每年免费开放经费 100 万元，文化馆、图书馆各 40 万元，每个文化站 10 万元，每村文化建设补助 1.2 万元，从而保证文化场馆运转正常，活动常态；同时，积极鼓励、引导社会力量参与文化建设，中都集团投资亿元建设我市第一家民营博物馆——中都博物馆，盛运集团、梧桐集团、金种子酒业等知名企业纷纷赞助我市文化建设及文化活动开展。财政对文化投入的进一步加大和社会力量对文化投入的参与，促进了我市文化事业投入的多元化，为我市文化事业繁荣发展取得显著成效发挥了重要作用。

强化督查指导。在创建过程中，我市将创建工作纳入政府考核指标体系，并成立由市领导牵头、相关单位为成员的督查组，定期或不定期对创建工作进行督导检查，及时发现和解决问题，限期整改，并将督查情况在全市通报，增强创建责任感和主动性，提高创建实效。还多次开展创建工作业务培训，聘请专家进行业务指导，进一步明确细化市直单位、镇、街道、行政村的创建任务和目标责任，形成了市、镇街道、村社区三级联动的创建机制，增强了创建工作合力。

注重资源整合。以创建工作为契机，破除体制、行业和地域等壁垒，建立全市区域统筹公共文化资源的利用格局。不断整合基层宣传文化、农家书屋、广播电视、体育健身、科学普及等设施和资源，实现全市公共文化服务设施资源共享和互联互通。文昌、龙腾两街道通过国有资产划拨解决了站房，并投入资金进行改造和设备添置，于 2015 年 8 月全部建成开放。

加强舆论宣传。在报纸、广播电视和网络等媒体上开辟专题专栏，大力宣传报道公共文化服务体系建设的有关政策、知识、文化发展成果以及创建工作的重要意义、工作要求、进展成效和典型经验等。在城区主街道、高速路入口设置广告牌，张贴宣传海报，发放宣传单、致广大市民一封信，利用宣传栏、电子屏、宣传条幅、短信平台等形式多角度、多领域开展公共文化体系创建工作的宣传，使创建工作家喻户晓、人人皆知，营造共建共享的浓厚氛围。

二、创建成效

公共文化设施网络不断夯实。大力推进文化重点工程建设。中国桐城文化博物馆主体工程完工，展陈设计文本几经修改提升基本定稿，正在进行展陈招标，预计将于年底开馆；利用原市委办公楼改造建设美术馆，正在进行布展，近期将正式开馆。全市公共图书馆图书总藏量达 525400 册，全市人均藏书达到0.7册以上，2014、2015年又新增图书6万余册，人均年新增图书0.04册以上。

目前，全市建有文博图美四馆、文化信息资源共享工程县级支中心和220个基层服务点、15个综合文化站、238个农家书屋、21个公共电子阅览室、218个村（社区）文体活动室、218个村及社区和832个20户以下已通电自然村广播电视村村通工程点。桐城文化博物馆是全省三个国字号博物馆之一，图书馆被文化部评定为县（市）级公共图书馆一级馆，文化馆被评为二级馆，所有镇综合文化站全部上等级，其中，7个镇综合文化站被省文化厅评为一级站。镇、街道综合文化站单独设置率、功能完备率、覆盖率均达到100%。农家书屋及村（社区）文体活动室实现全覆盖。

公共文化服务不断优化。我市充分发挥公共文化服务阵地的职能作用，创新服务方式，拓展服务项目，延长服务时间，为城乡居民群众提供更多更好的文化服务项目。一是重大文化活动出新出彩。先后举办了第一届、第二届中国桐城文化节；与中央电视台联合举办欢乐中国行·魅力桐城节目；2014年承办的第二届中国传统文化讲座暨名人名家书画展和《大美龙眠·盛运桐城》全国书画名家艺术创作交流会，规格之高、规模之大、艺术之精湛，令人震撼；"星耀梧桐"、"种子酒之夜"等大型文艺演出群星闪耀，给桐城市民送上一道道文化盛宴。二是精品艺术生产喜结硕果。新编大型黄梅戏《胭脂湖》、《桐城六尺巷》等多次在央视戏曲频道播出，获得诸多殊荣；《惊天一兰》闪亮登场国家大剧院，艳惊四座，这是安徽省第一家县级剧团荣登国家大剧院艺术殿堂；2015年又创排大戏《青山鉴》参加第七届黄梅戏艺术节展演，再展黄梅戏之乡风采。三是文化遗产保护成效明显。目前，我市有国家级文保单位2个、省级9个，国家级非遗名录1个、省级5个，国家珍贵古籍名录3部。四是文化民生工程惠民乐民。全面完成农村文化专项补助、送文化下基层进社区及"送戏进万村"等任务。全市各公共文化场馆免费开放不断深化，做到：台账规范、制度健全，有经费保障、有服务内容、有品牌项目，开放时间达到规定要求。五是面向基层、面向农村广泛开展群众文化活动。认真组织开展"文化下基层进社区"、"送戏进万村"、"农村公益电影放映"以及"百馆千村文化结对帮扶"活动，两年来，先后举办了全市文艺调演、桐城歌演唱会以及美好乡村、桐城梦等大型主题文艺演出30多场，送戏下乡560余场，送电影下乡6000多场，放映爱教影片2500场，举办各种展览60多场次、各类文艺辅导、培训班300多期次，实现人均参加文体活动时间每周达3小时以上，每个行政村每月看1场电影、每年看3场以上戏剧或文艺演出、每年组织 5 次以上规模较大的群众文体活动的目标。坚持阵地活动和流动服务相结合，文化馆、图书馆广泛开展流动服务。图书馆每年下基层服务 70 余场次，文化馆每年组织流动演出 30 余场次、展览 15 场次。六是认真开展面向农民工和特殊群体文化服务。建立政府主导、企业共建、社会参与的农民工文化工作机制，在公共文化场馆设立特殊群体活动区域，图书馆设立了残障人士阅览室，文化馆设立了农民工学校，各文广站也设立了留守儿童之家；与老龄委、关工委、总工会、妇联、残联等合作，成立了老年活动中心、中老年歌友会、职工书屋等，加强少年儿童艺术考级培训，举办助残日文艺演出、农民工专场文艺演出、重阳节文艺演出及儿童文艺演出等特殊群体文化活动 260 多场，将黄梅戏、小折子戏、桐城歌、电影、展览等特色服务送到社区、乡村、敬老院、工地、学校等场所，让人民群众都能享受到文化发展成果。

文化队伍建设不断加强。我市坚持"专业人才领军、基层干部统筹、群众文化支撑、志愿者广泛参与"的原则，不断提高基层文化队伍建设水平。目前，全市文化系统在编在岗人员 239 人，其中高级职称 18 人。有书法家、摄影家等各类国家级会员 15 人，民营剧团和黄梅戏戏迷俱乐部 38 个。15 个镇街道文化站都配备了 3 名以上工作人员，218 个行政村（社区）实现村村有财政补贴的文化管理员。2014 年启动全市群众文化辅导员队伍组建工作，建立文化志愿者的选拔、培训机制，鼓励引导和支持各届人士志愿参与公益性文化服务，现在全市志愿者人数发展到 800 多人，群文辅导队伍达到 420人，年培训文艺骨干 2000 余人次。

制度建设不断完善。将创建工作纳入科学发展考评体系，建立并实施对镇、街道公共文化服务工作考核指标。建立了《桐城市创建国家公共文化服务体系文化专家咨询论证制度》、《桐城市公共文化服务机构运营公众参与评议制度》、《桐城市公共文化服务机构运营的公众参与办法》等，同时，参照国家和省基本文化服务内容及量化指标的规定，建立城乡群众基本文化服务内容及量化指标，实现文化惠民项目与群众文化需求有效对接。

三、特色亮点

1、坚持规划先行。突出桐城区域特色，坚持文化战略整体性思考，超前谋划文化发展。我市与安徽大学合作，组织专家学者开展全市文化资源全面普查，摸清家底，分析形势，明晰文化发展趋势，研究编制《桐城市文化发展规划（2016～2030）》，形成有科学性、系统性、前瞻性和可操作性的规划体系，引领、推动我市文化科学发展，为桐城今后特别是十三五时期文化事业和文化产业发展奠定基础。目前，规划已完成3稿，正在组织评审。

2、推进机制创新。一是着力推进图书馆总分馆制建设。建立起以市图书馆为总馆、15个镇街道文广站图书室为分馆的城乡一体化公共图书服务网络。实现本市范围内读者借书卡一卡通，提高现有公共文化设施和图书资源利用率。二是积极探索综合文化服务中心和农民文化乐园建设工作。通过整合资源、拓展功能、规范管理、提升服务，建设大关镇综合文化服务中心以及吕亭镇洪桥村、孔城镇红庙村、范岗镇樟枫村等9个农民文化乐园，打造乡村公共文化服务综合平台和载体，大关镇文化站和洪桥村乐园在全省文化工作会议上作经验交流。三是积极推进桐城派文化数字资源库建设，投资100多万元，建成桐城派文化数字资源库（与桐城师专联合）。桐城派数字资源库分桐城派、桐城文化、桐城非遗、文化活动和相关资源等5个子库，系统展示桐城派和桐城文化文献资料，具有丰富的史料价值。下一步我们将进一步完善网络平台设计以及资料收集和上传工作。四是积极开展公共文化服务制度设计课题研究。与桐城师专联合完成省级课题《农家书屋长效运行机制的实践研究》，通过实地调查农家书屋建设和管理使用现状，探讨农家书屋良性发展长效运行机制和创新途径。

3、打造文化品牌。市图书馆开设的文都讲坛以"承继文脉、传播知识、启迪民智、服务社会"为宗旨，已举办39期公益性讲座，内容涵盖历史文化、读书、科学教育、健康生活、社会热点等；市博物馆的桐城派文物陈列、严凤英艺术生涯陈列是了解、认知桐城派和严凤英窗口，为海内外有关专家学者和广大市民所青睐；市文化馆充分利用严凤英戏迷俱乐部常年开展戏迷活动和文艺演出，以"我的舞台我做主"为主题的"周末百姓大舞台"已成为我市群众文化品牌活动，深受群众喜爱。在周末百姓大舞台的引领下，全市社区文化、广场文化、校园文化、企业文化蓬勃发展，文艺团队、文艺协会、黄梅戏戏迷活动异常活跃，"一村一品"、"一镇一品"特色文化创建姹紫嫣红。

总之，我市开展创建以来，尽管在公共文化设施网络建设、公共文化服务供给和公共文化服务管理机制等方面取得了一定成效，但与上级要求和先进地区，尤其是广大群众的期盼相比，我们的工作仍有差距。我们将以此次创建为新起点，落实新要求，拓宽新思路，扎实工作，全力推动我市公共文化服务工作再上新台阶，真正使人民群众基本文化权益得到保障。

务实之举　成就百花齐放

安徽省滁州市南谯区文化广电新闻出版局　金　辉

近年来，安徽省滁州市南谯区深入贯彻落实党的十八大和十八届三中、四中全会精神，认真落实习近平总书记系列重要讲话精神特别是文艺工作座谈会重要讲话精神，纵深推进"魅力、活力、实力南谯"建设，以文化引领南谯建设，坚持公益性、基本性、均等性、便利性原则，着力构建面向基层、服务群众的公共文化服务体系。全区上下抓硬件、促软件、攻难点、求特色，举全区之力积极建设公共文化服务体系，有效地促进了全区经济、政治、文化、社会和生态建设协调发展，初步探索出一条适应市场经济新形势、独具南谯特色的公共文化服务体系，较好地满足了人民群众的文化需求。

2014 年，在省、市人民政府及其文化行政部门的推荐下，南谯区被文化部授予"全国文化先进区"光荣称号，被省文化厅授予"安徽民间文化艺术之乡"；舞蹈《清风廉韵》荣获安徽省"群星奖"。省妇儿工委、省文化厅举办的"六一"少儿文艺汇演，2014 年南谯区获得二等奖、2015 年获得一等奖。

一、全区公共文化服务体系建设基本情况及工作成效

（一）注重举措务实，构筑机制保障

一是理念上持续升华。全区上下开展形式多样的宣传活动，进一步深化了对公共文化服务体系建设工作重要性的认识。区委、区政府提出了"坚持文化为魂"、"建设滁宁之间的区域经济文化中心"、"文化生态之城"、"建设新城，文化先行"、"不断提升'文化大舞台·大家一起来'新城文化生态品牌，走出一条新城人气集聚的新路"等理念和要求，并狠抓落实。打造良好的南谯公共文化发展环境，已在全区上下成为共识。二是规划上超前务实。将公共文化服务体系建设工作纳入全区国民经济和社会发展总体规划，纳入各乡镇、区直部门年终绩效考核，与经济社会发展同研究部署、一同组织实施、一同督促检查。制定并有效实施《十二五全区文化工作规划》、《中共南谯区委、南谯区人民政府关于加快推进文化强区建设，打造文化南谯的实施意见》等文件。三是组织上切实加强。成立以区委书记任组长的文化强区建

设工作领导小组、文化产业发展工作领导小组，及时研究文化改革发展重大问题，协调相关部门落实各项政策。区里组建了文化产业发展办公室，高配副科级，配备 5 名全额事业编制，分别从事公共文化服务、文化产业招商等文化工作。

（二）注重加大投入，构筑保障平台

将公共文化工作经费纳入财政预算并逐年提高，全区人均文化事业费远高于全省平均水平。自 2011 年起，设立 200 万元/年的文化强区建设专项资金，用于文化人才培训、文化活动开展、基层文化项目扶持等。自 2014 年起，设立文化产业发展基金。近几年来，共计投入 3 亿多元完善公共文化服务体系网络设施建设，其中投入 1.5 亿元建设双洪生态文化公园、山水美术馆、文化展览中心、水上演艺大舞台，投入 1300 万元建设区文化馆，投入 1150 万元建设区图书馆，投入 2680 多万元建设乡镇、村（社区）文化站、文化活动室。引进社会力量办文化，与滁州大舞台演艺公司合作，通过设施与服务置换的方法，2013、2014 两年间，在水上大舞台举办文化活动 120 多台，观众逾百万。实现了文化活动常态化、正规化、品牌化。

（三）注重队伍建设，构筑人才保障

高度重视文化人才队伍建设对文化工作的基础性、决定性作用，努力提升文化工作者的素质和能力，出台《南谯区加强全区文化人才队伍建设实施意见》、《南谯区文化人才队伍发展建设规划（2011～2020 年)》等系列政策，不断健全培养引进、选拔使用、评价激励等机制，形成优秀人才不断涌现、拔尖人才脱颖而出、各类文化人才茁壮成长的良好局面。

区级层面，文化工作管理人员 13 人，专业人才 9 人。乡镇层面，9 个镇（社管中心）综合文化站共设立全额财政拨款事业编制 39 个，文化专业人才 32 人。村（社区）层面，63 个行政村（社区）均配有一名宣传文化指导员和一名农家书屋管理员。社会层面，全区美术、作协、民间艺术家协会、摄影家协会共有会员 321 人，其中国家级 3 人、省级会员 25 人，市级会员 76 人，一大批文艺人才走出南谯，提高了南谯文化知名度和影响力。重视发现和培养扎根基层的乡土文化能人、民族民间文化传承人特别是非物质文化遗产项目代表性传承人、文化辅导员、文化骨干、文物保护志愿者，创造条件发挥他们的作用。

（四）注重健全网络，构筑阵地保障

自我加压，对照国家公共文化服务体系建设标准，强力推进公共文化服务设施网络建设。区图书馆面积 3200 平方米；将文化馆、妇女儿童活动中心、青少年活动中心、科普中心项目资金进行有效整合，建设集群众文化活动、妇女儿童活动、老年人培训、科普教育、青少年培训于一体的 4148 平方米的文化活动中心。安徽省委书记张宝顺、安徽省人大常委会副主任藏世凯、安徽省文化厅厅长袁华、滁州市委书记李明以及江苏等领导亲临视察指导，对我区统筹资源，实现相关设施的综合利用、共建共享给予充分肯定。区图书馆、区文化馆全部达到部颁一级标准，设计和建设水准全省领先。平均每万人拥有公共文化设施建筑面积 744.5 平方米，位居全市第一。全区 8 个镇、1 个社管中心全部建成综合文化站，均为独立设置，配备专职管理员，图书、电脑、乐器等文化设施一应俱全，经省厅实地验收，获评一级站 3 个、三级站 6 个，现有 2 个也已达到一级站标准。全区 88 个行政村（社区）农家书屋、文化活动室实现全覆盖。同时，创新农家书屋管理模式，与区残联合作，每个农家书屋交由一名残疾人进行日常管理，确保正常开放，此举被《安徽日报》报道，并在全市推广。

（五）注重群众需求，构筑供给平台

2010 年投入 70 万建立全国文化信息资源共享工程南谯支中心，投入 680 万建成 9 镇（社管中心）69 个村的文化信息共享工程村服务点，覆盖率达 90% 以上。结合文化民生工程，调动乡镇、村积极性，保证了每个村每年看上 2 场以上文艺演出。区委、区政府把农村文化的繁荣和发展作为文化工作的重头戏来抓，将元旦、春节、国庆节等民族传统节日群众性文化活动制度化，做到有方案、有经费、有活动、有效果。积极组织文化志愿者、文化宣传队和滁州大舞台演艺公司等艺术团体深入镇（社管中心）、村（社区）巡回演出，每年开展送文化下乡活动均高于 150 场，送电影下乡 912 场，区图书馆年购新书 1.1 万多册，积极探索城乡图书利用一体化利用新路，全年外借、流通图书册次高于三级馆标准，坚持开展"迎新春　猜谜语　知百科"活动。

（六）注重公益服务，构筑立体服务平台

三级文化活动实现品牌化。区层面，以水上大舞台、文化馆、青少年活动中心为依托，坚持每年举办文化活动 50 余场，不断提升"文化大舞台·大家一起来"新城文化品牌，走出一条以文化活动集聚新城人气的新路。镇层面，以乡镇综合文化站为依托，打造富有特色的乡镇文化活动品牌，培树了章广春晚、大柳民乐队、腰铺二郎庙会等乡镇文化活动品牌。村（社区）层面，以村（社区）农家书屋、文化活动室为依托，确保群众每月看到一场电影、每年看到两台高质量的文艺演出。同时，开展农村文化亮灯工程试点，大力扶持群众广场歌舞活动，群众性文化活动得到广泛开展。

阵地文化活动实现常态化。区图书馆、区文化馆、乡镇文化站免费对外开放，并举办各类活动。区文化馆设有 15 个功能室，农民乐队、农民工女子舞蹈队、青少年国标舞蹈队、乒乓球队和青少年航模精英队常年坚持活动。多次接待国家部委、省、市和江苏等地各级领导、专家参观考察。同时，加强老年和未成年人文化工作，建成一所老年大学，培训老年文化工作者，为老年人开展文化活动提供服务。

先后组织了作协、摄协、书协、民协开展 10 次集中采风活动。2014 年 11 月，承办市文联组织的"美丽南谯"文艺采风活动，2014 年，先后举办"南谯区美好乡村"摄影展、"双洪文化生态公园摄影大赛"，举办以"翰墨颂南谯　清廉树党风"为主题的庆祝"国庆"书画展、"颂歌献给党"、"七一"专场文艺演出活动。2015 年，先后举办"皇甫山金甲溪千岩峡"摄影大赛和作品展、"镜头下美丽章广"摄影大赛和作品展，与有关单位联合举办"浦口、和县、南谯三县（区）书画联展"。参与举办"中国梦　南谯情"系列群众文化活动、第三届广场舞大赛、"民生杯"原创作品文艺调演。2015 年 11 月承办了安徽省第四届签约作家"走进南谯"采风活动。区民间文艺家协会以服务乡镇群众文艺演出、丰富基层文化生活为目的，每年都创作一批老百姓喜闻乐见的充满乡土气息的民间文艺作品，汇编成《南谯演唱》。年已编印两辑，共收录作品 54 篇。

（七）注重夯实根基，文化市场健康发展

坚持一手抓繁荣，一手抓管理，坚持不懈地开展"扫黄打非"等多项整治活动，文化市场实现了健康有序发展。组建了文化市场综合执法办公室，全区文化市场管理队伍达 15 人。开展文化市场经营法律知识培训，对网吧实行零点断网、刷卡、夜间巡查、逐日上网登记等制度，进行计算机监控，对音像、图书经营单位实行进销货登记制度；对歌舞娱乐场所按照国务院《娱乐场所管理条例》，从进门警示、从业人员、经营面积、服务内容等各方面都建立了制度。近年来，共出动执法车辆 500 余车次，出动执法检查人员 600 余人次，排查各类安全隐患 80 余处，依法收缴非法图书出版物 0.6 万余册，非法音像出版物 3000 余盘，查扣无证非法经营"黑网吧"主机 50 余台，促进了全区文化市场健康有序发展。

（八）注重保护利用，文化遗产管护成效明显

认真贯彻《文物保护法》《非物质文化遗产法》，将文化遗产保护工作纳入南谯国民经济和社会发展规划，区财政优先将文化遗产保护经费纳入年度

预算，并逐年递增。全区非物质文化遗产普查工作于 2009 年全部完成，先后编印出版《非物质文化遗产田野调查汇编 南谯卷》《中国民间故事 滁州南谯卷》《非物质文化遗产图典》等。区政府公布全区非物质文化遗产名录 18 项和项目代表性传承人，全部非遗成果录入电子数据库。建立非遗展览中心 1 个、滁菊传习基地 1 所，充分保护、展示、宣传全区非遗项目及其实物资料，为代表性传承人提供展示技艺、授徒传艺的平台。

突出亮点　提升公共文化服务水平

安徽省泗县文化广电新闻出版局

截至目前，泗县开展"送戏进万村"演出活动174场，完成全年任务100%；开展送电影下乡放映1200场，完成全年任务57.4%；开展农村体育活动522场（次），完成全年任务300%；村级信息共享工程为全县174个行政村配置了台式电脑、广场舞音响等设备，完成全年任务100%；农家书屋运行情况良好。县级图书馆、文化馆、博物馆和15个乡镇综合文化站全部实现免费开放，举办各类活动与培训300余次，受益群众30万余人（次）。

一是着力加强组织领导。成立了由县文广新局主要负责人为组长、各实施单位负责人为成员的文化民生工程工作领导小组，按照省、市相关文件要求，会同县财政局制定了《泗县2016年农村文化建设专项补助实施办法》和《泗县2016年公共文化场馆开放实施办法》，明确了工作目标、工作任务和时间节点。

二是着力加大财政投入。泗县2016年两项文化民生工程累计投入资金368.8万元，县级配套资金80.95万元已全额到位，有效保障了项目的实施。同时，泗县加大资金整合力度，按照"一场两堂三室四墙"标准建设2个县级试点农民文化乐园，按照"五个一"（即有一个藏书不低于1500册的图书室、一套能满足村民基本文化娱乐需求的乐器、一个配备5台以上计算机的电子阅览室、一名文化专干、一支文艺队伍）的标准建设28个村民文化活动中心。

三是着力加强队伍建设。根据业务发展需求，在本地事业编制总量内合理调剂充实公共文化机构编制，确保县级公共文化服务机构人员编制足额配备，各乡镇文化站工作人员不少于3人，每个行政村和社区有1名专职文化管理员。同时积极组织开展培训、学习活动，大力发展文化志愿者队伍，努力培养一支政治强、业务精、作风正的文化人才队伍。

四是加强工作机制创新。制作乡镇文化站免费开放资金支出流程图，进一步规范免费开放资金支出管理，明确乡镇文广站免费开放资金支出范围，并严格预算申请、资金申报、部门把关、领导审批等支出流程，切实发挥免费开放资金绩效。创新"送戏进万村"监管工作，通过建立"送戏下乡信息报送微信群"的方式，及时监督演出时况，各演出团体通过微信群报送演出

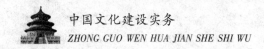

视频及图片500余个。

五是着力加强督查考核。进一步完善基层文化工作考核机制，把文化民生工程工作纳入年度目标管理考核，年终评定相应等次，并严格兑现奖惩。加大平时考核频次，及时发现和解决问题，确保项目顺利实施。

近年来，泗县积极贯彻落实中央、省、市关于加快构建现代公共文化服务体系的文件精神，不断推进县域公共文化服务体系建设，突出亮点，提升公共文化服务水平，落实群众公共文化权益。

公共文化设施建设提档升级。高起点规划建设县级"三馆"。泗县文化馆功能布局合理，服务内容丰富，去年被评定为国家一级馆；图书馆、博物馆均按照国家一级馆规划设计建设，建筑面积都在5000平方米以上，目前新馆施工布展有序推进，预计今年6月免费对外开放。高标准打造乡镇文化服务中心试点。大庄镇综合文化服务中心是省级文化体制改革试点项目，围绕"立足文化民生，着力打造示范"，实现"场地整合、人员集中、活动开展、质量提升"的目标。高质量建设村级文化乐园（中心）。该县按照"一场两堂三室四墙"的标准建成两个省级试点农民文化乐园，2016年国家贫困地区公共文化脱贫行动计划实施的13个村级农民文化乐园建设工作正有序推进。同时，大力推进文化扶贫，按照"五个一"（即有一个藏书不低于1500册的图书室、一套能满足村民基本文化娱乐需求的乐器、一个配备5台以上计算机的电子阅览室、一名文化专干、一支文艺队伍）的标准建成了10个标准化村级综合性村民文化活动中心，2016年计划再建成18个，争取2018年实现全县所有贫困村村民文化活动中心全覆盖。

群众文化活动繁荣发展。按照"周有活动、月有展演、季有互动"的目标，泗县全年广泛开展各类群众文化活动达200余次。开展好送戏、送电影、送图书、送非遗、送春联、送乐器、送电脑等活动，多举措服务基层文化建设。突出"精"字，创作微电影《草根的喜剧》、古装泗州戏《情系乌骓》、大型现代泗州戏《女人也是太阳》等一批优秀作品。该县拂晓剧团创作的大型现代泗州戏《清水湾》荣获全省民营剧团演出剧目"十大名剧"。

为加快现代公共文化服务体系构建，该县加大财政投入，将公共文化服务体系建设纳入县财政预算，提高财政对公共文化服务项目投入比例，形成以县级政府为主，中央、省、市级财政、社会资金为补充的多渠道投入方式。积极培养文化人才队伍，探索"互联网＋"的文化服务方式，不断提升公共文化服务能力。同时，推动公共文化服务体系建设与扶贫开发工作相结合，落实文化惠民政策，力争让全县群众早日实现文化小康。

城乡一体 协同发展
构建现代公共文化服务体系中小城市典范

江西省新余市文化广电新闻出版局 刘献忠 万小毛 敖立扬

新余市位于江西省中西部，是一个新兴工业城市，全市总人口 116 万，面积 3178 平方公里，辖一县一区和两个功能区，工业化率达 56.3%，城市化率达 66.39%，是国家新能源科技城、国家森林城市、园林城市、全国卫生城市。

新余市自创建国家公共文化服务体系示范区以来，为贯彻中央、国务院有关构建现代公共文化服务体系的精神，提出了"全省领先、中部示范"的工作总目标，围绕构建"精美特新"现代公共文化服务体系中小城市典范理念，着眼于提升城市文化品位，抓好精致规划、精品建设、精准服务，做好"精"字文章；着眼于改善城市文化环境，做到精神面貌美、文化服务阵地美、文化娱乐活动美，在"美"字上下功夫；着眼于提升城市文化知名度，打造特色文化活动、特色文化品牌、特色文化项目，打好"特"字牌；着眼于激活文化活力，创新思维理念、体制机制和工作方式，拓宽文化"新"领域。坚持政府主导、部门联动、社会参与、全民共建，高起点、高标准推动公共文化服务提质量、上水平，努力使创建工作成果普惠城乡居民。

两年多以来，该市着力构建文化设施、产品供给、人才队伍、绩效考核四大体系，打造了"三一六五"工程，即建设数字文化网、新余文化艺术大学和农家书屋"1 + X + 电商"三大亮点工程；开展文化类社会组织培育和参与公共文化服务机制一项制度设计；推行了协调机制、法人结构治理、基层综合文化服务中心、标准化服务和支持社会力量参与公共文化服务以及建立信息反馈机制等六项改革创新工作；抓实了宣传造势、过程管理、区域联动、书香新余、志愿服务五项重点工作。全市共投入资金 20 亿元，其中创建经费 5000 多万元，资金投入较 2013 年同比增加 40.6%，人均投入同比增加 40.46%；文化设施总面积达 85 万余 ㎡，人均占有面积 0.73 ㎡，新增面积 40 余万 ㎡，人均占有面积增加 34.5%。人民日报、新华网、中央电视台、中央人民广播电台、中国文化报、香港商报、中国新闻出版广电报、中国文化观察网等中央、省级新闻媒体进行了近 400 篇（次）宣传报道。

一、立足科学发展，精准化构思布局，写好公共文化服务"精"字文章

新余市委、市政府将创建工作列入全市改革创新重点工作和全市民生工程来抓，在书记、市长带队调研、带班授课、带头推进的高位推动模式下，全市形成了党委政府齐抓、人大政协监督、各级部门联动、市县乡村四级网络精细化过程管理体系。公共文化服务体系已纳入城市总体规划，精心布局推进"一市六馆二宫二中心一剧院""一县三馆一剧场""一乡一站一戏台""一村一室一广场"四级文化阵地格局。在四级网络基本完成的同时，推进城乡一体化精品建设，一是投资逾7亿元建成了7.1万㎡的市文化中心和2万余㎡的市文化馆，与毗连的市体育中心、青少年宫、工人文化宫形成全市公共文化服务阵地双核效应；二是市本级财政落实600万元，撬动县（区）、乡镇等配套经费达到2000余万元，打造63个基层公共文化服务示范精品点；三是按照统一标准，建成乡镇（街道）综合文化站37个，村、社区文化服务中心分别408个和54个，建成率均达到100%；全市建成村级文化广场388个，乡镇公共戏台35个，建成率达95%。四是实施"名家工程"，建立版画、夏布绣、采茶戏等工作室，以带头人的精英优势促进该市文化人才队伍发展壮大。五是建立了1000个文化志愿者网格，千名网格文化员化身成文化志愿服务因子，融入社区、乡村等社会细胞中，直面市民文化需求，实现精细管理、精准服务。

二、贴近文化民生，标准化服务群众，以服务之真凸显文化之"美"

新余市以标准化建设为前提，贴近文化民生，制定了一系列的服务标准和路线图，不断营造美的文化环境。为提高公共文化服务的质量和水平，创新品牌服务载体，分宜县重点突出城乡互动文化品牌、渝水区重点打造社区联建共创文化品牌、高新区重点推动农民工文化服务品牌、仙女湖景区重点推出旅游文化品牌。全市已形成傅抱石文化艺术节、少儿舞蹈艺术、"戏曲惠民·欢乐百姓"、"百姓幸福广场"、仙女湖爱情旅游文化节等一系列特色鲜明、富有本土魅力的文化品牌。素有"北有淮南、南有新余"之称的少儿舞蹈艺术获得了第十五、十六届全国群星奖和小荷风采奖10多个金奖。为让文化服务供给与群众需求有效对接，满足群众不同"口味"，采取"菜单式"、

"订单式"服务方式，提供文艺演出、流动电影、艺术培训、文化沙龙、读书讲座、图书漂流、心理咨询等多形式的文化服务。通过"市民自选图书"，变"采编藏借"模式为市民"现借现采"，提高图书采购效能。针对节假日期间农村对地方戏的需求，政府出资 100 多万采购了 200 多场地方戏送进基层。去年，全市举办各类群众文化活动 9800 多场（次），服务群众 700 余万人次，人均参与文化活动 6.3 场（次），送戏下乡 400 余场，送电影下乡 6000 多场，《人民日报》对我市流动银幕的成效进行了报道。实现了"天天有活动，周周有演出，月月有节庆，年年有大赛"的常态化、长效化服务。

三、突出地方"特"色，科学化构建亮点，以品牌效应助推公共文化服务能级跃迁

亮点一：以新余数字文化网为载体，实现互联网＋公共文化服务的三次方重构。投资 260 万元建设新余数字文化网，体现了公共文化服务"最大最小"的价值取向，既最大程度上实现公共文化服务均等化，又满足了个体最小的个性化需求。实现服务范围上"全民总动员"，内容提供上"1 云＋4 网＋N 端全覆盖"，管理理念上"全民互动、线上监督、满意度及时反馈"的三次方重构，具有文化资源池、文化保险柜、文化服务集群、文化长廊等四大特色功能。

亮点二：以新余市文化艺术大学为平台，构建公益性社会大学新模式。集中全市各界优秀文化艺术师资力量，组建 3 支师资队伍，以对文艺骨干、文化志愿者专业培训和培养文艺爱好者为目标，以公益性社会大学为培训模式，搭建免费公共文化服务联合培训平台。多次邀请文化大家、名家开设文化讲堂传播先进文化理念和知识，"艺术课堂"免费培训总计 25 个科目，已培训各类文艺骨干 2 万余人（次）。

亮点三：以"1＋X＋电商"模式活化农家书屋服务。针对农家书屋利用率低、效能不高的现状，在已有农家书屋功能基础上，由文化、组织、农工、邮政等部门在全市 37 个乡镇 408 个行政村农家书屋开展综合服务，按照每个村 3 万元补贴标准进行配套升级，在"升级版"农家书屋里，村民在借阅之余可以就近进行话费充值、生活缴费，购买火车票、飞机票，还能通过电商平台销售农户产品，真正使农家书屋"活起来、用起来"。

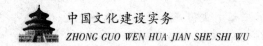
四、创新服务手段，集成化协同作战，拓宽公共文化服务"新"领域

该市积极探索建立新的公共文化服务体制机制，不断拓展新的文化服务领域。一是建立以市委常委、宣传部长为组长、分管副市长为第一副组长的公共文化建设协调机制，统筹文化资源、资金、人才，形成了文化合力。二是创新文化事业单位理事会制度。在市、县（区）图书馆、文化馆、美术馆、博物馆成立理事会，进行法人治理结构改革，重点改革职工绩效工资分配制度。三是创新公共文化服务供给机制、促进社会力量参与公共文化服务。该市以"文化类社会组织培育和参与公共文化服务机制研究"为课题，出台了30多个政策文件，完成了登记备案、"星级评定"和政府补贴等工作，实现了对文化类社会组织的分类管理。一改以往"拨款制"为"采购制"，安排了160万专项经费面向社会采购11项公共文化产品和服务；吸引社会资金8亿多元参与公共文化建设，全国首家夏绣博物馆、抱石文化创意园、仙女湖书画院、明德书院等一批社会力量投资建设的公共文化设施相继建成。四是在全省率先开展基层综合性文化服务中心试点工作。通过以乡、村文化站、室为平台，整合文化、党员远程教育、科技科普等各方面资源，"七位一体"的基层综合文化服务中心基本实现全覆盖。五是畅通信息渠道，建立供需反馈机制。建立了联络员、信息员制度，开展了人大代表、政协委员的意见征询、群众满意度问卷调查、新余日报、电视台、电台主流媒体的"问计于民"、"小手拉大手"学生征文大赛等多形式活动，广泛征集市民文化服务需求。利用新余市数字文化网、微信公众号等平台加强与群众文化互动，提升创建工作的针对性和实效性。

作者简介：

刘献忠，现任江西省新余市文化广电新闻出版局党委书记、局长。

凝聚共识 完善体系
加快推进文化大发展大繁荣

江西省鹰潭市文化广电新闻出版局 黄顺茂 费 诚

2015年是全面深化改革的关键之年，是全面依法治国的开局之年，是"十二五"规划的收官之年。做好今年的工作，意义重大。全市文化系统要全面贯彻落实党的十八大和十八届三中、四中全会精神，全面贯彻习近平总书记系列重要讲话特别是文艺工作座谈会讲话精神，着眼于市委市政府工作大局，紧紧围绕培育践行社会主义核心价值观，牢固树立以人民为中心的工作导向，着力推出一批思想性、艺术性、观赏性有机统一的优秀作品，着力提升公共文化服务效能和质量，着力完善现代文化市场体系，着力推动文化产业健康快速发展，着力构建优秀传统文化传承体系，着力提升对外文化开放水平，努力开启文化改革发展新境界，为加速鹰潭发展提供强大的精神动力和良好的文化氛围。

一、深入学习贯彻习近平总书记系列重要讲话精神，统一思想凝聚共识

把学习贯彻习近平总书记系列重要讲话特别是文化工作的讲话精神作为一项贯穿全年的重要政治任务，推动学习向深度和广度拓展，做到学习跟进，认识跟进，行动跟进。充分发挥党员领导干部表率作用，在丰富学习形式上下功夫，在提升学习实效上下功夫。深刻领会讲话的精神要义和实践要求，切实做到学而信、学而用、学而行。牢牢把握文化工作在党和国家全局工作中的战略地位，牢牢把握培育弘扬社会主义核心价值观的重要任务，牢牢把握中国精神这一文艺工作的灵魂，牢牢把握创作优秀作品这一文艺工作的中心任务，牢牢把握传承弘扬优秀传统文化的主旨要义，牢牢把握提高文化软实力、推进文明交流互鉴的有效途径。紧密联系文化工作实际，努力把学习成果转化为推进文化改革发展的前进动力、工作思路和具体举措。

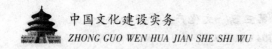

二、以完善体系、提高效能、促进公平为重点，加快推进现代公共文化服务体系建设

要坚持重心下放、资源下沉、服务下移，加快建立覆盖城乡、便捷高效、保基本、促公平的公共文化服务体系。

进一步加强文化基础设施建设。重点抓好市文化创意产业园、市艺术中心、市博物馆、市美术馆建设等四个项目的建设。尤其是市美术馆的建设，既要抓质量，也要抓进度，确保今年10月份建成并交付使用，力争年内组织开展2~3场高层次、高水平的美术展览，提升市美术馆的影响力，带动鹰潭美术创作迈上新的台阶。与此同时，积极向上争项目、争资金，进一步加强基层文化服务设施建设，积极推进主题图书馆建设，把道教图书馆建成特色鲜明的"道教"基地，加快图书馆法人治理结构调整，积极推进图书学会改革进程；加快社区文化中心建设，管好、用好社区文化中心和乡镇综合文化站，创新管理方式，更好地服务群众。

扎实推进基本公共文化服务标准化均等化。贯彻落实《关于加快构建现代公共文化服务体系的意见》和《国家基本公共文化服务指导标准》。余江县作为今年的试点县，应该抓住机遇，紧密结合县情实际，扎实做好基本公共文化服务标准化均等化工作。

实施重大文化惠民工程。深入开展农村文化"三项活动"，抓好"户户通"建设工程。要不断创新形式，注重社会效果，注重服务群众，巩固好全市各级图书馆、文化馆、博物馆免费开放成果。

繁荣群众文化生活。继续精心打造"欢乐大舞台"这一群众文化活动品牌，进一步丰富群众文化生活。各县（市、区）、景区也要结合实际，努力创建富有本地特色的群众文化活动品牌。

加大文艺精品创作力度。要始终坚持以人民为中心的创作导向，努力开创文艺工作新局面，把党的文艺方针政策落实到创作、表演、研究、传播各个环节，研究制定艺术创作规划，推出更多无愧于时代的优秀作品。扎实开展"中国梦"主题创作，精心组织"中国梦"、纪念抗战胜利70周年主题创作和展演活动，力争创作一批有影响的中国梦文艺精品。要精心组织特色节目，积极参加江西省第二届畲族文化艺术节。进一步加强文艺评价和扶持体系建设，创新文艺作品的申报、评选和扶持机制，积极争取国家艺术基金和全省文艺创作与繁荣基金，繁荣我市文艺精品创作。要建立文艺扎根人民的长效机制，实施"深入生活、扎根人民"主题创作采风活动，建立艺术家深入生活长效机制。要建立"结对子、种文化"工作机制,组织专业文艺工作者到基层教、学、帮、带,组织开展"我的中国梦——文化进万家"等文艺展演活动。

三、培育合格文化市场主体,构建现代文化市场体系,推动文化产业健康快速发展

扎实推进文化产业招商引资工作。今年是我省招商引资年,全省要完成10000亿的招商引资任务,省文化厅下达我市目标任务35亿元,市政府下达我局15亿元,任务十分繁重,我们文化系统的干部、职工必须人人有任务,个个有责任,目标任务要进行科学分解。要结合实际,精心编制招商引资项目手册,各县(市、区)文广新局要及时将文化产业招商项目上报局产业科。精心办好2015鹰潭雕刻艺术行业招商展销会。根据省文化厅2015年全省文化产业招商引资工作方案的有关要求,我市拟于第二季举办鹰潭雕刻艺术行业招商展销会,目前,工作方案已完成,希望有关单位认真抓落实,确保展销会圆满成功。

分类推进文化产业发展。围绕我市文化产业优势项目,进一步拓宽发展空间,加快道文化产业、铜文化产业、玉石文化产业、眼镜文化产业的发展步伐。尤其是要深入挖掘铜文化产业的发展潜力,促进铜文化产业与其他产业协调发展。举办全国玉石雕刻大赛和第四届中国(鹰潭)中华赏石展暨黄蜡石文化博览会,搭建黄蜡石文化产业的展示及交易平台,进一步推动我市黄蜡石文化产业的快速发展。组织企业参加第六批省级文化产业基地评选。加强对小微文化企业的扶持引导,实施小微文化企业扶持计划,探索建立小微文化企业孵化基地。完善产业发展平台。推动设立全市文化产业发展引导基金,开展拉动城乡居民文化消费试点。

四、提高文化遗产保护水平,传承弘扬优秀传统文化

推进大遗址和重点文物保护。继续做好第一次全国可移动文物普查工作,全面完成文物普查认定和信息登录工作,承办好在我市召开的全省可移动文物普查工作经验交流会。加强对藏品的登记、建档和安全管理,落实藏品丢失、损毁追究责任制,坚持高标准、严要求,层层签订责任状,加强监督检查,确保文物安全。大力推进上清宫遗址保护工作,完成双港浮沉坝维修工程;启动并完成贵溪、余江原红色苏区革命遗址维修保护项目;加大对古建

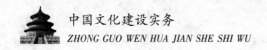
筑、古墓葬的保护力度，启动市级文保单位划定保护范围和建设控制地带工作。

推进文物宣传展示利用。围绕纪念抗战胜利70周年，策划推出一批抗战文物专题展览展示，积极参加全国博物馆精品展览展出活动。完善博物馆青少年教育试点经验和示范项目，探索建立中小学生定期参观利用博物馆的长效机制。以文化遗产日、国际博物馆日、传统节日为契机，开展形式多样的宣传展示活动。

提高非物质文化遗产保护传承水平。实施非遗代表性传承人关爱计划和抢救性记录工程，加强非遗传承人培养，探索建立非遗项目保护传承情况评估制度。提高非物质文化遗产保护传承水平，进一步完善我市非物质文化遗产名录，积极开展非物质文化遗产的传承工作，扎实开展非物质文化遗产进社区、进校园活动。积极争取资金，落实文物保护经费，支持代表性传承人开展传习活动，大力发展特色民间民俗文化。

五、加快文化法治建设，提高文化市场管理水平

进一步规范文化市场秩序，推动文化事业、文化产业沿着正确方向发展。要从网吧接纳未成年人、盗版教辅教材等热点难点问题入手，继续规范文化市场经营秩序，加强监督管理，建立分工负责与齐抓共管、条块结合以块为主、日常巡查与技术监控、行业自律与社会监督相结合的文化市场长效管理机制。进一步健全文化市场监管体系。要全面落实网络文化企业内容自审制度，加快推广应用文化市场技术监管与服务平台，大力推进文化市场诚信体系建设。继续深入开展"扫黄打非"专项整治活动。今年要重点开展好四项专项行动，即"清源2015"专项行动、"净网2015"专项行动、"秋风2015"专项行动、"护苗2015"专项行动。这四个专项行动是中央的规定动作，各地要按照中央和省里的统一部署，落实到位、行动到位，创造工作亮点，对出现的确保市场健康有序。

六、深化文化体制改革，完善文化改革发展保障机制

加强党风廉政和作风建设。不断巩固党的群众路线教育实践活动成果，全面推进全系统党的思想、组织、作风、反腐倡廉和制度建设，以党的建设带动队伍建设。坚持不懈纠正"四风"，自觉践行为民务实清廉。深入持久贯彻执行中央八项规定，落实党风廉政建设两个主体责任，推进惩治和预防腐

败体系建设。

　　加强文化人才队伍建设。推进文化改革发展，关键在人、在队伍。今年，要进一步加大高层次文化人才引进和培养力度，全面推进"四个一批"人才、"文化名家"等人才工程，实施文化人才分级分类分层分岗培训，抓好演艺人才、文物文博人才、基层文化骨干的培训，努力建设一支政治强、业务强、作风强的文化工作队伍。

　　编制全市文化事业和产业发展"十三五"规划。要加强对"十三五"规划编制工作领导，以"十三五"规划编制为契机，全面谋划和布局文化、广播影视、新闻出版改革与发展，有序开展"十三五"规划调研论证、文本起草、意见征求等工作，力争将重点文广新工作纳入省文化发展规划和市政府总体发展规划。

平度市多轮驱动促进文化建设全面发力

山东省平度市文化广电新闻出版局　刘成爱　孙倩倩　姜莎莎

平度，胶东的门户，青烟潍联接地区的中心，文化之舟溯源而上，东莱文明源远流长。近年来，该市依托深厚的文化底蕴和丰富的文化资源，以建设文化强市为目标，以文化创新为动力，不断健全公共文化服务体系，丰富人民群众精神文化生活，文化软实力显著增强。先后荣获"全国文化先进县"、"全国文物工作先进县"、"山东省社会文化先进县"、"山东省文化强省建设先进市"等荣誉称号；2015 年上半年群众文化满意度电话调查位列青岛十区市第一。

一、文化建设取得的成效

一是公共文化建设惠泽平度百万人民。近年来，向基层拨付文化建设专项资金近 1000 余万元，扶持农村庄户剧团、补充农家书屋图书更新，加快提升基层公共文化服务水平。顺利通过第二届山东省文化强省建设先进市验收和青岛对镇（街道）综合文化站评估定级，全市建有 17 个镇（街道）综合文化站，其中一级文化站达到 9 个，农家书屋工程建设覆盖全市 1785 个行政村，市、镇（街道）、村（社区）三级公共文化服务体系基本健全。"送书、送戏、送电影"下乡活动深入人心，2015 年，补充更新农家书屋图书 5 万余册，送戏 140 余场，放映农村公益电影 2 万余场。

二是文学创作异彩纷呈。《文化平度 2014》系列丛书在新华书店上架销售。大型音乐剧《红山枣》赴青进省演出反响强烈。《源远流长的东莱文明》获青岛市优秀地方志成果一等奖。《草民的抗战》获山东省纪念抗日战争胜利 70 周年征文纪实文学类一等奖。电影剧本《开锣大戏》和《小猪情缘》分获国际国内重要奖项。全国大型文化工程《中国地名故事》微电影之《天柱山魏碑》成功拍摄。电影《乔迁》已举行开机仪式，进入拍摄阶段。

三是群众性文化活动丰富多彩。2015 年，先后举办元旦戏曲晚会、春节文艺晚会、唱响五月职工演唱会、抗战胜利 70 周年歌咏比赛等大型活动 100 多次。成功举办两届平度市广场舞大赛，群众参与热情高涨，深受群众喜爱。"美丽大泽山"主题摄影大赛及展览拉开青岛文广新局支持平度文化发展的第一幕,《美丽大泽山》摄影作品集风靡岛城。

四是戏剧曲艺好戏连台。《如此搭档》、《潇洒女兵》获青岛首届"五王"大赛优秀组织奖。现代吕剧《刘谦初与张文秋》获省党史优秀成果评比声像制品类二等奖。舞蹈《扎西德勒》获青岛市第三届群众文艺原创作品大赛"海燕奖"。

五是传承弘扬优秀传统文化蔚然成风。与民革平度支部、市妇联在市委党校联合举办读书明德·平度市家庭美德教育培训班,来自我市及烟台、东营、青岛等地共 260 余名学员参加。组织机关干部到青州、德州等地接受传统文化教育培训。依托社会力量组建天悦大福地、明德国学院、爱心之家、普明学堂、伏羲班等传统文化教育基地,共举办培训班 20 多场次,受教育群众 2000 多人次,成功举办两期"崇德尚文,孝美平度"建设培训班,《传统文化与新农村建设》、《我们为什么要学习传统文化》、《家庭伦理道德》等课题深受基层干部群众欢迎。

六是文物和非物质文化遗产保护卓有成效。积极推进大遗址保护项目,完成即墨故城及六曲山墓群考古勘探年度任务,勘探面积达 4.5 万平方米。顺利开展全国第一次馆藏文物普查,初步建成全市文物资源信息数据库,馆藏文物达 13 万余件。东岳石遗址和大泽山石刻及智藏寺墓塔林保护规划编制立项获国家文物局批复。"土陶烧制"、"年猪饲养"、"要饭棍子鸡烹饪"、"烙画"等 4 项民间技艺列入平度市级第三批非物质文化遗产名录。积极组织开展"非遗"进校园活动。

二、文化建设的任务要求和目标定位

2016 年,文化工作总的以党的十八大和十八届三中、四中、五中全会精神为指导,深入贯彻落实习近平总书记在文艺工作座谈会上的讲话精神和《中共中央关于繁荣发展社会主义文艺的意见》,树立"创新、协调、绿色、开放、共享"发展理念,坚持以国家中小城市综合改革试点城市为主线,高扬文化旗帜,凝聚文化力量,建设文化平度,强力实施"4511"文化强市战略,按照"文化产业抓发展,文化遗产抓保护,文化市场抓管理,公共文化抓服务"的思路,兵分文化产业、文物保护、文学艺术、公共文化和文化市场以及工作保障 5 条工作线,推进《平度市文化发展规划》编制、全国版权示范城市创建等 11 个文化重点项目,大力培育"崇德尚文,孝美平度"文化品牌,争创全国版权示范城市,打造中国诗歌之乡,建设青岛北部文化高地。

三、文化建设的几点创新性思考

（一）推进公共文化建设与文化市场管理并行提升

1、启动文博中心建设。今年，将开工建设集文化馆、图书馆、博物馆、美术馆、名人艺术馆等为一体的文博中心，进一步提升公共文化场馆服务功能和城市品位，为市民提供快捷高效、方便舒适的文化活动场所。

2、完善公共文化服务制度体系。全面落实中央、省和青岛《关于加快构建现代公共文化服务体系的意见》，深入实施《关于做好政府向社会力量购买公共文化服务工作实施意见》，研究制定《关于推进基层综合性文化服务中心建设的实施意见》。修订完善基层文化建设科学发展综合考核实施细则。完善文化志愿服务激励机制。

3、实施村（社区）公共文化建设"六个一"工程。选择一部分示范村、省定贫困村和经济薄弱村，采取以奖代补形式，在设施、器乐、图书等方面给予扶持，建一个文化活动室、建一处文化小广场、建一条"道德文化街"、建一支业余文艺宣传队、建一套传统文化教育培训机制，配一批文化娱乐器材。6月底召开现场推进会，为全市公共文化服务探索路径、积累经验、提供示范。

4、扎实推进文化惠民工程。实施图书馆、文化馆和博物馆免费开放，进一步提升公共文化场馆服务能力。实施文化精准扶贫攻坚，力争到2018年底全面完成扶贫任务。积极开展送书、送戏、送电影等文化下乡活动，确保"一村一年一场戏"和"一村一月一场电影"，不断满足群众文化需求。继续推进文化信息资源共享工程，搭建集数字图书馆、数字博物馆、数字文化馆和村级电子阅览室等为一体的公共文化服务综合平台。

5、繁荣活跃群众文化生活。继续做好春节晚会、民间广场汇演、元宵节灯谜会、平度之夏·欢乐无限和群众业余文艺创作汇演等传统文化活动，举办第三广场舞大赛、书画摄影展览和大泽山登山节等特色文化活动，不断提升群众文化品质。举办"三个首届"提升全市群众性文化活动，一是举办"全民阅读暨首届平度市农民读书节"启动仪式。扩大"领读一百天·改变人生路"活动影响力，让读书成为一种习惯，提升城市文明程度。二是举办中日韩诗歌论坛和首届中国春泥诗歌奖评选活动。借助青岛"东亚文化之都"文化交流活动平台，承办"2016中日韩诗歌论坛"——《乡村诗歌发展》。与《诗探索》编辑部联合举办"首届中国春泥诗歌奖"全国诗歌大奖赛，让"春泥诗社"文化品牌闻名全国，走向世界。三是举办首届庄户剧团暨原创剧目展演大赛启动仪式，鼓励引导庄户剧团创新发展，创作各类优秀文艺精品，组织巡回演出，让基层群众精神文化生活获得更多幸福感。

6、推进文化市场健康发展。坚持"培育文化市场、发展文化市场、服务文化市场、规范文化市场"工作理念，探索新形势下文化市场监管模式，加大执法力度，强化基层基础，实现文化市场监管全天候、全覆盖、无缝隙。继续巩固"扫黄打非"和文化市场管理工作领先地位，加大知识产权保护力度，积极做好全国版权示范城市创建工作。

（二）硬软兼施促文化产业和文化事业融合发展

1、实施文化产业硬措施。把文化产业视为筋骨，引导培育使其成为国民经济支柱性产业。编制《平度市文化发展规划》，采取"串珍珠"的方式，深入挖掘平度源远流长的历史文化，聘请专家进行科学规划，顶层设计。按照强化"一山"（大泽山）、拓展"两翼"（沿大泽山东南方向为一翼，整合桃花涧、云山观、即墨故城及六曲山古墓群等文化资源；沿大泽山西南方向为一翼，整合延庆寺、刘谦初故居、杨明斋故居、三合山等文化资源）、提升"城区"的空间布局，规划建设源地文化、汉城文化、红色文化三大文化产业园和文化创意产业孵化中心，全力打造"大泽平度"文化旅游品牌，创建大泽山诗歌风情小镇。研究起草《关于进一步促进全市文化产业发展的若干意见》，为加快文化产业发展提供指导性意见。召开全市文化产业座谈会，听取各方意见，汇聚集体智慧，加快推进文化产业突破发展。加强基层文化产业增加值增长率考核，制定具体考核细则，细化目标任务，鼓励、引导镇（街道、开发区）文化企业健康快速发展。做好蓝树谷全国青少年社会职业体验中心国家文化创新工程项目申报工作，强力实施草编、石雕、玩具"三大"文化创意产业提升项目。筹建平度文化产业综合信息网，健全文化产业项目库，积极搭建文化产业发展和对外文化贸易公共服务平台。年内，争取文化产业各项目标任务较往年有重大突破。

2、实施传统文化软办法。把传统文化视为血肉，培育践行社会主义核心价值观。依托尼山书院，建设天悦大福地等传统文化培训基地，逐步实施乡村儒学（社区）推进计划，选择"一区两镇"（开发区、云山镇、崔家集镇开展优秀传统文化传承试点工作，弘扬孝亲敬老的中华民族传统美德。培育"崇德尚文、孝美平度"文化品牌。组织开展"崇德尚文，孝美平度"建设示范单位和示范村（社区）、十大孝星、孝美平度人评选活动，举办第二届读书明德孝亲晚会，引导广大市民崇尚道德和文化，践行以孝为美的社会主义核心价值观，不断发出平度好声音，展现平度新面貌，凝聚平度正能量。搭建文化品牌宣传平台，与平度电视台联合开办《文化平度》栏目，进一步展示平度风土人情、人文景观、收藏鉴赏和群众文化等，提高市民文化品位，助推平度文化建设。在《今日平度》和广播电视开辟"我身边的孝美故事"征文专栏，编辑出版《孝行天下——平度100个孝美故事》一书，推进孝德文化进机关、进学校、进企业、进社区、进农村、进家庭，努力营造良好的社会氛围。

（三）探索农村公益电影放映管理新模式

随着2016农村公益电影放映启动仪式的举行，标志着全市农村公益电影放映管理正朝着规范化、有序化方向迈进。新成立电影管理办公室，负责全市电影管理工作，改变以往分头管理的局面，将原来4个承办单位调整为3个放映公司，按照新建制镇（街道、园区）重新划分区域，进一步规范化公司管理。新出台的《2016年农村公益电影实施意见》、《平度市农村公益电影放映协议》、《平度市农村电影考核管理办法》及《2016年公益电话放映区域划分方案》等一系列文件，进一步明确公益电影放映职责和任务。特别是加大电影放映日常工作监管考核，实行末位淘汰制，进一步激发电影公司活力，提高竞争性。为全市电影管理站更新图像清晰、音质优良的数字放映设备60套，不仅满足群众精神文化需求，还将通过放映平台，每月及时将市委市政府的重大决策、文化惠民举措、文化动态等通过短片的形式传播到广大群众中去，让群众对文化有更多的知情权，不断提高群众满意度。

（四）推进文化系统内部机制改革，建设高素质的文化干部队伍

加强局属单位干部人事制度管理，加大干部轮岗交流力度，推进技术职称统评统聘、管理岗位统设统用改革，最大限度地激发文化系统内部活力。推进"两局"整建制合并，撤销市文化市场行政执法局党组，建立市文化广电新闻出版局党委统一领导下的职能优化、体制顺畅、精干高效的大文化格局，实现"两局"资源融合，推进平度文化大发展大繁荣。建设三定五标六型机关。即按照"定岗、定职、定责"原则，树立"风正、气顺、心齐、劲足、人和"的良好风尚，建设"学习型、服务型、节约型、创新型、动车型、快乐型"机关，不断提高服务效能和水平。

社会力量是文化建设的无尽源泉

湖南省益阳市赫山区文化体育广电新闻出版局 胡志伟

长期以来，基层公共文化服务投入有限、供给不足、效率不高，不能满足人民群众日益增长的文化需求，要补齐这一短板，仅仅依靠政府有限的财政投入难以实现。赫山区按照中央开放发展、创新发展的要求和关于构建现代公共文化服务体系的意见，改变过去统包统揽文化建设的模式，充分调动各种社会力量积极参与公共文化服务的供给，实现公共文化服务提供主体和提供方式多样化，形成政府主导、社会参与、多元投入、协力发展的新格局。

一、搭建平台，鼓励社会力量兴办文化场馆

赫山区地处中心城区，地改市时没有设立区级博物馆、艺术馆、展览馆。随着经济发展和文化繁荣，区政府从支持地方文化、民俗文化、历史文化的角度，从免费提供场所、支持活动开展、支持项目申报、搭建展示平台等入手，鼓励和支持社会力量开办文化场馆，解决投入经费、人员编制等体制机制障碍，一些场馆应运而生。目前已培育兴办了一批有影响的文化艺术类场馆：由赵建超创办的胡林翼陈列馆，是首批湖南省民办博物馆；由韩国老板出资创办的永乐健康黑茶博物馆，成为了益阳黑茶文化展示窗口；由益阳知名企业家李平安创办的益阳民俗文化博物馆，珍品汇集，收藏颇丰；由麻纺厂退休工人欧阳波创办的尚东艺术馆，每年举办各类展览近 10 期；由装裱大师匡爱民创办的会龙美术馆，常年展出省内外知名书画名家作品；由退休干部徐逢春创办的清溪文苑，聚集全市优秀艺术家在此自由创作，成为了湖南省文艺创作基地；还有由青年书家石印文创办的三葵艺术中心等。以上场馆投入资金 500 万元至 5000 万元不等，总投资超过 1.2 亿元。这些场馆有的常年免费开放，有的活动精彩不断，有的格调独特雅致，有的聚集各方英才，年接待参观者数十万人，成为了益阳一张张亮丽的文化名片。

二、以奖代投，鼓励社会力量建设文化设施

赫山文化基础设施底子薄，建设任务重，只有鼓励群众自办文化才能缓解投入与需求的矛盾。2014 年，赫山区学习南县"五个一"工程的经验，由

区政府整合相关项目资金，为每村投入 8 ~ 10 万元以奖代投，启动文体建设"六个一"工程。三年来，得到广大人民群众积极参与，全区有 2/5 的村投入到建设行列，自动筹措资金 2000 多万元，建成了一批高标准的文化活动中心和文化广场，组建了较高水准的文艺队伍，形成了一套较为完善的管理机制，培养了一批有号召力和带动力的文化辅导员，添置了一批经济适用的文化设施。今年下半年，我区将利用村级服务平台建设项目，实现文化建设"六个一"工程全覆盖。鼓励民办企业投资建设文化设施，2015 年，我局以奖代投补助 25 万元，带动益阳幸运音像有限公司投入 60 多万元，在银东社区建设益阳花鼓大戏台，每周六上演周末花鼓戏，实现了社区群众在家门口看花鼓戏的梦想，同时这里也成为了公司的花鼓戏拍摄基地。

三、组织引导，鼓励社会力量举办文化活动

群众文化群众办。近年来春节元宵节活动、欢乐潇湘系列活动，我局号召全区文化企业、文化事业单位、社区（村）群众积极参加，自编自导自演，组织了卡拉 OK 自由唱、非物质文化遗产展示展销、地方戏展演等系列节目，通过文化部门搭台，引导社会参与的方式，把活动办得热热闹闹。赫山花鼓戏植根于群众生活，群众要看台，演员要舞台，而每年送戏下乡只有 50 场，群众深感戏看不过瘾。近两年，我区以花鼓戏票友委员会为主体，组织全市乃至全省的益阳花鼓戏爱好者，自发组织、自筹资金，连续举办了三期"花鼓戏明星、戏迷益阳大联欢"活动，这一活动的开展，促成了湖南花鼓戏票友会和研究会的成立，浓厚了益阳地方戏曲文化的氛围，搭起了广大戏迷交流、学习和展示的平台，戏迷票友的演唱水平获得很大提高。因为如此，参加活动的人数一届比一届多，场面一届比一届热烈，今年第三届票友活动我们还启动了省花名家课堂和地方声腔研讨，活动深入人心。

四、筑巢引凤，破解体制内文艺人才匮乏难题

文化系统专业人才青黄不接是个老大难。体制制约，机制弥补。2015 年 3 月起，区文化馆对社会上的各艺术门类人才进行摸底、联络和发动，先后组织了三支文艺团队：一是业余民乐队，共 30 人，主要由社会上有名气的老艺术家、老艺人组成；二是舞蹈队，共 40 人，主要由市区及各乡镇的业余舞蹈专业人士组成；三是业余合唱团，共 60 人，也是由社会上具有较高音乐造诣的专业人员组成。区文化馆对上述三个团队提供无偿培训，免费提供排练场

所，双方建立合作关系，团队均积极参加文化馆组织和上级安排的各项群众文艺活动，召之能来、来之能演、能辅导群众业余文艺活动。由此，文化馆有了专业人才，且无需"养人"，各团队自行管理、组织、运行，调动了艺人、团队和文化馆三方的积极性。两年来，这三支队伍发挥了文化馆专业队伍不可替代的作用，在春节、元宵节、"欢乐潇湘"、"抗战胜利70周年"及全区重大活动节目汇演中积极登台献艺，为观众奉献了多台丰富多彩的演出，获得了群众一致好评。

群众文化群众办，真要实现这一理想模式，政府引导至关重要。下一步，我们将围绕如何更好地调动社会各方面的巨大热情，让更多的人关心、参与文化建设；如何加快形成有利于文化创新创造的社会环境，引导更多的资源资金投向文化、兴办文化；如何更好地挖掘释放蕴藏于人民群众中的智慧和力量，建立全民共建共享的文化发展格局等方面下功夫，采取更加积极有效的措施，引导和鼓励社会力量参与公共文化服务，最大限度地动员全党全社会的力量，最大限度地发挥方方面面的积极性主动性，为人民群众提供更多更好的文化产品和服务。

作者简介：

胡志伟，现任湖南省益阳市赫山区文化体育广电新闻出版局党组书记。

加压奋进 创新图强

湖南省嘉禾县文化广电新闻出版局 王继国 陈介曙

近五年来，我局领导班子团结带领全县文化系统干部职工，紧紧围绕县委、县政府明确的湖南城乡一体化示范县建设目标，全面落实"文化兴县"战略和"干精品、创一流、争第一"的要求，振奋精神、锐意进取、创新图强，各项工作均取得了明显成效。

一、夯基础，民生工程建设成效显著

乘党和政府推进社会主义文化大发展大繁荣的东风，大力实施民生工程建设，努力构建公共文化服务基础设施网络。五年多来，我局承担的"民生100工程"文化项目建设是：送戏下乡、农家书屋建设、乡镇综合文化站建设、"两馆一站"免费开放、农村数字电影免费放映、广场（社区）电影免费放映、文体小广场建设等7项。由于完成任务较好，我局年年被评为全市"民生100工程"文化项目建设先进单位；2012年被评为全省农家书屋建设先进单位；2014年4月全市广播"村村通"现场会在我县举行，推广了我县的先进经验。

1、农家书屋建设管理经验在全省推介。按照"条件优先，分批建设"的原则，有序推进农家书屋建设。2010年、2011年、2012年分别建成48家、101家、74家，合计223家。至此（2008年开始建设），全县已建成农家书屋252家，行政村覆盖率100%，全面完成了任务。每家书屋配齐了3个书架、1500多册图书，1套报架（夹）、30种报刊杂志，电视机、影碟机1套、光碟100多张，阅览桌椅和灭火器各1套，总价值3万元。几年来，我们不断探索农家书屋管理的新办法、新途径，充分发挥农家书屋利民惠民的重要作用。县政府出台了《关于切实加强农家书屋管理和使用工作的通知》（嘉政办函[2012]85号），为农家书屋的建设管理提供了一系列有力的政策保障；印发了《致广大村民、居民朋友的一封信》，宣传农家书屋，引导广大群众读书用书；在全县开展"争当读者满意管理员、创建读者舒心书屋"活动，制定了《嘉禾县农家书屋管理考核方案》，加强和规范农家书屋管理；局长在县电视台公开承诺接受群众的监督。我县加强农家书屋管理和使用工作的经验，

2012 年在湖南省农家书屋工程建设领导小组的《简报》上刊发、推广。

2、乡镇综合文化站建设后发赶超。我县 2005 年开始实施乡镇综合文化站建设工程，到 2013 年基本完成任务。2010 年以来，我们克服建设用地十分紧张、经费缺口大、进度严重滞后的困难，深入调研、苦口婆心、严格督查，县政府专门下发了《关于加强乡镇综合文化站建设的通知》（嘉政办函〔2011〕42 号），县里先后组织召开了 6 次调度会予以推进，加快建设进度，提高建设质量。2010 年以来建成乡镇综合文化站 12 个，占建设总任务 17 个的 70%。每个乡镇综合文化站建设规模不低于 300 平方米，室内基本功能包括多功能活动厅、书刊阅览室、培训教室、信息资源共享服务室及管理用房等。珠泉、袁家、石桥、塘村、普满分别建成了高标准综合文化站，乡镇综合文化站服务水平明显提高，受到市局领导的表扬。

3、"两馆"提质展新貌。县文化馆、县图书馆"两馆"提质改造和免费开放顺利推进。县文化馆更新了灯光、音响，新建了非遗展示厅；县图书馆更新了书架、图书、阅览桌椅，添置了电子图书免费借阅系统以及空调、饮水设施，文化服务环境和质量大幅改善提升。

同时，2012 年建成村级文化活动室 71 个，县财政拨款为每个活动室配备棋牌桌椅和铜锣、唢呐、二胡等多种民族乐器。"六馆一中心"项目顺利开工，九老峰项目文化创意工作圆满完成任务。

4、文体小广场建设有序推进。今年农村（社区）文体小广场建设列入了"民生 100 工程"，市委市政府分配我县 100 个建设任务，目前已落实到乡镇，正在抓紧实施。

二、建载体，群众文化活动丰富多彩

1、积极组织送戏下乡。每年均超额完成送戏下乡任务，5 年完成 350 余场。我县送戏下乡工作多次在湖南《新闻联播》节目、《湖南日报》等媒体报道。

2、精心举办"民歌会"。2010 年、2011 年分别组织、指导县直系统机关、乡镇开展"写嘉禾、唱嘉禾、爱嘉禾"和"红心向党、爱我嘉禾"红歌会，2012 年起精心组织了"爱我嘉禾·兴我嘉禾·民歌之乡"民歌会。对每一场演出，我局都高度重视，从整场设计、每个节目的编排打磨，到演出现场的调度和布置，我们的专业队伍都全程参与，为确保红歌会、民歌会的如期、顺利举行，作出了最大的努力。5 年共举办红歌会、民歌会 78 场，1 万多人次登台演出。这种群众广泛参与、自娱自乐的大型文化活动，有效地增强了群众的凝聚力和幸福感，受到了广大干部群众的普遍欢迎。

3、组织开展"欢乐潇湘·幸福嘉禾"系列群众文化活动。2014年，全县120多支广场舞队参加了各单位、乡镇组织的初赛、预赛，21支广场舞队参加了全县决赛；结合节庆日组织民歌比赛或民歌会17场，挑选出30个节目参加全县性比赛，13个节目参加了郴州市首场"欢乐潇湘·美丽郴州我的家"大型群众文艺汇演复赛。嘉禾民俗情景歌舞《姐姐出嫁》参加全省的总决赛，荣获金奖。今年，我县正在组织开展"欢乐潇湘·幸福嘉禾"广场舞大赛和书法美术摄影大赛，不断丰富人民群众精神文化生活。

4、打造嘉禾民歌艺术节品牌。2012年，第四届嘉禾民歌艺术节成功举办。艺术节上有100多名民歌爱好者踊跃报名参加民歌大赛，年龄最大的达80岁，最小的5岁。此次比赛评选出了10位"十佳民歌手"、5位"优秀歌手"。2015年，是第五届嘉禾民歌艺术节举办之年，目前，各项准备工作正在抓紧实施。

5、全力举办全市首届民歌大赛。2014年10月，全市首届民歌大赛决赛在我县体育馆举行。市委常委周迎春等四大家领导出席，全市55支团队250多名歌手参加了比赛。我县选送的《姐姐出嫁》（李佳演唱）、《正月青山青》（李静珠等）分获新民歌组和原生态组的一等奖和十佳民歌手。

2010年，由我局承办的湘粤桂三省区政协联谊会文艺演出质量好、影响广，有效地宣传推介了嘉禾优秀文化和文明建设新成果。

三、重创新，遗产保护实现新突破

一是文化遗产保护实现突破。文物南薰亭、红军墓、李必蕃故居（墓）、李国柱故居（墓）成功申报为第九批省级文物保护单位；2013年5月萧克故居成功晋级为全国重点文物保护单位。全面完成全县523个国有单位文物收藏情况摸底调查工作；共投入80余万元对省保单位—刘氏宗祠、县保单位田心凌云八角亭、普满茶乌牌楼进行了全面维修。省保单位—风宪牌坊已动工维修。嘉禾菜烹饪技艺、神农传说（神农教耕）、嘉禾菜刀锻造技艺等三项"非遗"项目成功申报为市级非物质文化遗产名录。

二是精品力作不断涌现。每年新创作排练节目20多个。2010年，小品《街头轶事》被选送参加中国"第九届艺术节"群星奖决赛，获得"优秀演出奖"，成为建国以来郴州市唯一一次参加如此高规格演出的节目。极具本地民俗文化特色的嘉禾花灯小戏《留守嫂子》，通过市级、省级、文化部层层筛选，2013年10月24日登上了国家最高级别赛事——第十届中国艺术节，获得"优秀演出奖"。嘉禾民俗节目《赶麻雀》、花灯表演唱《开心老汉游新村》、嘉禾民歌《梦想老家》、伴嫁歌舞《戏媒》、情景歌舞《姐姐出嫁》、小品《一块西瓜皮》等节目分别在省、市比赛中获奖。大型嘉禾民歌剧《姐姐出嫁》，于郴州市首届民歌大赛上进行了首演，受到了现场领导和观众的一致好评，获得初步成功。

三是嘉禾地域文化宣传推介有新亮点。《禾仓古韵》、《嘉禾文物》、《嘉禾花灯戏》、《嘉禾民歌》、《吃在嘉禾》五书共八册先后出版。制作精美而富有特色的"文化礼品"一套，已发放400多份。为全县干部职工制作并定期更新嘉禾民歌手机铃声，有效提升了嘉禾的美誉度。

四、抓改革，发展活力进一步激发

一是文化体制改革工作顺利推进。2012年，成功组建了嘉禾县文化广电新闻出版局，成立了嘉禾县文化市场综合执法大队（副科级单位）；注销了"嘉禾艺术团"，成立了"嘉禾县禾仓演艺有限公司"。近年来，以定岗定编为重点的事业单位改革顺利推进。通过改革后的职能更加理顺，工作机制更加灵活，干部职工工作积极性进一步激活。

二是完善工作制度。建立健全"三重一大"及后勤财务管理制度。建立健全班子成员工作分工明确合理，强化"一月一调度、奖优罚劣"的措施大力度推进工作。重要工作、重大问题及时向县委县政府领导汇报，积极争取县领导和有关部门对我局工作的高度重视和大力支持。

三是文化市场管理有新举措。通过整合县城网吧，由原来的30家整合为一个股份有限公司15个店，今年进一步整合为个10店，为建立规范化管理模式打下了良好基础，有效地遏制了未成年人进网吧上网。聘请了热心文化事业以退休老同志为主体的文化市场执法监督员25名，常年深入到辖区巡查。邀请人大代表、政协委员视察文化市场建设管理工作，听取他们的意见和建议。对所提意见、建议认真落实，主动沟通，及时办结，人大代表和政协委员满意率达100%。

四是认真做好政府机关使用正版软件工作。2013年，省、市政府先后召开电视电话会，要求各地强化措施，加大力度，贯彻落实国务院《关于进一步做好政府机关使用正版软件工作的通知》精神。市政府督查组两次来嘉禾督查指导，推进工作开展。县政府加大工作力度，抓紧制订了工作方案，及时召开了动员会、促进会，落实相关工作。我县通过宣传发动、组织培训、调查摸底、公开招标、政府集中采购和上门安装服务等工作，到2014年3

月，完成了县直党政机关、各乡镇共 110 个单位、2113 台办公电脑正版软件安装工作任务。之后，我们深入有关单位，检查督促正版软件使用情况，反复宣传使用正版软件的重要意义和工作要求，增强各级干部使用正版软件的自觉性。

五是实行中层干部竞聘上岗。2013 年、2014 年先后两次实施二级机构负责人竞聘上岗，实现了二级机构负责人全员竞聘上岗。同时，实行跟踪考察和述职评议，督促和帮助二级机构负责人认真履职，全面完成各项任务。

五、守制度，财务运行不断规范

一是坚持按制度办事。完善民主集中制及作风建设绩效考核制、党组议事制、"三重一大"等运行管理制度，坚持"三公"消费定期通报。充分发挥班子成员集体领导作用，重大事项坚持决策前个别交流，充分沟通，集思广益，待意见基本一致后会议集中讨论决定。日常工作相互通报，相互协调。健全班子成员分工负责制，严格执行各项制度，尊重班子成员的意见，维护班子成员的团结统一，营造民主团结、创新图强、生动活泼的浓厚氛围。全面实施行政审批"两集中两到位"改革，坚持从源头上预防腐败。

二是项目及重大开支民主决策。项目实施前，能广泛征求意见，深入调查研究，及时向县委政府领导汇报。待比较成熟后，才召开党组会、局务会进行集体研究。会议研究时有明显分歧的，坚持不拍板决定，待重新调查沟通后召开会议决策。5 年来，由我局具体实施的项目主要有农家书屋部分设施的配送、全县正版软件的购买安装、嘉禾民歌剧《姐姐出嫁》的创作排练。农家书屋设施的购买、正版软件的购买安装都实施了政府采购，根据政府采购的要求严格履行程序；《姐姐出嫁》剧创作项目不便于公开招标，但我局和财政局同志作了大量的调查对比询价工作，按照最优的价格实施了委托创作。严格执行"三重一大"制度，确保重大开支科学依规决策。

三是内部管理宽严有度。把严格执行经济、财务管理制度与关心干部职工结合起来。政策规定不能开支的坚决不开支，政策规定可以发放的相关福利，尽可能的予以安排，以激励干部职工勤奋工作。